Karl Müller
Steuerhinterziehung (§§ 370, 371 AO)
Gesetzgebung und Reformdiskussion seit dem 19. Jahrhundert

Juristische Zeitgeschichte
Abteilung 3, Band 48

Juristische Zeitgeschichte
Hrsg. von Prof. Dr. Dr. Thomas Vormbaum
(FernUniversität in Hagen, Institut für Juristische Zeitgeschichte)

Abteilung 3:
Beiträge zur modernen deutschen Strafgesetzgebung
Materialien zu einem historischen Kommentar
Hrsg. von Prof. Dr. Dr. Thomas Vormbaum

Band 48

Redaktion: Anne Gipperich, Christoph Hagemann

De Gruyter

Karl Müller

Steuerhinterziehung (§§ 370, 371 AO) Gesetzgebung und Reformdiskussion seit dem 19. Jahrhundert

De Gruyter

Dr. Karl Müller

Die Arbeit wurde von der Rechtswissenschaftlichen Fakultät der FernUniversität in Hagen als Dissertation angenommen.

ISBN 978-3-11-061359-9
e-ISBN (PDF) 978-3-11-061618-7
e-ISBN (EPUB) 978-3-11-061370-4

Library of Congress Control Number: 2018951341

Bibliografische Information der Deutschen Nationalbibliothek
Die Deutsche Nationalbibliothek verzeichnet diese Publikation in der Deutschen Nationalbibliografie; detaillierte bibliografische Daten sind im Internet über http://dnb.dnb.de abrufbar.

Druck und Bindung: CPI books GmbH, Leck

www.degruyter.com

Vorwort

Die vorliegende Arbeit wurde im Sommersemester 2017 an der Rechtswissenschaftlichen Fakultät der FernUniversität in Hagen als Dissertation eingereicht.

Herrn Prof. Dr. Dr. Thomas Vormbaum gilt mein besonderer Dank – für die Übernahme der Betreuung dieser Arbeit. Für das mir entgegengebrachte Vertrauen und die hervorragende Betreuungsarbeit, mit der er den Fortgang der Arbeit begleitete, möchte ich mich bedanken. Frau Prof. Dr. Gabriele Zwiehoff gebührt Dank für die Übernahme des Zweitgutachtens.

Für nützliche Hilfen bei der Recherche danke ich zudem den Mitarbeitern des Bundesarchivs in Berlin-Lichterfelde und in Koblenz, die mir bei meinen Aufenthalten vor Ort stets mit freundlicher Kompetenz begegnet sind. Auch Anfragen wurden generell zeitnah und weiterführend beantwortet. Herrn Michael Weins danke ich für dessen Unterstützung vor Ort hinsichtlich der Vorbesprechung sowie Bereitlegung von Akten.

Bedanken möchte ich mich ferner bei allen Mitarbeitern des Lehrstuhls und des Instituts für juristische Zeitgeschichte, hier allen voran Frau Anne Gipperich. Diese haben mir bei allen Problemen, die im Bereich der redaktionellen Bearbeitung einer Dissertation auftauchen, immer freundlich und engagiert geholfen.

Widmen möchte ich diese Arbeit schließlich meinen Eltern. Sie gaben mir den Rückhalt und die Unterstützung, die für den erfolgreichen Abschluss eines solchen Projektes notwendig waren. Ihre Unterstützung in allen Situationen kann ich nicht in angemessene Worte fassen.

Mai 2018 *Karl Müller*

https://doi.org/10.1515/9783110616187-001

Inhaltsverzeichnis

DRITTER TEIL: ZUSAMMENFASSENDE WÜRDIGUNG

ANHANG

Abkürzungsverzeichnis

a.A.	anderer Ansicht
a.a.O.	am angegebenen Ort
a.E.	am Ende
a.F.	alte(r) Fassung
ABl.	Amtsblatt
Abs.	Absatz
a.E.	am Ende
allg.	allgemein(e[r])
AE	Alternativentwurf
AG	Amtsgericht
ALR	Allgemeines Preußisches Landrecht (1794)
Alt.	Alternative
Anm.	Anmerkung
AO	Abgabenordnung
AOStrafÄndG	Gesetz zur Änderung strafrechtlicher Vorschriften der Reichsabgabenordnung und anderer Gesetzte
Art.	Artikel
Aufl.	Auflage
AT	Allgemeiner Teil
BArch	Bundesarchiv
BayObLG	Bayerisches Oberstes Landesgericht
BayStGB	Strafgesetzbuch für das Königreich Bayern
BB	Betriebs-Berater
Bd., Bde.	Band, Bände
BefStG	Beförderungssteuergesetz
Begr.	Begründung
Beschl.	Beschluss
BGBl.	Bundesgesetzblatt
BGBlNB	Bundesgesetzblatt des Norddeutschen Bundes
BGH	Bundesgerichtshof
BGHSt	Entscheidungen des Bundesgerichtshofs in Strafsachen (Amtliche Sammlung)

https://doi.org/10.1515/9783110616187-002

Bl.	Blatt
BlStA	Blätter für Steuerrecht Sozialversicherung und Arbeitsrecht
BMF	Bundesministerium der Finanzen
BMJ	Bundesministerium der Justiz
BR	Bundesrat
BRat	Bundesrat
BReg	Bundesregierung
BRD	Bundesrepublik Deutschland
BRJ	Bonner Rechtsjournal
BStBl.	Bundessteuerblatt
bspw.	beispielsweise
BT	Besonderer Teil
BT-Drs.	Bundestags-Drucksache
BVerfG	Bundesverfassungsgericht
BVerfGE	Entscheidungen des Bundesverfassungsgerichts
bzgl.	bezüglich
bzw.	beziehungsweise
CBl	Central-Baltt der Abgaben-, Gewerbe – und Handels-Gesetzgebund und Verwaltung in den Königlichen Preußischen Staaten
C.C.C.	erstes allgemeines Strafgesetzbuch (lateinisch: Constitutio Criminalis Carolina)
CD	Compact Disc
CSU	Christlich-Soziale Union
DB	Der Betrieb
Ders.	Derselbe
d.h.	das heißt
DJT	Deutscher Juristentag
DJZ	Deutsche Juristenzeitung
DNVP	Deutschnationale Volkspartei
DStZ	Deutsche Strafrechtszeitung
DStR	Deutsches Steuerrecht
DStZ	Deutsche Steuerzeitung
DVP	Deutsche Volkspartei
DStJG	Deutsche Steuerjuristische Gesellschaft (e.V.)

E	Entwurf
EAO	Entwurf zur Abgabenordnung
EFTA	Europäische Freihandelsassoziation (European Fair Trade Association)
EG	Europäische Gemeinschaft
EGStGB	Einführungsgesetz zum Strafgesetzbuch
EGV	EG-Vertrag
Einl.	Einleitung
EMRK	Europäische Menschenrechtskonvention
EStDV	Einkommensteuer-Durchführungsverordnung
etc.	et cetera
EU	Europäische Union
EuGH	Europäische Gerichtshof
evtl.	eventuell
EWG	Europäische Wirtschaftsgemeinschaft
EWiR	Entscheidungen zum Wirtschaftsstrafrecht
f.	folgende (Seite)
FAZ	Frankfurter Allgemeine Zeitung
FDP	Freie Demokratische Partei
ff.	folgende Seiten
FG	Finanzgericht
Fn.	Fußnote
FS	Festschrift
FR	Finanz-Rundschau
GA	Goltdammer's Archiv für Strafrecht
gem.	gemäß
G, Ges.	Gesetze
GG	Grundgesetz
grds.	grundsätzlich
GS	Der Gerichtssaal
GVBl.	Gesetz und Verordnungsblatt
GWR	Gesellschafts- und Wirtschaftsrecht
h.M.	herrschende Meinung

HRRS	Onlinezeitschrift für Höchstrichterliche Rechtsprechung zum Strafrecht (http://www.hrr-strafrecht.de)
hrsg.	herausgegeben
Hrsg.	Herausgeber, Herausgegeben
HS.	Halbsatz
Inf.	Die Information über Steuer und Wirtschaft
i.d.F.	in der Fassung
i.d.R.	in der Regel
insb.	insbesondere
i.S.d.	im Sinne des
i.S.e.	im Sinne eine(r) (s)
i.V.m.	in Verbindung mit
Jg.	Jahrgang
Jhd.	Jahrhundert
JR	Juristische Rundschau
Jura	Juristische Ausbildung
JuS	Juristische Schulung
JW	Juristische Wochenschrift
JZ	Juristenzeitung
KE	Kommissionsentwurf
Kgr.	Königreich
KritV	Kritische Vierteljahresschrift für Gesetzgebung und Rechtswissenschaft
KVStDV	Kapitalverkehrssteuer-Durchführungsverordnung
Lfg.	Lieferung
LG	Landgericht
LK	Leipziger Kommentar zum Strafgesetzbuch, Großkommentar
MDR	Monatsschrift für Deutsches Recht
Mrd.	Milliarde(n)
m.w.N.	mit weiterem/n Nachweis(en)
NdB	Norddeutscher Bund
n.F.	neue(r) Fassung
NJW	Neue Juristische Wochenschrift
Nr.	Nummer

Nrn.	Nummern
NRW	Nordrhein-Westfalen
NSDAP	Nationalsozialistische Deutsche Arbeiterpartei
NStZ	Neue Zeitschrift für Strafrecht
NTV	Nachtatverhaltensvorschrift
NZG	Neue Zeitschrift für Gesellschaftsrecht
NZWiSt	Neue Zeitschrift für Wirtschafts-, Steuer- und Unternehmensstrafrecht
ÖKV	Österreichische kriminalistische Vereinigung
öStGB	Österreichisches Strafgesetzbuch
oldbgStGB	Gesetzbuch für die Herzoglich Oldenburgische Landen
OLG	Oberlandesgericht
Pr.GS.	Gesetz-Sammlung für die Königlich Preußischen Staaten
Prot.	Protokoll
PrStGB	Preußisches Strafgesetzbuch
PStR	Praxis Steuerstrafrecht
RAO	Reichsabgabenordnung
RAOÄndG	Gesetz zur Änderung der Reichsabgabenordnung
Rdn.	Randnummer(n)
Rdnr.	Randnummer(n)
RG	Reichsgericht
RGBl.	Reichsgesetzblatt
RGSt	Entscheidungen des Reichsgerichts in Strafsachen (Amtliche Sammlung)
RFH	Reichsfinanzhof
RJA	Reichsjustizamt
RJM	Reichsministerium der Justiz (Reichsjustizministerium)
RM	Reichsmark
Rn.	Randnummer
RNO	Reichsnotopfer
Rspr.	Rechtsprechung
RStBl.	Reichssteuerblatt
RStGB	Reichsstrafgesetzbuch
RT	Reichstag

RWM	Reichswirtschaftsministerium
Rz.	Randziffer
S.	Seite, Satz
s.	siehe
SalzStG	Salzsteuergesetz
schriftl.	schriftlich
sic	Hinweis, dass in einem zitierten Text etwas wirklich so steht, wie es wiedergegeben wird
SJZ	Süddeutsche Juristen-Zeitung
SK	Systematischer Kommentar zum Strafgesetzbuch
s.o.	siehe oben
sog.	sogenannte(r/s)
Sp.	Spalte
SPD	Sozialdemokratische Partei Deutschlands
StAnpG	Steueranpassungsgesetz
StB	Der Steuerberater
StBW	Steuerberater Woche
Stbg	Die Steuerberatung
Sten. Ber.	Stenographische Berichte
StGB	Strafgesetzbuch
StNVO	Steuernotverordnung
StNotVO	Steuernotverordnung
StPO	Strafprozessordnung
StraFo	Strafverteidiger Forum
StrÄndG	Strafrechtsänderungsgesetz
StRegV	Strafregisterverordnung
StRG	Strafrechtsreformgesetz
StuW	Steuer und Wirtschaft – Zeitschrift für die gesamte Steuerwissenschaft
StVBG	Steuerverkürzungsbekämpfungsgesetz
s.u.	siehe unten
StV	Der Strafverteidiger
StVBG	Steuerverkürzungsbekämpfungsgesetz
SZ	Süddeutsche Zeitung

TabakStGH	Tabaksteuergesetz
TabStG	Tabaksteuergesetz
u.	und
u.a.	unter anderem / anderen
Urt.	Urteil
UStG	Umsatzsteuergesetz
UStDB	Umsatzsteuer-Durchführungsbestimmungen
usw.	und so weiter
u.U.	unter Umständen
v.	von, vom
v.a.	vor allem
Var.	Variante
VE	Vorentwurf
vgl.	vergleiche
v.H.	vom Hundert
VO	Verordnung
Vor, Vorbem.	Vorbemerkung(en)
VZG	Vereinszollgesetz
VZollG	Vereinszollgesetz
WeinStG	Weinsteuergesetz
WiGBl	Gesetzblatt der Verwaltung des Vereinigten Wirtschaftsgebietes
WiKG	Gesetz zur Bekämpfung der Wirtschaftskriminalität
wistra	Zeitschrift für Wirtschafts- und Steuerstrafrecht
WStDV	Wechselsteuer-Durchführungsverordnung
z.B.	zum Beispiel
ZEIT	Die Zeit
ZfZ	Zeitschrift für Zölle und Verbrauchsteuern
Ziff.	Ziffer
ZIP	Zeitschrift für Wirtschaftsrecht und Insolvenzpraxis
ZRP	Zeitschrift für Rechtspolitik
ZStW	Zeitschrift für die gesamte Strafrechtswissenschaft
z.T.	zum Teil
ZWF	Zeitschrift für Wirtschafts- und Finanzstrafrecht (Österreich)

ZWH	Zeitschrift für Wirtschaftsstrafrecht und Haftung im Unternehmen
[ ]	eckige Klammern in Zitaten stehen für Einfügungen des Verfassers

ERSTER TEIL: GRUNDLAGEN

Erstes Kapitel: Sachliche Grundlegung

A) Das Phänomen Steuerhinterziehung

Über die Strafvorschrift der Steuerhinterziehung §§ 370, 371 AO wird seit einigen Jahren heftig diskutiert. Insbesondere durch die Aufdeckung einiger spektakulärer Fälle von Steuerhinterziehung und der Forderung nach einer Reform der Vorschrift gewinnen gegenwärtig auch die §§ 370, 371 AO in der Öffentlichkeit und im Schrifttum zunehmend an Bedeutung.

Bereits im Jahre 2010 entwickelte sich in der deutschen Öffentlichkeit eine lebendige Debatte über den staatlichen Ankauf von CDs mit Kontendaten einer Schweizer Bank. Diese CDs zeigten auf, dass viele deutsche Staatsbürger Guthaben in enormer Höhe bei der Bank besaßen. Im Vertrauen auf das Schweizer Bankgeheimnis wurden die Zinserträge der Besteuerung durch den deutschen Staat entzogen. Insgesamt wurden im Laufe des Jahres 2010 mehr als 23.500 Selbstanzeigen gezählt, mit denen die Betroffenen eine Bestrafung wegen Steuerhinterziehung verhindern wollten. Dies ergab eine Umfrage der „Welt" bei den Oberfinanzdirektionen und den Finanzministerien der Länder. Diese Offenlegung der mit Schwarzgeld gefüllten Konten im Ausland bedeutete für den deutschen Fiskus einen Geldsegen. Es wurde mit circa 1,8 Milliarden Euro an Nachzahlungen gerechnet[1].

Meldungen in den Medien erwecken den Eindruck, dass deutschlandweit Strafverfolgungsbehörden ihre Ermittlungen gegen mutmaßliche Steuerhinterzieher verstärken. Große Aufmerksamkeit erregte in der Öffentlichkeit beispielsweise im Jahre 2013 der Fall des FC Bayern Präsidenten Uli Hoeneß[2].

---

1 Vgl. DIE WELT vom 24. Dezember 2010, S. 9: „Jede Selbstanzeige eines Steuerflüchtlings bringt im Durchschnitt 75.000 Euro – Spitzenreiter Baden-Württemberg – Neue Gesetze sollen Druck hoch halten." […] „Die größte Unruhe unter den Steuerflüchtlingen gab es in der ersten Jahreshälfte 2010. In Baden-Württemberg hatten sich bis Ende Juni 6103 Steuersünder selbst angezeigt."; vgl. auch *Füllsack / Bürger*, BB 2011, 1239 (1239); *Kuhlen*, Grundfragen, S. 1.

2 Vgl. Zum Fall Uli Hoeneß: Süddeutsche Zeitung vom 22. April 2013, (http://www.sueddeutsche.de/politik/reaktionen-auf-selbstanzeige-kanzlerin-zeigt-sich-von-hoeness-enttaeuscht-1.1655214, zuletzt aufgerufen am 26. Februar 2017); FAZ vom 22. April 2013, (http://www.faz.net/ aktuell/wirtschaft/wirtschaftspolitik/nach-dem-fall-uli-hoeness-was-treibt-die-steuerhinterzieher-12157806.html, zuletzt aufgerufen am 26. Februar 2017).

https://doi.org/10.1515/9783110616187-003

Schlagzeilen wie „Uli Hoeneß' Doppelmoral empört Deutschland"[3] oder „Kanzlerin zeigt sich von Hoeneß enttäuscht"[4] durchfluteten regelmäßig die Medienlandschaft. Die Staatsanwaltschaft München II ermittelte gegen Uli Hoeneß wegen des Verdachts der Steuerhinterziehung. Recherchen ergaben, dass Hoeneß seit mehr als zehn Jahren versteuertes Geld in Millionenhöhe bei einer in Zürich ansässigen Bank liegen gehabt habe. Allerdings habe er dem deutschen Fiskus nicht die anfallende Kapitalertragsteuer gezahlt[5]. Dabei soll es sich um ein unvorstellbares Vermögen in Höhe von mehreren hundert Millionen Euro gehandelt haben. Zunächst hatte die Münchner Abendzeitung aufgedeckt, dass Hoeneß mit einer Selbstanzeige bei den Finanzbehörden zugleich über fünf Millionen Euro Kaution an den Fiskus gezahlt hatte. So konnte der Haftbefehl ausgesetzt werden[6]. Aufgrund seiner Brisanz erreichte der Fall Hoeneß sogar das politische Berlin[7] und befeuerte zugleich den Bundestagswahlkampf 2013[8]. Steuerhinterziehung sei eine gewisse Art von „Oberschichten-Kriminalität", so der Erste Parlamentarische Geschäftsführer der SPD-Bundestagsfraktion[9]. Am 13. März 2014 wurde Hoeneß schließlich wegen Steuerhinterziehung zu einer Haftstrafe von drei Jahren und sechs Monaten verurteilt. Der Vorsitzende Richter betonte, die Selbstanzeige, welche Hoeneß vor gut einem Jahr abgegeben habe, sei nicht nur misslungen, sondern erkennbar unzureichend gewesen. Das Finanzamt habe auf deren Grundlage

3 DIE WELT vom 21. April 2013, (http://www.welt.de/sport/fussball/ bundesliga/fc-bayern-muenchen/article115478193/Uli-Hoeness-Doppel moral-empoert-Deutschland.html, zuletzt aufgerufen am 22. Mai 2014).

4 Süddeutsche Zeitung vom 22. April 2013, (http://www.sueddeutsche.de/ politik/reaktionen-auf-selbstanzeige-kanzlerin-zeigt-sich-von-hoeness-enttaeuscht-1.1655214, zuletzt aufgerufen am 26. Februar 2017); so auch Bild Zeitung vom 22. April 2013, (http://www.bild.de/politik/inland/uli-hoeness/steuer-krimi-politiker-stimmen-300996 98.bild.html, zuletzt aufgerufen am 26. Februar 2017).

5 Vgl. DIE WELT vom 21. April 2013, S. 2, (http://www.welt.de/sport/fussball/bundes liga/fc-bayern-muenchen/article115478193/Uli-Hoeness-Doppelmoral-empoert-Deutsch land.html, zuletzt aufgerufen am 22. Mai 2014).

6 Vgl. Der Spiegel, Heft Nr. 18/ 29. April 2013, S. 18 (19). Der Spiegel vom 22. April 2013, S. 1, (http://www.spiegel.de/sport/fussball/fc-bayern-hoeness-soll-unvorstell bares-vermoegen-verheimlicht-haben-a-895568.html, zuletzt aufgerufen am 21. Mai 2014).

7 Vgl. Tagesschau vom 22. April 2013, (http://www.tagesschau.de/ multimedia/video/video1300190.html); zur Kritik des Bundefinanzministers ZEIT ONLINE vom 5. Mai 2013 (http://www.zeit.de/news/2013-05/05/steuern-schaeuble-kritisiert-hoeness-mehr-als-grossen-mist- gebaut-05002807). Quellen zuletzt aufgerufen am 26. Februar 2017.

8 Vgl. Der Spiegel, Heft Nr. 18/29. April 2013, S. 18 ff. (19); Stuttgarter Zeitung vom 27. April 2013, S. 1.

9 Vgl. FAZ, vom 25. April 2013, S. 1.

nicht einmal eine Schätzung vornehmen können. Auch habe Hoeneß die Selbstanzeige nur von Angst vor Entdeckung in kürzester Zeit getrieben zusammengestellt. Letztlich bezifferte die Wirtschaftsstrafkammer den durch Hoeneß verursachten Steuerschaden auf 28,5 Mio. Euro[10].

Diskutiert wird aktuell auch die Zweckmäßigkeit der strafbefreienden Selbstanzeige nach § 371 Abs. 1 AO. Es stellt sich hierbei die Frage, ob derjenige, der sich selbst anzeigt, straffrei bleiben soll, auch wenn er den Fiskus über Jahre um Millionen betrogen hat. Die Steuerschuld wird nachgezahlt. Zudem sind Hinterziehungszinsen zu entrichten. Bei einer Summe von mehr als 50.000 Euro [aktuell 25.000 Euro] hat der Steuersünder darüber hinaus einen Betrag in Höhe von fünf Prozent [aktuell 10 %, 15 %, 20 %] der hinterzogenen Steuer in die Staatskasse zu zahlen. Es gibt keinen Strafbefehl und keinen Prozess. Somit ist die Angelegenheit erledigt[11]. Die Steuerhinterziehung ist das einzige Deliktfeld, bei dem es der Staat vorzieht, das Geld zu nehmen und dafür auf den Strafanspruch verzichtet[12]. Der Staat handelt nach dem Motto:

„Hauptsache, das Geld kommt rein.“[13]

Teilweise wird folglich auch die vollständige Abschaffung der strafbefreienden Selbstanzeige gefordert[14]. Gegenstand der folgenden Darstellung ist daher auch die strafbefreiende Selbstanzeige.

Auch auf europäischer Ebene wurde der Kampf gegen Steuerhinterziehung verstärkt. Die Staats- und Regierungschefs hatten auf ihrem Gipfeltreffen in Brüssel am 22. Mai 2013 ihre Absicht bekräftigt, gegen Steuerflucht und Steuerhinterziehung effektive Schritte einzuleiten. In ihrer Schlusserklärung brachten die Staats- und Regierungschefs zudem ihre Absicht zum Ausdruck, schärfer gegen Unternehmen vorzugehen, die ihre Gewinne verlagern und Steuerschlupflöcher ausnutzen. Entsprechende Regeln sollten auf den Weg

---

10 Vgl. FAZ vom 14. März 2014, S. 1; Süddeutsche Zeitung vom 14. März 2014, S. 1 (3).

11 Vgl. Die Zeit vom 02. Mai 2013, N°19, S. 15; Der Spiegel, Heft Nr. 18/29. April 2013, S. 18 (19).

12 Vgl. Der Spiegel, Heft Nr. 18/29. April 2013, S. 18 ff. (19).

13 Der Spiegel, Heft Nr. 18/29. April 2013, S. 18 ff. (19).

14 Vgl. FAZ, vom 25. April 2013, S. 1, 2: So der SPD-Vorsitzende Sigmar Gabriel, der dafür plädierte, die Selbstanzeige nach einer Frist abzuschaffen beziehungsweise nur noch für Bagatellfälle bestehen zu lassen. Unterstützt wurde die Forderung durch die Linkspartei, die einen Antrag in den Bundestag einbrachte, indem sie die Bundesregierung dazu aufforderte, die Straffreiheit für sich selbst anzeigende Steuerhinterzieher sofort abzuschaffen. Dagegen verteidigte der Bundesfinanzminister Wolfgang Schäuble (CDU) das Instrument der strafbefreienden Selbstanzeige.

gebracht werden[15]. Am 14. Oktober 2014 vereinbarten alle Finanzminister der EU-Staaten, das Bankgeheimnis ab 2017 in Bezug auf Steuerhinterzieher abzuschaffen. Zur Bekämpfung der grenzüberschreitenden Steuerflucht wurde ein automatischer Bankdatenaustausch zwischen den EU-Staaten vereinbart. Dieser soll grundsätzlich für alle Mitgliedstaaten ab 2017 in Kraft treten. Als einzigem Land wurde Österreich eine verlängerte Übergangszeit bis 2018 zugestanden, um sich technisch auf den Datenaustausch vorzubereiten[16].

Im Zusammenhang mit dem Phänomen Steuerhinterziehung treten weitere viel diskutierte Probleme und Fragestellungen auf. So wird auch diskutiert, ob Restriktionen des bestehenden objektiven oder subjektiven Tatbestandes der Steuerhinterziehung erforderlich sind. Des Weiteren wird über eine Strafschärfung des Strafrahmens des § 370 Abs. 1 AO nachgedacht. Es stellt sich hierbei auch die Frage, ob man die Steuerhinterziehung als Vergehen oder als Verbrechen bestrafen sollte[17]. Aufgrund der enormen materiellen und immateriellen Folgewirkungen, die die Steuerhinterziehung verursacht, ist sie auch zu einem der wichtigsten Anliegen der Kriminalpolitik geworden. Die Tatbestände der §§ 370, 371 AO werfen sowohl systematische Fragestellungen als auch eine Vielzahl von Auslegungsproblemen auf. In diesem Zusammenhang werden auch immer wieder Stimmen laut, die eine Reform der §§ 370, 371 AO fordern. Auch gilt es hierbei zu klären, ob die Gesetzesbestimmtheit der §§ 370, 371 AO i.S.d. Art. 103 Abs. 2 GG, § 1 StGB hinreichend gewahrt ist[18].

Die aufgezeigte rechtspolitische, kriminalpolitische sowie strafrechtsdogmatische Relevanz des Steuerhinterziehungstatbestandes in der Lebenswirklichkeit sowie die Forderungen nach weiteren Reformen des Tatbestandes machen eine wissenschaftliche Auseinandersetzung mit diesem Themenkreis notwendig. Der Steuerhinterziehungstatbestand in seiner aktuellen Fassung ist

---

15 Vgl. FAZ, vom 23. Mai 2013, S. 1; Süddeutsche Zeitung vom 23. Mai 2013 S. 1; Allerdings hatten Österreich und Luxemburg dabei versucht, die Entscheidung über die vollständige Aufhebung des Bankgeheimnisses innerhalb der Europäischen Union aufs Jahresende zu vertagen. Zunächst solle die Europäische Union mit Drittstaaten wie Liechtenstein, Monaco oder der Schweiz entsprechende Abkommen aushandeln. Erst danach würden sie selbst eine Entscheidung vornehmen.

16 Süddeutsche Zeitung vom 14. Oktober 2014, (http://www.sueddeutsche.de/news/politik/eu-eu-verschaerft-gesetzbankgeheimnis faellt-endgueltig-dpa.urn-newsml-dpa-com-20090101-141014-99-06371, zuletzt aufgerufen am 6. Februar 2015); bereits zuvor Süddeutsche Zeitung vom 20. März 2014, (http://www.sueddeutsche.de/wirtschaft/gipfel-in-bruessel-eu-kippt-das-bankgeheimnis-1.1918362, zuletzt aufgerufen am 6. Februar 2015). Stuttgarter Zeitung, 26. Mai 2015, S. 1: Die Schweiz nennt Steuerbetrüger.

17 Vgl. *Kuhlen*, Grundfragen, S. 2.

18 Vgl. *Jäger*, in: Klein AO, § 370, Rn. 6 ff., S. 1691 f.; *Kuhlen*, Grundfragen, S. 44 ff.

das Ergebnis von historischen Entwicklungen und Reformdiskussionen, die bereits in das 19. Jahrhundert zurückreichen. Die vorliegende Untersuchung verfolgt den Zweck, über eine Auseinandersetzung mit der historischen Entwicklung des Steuerhinterziehungstatbestandes Lösungsansätze für die aufgeworfenen Fragen zu entwickeln. Dabei sollen Beweggründe, Leitgedanken und Argumentationen für vorgenommene Änderungen und Reformdiskussionen des Tatbestandes analysiert und dargestellt werden.

B) Methodik und Zielsetzung der Untersuchung

Die Darstellung der Entwicklung des Steuerhinterziehungstatbestandes erfolgt anhand der Reformdiskussionen und Gesetzesänderungen seit dem 19. Jahrhundert. Berücksichtigung finden sollen dabei auch Reformentwürfe, die evtl. keinen Niederschlag im Gesetzestext gefunden haben.

Eine lückenlose Darstellung des Steuerhinterziehungstatbestandes würde allerdings den Umfang der vorliegenden Untersuchung sprengen. Sie beschränkt sich folglich schwerpunktmäßig auf wichtige steuerstrafrechtliche Reformdiskussionen und Gesetzesänderungen seit dem 19. Jahrhundert.

Dabei wird die vorliegende Untersuchung in historische Abschnitte unterteilt. In der jeweiligen Epoche sollen Steuerhinterziehungstatbestände in ihrer jeweils geltenden Fassung sowie der Stand der damaligen Reformdiskussion dargestellt werden.

Die vorliegende Arbeit gibt im *Ersten Teil* zunächst einen Überblick über die strafrechtstheoretischen Grundlagen. Sodann soll ein kurzer Überblick über das deutsche Partikularstrafrecht des 19. Jahrhunderts gegeben werden. Dabei wird zunächst auf die preußische Gesetzgebung eingegangen, da diese maßgeblichen Einfluss auf die Strafrechtssetzung des Deutschen Reichs hatte. Anschließend erfolgt eine kurze Analyse außerpreußischer Partikularrechte sowie des Vereinszollgesetzes von 1869.

Im *Zweiten Teil* soll die Reformdiskussion seit 1870 dargelegt werden. Es erfolgt eine Darstellung der Entwicklung des Steuerstrafrechts und der Reformdiskussionen Ende des 19. und Anfang des 20. Jahrhunderts. In weiteren Kapiteln wird auf die Gesetzgebung, Gesetzesänderungen und Reformdiskussionen während der Weimarer Republik (RAO 1919), der Zeit des Nationalsozialismus sowie in der Zeit nach 1945 eingegangen. Einen weiteren Schwerpunkt bildet im Anschluss daran die Reformdiskussion und Gesetzgebung in den siebziger Jahren (AO 1977). Von Bedeutung sind auch die im Zusammenhang mit dem Steuerhinterziehungstatbestand des § 370 AO später vorgenommenen Reformen der strafbefreienden Selbstanzeige, welche mit der

Gesetzesänderung von 2011 (sog. Schwarzgeldbekämpfungsgesetz) sowie mit der Gesetzesänderung von 2015 erfolgten.

In einem weiteren Kapitel wird kurz auf die aktuelle Fassung des Steuerhinterziehungstatbestandes der §§ 370, 371 AO eingegangen. Im Anschluss daran werden kritische Bemerkungen zur aktuellen Regelung aufgeführt. Diese Aufteilung dient der Verbesserung von Übersichtlichkeit und Lesbarkeit der Arbeit. Ziel dieser Arbeit ist es sodann, besonders umstrittene Probleme, die im Zusammenhang mit dem aktuellen Steuerhinterziehungstatbestand entstehen, darzustellen und kritisch zu würdigen. Im Rahmen der Untersuchung soll kritisch hinterfragt werden, ob die Vorschriften der §§ 370, 371 AO reformbedürftig sind. Hierbei ist insbesondere zu klären, ob Restriktionen im objektiven und subjektiven Tatbestand des § 370 AO vorzunehmen sind und ob eine Ausweitung des Strafrahmes des § 370 Abs. 1 AO gerechtfertigt ist. Im Rahmen der strafbefreienden Selbstanzeige gemäß § 371 AO gilt es in erster Linie zu untersuchen, ob eine Abschaffung der Vorschrift gerechtfertigt wäre.

In einem *Dritten Teil* erfolgt eine abschließende Zusammenfassung und Würdigung der Untersuchung. Dabei sollen Kontinuitäten in der historischen Entwicklung des Steuerhinterziehungstatbestandes, bestehende Problemfelder sowie Lösungsansätze aufgezeigt und abschließend dargestellt werden. Es soll der Versuch einer Gesamtbeurteilung der Entwicklung des Steuerhinterziehungstatbestandes unternommen werden und abschließend ein Fazit aus den vorangegangenen Untersuchungen gezogen werden.

C) Darstellung der Untersuchung

Die Entwicklung des Steuerhinterziehungstatbestandes erfolgt in historischen Abschnitten. In der jeweiligen Epoche bestehende Gesetzesentwürfe und -änderungen werden im jeweiligen Kapitel vorab dargestellt. Sodann wird in diesem Zusammenhang auf den Stand der jeweiligen Reformdiskussion eingegangen. Am Ende eines jeden Kapitels erfolgt eine Zusammenfassung bzw. ein Fazit, welches sich sinngemäß auf das jeweilige Kapitel bezieht. Um den Vergleich der Gesetzestexte und -änderungen zu ermöglichen und zu Übersichtlichkeitszwecken werden die wichtigsten Fassungen des Steuerhinterziehungstatbestandes zudem in einem Anhang beigefügt.

Zweites Kapitel: Historische Grundlegung

Die historischen Wurzeln, die hinter dem heutigen Steuerhinterziehungstatbestand stehen, reichen weit zurück. Für ein grundsätzliches Verständnis werden zunächst die an der Wende vom 18. zum 19. Jahrhundert vorherrschenden Strafrechtslehren, die unter dem Einfluss der Aufklärung[1] standen, dargestellt. Sodann wird das deutsche Partikularstrafrecht des 19. Jahrhunderts untersucht.

A) Strafrechtstheoretische Grundlagen

Generell beeinflusst wurde die Strafrechtswissenschaft der deutschen Partikularstaaten an der Wende vom 18. zum 19. Jahrhundert durch die Strafrechtsdenker Immanuel *Kant* und Paul Johann Anselm (von) *Feuerbach*[2].

Dabei ging *Kant* zunächst von einem allgemeinen Rechtsbegriff aus. Danach lautete das Rechtsprinzip wie folgt:

> „Handle äußerlich so, daß der freie Gebrauch deiner Willkür mit der Freiheit von jedermann nach einem allgemeinen Gesetz zusammen bestehen könne, [...].“[3]

Das Rechtsprinzip stelle den Gebrauch des allgemeinen kategorischen Imperativs der Sittlichkeit auf das in der Praxis geltende Verhältnis von Personen dar:

> „Handle nach einer Maxime, welche zugleich als ein allgemeines Gesetz gelten kann.“[4]

Dieses sei ein unbedingt geltendes (Sollens-)Gesetz, das aus der praktischen Vernunft entspringe. Was rechtlicher Zustand ist, folge aus dem Rechtsbegriff:

> „Das Recht ist also der Inbegriff der Bedingungen, unter denen die Willkür des einen mit der Willkür des anderen nach einem allgemeinen Gesetze der Freiheit zusammen vereinigt werden kann.“[5]

---

1 Geprägt war das Zeitalter der Aufklärung durch Gedanken der Säkularisierung, Rationalisierung und Individualisierung sowie der Forderung nach Humanisierung des Strafrechts. Im Verlauf des 18. Jahrhunderts. entstand eine Gesetzesauffassung, die in dem nach Vernunftgrundsätzen handelnden Gesetzgeber den Garanten für die Wahrung bürgerlicher Freiheiten sah. Eine strenge Gesetzesbindung sollte der Gefahr richterlicher Willkür entgegenwirken, vgl. *Vormbaum*, Strafrechtsgeschichte, S. 28, 30.

2 Vgl. *Naucke*, Zerbrechlichkeit, S. 131, 159 ff.(160 f.), 185 ff.; *Vormbaum*, a.a.O., S. 38.

3 *Kant*, Metaphysik der Sitten, RL, Einl. in die RL, § C, S. 39; *Ders.*, in: Strafrechtsdenker, (Hrsg. *Vormbaum)*, S. 234, (239); auch *Vormbaum*, Strafrechtsgeschichte, S. 40.

4 *Kant*, Metaphysik der Sitten, RL, Einl. in die Metaphysik, III., S. 22 f.

https://doi.org/10.1515/9783110616187-004

Der Staat sei der rechtliche Zustand und damit der Garant der Gerechtigkeit. Sofern nun das Strafrechtsprinzip ein kategorischer Imperativ sei, so könne es nicht zur Disposition für empirische Zwecke stehen. Strafe müsse aus diesem Grunde zweckunabhängig und von jeder gesellschaftlichen Wirkung losgelöst sein (absolute Straftheorie). Um dies zu garantieren musste nach *Kant* aber das Wiedervergeltungsrecht (Talionsrecht) Anwendung finden. Aus diesem ergebe sich die Strafe für das jeweilige Delikt von selbst. Die Gerechtigkeit der Strafe sei Selbstzweck. Letztlich ging es bei Kant um ein transzendentales Verständnis[6]. Auch differenzierte *Kant* zwischen Legalität und Moralität[7]. Zudem war nach *Kant* auf das Vernunfturteil, an welchem der Täter wie jeder andere Mensch teilhabe, abzustellen. Aus diesem Vernunfturteil hatte *Kant* folglich einen transzendentalen Begriff der Willensfreiheit entwickelt. Das Vernunfturteil sage dem Täter, dass er bestraft werde, weil es gerecht sei und nicht weil er es selbst so gewollt habe[8]. Letztlich lehrte *Kants* Metaphysik des Rechts, dass das Recht als reines, wissenschaftlich gesichertes richtiges Recht Würde und Freiheit des Menschen sichern muss[9].

Die Strafrechtslehre *Feuerbachs* nahm Ihren Ausgangspunkt ebenfalls von der Rechtslehre *Kants*. Wie *Kant* sah auch er die Funktion des Staates in der Errichtung des rechtlichen Zustandes[10]. Jedoch erweiterte *Feuerbach* das von *Kant* postulierte Grundverständnis des Rechts. Anders als *Kant* lehrte er eine Theorie der Generalprävention. Der Staat habe Anstalten zu treffen, wodurch Rechtsverletzungen überhaupt unmöglich gemacht werden. Rechtsverletzungen jeder Art würden dem Staatszwecke widersprechen. Mithin sei es schlechthin erforderlich, dass im Staate gar keine Rechtsverletzungen geschehen[11]. Allerdings reiche ein rein physischer Zwang nicht aus, um Rechtsverlet-

---

5 *Kant*, Metaphysik der Sitten, RL, Einl. in die RL, § B, Was ist Recht? S. 37 (38); vgl. auch *Vormbaum*, Strafrechtsgeschichte, S. 40.

6 Vgl. *Kant*, Metaphysik der Sitten, RL, Einl. in die Metaphysik, III., S. 23, 25; RL, II. Teil, E., S. 156; *Vormbaum*, a.a.O., S. 40 f., 45; *Naucke*, a.a.O., S. 64; 82; 136.

7 Vgl. *Kant*, a.a.O., Einl. in die Metaphysik, III. S. 18; *Vormbaum*, a.a.O., S. 38 ff.: Eine ethische Gesetzgebung mache die Handlungspflicht als solche zur Triebfeder, während die juridische Gesetzgebung sich mit jeder beliebigen Triebfeder begnüge. *Legal* sei eine Handlung, die mit dem Gesetz übereinstimme. *Moralisch* sei eine Handlung, welche mit dem Gesetz übereinstimme und zudem mit Rücksicht auf die Pflicht erfolge.

8 Vgl. *Naucke*, Zerbrechlichkeit, S. 65 f., 68 f., *Vormbaum*, Strafrechtsgeschichte, S. 41.

9 Vgl. *Naucke*, Zerbrechlichkeit, S. 69.

10 Vgl. *v. Feuerbach*, Lehrbuch des peinlichen Rechts, Erstes Buch, I., I., § 8, S. 36.

11 Vgl. *v. Feuerbach*, Lehrbuch des peinlichen Rechts, Erstes Buch, I., I., § 9, S. 37; *Naucke*, Zerbrechlichkeit, S. 199; *Ders.*, in: FS-Lüderssen, S. 297, (302 f.).

zungen verhindern zu können[12]. Aus diesem Grunde müsse nach der Möglichkeit eines vorhergehenden psychologischen Zwangs gesucht werden (psychologische Zwangstheorie)[13]. Der Zweck der Strafverhängung liege allein darin, die Ernsthaftigkeit der Strafdrohung unter Beweis zu stellen. Wegen dieser Bezogenheit auf außerhalb der Strafe liegende Ziele handelt es sich um einen relativen Strafzweck (relative Straftheorie)[14]. Als Mittel der Generalprävention diene allein die Strafandrohung, jedoch nicht die Strafvollstreckung[15]. Damit die Grundidee eines psychologischen Zwangs auch wirksam werden könne, müsse der Bürger allerdings auch die Möglichkeit zur Bildung von Gegenmotiven haben. Erforderlich hierfür sei jedoch, dass er wisse, was ihn im Falle der Tatverwirklichung genau erwarte. Daher setze jede Zufügung einer Strafe ein Strafgesetz voraus „(Nulla poena sine lege)“[16]. Hieraus folge, dass Gesetze hinreichend klar formuliert werden müssen (Verbot unbestimmter Strafgesetze), dass Straftat und Strafdrohung im Gesetz stehen (Verbot von Gewohnheitsrecht), dass keine Gesetze rückwirkend in Kraft gesetzt werden dürfen (Rückwirkungsverbot), und dass sie nicht über ihren Wortsinn hinaus (analog) ausgelegt werden dürfen (Analogieverbot)[17].

Kant und *Feuerbach* weisen einige gemeinsame Grundgedanken auf. Zunächst gilt der Autonomiegedanke. Aus diesem ergibt sich, dass der Staat nicht die Gesinnung des Menschen zu erfassen hat. Nicht auf die Gesinnung des Täters oder auf dessen Moral soll das Strafrecht reagieren, sondern einzig auf das äußere, schädigende Handeln. Im Vordergrund des Strafrechts soll also die Tat stehen und nicht der Täter. Auch darf es keinen erzieherischen Zugriff des Staates auf den Menschen und Bürger geben[18]. *Feuerbach* betont:

> „Es ist nicht das Pflichtwidrige und Sündige, sondern allein die Gefährlichkeit und Schädlichkeit der That (für den rechtlichen Zustand), welche der Staat bestraft.“[19]

---

12 Vgl. *v. Feuerbach*, Lehrbuch des peinlichen Rechts, Erstes Buch, I., I., § 11, S. 37.

13 Vgl. *v. Feuerbach*, Lehrbuch des peinlichen Rechts, Erstes Buch, I., I., § 12, S. 38; *Krey*, Keine Strafe ohne Gesetz, S. 46, 59; *Vormbaum*, Strafrechtsgeschichte, S. 45; *Rüping / Jerouschek*, § 2 Rn. 223, S. 82.

14 Vgl. *v. Feuerbach*, Lehrbuch des peinlichen Rechts, Erstes Buch, I., II., § 16, S. 39; *Ders.* Revision, Teil 1, S. 60; *Vormbaum*, a.a.O., S. 46; *Wessels / Beulke*, § 1 Rn. 12a.

15 Vgl. *v. Feuerbach*, Lehrbuch des peinlichen Rechts, Erstes Buch, I., II., § 16, S. 39, § 18, S. 40; *Feuerbach*, Revision, Teil 1, S. 48 f. (49), 60; *Vormbaum*, a.a.O., S. 46.

16 *v. Feuerbach*, Lehrbuch des peinlichen Rechts, Erstes Buch, I., III., § 20, S. 41.

17 Vgl. *Krey*, Keine Strafe ohne Gesetz, S. 19, 46, 59, 76, 88; *Naucke*, Zerbrechlichkeit, S. 177 f.; 193; *Vormbaum*, Strafrechtsgeschichte, S. 47 f.

18 Vgl. *Naucke*, Zerbrechlichkeit, S. 72, 135 f., 178, 186; *Vormbaum*, a.a.O., S. 48.

19 *Feuerbach*, Revision, Erster Teil, S. 66; so auch *Naucke*, Zerbrechlichkeit, S. 199.

Auch würde Strafe als Präventionsmittel den Menschen instrumentalisieren. So muss Strafe nach *Kant* zweckunabhängig sein:

> „denn der Mensch kann nie bloß als Mittel zu den Absichten eines Anderen gehandhabt und unter die Gegenstände des Sachenrechts gemengt werden […].“[20]

Aus diesem Grund stellt auch *Feuerbach* nicht auf die Strafe, sondern auf die Strafdrohung durch ein Gesetz als Präventionsmittel ab[21].

Was letztlich strafbar sein darf, folgt aus dem Rechtsbegriff. Nach *Kant* ist das wissenschaftliche, reine, notwendige, wahre Ziel des Rechts die Sicherung von Freiheit gegen Verletzung[22]. Nach *Feuerbach* besteht eine Sicherungsbefugnis des Staates nur gegen Verbrechen als Verletzungen des äußeren, der positiven Gesetzgebung vorgegebenen Rechtsgesetzes. *Feuerbach* übernimmt so einen aufklärerisch interpretierten Kant mit der Konsequenz, dass Gesinnungen, Immoralitäten sanktionswürdig sein können, allerdings nicht als verbrecherische Schädigungen aufgefasst werden dürfen[23]. Die Straftat, welche die psychologische Zwangstheorie *Feuerbachs* verhindern will, ist die Verletzung der äußeren Freiheit des Menschen. Diese äußere Freiheit ist die Mindestbedingung für ein menschenwürdiges Leben[24].

Aus dem Autonomiegedanken und den von beiden Rechtstheoretikern verstandenen Rechtsbegriff folgt letztlich auch ein Verlangen nach politischer Unabhängigkeit des Strafrechts. So steckt im Vergeltungsstrafrecht *Kants* die Formulierung, dass die Macht des Gesetzgebers und des Kriminellen dort endet, wo Würde und Freiheit des Individuums beginnen. Ein bestimmter kleiner Teil des Strafrechts sei als wahr zu erkennen. Dieser geschützte Bereich des Strafrechts, die sog. Strafgerechtigkeit, sei dem Willen des Gesetzgebers nicht zugänglich. Wechselnde politische Machtverhältnisse seien hier belanglos[25].

Mit der zentralen Stellung des positiven Gesetzes wollte *Feuerbach* die Gefahr politischer Instrumentalisierung und damit eine Strafrechtsexpansion bannen.

---

20 *Kant*, Metaphysik der Sitten, RL, II. Teil, E., S. 155.

21 Vgl. *Feuerbach*, Revision, Erster Teil, S. 48 f.; *Vormbaum*, Strafrechtsgeschichte, S. 48; *Naucke*, a.a.O., S. 142, 178, 186; *Krey*, Keine Strafe ohne Gesetz, S. 46, 88.

22 Vgl. *Naucke*, Zerbrechlichkeit, S. 72; *Vormbaum*, a.a.O., S. 48, 40.

23 Vgl. *Feuerbach*, Revision, Erster Teil, S. 65: Der Staat könne nur Rechtsverletzungen, und zwar als solche bestrafen. Der Grund sei die Sicherung vollkommener Rechte; *Naucke*, Zerbrechlichkeit, S. 199: Die Straftat, welche die psychologische Zwangstheorie Feuerbachs verhindern will, ist die Verletzung der äußeren Freiheit des Menschen. Diese äußere Freiheit ist die Mindestbedingung für ein menschenwürdiges Leben.

24 Vgl. *Naucke*, Zerbrechlichkeit, S. 199.

25 Vgl. *Naucke*, Zerbrechlichkeit, S. 74, 76; *Vormbaum*, Strafrechtsgeschichte, S. 48.

Zugleich sollte der Bürger vor richterlicher Willkür geschützt werden. Daher sei die Kongruenz von positivem Strafrecht und Rechtsverletzung notwendig[26].

In der Strafrechtstheorie des 19. Jahrhunderts entwickelte sich die Frage des legitimen Umfangs des Strafrechts weiter. Mit *Kants* Rechtsverletzungslehre, wonach staatliches Strafen nur gegenüber Freiheitsverletzungen zum Einsatz kommen dürfe, begann die Epoche des liberalen Strafrechts. Da sich Freiheit in den subjektiven Rechten konkretisiere, dürfe staatliches Strafen allerdings nur gegenüber Rechtsverletzungen eingesetzt werden[27]. Hingegen entwickelte Johann Michael Franz *Birnbaum* 1834 den Begriff des Gutes. Er vertrat den Standpunkt, dass es grundsätzlich nicht möglich sei, Rechte als solche zu verletzen. Vielmehr könne man nur Güter, die Gegenstand von Rechten sind, verletzen. Die Erkenntnis *Birnbaums* war letztlich ein Hinweis darauf, dass der Gesetzgeber eine ungenaue Begrifflichkeit verwendete, wenn er von einer Rechtsverletzung sprach, bedeutete aber auch eine „Aufweichung" der Grenzen des Strafrechts. Gegen Ende des 19. Jahrhunderts setzte sich dann der Rechtgüterschutzgedanke (Rechtsgutsbegriff) weitgehend durch[28].

Generell anzumerken ist noch in Bezug auf die weitere Untersuchung der Delikte des 19. Jahrhunderts, dass zu jener Zeit vielfach noch keine Unterscheidung hinsichtlich der Strafbarkeit (bei Kriminaldelikten) in die Prüfungsebenen Tatbestand, Rechtswidrigkeit und Schuld erfolgte. Neben den subjektiven Merkmalen wie z.B. Vorsatz etc. wurden auch die Rechtswidrigkeit und die Schuld jeweils als Element eines Gesamttatbestandes interpretiert. Von einem allgemein gültigen Schuldprinzip nach heutigen Maßstäben konnte folglich nicht gesprochen werden[29].

In der nun folgenden Untersuchung der Tatbestände im 19. Jahrhundert sollen somit aus praktischen Gesichtspunkten die subjektiven Tatbestandselemente generell im Rahmen der Schuld analysiert werden, so wie es dem damaligen Schuldverständnis entsprach.

---

26 Vgl. *Feuerbach*, Lehrbuch des peinlichen Rechts, Erstes Buch, I., III., § 20, S. 41; *Naucke*, Zerbrechlichkeit, S. 160 f., 177 f., 193, 199; *Krey*, Keine Strafe ohne Gesetz, S. 19, 60, 76, 88; *Vormbaum*, Strafrechtsgeschichte, S. 48 f.

27 Vgl. *Naucke*, Zerbrechlichkeit, S. 72; *Vormbaum*, Strafrechtsgeschichte, S. 54.

28 Vgl. *Birnbaum*, in: Strafrechtsdenker, S. 395 ff. (399); *Vormbaum*, a.a.O., S. 55 f. (62).

29 Vgl. *Achenbach*, Schuldlehre, S. 19 ff., 49 ff., *Rüping / Jerouschek*, § 2 Rn. 226, S. 83; *Poggemann*, Steuerstrafrecht, S. 54; sowie BVerfGE 6, 389, 439; BGHSt 2, 194, 200: Nach heute geltendem Recht gilt der Grundsatz „keine Strafe ohne Schuld". Prozessual wurde dies durch die Unschuldsvermutung nach Art. 6 Abs. 2 der europäischen Menschenrechtskonvention vom 04.11.1950 gestützt. Danach wird der zweifelsfreie Nachweis der Schuld gefordert. Bis zu diesem Zeitpunkt gelte die Unschuldsvermutung des einer strafbaren Handlung Angeklagten, dazu BGBl. 1952, Teil II, S. 685 (688).

B) Deutsches Partikularstrafrecht des 19. Jahrhunderts

Ausgehend von dem strafrechtstheoretischen Grundverständnis *Kants* und *Feuerbachs* wird im Folgenden untersucht, wie sich das deutsche Partikularstrafrecht des 19. Jahrhunderts entwickelt hat und welchen Einfluss es auf die spätere Reformdiskussion seit 1870 hatte. Dabei reichen die geschichtlichen Ursprünge, die hinter dem heutigen Steuerhinterziehungstatbestand stehen, weit zurück. Bereits im 19. Jahrhundert differenzierte man zwischen den Straftaten der Kontrebande und der Defraudation einerseits und verschiedenen steuer- und zollrechtlichen Ordnungswidrigkeiten andererseits[30].

Der Begriff der „Defraudation"[31] trat erst Mitte bis Ende des 18. Jahrhunderts in Erscheinung. Allerdings fand dieser allgemein gebräuchliche terminus technicus erst im Laufe des 19. Jahrhunderts Eingang in die deutsche Strafgesetzgebung. Zuvor wurde der Tatbestand nur umschrieben oder es wurden die Begriffe, „Unterschlag", „Unterschleiff" oder „Betrug" verwendet[32]. Dieser Defraudationsbegriff, der kennzeichnend für den Tatbestand der Zoll- und Steuerhinterziehung war, wurde in der Mehrzahl steuerstrafrechtlicher Vorschriften definiert als das Unternehmen, eine nach dem Gesetz zu leistende Abgabe, Steuer oder Gebühr zu ent- bzw. hinterziehen[33].

Die Bezeichnung „Kontrebande" erschien, parallel zur Defraudation, erst Mitte bis Ende des 18. Jahrhunderts und wurde anfänglich noch in unterschiedlichsten Bedeutungszusammenhängen verwendet. Teilweise wurde die Grenzüberschreitung mit unangemeldeten Waren, deren Ein- und Ausfuhr zwar nicht verboten war, aber durch hohe Zölle erschwert werden sollte, als Kontrebande definiert. Das sächsische Recht verwendete den Terminus „Kontrebandierung" allgemein für Einziehung von Gegenständen, bezüglich derer eine Defraudation begangen ist. Dies entsprach also der Konfiskation der zollpflichtigen

---

30 Vgl. *Hoffmann*, Zollrecht, S. 80 ff.; *Poggemann*, Steuerstrafrecht, S. 41 f., 47 f, 48 f.; *Kuhlen*, Grundfragen, S. 23.

31 Vgl. *Schneider*, Entwicklung, S. 5: Der Begriff der „Defraudation" ist der lateinischen Sprache entlehnt und hat die Bedeutung „Betrug" bzw. „Übervorteilung".

32 Vgl. *Poggemann*, Steuerstrafrecht, S. 36 f., *Schneider*, Entwicklung, S. 5.

33 Vgl. u.a. § 43 Zuckersteuergesetz vom 31. Mai 1891 (RGBl. S. 295), § 11 Salzsteuergesetz vom 12. Oktober 1867 (BGBl. S. 41 ff.); § 11 Verordnung, betreffend die Erhebung einer Abgabe von Salz vom 9. August 1867, in PrGS 1867, S. 1323; auch *Schneider*, Entwicklung, S. 5.

Güter[34]. Im bayerischen Recht wurde die Kontrebande als Unterfall der Defraudation aufgefasst und sinngemäß tautologisch hierzu verwendet[35].

Diese Beispiele verdeutlichen, dass von einem einheitlichen Straftatbestand der Steuerhinterziehung in den deutschen Partikularstaaten nicht gesprochen werden konnte. Vielmehr war diese Epoche geprägt durch eine Vielzahl unterschiedlicher Strafvorschriften über die Defraudation[36].

I. Preußische Gesetzgebung

1. Allgemeines Landrecht für preußische Staaten (1794)

Wegweisend und als Vorbild für die weitere Entwicklung des Steuerstrafrechts muss zunächst das Allgemeine Landrecht für preußische Staaten vom 1. Juli 1794 (ALR) betrachtet werden. Zum ersten Mal enthielt dieses eine umfassende Kodifikation der beiden bedeutendsten Grundformen der Steuerstraftaten, nämlich der Defraudation und der Kontrebande[37]. Die steuerstrafrechtlich relevanten Vorschriften waren im siebenten Abschnitt des 20. Titels im zweiten Teil unter der Überschrift „Von Anmaßungen und Beeinträchtigungen der vorbehaltenen Rechte des Staats" geregelt[38].

Als Grundtatbestand wurde § 242 ALR entworfen:

> § 242: „Wer dem Staate die schuldigen Abgaben und Gefälle betrüglicher Weise vorenthält, ist, wenn nicht besondere Gesetze eine andere Strafe bestimmen, den vierfachen Betrag des Vorenthaltenen zu erlegen verbunden."[39]

Die Vorschrift des § 242 ALR zeigte den damals herrschenden Standpunkt vom Wesen einer Steuerhinterziehung auf, welcher für alle steuerrechtlichen Vorschriften ausschlaggebend war[40]. § 242 ALR wurde den spezialgesetzlichen Regelungen der Zoll- und Accisedefraudation vorangestellt. Er diente letztlich als Auffangnorm für diejenigen Steuerhinterziehungsfälle, welche nicht einer spezialgesetzlichen Regelung unterlagen[41].

---

34 Vgl. § 104 Sächsische Generalaccis-Ordnung vom 12. Juni 1824, S. 108, zitiert nach *Hoffmann*, Zollrecht, S. 85, insb. Fn. 4; *Linden*, Zollstrafrecht, S. 40.

35 Vgl. Art. 19 Bayerische Mauth- und Accisordnung von 1765, zitiert nach *Hoffmann*, Zollrecht, S. 85, Fn. 4; zum Begriff „Kontrebande" auch *Poggemann*, a.a.O., S. 39.

36 Vgl. *Schneider*, a.a.O., S. 6 ff.; *Poggemann*, a.a.O., S. 35 ff.; *Kuhlen*, a.a.O., S. 23.

37 Vgl. *Poggemann*, Steuerstrafrecht, S. 36; *Schneider*, Entwicklung, S. 6.

38 Vgl. *Poggemann*, Steuerstrafrecht, S. 36; *Schneider*, Emtwicklung, S. 6.

39 § 242 (i.v.m. §§ 243, 277–313) ALR, in: Textausgabe *Hattenhauer*, S. 682.

40 Vgl. *Schneider*, Entwicklung, S. 6 f.

41 Vgl. *Poggemann*, Steuerstrafrecht, S. 37; *Schneider*, Entwicklung, S. 6 f.; *Ders.* S. 3, insb. Fn. 2: Vor der Einführung des § 242 ALR lassen sich mangels eines ausgebildeten

Das allgemeine Landrecht stellte sodann an die Spitze einzelner konkret gefasster Defraudationstatbestände eine allgemeine Definition und ließ ihr die einzelnen besonderen Tatbestände als solche Anwendungsfälle folgen, in denen der allgemeine Tatbestand nach dem Gesetze als erfüllt angesehen werden sollte[42]. Die Defraudation hatte folgenden Wortlaut:

> § 278: „Wer bey der Ein- und Ausfuhr an sich erlaubter Waaren, die dem Staate davon zukommenden Zoll- oder Accisegefälle demselben zu entziehen unternimmt, der begeht eine Defraudation.“[43]

In der Folge wurde diese als Begehungsdelikt ausgestaltete Grundform der Zoll- und Accisedefraudation erweitert durch die spezielleren §§ 279–284 ALR[44]. Diese stellten sich, ähnlich wie die Ordnungswidrigkeiten, als eine Verletzung besonderer Pflichten der Zollvorschriften und des Zollverfahrens dar[45]. Eine Vereinheitlichung der Interpretation des Begriffs der Kontrebande wiederum erfolgte durch die Legaldefinition in § 277 ALR[46].

> „Wer Waaren oder Sachen, deren Ein- oder Ausfuhr der Staat verboten hat, diesem Verbote zuwider ins Land bringt, oder herauszuschaffen unternimmt, der macht sich des Verbrechens der Contrebande schuldig.“[47]

Der Schutzbereich[48] des Defraudationstatbestandes sollte nach dem damaligen Zoll- und Steuerstrafrechtsverständnis nicht in der Schädigung des Steuerfiskus liegen, sondern vielmehr in der Verletzung der Kontrollinteressen der Steuer- und Zollverwaltung. In der Folge wurde die Nichterfüllung der steuer-

---

Steuerwesens lediglich in Einzelfällen Hinterziehungsvorschriften auffinden. Diese im Wesentlichen aus dem Bereich der kirchlichen Abgaben oder des Zollwesens stammenden Regelungen, sind jedoch mit dem sich später entwickelnden Steuerhinterziehungstatbestand nicht vergleichbar; dazu auch *Linden*, Zollstrafrecht, S. 29, 32 f., 36 f.: Für die fränkische Zeit und das Mittelalter bestand kein einheitlicher Tatbestand der Defraudation. Vorherrschend war eine Zersplitterung der Zollhoheit auf eine Vielzahl von Landesherren und Kirchenfürsten. Auch das Vorhaben, Deutschland zu einem einheitlichen Zollgebiet zusammenzufassen scheiterte zunächst am Widerstand der Reichsstädte und der Kirche, welche auf diese Einnahmequellen aus naheliegenden Gründen nicht verzichten wollten.

42 Vgl. *Hoffmann*, Zollrecht, S. 81; *Linden*, a.a.O., S. 37; auch *Müller*, Zolldelikte, S. 60.

43 § 278 ALR, in: Textausgabe *Hattenhauer*, S. 684.

44 Vgl. *Hoffmann*, Zollrecht, S. 81; *Poggemann*, Steuerstrafrecht, S. 37.

45 Vgl. *Linden*, Zollstrafrecht, S. 37.

46 Vgl. *Müller*, Zolldelikte, S. 61; *Linden*, Zollstrafrecht, S. 40; *Hoffmann*, Zollrecht, S. 85; *Poggemann*, Steuerstrafrecht, S. 40.

47 § 277 ALR, in: Textausgabe *Hattenhauer*, S. 684.

48 Auf den Begriff des geschützten Rechtsgutes soll in diesem Zusammenhang noch verzichtet werden. Johann Michael Franz Birnbaum führte den Begriff des Gutes in die Strafrechtstheorie erst 1834 ein. Der Begriff des Rechtsgutes setzte sich erst gegen Ende des 19. Jahrhunderts durch, vgl. Zweites Kapitel A).

rechtlichen Verpflichtungen als unterlassene Unterstützung der staatlichen Behörden und somit als Ungehorsam gegenüber der Verwaltung aufgefasst[49]. Ebenso wie die nachfolgenden Kontrebande- bzw. Bannbruchtatbestände war der in § 277 ALR geregelte allgemeine Tatbestand der Kontrebande bezüglich seiner Zielsetzung nicht (nur) auf die Sicherung der Steuereinnahmen ausgerichtet, sondern diente vor allem steuerfremden Zwecken[50]. Die Beweggründe dieser Norm waren in erster Linie im Bereich der sonstigen polizeilichen Aufsicht (z.B. Waffen- und Sprengstoffkontrolle) oder im Bereich der staatlichen Gesundheitsaufsicht (veterinär- und humanmedizinaler Art) zu suchen. In der Folge war auch das Zollstrafrecht mit seinem Sanktionspotential in diesen Fällen das Mittel zur Durchsetzung verwaltungsrechtlicher und zugleich polizeilicher Ein- und Ausfuhrverbote, welche wiederum für die innere Ordnung und Sicherheit, aber auch für den innerpreußischen Handel und die preußische Agrarwirtschaft förderlich sein sollten. Ziel war es, die staatlichen Wirtschaftsmonopole abzusichern und einen Schutz der preußischen Agrarwirtschaft vor Konkurrenz zu gewährleisten. Der Gesetzgeber konnte somit die Gesetze je nach Einzelfall und konkreter Zwecksetzung unterschiedlich ausgestalten. Dieses Beispiel zeigt die bedenkliche Funktionalität des Steuerstrafrechts[51].

---

49 Vgl. *Hoffmann*, a.a.O., S. 81: „Die besonderen Defraudationsthatbestände charakterisieren sich im allgemeinen wie die Ordnungswidrigkeiten als eine Verletzung besonderer Pflichten des Zollverfahrens, […]"; *Linden*, a.a.O., S. 37; *Poggemann*, a.a.O., S. 38; *Goldschmidt*, Verwaltungsstrafrecht, § 8, S. 143: „Das materielle Element des objektiven Thatbestandes der in II 20 A.L.R. behandelten Uebertretungen der Polizeigesetze ist also die Beeinträchtigung eines Rechtsguts, ohne dass dessen wirkliche Beschädigung erfolgt ist […] denn so oder so kommt für den Richter nur das formelle Element der 'Uebertretung des Polizeigesetzes' in Frage". *Ders.*, § 8, S. 145 ff., § 9, S. 163: So hielt das A.L.R. am Bewusstsein der Verwaltungswidrigkeit für das Verwaltungsdelikt fest und hob dieses Bewusstsein als Verschuldungsmoment hervor; *Ders.*, S. 419, (420): Für den Richter reduziere sich „das Deliktsmoment der Verletzung von Kontrollinteressen der Zollverwaltungsbehörden auf die Zuwiderhandlung gegen die in diesem Kontrollinteresse erlassenen Vorschriften, […]"; *Pollack*, Finanzdelikt, S. 8 f., S. 73: Übertretung des Finanzbefehls ist nur „Pflichtverletzung, Verletzung der Kontrollinteressen der Zoll- und Steuerverwaltungsbehörden"; zum verwaltungsstrafrechtlichen Charakter auch *Schneider*, Entwicklung, S. 45.

50 Vgl. ähnlich auch *Poggemann*, Steuerstrafrecht, S. 40; *Hoffmann*, Zollrecht, Vorwort I: „[…] seitdem die Abgabengesetze neben ihrem nächsten Zwecke, der Deckung des Staatsbedarfs zu dienen, gleichzeitig auch zu einem wichtigen Regulator des nationalen wirtschaftlichen Lebens geworden sind […]"; zu § 134 Vereinszollgesetz (VZG): u.a. *Havenstein*, Zollgesetzgebung, S. 129 a.E., insb. S. 130: „[…] denn das Gesetz will nicht eine Zollerhebung sichern, sondern das Inland gegen das Einbringen solcher die Gefahr der Ansteckung mit sich führenden Sachen schützen […]".

51 Vgl. *Poggemann*, Steuerstrafrecht, S. 40, 51.

Der Grundtatbestand des § 242 ALR setzte ein Handeln in „betrüglicher Weise“ voraus. Dies verdeutlicht, dass nur eine täuschende und arglistige Verhaltensweise gegenüber der Steuerbehörde strafrechtlich bedeutsam war. Somit stellte sich das Delikt der Steuerhinterziehung als ein dem Betrugstatbestand jedenfalls verwandtes Delikt dar[52]. Dem Grundtatbestand des § 242 ALR entsprechende Tatbestandsformulierungen fanden sich auch in weiteren Defraudationstatbeständen des ALR:

> § 243: „Wer Andern zur Verweigerung oder Unterschlagung ihrer schuldigen Gefälle mit Rath und That beysteht, oder die dahin abzielenden Unterschleife begünstigt, soll mit dem Hauptverbrecher gleiche Strafe leiden.“
>
> § 279: „Kaufleute, die ihre zum Handel- aus oder einzuführende Waaren bey den Zöllen und der Accise entweder gar nicht, oder in Ansehung der Qualität, Quantität, oder des Werths, vorsätzlich unrichtig angeben, werden als Defraudanten angesehn.“
>
> § 280: „Ein gleiches Verbrechen begehen Schiffer und Frachtfuhrleute, welche den Zoll- und Acciseämtern vorsätzlich ausweichen: unrichtige oder unvollständige Frachtbriefe wissentlich vorzeigen; oder die auf den Frachtbriefen nicht befindlichen, von ihnen zugeladenen Waaren anzugeben unterlassen.“ […].
>
> § 282: „Brauer, Branntweinbrenner, und Andre, welche ein Gewerbe treiben, von dessen Ausübung in jedem einzelnen Falle dem Staate eine Abgabe zu entrichten ist, begehen eine Defraudation, wenn sie dergleichen Fälle der Ausübung entweder gar nicht, oder unrichtig anzeigen.“
>
> § 283: „Alle andere Privatpersonen begehen eine Defraudation, sobald sie die den Gefällen unterworfene Sachen bey der Visitation verheimlichen.“
>
> § 284: „Auch schon alsdann, wenn sie der vorgeschriebenen Visitation auszuweichen suchen, werden sie als Defraudanten angesehn.“[53]

Die betrugsnahe und arglistige Begehungsweise wurde hier in Begriffen wie „verheimlichen“, „unrichtig anzeigen“, „unterschlagen“ oder gar „ausweichen“ deutlich. Der Gesetzgeber bezweckte die Erfassung solcher Tathandlungen, welche dazu bestimmt und geeignet waren, die Steuer- und Zollbehörde über die Steuerpflichtigkeit im Unklaren zu belassen. Des Weiteren verdeutlichten Formulierungen wie „vorsätzlich unrichtig angeben“ oder „anzugeben unterlassen“, dass bereits in den gesetzlichen Bestimmungen des ALR von 1794 eine Unterscheidung zwischen steuerwidrigem positivem Tun einerseits und einem Unterlassen steuerlich relevanter Angaben gegenüber der Behörde andererseits vorgenommen wurde[54].

---

52 Vgl. *Schneider,* Entwicklung, S. 7.

53 § 243 ALR, §§ 279 ff. ALR, in: Textausgabe *Hattenhauer*, S. 682, 684; vgl. *Hoffmann*, Zollrecht, S. 81 f.; *Schneider*., Entwicklung, S. 7 f.; *Linden*, Zollstrafrecht, S. 37 ff.

54 Vgl. *Schneider,* Entwicklung, S. 8 f.

Das ALR dehnte zudem den Defraudationstatbestand in den §§ 283, 284 weiter auch auf Privatleute aus, sobald diese die den Gefällen unterworfene Sachen bei der Visitation verheimlichten oder der Visitation auszuweichen versuchten. Demgegenüber wurde anfänglich nur der Handel besteuert, wodurch nur der Fuhrmann bzw. der Kaufmann deklarationspflichtig waren[55]. Indem das ALR den Begriff des Unternehmens zum ersten Male in das Zollrecht einführte, erhob es alle auch im Versuchsstadium des Deliktes gebliebenen Handlungen zum Tatbestand der vollendeten strafbaren Handlung. Zwischen Vollendung und Versuch wurde nirgends differenziert[56].

In seinem grundlegenden allgemeinen Teil im ersten Abschnitt des 20. Titels enthielt das ALR einen allgemeinen Teil, welcher für die nachfolgenden Bestimmungen verbindlich war. Dort legte § 31 fest, dass „in der Regel" nur vorsätzlich begangene Verbrechen strafbar sind. Dieser Grundsatz wurde in den §§ 277 ff. nicht aufgehoben, so dass in der Folge die Notwendigkeit eines Verschuldenskriteriums (im Sinne eines Vorsatzes) auch für die weiteren Steuerdelikte des ALR Geltung fand[57]. Problematisch war jedoch, dass die steuerstrafrechtlichen Bestimmungen von diesem Grundsatz des allgemeinen Strafrechts abweichen konnten[58]. So wurde in § 303 bezüglich des Strafmaßes explizit auf die besonderen Zollverordnungen hingewiesen. Diese Vorschriften wurden durch das ALR nicht außer Kraft gesetzt. Vielfach waren sie bereits vor Inkrafttreten des ALR erlassen worden[59]. In diesem Bereich der Sonderregelungen kam es regelmäßig zur Anwendung von Formaldelikten. Hierbei kam es lediglich auf die Erfüllung des objektiven Tatbestandes des Steuerdeliktes an. Die Zollordnung legte den am Warenverkehr Beteiligten (Bestellter, Warenführer etc.) bestimmte Pflichten (z.B. Anmeldung, Deklaration etc.) auf, um auf diese Weise den richtigen Eingang der Zollgefälle zu sichern. Die Nichteinhaltung dieser besonderen Pflichten erfüllte stets den Tatbestand des

---

55 Vgl. *Linden*, Zollstrafrecht, S. 38.

56 Vgl. *Hoffmann*, Zollrecht, S. 72 f.

57 Vgl. *Poggemann*, a.a.O., S. 55; zum damaligen Schuldverständnis Zweites Kapitel, A).

58 Vgl. *Kuhlen*, Grundfragen, S. 23; *Linden*, Zollstrafrecht, S. 45 ff., 49.

59 Vgl. *Hoffmann*, Zollrecht, S. 72: „Zum subjektiven Thatbestandsmoment auch für das Zolldelikt erhebt den Vorsatz aber allerdings das preußische allgemeine Landrecht in seinem die Zoll- und Accisevergehungen behandelnden 20. Titel des 2. Teiles, indessen nicht für Ordnungswidrigkeiten, die es, wie vorzeitige Abladung, […] überhaupt nicht erwähnt, ohne die deshalb bestehnden Strafvorschriften haben aufheben zu wollen. Der § 303 („Nähere Bestimmungen der in jedem Kontraventionsfalle stattfindenden Strafen werden in den besonderen Accise- und Zollverordnungen festgesetzt") darf wenigstens auch auf diese Vorschriften bezogen und als eine Aufrechterhaltung des insoweit bestehenden Strafrechtes überhaupt angesehen werden"; auch *Kuhlen*, Grundfragen, S. 23, insb. Fn. 154; *Poggemann*, Steuerstrafrecht, S. 55; *Linden*, Zollstrafrecht, S. 49.

Zolldeliktes ohne Rücksicht auf das subjektive Moment der Verschuldung. Es wurde also eine verschuldensunabhängige Haftung begründet[60]. So sollte die Einwendung des Täters, von der Verzollungspflicht keine Kenntnis gehabt zu haben, nach der Verordnung vom 3. Januar 1724 als unbeachtlich gelten. In der Verordnung vom 10. Oktober 1736 wurde bei Fuhrleuten die genaue Kenntnis der damals geltenden Zollvorschriften als bestehend vorausgesetzt. Durch dieses Ausbleiben eines Schuldnachweises wurde eine Vereinfachung der Strafverfahren bzw. eine leichtere Verurteilung erreicht. Als weiterer Grund für die Schaffung verschuldensunabhängiger Steuerstraftatbestände konnte zudem der Wille des Gesetzgebers gesehen werden, hierdurch eine erhöhte Abschreckungswirkung zu erzielen. Die regulären Steuereinnahmen sollten aufgrund einer erhöhten Steuerehrlichkeit garantiert werden[61]. Widersprüchlich war jedoch das Reglement vom 11. Juni 1772. In Kapitel 3 § 42 hob dieses die Irrelevanz des Rechtsirrtums, der Unkenntnis des Strafrechtssatzes, hervor. Gegenüber Fremden wurde jedoch eine Ausnahme zugelassen. Diese sollten nur den ausstehenden Zoll zahlen. Eine vorsätzliche Zollhinterziehung wurde nicht angenommen[62]. Auch bei den preußischen Accisedelikten („Neue Accise" von 1680) war für die Strafbarkeit durchweg Verschulden im Sinne eines Vorsatzes notwendig[63]. Die Ursache dieser differenzierten Gesetzgebung war darin zu sehen, dass die Quelle der Verbrauchsteuereinnahmen, also der Handel innerhalb des preußischen Territoriums, aufrecht erhalten werden sollte. Die fiskalischen Interessen des Gesetzgebers, die Steuereinnahmen zu sichern, waren auch der Grund, weshalb diese gegenüber dem grenzüberschreitenden Handel Priorität hatten. Es zeigt sich hier eine bedenkliche Funktionalisierung der Steuerstrafgesetze[64].

---

60 Vgl. *Hoffmann*, a.a.O., S. 70, insb. 71; *Linden*, a.a.O., S. 46: Die Ansicht, dass Verschulden im Sinne eines Vorsatzes nicht notwendig für die Strafbarkeit der Zolldelikte sei, dürfte im Wesentlichen im Wesen der Zollstrafe begründet sein. Diese sollte nicht wie die Strafen des gemeinen Strafrechts Sühne für einen begangenen Rechtsbruch, sondern eine Entschädigung für eine Beeinträchtigung eines Vermögensanspruches, d.h. also für die Gefährdung oder die Verletzung des Vermögens des Zollherrn, sein.

61 Vgl. *Poggemann*, Steuerstrafrecht, S. 26, 53; *Hoffmann*, Zollrecht, S. 72.

62 Vgl. *Poggemann*, a.a.O., S. 26; *Hoffmann*, a.a.O., S. 71 Fn. 2: „§ 43 ebenda dagegen bestimmt, dass Fremde, wenn bei ihnen verschwiegene oder zollbare Waren gefunden werden, indicia einer vorsätzlich intendierten Defraudation dagegen nicht vorhanden, blos zur Zahlung der Gefälle angehalten werden sollen"; Linden, a.a.O., S. 45, Fn. 31.

63 Vgl. *Hoffmann*, Zollrecht, S. 72: „Hierbei ist aber im Auge zu behalten, dass eine grundsätzliche milde Handhabung der Accisevorschriften vom Gesetzgeber gewollt gewesen ist, und daher bei der Accise gleich strenge Formvorschriften, wie z.B. für die Deklaration beim Zolle überhaupt nicht bestanden haben."

64 Vgl. *Hoffmann*, Zollrecht, S. 72; *Poggemann*, Steuerstrafrecht, S. 27.

Die *Rechtsfolgen* der steuerstrafrechtlichen Normen wichen von denen des allgemeinen Strafrechts ab. Vorherrschend waren Geldstrafen in Form sogenannter Multiplarstrafen, welche sich am Hinterziehungsbetrag orientierten[65]. In der Regel bestanden die Geldstrafen bei der Defraudation in einem Vielfachen des hinterzogenen Zollbetrages und bei der Kontrebande in einem Vielfachen des Wertes der widerrechtlich aus- oder eingeführten Güter[66]. In § 242 ALR war die Geldsumme auf das Vierfache festgelegt. Auch hier ermöglichte somit die schematische Rechtsfolgenbestimmung, die auf das römische Recht zurückging, eine funktionale Handhabung der Gesetze durch den Gesetzgeber. Den Verantwortlichen ging es dabei weniger um eine gerechte Bestrafung. Vielmehr stand der Gedanke des Schadensausgleiches im Vordergrund. Diese Vorgehensweise war leicht in ihrer Handhabung. Der Nachteil bestand jedoch darin, dass dem im jeweiligen Einzelfall tatsächlich durch den Täter verschuldeten Tatunrecht nicht präzise Rechnung getragen werden konnte[67].

Neben der Geldstrafe bestand nach §§ 291, 297 ALR II 20 die Möglichkeit einer Konfiskation der Zollgüter. Das Eigentum an den konfiszierten Waren und Gegenständen ging wie im römischen Recht ipso iure (kraft Gesetzes), auf den Staat oder den privat zur Zollerhebung Ermächtigten über. In der Folge verlor der bisherige Eigentümer sein Eigentum an den Waren[68]. Dieses gesetzgeberische Konstrukt, welches zu Beginn des 19. Jahrhunderts vom Zollstrafrecht in das Steuerstrafrecht übernommen wurde, weist eine eindeutige fiskalische Motivation des Gesetzgebers auf. Neben dem eigentlichen Strafgedanken trat der fiskalische Erwerbsgesichtspunkt in das Finanzstrafrecht. Somit war auch hier eine Ausweitung von Funktionalisierungsaspekten erkennbar[69]. Die generelle Unabhängigkeit der Konfiskation von einem Verschulden des Eigentümers ruhte auf einem fiskalischen Gedanken bequemer Zweckmäßigkeit[70]. War eine Konfiskation aber aus tatsächlichen oder rechtlichen Gründen

---

65 Vgl. *Hoffmann*, a.a.O., S. 77; *Kuhlen*, Grundfragen, S. 23; *Linden*, a.a.O., S. 52: Daneben wurde vor allem im Bereich der Ordnungswidrigkeiten die Höhe der zu zahlenden Geldsumme relativ nach freiem Ermessen des Richters bestimmt. Es war ein Betrag zwischen 1, 10, 20 oder 100 Thaler zu zahlen.

66 Vgl. *Linden*, Zollstrafrecht, S. 53; *Löbe*, Zollstrafrecht (1881), Einl., S. 3.

67 Vgl. *Poggemann*, a.a.O., S. 17 f; *Kuhlen*, a.a.O., S. 23, (24) m.w.N.

68 Vgl. § 297 ALR II 20; *Linden*, Zollstrafrecht, S. 51, 62, Fn. 72: § 291 ALR II 20: „Der aus einer Kontravention entstehende Verlust der Ware oder Sache trifft jedesmal den Eigentümer"; Gem. § 295 i.V.m. §§ 296, 300, 303 ALR II 20 wurde die in älteren preußischen Gesetzen noch übliche Konfiskation der Transportmittel jedoch beseitigt; vgl. *Hoffmann*, Zollrecht, S. 76 i.V.m. Fn. 5; *Poggemann*, Steuerstrafrecht, S. 92.

69 Vgl. *Dronke*, ZStW 1906, 632 (674): „Da die Vorschriften des Steuerrechts eine Förderung der Finanzen des Staates bezwecken […]"; *Poggemann*, a.a.O., S. 95, 116.

70 Vgl. RGSt 21, 39, 40; auch *Poggemann*, Steuerstrafrecht, S. 95.

nicht mehr möglich, weil die Waren nicht mehr vorhanden oder zu haben waren oder weil der Eigentümer der Waren an der vom Fuhrmann allein begangenen Kontravention unbeteiligt war, so konnte auf den Wertersatz als Strafe (Konfiskatwertersatz) erkannt werden gem. §§ 296, 295 ALR II 20[71].

In den besonderen Zollverordnungen sowie im ALR waren zudem Freiheitsstrafen in Form von Zuchthaus-, Gefängnis- oder Festungsstrafen bis zu zehn Jahren vorgesehen. Diese kamen nahezu ausnahmslos im Wege der Strafumwandlung bzw. -schärfung zur Anwendung[72]. So bestimmte § 300 ALR II 20, dass mit der Verwirklichung der Defraudation oder Kontrebande zugleich eine Geld- oder Leibesstrafe neben der Konfiskation der Waren verwirkt sei. Das Mitführen eines Gewehrs oder eines anderen gleich schädlichen Werkzeuges zum Widerstand gegen Beamte bei Verübung einer Kontrebande oder Defraudation wurde neben der verwirkten ordentlichen Strafe, üblicherweise die Konfiskation, mit Kerkerstrafe von drei Jahren bestraft[73]. Dasselbe Strafmaß wurde Rückfalltätern zuteil, die sich den Staatsbeamten widersetzten. Dabei war nicht nachzuweisen, dass die mitgeführte Waffe bzw. das Werkzeug tatsächlich gegen die Beamten eingesetzt werden sollte[74]. Besonders scharf fiel § 313 ALR II 20 aus, welcher im Falle der Tötung des Zollbeamten die Bestrafung gleich einem Mörder vorsah. Konsequenz war, dass der Täter zum Richtplatz geschleift und gerädert werden sollte[75]. Die Ursache dieser strengen Regelungen lag in dem langsamen Übergang Preußens zum Gebietszollsystem gegen Ende des 18. Jahrhunderts. Das Fehlen genügender Kontrollmechanismen führte dazu, dass der Gesetzgeber mit strengen und damit abschreckenden Strafnormen versuchte den stärker werdenden Schmuggel zu unterbinden[76].

---

71 Vgl. *Hoffmann*, a.a.O., S. 76 (77); *Linden*, a.a.O., S. 54 (55) (62); *Poggemann*, a.a.O., S. 96: So fand gem. § 295 ALR II 20 keine Konfiskation der Waren statt, sofern der Transport der Waren allein den Fuhrleuten oder Schiffern anvertraut worden war und der Eigentümer weder an der Kontravention beteiligt war, noch davon Kenntnis hatte. Nach § 296 ALR II 20 musste der Schiffer oder Fuhrmann dann den Warenwert statt der Konfiskation entrichten. Ebenso haftete derjenige, gegen den die Konfiskation ausgesprochen wurde, für den Wert der Sache, wenn diese von einem dritten gutgläubigen Besitzer nicht vindiziert werden konnte, gem. § 299 ALR II 20.

72 Vgl. *Hoffmann*, a.a.O., S. 84, *Poggemann*, a.a.O., S. 101; *Linden*, a.a.O., S. 56.

73 Vgl. § 309 a.a.O. ALR, auch Linden, Zollstrafrecht, S. 56 f.

74 Vgl. §§ 310, 311 a.a.O. ALR.

75 Vgl. *Poggemann*, Steuerstrafrecht, S. 101; *Linden*, Zollstrafrecht, S. 57 a.E.

76 Vgl. *Linden*, Zollstrafrecht, S. 69; *Poggemann*, Steuerstrafrecht, S. 101; *Hoffmann*, Zollrecht, S. 78: „Daß in dieser Periode, zumal in Preußen, die Freiheits- und Leibesstrafen im Zoll- und Acciserechte eine verhältnismäßig wichtige Rolle spielen, erklärt sich aus dem schon mehrfach hervorzuheben gewesenen Umstande, daß der Gesetzgeber mit dem Übergange zum Gebietszollsysteme nicht auch zugleich auf dem Gebiete

Das Institut der strafrechtlichen Haftung für Dritte stellte eine Eigentümlichkeit des Zollstrafrechts dar. Dieses umfasste zwei Haftungsvarianten: Zum einen die Haftung des Eigentümers mit seiner Ware für die in Bezug auf diese von einem Dritten begangene Zollkontravention, §§ 291, 295 ALR II 20 (s.o.) und zum anderen die Haftung des Vertretungsverpflichteten mit seinem Vermögen für die Geldstrafen, die ein Dritter durch eine von ihm begangene Zollkontravention auf sich gezogen hatte[77]. Danach sollten Kaufleute, Juden, Schiffer und Frachtfuhrleute, Müller, Brauer, Branntweinbrenner und Fleischer für ihr Gesinde und ihre im Hause befindlichen Ehegatten und Anverwandten ohne Unterschied haften gem. § 293 ALR II 20[78]. Andere als die in § 293 aufgeführten Personen hafteten dagegen gem. § 294 ALR II 20 nur für die Zoll- und Steuerstraftaten ihrer Kinder und Ehegatten, insoweit diese das Delikt bei Gelegenheit solcher Geschäfte begangen hatten, bei denen erstere üblicherweise die Unterstützung letzterer in Anspruch nahmen[79]. Folglich ließ das Zollstrafrecht einen bestimmten Personenkreis für das Fehlverhalten der jeweils unterstellten Leute haften, obwohl dieser an der strafrechtlich relevanten Tathandlung in keinerlei Weise beteiligt war. Von einer strafrechtlichen Verantwortlichkeit im Sinne einer mittelbaren Täterschaft oder einer Mittäterschaft konnte nicht gesprochen werden[80]. Die Haftung des Dritten, in jedem Fall zumindest für die nachzuzahlenden Steuern und Gefälle und unter Umständen auch für die Geldstrafen und Prozesskosten aufkommen zu müssen, war sehr hart. Die damit verbundenen wirtschaftlichen Folgen sollten dem Vertretungspflichtigen pflichtgemäßes Verhalten einschärfen und folglich „vorbeugend und erzieherisch“ wirken[81]. Das Wesen der Zollstrafe, das sich nicht am Sühnecharakter für einen begangenen Rechtsbruch orientierte, begründete aber die Eigentümlichkeiten der Haftung für Dritte. Neben den genannten präventiven Zwecken diente die Dritthaftung vor allem der Steuer-

---

des Zollverfahrens wirksame Kontrolvorschriften zu treffen gewußt hat, und sich daher bald einem schwunghaft getriebenen Schmuggel gegenüber sah, […].“

77 Vgl. *Hoffmann*, a.a.O., S. 71, 73 f.; *Poggemann*, a.a.O., S. 75; *Linden*, a.a.O., S.62 ff.

78 Vgl. *Linden*, Zollstrafrecht, S. 63 f.; *Hoffmann*, a.a.O., S.74; *Poggemann*, a.a.O., S. 75.

79 Vgl. *Poggemann*, a.a.O., S. 74; *Linden*, a.a.O., S. 64; *Hoffmann*, a.a.O., S. 74 f.

80 Vgl. *Linden*, Zollstrafrecht, S. 58 f.: Diese Handhabung der Vorschriften entsprach vielmehr einer zivilrechtlichen Haftung für den Verrichtungs- oder Erfüllungsgehilfen. Das Institut der mittelbaren Täterschaft war aber zu jener Zeit im Zollstrafrecht noch nicht bekannt. Auch die Arten der Teilnahme waren begrifflich nicht eingegrenzt.

81 Vgl. *Dronke*, ZStW 1906, 632 (666): „Wenn der Staat den Geschäftsherrn für die Strafen seiner Angestellten aufkommen läßt, so wirkt er vorbeugend und erzieherisch. […] Dem Geschäftsherrn das Gewissen zu schärfen und seinen Einfluß auf das Personal in den Dienst der Steuerverwaltung zu stellen, das ist der Zweck der Vertretungsverbindlichkeit.“

und Zolleinnahmesicherung[82]. Diese an Zweckmäßigkeiten orientierte Dritthaftung war von einem überwiegend zivilrechtlichen Entschädigungsinteresse geprägt. Indem ein Rückgriff auf den regelmäßig finanzkräftigen Aufsichtspflichtigen erfolgte, zeigte sich das fiskalisch motivierte Erwerbsinteresse als Entschädigung für die Beeinträchtigung des Vermögensanspruchs. Diese Zweckorientiertheit zeigt die starke Funktionalität des Steuerstrafrechts auf[83].

In Bezug auf die *Strafzumessung* waren im ALR sowohl Strafschärfungs- als auch Strafmilderungsgründe geregelt. Als häufigster Fall der Strafschärfung war der Rückfall vorgesehen. Darunter war die erneute Begehung eines gleichgelagerten Zoll- oder Steuerdelikts durch denselben Täter zu verstehen[84]. Im Multiplarstrafenrecht der Geldstrafen bestand die Strafschärfung im Falle eines Rückfalls in der Regel in einer Erhöhung desjenigen Faktors, der bei der ersten Begehung mit dem Betrag der hinterzogenen Abgaben zur Berechnung der Geldstrafe multipliziert wurde[85]. Zudem sah das ALR Strafschärfungen aufgrund bestimmter Berufsgruppen oder rassischer Zugehörigkeit vor. So bestimmte das ALR, dass „Kaufleute, Juden, Schiffer und Frachtfuhrleute, die sich einer Zollkontravention schuldig machten, allemal härter, als andere Privatpersonen bestraft werden“[86] sollten. Letztlich sah das ALR eine Strafschärfung auch im Falle der Widersetzlichkeit gegen Steuerbeamte vor. Nach §§ 309, 311, 312 ALR II 20 begründete bereits das Mitführen eines geladenen Gewehres oder einer ähnlich schädlichen Waffe die unwiderlegbare Vermutung des Widerstandes und des beabsichtigten Einsatzes gegen die kontrollierenden Staatsbeamten[87]. Auch waren im preußischen Steuerstrafrecht in seltenen Fällen Strafmilderungsgründe vorgesehen. Entsprechend dem Regle-

---

82 Vgl. *Hoffmann*, Zollrecht, S. 70; *Poggemann*, a.a.O., S. 87; *Dronke*, ZStW 1906, 632 (674 f.): „[…], daß der Erwerbsgesichtspunkt auch in das Finanzstrafrecht hineingetragen worden ist. Dies zeigt sich namentlich in der Ausgestaltung der Strafarten des Steuerrechts, dem Zusammentreffen mehrerer strafbarer Handlungen, der Haftung für Vertreter und der Stellung der juristischen Personen.“

83 Vgl. *Hoffmann*, , S. 70, 73 f.; *Poggemann*, a.a.O., S. 87 (90 a.E.); *Linden*, a.a.O., S. 58.

84 Vgl. *Poggemann*, Steuerstrafrecht, S. 106 f.; *Linden*, Zollstrafrecht, S. 65; *Hoffmann*, Zollrecht, S. 79: „Strafschärfungsgrund ist weiter der Rückfall nach preußischem und bayerischem Rechte, während das sächsische Recht ihn nicht kennt.“

85 Vgl. *Poggemann*, a.a.O., S. 106; auch *Hoffmann*, a.a.O., S. 79, insb. Fn.2 sowie *Linden*, a.a.O., S. 65 f.: Eine Verordnung für Preußen vom 29. Dezember legte z.B. fest, dass bei der zweiten Kontravention das Doppelte, im Falle des dritten Gesetzesverstoßes das Dreifache der für die erste Zuwiderhandlung angedrohten Strafe zu entrichten sei.

86 § 301 a.a.O. ALR; *Hoffmann*, a.a.O., S. 78; *Linden*, a.a.O., S. 65. Juden, die eine Defraudationen begangen hatten, drohte der Verlust ihres Schutzbriefes oder gar die Landesverweisung.

87 Vgl. *Hoffmann*, Zollrecht, S. 79; *Poggemann*, a.a.O., S. 109; *Linden*, a.a.O. S. 66 f.

ment vom 11. Juni 1772 cap. IV §§ 69, 70, 77 sollte der Angeklagte beim Leugnen, „falls er nicht durch andere Zeugen überführt werden kann, mit 1/6 bis 1/2 der ordentlichen Strafe belegt werden“ - also eine reine Verdachtsstrafe, und „bei offenem Bekenntnis und Geltendmachung wichtiger Entschuldigungsgründe mit nur 1/12 bis 1/3 der ordentlichen Strafe.“ Zudem gab es Normen zur Strafumwandlung. Im Falle der Vermögenslosigkeit wurde eine Geldstrafe in eine verhältnismäßige Freiheitsstrafe umgewandelt[88].

Im 18. Jahrhundert erfuhr das *Steuerstrafverfahren* wegen der gegen die Zoll- und Accise-Gesetze begangenen Zuwiderhandlungen in den größeren deutschen Staaten unterschiedliche Regelungen[89]. Die Richtung aller dieser gesetzlichen Bestimmungen[90] ging dahin, die Zoll- und Accisestrafsachen den ordentlichen Gerichten zu entziehen und sie entweder vor einem besonderen Verwaltungsgericht oder in einem Verwaltungsstrafverfahren vor den Verwaltungsbehörden durchzuführen. Hierbei wurde ein Instanzenzug angeordnet[91]. In Bagatellsachen bis zu 1 Thaler Zollwert hatten die Zoll- bzw. Acciseämter in erster Instanz zu entscheiden. In allen anderen Angelegenheiten stand ihnen lediglich die Strafverfahrenseinleitung zu, während die Untersuchung und Entscheidung nur durch die Verwaltungsgerichte erfolgte. Bei Gegenständen bis zu 20 Thalern Wert waren die mit nur einem Richter besetzten Provinzialaccise- und Zollgerichte und bei Gegenständen von über 20 Thalern das kollegial besetzte Oberaccise- und Zollgericht in Berlin zuständig[92]. Die Zollgerichtsbarkeit stand somit ausschließlich den Provinzial-Gerichten und dem Oberaccise- und Zollgericht zu. Sie konnten ohne Mitwirkung der ordentlichen Gerichte, die nur im Falle der Hinrichtung hinzuzuziehen waren, alles zur Rechtserkenntnis und Strafvollstreckung Erforderliche veranlassen oder selbst durchführen. Das Strafverfahren wurde entweder von Amts wegen oder auf eine mündliche oder schriftliche, jedoch nicht anonyme, Denunziation

---

88 Vgl. *Hoffmann*, Zollrecht, S. 79, 80; 245; *Poggemann*, a.a.O., S. 112: Einen entsprechenden Umwandlungsmaßstab enthielt das Allgemeine Landrecht in § 88 ALR II 20.

89 Vgl. *Linden,* Zollstrafrecht, S. 69; *Hoffmann*, a.a.O., S. 87; *Kuhlen*, Grundfragen, S. 24.

90 Für Preußen galt das Reglement für die Accise- und Zollgerichte vom 11. Juni 1772 und nachfolgende Edikte, vgl. *Hoffmann*, a.a.O., S. 87 f, insb. S. 88, Fn. 1): Novum Corpus Constitutionum Bd. V Abt. 2 S. 191, und Edikte vom 6. August 1774, 15. Mai und 5. September 1776 , 16. Juli 1777, 1. März 1783.

91 Vgl. *Hoffmann*, a.a.O., S. 88; *Linden*, a.a.O., S. 69 f., 70: Dabei sollte der Instanzenzug dem Schutz des Beschuldigten vor willkürlicher Gesetzeshandhabung und zur größeren Rechtssicherheit dienen. Dies galt sowohl in Preußen, als auch in Bayern und Sachsen.

92 Vgl. *Linden,* a.a.O., S. 71 f.; *Hoffmann*, a.a.O., S. 88: Diese zuletzt genannten Gerichte wurden ab 1783 durch die Provinzial-Regiegerichte und das Oberregiegericht ersetzt.

hin eingeleitet[93]. Den Beamten der Zollämter standen zur Sicherung der Durchführung des Strafverfahrens und der Vorermittlung und zur Sicherstellung der Beweismittel das Recht der Visitation, der Beschlagnahme (unterschlagener Waren) und der Verhaftung des Beschuldigten zu[94].

2. Zoll- und Verbrauchsteuerordnung (1818)

Durch die Zoll- und Verbrauchsteuerordnung vom 26. Mai 1818 (ZVStO) erfuhr das System der Zollstrafen in Preußen eine einheitliche Ausgestaltung, welche die später erfolgende Zollstrafgesetzgebung in Deutschland tiefgreifend beeinflussen sollte. Die Bestimmungen des Allgemeinen Landrechts wurden in der ZVStO grundsätzlich weiterhin aufrecht erhalten[95].

Allerdings wurden in der ZVStO auch mehrfache Ergänzungen und Änderungen vorgenommen. Erstmalig erfolgte mit § 124 ZVStO eine direkte Abgrenzung zwischen den Steuerstraftaten der Defraudation und Kontrebande einerseits, die das Steuer- und Zollinteresse konkret verletzten (sog. Verletzungsdelikte) und den Ordnungswidrigkeiten andererseits, die nur eine Gefährdung des Steuer- und Zollinteresses darstellten (sog. Gefährdungsdelikte):

> § 124 ZVStO: „Kann jedoch in vorgenannten Fällen (§. 123.) der Waarenführer einen vollständigen Beweis darüber führen, daß er nicht Gegenstände, die mit einem Verbote betroffen sind, ein- oder auszuführen, oder dem Staate Gefälle entziehen gewollt oder gekonnt habe; so soll nur eine nach den Umständen zu ermessende Ordnungsstrafe von einem bis zu zehn Thalern, oder verhältnißmäßige Gefängnißstrafe, statt finden.“ [96]

Dogmatisch wurde von der überwiegenden Meinung ein Stufenverhältnis vertreten. Dabei sollten die formaldeliktischen Ordnungswidrigkeiten als grundlegende, einfache Steuerdelikte fungieren. Demgegenüber wurden die Defraudation bzw. Kontrebande als qualifizierte Delikte eingestuft[97]. Die

---

93 Vgl. *Linden,* Zollstrafrecht, S. 72 f., 75, insb. Fn. 107; *Hoffmann,* Zollrecht, S. 89.

94 Vgl. *Poggemann,* a.a.O., S. 31; *Hoffmann,* a.a.O., S. 89; *Linden,* a.a.O., S. 76: Die Visitation ermöglichte eine Durchsuchung von Warenlagern durch Beamte auch ohne besonderen Befehl.

95 Vgl. *Linden,* a.a.O., S. 82 f.; vgl. hierzu auch Erster Teil, Zweites Kapitel, B) I. 1.

96 § 124 ZVStO, in: PrGS 1818, S. 102 ff. (134); auch *Linden,* a.a.O., S. 85, insb. Fn. 14.

97 Vgl. *Linden,* Zollstrafrecht, S. 85 f.; *Müller*, Zolldelikte, S. 62; *Poggemann*, a.a.O., S. 49, 51 f.; *Hoffmann*, Zollrecht, S. 245 f., (246): „2. Die Ordnungswidrigkeit ist dem Gesetzgeber das allgemeine, das einfache Zolldelikt. Ihr Wesen ist einerseits Verletzung von Pflichten des Zollverfahrens und andererseits eine solche Pflichtverletzung die sich nicht als Defraudation und Kontrebande qualifiziert. […] 3. Zolldefraudation und Kontrebande sind die besonderen, die qualifzierten Zolldelikte.“ Folglich fand eine Zweiteilung der Steuerdelikte statt. Bis zum Ende des 19. Jahrhunderts bestimmte diese Auffassung später erlassene Steuerstrafnormen.

Tatbestände der Zoll- und Verbrauchsteuerordnung umfassten erneut betrugsähnliche Tatumschreibungen. Formulierungen wie z.B. in:

> § 111 ZVStO: „Wer es unternimmt, Waaren oder Sachen, deren Einfuhr oder Ausfuhr der Staat verboten hat, dem Verbote zuwider, ins Land zu bringen oder herauszuschaffen, oder bei der Einfuhr oder Ausfuhr an sich erlaubter Waaren, die dem Staate davon zukommenden Zoll- oder Verbrauchssteuer-Gefälle, demselben zu entziehen, […].“
>
> § 112 ZVStO: „Wenn zugleich Zoll und Verbrauchssteuer vorenthalten worden, sollen […].“
>
> § 121 ZVStO: „Gewerbtreibende und deren Frachtführer, welche die des Gewerbes wegen ein- oder auszuführenden Waaren bei den Grenzzoll- oder Steuerämtern entweder gar nicht, oder in Ansehung der Beschaffenheit oder des im Tarif bestimmten Maaßstabes unrichtig angeben, […].“ [98]

deuteten erneut auf Bestrebungen des Gesetzgebers hin, eine betrugsähnliche Begehungsweise vorauszusetzen. Der Gesetzgeber ging von dem Grundsatz aus, „dass Steuerunterschleife als Betrug anzusehen und zu bestrafen sind, und daß in dieser Hinsicht die […] Bestimmungen des Allg. Landrechts zum Leitfaden zu nehmen seien“[99]. Problematisch blieb des Weiteren die Tatbestandsumschreibung „unternimmt“. Es war nicht erkennbar, welche genauen Kriterien erforderlich sein sollten, um dieses Tatbestandsmerkmal zu erfüllen. Infolgedessen fehlte es auch an einer hinreichenden Gesetzesbestimmtheit[100].

In Bezug auf das Verschuldenserfordernis wies die Zoll- und Verbrauchsteuerordnung eine Vielzahl von Schuldgraden auf. Ebenso wie sie eine Tatbestandaufspaltung in Steuerstraftaten und Ordnungswidrigkeiten enthielt, so wurde auch die Schuld der beiden Deliktskategorien unterschiedlich beurteilt. Der Gesetzgeber gestaltete auch das Verschuldenserfordernis bei den Steuerstraftaten der Warenkontraventionen je nach vermutetem Grad der Gesetzeskenntnis

---

Die spätere Gegenansicht, die die Steuerhinterziehung als grundlegendes Finanzdelikt einordnete, war zur Zeit der ZVStO von 1818 nicht maßgeblich. Danach waren Steuerstraftaten und Ordnungswidrigkeiten zwei nebeneinander stehende selbständige Steuervergehensformen mit ungleicher rechtlicher Ausgestaltung, vgl. *Poggemann,* a.a.O., S. 49.

98 § 111 ZVStO, in: PrGS 1818, S. 102 ff. (132); § 112 ZVStO, in PrGS 1818, S. 102 ff. (132); § 121 ZVStO, in: PrGS 1818, S. 102 ff. (133).

99 *Hoffmann*, Zollrecht, S. 241: Nach ALR Teil II Titel 20 §§ 1260, 1261 aber galt, „daß, wenn in den Gesetzen keine besondere Strafe bestimmt ist, derjenige, der sich eines strafbaren Betrugs oder ausdrücklich verbotenen Eigennutzes schuldig gemacht hat, um den doppelten Betrag des gesuchten Gewinnes fiskalisch bestraft werden solle und daß, wenn dieser Gewinn nicht ausgemittelt werden kann, der Richter die Geldstrafe nach dem Betrage des dem anderen zugefügten Schadens festsetzen muß.“

100 Vgl. § 111 ZVStO, in: PrGS 1818, S. 102 ff. (132).

oder nach den Pflichten des Steuerschuldners unterschiedlich aus[101]. Somit kam es weiter zur Anwendung von formaldeliktischen Defraudationstatbeständen, bei denen die Erfüllung des objektiven Tatbestandes, ohne Rücksicht auf ein Verschulden, zur Strafbarkeit führte[102]. So ordnete § 121 ZVStO an, dass Gewerbetreibende und deren Frachtführer bei Nichtanzeige oder unrichtigen Angaben in Bezug auf ein- oder auszuführende Waren bereits „schon dadurch in die Strafen der Uebertretung der Waarenverbote, oder der Verkürzung der Gefälle (§ 111. und folgende.)“ verfallen. Eine ergänzende Erläuterung erfuhr diese Bestimmung durch § 4 der Verordnung vom 13. Juli 1829. Danach begründete bereits die bloße Tatsache, dass die Ware gar nicht oder in Qualität und Quantität zu gering angegeben wurden, das Dasein einer Zolldefraudation. Auf eine vorsätzliche oder wissentliche Begehungsweise kam es nicht an[103]. Gewerbetreibenden wurde die Kenntnis der Gesetze hierbei einfach unterstellt. Ein Gegenbeweis war ausgeschlossen[104]. Durch diese Formaldelikte schuf der preußische Gesetzgeber quasi eine „Einheitsschuld“ und vergab somit die Gelegenheit einer schuldangemessenen Bestrafung dieser Steuerstraftaten. Diese harte formaldeliktische Regelung des § 121 ZVStO traf jedoch nur Gewerbetreibende bzw. Frachtführer. In § 120 ZVStO wurde diesem Personenkreis die Kenntnis der ihr Gewerbe betreffenden Gesetze einfach unterstellt[105]. Demgegenüber musste Privatpersonen bei gleichen Tatumständen ein Verschulden (Wissen oder Vorsatz) nachgewiesen werden. Ein Motiv für die Ausgestaltung zu Formaldelikten wurde darin gesehen, dass der Gesetzgeber auf diese Weise den staatlichen Kontrollverlust durch die zuvor eingeführten Warenverkehrserleichterungen, bspw. die Aufhebung der Binnenzölle (1816), durch dieses notwendige Korrelat ausgleichen wollte[106]. Auch die §§ 123, 124

101 Vgl. *Poggemann*, Steuerstrafrecht, S. 56; *Hoffmann*, Zollrecht, S. 241 f., insb. 242.

102 Vgl. *Hoffmann*, a.a.O., S. 242: „Hierbei macht indessen der Gesetzgeber einen bedeutsamen Unterschied. a) gegenüber den durch die Proklamierung der Freiheit des Warenverkehrs geschaffenen Verkehrserleichterungen erachtet er die strengste Durchführung der Deklarationspflicht als notwendiges Korrelat und behandelt daher die Verletzung der Deklarationspflicht schlechthin als Formaldelikt.“

103 Vgl. Verordnung zur Erläuterung und Ergänzung einiger Bestimmungen der Zoll-Ordnung vom 26. Mai 1818 vom 13. Juli 1829, in: PrGS 1829, S. 95 f. (95); zitiert auch bei *Hoffmann*, Zollrecht, S. 242.

104 Vgl. *Hoffmann*, Zollrecht, S. 241, 247; auch *Poggemann*, Steuerstrafrecht, S. 56, 71.

105 Vgl. § 120 ZVStO, in: PrGS 1818, S. 102 ff. (133): „Wer in seinem Gewerbe reiset, […] kann sich mit der Unwissenheit der auf dieses Gewerbe sich erstreckenden allgemeinen und besondern Gesetze des Staates nicht entschuldigen; auch *Poggemann*, Steuerstrafrecht, S. 58.

106 Vgl. *Hoffmann*, a.a.O., S. 242; auch *Poggemann*, a.a.O., S. 57 f., 71: der den weit höheren Stellenwert der fiskalischen Interessen gegenüber dem Interesse an der Leichtigkeit des Verkehrs betont.

ZVStO, die die Verletzung der Gestellungspflicht bzw. den Warentransport behandelten, wiesen Merkmale eines Formaldelikts auf. Entsprechend wurde in § 123 ZVStO die Warenkontravention (Defraudation bzw. Kontrebande) bei Erfüllung bestimmter Tatbestandsmerkmale, z.B. der Vorüberfahrt am ersten Deklarierungsamt oder wenn der Warenführer sich zur Tageszeit auf Nebenwegen befand, ohne sich auf die vorgeschriebene Art legitimieren zu können, als vollendet angenommen. Dies erklärt sich wohl dadurch, dass die Accise an den Stadttoren der „Accise-Städte" erhoben wurde, weshalb die Versuchung bestand, diese Städte zu „umgehen". Der Warenführer hatte jedoch gem. § 124 ZVStO die Möglichkeit, den vollständigen Beweis darüber zu führen, dass er nicht Gegenstände, die mit einem Verbot betroffen waren, ein- oder ausführen wollte und keine Gefälle entziehen wollte[107]. Gelang ihm dieser vollständige Nachweis, konnte an die Stelle der ursprünglich vorgesehenen Strafe lediglich eine Ordnungsstrafe in Höhe von einem bis zu zehn Talern treten. Das Formaldelikt des § 123 ZVStO wurde so zu einer Schuldpräsumtion umgewandelt. Die Folge war, dass ein schuldhaftes Handeln bei Verwirklichung bestimmter Tatbestandsmerkmale einfach vermutet wurde. Die Beweislast für sein schuldloses Handeln oblag somit dem Beschuldigten. Dieser hatte den Gegenbeweis zu führen und die Präsumtion zu widerlegen[108]. Die Beweggründe für diese differenzierte Ausgestaltung des Verschuldenskriteriums bei den Bestimmungen des Warentransports gegenüber denen der Deklarationspflicht sind unterschiedlicher Natur. Zu suchen ist die Ursache allerdings in der räumlichen Besonderheit der Vorschriften. Die §§ 123 und 124 ZVStO wurden explizit für den Warentransport im Grenzbezirk erlassen. Demgegenüber waren die Bestimmungen über die Deklarationspflichten für den Verkehr im Binnenland vorgesehen. Der Hauptgrund für diese Unterscheidung war in der gesetzgeberischen Abwägung von inländischem Handel einerseits und grenzüberschreitendem Handelsverkehr andererseits zu suchen[109]. So hatte der preußische Gesetzgeber bereits in den besonderen Zollvorschriften der frühen Neuzeit eine Differenzierung vorgenommen. Einerseits waren Vorschriften des grenzübergreifenden Handels formaldeliktisch geprägt. Andererseits beinhalteten die Regelungen des inländischen Handels (sog. Accisedelikte) Verschuldenskriterien. Dem inländischen Handel wurde somit Priorität eingeräumt. Die Motive des Gesetzgebers könnten damals in einer Stärkung der inländischen Wirtschaft durch erschwerte Einfuhr ausländischer Erzeugnisse gelegen haben.

---

107 Vgl. §§ 123, 124 ZVStO, in: PrGS 1818, S. 102 ff., (134); *Poggemann*, a.a.O., S. 58 f.

108 Vgl. *Hoffmann*, Zollrecht, S. 242 f., 246 ff. (insb. 248); *Linden*, Zollstrafrecht, S. 85 f.; *Poggemann*, Steuerstrafrecht, S. 59.

109 Vgl. *Poggemann*, Steuerstrafrecht, S. 59 f. (insb. 60).

Dadurch sollten höhere Verbrauchsteuern erzielt werden[110]. Demgegenüber beabsichtigte der Gesetzgeber in der Zoll- und Verbrauchsteuerordnung von 1818 eine gegenteilige Schwerpunktsetzung. Durch die Begünstigung des grenzüberschreitenden Handels sollte eine Belebung desselben mit dem angestrebten Ergebnis verstärkter Zolleinnahmen erreicht werden. Im Inland hingegen setzte der Gesetzgeber auf strengere Kontrollen und Strafen zur Steuereinnahmesicherung[111].

Die Tendenz des preußischen Gesetzgebers zu drei verschiedenen Varianten der Steuerstrafgesetzgebung ist hier bereits erkennbar. Einerseits gab es Formaldelikte, die auf das Erfordernis von Schuldmerkmalen gänzlich verzichteten. Andererseits wurden Delikte mit Schulderfordernissen versehen. Daneben existierten Tatbestände mit Schuldpräsumtionen. Die Anwendung von Formaldelikten und Schuldpräsumtionen ermöglichten eine praktische und einfache Handhabung der Gesetze. Das Verschuldenserfordernis des allgemeinen Teils des Strafrechts wurde dadurch jedoch de facto ausgehebelt[112]. Hierdurch zeigte sich erneut eine bedenkliche Funktionalisierung des Steuerstrafrechts durch den Gesetzgeber. Steuerstrafvorschriften wurden, je nach Bedarf und auf die jeweilige wirtschaftliche Situation ausgerichtet, in differenzierter Weise ausgestaltet. Der Gesetzgeber verfolgte mit seiner unterschiedlichen Gesetzgebung letztlich regelmäßig rein fiskalische Interessen[113].

Hinsichtlich der Rechtsfolgen war die Gefälledefraudation, wie schon in § 300 ALR II 20, kumulativ mit der Strafe der Konfiskation und Geld- oder Freiheitsstrafe bedroht. Abweichend von der Verordnung vom 11. Juni 1816[114] trat neben die Konfiskation im ersten Begehungsfalle eine Geldstrafe gem. § 111 ZVStO, die im Vierfachen der hinterzogenen Abgabe bestand[115]. Die Höhe der

---

110 Vgl. Zweites Kapitel, C) I. 1., S. 16 f.; *Poggemann*, a.a.O, S. 60; Fn. 29: weist darauf hin, dass die tatsächlichen Beweggründe der Normen der neuen Accise von 1680 nicht zugänglich seien. Eine Verifizierung dieser Hypothese könne somit nicht erfolgen.

111 Vgl. *Poggemann*, Steuerstrafrecht, S. 60 f. (insb. 61).

112 Vgl. *Kuhlen*, Grundfragen, S. 23; *Poggemann*, Steuerstrafrecht, S. 53, 58 f.

113 Vgl. *Poggemann*, Steuerstrafrecht, S. 52 f., 58, 59 ff, 71.

114 Vgl. *Hoffmann*, a.a.O., S. 240 a.E. f.: Die §§ 300, 303 ALR verwiesen bezüglich der Strafdrohungen auf die zerstreuten und heterogenen Normen der älteren Accise- und Zollverordnungen. Mit der Verordnung (VO) wegen Aufhebung der Wasser-, Binnen- und Provinzialzölle vom 11. Juni 1816 sollte diese Lücke geschlossen werden. In § 9 dieser VO wurde die Zolldefraudationsstrafe, im ersten Falle Geldstrafe nach dem Achtfachen, im ersten Wiederholungsfalle nach dem Zwölffachen, bei jedem weiteren Wiederholungsfall nach dem Sechzehnfachen der hinterzogenen Abgabe festgelegt. Im Falle der dritten Wiederholung konnte der Gewerbebetrieb völlig untersagt werden.

115 Vgl, *Hoffmann*, Zollrecht, S. 249.

Geldstrafen, deren Festsetzung bis zu diesem Zeitpunkt im freien Ermessen der Richter gelegen hatte, wurde nun durch Gesetz neu festgelegt[116]. Für die Kontrebande war also das Doppelte des Wertes der verbotswidrig ein- oder ausgeführten Gegenstände, mindestens aber zehn Taler, als Strafe zu entrichten. Demgegenüber hatte der Defraudant das Vierfache der hinterzogenen Gefälle zu zahlen[117]. Im Bereich der Ordnungswidrigkeiten war die gesetzliche Vorgabe eines Strafrahmens durch Bestimmung eines bezifferten Mindest- und Höchstbetrages der Geldstrafe erkennbar[118]. Neben den Geld- oder Freiheitsstrafen galt auch weiterhin die Konfiskation als eine primäre Strafe[119]. Hinsichtlich der Höhe der Freiheitsstrafen blieben weitgehend die strengen Vorschriften, wie sie bereits im ALR vorlagen, erhalten[120]. Auch die ZVStO sah Strafschärfungen vor. Im Falle des Rückfalls drohte das Gesetz für den ersten Wiederholungsfall nach vorheriger Bestrafung eine Verdoppelung der Geldstrafe an. Sie konnte in eine verhältnismäßige Gefängnis-, Zuchthaus – oder Festungsstrafe bis zu zehn Jahren umgewandelt werden[121]. Im zweiten Rückfalle trat eine zwei bis zehnjährige Zuchthaus- oder Festungsstrafe ein. Zugleich wurde diese Bestimmung verschärft durch eine Entziehung der Erlaubnis zum Betrieb des Gewerbes. Des Weiteren konnte der Name des Täters öffentlich durch den Richter bekannt gemacht werden[122]. Neben dem Rückfall sah auch die ZVStO die Widersetzlichkeit gegen Steuerbeamte als weiteren Strafschärfungsgrund vor. Sofern die Handlung weder mit Beleidigungen noch unter Verwendung von Waffen geschah, war eine Geldstrafe von zehn bis fünfzig Talern bzw. eine verhältnismäßige Gefängnisstrafe vorgesehen. Nach Absatz 2 traten bei Beleidigungen der Beamten die allgemeinen

---

116 In § 300 ALR hieß es noch: „Außer der Confiskation hat derjenige, welcher eine Contrebande oder Defraudation begeht, auch noch verhältnismäßige Geld- oder Leibesstrafe verwirkt." § 303 ALR verwies wiederum bzgl. des Strafmaßes auf die besonderen Accise- und Zollverordnungen; dazu bereits Zweites Kapitel, C) I. 1., S. 16 f., 18 f; vgl. auch *Linden*, Zollrecht, S. 83, insb. Fn. 5;

117 Vgl. § 111 ZVStO, in: PrGS 1818, S. 102 ff. (132); auch *Linden*, Zollrecht, S. 83.

118 Vgl. § 124 ZVStO, in: PrGS 1818, S. 102 ff. (134): „so soll nur eine nach den Umständen zu ermessende Ordnungsstrafe von einem bis zu zehn Thalern, oder verhältnißmäßige Gefängnisstrafe, statt finden"; so auch *Poggemann*, Steuerstrafrecht, S. 98 f.: Dagegen war ein unbegrenztes richterliches Ermessen in den entsprechenden preußischen Vorschriften des 19. Jahrhunderts nicht mehr zu ermitteln.

119 Vgl. § 111 ZVStO: „der hat außer der Konfiskation […] eine Geldstrafe verwirkt"

120 Vgl. *Poggemann*, Steuerstrafrecht, S. 101.

121 Vgl. § 113 ZVStO, in: PrGS 1818, S. 102 ff. (132); *Linden*, Zollstrafrecht, S. 83 f.

122 Vgl. § 114 ZVStO, in: PrGS 1818, S. 102 ff. (132); *Hoffmann*, a.a.O., S. 249; *Linden*, a.a.O., S. 84; § 115 ZVStO sah bei weiteren Deliktswiederholungen eine Strafschärfung vor, die aber nie das zulässige Maß von zehn Jahren Freiheitsstrafe übersteigen durfte.

Strafbestimmungen in Kraft[123]. Jedoch begründete das Mitführen eines geladenen Gewehres oder einer vergleichbaren schädigenden Waffe die unwiderlegbare Vermutung einer Absicht zum Einsatz bzw. Widerstand gegen die Zollbeamten[124]. Grundsätzlich sollte dabei der Teilnehmer einer Tat (Anstifter oder Gehilfe) mit derselben Strafe wie der Haupttäter belegt werden[125]. Dieser Grundsatz wurde jedoch erweitert. Nun bestand für jedermann die Verpflichtung, sobald er von einer Defraudation oder Kontrebande Wissen erlangte, eine Anzeige zu erstatten oder durch Benachrichtigung des nächsten Zoll- oder Steueramtes bzw. anderweitig die Vollendung der Tat zu unterbinden. Bei Verletzung dieser Anzeigepflicht war er, sofern er überführt werden konnte, davon zuverlässige Kunde bzw. Kenntnis gehabt zu haben, nicht nur zum Schadenersatze verbunden, sondern konnte auch nach Verhältnis seiner Bosheit oder Fahrlässigkeit bestraft werden[126].

Eine wesentliche Neuerung erfuhr im ZVStG das Institut der Haftung für Dritte. Vorrangig hatte immer der eigentliche Verbrecher zu haften. Eine Haftung des vertretungsverbindlichen Dritten wurde dagegen nur angeordnet „wenn die wegen Unvermögens des eigentlichen Verbrechers oder im Wiederholungsfalle an die Stelle der Geldstrafe zu erkennende Gefängniß-, Festungs-, oder Zuchthausstrafe, gegen die eigentlichen Verbrecher nicht zur Vollziehung gebracht werden“[127] konnte. Die verwirkte Geldstrafe vom subsidiarisch Verpflichteten war also vor allem erst dann einzuziehen, wenn sie vom eigentlichen Verbrecher wegen dessen Zahlungsunfähigkeit nicht beigetrieben werden konnte. Die Haftung für Dritte hatte somit nur noch subsidiären Charakter[128]. Insgesamt fanden aber keine durchgreifenden Veränderungen statt. In der ZVStO war weiterhin eine Instrumentalisierung der Rechtsfolgen bzw. des Strafrahmens durch die Anwendung von sog. Multiplarstrafen und der Konfiskation erkennbar. Fiskalische Interessen des Gesetzgebers und damit einhergehende Funktionalisierungsaspekte blieben erhalten[129].

---

123 Vgl. § 147 ZVStO, in: PrGS 1818, S. 102 ff., (136); *Linden*, Zollstrafrecht, S. 87.

124 Vgl. § 149 ZVStO, in: PrGS 1818, S. 102 ff., (137): „Wenn Personen, […] verbotene oder steuerpflichtige Waaren bei sich führen, sich aber der Visitationen der dazu bestellten Beamten entziehen oder widersetzen; so sollen sie nach Vorschrift des § 148. bestraft werden, wenn auch der Umstand, daß sie sich des Gewehrs zum Widerstande gegen die Beamten haben bedienen wollen, nicht erwiesen ist.“

125 Vgl. § 118 ZVStO, in: PrGS 1818, S. 102 ff. (133).

126 Vgl. § 119 ZVStO, in PrGS 1818, S. 102 ff. (133); *Linden*, Zollstrafrecht, S. 86.

127 § 139 ZVStO, in: PrGS 1818, S. 102 (135); *Linden*, Zollstrafrecht, S. 87; *Hoffmann*, Zollrecht, S. 243 f.

128 Vgl. *Hoffmann*, Zollrecht, S. 244; *Poggemann*, a.a.O., S. 76; *Linden*, a.a.O., S. 87.

129 Vgl. auch *Poggemann*, Steuerstrafrecht, S. 99 f.; 101.

Im preußischen Steuer- und Zollstrafverfahrensrecht setzte sich die eingeschlagene Entwicklung im 19. Jahrhundert fort. Die Zoll- und Accisestrafsachen sollten den ordentlichen Gerichten weiterhin entzogen werden. Die Gerichtsbarkeit wurde mit der Verordnung wegen verbesserter Einrichtung der Provinzialpolizei- und Finanzbehörden vom 26. Dezember 1808 von den Provinzialgerichten und dem Oberregiegericht auf die Provinzialbehörden übertragen[130]. So bestimmte § 45 der Verordnung, dass Regierungen[131] in der Regel dazu bevollmächtigt sein sollten, bei Kontraventionen gegen Finanzgesetze das Strafverfahren als summarische Untersuchung durchzuführen und letztlich darüber zu entscheiden. Nur sofern die Finanzbehörden von ihrer in § 45 festgeschriebenen Ermächtigung keinen Gebrauch machten, sollten die ordentlichen Gerichte nach § 34 für diese Verfahren zuständig sein[132]. Letztlich nahmen die ordentlichen Gerichte lediglich die Funktion einer subsidiären Entscheidungsinstanz ein[133]. Die ZVStO untermauerte mit den §§ 152 ff. diese Zuständigkeitsordnung in Zoll- und Steuersachen. § 155a) ZVStO bestimmte, dass grundsätzlich die Hauptzollämter für den Fall zuständig waren, dass die gesetzliche Geldstrafe einschließlich des Wertes der konfiszierten Waren zehn Thaler[134] nicht überstieg. Bei einem höheren Strafbetrag oblag die Untersuchung und Entscheidung des Sachverhalts der Bezirksregierung. Dabei erfolgte die Entscheidung nicht als Urteil, sondern in der Form des sog. Resoluts[135]. Dem Angeschuldigten stand es gemäß § 155 b) ZVStO jedoch frei, „während der summarischen Untersuchung zu jeder Zeit bis zu deren Schluß auf gerichtliche Untersuchung und Abfassung eines förmlichen Erkenntnisses anzutra-

---

130 Vgl. *Jacobson*, Der Preußische Staat, S. 119 (133 f.) (140 ff.); *Linden*, Zollstrafrecht, S. 89; *Hoffmann*, Zollrecht, S. 250, 251: Bereits zuvor war durch das preußische Gesetz vom 6. Juni 1795 die Ausübung der Strafgerichtsbarkeit in Zoll- und Accisesachen von den Verwaltungsgerichten (Regie-, Oberregiegericht) wieder auf die Accise- und Zolldirektionen als erste Instanz übergegangen.

131 Die preußische Verwaltung gliederte sich in hierarchische Ebenen, bestehend aus den Zentralbehörden, den Provinzialbehörden sowie den für Kirchen- und Unterrichtswesen zuständigen Behörden. Die Provinzialbehörden wurden in administrative Verwaltungs- sowie Justizbehörden unterteilt. Die (Bezirks-) Regierungen, untergliedert u.a. in Landratsämter sowie Organe der direkten Steuerverwaltung, waren Teil der administrativen Verwaltungsbehörden, vgl. *Jacobson*, Der preußische Staat, S. 119, 133 f., 140 ff. (143 f.).

132 Vgl. § 45 der Verordnung, in: Novum Corpus Constitutionum, No. 63, S. 679 (697).

133 Vgl. *Poggemann*, Steuerstrafrecht, S. 118.

134 Durch die spätere Verordnung vom 19. November 1824 wurde dieser Betrag auf fünfzig Thaler erhöht, in: PrGS 1824, S. 181 ff.; *Hoffmann*, Zollrecht, S. 251.

135 Vgl. § 155 ZVStO, in: PrGS 1818, S. 102 (138); *Hoffmann*, a.a.O., S. 251, insb. Fn. 2.

gen"[136]. Jedoch wurde später die Berufung auf rechtliches Gehör durch die Verordnung vom 19. November 1824 ausgeschlossen, sofern die Strafe weniger als 10 Thaler betrug[137]. § 152 ZVStO sah vor, dass Zoll- und Steuerbeamte zum Einschreiten verpflichtet waren, sobald sie eine Übertretung der Steuergesetze feststellten oder auf andere Weise eine Kontravention zuverlässig bekannt wurde. Neben der Beschlagnahme der Waren war auch bei begründetem Verdacht eine Beschlagnahme der Transportmittel ohne weiteres und ohne Beschränkung auf den Grenzbezirk zulässig. Fremde und unbekannte Personen konnten, bis sie sich legitimieren konnten oder vollständige Sicherheit gestellt hatten, an das nächste Gericht zur einstweiligen Verwahrung übergeben werden[138]. Die Vollstreckung rechtskräftiger Strafresolute erfolgte letztlich durch die Steuerbehörde. Die Verwaltungsbehörden waren für die Vollstreckung der von Ihnen verhängten Strafbescheide zuständig. Dagegen waren die ordentlichen Gerichte für die Vollstreckung der von ihnen entschiedenen Urteile zuständig. Diese Kompetenz umfasste die Umwandlung von Geld- in Freiheitsstrafen[139]. Ähnlich wie im ALR wurden auch im ZVStO die Denunziantenanteile zwischen den am Verfahren beteiligten Personen aufgeteilt. § 1 des Gesetzes vom 31. Dezember 1819 erhöhte diesen Denunziantenanteil, welcher bis zum 19. Jahrhundert in Preußen nur einen Anteil in Höhe eines Viertels der vollstreckten Geldstrafen umfasst hatte, auf zwei Drittel aller rechtskräftig festgelegten Geldstrafen und Konfiskatwerte. Die Denunziantenanteile sollten also nach dem Gesetz an die Zoll- und Steuer- und andere bei der Entdeckung und Beschlagnahme Unterstützung leistenden Beamten gewährt werden[140].

3. Zollstrafgesetz (1838)

Ab dem Jahre 1830 führte Preußen mit dem süddeutschen Zollverein (seit 1828 aus Württemberg und Bayern bestehend), dem Königreich und Großher-

---

136 § 155 b) ZVStO, in PrGS 1818, S. 102 ff. (138); vgl. auch *Hoffmann*, Zollrecht, S. 252; *Linden*, Zollstrafreht, S. 89.

137 Vgl. Verordnung wegen der Erhebungsrolle der Abgaben und wegen Ergänzung der Zollordnung, in: PrGS 1824, S. 181 ff.; *Hoffmann*, a.a.O., S. 252, insb. Fn. 2; *Poggemann*, a.a.O., S. 121.

138 Vgl. § 152 ZVStO, in PrGS 1818, S. 102 ff., (137); *Hoffmann*, Zollrecht, S. 252.

139 Vgl. *Linden*, a.a.O., S. 89 a.E.; *Poggemann*, a.a.O., S. 137; dazu *Hoffmann*, a.a.O., S. 254: Sofern der Verurteilte zahlungsunfähig war, hatte das Gericht die Möglichkeit, auf Antrag der Steuerbehörde eine festgelegte Geldstrafe durch ein nicht anfechtbares Resolut nach den hierfür in §§ 88 und 89 ALR II 20 festgeschriebenen Grundsätzen in Gefängnisstrafe umwandeln. Dabei war das Gericht für die Vollstreckung zuständig.

140 Vgl. *Poggemann*, a.a.O., S. 138; *Hoffmann*, a.a.O., S. 255: Bei geringeren Zollkontraventionen fand ein abgekürztes gerichtliches Verfahren vor dem Obergericht statt.

zogtum Sachsen sowie den anderen thüringischen Staaten Verhandlungen. Als Ziel verfolgte Preußen die Bildung eines größeren Zollverbandes auf Grundlage der preußischen Zollgesetzgebung und Zollverwaltungsorganisation sowie des preußisch-hessischen Vereinsrechtes. Zur Unterstützung zügiger Verhandlungen hatte Preußen am 15. Februar 1832 zunächst einen Vertragsentwurf über die Vereinigung des preußisch-hessischen und des bayerisch-württembergischen Zollvereins vorgelegt[141].

Am 22. März 1833 kam es dann zum Abschluss des Zollvereinigungsvertrages zwischen Preußen, dem Kurfürstentum und dem Großherzogtum Hessen einerseits und Bayern und Württemberg andererseits. Im selben Jahr erfolgte durch Verträge der genannten Staaten mit dem Königreich Sachsen und dem Thüringischen Zoll- und Handelsverein auch deren Beitritt zu dem Gesamtzollverein. Damit war der Deutsche Zollverein begründet. Die Verträge traten mit dem 1. Januar 1834 in Kraft[142]. Zunächst war in den ersten Zollstrafgesetzgebungen der Vereinsstaaten die Annahme möglichst übereinstimmender Grundsätze für die Bestrafung der Zollvergehen noch nicht erreicht worden, da Bayern und Württemberg an den Grundlagen des Strafrechts des bayerisch-württembergischen Zollvereins weitgehend festhielten und Sachsen in dem Gesetz vom 21. Dezember 1833 den Versuch unternommen hatte, für seine gesamten indirekten Staatsabgaben ein allgemeines Strafgesetz zu entwerfen[143].

Allerdings kam auf der im Jahre 1836 in München abgehaltenen ersten Generalkonferenz von Bevollmächtigten der zu dem damaligen Deutschen Zoll- und Handelsvereine zusammengeschlossenen Deutschen Bundesstaaten[144], auf Grund des von Preußen den übrigen Vereinsregierungen bereits im Jahre 1835 mitgeteilten Entwurfs eines Zollstrafgesetzes, eine Vereinbarung über alle wesentlichen Grundsätze des Vereinszollstrafrechts zustande[145]. Diese Grundsät-

141 Vgl. *Hoffmann*, a.a.O., S. 271: Differenzpunkte, welche sich aus der Vorlage eines von Bayern ausgearbeiteten Gegenentwurfes Anfang 1833 ergaben, wurden ausgeräumt.

142 Vgl. *Hoffmann*, Zollrecht, S. 272 f.

143 Vgl. *Hoffmann*, Zollrecht, S. 409.

144 Vgl. *Löbe*, Zollstrafrecht (1881), Einleitung S. 1: „[…] , nämlich der Königreiche Preußen, Bayern, Sachsen, Württemberg, des Großherzogthums Baden, des Kurfürstenthums Hessen, des Großherzogthums Hessen, der den „Thüringischen Zoll- und Handelsverein" bildenden Thüringischen Staaten, und zwar des Großherzogthums Sachsen-Weimar, der Herzogthümer Sachsen-Meinigen, Sachsen-Altenburg, Sachsen-Coburg-Gotha, der Fürstenthümer Schwarzburg-Sondershausen, Schwarzburg-Rudolstadt, Reuß-Schleiz, Reuß-Greiz, Reuß-Lobenstein und Ebersdorf, ingleichen des Herzogthums Nassau und der freien Stadt Frankfurt a.M., […]."

145 Vgl. Generalkonferenz vom 24. August 1836, die Zollstrafgesetzgebung betreffend und Anlage („Grundsätze"), hierzu *Hoffmann*, Zollstrafrecht, S. 410; auch *Löbe*, Zollstrafrecht (1881), Einleitung S. 1 ff., zu den leitenden Grundsätzen insb. S. 3 ff.

ze gingen sodann in die von den einzelnen Vereinsstaaten erlassenen Zollstrafgesetze über. Auch wenn diese Grundsätze generell auf dem bisherigen preußischen Recht aufbauten, so brachten sie dennoch mehrere neue bedeutsame Vorschriften, indem sie die besonderen Tatbestände der Defraudation und Kontrebande erweiterten, die subsidiarische Haftung auch auf Prozesskosten und Gefälle ausweiteten und mehrere neue Strafschärfungsgründe einführten[146].

Auf Grundlage dieser Vereinbarungen erging am 23. Januar 1838 das „Gesetz wegen Untersuchung und Bestrafung der Zollvergehen" (sog. Zollstrafgesetz) in Preußen[147]. Hinsichtlich des *Tatbestandes* wurde in § 1 sowie in § 2 des Zollstrafgesetzes (ZStrG) wieder die Tathandlung „unternimmt" vorausgesetzt:

> „§. 1. Wer es unternimmt, Gegenstände, deren Ein- oder Ausfuhr verboten ist, diesem Verbote zuwider, ein- oder auszuführen, [...].
>
> §. 2. Wer es unternimmt, dem Staate die Ein-, Aus- oder Durchgangs-, oder die an der Grenze eines Zollvereinsstaats zu erhebenden Ausgleichungsabgaben zu entziehen, [...]."[148]

Allerdings waren hierdurch wiederum keine klar eingrenzbaren Kriterien vorhanden anhand derer man die Tathandlung des „Unternehmens" genau bestimmen konnte. Eine hinreichende Bestimmtheit des Gesetzeswortlautes wurde nicht erfüllt. Das Tatbestandsmerkmal „zu entziehen" verdeutlicht erneut die Intention des Gesetzgebers, entsprechend dem ALR, eine betrugsähnliche Handlungsweise vorauszusetzen.

Hinsichtlich des Schulderfordernisses baute das Zollstrafgesetz weitestgehend auf die Zollordnung von 1818 auf[149]. Allerdings wies das Zollstrafgesetz von 1838 gegenüber der Zollordnung von 1818, in der noch eine Dominanz an Formaldelikten sichtbar war, eine deutlich vermehrte Integration von Schuldpräsumtionen auf. In § 6 erfolgte eine umfangreiche Aufzählung derjenigen

---

146 Vgl. *Hoffmann*, Zollrecht, S. 410; *Löbe*, Zollstrafrecht (1881), Einleitung, S. 3 ff.

147 Vgl. § 1 ff. ZStrG, in: PrGS 1838, S. 78 ff.; hierzu auch *Hoffmann*, a.a.O., S. 410: „Auf Grund dieser Vereinbarungen sind ergangen das Zollstrafgesetz vom 23. Januar 1838 in Preußen, vom 17. November 1837 in Bayern, vom 3. April 1838 in Sachsen, vom 15. Mai 1838 in Württemberg, vom 3. August 1837 in Baden, [...]"; Bei dieser Zollstrafgesetzgebung ist es, mit Ausnahme von einigen den Eisenbahnzollverkehr betreffenden Ergänzungen im Jahre 1851, bis zum Vereinsgesetz wegen Abänderung einzelner Bestimmungen der Zollordnung und der Zollstrafgesetzgebung vom 18. Mai 1868 verblieben, dazu *Hoffmann*, Zollrecht, S. 410.

148 § 2 ZStrG, in: PrGS 1838, S. 78 ff. (78).

149 Vgl. *Hoffmann*, Zollrecht, S. 410, (412).

Fälle, bei denen die Zolldefraudation oder Kontrebande als vollendet angenommen werden sollte[150]. § 6 Abs. 2 definierte die Schuldpräsumtionen:

> §.6. Die Kontrebande oder Zolldefraudation wird als vollbracht angenommen: 1) […] 5) […].
>
> „Das Daseyn der in Rede stehenden Vergehen und die Anwendung der Strafe derselben wird in den vorstehend unter 1. bis 5. angeführten Fällen lediglich durch die daselbst bezeichneten Thatsachen begründet.“[151]

Der Angeschuldigte hatte gemäß § 6 Abs. 3[152] die Möglichkeit, den Gegenbeweis anzubringen, dass er weder eine Kontrebande noch eine Zolldefraudation begehen wollte. Diese Widerlegung vermuteten Verschuldens war jedoch nur für die Fälle 2., 3. und 4. zulässig, wodurch die Fälle 1. a) und 5. wieder den Status reiner Formaldelikte erlangten. Das subjektive Tatbegehungsmerkmal „wider besseres Wissen“ in § 6 1) b)[153] war von der Schuldpräsumtion aufgrund objektiver Tatsachen unabhängig formuliert. Eine Schuldpräsumtion war hier in der Folge nicht gegeben. Dem Angeschuldigten war für eine Bestrafung sein subjektiver Tatbestand von staatlicher Seite nachzuweisen, d.h. für ihn galt die Unschuldsvermutung. Auffallend war bei den zwei Varianten des Falles 1. die Differenzierung zwischen einem Formaldelikt bei Gewerbetreibenden einerseits und einem Schuldnachweis bei anderen Personen andererseits für ein grundsätzlich gleichwertiges Vergehen[154]. Diese strenge Behandlung der Frachtfuhrleute in dieser Zeit wurde damit begründet, dass die zum Teil verhältnismäßig hohen Zollsätze und das fast ausschließliche Transportmonopol der Frachtfuhrleute diese zum Schmuggel verleiten würden[155].

---

150 Vgl. *Poggemann*, Steuerstrafrecht, S. 62.

151 § 6 Abs. 2 ZStrG, in: PrGS 1838, S. 78 ff. (80).

152 Vgl. § 6 Abs. 3 ZStrG, in : PrGS 1838, S. 78 ff. (80): „Kann jedoch in den unter 2. 3. 4. angeführten Fällen der Angeschuldigte vollständig nachweisen, daß er eine Kontrebande oder Zolldefraudation nicht habe verüben können oder wollen, so findet nur eine Ordnungsstrafe nach […] §. 18. statt.“

153 Vgl. § 6 1) b) ZStrG, in: PrGS 1838, S. 78 ff. (79): „1) wenn bei der Anmeldung an der Zollstätte a) Gewerbetreibende und Frachtführer verbotene oder abgabepflichtige Gegenstände gar nicht, oder in zu geringer Menge, oder in einer Beschaffenheit, die eine geringere Abgabe würde begründet haben, deklariren, oder b) andere Personen dergleichen Gegenstände *wider besseres Wissen* unrichtig deklariren, oder bei der Revision verheimlichen“.

154 Vgl. *Poggemann*, Steuerstrafrecht, S. 63.

155 Vgl. *Löbe*, Zollstrafrecht (1881), Einl. S. 6: „Wenn die Zollstrafgesetzgebung der damaligen Zeit erhebliche Härten in sich schloß, so erklärt sich dies daraus, […] daß der zoll- und kontrolepflichtige Waarenverkehr […] damals fast ausschließlich durch Frachtfuhrleute vermittelt wurde und bei dieser Art des Verkehrs, zumal in Berücksichtigung der zum Theile verhältnißmäßig hohen Zollsätze, der Anreiz zur Verübung von

Diese Gesetzgebung zeigte die fiskalpolitische Einstellung des preußischen Gesetzgebers. Dieser verfolgte das vorwiegende Ziel seine Steuereinnahmen aufrecht zu erhalten. Das Steuerstrafrecht – so hieß es – werde nicht nur von kriminalistischen, sondern ebenso von finanziellen Rücksichten geleitet. Dies erkläre auch die äußerst hohen Geldstrafen, die sehr oft nicht im Einklang mit der Höhe des Verschuldens stünden[156]. Ein unbedingtes Anpassen der Strafe an die Schuld sei im Zoll- und Steuerstrafrechte überhaupt eine Seltenheit[157].

Bezüglich der *Rechtsfolgen* bestand weiterhin im Zoll- und Steuerstrafrecht die Konfiskation als primäre Strafe, neben der sekundär noch Geld- oder Freiheitsstrafen treten konnten[158]. Möglich blieb eine Konfiskationswertersatzstrafe[159]. Weiter Anwendung fanden die sog. Multiplarstrafen. Nach § 2 sollte bei einem Gesetzesverstoß eine Konfiskation der Gegenstände, in Bezug auf welche das Vergehen (die Zolldefraudation) verübt worden war, erfolgen und zugleich eine dem vierfachen Betrage der vorenthaltenen Abgaben gleichkommende Geldbuße entrichtet werden[160]. Auch bezüglich der Höhe der Freiheitsstrafen schloss sich das ZStrG (1838) weitestgehend an das strikte ALR (1794) und die ZVStO (1818) an[161].

Im Rahmen der Strafzumessung blieb insbesondere der Rückfall als Strafschärfungsgrund erhalten. Im Wiederholungsfalle nach vorhergegangener rechtskräftiger Verurteilung trat außer der Konfiskation der Gegenstände eine Verdopplung der Geldbuße[162]. Möglich blieben daneben eine Gewerbeuntersa-

---

Schmuggeleien ein weit größerer war, als dies bei einem Verkehre, welcher der großen Masse nach durch Eisenbahnen und Schiffe vermittelt wird, der Natur der Sache nach der Fall sein kann. ‘Ein jedes Zollstrafgesetz müsse’ – zu vergl. das besondere Protokoll vom 24. August 1836 S. 3 – ‘streng genug sein, um dem Anreiz zur Defraude, welcher durch die Höhe des bei Umgehung des Zollgesetzes erstrebten unerlaubten Gewinns bedingt sei, einen festen Damm entgegenzustellen, da fast bei keinem anderen Gesetze einem solchen Grade von List und Verschlagenheit, die sich auf die Umgehung der ertheilten Vorschriften richte, zu begegnen sei als gerade bei dem Zollgesetze. […]’.“

156 Vgl. *Haimann*, Rechtliche Natur, V., § 1, S. 33.

157 Vgl. *Haimann*, Rechtliche Natur, V. § 4. S. 40: „Dies wird besonders bewiesen durch die zahlreichen Schuldpräsumtionen auf diesem Gebiete und durch die Auferlegung der Geldstrafe als Vielfaches der im einzelnen Falle hinterzogenen Abgabe, Erscheinungen, die mit der erwähnten Strafrechtsparömie nicht in Einklang zu bringen sind.“

158 Vgl. § 1 ZStrG, in: PrGS 1838, S. 78 ff. (78): „Wer es unternimmt,…hat die Konfiskation der Gegenstände, […] und zugleich eine Geldbuße verwirkt […]“; auch § 2 ZStrG.

159 Vgl. § 20 i.V.m. § 21 ZStrG, in PrGS 1838, S. 78 ff. (83 f.).

160 Vgl. § 2 ZStrG, in: PrGS 1838, S. 78 ff. (78).

161 Vgl. auch *Poggemann*, Steuerstrafrecht, S. 101.

162 Vgl. § 3 ZStrG, in PrGS 1838, S. 78 ff. (78).

gung und der Verlust des Rechts zum Betriebe[163]. Als weiterer Strafschärfungsgrund bestimmten die §§ 15, 26 ZStrG die Widersetzlichkeit gegen Zollbeamte[164]. Erneut sollte die Vermutung eines beabsichtigten Widerstandes begründet sein, sofern eine Person im Grenzbezirk auf Nebenwegen oder zur Nachtzeit bei einer Kontrebande oder Defraudation mit Waffen oder anderen vergleichbaren gefährlichen Werkzeugen betroffen wurde. Das preußische ZStrG behandelte nur diesen Fall und bedrohte den Handelnden, ohne einen Gegenbeweis zuzulassen, mit ein- bis dreijähriger Freiheitsstrafe[165]. Zudem trat Strafschärfung bei gemeinschaftlicher Begehung oder Bandenschmuggel ein[166].

Das *Institut der Haftung für Dritte*[167] erfuhr eine erneute Anpassung. In § 19 B) ZStrG wurde der Zollverwaltung ein Wahlrecht eingeräumt. Konnte die geschuldete Geldsumme nicht von dem unmittelbar handelnden Angeschuldigten eingezogen werden, so sollte es möglich sein die Geldbuße von dem subsidiarisch Verhafteten einzuziehen. Anstelle der Geldbuße konnte die Freiheitsstrafe sofort an dem Angeschuldigten vollstreckt werden[168]. Beacht-

---

163 Vgl. § 4 ZStrG, in PrGS 1838, S. 78 ff. (78): „Jeder fernere Rückfall ist mit der Konfiskation der Gegenstände der Uebertretung, mit dem Doppelten der §. 3. bestimmten Geldbuße, sowie auf die Dauer von 1 bis 5 Jahren mit Verlust des Rechts zum Betriebe desjenigen Gewerbes zu ahnden, bei dessen Ausübung die Kontrebande oder Defraudation begangen worden ist. In der Regel aber soll in diesen Fällen statt der Geldbuße auch verhältnißmäßige Gefängniß-, Festungsarrest- oder Zuchthausstrafe erkannt werden, deren Dauer aber niemals auf länger als 4 Jahre, beim dritten oder einem ferneren Rückfall dagegen nicht unter einem halben Jahre Festungsarrest- oder Zuchthausstrafe zu bestimmen ist."

164 Vgl. §§ 15, 26 ZStrG, in PrGS 1838, S. 78 ff. (84), (82): § 15: „Wer im Grenzbezirke auf Nebenwegen oder zur Nachtzeit bei einer Kontrebande oder Defraudation mit Waffen oder anderen dergleichen gefährlichen Werkzeugen betroffen wird, soll außer der Strafe für dieses Vergehen mit einer ein- bis dreijährigen und, wenn er sich der Waffen zum Widerstande gegen die Zollbeamten bedient hat, nach Verhältniß der den letzteren zugefügten Beschädigung, insofern hierdurch nach den allgemeinen Strafgesetzen nicht eine härtere Strafe verwirkt ist, mit einer drei- bis fünfjährigen Zuchthaus- oder Festungsarrest-Strafe belegt werden."

165 Vgl. *Hoffmann*, Zollstrafrecht, S. 415.

166 Vgl. § 13 ZStrG, in PrGS 1838, S. 78 ff. (82): „so trifft den Anführer ein- bis zweijährige, die übrigen Theilnehmer sechsmonatliche bis einjährige Gefängniß-, Zuchthaus- oder Festungsarrest-Strafe […]."

167 Vgl. Erstes Kapitel, C) I. 1.

168 Vgl. § 19 B) a.E., in: PrGS 1838, S. 78 ff. (83): „Der Zollverwaltung bleibt in dem Falle, wenn die Geldbuße von dem Angeschuldigten nicht beigetrieben werden kann, vorbehalten, die Geldbuße von dem subsidiarisch Verhafteten einzuziehen, oder statt dessen und mit Verzichtung hierauf die im Unvermögensfalle an die Stelle der Geldbuße tretende Freiheitsstrafe sogleich an den Angeschuldigten vollstrecken zu lassen, ohne daß letzteren Falls die Verbindlichkeit des subsidiarisch Verhafteten rücksichtlich der Gefälle und Prozeßkosten dadurch aufgehoben wird."

lich ist hierbei auch die Zusatzklausel, dass trotz Vollstreckung der Geldsumme am Angeschuldigten weiterhin die Verbindlichkeit des subsidiarisch haftenden Dritten bezüglich der Gefälle und Prozesskosten bestehen blieb. Diese verschuldensunabhängige Kostenhaftung des vertretungsverpflichteten Dritten für ein gegen eine weitere Person (Diener etc.) durchgeführtes Strafverfahren[169] wies erneut ein tiefgreifendes fiskalisches Interesse des preußischen Gesetzgebers auf unter Vernachlässigung rechtsstaatlicher Prinzipien[170].

Das ZStrG übernahm auch im Rahmen des Steuer- und Zollstrafverfahrensrechts die wesentlichen Leitgedanken vorheriger gesetzlicher Bestimmungen. Insoweit kann bzgl. der grundlegenden Inhalte auf die ZVStO von 1818 verwiesen werden[171]. Im Jahre 1836 gelangten die deutschen Einzelstaaten bei den Beratungen der ersten Generalkonferenz über die grundlegende Gesetzgebung des Zollvereins (1834) für das Zollstrafverfahren zur Annahme bestimmter Grundsätze. Hiernach sollte die vorläufige Feststellung des Tatbestandes und die Verfügung der Maßregeln zur Sicherung des künftigen Strafvollzugs Sache der Zollbehörde sein[172]. Das Verfahren war grundsätzlich von Amts wegen, summarisch und im Untersuchungswege zu führen. Die Zollbehörden sollten unmittelbar Ordnungsstrafen aussprechen. Dagegen war nur die Anrufung der höheren Verwaltungsbehörde möglich. Geldstrafen in Zollsachen und der Erlös aus den Zollkonfiskaten sollten in den Einzelstaaten zum Besten der Zollbediensteten Verwendung finden[173]. Mit dem neu eingeführten § 61 ZStrG

169 Vgl. *Haimann*, Rechtliche Natur, S. 33 ff.; §§ 8, 9, S. 48; *Löbe*, a.a.O. (1912), S. 14 ff.: Diese Haftungsbestimmung entsprach § 16 der leitenden Grundsätze für das Zollstrafrecht im deutschen Zollverein von 1836. Jedoch sollte in den Ländern Bayern, Württemberg und Baden die Haftungsverbindlichkeit nicht eintreten, sofern die Übertretung ohne Vorwissen des Vertretungsverpflichteten stattgefunden hatte.

170 Vgl. *Engels*, ZStW 1892, 127 (131): „[…] hat der Staat […] eine kriminelle Verantwortlichkeit […], sowie gewisse Schuldpräsumtionen zu dem Zwecke konstruiert, um die von dem zahlungsunfähigen Thäter nicht beizutreibende Geldstrafe gegen den subsidiär Haftbaren vollstrecken lassen zu können"; *Haimann*, Rechtliche Natur, § 4. S. 40: zum Grundsatz „Strafe nach Maßgabe der Schuld": Für das Rechtsinstitut der Haftung für Dritte „wurde die Unmöglichkeit dieser Übereinstimmung mit dem strafrechtlichen Grundsatz speziell ausgesprochen […] Es hieß damals, der Anreiz zum Gewinne sei hier so groß und werde auf so dunklen Wegen zu befriedigen gesucht, daß die gewöhnliche Art der Feststellung der Schuld nicht genüge." *Poggemann*, a.a.O., S. 78.

171 Vgl. Zweites Kapitel, B) I. 2.

172 Vgl. *Hoffmann*, Zollrecht, S. 330, insb. S. 419; *Linden*, Zollstrafrecht, S. 90.

173 Vgl. *Linden*, a.a.O., S. 90; *Löbe*, Zollstrafrecht (1881), Einl. S. 5: Die eingenommenen Beträge konnten folglich entweder unmittelbar bei der Entdeckung der Übertretung mitwirkenden Personen (d.h. in Form von sogenannten Ergreifers- oder Denunziantenanteilen) oder indirekt einem Unterstützungsfonds für Zollpersonal und deren Hinterbliebenen zugute kommen.

von 1838 wurde dieser Grundsatz in Preußen umgesetzt. Die bis dahin noch direkt gewährten Denunziantenanteile entfielen. Der Betrag der festgesetzten und eingezogenen Geldstrafen, sowie der Erlös aus den Konfiskaten flossen einem besonderen Fonds zu. Dieser sollte teils zu Gratifikationen für die zur Wahrnehmung des Zollinteresses verpflichteten Beamten, unter Ausschluss der Mitglieder der Hauptzoll- und Steuerämter und der höher gestellten Beamten, teils zur Unterstützung ihrer Witwen und Waisen verwendet werden[174]. Mit der Einführung des Straffonds verfolgte der Gesetzgeber die Kaschierung der direkten Beamtenvergütung. Verdeckt werden sollte, dass die an der Aufdeckung von Zoll- und Steuerstraftaten mitarbeitenden Steuerbeamten indirekt von den im jeweiligen Straffall verhängten Geldstrafen selbst ihre finanziellen Vorteile zogen. Eine notwendige Objektivität der Beamten bei der Zollkontrolle und Aufdeckung der etwaigen Zoll- oder Steuerstraftat konnte so kaum entstehen[175]. Zum gemeinsamen Verfahrensgrundsatz der am Zollverein beteiligten Länder bestimmte man bei der I. Generalzollkonferenz 1836 auch das Submissionsverfahren. Dieses war ein abgekürztes Verfahren und gründete auf einer freiwilligen Unterwerfung des Beschuldigten. Der Angeklagte sollte in allen Fällen, bei denen es neben der Konfiskation des defraudierten Gegenstandes nur auf eine Geldstrafe ankam, die Möglichkeit erhalten, sich ohne weitere Behandlung der Sache vor den Gerichten dem Ausspruch der Zollbehörden zu unterwerfen[176]. Die Staaten waren zur Annahme eines Verwaltungsstrafverfahrens nur soweit geneigt, als der Beschuldigte im Voraus die Erklärung abgab, sich diesem Verfahren unterwerfen zu wollen[177]. Umgesetzt

174 Vgl. § 61 ZStrG, in: PrGS 1838, S. 78 ff. (90); *Hoffmann*, Zollrecht, S. 426; Dagegen kamen die Beiträge Anfang des 19. Jahrhunderts teilweise noch den Anzeigerstattern und ab 1819 teilweise den an der Aufdeckung beteiligten Beamten zu, vgl. Zweites Kapitel, B) I. 1. sowie 2.

175 Vgl. *Poggemann*, Steuerstrafrecht, S. 138 f.; 142; Auch wenn der Wegfall der direkten Denunziantenanteile zu einer Reduktion finanzieller Anreize und zur Steigerung des Wahrheitsgehalts führte, blieben die bestehenden persönlichen finanziellen Interessen der Beamten bei der Beweiswürdigung von Zeugenaussagen der Beamten sowohl im administrativen als auch im gerichtlichen Strafverfahren unberücksichtigt, S. 139 a.E., 142: „was einem – dem Strafrecht sonst nicht bekannten – gesetzlichen Befangenheitsausschluß und vorweggenommener Beweiswürdigung gleichkam."

176 Vgl. *Hoffmann*, Zollrecht, S. 419; *Löbe*, Zollstrafrecht (1881), Einleitung, Grundsatz 4), S. 5; *Poggemann*, Steuerstrafrecht, S. 127.

177 Vgl. *Hoffmann*, a.a.O., S. 419: Dieses Verfahren wurde in Preußen erst zu diesem Zeitpunkt eingeführt, während es dem bayerischen Rechte schon früher bekannt war.

wurden diese Vorgaben in Preußen durch diverse Finanzministerialverfügungen[178].

4. Weitere Steuerstrafrechtsnormen

Kennzeichnend für das 19. Jahrhundert war eine Vielzahl an preußischen Steuergesetzen. Die zahlreichen Steuervorschriften wie die Tabak-, Salz-, Branntwein-, Gewerbe-, Gebäude- und Klassengesetze zeichneten sich ebenfalls durch betrugsähnliche Handlungsweisen aus. So sei exemplarisch die Ordnung zum Gesetz wegen Besteuerung des inländischen Branntweins, Braumalzes, Weinmostes und der Tabaksblätter vom 8. Februar 1819 genannt:

> § 60: „Brauer und Branntweinbrenner, imgleichen diejenigen, welche den Wein- und Tabaksbau betreiben, verfallen in die Strafe der Defraudation, wenn sie Gewerbshandlungen, von deren Ausübung in jedem einzelnen Falle oder in bestimmten Fällen dem Staate, nach Maaßgabe des Gesetzes vom heutigen Tage, eine Abgabe zu entrichten ist, entweder *gar nicht* oder *unrichtig* anzeigen.“[179]

Auch das Gesetz, betreffend die Aufhebung des Salzmonopols und Einführung einer Salzabgabe und die Verordnung betreffend die Abgabe von Salz jeweils vom 9. August 1867 wiesen einen täuschungsähnlichen Charakter auf:

> § 5 Abs. 1: „Die *Strafe der Umgehung der Salzabgabe* darf […] für den ersten Fall den vierfachen, […] für jeden ferneren Fall den sechszehnfachen Betrag der umgangenen Abgabe nicht übersteigen. Kann das Gewicht der Gegenstände, in Bezug auf welche eine Salzsteuer- Defraudation verübt ist, nicht ermittelt, […], sowie die danach zu bemessende Geldstrafe nicht berechnet werden, so ist statt der Konfiskation und der Geldstrafe auf Zahlung einer Geldsumme […] zu erkennen.“
>
> § 11 Abs. 1: „*Wer es unternimmt*, dem Staate die Abgabe von inländischem Salze *zu entziehen*, ist der Salzabgaben-Defraudation schuldig […].“[180]

Hinsichtlich eines Verschuldenserfordernisses ist der formaldeliktische Charakter dieser Normen erkennbar. Formaldelikte waren bis etwa Mitte des 19. Jahrhunderts vorherrschend. Schuldnachweise, Unschuldsvermutungen sowie Schuldpräsumtionen mit der Möglichkeit eines Gegenbeweises durch den Angeschuldigten waren im preußischen Steuerstrafrecht dagegen seltener aufzufinden[181].

---

178 Vgl. Zirkularverfügungen v. 25. März. 1839 in: CBl 1839, S. 78 sowie v. 19. August 1867, in: CBl 1867, S. 463, jeweils zitiert nach *Poggemann*, a.a.O., Fn. 63, 64, S. 127.

179 PrGS 1819, S. 102 (111).

180 § 5 Abs. 1 Salzabgabensteuer., in: PrGS 1867 (Nr. 6770), S. 1317 ff. (1318) sowie § 11 Verordnung betreffend Salzabgabe, in: PrGS 1867 (Nr. 6771), S. 1320 ff. (1323).

181 Vgl. z.B. § 7c Klassensteuer vom 30. Mai 1820, in PrGS 1820, S. 140 ff. (142); § 39b Gewerbesteuer vom 30. Mai 1820, in PrGS 1820, S. 147 ff. (154); § 5 Abs. 1 Salzabga-

Die Dominanz der Multiplarstrafen blieb bei den vielen Einzelsteuergesetzen erhalten. So bezog sich der zu entrichtende Betrag bspw. in § 5 Abs. 1 a.a.O. auf das vierfache, achtfache oder gar auf das sechszehnfache der umgangenen Abgaben. Daneben war wiederum die Konfiskation als Bestrafung die Regel. Dies zeigt erneut, dass die Steuerstrafvorschriften zur Sicherung der Steuereinnahmen fiskalisch funktionalisiert wurden.

II. Außerpreußische Partikularrechte

Nachdem sich das Heilige Römische Reich Deutscher Nation im Jahre 1806 aufgelöst hatte, wurden, neben den bis zu diesem Zeitpunkt vorherrschenden Partikulargesetzgebungen Österreichs (sog. Theresiana 1768 und sog. Josephina 1787) und Preußens (ALR 1794), in den anderen deutschen Einzelstaaten schrittweise weitere Strafgesetzbücher eingeführt[182].

Vorbildhaft für manche deutschen Partikular-Strafgesetzbücher wurde das von *Feuerbach* entscheidend beeinflusste Strafgesetzbuch für das Königreich Baiern vom 1. Oktober 1813[183] Dieses enthielt einen besonderen Tatbestand der Defraudation, welcher in Art. 433 geregelt wurde:

> Art. 433: „Wer den Staat um die demselben schuldigen Abgaben oder Gefälle betrüglich verkürzt, ist um den vierfachen Betrag des beabsichteten Gewinnes zu bestrafen, wenn nicht die That durch die damit verbundenen Umstände in eine schwerere Uebertretung übergeht.
>
> Vergehen wider die Siegeltaxe, Defraudation der Aufschläge, Mauthen und Zölle sind nach den darüber vorhandenen besonderen Verordnungen zu ahnden."[184]

Der Wortlaut der Vorschrift verdeutlicht, dass eine „betrügliche Verkürzung" von Abgaben oder Gefällen für die Tatbestandsverwirklichung erforderlich war. Der Gesetzgeber ordnete die Defraudation folglich in die Nähe des

---

bensteuer vom 09. August 1867, in: PrGS 1867, S. 1317 ff. (1318); vgl. *Poggemann*, a.a.O., S. 66 m.w.N.

182 Vgl. *Vormbaum*, Strafrechtsgeschichte, S. 35 ff., zu den Strafgesetzbüchern insb. 75 f.; Constitutio Criminalis Theresiana 1769 (Hrsg. *Forker* 1986); Constitutio Josephina, Wien 1787.

183 Vgl. *Vormbaum*, a.a.O., S. 75; *Rüdorff*, Strafgesetzbuch (1881), S. 6, insb. Fn. 12; *Stenglein*, Sammlung der deutschen Strafgesetzbücher, Erstes Bändchen, Vorb., S. 15, Art.1, S. 18: Publiziert wurde das Bayerische StGB am 16. Mai 1813 und in Kraft gesetzt zum 1. Oktober 1813.

184 Art. 433: Strafgesezbuch für das Königreich Baiern, Drittes Buch, Zweiter Titel, Fünftes Kapitel, Vergehen wider das öffentliche Eigenthum, in: Redaktion des allgemeinen Regierungsblatts, S. 166; Art. 433: Bayerisches Strafgesetzbuch, Drittes Buch, Zweiter Titel, Fünftes Kapitel, Art. 432–436, in: *Stenglein*, Sammlung der deutschen Strafgesetzbücher, Erstes Bändchen, S. 156.

Betrugstatbestandes ein. Dies wird ebenfalls ersichtlich aus der Kommentierung der Vorschrift:

> „Dieser Artikel enthält eine wichtige Ausnahme von der zum Artikel 349.[185] aufgestellten Regel, einen Fall, wo der Betrug, wenn er auch am Privateigenthume Verbrechen wäre, am Staatseigenthume sich in ein Vergehen verwandelt. Er enthält also keineswegs den allgemeinen Saz, der Betrug am Staatseigenthume sey nur Vergehen, dessen Ungrund schon zum Artikel 349. dargethan wurde, sondern vielmehr ein besonders benanntes Vergehen als eine Ausnahme, welche auf andere im Artikel nicht liegende Fälle keineswegs ausgedehnt werden darf."[186]

> „4) Nur derjenige, welcher dem Staate die Abgaben oder Gefälle schuldig ist, an welchen er die betrügliche Verkürzung begehet, verfällt in die mildere Vergehenstrafe des gegenwärtigen Artikels."[187]

> „5) Bloß der gemeine Betrug zur Verkürzung der schuldigen Staatsabgaben ist ohne Rücksicht auf die Grösse des Schadens, […], ein Vergehen."[188]

> „6) Die Strafe dieses Vergehens ist eine Geldstrafe, weil Eigennuz die Quelle der Handlung ist, und zwar der vierfache Betrag des bezielten Gewinns, nicht, wie im vorigen Artikel, des verursachten Schadens."[189]

Die Vorschrift des Art. 433 zeigt zudem Funktionalisierungsintentionen des Gesetzgebers auf, da auf der Rechtsfolgenseite nicht auf Geldstrafen in Form sog. Multiplarstrafen (hier der vierfache Betrag) verzichtet wurde. Erkennbar war eine schematische Rechtsfolgenbestimmung. Diese garantierte dem Gesetzgeber eine einfache Anwendung des Gesetzes. Allerdings war sie nicht dazu geeignet einen angemessenen und damit auch gerechten Maßstab der Bestrafung für das im jeweiligen Einzelfall begangene Tatunrecht zu liefern.

> „7) Kontraventionen wider die Stempeltaxe, Defraudationen der unter verschiedenen Namen eingeführten indirekten Auflagen, Mautaufschag, Zoll u. dgl. sind den hierüber vorhandenen besondern Verordnungen überlassen. Solche Defraudationen sind an sich weder Verbrechen noch Vergehen; daher stehet hierüber die Untersu-

185 Vgl. hierzu Art. 349: „Eine Entwendung an öffentlichen Geldern und andern dem Staate zugehörenden Gütern wird als ausgezeichneter Diebstahl nach Art. 220. bestraft." Bayerisches Strafgesetzbuch, Zweites Buch, Zweiter Titel, Sechstes Kapitel, Art. 349–350, in: *Stenglein*, Sammlung der deutschen Strafgesetzbücher, Erstes Bändchen, S. 132.

186 Anmerkungen zum Strafgesezbuche für das Königreich Baiern, nach den Protokollen des Königlichen geheimen Raths, Dritter Band, Art. 433, S. 302; auch *Schneider*, a.a.O., S. 12.

187 Anmerkungen zum Strafgesezbuche für das Königreich Baiern, nach den Protokollen des Königlichen geheimen Raths, Dritter Band, Art. 433, S. 303.

188 Anmerkungen zum Strafgesezbuche für das Königreich Baiern, nach den Protokollen des Königlichen geheimen Raths, Dritter Band, Art. 433, S. 303.

189 Anmerkungen zum Strafgesezbuche für das Königreich Baiern, nach den Protokollen des Königlichen geheimen Raths, Dritter Band, Art. 433, S. 304.

> chung und Bestrafung den besondern administrativen Behörden nach Inhalt der Verordnungen zu; […], so haben weder die Kriminal- noch die Civilstrafgerichte sich dabei einzumischen[190], […] und die Strafgerichte können nur dann über die Defraudations-Geldstrafen entscheiden, wenn die betreffende administrative Behörde solches Erkenntniß verlangt hat; […].“[191]

Bedenklich war, dass Art. 433 bzgl. des Strafmaßes ausdrücklich auf die besonderen Zollverordnungen hinwies. Es kamen auch hier Formaldelikte zur Anwendung. So erwähnte bereits die bayerische Mauth- und Acciseordnung von 1765 bei Aufzählung der Tatbestände das Schuldmoment überhaupt nicht. Die jeweilige Strafe trat durch Erfüllung der Tathandlung automatisch ein[192]. Die Kriminal- oder Zivilstrafgerichte waren nur zuständig, sofern eine Defraudation durch eine Handlung verübt wurde, die nach dem Inhalt der besonderen Verordnungen nicht mehr als bloße Defraudation, sondern als Verbrechen oder Vergehen zu bestrafen war. Dagegen wurde die Defraudations-Geldstrafe den privatrechtlichen Forderungen gleich geachtet. Die Untersuchung und Bestrafung oblag hier den besonderen administrativen Behörden. Eine Einmischung der ordentlichen Gerichte sollte nur auf behördliches Verlangen erfolgen[193].

Das Strafgesetzbuch Bayerns übte eine Vorbildfunktion auf andere deutsche Strafgesetzbücher aus. So wurde es im *Großherzogtum Oldenburg* 1814 regelrecht rezipiert[194]. Das *Strafgesetzbuch vom 10. September 1814* enthielt ebenfalls eine umfassende Regelung der Defraudation in Art. 462, deren Wortlaut mit dem des Art. 433 des Strafgesetzbuches für das Königreich Baiern von 1813 nahezu identisch war. So wurde ebenfalls eine betrugsnahe Begehungsweise angenommen. Als Rechtsfolge war eine Multiplarstrafe vorgesehen (vierfacher Betrag). Bezüglich Vergehen wider die Stempelpapiertaxe, Defraudation der Zölle, Accise und des Weggeldes, Forstvergehen wurde ebenfalls auf die darüber vorhandenen besonderen Verordnungen verwiesen[195].

Das Strafgesetzbuch für das Königreich Württemberg vom 1. März 1839 enthielt in Art. 368 eine entsprechende Steuerstrafvorschrift:

---

190 Anmerkungen zum Strafgesezbuche für das Königreich Baiern, a.a.O., Art. 433, S. 304.

191 Anmerkungen zum Strafgesezbuche für das Königreich Baiern, nach den Protokollen des Königlichen geheimen Raths, Dritter Band, Art. 433, S. 305.

192 Vgl. § 2 Abs. 2: Bayerische Mauth- und Acciseordnung von 1765, zitiert nach *Hoffmann*, Zollrecht, S. 71; *Linden*, Zollstrafrecht, S. 47.

193 Vgl. Vgl. Anmerkungen zum Strafgesezbuche für das Königreich Baiern, nach den Protokollen des Königlichen geheimen Raths, Dritter Band, Art. 433, S. 304 f.

194 Vgl. *Vormbaum*, Strafrechtsgeschichte, S. 75.

195 Vgl. Art. 462: Strafgesetzbuch für die Herzoglich-Oldenburgischen Lande, Drittes Buch, Zweiter Titel, Fünftes Kapitel, Vergehen wider das öffentliche Eigenthum, Art. 461–465, in: *Stenglein*, Sammlung der deutschen Strafgesetzbücher II., S. 183.

Art. 368: „Betrügliche Beeinträchtigungen des Staatsvermögens durch Verletzung der bestehenden Abgabengesetze werden nach Maßgabe der letzteren geahndet."[196]

Bereits der Wortlaut stellt klar, dass eine „betrügliche" Begehungsweise für die Tatbestandsverwirklichung notwendig war. Es wird erkennbar, dass das Delikt der Defraudation als ein Betrug gegenüber dem Staat aufgefasst wurde. Zudem ließ auch die systematische Einordnung des Defraudationstatbestandes Art. 368 zur Fälschung und zum Betrug erkennen, dass der Gesetzgeber eine Tathandlung mit Täuschungselementen, damit auch eine Nähe zum Betrugstatbestand, beabsichtigte[197]. Bedenklich war auch hier die in Art. 368 bestehende Rechtsfolgenverweisung auf die jeweils bestehenden Abgabengesetze, wodurch abermals Formaldelikte zur Anwendung kommen konnten.

Eine Einordnung des Steuerhinterziehungstatbestandes erfolgte auch im *Strafgesetzbuch für das Königreich Sachsen vom 13. August 1855* systematisch im Bereich des Betrugstatbestandes:

Art. 319: „Betrügliche Handlungen zur Hinterziehung öffentlicher Abgaben, sowie zur Hinterziehung communlicher Leistungen und Gefälle, oder zur Erlangung staats- oder gemeindebürgerlicher Rechte, oder gewerblicher Befugnisse, sowie andere Täuschungen der Behörde zu eigennützigen Zwecken sollen, insoweit nicht deshalb besondere gesetzliche Bestimmungen bestehen, auf Antrag mit Gefängnis bis zu sechs Monaten oder Geldstrafe bis zu sechshundert Thalern geahndet werden."[198]

Diese Vorschrift erfasste somit explizit nur das Hinterziehen öffentlicher Abgaben. Andere betrügerische Handlungen wurden dagegen als Betrug nach Art. 284 sanktioniert[199]. Der Defraudationstatbestand wurde als eine Hinterziehung öffentlicher Abgaben verstanden. Demgegenüber wurde das Hinterziehen privater Abgaben, wie das Lehngeld, unter den Tatbestand des Betruges subsumiert. Steuerhinterziehung wurde somit als Sondertatbestand im Verhältnis zum Betrug behandelt[200].

---

196 Art. 368: Strafgesetzbuch für das Königreich Würtemberg, Besonderer Theil, Zweiter Titel, Achtes Kapitel, Vom Betruge, von der Fälschung, vom Bankerotte und von der Verletzung fremder Geheimnisse, Art. 351–370, in: *Stenglein*, Sammlung der deutschen Strafgesetzbücher IV., S. 144; in: *Schwab*, Strafgesetzbuch für das Königreich Württemberg, Art. 368, S. 84.

197 Vgl. *Schneider*, Entwicklung, S. 10.

198 Strafgesetzbuch für das Königreich Sachsen, Zweiter Theil, Dreizehntes Kapitel, Art. 304–319, in: *Stenglein*, Sammlung der deutschen Strafgesetzbücher XIII, S. 147; *Krug*, Strafgesetzbuch für das Königreich Sachsen (1855), Art. 319, S. 131 f.

199 Vgl. *Siebdrat*, Das Strafgesetzbuch für das Königreich Sachsen (1862), Dreizehntes Capitel, Anm. zu Art 319, S. 271.

200 Vgl. *Krug*, Strafgesetzbuch a.a.O., Art. 319, S. 132; auch *Schneider*, a.a.O., S. 11.

Das Verschuldenserfordernis im Sinne eines Vorsatzes fand auch hier keine Berücksichtigung. Dies verdeutlicht erneut die in der damaligen Zeit vorherrschende Ansicht, wonach der Vorsatz nicht notwendig zum Tatbestand des Zolldelikts gehören sollte. In der Regel erachtete man das Bestehen von Delikten mit Formalcharakter als ausreichend[201].

III. Vereinszollgesetz (1869)

Die Zoll und Verbrauchssteuer-Ordnung vom 26. Mai 1818[202] stellte für das Gebiet des späteren Deutschen Reiches eine erste Grundlage bezüglich einer einheitlichen Ausgestaltung der Steuer- und Zollstrafgesetzgebung dar. Mit Inkrafttreten des Vereinszollgesetzes (VZG) vom 1. Juli 1869 („nach erfolgter Zustimmung des Bundesrathes des Deutschen Zollvereins und des Deutschen Zollparlaments") fand die weitere Fortentwicklung im Bereich des deutschen Zollstrafrechts einen vorläufigen Abschluss[203].

In den §§ 135–164 VZG wurde die Zolldefraudation behandelt. Diese Vorschriften übten hinsichtlich ihres Wortlautes und ihrer systematischen Tatbestandsanordnung einen starken Einfluss auf eine große Anzahl anderer Defraudationsvorschriften aus[204]. Im Vereinszollgesetz wurde ebenfalls wie in den Vorschriften des ALR eine grundsätzliche, allgemeingültige Definition der Defraudation in § 135 VZG an den Anfang gestellt:

> § 135: „Wer es unternimmt, die Ein- oder Ausgangsabgaben (§§ 3. und 5.) zu hinterziehen, macht sich einer Defraudation schuldig und hat die Konfiskation der Gegenstände, in Bezug auf welche das Vergehen verübt worden ist, und zugleich eine dem vierfachen Betrage der vorenthaltenen Abgaben gleichkommende Geldbuße verwirkt. Diese Abgaben sind außerdem zu entrichten."[205]

---

201 Vgl. *Hoffmann*, Zollrecht, S. 71; *Linden*, Zollstrafrecht, S. 47.

202 Vgl. PrGS 1818, S. 102 ff.; Erster Teil, Zweites Kapitel, C) 2.

203 Vgl. §§ 1 ff. VZG, in: BGBl 1869, S. 317 ff.; *Mangoldt*, Zoll- und Steuerstrafrecht, Vorb. A., S. 3: „Das Gesetz gilt im gesammten Reichsgebiete mit Ausnahme der sog. Zollausschlüsse. Es datirt für Baiern vom 26. September 1869, für Württemberg vom 10. Juli 1869, für Baden vom 13. Juli 1869, für Hessen vom 16. August 1869, für Elsaß-Lothringen vom 17. Juli 1871"; *Weber*, Nebenstrafrecht, S.163; *Schneider*, Entwicklung, S. 14; *Löbe*, Zollstrafrecht, (1881), Einl. S. 12; S. 19 ff.

204 Vgl. z.B. § 32 Tabaksteuergesetz vom 16. Juli 1879, in: RGBl. 255; § 11 Salzsteuergesetz vom 12. Oktober 1867, in: BGBl. 41 ff.; § 16 Schaumweinsteuergesetz vom 9. Mai 1902, in: RGBl. 155 ff.; weitere Beispiele abgedruckt bei *Joecks*, in: Franzen / Gast / Joecks (2009), § 370, Rn. 1, S. 133; *Schneider*, a.a.O., Fn. 4, S. 14.

205 Vgl. § 135 VZG, in: BGBl 1869, S. 317 ff. (356); auch *Mangoldt*, Zoll- und Steuerstrafrecht, S. 39; *Hoffmann*, in: Stenglein, Nebengesetze, II. Band (1912), S. 165.

Sehr weit gefasst war die Tathandlung des „Unternehmens". Die Handlung der Defraudation könne sich – so hieß es in einer Kommentierung – so mannigfaltig gestalten, dass nicht einmal beispielsweise deren Charakterisierung versucht werden könne. Sie bestehe in jeder Vornahme, welche bestimmt sei, den Zollbehörden die Kenntnis der Zollpflichtigkeit zu entziehen und dadurch die Verzollung zu verhindern[206]. „Unternehmen" wurde als eine Begehungsweise verstanden, die in verschiedensten Formen ausgestaltet werden konnte. Dadurch waren alle Handlungsmodalitäten erfasst, die auf die Begehung einer Defraudation abzielten[207]. Zugleich sollte nach vorherrschender Auffassung neben der Vollendung auch der Versuch mit umfasst sein[208]. Ein strafbefreiender Rücktritt war hiernach ausgeschlossen[209].

Der *Tatbestand* des § 135 lässt erkennen, dass die Begriffe „Hinterziehen" einerseits und der „Defraudation" andererseits gleichbedeutend aufgefasst wurden. Mit verschiedenen Begriffen, trotz gleichem Sinngehalt, wurde versucht, das Nichtentrichten von Zollabgaben zu präzisieren. Eine exakte Bestimmung dessen, was als eigentliche Tathandlung Geltung finden sollte, blieb aus. Es war nicht ersichtlich, welche objektiven und subjektiven Tatbestandsmerkmale für das Vorliegen einer Hinterziehung erfüllt sein mussten[210].

In § 136 VZG wurden ergänzend spezielle Deliktstatbestände einer Defraudation beispielhaft aufgeführt. Sofern diese verwirklicht wurden musste eine Defraudation immer als vollbracht angesehen werden. Diese exemplarische Aufführung besonderer Deliktstatbestände sollte lediglich die gesetzliche Vermutung einer konkret gegebenen strafbaren Hinterziehungshandlung darlegen. Die Erfüllung des Anspruchs auf Vollständigkeit wurde mit dieser beispielhaften Auflistung somit gar nicht verfolgt[211]. Die Bezeichnung „insbe-

---

206 Vgl. *Stenglein*, Nebengesetze, I. Band (1895), § 135., Anm. 4., S. 856.

207 Vgl. *Havenstein*, Zollgesetzgebung, Anm. 3., S. 135: Der Begriff des Unternehmens „kann sich in die verschiedensten Formen kleiden: Lieferung eines untauglichen Denaturierungsmittels; Verleitung der Beamten (durch unrichtige Deklaration), ein falsches Denaturierungsmittel anzuwenden (RG. E. 21 S. 325); fälschliche Bezeichnung als Grenzbewohner, um Zollfreiheit zu genießen; Behauptung, daß Pferd und Wagen als Reisegefährt dienen sollen, während sie zum Verkauf bestimmt sind"; *Schneider*, Entwicklung, S. 14 a.E. f.

208 Vgl. *Löbe*, Zollstrafrecht (1881), § 134 Anm. 7, S. 25; *Hoffmann*, in: *Stenglein*, Nebengesetze, II. Band (1912), § 134 Anm. 6. b), S. 160; *Trautvetter*, Zoll- und Verbrauchssteuergesetze (1894), § 134 Anm. 4 f., S. 2 f.; *Weber*, Nebenstrafrecht, S. 164; *Dronke*, ZStW (1906), S. 632 (648); RGSt. 28, S. 95.

209 Vgl. *Trautvetter*, Zoll- und Verbrauchssteuergesetze (1894), § 134 Anm. 7, S. 4.

210 Vgl. *v. Liszt*, Lehrbuch, (1908), § 199, S. 651; § 201, S. 654; *Schneider*, a.a.O., S.15.

211 Vgl. § 136 VZG, in: BGBl. 1869, S. 356; *Joecks*, in: Franzen / Gast / Joecks (2009), § 370, Rn. 1, S. 133.; *Havenstein*, Zollgesetzgebung, § 136, Anm. 3., S. 140; *Hoffmann*,

sondere“ am Anfang der Vorschrift des § 136 VZG verdeutlichte, dass die aufgeführten Handlungsvarianten nur beispielhaften Charakter haben sollten[212]. In der Folge wurde an Handlungsformen, bei denen erfahrungsgemäß eine Defraudation am häufigsten erfüllt war, die gesetzliche Vermutung geknüpft, dass in diesen Fällen immer auch ein steuerstrafrechtliches Verhalten erfüllt sei[213]:

> „§ 136: Die Kontrebande, beziehungsweise Zolldefraudation, wird insbesondere dann als vollbracht angenommen:
>
> 1) a) wenn verbotene Gegenstände von Frachtführern, Spediteuren oder anderen Gewerbetreibenden – von letzteren, insofern die Gegenstände zu ihrem Gewerbe in Bezug stehen – unrichtig oder gar nicht deklarirt, oder
>
> b) von anderen Personen wider besseres Wissen unrichtig deklarirt oder bei der Revision verheimlicht werden;
>
> c) wenn in Fällen der speziellen Deklaration (§§. 39. 41. 55. 66. 81. 88.) zollpflichtige Gegenstände von den unter a. bezeichneten Personen gar nicht oder in zu geringer Menge oder in einer Beschaffenheit, welche eine geringere Abgabe würde begründet haben, deklarirt werden;
>
> d) wenn in anderen Fällen (§§. 63. 69. 75. 78.) von den unter a. bezeichneten Personen Kolli [sic], welche zollpflichtige Gegenstände enthalten, oder dergleichen unverpackte Gegenstände überhaupt nicht deklarirt werden;
>
> e) wenn von anderen als den unter a. bezeichneten Personen wider besseres Wissen zollpflichtige Gegenstände unrichtig deklarirt oder bei der Revision verschwiegen werden.“

Letztlich zeigte dieser Tatbestandsaufbau des § 136 VZG mit einem ergänzenden Katalog an Vermutungstatbeständen, dass der Begriff des „Unternehmens“ nach damaliger Auffassung keine durch feste Regeln zu erfassende Handlung darstellte. Vielmehr versuchte man dieses Defizit durch die Aufstellung eines Beispielskatalogs besonders häufig auftretender Defraudations- oder Kontrebandefälle zu kompensieren[214]. Dabei ließen auch diese Handlungsweisen eine Nähe zum Betrugstatbestand vermuten. Der Gesetzgeber bezweckte, alle Tathandlungen unter Strafe zu stellen, die dazu geeignet waren, den Behörden

---

in: Stenglein, Nebengesetze, II. Band (1912), § 135 Anm. 3 b), S. 166; § 136 Anm. 1, S., 169, insb. S. 170; *Stenglein*, Nebengesetze, I. Band (1895), § 135, Anm. 4., S. 856; *Schneider*, a.a.O., S. 15, (18 f.); *Löbe*, Zollstrafrecht (1881), § 136, Anm. 1., S. 47.

212 Vgl. *Havenstein*, Zollgesetzgebung, § 136, Anm. 3, S. 140; *Stenglein*, Nebengesetze, I. Band (1894), § 135, Anm. 4, S. 856; *Schneider*, a.a.O., S. 19; *Löbe*, Zollstrafrecht (1881), § 136, S. 45 (47).

213 § 136 VZG, in BGBl. 189, S. 356. Vgl. *Havenstein*, Zollgesetzgebung, § 136, Anm. 3., S. 140; 141 f.; *Schneider*, a.a.O., S. 18 f; Bei den Nummern 1 b, e, 2, 9, „wider besseres Wissen“ etc., konnte die Vermutung nicht durch Gegenbeweis widerlegt werden.

214 Vgl. *Schneider*, Entwicklung, S. 18 f.

des Zolls die Kenntnis der Zollpflichtigkeit zu entziehen und hierdurch die Erhebung des Zoll zu verhindern. Es war folglich auch hier ein Hinterziehen im Sinne eines Verheimlichens, Verschweigens bzw. Verbergens und somit eine täuschungsgleiche Verhaltensweise zu verstehen[215].

Hinsichtlich des Verschuldenserfordernisses war in § 136 VZG erkennbar, dass die bis dahin vorherrschenden Formaldelikte durch einen zunehmenden Gebrauch von Schuldpräsumtionen ersetzt wurden. Die umfangreiche, nicht abschließende Auflistung von Fallkonstellationen in § 136 VZG, bei deren Vorliegen ein Verschulden einfach vermutet wurde, verdeutlicht dies[216]. Das Vorhandensein der strafbaren Handlung wurde somit unter bestimmten tatsächlichen Voraussetzungen ohne Weiteres als erwiesen angenommen. Von der Feststellung jedes Dolus wurde abgesehen und in gewissen Fällen selbst der Nachweis des Angeschuldigten, dass er eine Hinterziehung oder Kontrebande nicht habe verüben können oder eine solche nicht beabsichtigt gewesen sei, nicht zugelassen[217]. Daneben waren andere Defraudationskonstellationen denkbar, für welche die gesetzliche Vorsatzvermutung nicht Geltung fand. Es blieb in diesen Fällen nur der Rückgriff auf § 135 VZG, der einen Verschuldensnachweis voraussetzte[218]. Der Steuerstraftäter hatte aber über § 137 VZG die Möglichkeit, die durch § 136 VZG aufgestellten Vermutungen zu widerlegen. Der Handelnde hatte hierfür den Nachweis zu führen, dass er eine Defraudation nicht habe verüben können bzw. eine solche nicht beabsichtigt gewesen sei. Sofern es dem Beschuldigten gelang, die gegen ihn erhobenen Anschuldigungen zu widerlegen, verringerte sich die Straftat zu einer reinen Übertretung. So entstand nur die Verpflichtung zur Zahlung einer Ordnungsstrafe[219]. Die Verwendung eines Katalogs an Strafhandlungen, die dazu geeignet waren den Behörden das Wissen um die Zollpflichtigkeit vorzuenthalten, verdeutlichte die Intention des

---

215 Vgl. *Zeller*, in: ZStW 17 (1897), S. 135 (155): „Der Thatbestand der Defraudation kann sich in der mannigfaltigsten Form vollziehen. Er besteht in jeder Vornahme, welche bestimmt ist, den Zollbehörden die Kenntnis der Zollpflichtigkeit zu entziehen und dadurch die Erhebung des Zolls zu verhindern“; *Mangoldt*, Zoll- und Steuerstrafrecht, Anm. f), S. 39: „Ein Unternehmen, welches darauf abzielt, *durch Täuschung* des mit der Denaturirung befaßten Beamten, die Anwendung eines zur Denaturirung nicht geeigneten Mittels herbeizuführen, begründet eine Zolldefraude. RG. XI, 366“; *Trautvetter*, Zoll- und Verbrauchsteuergesetze (1894), § 136, S. 18 ff.; *Schneider*, a.a.O., S. 19.

216 Vgl. *Hoffmann*, in: Stenglein, II. Band (1912), § 136 VZG, Anm. 3; so auch *Poggemann*, Steuerstrafrecht, S. 65.

217 Vgl. *Löbe*, Zollstrafrecht (1881), § 136 VZG Anm. 1, S. 47.

218 Vgl. *Löbe*, a.a.O. (1901), § 136 VZG, Anm. 1, S. 93; § 135 VZG Anm. 2, S. 63.

219 Vgl. z.B. §§ 137 VZG, in: BGBl 1869, S. 358.; *Havenstein*, Zollgesetzgebung, § 137, Anm. 1, S. 146 i.V. m. § 136 Anm. 3., S. 140; *Mangoldt*, a.a.O., § 137 VZG, S. 43; *Schneider*, a.a.O., S. 18; *Löbe*, a.a.O. (1881), § 137, Anm. 1, S. 77 ff. (78).“

Gesetzgebers, dessen vordergründiges Motiv die Einnahmesicherung der Zölle war. Im Mittelpunkt standen nicht Gerechtigkeitsaspekte, sondern fiskalische Interessen[220]. Neben diesem umfangreichen Katalog der Schuldpräsumtionen blieb kaum Raum für den Grundtatbestand der Defraudation nach § 135 VZG, der den Verschuldensnachweis voraussetzte[221].

Bezüglich der *Rechtsfolgen* stellte § 135 VZG klar, dass außer der Konfiskation der Gegenstände, in Bezug auf welche das Vergehen verübt worden war, zugleich eine Geldbuße in Höhe des vierfachen Betrages der vorenthaltenen Abgaben verwirkt wurde[222]. Somit zeigte sich auch im zweiten Drittel des 19. Jahrhunderts weiterhin eine Dominanz der sog. Multiplarstrafen. Eine an fiskalischen Interessen orientierte funktionalisierte Handhabung der Gesetze wurde durch den Gesetzgeber weiterhin aufrechterhalten. Insofern hatte sich gegenüber den Vorschriften des ZVStO (1818) und dem ZStrG (1838) nichts geändert. Jedoch wurden die hohen Strafandrohungen aufgrund einer effektiveren Zollkontrolle gemildert und verblieben in diesem gemäßigten Strafrahmen bis zum Ende des 19. Jahrhunderts[223]. Auch die Rückfallsstrafe wurde durch die verjährungsähnliche Regelung des § 142 Abs. 3 VZG begrenzt. Die Straferhöhung fand nicht statt, wenn seit dem Zeitpunkt, in dem die Freiheitsstrafe oder Geldbuße des zuletzt begangenen Vergehens abgebüßt oder erlassen worden war, drei Jahre vergangen waren. Die Rückfallstrafe blieb ausgeschlossen[224].

Das Institut der Haftung für Dritte fand in § 153 VZG für den Rest des 19. Jahrhunderts seinen Abschluss. Nunmehr wurde ein Entlastungsbeweis des Vertretungsverpflichteten als zulässig erachtet. Gelang diesem der Nachweis, dass die Übertretung ohne sein Vorwissen erfolgt war, reduzierte sich die Haftung auf die nachzuzahlenden Gefälle. Ausgenommen war eine Haftung für die gegen den Täter verhängte Geldbuße oder für die Prozesskosten[225].

Im Strafverfahren setzte sich die Tendenz, den ordentlichen Gerichten die Zuständigkeit im Steuer- und Zollstrafverfahren zu entziehen, fort. Über die Entrichtung des Zolls hatten niemals die Gerichte, sondern die Verwaltungs-

---

220 Vgl. *Poggemann*, Steuerstrafrecht, S. 65, 72.

221 Vgl. *Löbe*, Zollstrafrecht (1901), § 135 VZG, Anm. 2, S. 63, *Poggemann*, a.a.O., S. 66.

222 Vgl. § 135 VZG, S. 317 ff. (356); *Weber*, Nebenstrafrecht, S. 165.

223 Vgl. *Hoffmann*, a.a.O., S. 410; *Müller*, a.a.O., Fn. 61, S. 63; *Poggemann*, a.a.O., S. 102.

224 Vgl. *Havenstein*, a.a.O., § 142, Anm. 1, S. 149: „Wenn nach der drei Jahre zurückliegenden Verbüßung der Strafe für das letzte Zollvergehen noch eine Strafe für ein älteres Zollvergehen verbüßt worden ist, so ist das ohne Bedeutung, […] RG. E. 27 S. 171."

225 Vgl. *Löbe*, a.a.O. (1901), § 153 VZG, Anm. 8, S. 170; *Poggemann*, a.a.O., S. 79.

behörden zu befinden. Die strafrichterlichen Urteile hatten sich jeder Anordnung für Nachzahlung der hinterzogenen Abgaben zu enthalten[226].

C) Zusammenfassung / Fazit

Anknüpfungspunkt dieser Untersuchung muss die Prämisse sein, von der man generell im Recht auszugehen hat. Es geht um Gerechtigkeit. Nur wenn das Handeln jedes einzelnen Individuums die Freiheitsräume anderer Individuen der Gesellschaft nicht beeinträchtigt, kann ein menschliches und gerechtes Zusammenleben funktionieren. Dies resultiert aus einem Vernunftgebot zwischenmenschlicher Beziehungen. Der Gerechtigkeitsbegriff wird also durch den Vernunftgedanken geprägt, welcher diesem eine systemtranszendente Funktion zukommen lässt. Folglich darf dieser Gerechtigkeitsbegriff nicht zur Disposition des Gesetzgebers stehen, also nicht einer willkürlichen Gesetzgebung unterliegen. Auch *Kant* erkennt dies mit seinem allgemeinen Rechtsbegriff (Rechtsgesetz) völlig richtig. Menschliche Willkür muss mit der Freiheit von Jedermann nach einem allgemein gültigen Gesetz gemeinsam bestehen können. Sowohl *Kant* als auch F*euerbach* sehen die Funktion des Staates, als Garant der Gerechtigkeit, in der Errichtung des rechtlichen Zustandes. Dabei muss das Strafrecht unabhängig von der Politik bleiben. Es darf auch keinen erzieherischen Eingriff des Staates in die Freiheitssphäre des einzelnen Menschen geben, indem er dessen Denkweise erfasst. Der Staat würde sich den Bürger für bestimmte Zwecke zu nutzen machen, wenn er die Strafe als Mittel der Prävention einsetzt. *Kant* erkennt dies und fordert daher die Zweckunabhängigkeit der Strafe. *Feuerbach* ergänzt das von *Kant* aufgestellte Gebot und stellt nicht auf die Strafe, sondern auf die Straf*drohung* als Präventionsmittel ab. Was letztlich strafbar sein darf, folgt aus *Kants* allgemeinem Rechtsbegriff. Danach muss Strafe reduziert werden auf solche Handlungen, welche Rechtsverletzungen verursacht haben. Erkannt wir auch die Gefahr einer Strafrechtsexpansion, bedingt durch eine zentrale Funktion des positiven Gesetzes. *Feuerbach* fordert daher eine Kongruenz von positivem Strafrecht und Rechtsverletzung. Dabei ist der Bestimmtheitsgrundsatz (Nulla poena sine lege) bezüglich sämtlicher Gesetzesvorschriften zu beachten.

---

226 Vgl. *Havenstein*, Zollgesetzgebung, § 135, Anm. 12, S. 138: „[…] obwohl deren Höhe zur Berechnung der Defraudationsstrafe von ihnen selbständig zu prüfen ist. Auch die Strafbescheide der Verwaltungsbehörden vermeiden besser eine Berührung dieses Punktes, weil er nicht hinein gehört und mit dem Strafbescheid weder anfechtbar noch rechtskräftig wird […]"; *Poggemann*, Steuerstrafrecht, S. 139: Positiv zu bewerten war der Umstand, dass der Wegfall der direkten Denunziantenanteile nunmehr per Gesetz vom 18. Dez. 1868 auf das gesamte preußische Steuerstrafrecht ausgedehnt wurde, vgl. PrGS 1868, S. 1057.

Damit einhergehend ist es notwendig die Tat in den Mittelpunkt des Strafrechts zu stellen und nicht den Täter bzw. dessen subjektive Gesinnung.

Die Entwicklung des Steuerhinterziehungstatbestandes im 19. Jahrhundert zeigt problematische Tendenzen auf, welche den zuvor dargelegten strafrechtstheoretischen Grundsätzen widersprachen. Aufgrund einer bunten Vielfalt von Strafnormen konnte von einem einheitlichen dem Bestimmtheitsgrundsatz entsprechenden Steuerhinterziehungstatbestand noch nicht gesprochen werden.

Das ALR von 1794 erlangte zunächst eine Vorbildfunktion für die weitere Entwicklung des Steuerstrafrechts. Erstmals enthielt dieses mit der Defraudation und der Kontrebande eine umfassende Kodifikation der beiden wichtigsten Grundformen der Steuerstraftaten. Als Grundtatbestand wurde der § 242 ALR II 20 entwickelt, welcher quasi als Auffangnorm für diejenigen Steuerhinterziehungsfälle diente, welche nicht spezialgesetzlich geregelt waren[227].

Der *Schutzbereich* des Defraudationstatbestandes des § 242 i.V.m. §§ 278 ff. ALR II 20 sollte nach dem damaligen Zoll- und Steuerstrafrechtsverständnis nicht in der Schädigung des Fiskus liegen. Im Fokus stand die Verletzung der Kontrollinteressen der Zoll- und Steuerverwaltung. Aus diesem Grunde wurde die Nichterfüllung der steuerrechtlichen Verpflichtungen als unterlassene Förderung der Behörden und somit als Ungehorsam gegenüber der Verwaltung interpretiert. Bedenklich war, dass das grundlegende Rechtsprinzip und die gerechte Strafe nicht im Mittelpunkt gesetzlicher Vorhaben standen. Vielmehr stand das Kriterium der Strafgerechtigkeit zur Disposition des Gesetzgebers.

Der *Grundtatbestand* des § 242 ALR II 20 setzte ein Handeln in „betrüglicher Weise“ voraus. Strafrechtliche Relevanz sollte lediglich einer täuschenden sowie arglistigen Begehensweise gegenüber der Steuerbehörde beigemessen werden. In Formulierungen wie „verheimlichen“, „unrichtig anzeigen“ „ausweichen“ oder gar „unterschlagen“ wurde diese betrugsnahe und arglistige Handlungsweise sichtbar. Erfasst werden sollten solche Begehungsweisen, welche geeignet und dazu vorgesehen waren, die Steuer- bzw. Zollbehörde über die Steuerpflicht im Unklaren zu belassen. Auch in den außerpreußischen Partikularstaaten waren in den Normierungen in der Regel betrügliche Handlungsweisen Voraussetzung für die Tatbestandsverwirklichung. Erforderlich waren folglich zum einen die Person eines Getäuschten sowie zum anderen die

227 Vgl. Erster Teil, Zweites Kapitel B): Der Begriff „Defraudation“ wurde erst im 19. Jahrhundert als terminus technicus verwendet. Dabei wurde die Defraudation definiert als „eine nach dem Gesetz zu leistende Abgabe, Steuer oder Gebühr zu entziehen“. Im Folgenden beziehen sich die Zusammenfassungen / Fazit stets auf das der jeweiligen Zusammenfassung / Fazit vorangehende Kapitel.

Unkenntnis staatlicher Organe in Bezug auf steuerrechtlich relevante Tatsachen. Äußerst bedenklich zeigte sich die weitere Entwicklung im 19. Jahrhundert. Die in § 135 VZG geregelten Tathandlungen „unternimmt“ oder „hinterziehen“ waren jeweils sehr weit gefasst. Es bestanden somit keine festen Regeln nach denen die Tathandlung der Defraudation erfasst werden konnte, was dem Grundsatz der Gesetzesbestimmtheit widersprach.

In seinem grundlegenden allgemeinen Teil legte das ALR in § 31 ALR im ersten Abschnitt des 20. Titels fest, dass „in der Regel“ nur vorsätzlich begangene Verbrechen strafbar sind. Generell war ein *Veschulden* (im Sinne eines Vorsatzes) auch für die weiteren Steuerdelikte des ALRs vorgeschrieben. Problematisch war jedoch, dass in § 303 ALR II 20 explizit hinsichtlich des Strafmaßes auf die besonderen Zollverordnungen hingewiesen wurde, welche häufig Formaldelikte beinhalteten. In diesen Fällen kam es einzig auf die Erfüllung des objektiven Tatbestandes des Steuerdeliktes an. Einerseits garantierte diese praktikable Auslegung steuerstrafrechtlicher Vorschriften eine einfache Anwendung. Andererseits jedoch wurde das Erfordernis eines Verschuldenskriteriums quasi ausgehebelt. Die Tendenz des preußischen Gesetzgebers zu drei unterschiedlichen Versionen der Steuerstrafgesetzgebung, welche sich im 19. Jahrhundert in der Zoll- und Verbrauchsteuerordnung (1818), dem Zollstrafgesetz (1838) und dem Vereinszollgesetz (1869) fortsetzte, war hier bereits ersichtlich. Der Grund für diese unterschiedliche Gesetzgebung lag darin, dass der Gesetzgeber den staatlichen Kontrollverlust durch die zuvor erfolgte Aufhebung der Binnenzölle ausgleichen wollte. Er verfolgte mit seiner uneinheitlichen Gesetzgebung generell rein fiskalische Interessen. Diese Vorgehensweise setzte sich im ZStG (1838) und VZG (1869) fort, indem dort vermehrt Schuldvermutungen in das Gesetz einbezogen wurden. Bei Verwirklichung des objektiven Tatbestandes wurde ein schuldhaftes Handeln einfach vermutet. Die Beweislast für sein schuldloses Handeln oblag dem Beschuldigten. Dies verdeutlichte die durch den Gesetzgeber initiierten Funktionalisierungstendenzen im Steuerstrafrecht. Dieser gestaltete die Steuernormen je nach wirtschaftlicher Situation und Zwecksetzung in unterschiedlicher Weise aus. Gerechtigkeitskriterien spielten lediglich eine untergeordnete Rolle.

Kritisch zu betrachten sind auch die *Rechtsfolgen* der Defraudationstatbestände. Vorherrschend waren Geldstrafen in Form sogenannter *Multiplarstrafen*, die sich am Hinterziehungsbetrag ausrichteten und bspw. auf dessen Vierfaches (§ 242 ALR) oder Doppeltes (§ 111 ZVStO) belaufen konnten. Neben der Verhängung von Freiheitsstrafen bestand die Möglichkeit einer Konfiskation der Zollgüter. Das Eigentum an der konfiszierten Ware ging kraft Gesetzes auf den Staat über. Diese Formen der Rechtsfolgenbestimmung ermöglichten eine zweckorientierte Anwendung der Gesetze durch den Gesetzgeber. Im Vordergrund stand auch hier nicht der Gedanke der gerechten Strafe, sondern der Gedanke des Schadensausgleiches. Regelungen wie die *Haftung für Dritte* oder die *Gewährung unmittelbarer Denunziantenanteile* für am Verfahren beteiligte Beamte verdeutlichten dies. Diese Funktionalisierung des Strafrahmens hatte aber den Nachteil, dass auf das begangene Tatunrecht nicht konkret und präzise, im Sinne einer gerechten Strafe, reagiert werden konnte[228].

---

228 Vgl. hinsichtlich der Zusammenfassung / Fazit : Erster Teil, Zweites Kapitel.

ZWEITER TEIL: REFORMDISKUSSION SEIT 1870

Drittes Kapitel: Die Wende vom 19. zum 20. Jahrhundert

A) Strafrechtstheoretische Grundlagen

Gegen Ende des 19. und zu Beginn des 20. Jahrhunderts vollzogen sich im Strafrecht Veränderungen, welche nicht losgelöst von dem allgemeinen Entwicklungsprozess verstanden werden können.

Die deutsche Gesellschaft geriet in dieser Zeit in eine Modernisierungskrise. Der große Bank- und Börsenkrach 1873 hatte den Boom der Gründerjahre beendet und die große Wirtschaftsdepression verursacht. Der Staat entwickelte sich vom liberalen Nachtwächterstaat, der nur den Ordnungsrahmen für das Handeln der Wirtschaft setzte, zum sozialen Interventionsstaat, indem er mit neuen Steuerungsmechanismen zunehmend in die Abläufe der Wirtschaft eingriff[1].

Neue geistige Strömungen, wie der Sozialdarwinismus[2] und Positivismus[3], entstanden mit der rasanten Entwicklung von Technik und Naturwissenschaften. Zu einem Ableger im Recht wurde der Rechts- und Gesetzespositivismus. Abgelehnt wurden naturrechtliche Vorstellungen, die auf transzendentalen aus der Vernunft gewonnen Erkenntnissen beruhten. Vielmehr bezog sich der Gesetzespositivismus, in seiner engeren Form, nur auf das vom staatlichen Gesetzgeber erlassene positive Recht (klassische Schule). In seiner weiter gefassten Form wurden empirische (soziologische, naturwissenschaftliche, psychowissenschaftliche) Ergebnisse in das positive Recht miteinbezogen (moderne Schule). Der Gerechtigkeitsbegriff war danach nicht messbar und sollte aus diesem Grund empiristisch überformt oder gänzlich abgelehnt werden[4]. Normen des formellen Rechts konnten so mit beliebigen Inhalten gefüllt werden, da es mit diesem Rechtsverständnis keine übergeordneten anerkannten materiellen Vorverständnisse über Bürgerfreiheiten gab. Die Einhaltung von Verfahrensregeln und die Gesetzesbindung von Justiz und

1 Vgl. *Vormbaum*, Strafrechtsgeschichte, S. 118.

2 Der Sozialdarwinismus überführte die Lehre *Darwins* von der Entstehung der Arten (1884), „Überleben des Passendsten“, S. 81 (99 ff.) in den gesellschaftlichen Bereich.

3 *Comte* veröffentlichte mit seiner Schrift Plan de traveaux scientifiques nécessaires pour réorganiser la société das grundlegende Werk der Philosophie des Positivismus.

4 Vgl. *Vormbaum*, Strafrechtsgeschichte, S. 121.

https://doi.org/10.1515/9783110616187-005

Verwaltung waren primär ausreichend, um von Rechtsstaatlichkeit sprechen zu können[5].

Im Laufe des 19. Jahrhunderts trat der Zweckgedanke immer mehr in den Vordergrund. Rudolf v. *Jhering* (1818–1892) lieferte mit seinem Werk „Der Zweck im Recht“[6] von 1877/1884 die Grundlage für Franz v. *Liszts* Kampfschrift „Der Zweckgedanke im Strafrecht“[7] sog. Marburger Programm (1882/83[8]). Dabei ging *Liszt* von einer Naturgeschichte der Strafe aus. Ursprünglich in ihrer primitiven Stufe sei die Strafe eine „blinde, instinktmäßige, triebartige, durch die Zweckvorstellung nicht bestimmte Reaktion der Gesellschaft gegen äußere Störungen der Lebensbedingungen des einzelnen wie der vorhandenen Gruppen von Einzelindividuen“[9]. Auf der nächsten Stufe der Entwicklung werde die Strafe durch die Entdeckung des Zweckgedankens von der Triebhandlung zur Willenshandlung. Die Objektivierung der Strafe ermögliche es dem Menschen, die Lebensbedingungen zu fixieren, gegen einander abzuwiegen und zu rechtlich geschützten Interessen, zu Rechtsgütern, zu bündeln. An die Erkenntnis der Rechtsgüter schließe sich eine genauere Analyse der gegen diese gerichteten Handlungen an. Sodann erfolge die allmähliche Ausbildung der einzelnen Verbrechensbegriffe[10]. Strafe als Rechtsgüterschutz fordere unabweislich, dass im jeweiligen Falle diejenige Strafe (nach Inhalt und Umfang) verhängt werde, die notwendig ist, damit durch die Strafe die Rechtsgüterwelt geschützt werde. Der Zweckgedanke sei somit auch das Prinzip des Strafmaßes. Hieraus folge auch die Bestimmung der im jeweiligen Einzelfall zu verhängenden Strafe[11]. Strafe sei Zwang, der sich gegen den Verbrecherwillen richte. Es ergeben sich nach *Liszt* drei Wirkungen der Strafe. Erstens die Besserung, d.h. Einpflanzung altruistischer, sozialer Motive für besserungsfähige und besserungsbedürftige Verbrecher. Zweitens die Abschreckung, d.h. Einpflanzung und Kräftigung egoistischer, jedoch in der Wirkung mit den altruistischen zusammenfallender Motive für nicht besserungsbedürftige Verbrecher. Drittens die vorübergehende oder

5 Vgl. *Vormbaum*, Strafrechtsgeschichte, S. 122.

6 Vgl. *v. Jhering*, in: Strafrechtsdenker, S. 454 ff.

7 Vgl. *v. Liszt*, in: ZStW (1883), S. 1 ff.

8 Vgl. *Naucke*, Zerbrechlichkeit, S. 223, insb. Fn. 1: es handelte sich dabei um einen schriftlichen als Universitätsprogramm bezeichneten Jahresbericht des scheidenden Rektors der Universität Marburg; dazu auch *Vormbaum*, Strafrechtsgeschichte, S. 125.

9 *v. Liszt*, in: ZStW (1883), S. 1 ff. (6); *Ders.*, in: Strafrechtsdenker, S. 468 (469).

10 Vgl. *v. Liszt*, in: ZStW (1883), S. 1 ff. (17 ff.), (19 f.); *Naucke*, a.a.O., S. 224 f.

11 Vgl. *v. Liszt*, in: ZStW (1883), S. 1 ff. (31 f.); *Ders.*, in: Strafrechtsdenker, S. 468 (475).

dauerhafte Unschädlichmachung für nicht besserungsfähige Verbrecher. Die Strafe sei hierbei die Sequestrierung des Verbrechers[12].

Hatte *Kant* noch aus dem Vernunfturteil den transzendentalen Begriff der Willensfreiheit abgeleitet, so sah die neue geistige Strömung des Zweckgedankens den Menschen reduziert auf seine empirische Natur. Die Freiheit und Autonomie jedes einzelnen Menschen selbstbestimmt agieren zu können, das Anders-handeln-können, wurde in Frage gestellt[13]. Dies hatte auch Auswirkungen auf das Schuldverständnis, als ein Fundament des Strafrechts.

Liszt erblickte die Voraussetzung der strafrechtlichen Verantwortlichkeit in der:

> „normalen Bestimmbarkeit durch Motive. Wer in anormaler Weise, d.h. anders als der normale Durchschnittsmensch, auf Motive reagiert, der ist nicht zurechnungsfähig, und kann daher nicht gestraft werden."[14]

Wichtigster Zielpunkt war für Liszt die Schutzstrafe, d.h. eine am Zweck der Sicherung ausgerichtete Strafe. Schuld als Maßstab und Grenze der Strafe kam für ihn somit nicht in Frage[15]. Letztlich sollte die durch die Tat bewiesene Gesinnung des Täters den Ausschlag geben[16].

Liszts Schuldauffassung war eine radikale Reduzierung der Schuldelemente auf vermeintlich psychologische, deskriptive Merkmale. Dieser Versuch, die Strafe an gänzlich objektivierbare, naturwissenschaftlich feststellbare Merkmale zu knüpfen, zeigte auch den methodologischen Naturalismus, welcher sich in *Liszts* Grundhaltung widerspiegelte[17].

---

12 Vgl. *v. Liszt*, in: ZStW (1883), S. 1 ff. (33 f.); *Ders.*, in: Strafrechtsdenker, S. 468, (476 f): Die unschädlichmachende Rechtsstrafe, d.h. die Sequestrierung des Verbrechers „erscheint als künstliche Selektion des sozial untauglichen Individuums"; auch *Vormbaum*, a.a.O., S. 127, (128); *Naucke*, Zerbrechlichkeit, S. 226.

13 Vgl. *Vormbaum*, Strafrechtsgeschichte, S. 87, insb. S. 123.

14 *v. Liszt*, in: ZStW (1893), S. 325 ff. (342).

15 Vgl. *v. Liszt*, in: ZStW (1883), S. 1 ff. (43 f.); *Vormbaum*, a.a.O., S. 129.

16 Vgl. *v. Liszt*, in: ZStW (1893), S. 325 ff. (354): „Nach unsrer Forderung dagegen soll die durch die That bewiesene Gesinnung des Thäters den Ausschlag geben. Seine Stellung zur Rechtsordnung, seine ganze Vergangenheit und was sie für die Zukunft erwarten lässt, soll bestimmend sein für die Art und Maß der Strafe"; (355): „Nur andeuten will ich, dass in der geschichtlichen Entwicklung der strafrechtlichen Anschauung der äußere Erfolg der That mehr und mehr zurücktritt hinter der Berücksichtigung der Willensrichtung des Thäters […]"; auch abgedruckt bei Strafrechtsdenker, S. 484 ff. (493).

17 Vgl. *Achenbach*, Schuldlehre, S. 38 ff. (42).

B) Vereinheitlichung des allgemeinen Strafrechts (RStGB 1871)

Anfang bis Mitte des 19. Jahrhunderts traten in den deutschen Partikularstaaten unterschiedlichste Strafgesetzbücher in Kraft[18]. Diese Gesetzbücher boten ihren juristischen Inhalten nach „ein Bild der buntesten Mannigfaltigkeit und Verschiedenheit, welches, von dem wissenschaftlichen Werthe abgesehen, weniger auf berechtigte Unterschiede in Sitte, Gewohnheit und Bildung, als auf gesetzgeberische Willkür und doktrinäres Belieben zurückzuführen ist“[19].

Unter der Präsidentschaft Preußens bildete sich nach den siegreichen Kriegen gegen Dänemark (1864) und Österreich (1866) der Norddeutsche Bund. Am 20. März 1867 wurde die verfassungsrechtliche Grundlage für eine Vereinheitlichung des Strafrechts durch den Reichstag gelegt. Einem Antrag des Abgeordneten *Lasker* folgend wurde dem Bund die Gesetzgebungskompetenz für das Strafrecht durch Ausdehnung des Art. 4 Nr. 13 der Verfassung des Norddeutschen Bundes übertragen[20]. Im Frühjahr 1868 hatte der Bundestag und Bundesrat die Ausarbeitung des Entwurfs eines Strafgesetzbuches beantragt bzw. beschlossen. Der vortragende Rat im preußischen Justizministerium und spätere preußische Justizminister Heinrich v. *Friedberg* wurde mit der Erstellung des Entwurfes beauftragt[21]. Dieser im Juli 1869 veröffentlichte Entwurf *Friedberg* lehnte sich überwiegend an die Vorschriften des preußischen Strafgesetzbuchs von 1851 an, welche zugleich als Grundlage für die Ausarbeitung dienten[22]. Bevor es jedoch zu einer Fertigstellung des Entwurfs kam, stimmte

---

18 Vgl. *Rüdorff*, Strafgesetzbuch (1881), S. 6 f.: „Das bayerische Strafgesetzbuch vom 16. Mai 1813– […] – ist vielfach das Muster der nachfolgenden Gesetzgebungsarbeiten geworden […] Nach längeren Vorbereitungen wurden in den meisten deutschen Ländern Strafgesetzbücher erlassen, deren Reihe durch das unterm 30. März 1838 publiz. Krim. G.B. f. d. Königr. Sachsen eröffnet und durch das unterm 30. April 1869 publiz. Krim.G.B f. d. freie Stadt Hamburg abgeschlossen wird.“ In Österreich trat das Strafgesetzbuch über Verbrechen, Vergehen, und Übertretungen für das Kaiserthum Österreich vom 27. Mai 1852 (am 1. September) in Kraft, abgedruckt in: Stenglein, Bd. 3 Nr. XII.

19 *Rüdorff*, Strafgesetzbuch (1881), S. 7; *Ders.*, Strafgesetzbuch (1892), S. 5, 6.

20 Vgl. *Rubo*, Kommentar (1879), S. 6 ff.; *Rüdorff*, Strafgesetzbuch (1881), S. 13; *Ders.* a.a.O. (1892), S. 18 ff.; *Schubert*, in: Schubert / Vormbaum, Entstehung des StGB, Bd. 1, S. XIII; *Vormbaum*, Strafrechtsgeschichte, S. 85.

21 Vgl. *Rubo*, Kommentar (1879), S. 9 ff.; *Rüdorff*, Strafgesetzbuch (1881), S. 15 f.

22 Vgl. *Rubo*, Kommentar (1879), S. 20 ff., insb. S. 21 f.; *Rüdorff*, Strafgesetzbuch (1881), S. 16 f. (17): Die Begründung für die Zugrundelegung des StGB von 1851 wurde bereits in einer am 21. November 1868 verfassten Denkschrift dem Bundesrat mitgeteilt. Kein anderes Werk sei auch nur annähernd einer gleich großen Anzahl norddeutscher Juristen und Laien in gleichem Maße geläufig und zugleich in einem auch nur annähernd gleichen territorialen Umfang von Juristen und Geschworenen praktisch gehandhabt worden und in dieser umfassenden Weise durchgearbeitet, erläutert und geklärt

der Bundesrat des Norddeutschen Bundes in der Sitzung vom 3. Juli 1869 Anträgen zu, diesen durch eine Kommission, bestehend aus sieben Juristen, überarbeiten zu lassen. Diese Kommission tagte vom 1. Oktober bis zum 31. Dezember 1869[23]. Nach geringfügigen Abänderungen durch den Bundesrat wurde die überarbeitete Fassung am 14. Februar 1870 dem Reichstag vorgelegt und am 22. Februar von ihm in erster Lesung behandelt. Die Mehrheit des Hauses war von dem Wunsche geleitet, das Gesetz möglichst rasch zustande zu bringen. Einem Antrag des Abgeordneten *Albrecht* folgend wurde daher lediglich der 8. bis 29. Abschnitt des Besonderen Teils einer Kommission von 21 Mitgliedern überwiesen. Die übrigen Abschnitte wurden direkt im Plenum beraten[24]. In der Sitzung vom 25. Mai erteilte der Bundesrat dem Gesetzesentwurf in der vom Reichstag ihm gegebenen Fassung einstimmig seine Genehmigung. Nach dem Sieg über Frankreich 1870/71 und der Schaffung des Deutschen Reiches wurde dieser sodann mit einigen Änderungen als reichseinheitliches Reichsstrafgesetzbuch (RStGB) verkündet[25].

Als wichtiges Element dieser Kodifikation war zum einen das Gesetzlichkeitsprinzip zu sehen, welches nun reichseinheitlich in § 2 Abs. 1 RStGB seine Anerkennung fand[26]. Zum anderen war nun für den Versuch die Strafmilderung obligatorisch vorgesehen. Keine Erwähnung im Allgemeinen Teil hingegen fand das unechte Unterlassungsdelikt[27].

---

worden. „Dasselbe hat sich in dieser Erprobung durch Rechtsübung und Rechtswissenschaft als ein im Ganzen tüchtiges, jedenfalls von keiner anderen Gesetzgebung übertroffenes Werk bewährt, und es bietet sich somit Jedem, […], von selbst und ungesucht, als Vorbild und Grundlage für das neu zu schaffende Werk dar."

23 Vgl. *Rubo*, Kommentar (1879), S. 28 f.; *Vormbaum*, a.a.O., S. 85, insb. Fn. 149: Diese Bundesratskommission setzte sich zusammen aus vier preußische Juristen (dem preußischen Justizminister Leonhardt als Vorsitzendem sowie Friedberg, Bürgers und Dorn), einem mecklenburg-schwerinschen (Budde), einem sächsischen (Schwarze) und einem bremer (Donandt) Juristen; vgl. auch BGBl. NdB 1870, 197.

24 Vgl. *Rüdorff*, Strafgesetzbuch (1881), S. 26 f.; *Vormbaum*, Strafrechtsgeschichte, S. 86: Neben zahlreichen Anträgen, vor allem Sachsens, die in ihrer Mehrzahl abgelehnt wurden, drehten sich die Beratungen im Plenum vor allem um die Frage der Todesstrafe. Diese wurden mit einem Kompromiss beendet. Danach sollte deren Anwendung auf (versuchten) Mord an einem Landesherrn bzw. am Bundesoberhaupt begrenzt werden.

25 Vgl. *Rüdorff*, a.a.O. (1881), S. 32, 35; *Vormbaum*, a.a.O., S. 86; RGBl. 1871, 127.

26 Vgl. § 2 Abs. 1 RStGB, in: *Rubo*, Kommentar (1879), S. 246: „Eine Handlung kann nur dann mit einer Strafe belegt werden, wenn diese Strafe gesetzlich bestimmt war, bevor die Handlung begangen wurde. Bei Verschiedenheit der Gesetze von der Zeit der begangenen Handlung bis zu deren Aburtheilung ist das mildeste Gesetz anzuwenden"; auch abgedruckt in: *Rüdorff*, Strafgesetzbuch (1881), S. 102 f.

27 Vgl. *Vormbaum*, Strafrechtsgeschichte, S. 86.

Grundsätzlich sollte die Strafe gemäß § 59 RStGB in der Regel nur bei vorsätzlichem oder wenigstens fahrlässigem Handeln eintreten[28]. Zumindest aber wurde das Vorsatzerfordernis explizit oder implizit überall in den Tatbeständen des Besonderen Teils formuliert. Da Vorsatz und Fahrlässigkeit als Schuldformen verstanden wurden, war mit deren regelmäßiger Erwähnung eine Verankerung des Schuldprinzips vorhanden[29]. Dabei ist die Bezeichnung „Schuld" auch für die zweite Hälfte des 19. Jahrhunderts nur mit Bedacht zu gebrauchen. Insbesondere gegen Ende des 19. Jahrhunderts setzte sich der Schuldbegriff (Verschuldung) gegenüber den zuvor gebräuchlichen Definitionen wie „subjektive Gründe der Strafbarkeit", „verbrecherische Willensbestimmung" oder besonders häufig „Zurechenbarkeit" oder „Inputabilität" langsam durch und entwickelte sich sodann zu einem festen Bestandteil des Straftatsystems[30]. Dem Strafgesetzbuch lag der psychologische Schuldbegriff zugrunde. Zurechnungsfähigkeit war folglich nach § 51 RStGB nur bei Bewusstlosigkeit und krankhafter Störung der Geistestätigkeit ausgeschlossen[31].

Das RStGB schuf ein reichseinheitliches Strafensystem, welches neben der Haftstrafe bei Übertretungen noch die Todesstrafe, Zuchthausstrafe, Gefängnisstrafe sowie Festungshaft kannte. Die Geldstrafe spielte in diesem Bereich, im Gegensatz zum Steuerstrafrecht, eine eher untergeordnete Rolle[32].

Die Regelung des Strafvollzugs erfolgte durch das RStGB allerdings nur fragmentarisch. Die nähere Ausgestaltung dieser Normen blieb auch nach 1871 in den deutschen Einzelstaaten weiter deren Verwaltungspraxis überlassen[33].

---

28 Vgl. § 59 RStGB, in: *Rubo*, Kommentar, S. 495; § 59 RStGB, in: *Rüdorff*, Strafgesetzbuch (1881), S. 222 f.; *Kuhlen*, Grundfragen, S. 23, insb. Fn. 154.

29 Vgl. *Vormbaum*, Strafrechtsgeschichte, S. 87.

30 Vgl. zum Schuldverständnis Zweites Kapitel A); auch *Achenbach*, Schuldlehre, S. 19 ff, insb. S. 20 m.w.N.: „Auch das Wort 'Schuld' als solches ist schon seit längerer Zeit in der deutschen Strafrechtswissenschaft heimisch. Jedoch hatte es zunächst keine feste Bedeutung gewinnen können. So wurde 'Schuld' oder 'Verschuldung' anfangs als Übersetzung für 'culpa' gebraucht, für jene Form der Zurechnung also, für die sich später der Begriff 'Fahrlässigkeit' durchsetzte. Andere Autoeren bezeichneten damit die rein moralische Zurechnung, die sittliche Schuld"; vgl. auch *Vormbaum*, Strafrechtsgeschichte, S. 87.

31 Vgl. § 51 RStGB, in: *Rubo*, Kommentar, S. 467; *Vormbaum*, a.a.O., S. 87; *Achenbach*, Schuldlehre, S. 49 ff. (50), 56 f., 62 ff: eingehend zur Abgrenzung zwischen naturalistischer Schule – der „psychologischem Schuldbegriff" und „normativem Schuldbegriff".

32 Vgl. *Krause*, Geschichte, S. 80; *Vormbaum*, a.a.O., S. 114: Dabei war sowohl für die Zuchthausstrafe als auch für die Festungshaft ein Strafrahmen von ein bis 15 Jahren oder lebenslänglich vorgesehen.

33 Vgl. *Krause*, Geschichte, S. 81.

C) Steuerstrafrecht

I. Vielzahl an Steuerstrafvorschriften

Ende des 19. Jahrhunderts fehlte weiterhin eine einheitliche, übergeordnete gesetzgeberische Regelung im Steuerstrafrecht für alle deutschen Staaten. Das Reichsstrafgesetzbuch von 1871 löste zwar einerseits die zuvor geltenden Partikularstrafgesetzbücher ab, wodurch eine weitreichende Vereinheitlichung auf dem Gebiet des allgemeinen Strafrechts erreicht werden konnte. Andererseits wurde das Steuerstrafrecht, als lex specialis, hiervon explizit ausgenommen. Die große Zahl an steuerstrafrechtlichen Normen sowie deren verwaltungsstrafrechtlichen Besonderheiten wurden nicht entfernt[34]. Vielmehr enthielt jedes einzelne Steuergesetz der Länder und des Reiches, somit also jede Steuerart, bis zum Inkrafttreten der RAO von 1919 ein spezielles Gesetz, dem jeweils entsprechende strafrechtliche Bestimmungen beigefügt wurden[35]. Mit der zunehmenden Anzahl an einzelsteuerlichen Normen des Reiches und der Länder differenzierten sich auch die einzelnen *Tatbestandsanforderungen*[36]. Sofern Strafnormen als Erfolgsdelikte ausgestaltet waren und an das Verursachen der Steuerverkürzung anknüpften, wurden diesen Normen weiterhin häufig umfangreiche Kataloge beispielhafter Tathandlungen beigefügt, vor allem in den Zoll- und Verbrauchsteuergesetzen[37]. Im weiteren Verlauf wurde die Tathandlung bei Besitz- und Verkehrsteuern stärker abstrahiert. Hatte der Gesetzgeber zunächst noch eine unrichtige, unvollständige oder unterlassene Angabe gegenüber der Steuerbehörde vorausgesetzt[38], wurde am

34 Vgl. *Olshausen*, RStGB (1912), EinführungsG, § 2, S. 10: „In Kraft bleiben die besonderen Vorschriften des Bundes- (Reichs-) und Landestrafrechts, namentlich über strafbare Verletzungen der Preßpolizei-, Post-, Steuer-, Zoll- Fischerei-, Jagd, Forst- und Feldpolizei-Gesetze […]", sowie Anm. 9, 10 c., S. 15 f.; *Kuhlen*, Grundfragen, S. 25; § 2 des Einführungsgesetzes zum StGB für den Norddeutschen Bund vom 31. Mai 1870 bestimmte, dass die besonderen Regelungen der Reichs- und Landesstrafgesetze, somit auch die Zoll- und steuerstrafrechtlichen Vorschriften, in Kraft blieben und nicht grundlegend überarbeitet werden sollten, vgl. *Schneider*, Entwicklung, S. 22; vgl. generell zur Entwicklung des RStGBes, *Vormbaum*, StGB, Suplementband 1, S. 456, 461 f.

35 Vgl. *Schneider*, Entwicklung, S. 21; *Joecks*, in: a.a.O. (2009), § 370 Rn. 1, S. 133.

36 Vgl. *Seckel*, Steuerhinterziehung, S. 98.

37 Vgl. dazu bereits Zweites Kapitel, C) III, § 136 VZG; *Liszt*, Lehrbuch (1921), § 199 I. 1., S. 682; auch §§ 28, 29 BrauStG vom 31.5. 1872, in: RGBl. 153; §§ 43, 44 ZuckStG, vom 27.5.1896, in: RGBl. 117; weitere Beispiele abgedruckt bei *Joecks*, in: Franzen / Gast / Joecks (2009), § 370 Rn. 1, S. 133.

38 Vgl. *Joecks*, in: Franzen / Gast / Joecks (2009), § 370 Rn. 1, S. 133 f.: z.B. §§ 49, 50 ErbStG v. 3.6.1906 (RGBl. 654), § 50 ZuwachsStG vom 14.02.1911 (RGBl. 33); § 76 BesitzStG vom 3.7.1913 (RGBl. 505, 524).

Ende dieser Entwicklung auf eine genaue Umschreibung der Tathandlung ganz verzichtet[39].

Zunächst bot § 69 des Sächsischen Gewerbe- und PersonalStG v. 24. Dezember 1845 (GVBL. 311) eine im 19. Jahrhundert vorauseilende Begriffsbestimmung. Strafbar war nach dieser Definition jede aktive Handlungsweise, welche dazu geeignet war, mittels einer Täuschung auf Seiten der Steuerbehörde eine Unkenntnis auszunutzen. Hierdurch sollte des Weiteren eine Steuerverkürzung bewirkt werden. Die Täuschungshandlung konnte durch Leugnen steuerlich relevanter Tatsachen oder durch wissentlich unrichtige Angaben erfolgen[40]:

> „1.) wer den Betrieb eines steuerpflichtigen Gewerbes oder die Eigenschaft, welche ihn zu Personalsteuer verpflichtet, auf Befragen ableugnet und hierdurch der Steuer entweder gänzlich sich entzieht oder einen geringeren Ansatz veranlaßt, als von ihm, den gesetzlichen Vorschriften nach, zu entrichten gewesen wäre;
>
> 2.) wer über den Umfang seines Gewerbebetriebes oder über sonstige Verhältnisse, von welchen die Bestimmung des Steuerbeitrags abhängig ist, sich erwiesener Maaßen wissentlich unrichtige Angaben hat zu Schulden kommen lassen, durch welche das Steuerinteresse verkürzt worden ist, oder, falls die Unrichtigkeit nicht entdeckt worden wäre, verkürzt worden sein würde; [...].“[41]

Auch nach § 66 des preußischen Einkommensteuergesetzes vom 24. Juni 1891 (EStG) war nur eine aktive Täuschungshandlung tatbestandlich von Relevanz:

> „Wer wissentlich in der Steuererklärung oder bei Beantwortung der von zuständiger Seite an ihn gerichteten Fragen, oder zur Begründung eines Rechtsmittels
>
> a) über sein steuerpflichtiges Einkommen oder über das Einkommen der von ihm zu vertretenden Steuerpflichtigen unrichtige oder unvollständige Angaben macht, welche geeignet sind, zur Verkürzung der Steuer zu führen,
>
> b) steuerpflichtiges Einkommen, welches er nach den Vorschriften dieses Gesetzes anzugeben verpflichtet ist, verschweigt, wird, wenn eine Verkürzung des Staates stattgefunden hat, mit dem vier- bis zehnfachen Betrage der Verkürzung, anderenfalls mit dem vier- bis zehnfachen Betrage der Jahressteuer, um welche der Staat verkürzt werden sollte, mindestens aber mit einer Geldstrafe von einhundert Mark, bestraft.“[42]

---

39 Vgl. *Joecks*, in: Franzen / Gast / Joecks (2009), § 370 Rn. 1, S. 134: So lautete § 38 I 1 UStG vom 26.7.1918 (RGBl. 779): „Wer vorsätzlich die Umsatzsteuer hinterzieht oder einen ihm nicht gebührenden Steuervorteil erschleicht, wird [...] bestraft.“

40 Vgl. *Schneider*, Entwicklung, S. 26. weitere Beispiele, S. 34 ff.: § 79 Kommunalabgabengesetz vom 14. Juli 1893 (RGBl. 178, 179), Besitzsteuergesetz 1913 (RGBl. 541).

41 § 69 Sächsisches Gewerbe und Personalsteuergesetz, abgedruckt in: GVBl. 311 (337 f.), sowie *Joecks*, in: a.a.O., § 370, Rn. 1, S. 133; *Schneider*, a.a.O., S. 25 f.

42 § 66 EStG vom 24. Juni 1891, in: PrGS 1891 (Nr. 9463.) S. 175 ff. (197 f.).

Lediglich das „Machen unrichtiger oder unvollständiger Angaben“ gegenüber der Steuerbehörde stellte eine Täuschungshandlung dar und wurde unter Strafe gestellt. Diese musste geeignet und dazu bestimmt sein, die zuständige Steuerbehörde bzw. deren Vertreter in einen Irrtum zu versetzen, wodurch die Herbeiführung einer Steuerverkürzung zumindest ermöglicht werden sollte[43].

Eine andere Gruppe an Steuerhinterziehungsvorschriften erfasste explizit reine Unterlassungstatbestände. Kam eine Person ihrer Obliegenheit, die durch spezielle Steuergesetze auferlegten steuerrechtlich relevanten Anmeldungen zu bewirken, nicht nach, so machte sie sich einer Defraudation strafbar[44].

Als Beispiel sei hier das Erbschaftssteuergesetz (ErbStG) des Reichs vom 3. Juni 1906 (RGBl. 654) genannt[45]:

> „§ 49. Ist die gesetzliche Verpflichtung zur Einreichung der Erbschaftssteueranmeldung oder Erbschaftssteuererklärung innerhalb der vorgeschriebenen Frist nicht erfüllt, so unterliegt der Verpflichtete einer Geldstrafe im zwei- bis vierfachen Betrage der Erbschaftssteuer von dem betreffenden Erwerb oder, wenn der Betrag der Steuer nicht ermittelt werden kann, einer Geldstrafe bis zu 20.000 Mark.
>
> Ist nach den obwaltenden Umständen anzunehmen, daß die rechtzeitige Erfüllung der Verpflichtung nicht in der Absicht, die Erbschaftssteuer zu hinterziehen, unterlassen worden ist, so tritt statt der im Abs. 1 vorgesehenen Strafe eine Ordnungsstrafe bis zu 150 Mark ein.
>
> Die gleiche Ordnungsstrafe tritt ein für Zuwiderhandlungen gegen die Vorschriften dieses Gesetzes oder die zu seiner Ausführung erlassenen Bestimmungen, die im Gesetze mit keiner besonderen Strafe bedroht sind.
>
> Die Einziehung der Steuer erfolgt unabhängig von der Bestrafung.“[46]

§ 49 Abs. 1 enthielt ein Unterlassungsdelikt, sowie § 49 Abs 2 eine Privilegierung dieses Delikts. Voraussetzung war das Bestehen der Verpflichtung zur Anmeldung des Anfalls eines Erwerbs von Todes wegen nach §§ 36, 38 ErbStG oder zu Abgabe der Erbschaftssteuererklärung nach §§ 47, 38 ErbStG. Täter konnte demnach der Erwerber eines steuerpflichtigen Anfalls, der

43 Vgl. *Schneider*, Entwicklung, S. 36.

44 Vgl. auch *Schneider*, Entwicklung, S. 32.

45 Vgl. *Kloß*, in: Stenglein, Nebengesetze, II. Band (1912), §§ 1 ff. ErbStG 1906, S. 763 ff.; weitere Beispiele bei *Schneider*, Entwicklung, S. 32 f.: § 27 Brausteuergesetz vom 31. Mai 1872 (RGBl. 161); § 32 Tabacksteuergesetz vom 16. Juli 1879 (RGBl. 255).

46 *Kloß*, in: Stenglein, Nebengesetze, II. Band (1912), §§ 47–49., § 49., S. 815.

gesetzliche Vertreter eines solchen, ein Nachlasspfleger oder gar ein Testamentvollstrecker sein[47].

Der objektive Tatbestand bestand in der Unterlassung der Anmeldung beim zuständigen Erbschaftssteueramt innerhalb der gesetzlich vorgesehenen Frist des § 36 ErbStG bzw. in der Unterlassung der Abgabe einer Erbschaftssteuererklärung innerhalb der vom zuständigen Erbschaftssteueramt festgelegten Frist. Diese sollte zumindest einen Monat betragen. Die nicht rechtzeitige Erfüllung wurde dem völligen Unterlassen der Erbschaftssteuererklärung gleichgesetzt[48].

Der subjektive Tatbestand hätte gemäß den allgemeinen Grundsätzen in der Kenntnis der Steuerpflichtigkeit, des Anfalls des Erwerbs sowie der Obliegenheit zur Anmeldung bzw. zur Abgabe der Steuererklärung bestehen müssen. Allerdings erfolgte nach Absatz 2 eine Ausnahme. Eine Privilegierung sollte eintreten, wenn nach den jeweiligen Tatumständen davon auszugehen war, dass die rechtzeitige Erfüllung der Obliegenheit nicht in der Absicht, die Erbschaftssteuer zu hinterziehen, unterlassen worden war. Die Konsequenz war, dass eine Bestrafung nach Absatz 1 stets einzutreten hatte, wenn nicht Umstände vorlagen, die auf das Fehlen der Hinterziehungsabsicht hindeuteten[49].

In der 2. Hälfte des 19. Jahrhunderts gab es des Weiteren eine Vielzahl an Steuergesetzen, welche das Tatbestandsmerkmal des Unternehmens enthielten, wie bspw. § 32 Tabaksteuergesetz (TabakStG) des Reichs vom 16. Juli 1879:

---

47 Vgl. *Kloß*, in: Stenglein, Nebengesetze, II. Band (1912), § 49. ErbStG 1906, Anm. 1., S. 815; weitere §§-Angaben dieses Beispiels beziehen sich auf das ErbStG von 1906.

48 Vgl. *Kloß*, in: Stenglein, Nebengesetze, II. Band (1912), § 49. Anm. 2 a), S. 815: Die Verpflichtung zur Anmeldung war einfachen Inhalts. Sie reduzierte sich auf die reine schriftliche Anzeige des Anfalls. *Ders.*, in: Stenglein, Nebengesetze, II. Band (1912), § 49. Anm. 2 b), S. 815 sowie § 37 Abs. 1 i.V.m. Abs. 3, insb. Nr. 3, Nr. 4, Nr. 5 und Nr. 8, S. 807: Für die Verpflichtung zur Abgabe der Erbschaftssteuererklärung war in § 37 Abs. 3 ErbStG ein bestimmter Inhalt nach 4 Gesichtspunkten vorgeschrieben. Die Unvollständigkeit in einem dieser vier Punke kam einer Nichterfüllung gleich.

49 Vgl. *Kloß*, in: Stenglein, Nebengesetze, II. Band (1912), § 49. Anm. 3, S. 816: Der Nichtkenntnis von der Steuerpflichtigkeit des Anfalls oder von der Anmeldungspflicht, stand nun die Annahme der Hinterziehungsabsicht ohne weiteres entgegen. War die Nichtkenntnis in einer dieser beiden Fälle erwiesen, so lag lediglich die Übertretung nach Absatz 2 vor. Das Resultat aber war, dass umgekehrt schon beim fehlenden Nachweis jener Kenntnis die Straffolge nach Absatz 1 eintrat. Anders formuliert: die Kenntnis der Steuerpflichtigkeit des Erwerbs sowie die Kenntnis der Pflicht zur Anmeldung wurden vermutet.

„§ 32. Wer es unternimmt, die nach diesem Gesetze von dem innerhalb des Zollgebiets erzeugten Tabak oder einer inländischen Tabakpflanzung entrichtende Steuer zu hinterziehen, begeht eine Defraudation.

Der Tabaksteuerdefraudation macht sich insbesondere schuldig:

wer es unterläßt, die im § 3 und im ersten Absatz des § 24 vorgeschriebene Anmeldung hinsichtlich aller oder einzelner mit Tabak bepflanzten Grundstücke rechtzeitig zu bewirken;

wer die gesetzliche Verpflichtung, der Gewichtssteuer (§ 2) unterliegenden Tabak zur amtlichen Verwiegung zu stellen, nicht rechtzeitig erfüllt."[50]

Der Begriff des Unternehmens sollte derselbe sein wie bei anderen Steuerdelikten, z.B. § 135 VZG. Dennoch erhielt der Begriff hier eine gewisse Modifikation, indem sich das Unternehmen in zwei große Klassen teilte. Zum einen waren damit Unterlassungen gemeint, welche darauf abzielten, die Gewinnung von Tabak der Kenntnis der Steuerbehörde zu entziehen und das Produkt ohne Zahlung der vom Hersteller zu entrichtenden Steuer nutzbar zu machen. Zum anderen waren darunter Handlungen positiver Art zu verstehen, welche das Ziel verfolgten, die Steuerbehörden über die Existenz einer Steuerschuld oder deren Reichweite zu täuschen. Eine solche Täuschung sollte nicht als Betrug sanktioniert werden, da die Defraudationsstrafe im Wege der Gesetzeskonkurrenz die Betrugsstrafe ausschließen sollte. Das Unternehmen konnte nur vorsätzlich geschehen. Eines Erfolgseintrittes bedurfte es nicht[51].

Die Unterlassungshandlungen sollten mit Ablauf derjenigen Fristen, innerhalb welcher das Gesetz bestimmte Handlungen, insbesondere Anmeldungen, vorgenommen wissen wollte, als vollendet angesehen werden. Demgegenüber sollten die gebotenen Handlungen mit deren Vornahme vollendet sein, unabhängig davon, ob sie täuschend wirkten oder nicht[52].

In § 32 Abs. 2 TabakStG wurden wiederum, vergleichbar mit § 136 VZG (1869), bestimmte typische Tathandlungen kasuistisch aufgeführt. § 32 Abs. 2 und § 33 TabakStG schlossen sich eng an § 136 VZG und andere in jener Zeit entstandene Steuergesetze an. Dabei sollte der Nachweis des Vorsatzes auch hier durch Präsumtionen erleichtert werden[53].

---

50 § 32 Tabaksteuergesetz, in: RGBl. 1879, S. 245; 79. Reichsgesetz vom 16. Juli 1879, betr. die Besteuerung des Tabaks; in: *Stenglein*, Nebengesetze, I. Band (1895), § 32, S. 913 (918 f.). (Da die Bearbeiter der einzelnen Abschnitte nicht explizit genannt werden, wird im folgenden jeweils zitiert : *Stenglein*, Nebengesetze, I. Band [1895]).

51 Vgl. *Stenglein*, Nebengesetze, I. Band (1895), § 32, Anm. 2, S. 919.

52 Vgl. *Stenglein*, Nebengesetze, I. Band (1895), § 32, Anm. 3, S. 919.

53 Vgl. *Stenglein*, Nebengesetze, I. Band (1895), § 32, Anm. 4, S. 919; zur Möglichkeit einer Widerlegung der Präsumtion, *Ders.*, a.a.O., § 34 Abs. 3 Schlussatz TabakStG,

II. Reformdiskussion und kritische Anmerkungen

Erst gegen Ende des 19. und Anfang des 20. Jahrhunderts kam es aufgrund einer fehlenden einheitlichen steuerstrafrechtlichen Regelung zu Reformdiskussionen. Zuvor fand das Gebiet des Steuerstrafrechts kaum wissenschaftliche Beachtung. Unter Heranziehung dogmatischer Gesichtspunkte wurde seitens der Literatur der Versuch unternommen, sich näher mit dem Steuerstrafrecht sowie dem Delikt der Defraudation zu beschäftigen[54].

1. Rechtliche Einordnung des Steuerstrafrechts

Teilweise wurde das Steuerstrafrecht als Teilbereich des Verwaltungsunrechts gesehen. Maßgebend für das Wesen der Defraudation war nach dieser Ansicht nicht die Schädigung des Fiskus, die geahndet werden sollte, sondern vor allem die Verletzung der Kontrollinteressen der Zoll und Steuerverwaltung[55].

So betonte zunächst *Mayer* den verwaltungsstrafrechtlichen Charakter, welcher dem Delikt der Defraudation beigemessen werden sollte. Das Polizeidelikt bezeichnete er als ein Glied in der großen Familie der Verwaltungsdelikte, zu welchen auch die Finanzdelikte zu zählen seien. Die jeweilige verwaltungsrechtliche Grundlage sei es, welche ihnen durchweg ihr besonderes Wesen verleihe. Die Umschreibung Verwaltungsdelikte treffe sowohl für das Polizei- als auch das Finanzdelikt zu[56]. *Mayer* kritisierte zudem die Einordnung des Verwaltungsdeliktes als einfaches Formalvergehen, von dem die Rechtslehre annahm, dass diesem, im Gegensatz zum Materialvergehen (Güterbeschädigung), der stoffliche Hintergrund fehle. Es sei, so *Mayer,* Aufgabe der Verwaltungsrechtslehre aufzuzeigen, dass das sog. Formalvergehen ebenso seine materielle Grundlage habe. Zudem sei für das Polizei- und Finanzdelikt ein

---

S. 920: „Wird nachgewiesen, daß der Beschuldigte eine Defraudation nicht habe verüben können, oder daß eine solche nicht beabsichtigt gewesen sei, so findet nur eine Ordnungsstrafe nach Vorschrift des § 40 statt. […].“

54 Vgl. *Schneider*, Entwicklung, S. 23 f., 43 ff.; Ein Überblick über den Meinungsstand zur Jahrhundertwende findet sich u.a. bei: *Eckstein*, GA, Bd. 59, S. 29 ff.; *Schwaiger*, Gerichtssaal, Bd. 49 (1894), S. 401, 418 ff.; *Pollack*, Finanzdelikt, S. 12 ff.; *Rosenberg*, in: ZStW Bd. 24 (1904), S. 1 f. (5 ff.); *v. Liszt.*, Lehrbuch (1908), § 199. II 1., S. 649 ff.

55 Vgl. u.a. *Goldschmidt*, Verwaltungsstrafrecht, S. 418 ff. (419); *Pollack*, Finanzdelikt, S. 12 ff. (73 f.); *Hofacker*, Verwaltungsarchiv Bd. 15 (1907), S. 404 ff. (413).

56 Vgl. *Mayer*, Deutsches Verwaltungsrecht, Erster Band (1895), § 22, Anm. 9, S. 319: „Die alte Grundeinteilung der Strafrechtslehre stellt Verbrechen und Polizeidelikte einander gegenüber. Polizei ist dabei im früheren umfassenden Sinn gebraucht, wonach z.B. auch die Verfolgung von Finanzdelikten als Finanzpolizei darin begriffen war. Die Strafrechtslehre wird sich der neueren Abgrenzung der Begriffe des öffentlichen Rechts anschliefsen müssen; Verwaltungsdelikt ist die gebotene Bezeichnung.“

besonderes Verschulden notwendig, welches beim Polizeidelikt darin zu sehen sei, dass der Pflichtige nicht ausreichend für die Erfüllung seiner Pflicht gesorgt hatte. Auch für die Finanzdelikte bestehe ein für das gemeine Strafrecht gar nicht wahrnehmbares, jedoch ein finanzrechtliches Verschulden[57]. Auch *Goldschmidt* unternahm den Versuch einer strikten Abgrenzung zwischen Justiz- und Verwaltungsstrafrecht. Dabei betonte er, dass u.a. wegen der ausschließlichen Zuständigkeit des Reiches auf dem Gebiete der Zollgesetzgebung, einschließlich der Verwaltungsvorschriften, das Zollstrafrecht das eigentlichste Verwaltungsstrafrecht des Deutschen Reichs bilde[58]. Das Deliktsmoment des objektiven Tatbestandes sei nicht in der Schädigung des Steuerfiskus zu sehen, sondern in der Verletzung von Kontrollinteressen der Zollverwaltungsbehörden und somit in der unterlassenen Förderung der Staatsverwaltung als Träger von Hoheitsrechten. Das Finanzstrafrecht unterscheide sich von dem übrigen Verwaltungsstrafrecht dadurch, dass an Stelle des öffentlichen Wohls, welches hier durch das Medium der Staatsverwaltung geschützt werde, das Wohl des Privatrechtssubjekts Staat (Steuerfiskus) trete[59]. Im Tatbestand des Verwaltungsdelikts fehle die ethische Komponente der materiellen Rechtsgutsbeeinträchtigung. Gegeben sei nur ein reiner Ungehorsam gegenüber dem rechtlich sanktionierten Verwaltungsbefehl[60]. Das Verwaltungsstrafrecht richte sich gegen die Normübertretungen, welche nicht die innere ethische Überzeugung der Gemeinschaft, sondern der Wille des Staates erzeugt habe. In ihnen spreche die äußere Macht des Verbandes zu seinem Gliede[61]. Auch sei eine abstrakte Rechtsgütergefährdung zur Konstituierung eines Polizeidelikts weder erforderlich noch ausreichend[62]. Zudem betonte *Goldschmidt*, dass an die Übertretung einer Verwaltungsvorschrift als Tatbe-

57 Vgl. *Mayer*, Deutsches Verwaltungsrecht, Erster Band (1895), Anm. 9, S. 319 f: „Es giebt keine Polizeistrafe ohne Verschulden; darin steht sie der gemeinen Strafe gleich. Aber das Verschulden liegt eben schon darin, daſs der Pflichtige nicht ausreichend dafür gesorgt hat, seine Pflicht zu erfüllen"; S. 451: „Es ist aber für das Finanzdelikt so unrichtig, wie für das Polizeidelikt, zu sagen: es sehe ab von einem Verschulden, sei Formalvergehen in diesem Sinne. Auch in den letztgenannten Fällen ist immer ein Verschulden vorhanden, ein sittlich recht leicht wiegendes und deshalb für das gemeine Strafrecht gar nicht wahrnehmbares, aber ein finanzrechtliches Verschulden."

58 Vgl. *Goldschmidt*, Verwaltungsstrafrecht, S. 418.

59 Vgl. *Goldschmidt*, Verwaltungsstrafrecht, S. 419.

60 Vgl. *Goldschmidt*, in: FS-Koch (1903), S. 415, 422 (425).

61 Vgl. *Goldschmidt*, in: FS-Koch (1903), S. 415 (424).

62 Vgl. *Goldschmidt*, Verwaltungsstrafrecht, S. 461 ff.: Sie sei nicht erforderlich, da es zahlreiche Polizeidelikte gebe, welche nicht nur konkrete Gefährdungen, sondern auch Verletzungen von Rechtsgütern enthielten.

stand eine Strafe als Verwaltungsfolge knüpfe[63]. Demgegenüber vereine das Justizstrafrecht immer zugleich zwei Elemente in sich. Einerseits ein materielles Element der Rechtsgüterbeeinträchtigung durch Verletzung oder Gefährdung eines Rechtsguts. Andererseits ein formelles Element der Übertretung des Verletzungs- bzw. Gefährdungsverbots[64]. Die Justizstrafnorm wende sich an das Individuum, indem Pflichten, als Anforderungen vom Standpunkt der Gesellschaft an ihre vernünftig denkenden Mitglieder, auferlegt würden. Die Rechtsgüterverletzung sei also eine ethisch-rechtliche Pflichtverletzung[65]. *Pollack* vertrat den Standpunkt, dass das Finanzdelikt bereits de lege lata alle Merkmale des Verwaltungsdelikts aufweise[66]. In den Zoll- und Steuergesetzen seien dem Individuum durch die Finanzbefehle in Gestalt von Geboten und Verboten Pflichten auferlegt, deren Erfüllung in Bezug auf das Wohl des Privatrechtssubjekts Staat (des Steuerfiskus) und mittelbar der Gesamtheit verlangt werde. Die Nichteinhaltung dieser Pflichten sei Verletzung der Gehorsamspflicht, welche der einzelnen Gliedperson gegenüber der Gesamtperson auferlegt werde. Die Missachtung des Finanzbefehls sei Pflichtverletzung, Verletzung der Kontrollinteressen der Zoll- und Steuerverwaltungsbehörden. Das Ansinnen der Verwaltung sei es daher, den Übertreter zur Pflichterfüllung gegenüber der Gesamtperson zu bewegen und dem unsachgemäß handelnden Mitglied seine Pflicht einzuschärfen. Der objektive Tatbestand des Finanzdelikts sei die Verletzung der Finanzinteressen der Zoll- und Steuerverwaltung[67]. *Hofacker* hob das vornehmliche Ziel der Verwaltung hervor,

---

63 Vgl. *Goldschmidt*, Verwaltungsstrafrecht, S. 577: „Nach alledem ist das Verwaltungsstrafrecht der Inbegriff derjenigen Vorschriften, durch welche die mit Förderung des öffentlichen oder Staats-Wohls betraute Staatsverwaltung im Rahmen staatsrechtlicher Ermächtigung in der Form von Rechtssätzen an die Uebertretung einer Verwaltungsvorschrift als Thatbestand eine Strafe als Verwaltungsfolge knüpft."

64 Vgl. *Goldschmidt*, a.a.O., S. 539 f.: „Die Auflehnung eines Willensträgers gegen den allgemeinen Willen – ein damnum emergeus – stellt sich ihrer Natur nach als ein Ergebnis des Zweckes und der Natur der Rechtsverfassung, sowie des zwischen beiden bestehenden Verhältnisses dar. Einmal des Zweckes: Sie enthält die Beeinträchtigung der Machtsphäre eines anderen Willensträgers: eine Rechtsgüterbeeinträchtigung. […] Sodann ein Ergebnis der Natur der Rechtsverfassung: Die Auflehnung enthält die Verletzung einer Erklärung des allgemeinen Willens […] eine Rechtswidrigkeit, ein Unrecht".

65 Vgl. *Goldschmidt*, in: FS-Koch (1903), S. 415, 421 f., (423 f.), insb. (424).

66 Vgl. *Pollack*, Finanzdelikt, S. 112.

67 Vgl. *Pollack*, Finanzdelikt, S. 73 f. (74): „Der Pflichtige hat durch die Nichterfüllung der ihm obliegenden Pflichten es unterlassen, der Zoll und Steuerverwaltung des Staates die von ihm verlangte Unterstützung und Förderung zu gewähren; indem er die finanzrechtlichen Befehle übertrat, […]. Auch hier wieder der deutliche Gegensatz zum gemeinen Strafrecht, zum Justizstrafrecht! Der Täter eines Justizdelikts fehlt gegen ein Gebot der Rechtsordnung, lehnt sich gegen die Rechtsverfassung auf. Das Finanzdelikt

welches in der Förderung des öffentlichen Wohls zu sehen sei. Die gegen dieses angestrebte Wohl gerichtete Verwaltungswidrigkeit enthalte lediglich das formelle Element der Zuwiderhaltung gegen den Verwaltungswillen. Die Verwaltungsstrafe, als Reaktion gegen diese Verwaltungswidrigkeit, könne aber nur in einer Verwaltungstätigkeit bestehen, und zwar in einer vom unmittelbaren Verwaltungszwange generisch nicht unterscheidbaren Maßregelung des Betroffenen[68]. Nach *Spiegel* war die Strafe im Rahmen des Kriminalrechts eine Reaktion gegenüber Angriffen auf schutzbedürftige Rechtsgüter. Dem Kriminalstrafrecht müsse das Polizei- und Finanzstrafrecht gegenübergestellt werden, dessen Anwendung nur bei harmlosen Rechtswidrigkeiten erfolge. Das Polizei- und Finanzstrafrecht sei Verwaltungsrecht, schon aufgrund der Tatbestände der Verwaltungsdelikte[69].

Vertreter einer anderen Ansicht stuften die Steuerhinterziehung als Teilbereich des Justizstrafrechts ein und unternahmen den Versuch eine Abgrenzung zwischen Justiz- und Verwaltungsstrafrecht – insbesondere anhand des Kriteriums der Rechtsverletzung bzw. Rechtsgutsverletzung – vorzunehmen[70].

So differenzierte *Köstlin* zunächst nach der Art der Rechtsverletzung. Jedes Delikt, welches eine konkrete Rechtsverletzung zur Folge hatte, ordnete er als Justizdelikt ein. Demgegenüber sollte im Falle einer lediglich abstrakten Gefährdung des Rechts das Polizeiverwaltungsdelikt zur Anwendung kommen. Dabei war zunächst jede konkrete oder abstrakte Gefährdungshandlung von Relevanz. Eine Einschränkung sollte später jedoch insoweit erfolgen, dass lediglich die abstrakte Gefährdung für das Verwaltungsdelikt von Bedeutung sei. Letztlich hätten solche Handlungen aber immer den Charakter, die reale

---

zeigt seinen verwaltungsstrafrechtlichen Charakter aber darin, daß hier nicht ein bestimmtes Rechtsgut angegriffen wird, sondern daß es das öffentliche Wohl im Interesse des Privatrechtssubjekts Staat, hier des Steuerfiskus, ist, das nicht gefördert wird. Daher ist denn seine Nichtförderung mangels einer Rechtsgüterbeeinträchtigung niemals ein damnum emergens, sondern nur ein lucrum cessans".

68 Vgl. *Hofacker*, in: Verwaltungsarchiv, Bd. 15 (1907), S. 404, 412 f. (413).

69 Vgl. *Spiegel*, Die Verwaltungsrechtswissenschaft (1909), S. 130 ff. (132 f.): Es fehle der kriminalistische Hintergrund. Die feinen Untersuchungen über die Schuldformen, über den verbrecherischen Willen überhaupt usw., seien daher für das Verwaltungsstrafrecht zum großen Teil gegenstandslos. *Ders.*, a.a.O., S. 134: Beim Verwaltungsstrafrecht handle es sich – im Gegensatz zum Kriminalstrafrecht – nicht so sehr um Bestrafung des Übertreters als vielmehr um Ahndung für Übertretung. Die Persönlichkeit des Übertreters trete in den Hintergrund. „Das, worauf es der Verwaltungsstrafrechtstheorie vor allem ankommen muß, ist die Technik der Strafe, [...]".

70 Vgl. *v. Liszt*, Lehrbuch (1908), S. 64 ff.; *Rosenberg*, in: ZStW Bd. 24 (1904), S. 1 ff.

Möglichkeit der Verletzung eines Rechts in sich zu schließen[71]. Demgegenüber betonte *v. Liszt* die Notwendigkeit einer Rechtsgutsverletzung. Er nahm hierbei eine Differenzierung vor. Zum einen bestimmte er Rechtsgüter des einzelnen, wie z.B. Leben, Freiheit, Ehre, Urheberrecht. Zum anderen erkannte er Rechtsgüter der Gesamtheit, wie dem Staat als solchen, an[72]. Die Rechtsgutsbeeinträchtigung sei sowohl im Falle einer unmittelbaren Rechtsgutsverletzung, z.B. durch Vernichtung, als auch im Falle einer konkreten Gefährdung, bei der ein naher Verletzungseintritt möglich ist, gegeben. Sofern die Verletzung bzw. Gefährdung des Rechtsguts nun wesentlich ist, liege ein kriminelles Delikt vor. Dagegen sei bei den Polizeidelikten dieser inhaltliche Kern des Unrechts, die Verletzung oder Gefährdung eines Rechtsgutes, nicht wesentlich[73]. Nach dieser Ansicht war der Tatbestand der Steuerhinterziehung (Defraudation) als Urbild und Vorbild aller Finanzvergehungen zu sehen. Die Hinterziehungsstrafe wurde als der Grundstock aller auf das Finanzwesen des Reichs sich beziehenden Strafbestimmungen verstanden. Die Defraudation wurde somit in die allgemeine Strafrechtswissenschaft miteinbezogen. Die Hinterziehung bestehe in der Nichtentrichtung der nach dem Gesetze verfallenen Abgabe[74]. *Rosenberg* bemängelte die von *Goldschmidt* aufgestellte Verwaltungsstrafrechtstheorie wegen unzureichender Bestimmtheit und Schärfe als eine ungeeignete Methode die ordnungsgemäße Abgrenzung des Verwaltungsunrechts vom kriminellen Unrecht vorzunehmen. Die *Golschmidt*'sche Definition passe auch auf Vergehen und einzelne Verbrechen[75]. Eine Abgrenzung des polizeilichen Unrechts vom kriminellen Unrecht anhand des Kriteriums eines einfachen Ungehorsams gegen staatliche Vorschriften, gegenüber der Verletzung oder Gefährdung von Rechtsgütern, sei unrichtig. Jede Rechtsgüterverletzung sowie -gefährdung im strafrechtlichen Sinne enthalte zugleich einen formellen Ungehorsam gegen staatliche Vorschriften. Der Ungehorsam gegen staatliche Vorschriften sei somit das gemeinsame Merkmal, welches bei allen Arten des kriminellen und des polizeilichen Unrechts in identischer

71 Vgl. *Köstlin*, System des deutschen Strafrechts (1855), § 18, S. 17 f.: „Die Folge hiervon ist, daß neben der Rechtspflege eine andere allgemeine Thätigkeit bestehen muß, deren Aufgabe darin besteht, dem Unrecht vorzubeugen und […] auch an sich nicht rechtsverletzende, aber gefährliche Handlungen unter Strafandrohung zu verbieten."

72 Vgl. *v. Liszt*, a.a.O. (1908), § 13, I., 1., S. 64 f. Als Rechtsgut sei das durch das Recht geschützte Interesse, das rechtlich geschützte Interesse, zu verstehen.

73 Vgl. *v. Liszt*, Lehrbuch (1908), § 79, S. 295 ff.; § 26, I., III., S. 115 ff. (117).

74 Vgl. *v. Liszt*, Lehrbuch (1888), § 196, S. 614; *Ders.*, a.a.O. (1908), § 199, S. 649, 650. (651): Beachtlich sei aber, dass die Finanzdelikte Eigentümlichkeiten aufwiesen, insbesondere ein Hervortreten der rein fiskalischen Interessen.

75 Vgl. *Rosenberg*, in: ZStW Bd. 24 (1904), S. 1 (8 a.E.).

Weise gegeben sei[76]. *Goldschmidt* gehe fehl in der Annahme, dass die Gesamtheit der Verwaltungsdelikte das Verwaltungsstrafrecht bilden würden und letzteres zugleich immer ein von der Verwaltung erzeugtes Recht sei. Vielmehr seien die Rechtssätze über diese Delikte zum größten Teil vom Gesetzgeber selbst erzeugt[77]. Bei der Feststellung des Strafensystems habe der Gesetzgeber einen doppelten Maßstab anzuwenden. Die Strafe sei zum einen zu bemessen nach dem objektiven Moment, nach der Größe des Erfolgs und zum anderen nach einem subjektiven Moment, nach der Größe der Schuld. Letztlich lasse sich eine systematische Einteilung der Strafarten und zugleich der strafbaren Handlungen durchführen, wenn das subjektive Verschulden des Täters die Grundlage der Einteilung bilde[78]. *Dronke* vertrat den Standpunkt, dass die Hinterziehung das grundlegende und wichtigste aller Finanzvergehen ist. Es sei richtig, dass die Steuergesetze sie als Ausgangspunkt nehmen. Darin zeige sich keine Verschiebung der wahren Sachlage, vielmehr sei dies das logisch Richtige. Der Fundamentalpflicht entspreche das Fundamentaldelikt[79]. Die Ordnungswidrigkeit dagegen unterscheide sich von der Steuerhinterziehung dadurch, dass sie nicht die Verkürzung des Staates bezwecke oder verursache, sondern nur das Steueraufkommen gefährde. Ihre Strafe sei milder[80]. Es sei nicht die Finanzverwaltung, die eine Strafe als Folge an eine Übertretung anknüpfe, sondern vielmehr der Finanzgesetzgeber. Letztlich knüpfe die Strafe, als Folge der Übertretung, immer der Gesetzgeber an diese an, nicht die Verwaltungsbehörde. Ferner sei die Strafe niemals Verwaltungs-

76 Vgl. *Rosenberg*, in: ZStW (1904), S. 1 (7).

77 Vgl. *Rosenberg*, in: ZStW (1904), S. 1 (11).

78 Vgl. *Rosenberg*, in ZStW Bd. 24 (1904), S. 1, 20 f., (22), (23 f.).

79 Vgl. *Dronke*, in: ZStW (1906), S. 632 (646).

80 Vgl. *Dronke*, in: ZStW (1906), S. 632 (647): Hinterziehung und Ordnungswidrigkeiten seien zwei nebeneinander stehende selbständige Formen der Steuervergehen, welche sich in ihrer Ausgestaltung erheblich unterscheiden. Die Hinterziehung sei Verletzung des primären staatlichen Steueranspruchs. Demgegenüber sei die Ordnungswidrigkeit Verletzung der sekundären Sicherungsvorschriften. Zudem sei die Ordnungswidrigkeit in der Regel auch als echtes Gefährdungsdelikt einzustufen.

folge[81]. So werde die Strafandrohung auch im Finanzstrafrecht vom Gesetzgeber und nicht von der Verwaltung aufgestellt[82].

Im Ergebnis ist die Verwaltungsstrafrechtstheorie wegen fehlender Bestimmtheit ungeeignet für eine genaue Abgrenzung. Das Merkmal „Ungehorsam" gegen staatliche Vorschriften ist ein gemeinsames Merkmal aller Arten kriminellen und polizeilichen Unrechts. Der Finanzgesetzgeber knüpft die Strafe als Folge einer Übertretung an. Somit ist die Strafe nicht nur Verwaltungsfolge. Die Steuerhinterziehung ist als (Rechtsguts)verletzung des primären staatlichen Steueranspruchs zu sehen und damit als das wichtigste aller Finanzvergehen – als Teilbereich der allgemeinen Strafrechtswissenschaft – einzuordnen.

2. Tatbestand der Steuerhinterziehung

In die Strafrechtswissenschaft fand das Gebiet des Steuerstrafrechts erst Ende des 19. Jahrhunderts Eingang. Die daraufhin einsetzende Auseinandersetzung mit diesem Themenbereich führte zu unterschiedlichsten Ansichten. Bezüglich der Behandlung des Tatbestandes bestanden dogmatische Unterschiede, welche für mehr Verwirrung als für Klarheit sorgten[83].

a) Steuerhinterziehung als Unterlassungsdelikt

Nach einer Ansicht im Schrifttum wurde die Defraudation zunächst als reines Unterlassungs- bzw. Omissivdelikt verstanden[84].

In erster Linie war es *Merkel*, der bei der Bestimmung des Defraudationsbegriffs den Schwerpunkt auf das Fehlen eines positiven Eingriffes in die Rechtssphäre anderer legte. So lange sich bei der Defraudation das rechtswid-

---

81 Vgl. *Dronke*, in: ZStW (1906), S. 632, (634): Der Finanzgesetzgeber knüpfe eine Strafe als Folge an eine Übertretung an. Für die Defraudation, indem er sage, wer hinterzieht, wird so und so bestraft. Was jedoch als Hinterziehung zu werten ist, habe nicht die Verwaltung festzulegen. Vielmehr stehe dies für den Gesetzgeber bereits fest. Für die Kontrollvergehen, indem er sage: wer die Vorschriften dieses Gesetzes oder der Ausführungsvorschriften übertritt, wird bestraft.

82 Vgl. *Dronke*, in: ZStW (1906), S. 632 (635): Für das geltende Recht könne also die Begriffsbestimmung vom Finanzstrafrecht nur sein: „als Inbegriff derjenigen Vorschriften, durch welche der Gesetzgeber zu Gunsten der mit Förderung des Finanzwesens betrauten Staatsverwaltung an die Übertretung einer Verwaltungsvorschrift als Tatbestand eine Strafe als Rechtsfolge anknüpft." Anderes gelte nur für das Polizeistrafrecht.

83 Vgl. zum damaligen Meinungsstand u.a. *Schwaiger*, Der Gerichtssaal 49. Bd. (1894), S. 401 ff.; *Weber*, Der Gerichtssaal 58. Bd. (1901), S. 4 ff., 161 ff.; *Schneider*, Entwicklung, S. 48 ff. (63 f.) sowie Literaturübersicht bei *Liszt,* Lehrbuch (1908), § 199, S. 649.

84 Vgl. u.a. *Merkel,* Kriminalistische Abhandlungen (1867), I. Zur Lehre von den Grundeintheilungen des Unrechts, S. 76 ff.; *Ders.*, a.a.O. II. Die Lehre vom strafbaren Betruge, § 5, S. 98 ff.; *Hälschner*, Lehrbuch des deutschen Strafrechts II, S. 257 ff.

rige Resultat als das lediglich negative darstelle, dass der Berechtigte nicht erhalte, was ihm nach dem Rechte zustehe, erscheine die Defraudation als Omissivdelikt. Somit sei die Defraudation von den Eingriffen in fremde Rechtsgüter, insbesondere vom Betrug als Kommissivdelikt, zu unterscheiden[85]. Des Weiteren ging *Merkel* bei der Unterscheidung der Defraudation vom Betruge von der inneren Natur der Omissivdelikte aus. Man müsse das Prinzip der Unterscheidung nicht in einer Verschiedenheit der Mittel suchen, durch welche ein rechtwidriger Zweck erreicht werden solle, sondern in den unterschiedlichen rechtswidrigen Zwecken selbst. Somit sei der Hauptschwerpunkt auf die Absicht des Täters zu legen. Sofern der Zweck darauf fokussiert sei, nicht zu tun, wozu man verpflichtet sei, so liege ein Omissivdelikt vor. Nicht zu berücksichtigen seien dabei die sonstigen positiven Tatbestandsumstände, wie die Mittel mit denen der Taterfolg angestrebt werde[86]. *Merkel* stellte eine weitere Behauptung auf. Wolle der Defraudant sein Ziel dadurch erreichen, dass er über die zollpflichtigen Gegenstände nur schweige, so erkenne darin jedermann, dass sein Unrecht nur einen negativen Charakter habe. Dies dürfe sich auch nicht ändern, wenn der Defraudant seinen Zweck durch ein positives Tun, z.B. durch Verbergen der Waren vor den Zollbeamten, zu erreichen suche. Die Verletzung charakterisiere sich als eine negative, nämlich als die Nichterfüllung einer obligatio ad faciendum, einer positiven gesetzlichen Auflage. Darin bestehe das Merkmal des Omissivdeliktes[87].

85 Vgl. *Merkel*, Kriminalistische Abhandlungen (1867), II. Die Lehre vom strafbaren Betruge, § 5., S. 98 ff. (108 f.) (109): „Dieß strafbare negative Unrecht gehört aber, wie ebendaselbst nachgewiesen wurde, zu der Kategorie der Formalvergehen, beziehungsw. des Unrechts von polizeilichem Charakter, was daher auch bezüglich der Defraudationen anzunehmen ist"; *Ders.*, Kriminalistische Abhandlungen (1867), I. Zur Lehre von den Grundeintheilungen des Unrechts, S. 76 (79): „Bei den Unterlassungsverbrechen nämlich kann sich dasselbe nur als ein negatives charakterisiren. Es besteht nur darin, daß der Berechtigte nicht erlangt, was ihm durch den Andern werden soll, [...]. Die Kommissivdelikte zielen dagegen auf einen positiven Effekt, [...], welche ohne die betreffende Thätigkeit des Delinquenten nicht eintreten würde".

86 Vgl. *Merkel*, Kriminalistische Abhandlungen (1867), II. Die Lehre vom strafbaren Betruge, § 5., S. 98 ff. (113).

87 Vgl. *Merkel*, Kriminalistische Abhandlungen (1867), II. Die Lehre vom strafbaren Betruge, § 5., S. 98 ff., 113 (114): „Wenn ferner der betr. Defraudant, anstatt sich selbst den Blicken der Zollbeamten zu entziehen, die zollpflichtigen Waaren vor denselben zu verbergen sucht; oder wenn er statt durch solche obejktive Dissimulationen durch eine mündliche Abläugnung des betr. Besitzes zu seinem Ziel zu kommen sucht, soll damit der Charakter seines Delikts ein andrer werden? Soll etwa um der rechtswidr. Wahrheitsentstellung willen zu dem Omissivdelikte ein krimineller Betrug hinzutreten? In Wirklichkeit ist hier überall nur eine Rechtsverletzung und zwar die nämliche vorhanden, und diese Verletzung charakterisirt [sic] sich als eine negative, nämlich als die Nichterfüllung einer obligatio ad faciendum, einer positiven gesetzlichen Auflage, wo-

Zudem fehle das dem Betruge innewohnende Erfordernis der Vermögensbeschädigung bei den Defraudationen gänzlich. Das Vermögen des Verletzten, also des Staates, repräsentiere hier nach Begehung der Handlung keinen geringeren Wert als zuvor. Das Ergebnis des rechtswidrigen Verhaltens sei bei diesen Begehungsformen lediglich ein Negatives. Dieses bestehe darin, dass der von dem Gesetze bezeichnete Erfolg, die Bereicherung der öffentlichen Kassen um den geschuldeten Betrag, nicht herbeigeführt werde. Infolgedessen seien die Defraudation den Omissivdelikten zuzurechnen[88].

Des Weiteren ordnete *Hälschner* die Defraudation ihrem Wesen nach als Omissivdelikt ein. Es handele sich um eine obligatio ad faciendum und ein strafbares Unterlassen. Auch wenn der Täter nicht leiste, was er zu leisten habe, indem er z.B. versuche, seinen Besitz eines zollpflichtigen Gegenstandes abzuleugnen oder zu verbergen, so sei darin dennoch kein Kommissivdelikt zu sehen. Durch ein derartiges täuschendes, wahrheitswidriges Verhalten gestalte sich die Defraudation folglich noch keineswegs zum Betruge. Rechtswidrig sei hier nur das Unterlassen[89]. Der Schwerpunkt wurde auf das Resultat des jeweiligen steuerwidrigen Verhaltens, der Nichtentrichtung geschuldeter Abgaben, gelegt. In der Folge war die Art und Weise des Eingriffs in das fremde Rechtsgut, das spezielle steuerwidrige Verhalten, lediglich von zweitrangiger Bedeutung[90].

---

rin das Merkmal des Omissivdeliktes gegeben ist.“ *Ders.*, Kriminalistische Abhandlungen (1867), I., S. 76 (79).

88 Vgl. *Merkel / Holtzendorff*, in: Handbuch des deutschen Strafrechts, III. Band (1874), S. 750 ff. (762).

89 Vgl. *Hälschner*, Strafrecht II. Band (1887), S. 1001 ff. (1004): Die Defraudation […] „ist ihrem Wesen nach ein Omissivdelict, indem es sich hier um eine obligatio ad faciendum und ein strafbares Unterlassen handelt, das auch dadurch sich nicht in ein Commissivdelict verwandelt, daß der Thäter um seinen Zweck: nicht zu leisten was er zu leisten hat, durch Lüge, durch Ableugnung des Besitzes eines zollpflichtigen Gegenstandes, durch Verbergen desselben, durch Umgehung der Zollstätte u.s.w. zu erreichen sucht.“

90 Vgl. *Hälschner*, Strafrecht II. Band (1887), S. 1001 ff. (1004 f.); *Ders.*, Strafrecht, I. Band (1881), S. 250 ff. (257 f.); hierzu auch *Weber*, in: Der Gerichtssaal 58 (1901), S. 4 ff. (25 f.): „Da der Defraudant – von den selteneren […] behandelten Defraudationen abgesehen – in jedem Falle die Nichtleistung einer Abgabe anstrebt, so characterisirt [sic] sich die Rechtsverletzung des Defraudanten stets als eine negative, nämlich als die Nichterfüllung einer obligatio ad faciendum.“ […] Der negative Charakter der Defraudation zeige sich aber auch „überall da, wo die Gesetze scheinbar nur ein positives Handeln mit Strafe belegen. […] So z.B. „§. 50 des Branntweinsteuergesetzes von 1868: 'Wer eine Gewerbshandlung […], vornimmt' […]“. Auch bei diesen Defraudationen sei der Kern nicht das Vornehmen einer Gewerbshandlung, sondern das Nichtangeben derselben, welche die Verkürzung der Steuer zur Folge habe. Zugleich hält Weber aber auch eine Verkürzung der staatlichen Einnahmen durch positives Handeln

Auch weitere Gelehrte, wie *Schütze*, ordneten die Defraudation als reines Unterlassungsdelikt ein[91]. Überdies führte *Meisel* aus, dass das Defraudationsdelikt einen höchst einheitlichen Charakter habe. Das Delikt sei immer darauf gerichtet, dass der Staat dasjenige nicht erhalte, was ihn nach dem Finanzgesetze gebühre, somit also eine Verneinung seiner Gebote und eine Negierung der zur Verwirklichung des Finanzgesetzes aufgestellten Verbote. Es sei auf dieses Nichtwollen durch das gekennzeichnete System von Strafen reagiert worden[92].

b) Steuerhinterziehung als Steuerbetrug

Nach einer anderen Ansicht wurde das Wesen der Defraudation als Betrugstatbestand gesehen oder zumindest eine wesensmäßige Äquivalenz von Steuerhinterziehung und Betrug angenommen[93].

So vertrat *v. Liszt* den Standpunkt, dass Hinterziehung oder Defraudation in der Nichtentrichtung der nach dem Gesetze verfallenen Abgabe bestehe. Strafe müsse eintreten für die Entstellung oder Unterdrückung wahrer, sowie für die Vorspiegelung unwahrer Tatsachen. Die Hinterziehung trage dann aber auch regelmäßig alle einzelnen Merkmale des Betrugsbegriffes an sich:

> „Das Vermögen des Staates wird in gewinnsüchtiger Absicht durch arglistige Erregung eines Irrtums beschädigt“[94]

---

für möglich, z.B. durch aus den Händen geben eines ungestempelten Wechsels etc., dazu *Ders.*, S. 17, 23.

91 Vgl. *Schütze*, Lehrbuch des Strafrechts (1874), § 97, Fn. 9, S. 472: bzgl. des Irrtums, im Sinne einer falschen Vorstellung, als Tatbestandsmerkmal des Betruges: „Das äussere Verhalten des Thäters, welches eine dieser Wirkungen hervorbringt, muss über blosse Unterlassung hinausgehen. Schon darum enthält nicht str. B. die sog. Defraudation, ein steuergesetzwidr. eigentl. Unterlassungsdelict.“ Bloßes Verschweigen reiche nicht aus.

92 Vgl. *Meisel*, in: Juristische Blätter (1881), Steuerdefraudation und Betrug, S. 574, sowie S. 575: Es sei Merkel's unbestreitbares Verdienst, „in das von Finanz- und Strafrechtswissenschaft unbeachtete Gebiet Licht gebracht zu haben. In seiner 'Lehre vom strafbaren Betruge' fordert er für dieses Delict eine solche materielle Benachtheiligung, die sich unter den Begriff des positiven Eingriffes in die Rechtssphäre Anderer subsumirt, das ist, des allgemeinen Merkmales der Commissivdelicte; daher unterscheidet sich der Betrug von den Defraudationen, so lange sich bei ihnen das rechtswidrige Resultat als das lediglich negative darstellt, daß der Berechtigte nicht erhält, was ihm nach dem Rechte werden soll, als worin das charakteristische Merkmal der Omissivdelicte (des strafbaren negativen Unrechtes) liegt, […]“.

93 Vgl. u.a. *v. Liszt*, Lehrbuch (1888), § 198 II, S. 618 ff.; *Schwaiger*, in: Der Gerichtssaal 49, (1894), S. 401 ff.; *Weber*, in: Der Gerichtssaal 48 (1901), S. 161 ff.

94 Vgl. *v. Liszt*, Lehrbuch (1908) § 199, II. 1., S. 650: Da die Mittel des Privatrechts im Allgemeinen ausreichten, um die Erfüllung der Verbindlichkeit zu erzwingen, sei die Hinterziehung nicht ohne weiteres strafbar. Zur kriminellen Strafe greife die Gesetzge-

Jedoch führte *v. Liszt* weiter an, dass die Hinterziehung aber von jeher als ein selbständiges, vom Betruge zu differenzierendes Vergehen, erscheine. Der Grund hierfür liege in der Entwicklungsgeschichte des Zoll- und Steuerstrafrechts, nach welcher die Finanzvergehen dem Bereich des polizeilichen Unrechts zugeordnet zu werden pflegten. Ein weiterer Grund sei in der Rechtsanschauung des Volkes zu suchen[95].

Schwaiger betonte zunächst, dass die Steuervergehen, ausgezeichnet durch die Natur der Rechtsgutsverletzung und die Art der Begehung, eine vollständig abgesonderte Stellung im Rechtssystem eingenommen hätten[96]. Er kritisierte die Ansicht *Merkels*. Die Defraudation sei kein Omissivdelikt. Gebe ein Steuerpflichtiger die Einkommensteuer falsch oder gar nicht an, so bewirke er einen Irrtum der Steuerbehörde über seine Vermögensverhältnisse. Daraufhin erfolge ein falscher Eintrag in die Steuerregister, welcher letztlich zu einer zu geringen Steuererhebung führe. Dies seien aber lauter positive Veränderungen in der Außenwelt. Des Weiteren sei die Zahlung der fälligen Abgaben nicht vom freien Willen des Schuldners abhängig, sondern werde bei ausbleibender Zahlung von der Steuerbehörde zwangsweise eingetrieben. Wolle der Steuerpflichtige seine Abgaben hinterziehen, so müsse er diese Beitreibung verhindern. Infolgedessen setze er ein Hindernis entgegen, indem er durch Täuschung des Steuerbeamten unrichtige Angaben mache. Letztlich komme so ein positives Resultat zu Stande. Die Verhinderung einer positiven Handlung setze begrifflich gleichfalls eine positive Tätigkeit voraus[97]. Vielmehr sei zu fragen, ob die Defraudation sich als Betrug im Sinne des allgemeinen Strafgesetzes darstellen könne. Als Definition des Betrugs komme der einschlägige § 263 des StGB für das Deutsche Reich in Betracht[98]. Als Tathandlung mache der

---

bung nur dann, wenn die Mitwirkung des einzelnen zur Ermittlung des Daseins und der Höhe seiner Verbindlichkeit nicht zu entbehren bzw. zu überwachen sei.

95 Vgl. v. Liszt, Lehrbuch (1908), § 199, II, 1., S. 650: „[…] zum anderen Teile in der Rechtsanschauung des Volkes, welches von den Zeiten des Kampfes zwischen der Freiheit des einzelnen und dem Polizeistaate her bis auf unsere Tage herab sich scheut, die Übervorteilung der Gesamtheit mit der betrüglichen Benachteiligung einzelner auf dieselbe Stufe zu stellen".

96 Vgl. *Schwaiger*, in: Der Gerichtssaal 49 (1894), S. 401, (402).

97 Vgl. *Schwaiger*, in: a.a.O., S. 401, (419 f.); weiter *Ders*., a.a.O., S. 421 f.: Auch sei der Ansatz, das Hauptgewicht auf die Absicht des Täters zu legen, nichts tun zu wollen, falsch. Es komme auch im Falle des Verschweigens zollpflichtiger Gegenstände auf die gesamte Tätigkeit des Defraudanten an, wie z.B. Verbringen des Gegenstandes über die Grenze etc., welche auch in diesem Fall insgesamt ein positives Unrecht enthalte.

98 Vgl. *Schwaiger*, in: Der Gerichtssaal 49 (1894), S. 401, (431): Hierbei umfasse der Tatbestand des Betruges im Wesentlichen vier Elemente, bezüglich deren Existenz bei der Defraudation Bedenken erhoben worden seien, nämlich: „a) als Object: Das Ver-

Defraudant insoweit entweder die Angaben, zu welchen er verpflichtet ist, bei der zuständigen Steuerbehörde überhaupt nicht oder er mache unwahre bzw. unrichtige Angaben bei derselben. Es trete im letzteren Falle offen zu Tage, dass er mit dieser Tathandlung falsche Tatsachen vorspiegle bzw. wahre Tatsachen unterdrücke. Demgegenüber sei der Defraudant im ersteren Fall, wenn derselbe gar keine Erklärung abgebe, fürs Erste nicht aktiv tätig, sondern verschweige nur eine Tatsache[99]. Des Weiteren sei der Steuerpflichtige dazu angehalten, der Steuerbehörde von den Umständen, welche die Grundlage für die Steuerveranlagung bzw. -erklärung bilden, auf deren Nachfrage, Mitteilung zu machen. Der Grund hierfür sei in der staatsbürgerlichen Verpflichtung des Individuums gegenüber den staatlichen Organen zu sehen. Sofern jedoch das Schweigen zugleich die Verletzung einer Verbindlichkeit darstelle, so sei es als ein qualifiziertes Schweigen zu werten. Das Zusammentreffen beider Elemente, zum einen das Unterlassen, also die Nichterfüllung der Verbindlichkeit, sowie zum anderen die aktive Handlung, also der Eintritt in diese Verbindlichkeit, erzeuge nur eine Tathandlung. Im Verschweigen einer Steuerpflicht könne somit auch die Unterdrückung einer wahren Tatsache, in einer dem Betrug entsprechenden Art und Weise, gesehen werden. Die Unterdrückung der Kenntnisnahme auf Seiten der Steuerbehörde stelle sowohl eine aktive Pflichtverletzung als auch ein Unterlassen dar[100]. Durch das Verhalten des Defraudanten werde zudem ein Irrtum in der Person des Steuerbeamten erzeugt. Der Defraudant könne den von ihm beabsichtigten Erfolg lediglich dadurch erreichen, dass er dem Tätigwerden des Steuerbeamten ein Hemmnis auferlege in Form einer Täuschung desselben. Der Beamte müsse bis zur Erbringung des Gegenbeweises von der Annahme ausgehen dürfen, dass der Staatsbürger die von ihm geforderten steuerlichen Angaben inhaltlich korrekt und wahrheitsgemäß wiedergibt und der Betroffene tatsächlich nur so viel Steuern zu bezahlen hat, wie derselbe letztlich in der Steuererklärung anführt. Konsequenterweise verfüge der Beamte in diesem Irrtum, tatsächlich und in negativer Weise, über die staatlichen Vermögensrechte. Der Kausalzusam-

---

mögen eines Anderen; b) als Erfolg: Die Schädigung dieses Vermögens; c) als Absicht: Erlangung eines rechtwidrigen Vermögensvortheils für sich oder einen Anderen; d) als Mittel: Irrthumserregung oder Irrthumserhaltung durch Vorspiegeln falscher oder Entstellung oder Unterdrückung wahrer Thatsachen."

99 Vgl. *Schwaiger*, in: Der Gerichtssaal 49 (1894), S. 401, (438 f.).

100 Vgl. *Schwaiger*, a.a.O., S. 401 (439): „Wenn aber das Schweigen zugleich die Verletzung einer Verbindlichkeit in sich schließt, so ist es ein qualificirtes Schweigen; es bilden dann Thun – nämlich Eintritt in diese Verbindlichkeit – und Unterlassen – nämlich Nichterfüllung derselben – begrifflich nur eine Handlung. Und insofern kann auch im Verschweigen der Steuerpflicht die Unterdrückung einer wahren Thatsache gesehen werden."

menhang zwischen Irrtumserregung und Vermögensbeschädigung sei daher hergestellt. Zugleich sei eine Identität des Getäuschten und des Geschädigten für den Begriff des Betruges nicht notwendig, wenn es dem Getäuschten möglich sei, über die Vermögensrechte des Geschädigten zu verfügen. Insofern sei auch vorliegend die fehlende Identität des Getäuschten und des Geschädigten, also die Schädigung des Staates durch Täuschung des Finanzbeamten, unbeachtlich[101]. Weiter führte *Schwaiger* an, dass der Betrugstatbestand zudem eine Schädigung des Vermögens eines anderen verlange[102]. Der Vorgang bei der Defraudation sei ein ähnlicher. Es bestehe zunächst der gesetzliche Anspruch des Fiskus auf die Steuern. Durch sein verbrecherisches Verhalten bewirke der Schuldner, dass die seine Steuerpflicht begründenden Vorgänge und Objekte dem Staat nicht zu Kenntnis gelangen. Dadurch sei der Staat nicht mehr in der Lage, die geschaffene Forderung dem Schuldner gegenüber durchzusetzen und einzuziehen[103]. Letztlich verliere der Staat durch die verübte Defraudation die Differenz zwischen dem Wert der nach dem Nominalbetrag der Steuerforderung zu zahlenden Summe und dem wirtschaftlichen Wert der Forderung, wie dieser sich nach dem Einwirken des Defraudanten darstellt. Die real bestehende Wertminderung entspreche dem jeweiligen Grad von Wahrscheinlichkeit, welche dafür besteht, dass eine Geltendmachung der Forderung zu keinem Zeitpunkt bzw. niemals erneut erfolgen kann[104]. Sobald das zuständige Staatsorgan die entsprechende Steuer auf legale Weise ausgeschrieben habe sowie die jeweilige Steuerquote fällig geworden sei, entstehe für den Staat auf diese Quote eine Forderung, eine sog. obligatio ex lege, jeweils bereits mit dem Anfall. Diese Steuerforderung könne auch ein mögliches Objekt einer Vermögensschädigung sein[105]. Im Ergebnis

---

101 Vgl. *Schwaiger*, in: Der Gerichtssaal 49 (1894), S. 401 ff. (440): Auszunehmen hiervon seien jedoch zahlreiche Defraudationsfälle, bei denen von einer Irrtumserregung nicht ausgegangen werden könne. Hierzu seien solche Fälle zu zählen, in denen die Steuerbehörde in Bezug auf den steuerpflichtigen Vorgang weder Kenntnis erhalte noch zu erhalten ein Recht habe, wie z.B. im Bereich der Stempelsteuer. In diesen Ausnahmekonstellationen müsse der Tatbestand des Betruges entfallen.

102 Vgl. *Schwaiger*, in: a.a.O., S. 401 (434): Vermögensschädigung bedeute: „einem Vermögen Schaden zufügen, d.h. bewirken, daß der Werth desselben durch die nachtheilige Einwirkung geringer wird als er ohne diese Einwirkung wäre.“

103 Vgl. *Schwaiger*, in: a.a.O., S. 401, (434 f.): Objekt des Angriffes durch den Defraudanten sei die Steuerforderung, welche, einen Bestandteil des Staatsvermögens bilde.

104 Vgl. *Schwaiger*, in: Der Gerichtssaal 49 (1894), S. 401, (436).

105 Vgl. *Schwaiger*, a.a.O., S. 401, (431); sowie (432 f.): Aus diesem Grunde könne nicht argumentiert werden, dass der Staat aus der Steuerforderung erst ein künftiges Vermögensrecht erlangen könne und zunächst nur die Zuversicht auf diesen Erwerb existent sei. Ungeachtet der Tatsache, dass die Person des Schuldners und die Höhe der Forderung erst durch z.B. Steuererklärung etc. bekannt gegeben würden, beginne die Forde-

betonte *Schwaiger*, dass die Steuerhinterziehung immer dann als Betrug eingestuft werden könne, wenn nicht das Spezialgesetz explizit die Anwendung des allgemeinen Strafgesetzes auch auf die durch betrügerische Handlungsweise ausgeübten Defraudationen ausschließe. Der Wortlaut der Steuerhinterziehung als Spezialgesetz enthalte aber keinerlei Regelungen dieser Art. Die Steuerhinterziehung könne daher als Betrug, dessen Voraussetzungen als gegeben angenommen werden, eingeordnet und bestraft werden[106].

Weber setzte sich ebenfalls mit der Frage auseinander, ob die Defraudation die Tatbestandsmerkmale des Betrugstatbestandes in sich vereinigt. Auch er gelangte zu dem Ergebnis, dass die Mittel der Defraudation dieselben wie die des Betruges sein könnten. Diese bestünden in der Erregung oder in der Unterhaltung eines Irrtums in den staatlichen Beamten, denen der abgabenpflichtige Bürger gegenüberstehe. Jedoch könnten die Mittel der Defraudation auch solche sein, die zur Begehung eines Betruges nicht geeignet seien. Eine Täuschung von Personen sei dann nicht gegeben. Der Defraudant verhindere, selbst gegenüber der Behörde aufzutreten, wodurch diese überhaupt keine Kenntnis der abgabenpflichtigen Umstände erlange. Eine dritte Variante sei undenkbar[107]. Zwar stimmte *Weber* der Auffassung *Schwaigers* zu, wonach auch in einem Verschweigen der Steuerpflicht die Unterdrückung einer wahren Tatsache gesehen werden könne[108]. Jedoch kritisierte *Weber* die Ansicht *Schwaigers*, wonach solche Fälle von der Defraudation auszunehmen seien, bei denen die Steuerbehörde von dem steuerpflichtigen Objekt weder Kenntnis erlange noch zu erhalten ein Recht habe. Zunächst sei klar, dass die Behörde ohne Kenntnisnahme des abgabenpflichtigen Objektes oder Vorganges auch nichts wissen könne. Da nun eine Vorstellung über die steuererheblichen Vorgänge nicht vorhanden sei, könne diese auch nicht Gegenstand einer fremden Einflussnahme sein. Dieser Sachverhalt ändere sich auch nicht, so *Weber*, wenn die Behörde ein Recht habe, Kenntnis von dem Objekt oder dem

---

rung des Staates dennoch nicht erst in diesem Zeitpunkt. Die Bestimmung der Höhe der Geldsumme sei nur Voraussetzung für die Erhebung, nicht jedoch für die Existenz des Anspruchs. Somit könne die Steuerforderung auch ein mögliches Objekt einer Vermögensschädigung sein. Forderungen auf Geldleistungen würden regelmäßig zu den Vermögensrechten zählen und diese wiederum zum Vermögen im technischen Sinne.

106 Vgl. *Schwaiger*, in: Der Gerichtssaal, 49 (1894), S. 401, (447).

107 Vgl. *Weber*, in: Der Gerichtssaal 58 (1901), S. 161 ff., (163) (177).

108 Vgl. *Weber*, a.a.O., S. 161 ff. (176): Der Steuerpflichtige sei der Behörde gegenüber angehalten, sämtliche für die Steuererklärung relevante Tatsachen mitzuteilen. Schweige der Steuerpflichte in dieser Situation dennoch, so sei dies kein bloßes Verschweigen der Steuerpflicht, sondern ein qualifiziertes Schweigen. Notwendig sei aber, dass die Behörde das bezeichnete Verlangen an den Steuerpflichtigen tatsächlich gestellt habe.

Vorgang zu erhalten. Verschweige man die Entstehung steuerpflichtiger Umstände einer Behörde gegenüber, welcher ein Recht zur Kenntnisnahme zustehe, so liege hier nur einfaches, nicht aber ein qualifiziertes Schweigen vor. Entgegen *Schwaiger* müsse daher zu den Fällen, bei denen die Steuerbehörde von den steuerpflichtigen Umständen weder Kenntnis erhalten habe noch hierzu berechtigt sei, ein weiterer Fall, in dem die Behörde zwar ein Recht auf Kenntnisnahme habe, aber im jeweiligen Einzelfall hiervon keinen Gebrauch mache, hinzutreten[109].

In der Rechtsprechung wurde die Defraudation als Steuerbetrug eingeordnet. Dort wo die speziellen Strafbestimmungen der Zoll- und Steuergesetze als lex specialis versagten, sollten die Betrugsbestimmungen der §§ 263, 264 RStGB zur Anwendung kommen[110]. Das Reichsgerichtsurteil vom 4. April 1881 bestätigte diesen Standpunkt. Keines der Steuergesetze der Reichsgesetzgebung enthalte eine Vorschrift, die so interpretiert werden könne, dass auf Steuerverkürzung gerichtete Handlungen mit Ordnungsstrafe zu bestrafen seien. Überall wo solche betrügerische Handlungen von der Spezialgesetzgebung mit einbezogen würden, seien diese als Defraudationen unter eine proportional zur Größe der Beschädigung wachsende Defrauationsstrafe gestellt. Wo letzteres, wie vorliegend, nicht gegeben sei, fehle es an einer Regelung der Materie im Spezialgesetze. Die Konsequenz sei, dass das allgemeine Strafgesetz in seiner Wirksamkeit ungeschmälert bleibe[111]. Das Reichsgericht mit Urteil vom 24. Januar 1888 befasste sich mit einem Grundstückskauf. Die Kaufsumme, deren Höhe für den Ansatz der Gerichtskosten bezüglich der grundbuchrechtlichen Eigentumsüberschreibung an dem Grundstück relevant war, wurde niedriger angegeben, als sie tatsächlich vereinbart worden war. Es handle sich hier – so das Reichsgericht – um eine Kostenabgabe, die zu entrichten sei. Für deren Berechnung sei der Wert des entäußerten Grundstücks entscheidend. Eine besondere Hinterziehungsstrafe, die in anderen Abgabengesetzen für die Defraudation bestimmt sei, sei in den hier einschlägigen Gesetzesnormen nicht festgeschrieben. Erfülle eine Hinterziehung der Kosten-

---

109 Vgl. *Weber*, a.a.O., S. 161 ff. (176 f.). *Ders.*, a.a.O., S. 175 (197 f.): Letztlich erfülle die Defraudation generell den Tatbestand des Betruges. Die besonderen Steuer- und Zollgesetze würden aber als lex specialis die Betrugsbestimmungen ausschließen. Der Betrug habe gegenüber der Defraudation subsidiäre Bedeutung (Gesetzeskonkurrenz).

110 Vgl. RG Entsch. 2, 405; 14, 293 (294 f.); 26, 50 sowie 4, 50; 10, 48 (51); 28, 91 (96 f.).

111 Vgl. RG Entsch. 2, 405, Urteil vom 4. April 1881, 3261/80, S. 50 ff. (51).

abgabe die allgemeinen Tatbestandsmerkmale des Betruges (§ 263 RStGB), habe zugleich die für den Betrug vorgesehene Strafe einzutreten[112].

c) Verknüpfung von Betrugs- und Unterlassungsdelikt

Eine vermittelnde Ansicht vertrat eine Kombination der beiden dargestellten extremen Ansichten. Hinterziehen bedeute keineswegs ein bloßes Nichtentrichten der nach dem Gesetz verfallenen Abgaben.

Kennzeichnend für die Steuerhinterziehung sei vielmehr

> „das durch heimliche und listige Manipulationen bewirkte Nichtentrichten"[113]

Diese zum Defraudationsbegriff gehörenden heimlichen und listigen Manipulationen, könnten in Täuschungen oder Verheimlichungen des Defraudanten bestehen. Zum einen könne dieser so agieren, dass die mit der Wahrnehmung der Zoll- und Steuerinteressen betrauten Beamten sich überhaupt keine Gedanken über die steuerlich relevanten Aspekte machten – dies sei der Fall des Verheimlichens. Zum anderen könne der Defraudant aber auch durch Täuschungen handeln. Dies könne sowohl durch Unterlassen von Angaben als auch durch aktives Tun (Machen falscher Angaben) erfolgen. Der Steuerbeamte müsse aber im ersten Falle stets den Defraudanten bemerkt haben oder zumindest irgendeine Vorstellung von ihm bzw. dessen Verhalten erlangt haben[114].

Im Ergebnis kam das Verheimlichen in seiner Bedeutung nach dieser Ansicht jedoch einem Unterlassen gleich. Folglich wurde der Begriff der Unterlassung einfach durch einen anderen ersetzt, der höchstens dazu geeignet war, die wesensmäßige Verwandtschaft zwischen den Handlungsformen der Steuerhin-

---

112 Vgl. RG Entsch. 10, 48, Urteil vom 24. Januar 1884, 268/83, S. 48 ff. (50); (S. 51): Mit der Eintragung des Grundstückserwerbers entstehe für den Fiskus der Anspruch auf Zahlung der Kosten nach dem Grundstückswerte. Durch das Vortäuschen eines niedrigeren Kaufpreises gegenüber der Behörde erfolge eine Täuschungshandlung. Diese führe zu einer Vermögensschädigung des Staatsfiskus, da diesem durch den simulierten Kaufpreis ein vergleichsweise niedrigerer Kostenbetrag vorgegaukelt werde.

113 Vgl *Honemann*, in: Abhandlungen des kriminal. Seminars (1894), 3. Bd., S. 291 (306).

114 Vgl *Honemann*, in: a.a.O. (1894), 3. Bd., S. 291 (307): Ein „Verheimlichen" liege vor allem bei Grenzschmugglern vor. So würden diese, unentdeckt von den Zollbeamten ohne Angabe der zollpflichtigen Güter, diese auf kaum zugänglichen Wegen über die Grenze schaffen. Weiter sei das Merkmal auch in den Fällen erfüllt, in denen eine Person in ihrem Garten Tabak anbaue, ohne ihn anzumelden. Kennzeichnend sei hier, dass die Zoll- und Steuerbeamten über die Zahl der mit zollpflichtigen Waren ein – und ausziehenden Personen oder die Anzahl der Tabakpflanzer in Unkenntnis gehalten werden. Eine Täuschung – das Erregen einer Fehlvorstellung des Beamten – liege aber nicht vor.

terziehung und denen des Betruges zu betonen. Diese Umbenennung lieferte jedoch keine ausreichende dogmatische Begründung. Eine Qualifizierung des bloßen Nichtentrichtens der gesetzlich zu leistenden Abgabe als ein Verheimlichen gegenüber der am Steuerverfahren beteiligten Behörde erwies sich, trotz dieser Wortfindung, im konkreten Einzelfall weiterhin als äußerst schwierig[115].

Nach *Behr* beinhaltete die Defraudation im Allgemeinen zugleich die Betrugsmerkmale des § 263 RStGB. So könne die Defraudation gewöhnlich durch direkte Einschwärzung zollpflichtiger Waren in der Form einer aktiven Täuschungshandlung begangen werden. Die Zollbehörde werde durch wissentlich falsche Angaben des Zollpflichtigen getäuscht, wodurch irrtumsbedingt eine Schädigung der Staatskasse entstehe[116]. Demgegenüber wurde die Steuerhinterziehung durch Unterlassen, bei gleichzeitiger Unkenntnis der Steuerbehörde bezüglich der steuerpflichtigen Verpflichtungen, als ein atypischer Fall der Defraudation eingeordnet. In diesen Fällen musste folglich auf die Unkenntnis der Finanzbehörde abgestellt werden, da die steuerpflichtigen Tatsachen der Behörde bzw. der für diese arbeitenden Beamten vorenthalten wurden[117].

d) Stempelsteuergesetze als Sonderfall

Die Stempelsteuergesetze stellten einen Sonderfall dar. Die eigenartige Erhebungsform dieser Steuer, welche der Einzelne völlig außerhalb jeglicher behördlichen Überwachung mittels Verwendung einer Stempelmarke leistete, rechtfertigte eine besondere Handhabung. Sofern der Staat dem Einzelnen die

115 Vgl. *Honemann*, in: a.a.O. (1894), 3. Bd., S. 291 (308): Der Zoll- oder Steuerbeamte werde aber „durch das Unterlassen der Angaben nicht zu der Ansicht bestimmt, dass nur solche Personen über die Grenze ziehen oder Tabak bauen, welche die erforderlichen Angaben besorgt haben. Diese Art der Defraudation kann regelmäſsig aber auch nur in den genannten beiden Fällen vorkommen, da das Betreiben einer Brauerei, Saline, Zuckerfabrik u.s.w. doch derartige Anlagen erfordert, daſs die Beamten hier mit Fug und Recht annehmen, daſs nur solche Leute eine derartige Fabrik betreiben, welche dieselbe angemeldet haben […]“; kritisch insbesondere *Schneider*, a.a.O., S. 57 f.

116 Vgl. *Behr*, in: Der Gerichtssaal 54 (1897), S. 220 (221) (223) (231).

117 Vgl. *Behr*, in: Der Gerichtssaal 54 (1897), S. 220 f. (223 f.): Bei der in der Praxis üblichen Defraudation durch Warenvertauschung, bei der an die Stelle der eingeführten Waren eine andere Ware der gleichen Gattung zur Wiederausfuhr gebracht werde, sei die eingebrachte, auf Begleitschein abgelassene oder zu Lager gegangene Ware konkreter Hinterziehungsgegenstand; 227 ff. (230 f.): Wer bewusst widerrechtlich die Ausstellung eines Einfuhrscheines (als Berechtigung zur zollfreien Einfuhr) durch die zuständige Behörde erwerbe, unternehme es, „in Zukunft fällig werdende Abgaben zu hinterziehen. Das Bewußtsein, den Staat um künftige Zolleinnahmen zu betrügen, kennzeichnet den Thäter als Defraudanten, ohne daß es darauf ankommt, daß dieser an der Vollendung des Delicts – Waareneinfuhr unter Verwendung des Scheins – betheiligt ist“; vgl. zur Hinterziehung durch Unterlassen auch *Schneider*, a.a.O., S. 59.

private und daher äußerst bequeme Selbstbesteuerung des Wechsels überlasse, könne er auch von der Einzelperson erwarten, dass diese sich über das Ausmaß ihrer Pflichten detailliert unterrichte. Nur so könne das in den Steuerpflichtigen gesetzte Vertrauen gerechtfertigt sein[118]. Aufgrund dieser Eigenart der Steuererhebung führten die Stempelsteuergesetze zu dogmatischen Schwierigkeiten bezüglich der Einordnung in den steuerstrafrechtlichen Gesamtzusammenhang[119]. Herausragende Bedeutung kam hierbei dem § 15 Wechselstempelsteuergesetz vom 10. Juni 1869 (BGBl. 193 ff.) zu:

> „Die Nichterfüllung der Verpflichtung zur Entrichtung der Stempelabgabe wird mit einer Geldbuße bestraft, welche dem fünfzigfachen Betrage der hinterzogenen Abgabe gleichkommt."[120]

Die Nichterfüllung der Verpflichtung zur Entrichtung der Stempelabgabe sei dann als gegeben zu betrachten, wenn der Inhaber eines nicht versteuerten jedoch steuerpflichtigen Wechsels denselben aus den Händen gebe. Somit wurde die in dieser Vorschrift als Unterlassung bezeichnete Handlung im Sinne eines positiven Handelns ausgelegt. Demgegenüber war das bloße Nichtstun, d.h. das Behalten des Wechsels, für die Erfüllung des Tatbestandes der Defraudation nicht ausreichend[121].

Allerdings gehöre zum Tatbestand der Stempelabgaben nicht die Täuschung einer anderen Person. Es fehle daher an einer Irrtumserregung[122]. Auch *Kaulla* betonte, dass es bei den Stempelabgaben einer besonderen Hervorhebung bedürfe. So nehme der Staat bei dieser Besteuerungsform den Einzug der Steuer nicht selbst vor, sondern betraue den Stempelpflichtigen selbst mit dem Steuereinzug. Durch die Verwendung von Stempelmarken sei der Verpflich-

---

118 Vgl. *Weber*, in: Der Gerichtssaal 58 (1901), S. 1 ff. (38); auch *Schneider*, a.a.O., S. 65.

119 Vgl. *Hoffmann*, in: Stenglein, a.a.O., II. Band (1912): Spielkartenstempelsteuergesetz vom 3. Juli 1878 (RGBl. 133), §§ 1 ff. (insb. §§ 10–14), S. 551 ff. (556 f.); Wechselstempelgesetz vom 15. Juli 1909 (RGBl. 825), S. 579 ff., insb. §§ 12 ff. (§ 18), S. 593 ff. (598 ff.); *Stenglein*, Nebengesetze, I. Band (1895): Reichsstempelabgabengesetz vom 27. April 1894 (RGBl. 381), S. 985 ff. insb. §§ 19 ff., S. 997 ff.; vgl. zur Problematik der Stempelsteuergesetze *Schneider*, a.a.O., S. 59 ff., 60 Fn. 1, 61 f., 65 (66).

120 *Stenglein*, Nebengesetze, I. Band (1895), § 15 Wechselstempelsteuergesetz (WStStG), Reichsgesetz vom 10. Juni 1869, betr. die Wechselstempelsteuer im Norddeutschen Bunde, S. 818 ff. (825).

121 Vgl. *Stenglein*, Nebengesetze, I. Band (1895), § 15 WStStG, Anm. 1., S. 825: „Dies ist auch dann der Fall, wenn eine Unterlassung nicht vorliegt, sondern der Pflichtige die Versteuerung vollzogen hat, aber nicht in richtiger Form oder nicht zur rechten Zeit."

122 Vgl. *Stenglein*, a.a.O., § 15 WSStG, Anm. 7, S. 826: Eine Gesetzeskonkurrenz mit dem Betrugstatbestand, wie bei der Zolldefraudation oder anderen Steuerhinterziehungen bestehe hier nicht; *Kaulla*, Natur der Defraudation, S. 22; *Schwaiger*, a.a.O., S. 440.

tung zur Versteuerung von Wechseln, auch ohne amtliches Mitwirken der zuständigen Steuerbehörden, genüge getan[123]. *Weber* betonte, dass diese Abgabe nicht durch das Mittel der Täuschung hinterzogen werde, sobald der Inhaber eines nicht versteuerten, aber steuerpflichtigen Wechsels diesen aus seinen Händen gebe. Zugleich liege auch kein Verheimlichen vor. Dieses setze eine Person voraus, welcher gegenüber verheimlicht worden ist. Es stelle sich die Frage, wem gegenüber etwas verheimlicht werden könne, wenn jemand das ihm vom Gesetzgeber überlassene Abstempeln des Wechsels nicht vollziehe und den ungestempelten Wechsel dem offenen Verkehr übergebe. Dem Staate könne man antworten, dass allein dieser einer Beobachtung überhaupt unfähig sei. Die Steuerbeamten hätten wiederum kein Recht der Anwesenheit bei der Benutzung der Stempelmarke, auch wenn Sie zuvor den Wechselstempel verkauft hätten. Letztlich liege eben ein einfaches Nichtentrichten der nach dem Gesetz verfallenen Abgabe vor[124]. Der Verstoß gegen die Vorschriften des Wechselstempelgesetzes stelle sich als ein Formaldelikt dar. Dieses setzte weder eine Täuschungshandlung noch eine Kenntnis auf Seiten der Finanzbehörde voraus. Grundsätzlich sei kraft Gesetzes jedermann verpflichtet, sich selbst um die Entrichtung der dem Staate geschuldeten Abgaben zu kümmern. Die Nichtbeachtung dieser Verpflichtungen wurde als strafbare Abgabenhinterziehung sanktioniert[125].

e) Stellungnahme

Gibt ein Steuerpflichtiger eine Steuer falsch an, so verursacht er einen Irrtum der Steuerbehörde über seine Vermögensverhältnisse, was wiederum zu einer zu niedrigen Steuererhebung führt. Da folglich eine aktive Täuschung der Behörde – also eine positive Veränderung der Außenwelt – auf diesem Weg möglich ist, stellt die Steuerhinterziehung kein reines Unterlassungsdelikt dar. Für das Vorliegen einer Irrtumserregung wurde in der Literatur gefordert, dass die Behörde ein tatsächliches Verlangen der Offenlegung steuererheblicher Tatsachen an den Steuerpflichtigen im konkreten Fall auch gestellt hatte. Eine Irrtumserregung der staatlichen Behörde sollte also nicht nur dann ausgeschlossen sein, wenn die Behörde von dem steuerpflichtigen Vorgang weder Kenntnis erhalten noch zu erhalten ein Recht hatte, sondern auch dann, wenn der Behörde ein solches Recht auf Kenntnisnahme zwar zustand, diese aber

123 Vgl. *Kaulla*, Natur der Defraudation, S. 7, 22, 58.

124 Vgl. *Weber*, in: Der Gerichtssaal 58 (1901), S. 4 ff. (27).

125 Vgl. *Dronke*, in: ZStW (1906), S. 632, (651); *Hoffmann*, a.a.O., (1912), § 18 WechselStG, Anm. 1, S. 579, 598 f.; RGSt. 7, 240, (241): „Ob der einzelne mit der Absicht der Steuerhinterziehung, […] gehandelt hat, oder nicht, ist rechtlich bedeutungslos“.

von diesem Recht im jeweiligen Einzelfall keinen Gebrauch machte. Dieser Standpunkt führte aber weiter zu Schwierigkeiten, den Steuerhinterziehungstatbestand im Bereich der Stempelsteuergesetze entweder als Steuerbetrug oder als Unterlassungsdelikt zu etablieren. Denn es war in diesen Fällen nicht die staatliche Behörde, sondern der Stempelpflichtige selbst, dem die Meldung steuererheblicher Tatumstände sowie die Steuereinziehung anvertraut wurde.

3. Verschulden

Im Bereich des Verschuldens erfolgte insbesondere gegen Ende des 19. Jahrhunderts eine Zunahme des Gebrauchs an Normen mit Schulderfordernis. Allerdings kam es häufig zu Schuldpräsumtionen. Eine Reihe von Steuergesetzen orientierte sich dabei am Aufbau des § 136 VZG (1869)[126]. Auch kamen noch Formaldelikte zu Anwendung. Sowohl in der Literatur, als auch in der Rechtsprechung wurde dieses Konstrukt mit der funktionalen Sonderrolle des Steuerstrafrechts und deren fiskalischen Motivation begründet[127].

So hatte das Reichsgericht (RG) zunächst in seiner Entscheidung vom 20. Januar 1880 in Bezug auf die Stempelsteuerhinterziehung vom Vorsatz als

---

126 Vgl. *Stenglein*, Nebengesetze, I. Band (1895), § 32 TabakStG, Anm. 4., S. 919: So schlossen sich bspw. die § 32 Abs. 2 und § 33 des Tabaksteuergesetzes von 1879 an § 136 VZG und weitere in der damaligen Zeit geschaffene Steuergesetze an, welche den Beweis des Vorsatzes durch Präsumtionen vereinfachten. „Daß dies der Sinn der allg. Gesetzesstellen ist, beweist § 34 Abs. 3 Schlußsatz, welcher die allen jenen Gesetzen eigentümliche Widerlegung der Präsumtion zuläßt. Wie sollte das Ges. hierzu kommen, wenn es keine Präsumtionen aufgestellt hätte." Vgl. *Stenglein*, Nebengesetze, I. Band (1895), § 32 TabakStG, S. 919: Zum Sinn des Absatz 2: Wer die Bebauung einer Fläche mit Tabak nicht rechtzeitig angemeldet hatte, oder wer den gewonnenen Tabak nicht fristgemäß zur amtlichen Verwiegung stellte, sollte so gestellt werden, als habe er es mit der Absicht getan, die Steuer zu defraudieren. Möglich war es auch hier, den Gegenbeweis anzuführen, dass eine Defraudation nicht möglich oder vom Steuerpflichtigen nicht beabsichtigt war. Der Vorsatz bedurfte somit, sofern der Mangel desselben nicht angeführt wurde, keiner Feststellung und wurde, falls sein Mangel nicht erkannt werden konnte, auch ohne Beweis als bestehend präsumiert. Gleiches galt auch für die §§ 44, 46 ZuckerStG vom 18. Mai 1891. Das Verhältnis der §§ 44 bis 46 war das gleiche, wie das der §§ 136, 137 VZG (1869). Die §§ 44, 45 a.a.O. begründeten eine Präsumtion der Defraudationsabsicht, die so lange angenommen wurde, bis das Gegenteil festgestellt werden konnte § 46 Abs. 2 a.a.O, vgl. *Stenglein*, Nebengesetze, I. Band (1895), Anm. 1, S. 978; § 46. Abs. 2: „Wird jedoch in diesen Fällen festgestellt, daß eine Defraudation der Zuckersteuer nicht hat verübt werden können oder daß eine solche nicht beabsichtigt gewesen ist, so findet nur eine Ordnungsstrafe nach § 52 statt"; ähnlich *Kloß*, in: Stenglein, Nebengesetze, II. Band (1912), zu § 49. ErbStG vom 24. Juni 1906, Anm. 3, S. 816, wonach die Steuer- und Anmeldepflichtigkeit gemäß Abs. 2 ebenfalls vermutet wurde.

127 Vgl. Zur Entwicklung der Rechtsprechung v.a. *Poggemann*, Steuerstrafrecht, S. 143 ff.

Strafbarkeitserfordernis abgesehen[128]. Noch weiter ging das Reichsgericht in seiner Entscheidung vom 20. November 1882. Für die Wechselstempelsteuerdelikte wurde eine vollständige Unabhängigkeit von einem Verschuldenserfordernis ausgesprochen. Jegliches Verschulden sei in diesen Fällen irrelevant. Abzustellen sei ausschließlich auf das Vorliegen objektiver Tatsachen. Zugleich stufte man auch den Irrtum über steuer- oder zollpflichtige Tatsachen aufgrund von Unkenntnis über das Gesetz als ausdrücklich unbeachtlich ein. Dieses Ergebnis sollte von grundlegender Bedeutung für weitere Reichsgerichtsurteile in Steuerstrafsachen sein[129]. Die Unkenntnis des Angeklagten von den gesetzlichen Verordnungen und der darauf beruhende Irrtum seien nicht entschuldbar, geschweige denn unvermeidlich[130]. Als Beweggründe für den Gebrauch von Formaldelikten wurden insbesondere fiskalische Interessen bzw. der Erwerbsgedanke des Staates[131] sowie die Effizienz der Strafprävention[132] angeführt. Das Reichsgericht hielt auch in späteren Urteilen an dem formaldeliktischen Charakter der Steuerstrafnormen fest. So wurde dem § 136 VZG diese Eigenschaft durch Urteil vom 5. Mai 1884 zuerkannt. Eingeräumt wurde aber, dass diese Vorschriften nach § 137 VZG auf der gesetzlichen Vermutung beruhten, hinter dem hier beschriebenen formalen Tatbestand verberge sich das Unternehmen der Zolldefraudation. Diese spezielle Definition der Schuld-

128 Vgl. RGSt 1, 157 (158).

129 Vgl. RGSt 7, 240 ff. (241): „Ob der einzelne mit der Absicht der Steuerhinterziehung, ob er auch nur mit dem Bewußtstein der Rechtswidrigkeit seines Verahltens, ob er in schuldhafter Fahrlässigkeit gehandelt hat, oder nicht, ist rechtlich bedeutungslos." Weiter betonte man auf S. 243: „Gehört aber, [...], die Kenntnis der Steuerpflicht überhaupt nicht zum Thatbestande strafbarer Wechselsteuerhinterziehung, erfüllt sich dieser Thatbestand vielmehr lediglich durch die Thatsache der Nichtbeobachtung der für die Entrichtung der Steuer gegebenen gesetzlichen Vorschriften, gleichviel ob solche Unterlassung eine bewußte, eine fahrlässige oder nicht fahrlässige ist, so ist damit auch die Berücksichtigung der Unkenntnis der Steuerpflicht schlechthin ausgeschlossen, und ist es rechtlich gleichgültig, ob diese Unkenntnis auf verschuldetem oder unverschuldetem Irrtume beruht." So auch abgedruckt bei *Poggemann*, a.a.O., S. 144 f.

130 Vgl. RGSt 7, 240 ff. (242).

131 Vgl. RGSt. 7, 240, (241 f.): Der Staat habe ein Interesse daran, „daß die ihm zukommenden Abgaben ihm nicht geflissentlich entzogen werden, wie, daß die Entrichtung derselben nicht aus Nachlässigkeit, Gleichgültigkeit, Unkenntnis und dergleichen Motive unterbleibt. Deshalb muß er Art und Umfang der Kontributionspflicht als bekannt voraussetzen, und die Einrede, die Abgabe sei aus Unkenntnis, Versehen, Irrtum, ohne böse Absicht, nicht entrichtet worden, unbeachtet lassen."

132 Vgl. RGSt 7, 240, (242): So liege es auf der Hand, dass eine solche Selbstbesteuerungsform die staatlichen Abgabeinteressen aufs äußerste gefährden würde, „wenn ihr nicht als Korrelat der Rechtssatz zur Seite stände, dass jedermann bei Strafe der Steuerhinterziehung verpflichtet ist, sich, [...] genau über seine formellen und materiellen Obliegenheiten zu unterrichten [...] und daß er mit der Entschuldigung der Unkenntnis seiner Verpflichtung in quali seu quanto nicht gehört werden darf."

präsumtion machte deutlich, dass die Schuldvermutung nur aus der Verknüpfung eines formaldeliktischen Tatbestandes mit anhängigem Exkulpationsbeweis bestand. Es fehlte jedoch an einem eigenständigen Schuldgrad[133]. In seinem Urteil vom 7. Januar 1891 nahm das RG eine weitreichende Differenzierung vor. Zwar setze das Strafecht im Allgemeinen zu jeder Straftat ein Verschulden voraus. Möglich sei es aber daneben durch spezielle Landes- und Reichsgesetze auch eine Bestrafung durch Schuldpräsumtion zuzulassen. Darin sei keine Ausnahme, sondern vielmehr eine Bestätigung der allgemeinen Verschuldensregeln zu erblicken[134]. Als Motiv für den Verzicht eines Verschuldenserfordernisses wurden fiskalische Interessen des Staates angeführt[135].

Eine kritische Haltung gegenüber den Formaldelikten fand sich erst zu einem späteren Zeitpunkt in der Entscheidung des Reichsgerichts vom 23. Juni 1902. Aus dem Begriff der Ordnungsstrafe lasse sich nicht der allgemein gültige Satz herleiten, dass es zu ihrer Verhängung lediglich einer objektiven Verletzung eines an sich gebotenen normalen Zustandes bedürfe[136]. Das Reichsgericht interpretierte die entsprechende Gesetzesstelle nicht als Formaldelikt, da der Wortlaut eine solche Interpretation nicht zulasse. Dem Verschuldensgrundsatz als Regelfall wurde das Formaldelikt als Ausnahmefall gegenübergestellt[137].

Die Tendenz der Rechtsprechung und der Gesetzgebung, Formaldelikte und Schuldpräsumtionen zuzulassen, führte in der Literatur zu lebhaftem Widerspruch. So hielt bereits *Mayer* es für unrichtig für das Finanzdelikt wie auch für das Polizeidelikt, zu sagen, dass es von einem Verschulden absehe und daher als Formalvergehen zu behandeln sei. Auch in den letztgenannten Fällen sei stets ein Verschulden vorhanden. Dieses sei zwar ein sittlich recht leicht wiegendes und somit für das gemeine Strafrecht nicht wahrnehmbares, dennoch aber ein bestehendes finanzrechtliches Verschulden[138]. Unabhängig

---

133 Vgl. *Poggemann*, Steuerstrafrecht, S. 145.

134 Vgl. RGSt 21, 259, 260: „Die Zoll- und Steuergesetze enthalten aber unzweifelhaft einzelne Bestimmungen, welche, von jedem Verschulden absehend, die Strafe lediglich von dem Vorhandensein des objektiven Thatbestandes abhängig machen.“

135 Vgl. RGSt 21, 259 , 261: „[…], daß der Grund , welcher den Gesetzgeber veranlaßt hat, für die in § 20 Abs. 2 des Branntweinsteuergesetzes vom 24. Juni 1887 erwähnten Ordnungsstrafen von dem Erfordernisse eines Verschuldens abzusehen, nämlich die Rücksicht auf die sonst nicht ausreichend zu wahrenden fiskalischen Interessen […] greift.“

136 Vgl. RGSt 35, 309, 310: „Es muß deshalb bei Anwendung jeder einzelnen Gesetzesstelle geprüft werden, welche Erfordernisse in objektiver und subjektiver Richtung dem Thatbestande zu Grunde gelegt werden müssen“; auch *Poggemann*, a.a.O., S. 147.

137 Vgl. *Poggemann*, Steuerstrafrecht, S. 147.

138 Vgl. *Mayer*, Deutsches Verwaltungsrecht, Erster Band (1895), § 31, S. 451 f.: „Die allgemeinen Strafausschließungsgründe wirken deshalb auch hier, nur, was den Irrtum

davon müsse trotz des Vorliegens objektiver Tatbestandsmerkmale die Strafbarkeit entfallen können, wenn außerhalb der Macht des Beteiligten liegende Umstände die Erfüllung der Pflicht vereitelt hätten[139]. Dem Standpunkt *Mayers* stimmte auch *Goldschmidt* zu. Richtig sei es, dass die größere Strenge des Finanzstrafrechts aus der noch größeren Willkürlichkeit der Finanzbefehle gegenüber den Polizeibefehlen, bei welchen das materielle Element in der Regel viel offener zu Tage trete, resultiere[140]. Auch *Dronke* sah die Ansicht *Mayers* grundsätzlich als zutreffend an. Ein Verschulden müsse immer gefordert werden. Der Staat verlange aber im Steuerrecht ein derartiges Maß an Aufmerksamkeit, dass letztlich nur außerhalb der Macht der Beteiligten liegende Umstände die Strafbarkeit ausschließen würden. Dennoch scheitere diese Konstruktion daran, dass ein Maßstab für eine solche Sorgfalt überhaupt nicht mehr bestehe[141].

Bedenken äußerte auch *Honemann*. Wenn schon das „Unternehmen" und noch mehr das „Hinterziehen" darauf hindeute, dass die Zoll- und Steuerdefraudationen nur als vorsätzliche Delikte bestraft würden, so sei ein völlig untrüglicher Beweis in den Schuldvermutungen zu sehen[142].

> „'Denn wenn das Recht bis zum Beweise des Gegenteils die Schuld – Vorsatz oder Fahrlässigkeit – als erwiesen annimmt, vielleicht auch den Gegenbeweis dem Angeschuldigten aufbürdet, so erkennt es dadurch an, daß ohne Vorsatz oder Fahrlässigkeit eine Bestrafung nicht eintreten kann und soll. Durch die Präsumtion einer Thatsache wird deren rechtliche Bedeutung gerade besonders betont'."[143]

Kritik übte zudem *Weber*. Die Ursache dafür, dass sich die Gesetzgebung darauf beschränke, den Gegenbeweis gegenüber den gesetzlichen Präsumtionen immer mehr zu gestatten, und nicht vielmehr die althergebrachten objektiven Tatbestandsfälle völlig abzuschaffen, sei zumindest teilweise in dem Zwecke der Gesetzgebung begründet.

---

anlangt, selbstverständlich wieder mit Vorbehalt des möglicherweise in ihm selbst schon liegenden Verschuldens."

139 Vgl. *Mayer*, Deutsches Verwaltungsrecht, Erster Band (1895), § 31, S. 452.

140 Vgl. *Goldschmidt*, Verwaltungstrafrecht, S. 423 f., insb. Fn. 64: Für das Finanzdelikt sei es unrichtig zu sagen, dass es von einem Verschulden absehe und Formalvergehen in diesem Sinne sei […] „Die überwiegende Rechtsprechung, insbesondere die des Reichsgerichts steht aber in Ansehung der Steuerdelikte auf dem Standpunk der preussischen Praxis, dass überhaupt kein Verschulden zu erfordern sei."

141 Vgl. *Dronke*, in: ZStW 1906, 632, (654): „[…] und daß bei Aufwendung einer solchen Sorgfalt die Gewerbe einfach stillstehen würden. Es muß aber, wenn man eine solche Sorgfalt konstruiert, auch verlangt werden können, daß sie praktisch ausführbar ist."

142 Vgl. *Honemann*, in: Abhandlungen des kriminalistischen Seminars, 3. Bd., S. 291 (310).

143 *Honemann*, in: a.a.O., S. 291 (310); vgl. auch *Liszt*, Lehrbuch (1908), § 36, S. 161.

„Ihr kommt es weniger darauf an, allgemeine öffentliche Interessen zu wahren, als vielmehr darauf, das hohe finanzielle Interesse des Staates an der Sicherung und Mehrung seiner Einnahmen zu schützen."[144]

„Dieses Ziel erfordert ein schnelles und energisches Verfahren; es wäre unerreichbar, wenn man sich hier mit der Anwendung der allgemeinen criminellen Grundsätze begnügen wollte, [...] Wird der dolus präsumirt, so erspart man sich in vielen Fällen einen schwierigen und zeitraubenden Beweis vorhandener Schuld; oft ersetzt auch eine solche Präsumtion einen wegen Mangels der nöthigen Argumente unmöglich zu führenden Nachweis der Verschuldung und sichert dadurch dem Staat einen Gewinn, der ihm bei Anwendung des gewöhnlichen Verfahrens zweifellos entgangen wäre."[145]

Kritisch äußerte sich auch *Stenglein*, der die Erforderlichkeit von Schuldpräsumtionen verneinte. Die ältesten Steuergesetze seien entstanden in der Zeit des starrsten Fiskalismus. Die Sicherung des Gefälls sei der einzige leitende Gesichtspunkt gewesen, mochte Recht und Gerechtigkeit dabei in die Brüche gehen[146].

Waren Schuldnachweise und Unschuldsvermutungen zu Beginn des 19. Jahrhunderts noch seltene Ausnahmen, so konnte gegen Ende des 19. Jahrhunderts eine Zunahme der Verschuldensnachweise verzeichnet werden. So konnte § 66 Abs. 2 EStG vom 24. Juni 1891 als grundlegende Neuerung im Schuldverständnis aufgefasst werden[147]. Erstmals wurde direkt zwischen wissentlicher Begehung und der Absicht der Steuerhinterziehung differenziert. Dies stellte einen weiteren deutlichen Entwicklungsschritt im Schuldverständnis dar. Als Grund für diese fortschreitende Akzeptanz des Schulderfordernisses wurde vor allem das sich wandelnde Schuldverständnis gesehen. Bedingt durch das im allgemeinen RStGB 1871 kodifizierte Strafrecht habe ein Wandel zu einem rechtsstaatlicheren und moderneren Schuldverständnis stattgefunden.

---

144 *Weber*, in: Der Gerichtssaal 58. Bd. (1901), S. 4 ff. (33 f.).

145 *Weber*, in: Der Gerichtssaal 58. Bd. (1901), S. 4 ff. (33 f.).

146 Vgl. *Stenglein*, DJZ 1897, S. 233 (234): „Sind die Präsumtionen überhaupt erforderlich? Diese Frage dürfte zu verneinen sein. Es stehen nicht nur dem Staate so viele Macht- und Erforschungsmittel zu Gebot, [...], daß es des Rüstzeugs alter Beweistheorien nicht mehr bedarf."

147 Vgl. § 66 EstG vom 24. Juni 1891, in: PrGS 1891 (Nr. 9463.) S. 175 ff. (197 f.). *Poggemann*, a.a.O., S. 67 f: Diese gesetzliche Abstufung subjektiver Tatbestandsmerkmale stelle einen wichtigen Entwicklungsschritt bezüglich des Schuldverständnisses dar, da sie einer gesetzgeberischen Leitentscheidung zu vermehrter Berücksichtigung subjektiver Merkmale gleichkomme. Dies habe auch Effekte auf das besondere Steuerstrafrecht gehabt, wodurch die Vorherrschaft steuerstrafrechtlicher Normen rein formaldeliktischer Natur endgültig aufgeweicht worden sei.

Da das allgemeine Strafrecht von neuen Grundsätzen dominiert werde, habe dies zu einer Abnahme der Schuldinstrumentalisierung geführt[148].

4. Strafrahmen / Strafverfahren

Gegen Ende des 19. Jahrhunderts kam der Strafausschließungsgrund der Selbstanzeige auf. So sollte nach § 66 Abs. 3 des Einkommensteuergesetzes vom 24. Juni 1891 straffrei bleiben, wer seine unrichtigen oder unvollständigen Angaben vor Einleitung einer Untersuchung bei der zuständigen Stelle berichtigte und die nicht entrichteten Steuern nachzahlte[149]. Diese Selbstanzeige stellte ein einzigartiges Phänomen dar, da sie Straffreiheit für eine vollendete Straftat, vor allem für das vollendete Erfolgsdelikt der Steuerhinterziehung, versprach[150]. Allerdings ließ sich das Konstrukt der Selbstanzeige nur mit Funktionalitätsmotiven erklären. Mit dem gesetzlichen Anreiz zu einer Selbstanzeige mit strafbefreiender Wirkung sollten dem Staat bis zu diesem Zeitpunkt verheimlichte Steuerquellen aufgedeckt werden[151].

Eine Besonderheit stellte auch das steuerstrafrechtliche Verfahren dar, welches in den einzelnen Ländern jeweils differenziert geregelt war. Für die Bestrafung von Zuwiderhandlungen, auf die Konfiskation oder Geldstrafe stand, waren die Finanzbehörden und nicht die ordentlichen Gerichte zuständig. Gestand der Beschuldigte die ihm vorgeworfene Hinterziehung und akzeptierte er die Strafe, so wurde diese ohne zusätzliche Verhandlung behördlich festgesetzt

---

148 Vgl. *Poggemann*, a.a.O., S. 67 f.; 72 f.

149 Vgl. § 66 Abs. 3 EStG vom 24. Juni 1891, in: PrGS 1891 (Nr. 9463.) S. 175 ff. (198): „Derjenige Steuerpflichtige, welcher, bevor eine Anzeige erfolgt oder eine Untersuchung eingeleitet ist, seine Angabe an zuständiger Stelle berichtigt oder ergänzt, beziehungsweise das verschwiegene Einkommen angibt und die vorenthaltene Steuer in der ihm gesetzten Frist entrichtet, bleibt straffrei."

150 Vgl. Art. 84 Nr. 1 der Ausführungsanweisung zu § 66 Abs. 3 des Einkommensteuergesetzes von 1891; *Fuisting*, Preußisches Einkommensteuergesetz, S. 417 (418): „Hierbei ist nach folgenden Grundsätzen zu verfahren: 1. Erachtet die Regierung den Thatbestand einer nach §. 66 des Gesetzes strafbaren Zuwiderhandlung für vorliegend, so hat die Regierung gleichwohl von der Verfolgung Abstand zu nehmen, sofern der Steuerpflichtige, bevor eine Anzeige erfolgt oder eine Untersuchung eingeleitet war, seine Angabe […] berichtigt oder ergänzt, […]"; auch *Poggemann*, a.a.O., S. 114, Fn. 134.

151 Vgl. *Poggemann*, a.a.O., S. 114. Die steuerliche Schuld konnte nacherhoben werden, auch wenn auf Strafe verzichtet wurde. *Bonneberg*, Das Strafverfahren 1899, S. 264 f.: § 56 Verwaltungsstrafgesetz 1897: „Die Erhebung der vorenthaltenen Zoll- und Steuerbeträge erfolgt unabhängig vom Strafverfahren. Der Ausgang der Untersuchung ist zu derselben nicht abzuwarten, sondern es sind sogleich nach Entdeckung der Zuwiderhandlung die Abgaben [...] von der hierzu zuständigen Verwaltungsbehörde [...] einzuziehen."

(sog. Unterwerfungs- oder Submissionsverfahren)[152]. Tat und Strafe waren dabei in einem behördlichen Verfahren festzustellen und zu bemessen. Für den Gesetzgeber war dies sehr praktisch. Er schuf eine am Zweckgedanken ausgerichtete Verfahrensform, welche äußerst effektiv die Einnahmesicherung der Steuern gewährleisten sollte. Diese pragmatische Vorgehensweise stand jedoch im Widerspruch zu den Grundsätzen des allgemeinen Strafrechts sowie zur Struktur des ab 1877 vereinheitlichten und reformierten Strafprozesses. Die reichseinheitliche Strafprozessordnung von 1877 brachte grundsätzlich die Überleitung des Verwaltungsstrafverfahrens in das gerichtliche Verfahren[153]. Die unterschiedlichen Strafverfahrensvorschriften in den jeweiligen Steuergesetzen wurden durch das Gesetz, betreffend das Verwaltungsstrafverfahren bei Zuwiderhandlungen gegen Zollgesetze vom 26. Juli 1897 vereinheitlicht[154]. Das Submissionsverfahren wurde erst mit den §§ 20 f. des Verwaltungsstrafgesetzes von 1897 kodifiziert[155].

Wagner kritisierte die ausschließliche Zuständigkeit der Verwaltungsgerichte. Er favorisierte auch in steuerstrafrechtlichen Bereichen eine Zuständigkeit der ordentlichen Gerichte. Nur die gerichtliche Untersuchung und Entscheidung werde alle üblichen Garantien für objektive Behandlung geben. Nur dabei würden die Steuervergehen anderen strafbaren Handlungen im Prinzip gleichgestellt erscheinen, was für die moralische und rechtliche Beurteilung in der öffentlichen Meinung und auch für manche Reformen sehr wichtig sei[156].

---

152 Ansonsten kam es zu einem summarischen und überwiegend schriftlichen Verfahren vor der Finanzbehörde, das durch Strafbescheid beendet werden konnte. Die ordentlichen Gerichte hatten in Zoll- und Steuerstrafsachen nur dann zu entscheiden, wenn eine Freiheitsstrafe in Betracht kam, wenn der Beschuldigte rechtliches Gehör beantragte oder wenn die Finanzbehörde die Strafakte der Staatsanwaltschaft übergab und diese Anklage erhob, vgl. *Poggemann*, a.a.O., S. 117, 124, 131 ff., 135, *Kuhlen*, a.a.O., S. 24.

153 § 6 Abs. 2 Nr.3 des Einführungsgesetzes zur Strafprozessordnung bestimmte, dass die landesgesetzlichen Vorschriften über die Erhebung öffentlicher Gefälle und Abgaben in Kraft blieben, solange sie nicht mit Normen der Strafprozessordnung im Widerspruch standen, vgl. RGBl 1877, S. 346 f., zitiert nach *Poggemann*, Steuerstrafrecht, S. 124.

154 Vgl. Gesetz, betreffend das Verwaltungsstrafverfahren bei Zuwiderhandlungen gegen die Zollgesetze und die sonstigen Vorschriften über indirekte Reichs- und Landesabgaben sowie die Bestimmungen über die Schlacht- und die Wildpretsteuer" vom 26. Juli 1897, in: PrGS 1897, S. 237 ff., zitiert nach *Poggemann*, a.a.O., S. 124.

155 Vgl. *Poggemann*, Steuerstrafrecht, S. 128: Der eines Zoll- oder Steuerdeliktes Beschuldigte hatte die Missachtung bzw. Übertretung des Tatbestandes gegenüber der Steuerbehörde einzuräumen. Sodann musste dieser sich damit einverstanden erklären, dass er sich der protokollarisch festzusetzenden Strafe freiwillig unterwerfen werde. Wurden diese Bedingungen erfüllt, wurden keine weiteren Verhandlungen geführt.

156 Vgl. *Wagner*, Finanzwissenschaft (1880), S. 705 (706): „[…] Aber theils in Folge geschichtlich überkommener Einrichtungen, theils in Folge wichtiger steuertechnischer und anderer Zweckmässigkeitsrücksichten hat sich namentlich bei uns in Deutschland

Poggemann erkennt gar ein Relikt des Inquisitionsprozesses in diesem Verwaltungsstrafverfahren. Es bestehe ein Primat der fiskalischen Interessen sowie der Instrumentalisierung des Steuerstrafverfahrens[157].

D) Zusammenfassung / Fazit

Die am Ende des 19. Jahrhunderts neu aufkommenden geistigen Strömungen des Rechtspositivismus und des Zweckgedankens sind kritisch zu sehen, da sie naturrechtliche Vorstellungen, welche auf transzendentalen aus der Vernunft gewonnen Erkenntnissen beruhten, völlig ablehnten. Es wurde der fragwürdige Standpunkt vertreten, dass der Gerechtigkeitsbegriff nicht messbar sei und somit empiristisch überformt oder gar völlig abgelehnt werden müsse. Der Gesetzespositivismus in seiner engeren Form bezog sich nur auf das vom Gesetzgeber erlassene positive Recht. Der Zweckgedanke trat immer mehr in den Vordergrund und gipfelte in der Kampfschrift „Der Zweckgedanke im Strafrecht". Dabei ging *Liszt* von einer Naturgeschichte der Strafe aus, welche mit einem Postulat endete. Im jeweiligen Einzelfall, sei die Strafe zu verhängen, die notwendig sei, damit durch die Strafe die Rechtsgüterwelt geschützt werde. Der Zweckgedanke sei das Prinzip des Strafmaßes. Hieraus folge die Bestimmung der im Einzelfall zu verhängenden Strafe. Besonders problematisch war jedoch, dass nach den neuen Ansichten Normen des formellen Rechts mit irgendwelchen willkürlichen Inhalten gefüllt werden konnten. Je nach Zwecksetzung, z.B. fiskalischen Interessen, konnten Normen entsprechend verändert werden. Es gab nach diesem Rechtsverständnis keine übergeordneten anerkannten materiellen Vorverständnisse über Bürger- oder Menschenfreiheiten. Die Einhaltung von Verfahrensregeln sowie die Gesetzesbindung von Justiz und Verwaltung waren hiernach primär ausreichend um von Rechtsstaatlichkeit zu sprechen. Ein transzendentales, der Willkür des Gesetzgebers entzogenes Gerechtigkeitsverständnis, existierte danach nicht. Kritisch zu sehen ist auch, dass *Liszt* die Freiheit und Autonomie jedes einzelnen Menschen, selbstbestimmt agieren zu können, in Frage stellte. *Liszts* Definition der Schuld als eine „normale Bestimmbarkeit durch Motive" ist

und mehrfach auch in anderen Ländern auf diesem Gebiete die Competenz der Steuerverwaltungsbehörden immer noch in ziemlich ausgedehntem Maasse erhalten, indem solche Behörden in gewissen Fällen allein unter völligem Ausschluss der Gerichte oder wenigstens neben oder vor den Gerichten die Steuervergehen untersuchen, aburtheilen und die Strafen dafür verhängen."

157 Vgl. *Poggemann*, a.a.O., S. 134: Es werde hierdurch eine Verschmelzung von untersuchenden, anklagenden und richtenden Zuständigkeiten bei den Verwaltungsbehörden billigend in Kauf genommen. Ziel sei es, die Steuereinnahmesicherung auf möglichst effiziente Weise, auf Kosten eines rechtsstaatlichen Verfahrens, abzusichern.

unzureichend. Er stellte auf eine am Zweck der Sicherung ausgerichtete Strafe ab (Schutzstrafe). Das Kriterium der Schuld, als Maßstab und Grenze der Strafe, ein Grundpfeiler des heutigen Strafrechts, wurde somit aber ausgehöhlt.

Auch in der weiteren Entwicklung des Steuerhinterziehungstatbestandes lassen sich *Tendenzen* erkennen, welche den zuvor zugrunde gelegten Straftheorien *Kants* und *Feuerbachs* widersprachen. Das Reichsstrafgesetzbuch 1871 hatte die Vielzahl der steuerstrafrechtlichen Normen nicht beseitigt. Im Streit um die rechtliche Einordnung der Steuerhinterziehung wurde diese teilweise als Teilbereich des Verwaltungsunrechts gesehen. Kennzeichnend für das Wesen der Defraudation sei nicht die Schädigung des Steuerfiskus, die es zu ahnden gelte, sondern die Verletzung der Kontrollinteressen der Zoll und Steuerverwaltung. Im Ergebnis ist die Steuerhinterziehung als Teilbereich der allgemeinen Strafrechtswissenschaft einzuordnen. Es ist nicht die Finanzverwaltung, die eine Strafe als Folge an eine Übertretung anknüpft. Die Rechtssätze über diese Delikte werden grundsätzlich vom Gesetzgeber selbst aufgestellt. Die Hinterziehung ist als Rechtsgutsverletzung des primären staatlichen Steueranspruchs und somit als das wichtigste aller Finanzvergehen einzustufen.

In die Strafrechtswissenschaft fand das Gebiet des Steuerstrafrechts erst gegen Ende des 19. Jahrhunderts Eingang. Dies führte zu einem wissenschaftlichen Diskurs. Nach einer Ansicht wurde die Defraudation als reines Unterlassungsdelikt verstanden. Ausgangspunkt dieser Meinung bildete das Fehlen eines positiven Eingriffes in die Rechtssphäre anderer. Solange sich das rechtswidrige Ergebnis als das nur negative darstelle, dass der Berechtigte nicht erhalte, was ihm zustehe, erscheine die Defraudation als Omissivdelikt. Der Defraudationscharakter orientierte sich an negativen Rechtsverletzungen, nämlich an der Nichterfüllung einer Verpflichtung. Nach einer anderen Ansicht wurde die Defraudation als Betrugstatbestand gesehen. So vertrat *v. Liszt* den Standpunkt, dass der Defraudationstatbestand stets alle charakteristischen Merkmale eines Betruges beinhalte. So werde das Vermögen des Staates in gewinnsüchtiger Absicht durch arglistige Erregung eines Irrtums beschädigt. Vertreter dieser Ansicht betonten, dass der Steuerpflichtige verpflichtet sei, sämtliche steuererheblichen Tatsachen mitzuteilen. Sofern das Schweigen zugleich die Verletzung einer Verbindlichkeit beinhalte, so müsse dieses als qualifiziertes Schweigen eingeordnet werden. Eine vermittelnde Ansicht definierte die Defraudation als „das durch heimliche listige Manipulation bewirkte Nichtentrichten von Steuern“. Das Verhalten könne in Täuschungen oder Verheimlichungen des Steuerpflichtigen bestehen. Die Täuschung sei sowohl durch aktives Tun (Machen falscher Angaben) als auch durch Unterlassen (von Angaben) möglich. Dagegen würden sich die Beamten im Falle des Verheimlichens gar keine Gedanken über steuerlich relevante Umstände machen. Die Stempelsteuergesetze stellten einen Sonderfall dar. Mittels Verwendung einer Stempelmarke ohne jegliche behördliche Kontrolle führte der Steuerpflichtige die Steuererhebung selbst aus. Dies verursachte dogmatische Schwierigkeiten bezüglich der Einordnung in den Gesamtzusammenhang. Im Falle der Stempelabgabe bestehe – so wurde argumentiert – keine Täuschung einer anderen Person. Es liege auch kein Verheimlichen vor, da der Staat zur Beobachtung in diesen Situationen unfähig sei und den Steuerbeamten das Anwesenheitsrecht fehle. Der Versuch, die Steuerhinterziehung in diesem Bereich entweder als Steuerbetrug oder als Unterlassungsdelikt zu etablieren, schlug fehl.

Resümierend lässt sich erkennen, dass die Steuerhinterziehung viele Merkmale des Betrugstatbestandes erfüllte. Die Tathandlung konnte sowohl in einem aktiven Tun, durch Täuschung über steuerrelevante Tatsachen, als auch in einem Unterlassen, steuerrelevante Tatumstände mitzuteilen, bestehen. Fraglich blieb aber, ob durch die Hinterziehungshandlung immer ein Irrtum auf der Seite der Steuerbehörde, im Sinne einer konkreten Fehlvorstellung, hervorgerufen werden musste. Teilweise wurde daher stets ein tatsächliches Verlangen der Offenlegung steuerrelevanter Tatsachen durch die Steuerbehörde gefordert.

Auch am Ende des 19. Jahrhunderts kam es noch zum Erlass von Formaldelikten. In der Rechtsprechung wurden als Beweggründe für deren Gebrauch vor allem die funktionale Sonderrolle des Steuerstrafrechts sowie fiskalische Interessen bzw. der Erwerbsgedanke des Staates angeführt. Kritische Haltungen fanden sich erst zu einem späteren Zeitpunkt, so z.B. in der Entscheidung des Reichsgerichts vom 23. Juni 1902. Dem Verschuldensgrundsatz als Regelfall stellte man das Formaldelikt als Ausnahmefall gegenüber. Auch in der Literatur kam es zu zahlreicher Kritik, die geltend machte, dass das Finanzdelikt ebenfalls ein Verschulden erfordere. Dieses sei zwar ein sittlich recht leicht wiegendes, für das gemeine Strafrecht kaum wahrnehmbares, dennoch aber ein bestehendes, finanzrechtliches Verschulden. Der Gesetzgebungszweck wurde als Ursache dafür gesehen, dass die Tatbestände mit Formaldelikten nicht abgeschafft wurden. Dem Gesetzgeber komme es weniger darauf an allgemeine öffentliche Interessen zu wahren, als vielmehr darauf, das hohe finanzielle Interesse des Staates an der Sicherung und Mehrung seiner Staatseinnahmen zu verteidigen. Dabei bleibt fraglich, ob die Entwicklung Ende des 19. Jahrhunderts, wie teilweise vertreten wird, tatsächlich zu einer merklichen Abnahme der Schuldinstrumentalisierung im Steuerstrafrecht geführt hat. Zwar fand durch die Neukodifizierung des RStGB 1871 ein Wandel zu einem rechtsstaatlicheren Schuldverständnis statt. Dies führte auch im Steuerstrafrecht zu einer Zunahme der Verschuldensnachweise. Vereinzelt gab es gesetzliche Abstufungen subjektiver Tatbestandsmerkmale wie im EStG von 1891. Diese Leitentscheidung des Gesetzgebers zu vermehrter Berücksichtigung subjektiver Merkmale mag die Dominanz steuerstrafrechtlicher Regelungen rein formaldeliktischer Natur aufgeweicht haben. Dennoch ist rückblickend zu erkennen, dass sich der zu Beginn des 19. Jahrhunderts bestehende Primat der Formaldelikte lediglich in einen Primat der Schuldpräsumtionen umwandelte. Zudem blieben die besonderen Regelungen der Reichs- und Landesstrafgesetze, somit auch die Zoll- und steuerstrafrechtlichen Vorschriften über § 2 EinführungsG RStGB weiterhin in Kraft, wodurch Formaldelikte zur Anwendung kommen konnten. Eine deutlich spürbare Abnahme der Schuldinstrumentalisierung und Funktionalisierung kann daher nicht bestätigt werden[158].

158 Vgl. hinsichtlich der Zusammenfassung / Fazit: Zweiter Teil, Drittes Kapitel.

Viertes Kapitel: Weimarer Republik

A) Strafrechtstheoretische Grundlagen

Um die Wende vom 19. zum 20. Jahrhundert führten *v. Liszts* Marburger Programm sowie dessen weitere kriminalpolitischen Veröffentlichungen in der Strafrechtstheorie den sog. strafrechtlichen Schulenstreit herbei. In dieser wissenschaftlichen Auseinandersetzung standen sich zum einen die durch *Binding* geprägte Klassische Schule und die durch *v. Liszt* geprägte Moderne Schule gegenüber. Beide Richtungen waren positivistisch ausgerichtet[1]. Im Fokus stand für *Binding* die „Normentheorie". Adressat der Straftatbestände sei nicht der Bürger, sondern der Richter. Es sei der straffällige Bürger der die hinter dem Tatbestand stehende und ihm vorausgehende Norm verletze. Habe zur Tatzeit eine Norm existiert, so könne grundsätzlich auch ein nachfolgend erlassener Straftatbestand zur Anwendung kommen. Funktion des positiven Rechts und seiner Anwendung sei die Normsicherung. Da die Norm das hinter dem Gesetz stehende sei, diene das Gesetz im Ergebnis der Gesellschaftssicherung[2]. *Binding* hatte als Aufgabe der Normen die Garantie „der Voraussetzungen friedlichen und gesunden Rechtslebens" angesehen[3]. Diese Umstände seien letztlich Rechtsgüter[4]. Bei *Binding* war der Rechtsgutsbegriff tatsächlich ein Grenzbegriff zwischen den vom Gesetzgeber festgelegten „gesunden Bedingungen" und dem positiven Recht. Bei *v. Liszt* traf dies im doppelten Sinne zu. Als Strafrechtsdogmatiker verstand er den Rechtsgutsbegriff positivistisch als durch den Gesetzgeber vorgezeichnet, als Kriminalpolitiker verstand er ihn als Expression von zu sichernden „Lebensinteressen". Im Bereich der Strafrechtsdogmatik bestanden somit Gemeinsamkeiten. Im Fokus

---

1 Vgl. zum Schulenstreit *Vormbaum*, Strafrechtsgeschichte, S. 137 ff.

2 Vgl. *Vormbaum*, a.a.O., S. 138 f.; m.w.N.; *Binding*, Normen, Bd. I (1890), S. 339; *Ders.*, Handbuch des Strafrechts, Bd. I (1885), S. 155 ff., 181 ff., 197 ff.

3 Vgl. *Binding*, Normen, Bd. I (1890), S. 339 f., 353; *Amelung*, Rechtsgüterschutz S. 74: Der Begriff *Rechtsleben* basierte dabei aber nicht auf einer transzendentalen Rechtsdefinition, welches gegenseitig klar abgrenzbare Freiheitsbereiche umfasste. Im Mittelpunkt stand vielmehr die Gesamtheit der vom jeweiligen Gesetzgeber als „Bedingungen gesunden Lebens der Rechtsgemeinschaft" eingestuften Umstände

4 Vgl. *Binding*, Normen, Bd. I, (1890), S. 339, 340, 353 f., 356; dazu *Amelung*, Rechtsgüterschutz, S.74: Die Betonung lag in dieser Bestimmung auf der Anschauung des Gesetzgebers und seiner Normsetzungsmacht. Nicht soziologische Spekulation, sondern ein Werturteil der Rechtsgemeinschaft erhebe einen Gegenstand zum rechtlichen Gut.

https://doi.org/10.1515/9783110616187-006

der theoretischen Kontroverse stand die kriminalpolitische Abgrenzung von Schuldstrafe und Sicherungsstrafe. Strikte bis brutale Strafen dienten *Binding* als Mittel zur Aufrechterhaltung der Schuldstrafe sowie (abseits des Strafrechts) polizeirechtliche Sicherungsmaßnahmen. In der Folge war der Kompromiss vorgezeichnet. Er bestand in einer Zweispurigkeit von Schuldstrafe und Maßregeln innerhalb des Strafrechts[5].

Allerdings bildete sich bereits vor der Wende zum 20. Jahrhundert eine Gegenbewegung heraus, die sich gegen den Exklusivitätsanspruch auf Wissenschaftlichkeit, welchen die empirischen Naturwissenschaften einforderten, wendete. Die bedeutendste dieser Gegenbewegungen war der sog. „Neukantianismus"[6]. Dessen Konzeption bestand darin, den Naturwissenschaften, welche wertfrei das allgemein Gültige, das Wiederkehrende unter Gesetzmäßigkeiten Subsumierbare analysierten, die Kultur- bzw. Geisteswissenschaften gegenüberzustellen. Ausschlaggebend sollte somit ein „wertbezogenes" Denken sein. Von Relevanz für die Strafrechtswissenschaft wurde diese Richtung, weil sie Jurisprudenz nicht als eine auf reale Umstände gerichtete, sondern, als eine normative, auf Sinndeutung der Rechtsnormen als des objektivierten Gemeinwillens gerichtete Wissenschaft deutete. Dies zog zunächst einen teleologischen Rechtsgutsbegriff nach sich. So wurde das Rechtsgut als ein Wert interpretiert, dessen Schutz der Zweck des gesetzlichen Straftatbestandes sei[7].

Frank stellte den psychologischen Schuldbegriff mit seiner 1907 erschienenen Schrift „Der Aufbau des Schuldbegriffs" in Frage. Der psychologische Schuldbegriff könne mit seiner Begrenzung auf Vorsatz und Fahrlässigkeit nicht den entschuldigenden Notstand begründen, in dem der Täter ja mit

---

5 Vgl. *Vormbaum*, Strafrechtsgeschichte, S. 139 f.

6 Vgl. *Vormbaum*, a.a.O., S. 156 (157): Die neue Bewegung des „Neukantianismus" ging von dem von Kant gelehrten (und vor ihm von David Hume (1711–1776) begründeten) Satz aus, dass *aus dem Sein kein Schluss auf das Sollen* gezogen werden könne. Man müsse also die beiden Bereiche differenzieren (sog. „Methodendualismus"; Ablehnung des „naturalistischen Fehlschlusses"). […] Die Wertlehre stand im Mittelpunkt der neukantianischen Philosophie: „Werte sind keine Wirklichkeiten, weder physische noch psychische. Ihr Wesen besteht in ihrer Geltung, nicht in ihrer Tatsächlichkeit".

7 Vgl. *Vormbaum*, a.a.O., S. 157 f.: Damit ging eine deutliche Differenzierung des Rechtsguts von dem Handlungsobjekt, an dem die strafbare Tathandlung sich vollzieht, einher. Allerdings vergeistigte sich der Begriff des Gutes nun seinerseits. Zu seinem realen Substrat wurde das „Handlungsobjekt". Jedoch vollzog sich ein bedeutender Wandel. Während die Rechtsverletzungstheorie auf einen begrenzten, äußerstenfalls moderat erweiterbaren subjektiven Rechtskreis bezogen gewesen war, fokussierte sich der neue vergeistigte Rechtsgutsbegriff auf das positive Gesetz, wodurch er den Veränderungen des Zeitgeistes und der Politik ausgeliefert war.

Vorsatz agiere. Der Schuldbegriff sei komplex und bestehe aus den Elementen „normale geistige Beschaffenheit“, „eine gewisse konkrete psychische Beziehung des Täters zu der Tat“ und „eine normale Beschaffenheit der Begleitumstände der Tat“. Das Wesen des Schuldbegriffes sei die Vorwerfbarkeit. Aus dem psychologischen Schuldbegriff wurde ein normativer Schuldbegriff[8].

Maßgeblich für dieses neoklassische System waren zum einen eine Aufweichung der Gleichstellung des Unrechts mit der objektiven, der Schuld mit der subjektiven Seite der Straftat. Dies hatte eine Flexibilisierung des Straftatsystems zur Folge. Zudem drangen normative Elemente der Straftat in die Strafrechtsdogmatik vor, wodurch aber auch eine Nähe des Straftatsystems zur Ethisierung entstand. Die seit *Kant* akzeptierte Trennung von Recht und Ethik wurde in ihrem Bestand gefährdet[9].

B) Steuerstrafrecht

Kennzeichnend für die gesamte Entwicklung der Finanzwirtschaft Preußens und später des gesamten deutschen Reiches war ein stetiges Anwachsen der Staatsausgaben und damit einhergehend des staatlichen Finanzbedarfs[10]. Nach einer Berechnung des Reichsschatzamtes aus dem Jahr 1908 war der Finanzbedarf des Reiches von 1876 bis 1913 auf das rund Fünffache angestiegen[11]. Zudem war das staatliche Bestreben vorhanden, in einem einheitlichen Staat auch die Besteuerung zu vereinheitlichen, gleichermaßen aus wirtschaftlichen, staatspolitischen wie auch aus verwaltungstechnischen Gründen[12]. Die Kriegsfolgen und Reparationszahlungen nach dem 1. Weltkrieg hatten den Staatshaushalt weiter enorm belastet[13]. Der als Kriegsfolge gestiegene staatliche

---

8 Vgl. *Frank*, Aufbau des Schuldbegriffs, S. 12 f., 15, 16 f.; *Vormbaum*, a.a.O., S. 141 f.: Das Grundschema Objektiv (=Unrecht) / Subjektiv (=Schuld) begann sich aufzulösen.

9 Vgl. zur Ansicht *Kants* Zweites Kapitel, A); sowie *Vormbaum*, a.a.O., S. 158 (159).

10 Vgl. *Terhalle*, in: Handbuch der Finanzwissenschaft, S. 274 f. (276): So umfassten die preußischen Staatsausgaben 1820: 50 und 1863: 140 Millionen Taler. Bis 1850 erhöhten sie sich jährlich im Durchschnitt um circa 3 Millionen sowie von diesem Zeitpunkt an um durchschnittlich 4 Millionen Taler. Die preußischen Staatsausgaben pro Kopf stiegen von rund 4 ½ auf rund 7 ½ Taler. In den anderen Einzelstaaten war es ähnlich.

11 Vgl. *Terhalle*, in: a.a.O., S. 274, (278). Zum erhöhten Finanzbedarf auch: Begründung zum Entwurf der RAO vom 6. August 1919, in: BArch Berlin, R 3101/12360, Bl. 88 f.

12 Vgl. *Terhalle*, in: Handbuch der Finanzwissenschaft, S. 274, (276 f.),

13 Vgl. *Terhalle*, in: a.a.O., S. 274 ff., (296): „Nach Art. 231 des Versailler Friedensvertrages wurden Deutschland und seine Verbündeten „als Urheber“ für alle Verluste und Schäden verantwortlich gemacht, welche die vertragsgegnerischen Regierungen „und ihre Staatsangehörigen“ infolge des Krieges erlitten haben. Obwohl anerkanntermaßen „die Hilfsmittel Deutschlands nicht ausreichen, um die volle Wiedergutmachung [. . .] sicherzustellen“, verlangen nach Art. 232 „die Regierungen und Deutschland verpflich-

Finanzbedarf sowie die rasch fortschreitende Inflation machten eine Rationalisierung des staatlichen Steuerwesens erforderlich. In der Folge war die Regierung abermals bemüht, ihren Staatshaushalt zu sanieren. Die ersten Steuermaßnahmen des Reiches vom 10. September und 31. Dezember 1919 waren teilweise dauerhaft, teilweise einmalig angelegte Vorhaben. Am 10. September wurde vom Parlament die abschließende Kriegsbesteuerung verabschiedet. Diese erfolgte in einer Kriegsabgabe vom Vermögenszuwachs und in einer außerordentlichen Kriegsabgabe für das Rechnungsjahr 1919[14]. Auch das Reichsnotopfer vom 31. Dezember 1919 war nicht nur eine politische, sondern auch eine fiskalische Maßnahme[15].

I. Gesetzesentwurf zur Reichsabgabenordnung (RAO)

Die zerrütteten Reichsfinanzen machten nach dem Ende des ersten Weltkrieges eine grundlegende Steuerreform notwendig. Infolge der Reichsverschuldung von 153 Milliarden Mark[16] und der Reparationsverpflichtungen des Reiches musste der Steuerertrag auf das Fünffache des bisherigen Betrages gesteigert werden. Der verlorene Weltkrieg hatte auch zur Folge, dass sich eine neue Gesellschaftsordnung entwickelte. Grundlegend wurde der Gemeinschaftsgedanke, wodurch sich auch das Vorverständnis über die Beziehungen des Individuums zum Staat wandelte[17]. Die Besteuerung zugunsten des Reiches hatte sich im 19. Jahrhundert weiter ausgedehnt und umfasste die Verbrauchs- und Verkehrssteuern. Auch der Besitz wurde der Besteuerung zugunsten des Reichs unterworfen, so z.B. die Erbschafts-, Besitz- und Kriegssteuern, während die Verwaltung Sache der Einzelstaaten blieb. Lückenhaft blieben die reichsrechtlichen Regelungen über die Veranlagung und die Festsetzung der

---

tet sich, daß alle Schäden wiedergutgemacht werden, die der zivilen Bevölkerung der alliierten und assoziierten Regierungen und ihrem Gut […] zugefügt worden sind […]. Schließlich verlangte Art. 235 eine alsbaldige Zahlung von 20 Mrd. Goldmark sowie die Hinterlegung von zweimal 40 Mrd. GM. Schatzscheinen des Reiches.“ Die Unterzeichnung dieses Vertrages fand am 28. Juni 1919 statt.

14 Vgl. *Terhalle*, in: a.a.O., S. 294 (295 f.) (297); Der steigende Finanzbedarf deutscher Staaten prägte das 19. und 20. Jahrhundert, vgl. S. 274 (276); 278 (279 f.); 289 f. (291).

15 Vgl. *Terhalle*, in: Handbuch der Finanzwissenschaft, S. 274 (298): Der erste Paragraph des Gesetzes lautete: „‘Der äußersten Not des Reiches opfert der Besitz durch eine […] große Abgabe vom Vermögen (Reichsnotopfer)’. Es sei nur recht und billig – so heißt es anfangs der Begründung – ‘wenn jetzt in der Stunde der Not das Volk und das Reich einen Teil der Vermögen zurückfordert, um seinen Bestand zu sichern und den Wiederaufbau zu fördern’. Die ungeheuer gewachsene Reichsschuld, dieser ‘Hemmschuh bei allen sonstigen Aufgaben’, müsse beseitigt werden. […].“

16 Vgl. *Heiber*, Die Republik von Weimar, S. 61: d.h. das 30-fache des Vorkriegsstandes.

17 Vgl. *Cordes*, Reichsabgabenordnung 1919, Einl., S. 1.

Steuern. Das Strafverfahren war Sache des Landesrechts. Die Gesetze waren zudem häufig eilig entstanden, wiesen Lücken und Ungleichmäßigkeiten auf[18]. Dieser Zustand im Sommer 1918 war nicht haltbar, da ein Mantelgesetz fehlte, welches die in den einzelnen Steuergesetzen enthaltenen Vorschriften zusammenfasste. Das neue Mantelgesetz sollte gewisse Normativbestimmungen für das landesrechtliche Verfahren aufstellen sowie einheitliche Normen enthalten, welche die Widersprüche der Einzelregelungen ausgleichen und Lücken beseitigen sollte. Folglich beschloss das Reichsschatzamt im Sommer 1918 ein solches Gesetz als Reichsabgabenordnung (RAO) auf den Weg zu bringen. Die Ausführung dieses Beschlusses erfolgte im November 1918[19]. Nach Aufforderung des späteren Staatssekretärs *Moesle* erklärte sich *Enno Becker* im Oktober 1918 bereit, den Entwurf für ein neues Mantelgesetz auszuarbeiten. Als *Becker* Mitte November 1918 mit der Bearbeitung begann, war seine einzige Richtlinie, durchgearbeitet zusammenzufassen, was die einzelnen Steuergesetze an gemeinsamen Regelungen enthielten. In der Folge sollten auch die Strafvorschriften sowie das Beitreibungs- und das Strafverfahren normiert werden[20]. Für die Anfertigung des Entwurfs war ein enger Zeitrahmen vorgegeben. So sollte dessen Vorlage vor dem Staatenausschuss, gemäß dem Wunsch des Reichsfinanzministers *Dr. Schiffer*, bereits im Januar 1919 erfolgen. Infolgedessen war *Becker* gezwungen „in kürzester Zeit eilig und überstürzt“[21] den Entwurf anzufertigen. Eine vorläufige und druckreife Entwurfsausgabe, mit Ausnahme des Abschnittes über die Wertermittlung, gelang *Becker* aber erst bis Ostern 1919. Die noch fehlenden Regelungen wurden ergänzt und insge-

---

18 Vgl. *Becker*, Reichsabgabenordnung 1919, 2. Aufl. (1922), Einl., S. 1: Der Rechtsmittelzug unterlag verschiedenartiger, landesrechtlicher Regelungen. Nur für die Besitz- und Verkehrssteuern war nach Ausschöpfung des landesrechtlichen Rechtsmittelzuges die Rechtsbeschwerde an den Reichsfinanzhof, sog. Reichssteuergericht, vorgesehen.

19 Vgl. *Becker*, a.a.O., Einl., S. 1; *Ders.*, Einl., S. 2: Aufgrund des verlorenen Weltkrieges standen neue zahlreiche Steuergesetze mit unerhörtem Steuerdruck in Aussicht. Eine Folge dessen war eine zunehmende Steuerflucht. In allen Bevölkerungsteilen keimte die Forderung auf, die Steuerschieber zu fassen. Infolgedessen entstand: „die weitere Aufgabe, wenigstens die Möglichkeit zu schaffen, die neuen Steuergesetze wirklich durchzuführen und gleichmäßig durchzuführen. Dazu mußten den Steuerbehörden scharfe Waffen geliefert werden; es war unerläßlich, manches wichtige Interesse (Bankgeheimnis) dem noch wichtigeren zu opfern.“

20 Vgl. *Becker*, a.a.O., Einl. S. 2; *Ders.* Einl. S. 3: Als Korreferent für die Abteilung für Zölle und Verbrauchsabgaben wurde Geheimer Reg.-Rat, später Reichsfinanzrat, Dr. Trautvetter beteiligt. Zudem wurden die einzelnen Teilentwürfe in einem kleinen Kreis, an welchem Ministerialdirektor *Moesle* und die Geh. Regierungsräte Dr. Popitz, Dr. Zetzsche und Kuhn teilnahmen, erörtert und unterstützt. Die den Verkehr besonders betreffenden Normen, §§ 163 ff. RAO, wurden in Sachverständigenkonferenzen diskutiert. Auch Vertreter der Banken nahmen teil.

21 *Becker*, Reichsabgabenordnung 1919, 2. Aufl. (1922), Einl., S. 3.

samt überarbeitet. An Pfingsten 1919 konnte der Entwurf sodann den Länderregierungen mit der Bitte um Stellungnahme übersandt werden. In der Ministerkonferenz vom 13. Juli 1919 kam es zu einem entscheidenden Wendepunkt. Der Reichsminister der Finanzen kündigte an, dass die reichseigene Finanzverwaltung in der AO vorgesehen werden sollte. Daraufhin erfolgte eine Überarbeitung des Entwurfes[22]. Der Entwurf der AO wurde vom 11. Ausschuss in Berlin vom 25. September bis zum 28. Oktober beraten, wobei das Gesetz über die Reichsfinanzverwaltung wieder eingearbeitet wurde. Nach Anfertigung des Ausschussberichtes und erneutem Zusammentreten der Nationalversammlung am 22. und am 24. November wurde das Gesetz in zweiter Lesung beraten und dann am 27. November in dritter Lesung angenommen[23].

II. Steuerhinterziehung nach § 359 RAO

Die Reichsabgabenordnung (RAO) war auf einen Interessensausgleich zwischen dem Staat als Steuergläubiger und dem Bürger als Steuerpflichtigem ausgerichtet. Dies verdeutlichte der Aufbau der RAO. Der *erste Teil* mit der Überschrift „Behörden" entsprach insbesondere dem staatlichen Interesse an einem tatkräftigen Verwaltungsapparat, welcher in die Lage versetzt werden sollte, die Mittel für den enormen Finanzbedarf des Reiches einzutreiben. Der *zweite Teil* regelte, als Gegengewicht mit der Überschrift „Besteuerung", neben der Entstehung des Steueranspruchs, der Ermittlung und Festsetzung der Steuer, insbesondere auch die Rechtsmittel. Dieser Teil enthielt somit Rechtsschutzbestimmungen für den steuerpflichtigen Bürger. Der *dritte Teil*

22 Vgl. *Becker*, a.a.O., Einl., S. 3; Einl., S. 4: Die reichseigene Finanzverwaltung musste infolge politischen Drucks noch in Weimar, zeitnah nach Verabschiedung der Reichsverfassung, gesetzlich festgelegt werden. Als besonderes Gesetz über die Reichsfinanzverwaltung wurde dieses am 19. August in zweiter und dritter Lesung verabschiedet und als Gesetz am 10. September 1919 verkündet (RGBl. 1919, S. 1591).
Vgl. die Begründung zum Entwurf der RAO vom 6. August 1919 (Entwurf vorgelegt von Reichsminister der Finanzen Erzberger an die verfassunggebende deutsche Nationalversammlung Weimar), in: BArch Berlin, R 3101/12360, Bl. 88: „Die Reichsabgabenordnung soll zusammenfassen was die Reichssteuergesetze an mehr oder minder gemeinsamen Vorschriften enthalten; darüber hinaus soll sie die Grundlage schaffen, daß diese Gesetze, vor allem auch die neuen Gesetze, die demnächst in Kraft treten, gleichmäßig durchgeführt werden. Von diesen Aufgaben ist die zweite die weitaus wichtigere. Die Besteuerung wird in bisher ungeahnter Weise in alle Verhältnisse eingreifen. Der Druck wird schwer, fast allzu schwer sein; wenn er nicht unerträglich werden soll, muß dafür gesorgt werden, daß einheitlich verfahren wird und alle Pflichtigen gleichmäßig belastet werden. […] Das Ermittlungs- und Festsetzungsverfahren, die Vorschriften über die Bewertung, die Haftung dritter Personen, […], die Strafen und das Strafverfahren müssen eingehend und einheitlich geregelt werden. Der Ausbau der Steuergesetze zwingt zu einheitlichen Grundsätzen für das Gebiet des Steuerrechts."

23 Vgl. RAO vom 13. Dezember 1919, in: RGBl 1919, S. 1993; *Becker*, a.a.O., Einl., S. 4.

der AO mit der Überschrift „Strafrecht und Strafverfahren" enthielt Normen, die Steuerverfehlungen des Bürgers gegenüber dem Staat regelten[24]. Der Gesetzgeber verfolgte somit auch die Intention, die völlig unübersichtliche Situation einzelsteuergesetzlicher Strafregelungen und Sanktionen, das bis dahin bestehende steuerstrafrechtliche „Chaos"[25], zu beseitigen[26].

Erstmals wurde mit der 1919 in Kraft getretenen RAO eine für das gesamte deutsche Reich geltende Vorschrift über die vorsätzliche Steuerverkürzung geschaffen. Die Steuerhinterziehung war in § 359 RAO geregelt. Zugleich sollte verdeutlicht werden, dass die Steuerhinterziehung kein ethisch neutraler Ordnungsverstoß, sondern vielmehr ein schwerwiegendes und in der Folge strafwürdiges Unrecht sei[27]:

> „Neben der ziemlich allgemeinen Steuerhinterziehung ertönte ein ebenso einhelliger Ruf nach schärferer Erfassung der Steuerhinterzieher; die Steuerhinterziehung sollte nicht mehr das Delikt des anständigen Mannes bleiben, sie sollte mit Gefängnis und schärfster Vermögensstrafe geahndet werden."[28]

Der Tatbestand des §§ 359 RAO von 1919 lautete wie folgt:

> § 359: „Wer zum eigenen Vorteil oder zum Vorteil eines ander[e]n nicht gerechtfertigte Steuervorteile erschleicht oder vorsätzlich bewirkt, daß Steuereinnahmen verkürzt werden, wird wegen Steuerhinterziehung mit den in den einzelnen Gesetzen hierfür angedrohten Strafen bestraft. Der Mindestbetrag einer Geldstrafe ist, soweit kein anderer Betrag bestimmt ist, zwanzig Mark.
>
> Der Steuerhinterziehung macht sich auch schuldig, wer Sachen, für die ihm Steuerbefreiung oder Steuervorteile gewährt sind, zu einem Zwecke verwendet, der der Steuerbefreiung oder dem Steuervorteile, die er erlangt hat, nicht entspricht, und es zum eigenen Vorteil oder zum Vorteil eines anderen vorsätzlich unterläßt, dies dem Finanzamt vorher rechtzeitig anzuzeigen.
>
> Es genügt, daß infolge der Tat ein geringerer Steuerbetrag festgesetzt oder ein Steuervorteil zu Unrecht gewährt oder belassen ist; ob der Betrag, der sonst festgesetzt wäre, aus anderen Gründen hätte ermäßigt werden müssen oder der Vorteil

24 Vgl. *Cordes*, a.a.O. 1919, Einl., S. 2; *Becker*, a.a.O., Inhaltsübersicht VIII – XI.

25 Vgl. *Stenglein*, DJZ 1897, S. 233: Die Gesetzgebungsmaschine arbeite mit Hochdruck.

26 Vgl. Verhandlungen der verfassunggebenden Deutschen Nationalversammlung, Band 338, Aktenstück Nr. 759, Begründung, S. 577 (579). [Daneben wurden fiskalische Interessen sichtbar (S. 578): „Der Steuerbedarf des Reichs ist ins ungeheure gestiegen. Er muß gedeckt werden."]; so auch die Begründung zum Entwurf der RAO vom 6. August 1919, in: BArch Berlin, R 3101/12360, Bl. 88: wo es weiter heißt: „Dazu zwingt schon der Friedensvertrag. Wenn das Reich nicht zahlt, kann jedes Land unmittelbar haftbar gemacht werden […]"; auch *Seckel*, Steuerhinterziehung, S. 98; *Kuhlen*, a.a.O., S. 25 f.

27 Vgl. *Becker*, a.a.O., 3. Teil, Vorbem. 1, S. 478 (479); *Kuhlen*, Grundfragen, S. 25 f.

28 *Becker*, Reichsabgabenordnung 1919, 2. Aufl. (1922), 3. Teil, § 359, Anm. 1, S. 489 f.

aus anderen Gründen hätte beansprucht werden können, ist für die Bestrafung ohne Bedeutung.

Eine Steuerumgehung (§ 5) ist nur dann als Steuerhinterziehung strafbar, wenn die Verkürzung der Steuereinnahmen oder die Erzielung der ungerechtfertigten Steuervorteile dadurch bewirkt wird, daß der Täter vorsätzlich Pflichten verletzt, die ihm im Interesse der Ermittlung einer Steuerpflicht obliegen.

Die Vorschriften der Zoll- und Verbrauchsabgabengesetze, nach denen eine Bestrafung wegen Steuerhinterziehung eintritt, ohne daß der Vorsatz der Hinterziehung festgestellt zu werden braucht, bleiben unberührt."[29]

1. Geltungsbereich und geschütztes Rechtsgut

Grundsätzlich stellte die Vorschrift des § 359 RAO eine Vereinheitlichung der steuerstrafrechtlichen Vorschriften dar, indem Begriffsmerkmale der Steuerhinterziehung für das gesamte Steuerstrafrecht einheitlich festgelegt wurden[30]. Allerdings blieben das Vereinszoll-, das Tabak-, das Wein- sowie das Beförderungssteuergesetz, welche der Abgabenordnung noch nicht angepasst wurden, von der vorstehenden Regelung ausgenommen. Diese Gesetze behielten noch selbständige Strafvorschriften, die von der RAO nicht erfasst wurden, vgl. §§ 451, 452 Abs. 1, 453, 454, 455 RAO 1919[31]. Des Weiteren kam hinzu, dass

---

29 *Becker*, Reichsabgabenordnung 1919, 2. Aufl. (1922), 3. Teil, § 359, S. 488.

30 Vgl. *Cattien*, Reichssteuerstrafrecht, II. Teil, § 359, S. 141.

31 Vgl. *Becker*, Reichsabgabenordnung 1919, §§ 451 ff., insb. §§ 452 Nr. 1, 453, 454, 455, S. 583 ff.; *Joecks*, in: Franzen / Gast / Joecks, Einl. Rn. 37, S. 33 (34); *Schneider*, a.a.O., S. 68; auch *Cattien*, Reichssteuerstrafrecht, Erster Teil, Erster Abschnitt, Einl., II., S. 9:
„Es sind von diesen älteren, vor dem 23. Dezember 1919 verkündeten Steuergesetzen zurzeit bereits alle den Bestimmungen der AO. angepasst mit folgenden vier Ausnahmen (Art. VIII § 57 Abs. 2 und 3 der Dritten Steuernotverordnung [vom 14. Februar 1924]): 1. dem Vereinszollgesetz v. 1. Juli 1869 (BGBl. 317), 2. dem Tabaksteuergesetz v. 12. September 1919 (RGBl. 1667), 3. dem Weinsteuergesetz v. 26. Juli 1918 (RGBl. 831), letzte Änderung vom 12. Februar 1924 (RGBl I 64), 4. dem Beförderungssteuergesetz v. 8. April 1917 (RGBl. 329), Änderung vom 20. März 1923 (RGBl I 202). Das in diesen vier Steuergesetzen enthaltene Strafrecht geht also dem Strafrecht der AO. vor. Auch eine Ergänzung dieses Sonderstrafrechts durch das Strafrecht der AO. ist unzulässig"; *Ders.*, Reichssteuerstrafrecht, II. Teil, § 359, Anm. I., S. 141 sowie Anm. XII., S. 148: „Für das Vereinszollgesetz, das Tabaksteuergesetz, das Weinsteuergesetz und das Beförderungssteuergesetz (Gesetz vom 8. April 1917, RGBl. 329; vergl. Art. VIII § 57 der Dritten Steuernotverordnung vom 14. Februar 1924 RGBl. I 89 und AO. §§ 451, 452), welche von der in AO. §§ 359, 360, 361, 363–366 usw. getroffenen Regelung unberührt geblieben sind, gelten die Vorschriften der Verordnung über Vermögensstrafen und Bußen vom 6. Februar 1924. Es sind also aufgehoben die Festsetzungen von Mindest- und Höchstbeträgen der Geldstrafen, soweit sie nicht in StGB. § 27 aufrechterhalten sind. […]"; Vgl. auch Reichswirtschaftsministerium, Entwurf der Dritten Steuernotverordnung (zu III Bk 721. 2. Fassung.), in: BArch Berlin, R 3101/6382, Bl. 20 ff., Bl. – 40 –, – 42– (3).

die §§ 353 ff. RAO 1919 in mehreren Fällen die bis dahin geltenden Vorschriften der einzelnen Steuergesetze, vor allem im Bereich der angedrohten Strafen, in Bezug nahmen oder ihnen gegenüber lediglich subsidiär Anwendung fanden. Aus diesem Grunde bildete die RAO 1919 ursprünglich nur eine lose Klammer um das gesamte Abgabenstrafrecht[32].

Anwendung fand das Reichssteuerstrafrecht auf alle im Gebiet des Deutschen Reiches begangenen Steuerzuwiderhandlungen, auch wenn der Täter ein Ausländer war. Schutzgut der Steuerhinterziehung war das inländische Steueraufkommen. Nur die Hinterziehung deutscher Steuern war nach § 359 RAO strafbar[33]. Geschützt werden sollte nach damaliger Auffassung das „öffentliche Interesse am vollständigen und rechtzeitigen Aufkommen der einzelnen Steuern“ sowie der „Anspruch auf Vollerträgnis jeder einzelnen Steuer“[34].

2. Tatbestand

Der objektive Tatbestand des § 359 RAO umfasste vier Alternativen. In § 359 Abs. 1 RAO wurde der tatbestandlich vorausgesetzte Erfolg alternativ aufgefasst. Er konnte entweder in dem Bewirken der Verkürzung von Steuereinnahmen (2. Alt.) bestehen oder in einem Erschleichen nicht gerechtfertigter Steuervorteile (1. Alt.). Daneben konnte die Steuerverkürzung gemäß § 359 Abs. 2 RAO durch Unterlassung der Anzeige bei Änderung der steuerbegünstigten Zweckbestimmung oder nach §§ 5, 359 Abs. 4 RAO im Wege der Steuerumgehung erfüllt werden[35].

---

32 Vgl. *Joecks*, in: a.a.O. (2009), Einl. Rn. 37, S. 34: z.B. die §§ 357, 359 I und V RAO.

33 Vgl. *Cattien*, a.a.O., III., Einleitung, S. 19 f.; *Becker*, a.a.O. (1922), § 355, Anm. 3, S. 480 (481): „Über die örtliche Geltung schweigt das Gesetz. Nach allgemeinen Grundsätzen gilt eine strafbare Handlung auch dann als in Deutschland begangen, wenn nur der Erfolg in Deutschland eingetreten ist“; vgl. auch *Hellmann*, in: HHS, § 370, Rn. 24, S. 18; *Kuhlen*, Grundfragen, Fn. 193, S. 27.

34 Vgl. RGSt 59, 258, 262 - Urteil vom 16. Juni 1925; RGSt 65, 165, 174 – Urteil vom 19. Februar 1931: „öffentliches Interesse“ sowie RGSt 72, 184, 186, Urteil vom 23. Mai 1938: „Anspruch des Staates auf den vollen Ertrag“; Quellen abgedruckt bei *Franzen / Gast*, Steuerstrafrecht (1969), Einl., Rn. 8, S. 24; auch *Poggemann*, Fn. 9, S. 157.

35 Vgl. *Wehner*, Steuerhinterziehung, § 2, S. 3 f.; *Becker*, a.a.O. 1919, § 359, Anm. 1, S. 488; *Cattien*, a.a.O., § 359, Anm. II., 1., S. 141; *Kuhlen*, a.a.O., S. 26. So auch der vom Reichsminister der Finanzen *Erzberger* an die verfassunggebende deutsche Nationalversammlung vorgelegte Entwurf der RAO vom 6. August 1919 (Nr. 759), in: BArch Berlin, R 3101/12360, Bl. 68 f. Die Steuerhinterziehung war in § 356 RAO geregelt.

a) Bewirken einer Steuerverkürzung (Abs. 1, 2. Alt.)

Die Tathandlung war sehr weit gefasst. Grundsätzlich genügte nach dem Gesetzeswortlaut jedes Bewirken einer Steuerverkürzung, also deren Verursachung durch irgendein Verhalten. Die Steuerhinterziehung war insoweit als reines Erfolgsdelikt einzuordnen[36]. Erfasst wurde zunächst positives verursachendes Handeln. Die Worte „Verkürzung" und „Steuerhinterziehung", deuteten darauf hin, dass ein rein negatives Verhalten nicht ausreichend war. Vielmehr mussten die Grundformen des verbrecherischen Handelns *vis* (z.B. in Form von Nötigung der Beamten) oder *fraus* (in Form täuschenden Verhaltens) in irgendeiner Weise in Erscheinung treten. Aber auch ein Unterlassen der erforderlichen Steuererklärung sollte genügen. Notwendig war jedoch eine bewusste und gewollte Übertretung der Vorschriften über die Angabepflicht[37]. Ein rein passives Verhalten, vor allem in Form eines Schweigens, sollte nur in den Fällen genügen, in denen Reden Pflicht ist, so bei vorsätzlicher Verletzung der Steuererklärungspflicht oder der Pflicht zur Vervollständigung und Erläuterung der abgegebenen Steuererklärung im Verfahren nach § 173 RAO[38].

Im Einzelfall sollte geprüft und festgestellt werden, ob das Schweigen bzw. Verschweigen eine vorsätzliche Verletzung der Steuererklärungspflicht beinhaltete[39]. Die Hinterziehungshandlung musste sich unmittelbar gegen die richtige Festsetzung des Steueranspruchs richten. Nicht erfasst wurden solche Intentionen, die sich nur auf Vereitelung der Einziehung bereits festgestellter Steuerschulden bezogen[40]. Das Bewirken der Verkürzung von Steuereinnahmen setzte eine bewusste auf Steuerverkürzung gerichtete Handlung, nicht aber die Anwendung des Mittels der Täuschung oder Verschleierung voraus[41].

Voraussetzung war zudem, dass, verursacht durch die Tat, ein geringerer Steuerbetrag als der geschuldete vom Finanzamt festgesetzt oder ein Steuervorteil in unrechtmäßiger Weise belassen oder gewährt wurde[42]. Eine Verkürzung von Steuereinnahmen lag bereits in dem Zeitpunkt vor, in dem ein zu niedriger Steuerbetrag festgesetzt wurde. Nicht ausreichend für die Tatbestandserfüllung war allerdings, wenn nur eine niedrigere Geldsumme als die

---

36 Vgl. *Wehner*, a.a.O., § 3, S. 4; *Schneider*, a.a.O., S. 72; *Kuhlen*, a.a.O., S. 26 (27).

37 Vgl. *Becker*, Reichsabgabenordnung 1919, 2. Aufl. (1922), § 359, Anm. 2, S. 491.

38 Vgl. *Becker*, a.a.O., § 359, Anm. 2, S. 491; *Cattien*, a.a.O., § 359, Anm. III., S. 142.

39 Vgl. RFG 9, 29; *Becker*, Reichsabgabenordnung 1919, 2. Aufl (1922), § 359, Anm. 2, S. 491; *Cattien*, Reichssteuerstrafrecht, § 359, Anm. III., S. 142.

40 Vgl. RGSt 57, 101; *Cattien*, Reichssteuerstrafrecht, § 359, Anm. III., S. 142.

41 Vgl. *Becker*, a.a.O., § 359, Anm. 2, S. 491; *Cattien*, a.a.O., § 359, Anm. IV., S. 143.

42 Vgl. *Cattien*, Reichssteuerstrafrecht, § 359, Anm. III., S. 142.

festgesetzte bezahlt wurde. Nicht notwendig war, dass der Steuerverkürzung des Reichs ein nicht gerechtfertigter Steuervorteil auf Seiten des Steuerpflichtigen entsprach[43]. Zu beachten war jedoch, dass der Täter auch dann strafbar blieb, wenn er nachweisen konnte, dass ohne seine auf eine bestimmte Steuerverkürzung gerichtete Tathandlung die Steuerermäßigung bzw. der Steuervorteil aus anderen gesetzmäßigen Gründen hätte gewährt werden müssen. So konnte also nicht geltend gemacht werden, dass z.B. das Verschweigen bestimmter Wertpapiere für die Höhe der Erbschaftssteuer belanglos sei, weil der Wert eines zum Nachlass gehörenden Gegenstandes, z.B. eines Grundstücks, um mindestens denselben Wert der verschwiegenen Wertpapiere bei der Besteuerung zu hoch angenommen und angesetzt worden sei. Ein Rechtsgrund für die Beachtung derartigen Vorbringens bestand nicht[44].

b) Erschleichen von Steuervorteilen (Abs. 1, 1. Alt.)

Unter „Erschleichen eines nicht gerechtfertigten Steuervorteils" gemäß § 359 Abs. 1 RAO war die Herbeiführung eines Steuervorteils, auf welchen der Steuerpflichtige nach den Steuergesetzen keinen Anspruch hat, durch das Instrument der Täuschung (Vorspiegelung oder Unterdrückung von Tatsachen) oder der Verschleierung zu Gunsten des Steuerpflichtigen (nicht notwendig des Täters), zu verstehen. Aus dem Begriffsmerkmal „Erschleichen" war zu folgern, dass ein fraudulöses (betrügerisches) Handeln notwendig ist. Kennzeichnend war eine bewusste Täuschung oder Verschleierung, in Form von Machenschaften oder unlauteren Kniffen. Hingegen genügte ein bloßes Entgegennehmen der Steuervergünstigungen, sofern keine Verpflichtung zur Erklärung etc. vorlag, nicht[45]. Das „Erschleichen von Steuervorteilen" betraf andere Vorteile, als diejenigen bei der „Verkürzung bzw. Vorenthaltung von Steuereinnahmen", z.B. in Form einer nicht gerechtfertigten Stundung einer fälligen Steuer. Vorteile, welche keine Steuervorteile waren, wurden nicht erfasst[46].

---

43 Vgl. *Becker*, a.a.O. 1919, 2. Aufl. (1922), § 359, Anm. 2, S. 491; Anm. 4, S. 492; Anm. 7, S. 492 f. (493); *Cattien*, Reichssteuerstrafrecht, § 359, Anm. IV., S. 143.

44 Vgl. RGSt 46, 237; dazu *Becker*, a.a.O., § 359, Anm. 7., S. 492 f. (493): „[…] die Zulassung solcher Einwände würde im gerichtlichen Verfahren zu Weiterungen und dazu führen, daß der Strafrichter bei verwickelten Veranlagungen allen Einwendungen des Schuldigen nachgehen und die ganze Veranlagung nachprüfen müsste. Nach der Fassung sind die fraglichen Tatsachen nicht nur für die Schuldfrage, sondern auch für die Höhe der Bestrafung gleichgültig"; auch *Cattien*, a.a.O., § 359, Anm. III, S. 142.

45 Vgl. *Becker*, Reichsabgabenordnung 1919, 2. Aufl. (1922), § 359, Anm. 3, S. 492; auch *Cattien*, Reichssteuerstrafrecht, § 359, Anm. IV., S. 143

46 Vgl. RGSt. 57, 389; *Cattien*, Reichssteuerstrafrecht, § 359, Anm. IV., S. 143.

Die Ingebrauchnahme einer Sache, für die Steuervorteile oder Steuerbefreiungen gewährt wurden, zu einem Zweck, welcher der erlangten Steuerbefreiung oder dem erlangten Steuervorteil nicht entsprach, war allgemein nicht strafbar. Derjenige, der die Sache zu einer solchen dem Steuervorteil oder der Steuerbefreiung nicht entsprechenden Intention in Gebrauch nehmen wollte, hatte jedoch die Verpflichtung, dieses Vorhaben vorher rechtzeitig dem Finanzamt anzuzeigen. Er machte sich der Steuerhinterziehung schuldig, sofern er diese Anzeige zum eigenen Vorteil oder Vorteil eines anderen oder zugleich zum eigenen Vorteil und dem einer anderen Person vorsätzlich unterließ[47].

Der Steuervorteil oder die Steuerbefreiung musste dem Steuerpflichtigen gewährt worden sein. Die Ingebrauchnahme der Sache zu einem anderen dem Steuervorteil oder der Steuerbefreiung nicht entsprechenden Zweck musste durch den Täter erfolgt sein. Zugleich musste er die Anzeige unterlassen haben, die bei einem solchen andersartigen Gebrauch der Sache seine Pflicht war[48].

c) Handeln zum eigenen Vorteil (Abs. 1)

Nach § 359 Abs. 1 RAO sollte der Täter zum eigenen Vorteil oder zum Vorteil eines anderen handeln. Der Täter musste durch seine auf Steuerhinterziehung gerichtete Verhaltensweise einen Vorteil, welcher nicht zwingend ein Vermögensvorteil zu sein brauchte, für sich oder einen anderen anstreben[49].

d) Tathandlung der Zweckentfremdung (Abs. 2)

Während die übrigen Fälle der Steuerhinterziehung Handlungen umfassten, die der Steuerfestsetzung oder Gewährung der Steuervergünstigung vorausgingen, stellte das Gesetz in Absatz 2 Handlungen unter Strafe, welche einer Steuerfestsetzung nachfolgten[50]. Folglich wurde § 359 Abs. 2 RAO auch als nachträgliche Steuerhinterziehung bezeichnet[51]. Die Festsetzung des Steuervorteils sei von Beginn an bedingt durch die Beibehaltung des gesetzlich festgelegten, steuerlich begünstigten Verwendungszwecks. Es entstehe eine Art Schwebezustand. Die Versäumung der Anzeige von dessen Änderung werde zum täuschenden, einen Nachteil für das Reich verursachenden Verhalten[52].

---

47 Vgl. *Cattien*, Reichssteuerstrafrecht, § 359, Anm. IV., S. 143 f.

48 Vgl. *Cattien*, Reichssteuerstrafrecht, § 359, Anm. IV., S. 144.

49 Vgl. *Cattien*, a.a.O., § 359, Anm. V., S. 144; *Jacobi*, RAO 1919, § 359, S. 170.

50 Vgl. *Schmalz*, Steuerhinterziehung (1926), § 5, S. 20.

51 Vgl. *Lelewer*, Steuer-Strafrecht (1925), S. 120.

52 Vgl. *Schmalz*, Steuerstrafrecht (1926), § 5, S. 20.

Das Gesetz umschrieb drei Voraussetzungen. Zum einen musste es sich um Sachen handeln, für welche ein Steuervorteil oder eine Steuerbefreiung gewährt wurde. Zum anderen mussten die Sachen zu einem Zweck verwendet werden, welcher der Steuerbefreiung oder dem Steuervorteil nicht entsprach. Des Weiteren musste die vorherige rechtzeitige Anzeige von der Zweckänderung and das Finanzamt, also über die Dispositionsänderung, unterblieben sein[53].

e) Steuerumgehung, §§ 5, 359 (Abs. 4)

Der Täter konnte gemäß §§ 5, 359 IV RAO die Steuerhinterziehung in die Form einer Steuerumgehung kleiden. Grundsätzlich bestand im Wirtschafts- und Rechtsbereich Gestaltungsfreiheit. Allerdings hatte das Reich einen Anspruch auf die Steuern, welche ihm auf Basis von bestimmten wirtschaftlichen Betätigungen bei Verwendung der hierfür gebräuchlichen Rechtsformen zugute kommen würden. Das Steuerrecht ließ für die Steuerveranlagung Steuerersparungen aufgrund der Ingebrauchnahme unüblicher Rechtsformen nicht gelten, falls hierdurch mit der Zielsetzung der Steuereinsparung Missbrauch betrieben wurde[54].

Was als Missbrauch einzuordnen war, bestimmte sich im Wesentlichen anhand der Tatfrage. Als Missbrauch wurde eine Rechtsform nach § 5 Abs. 2 RAO dann eingestuft, sofern der wirtschaftliche Erfolg bei Gebrauch der gewöhnlichen Form gegenüber dem durch die gewählte Form erreichten Erfolg nicht wesentlich beeinträchtigt worden wäre[55].

Der Wortlaut des § 5 RAO lautete wie folgt:

> „(1) Durch Mißbrauch von Formen und Gestaltungsmöglichkeiten des bürgerlichen Rechtes kann die Steuerpflicht nicht umgangen oder gemindert werden.
>
> (2) Ein Mißbrauch im Sinne des Abs. 1 liegt vor, wenn
>
> 1. in Fällen, wo das Gesetz wirtschaftliche Vorgänge, Tatsachen und Verhältnisse in der ihnen entsprechenden rechtlichen Gestaltung einer Steuer unterwirft, zur Umgehung der Steuer ihnen nicht entsprechende ungewöhnliche Rechtsformen gewählt oder Rechtsgeschäfte vorgenommen werden und
>
> 2. nach Lage der Verhältnisse und nach der Art, wie verfahren wird oder verfahren werden soll, wirtschaftlich für die Beteiligten im wesentlichen derselbe Erfolg erzielt wird, der erzielt wäre, wenn eine den wirtschaftlichen Vorgängen, Tatsachen und Verhältnissen entsprechende rechtliche Gestaltung gewählt wäre und ferner

---

53 Vgl. *Wehner*, Steuerhinterziehung (1923), § 5, S. 8.

54 Vgl. *Mrozek*, Kommentar zur RAO (1922), 1. Bd., § 5, Anm. 7, Nr. 4, S. 198; *Cattien*, a.a.O., § 359, Anm. VIII, S. 146; *Bud / Lucas*, RAO, § 359, Anm. 3, S. 538 (542 f).

55 Vgl. *Cattien*, a.a.O., Anm. VIII., S. 146.

> 3. etwaige Rechtsnachteile, die der gewählte Weg mit sich bringt, tatsächlich keine oder nur geringe Bedeutung haben."[56]

Alle drei Kriterien des § 5 Abs. 2 mussten zusammentreffen, um den Tatbestand des Absatzes 1 zu erfüllen. Wurde durch die Steuerumgehung eine Steuereinnahmenverkürzung erzielt oder wurden dadurch dem Steuerpflichtigen Steuervorteile unrechtmäßig gewährt, so war die Steuerumgehung nach § 359 Abs. 4 RAO als Steuerhinterziehung strafbar, wenn die Einnahmenverkürzung bzw. die Steuervorteilsgewährung von dem Steuerpflichtigen, seinem Vertreter oder Berater dadurch erreicht wurde, dass der Täter vorsätzlich eine Pflichtverletzung beging, die ihm im Interesse der Ermittlung einer (nicht zwingend seiner) Steuerpflicht oblag[57].

f) Vollendungszeitpunkt und Vertreterhandeln

Die Steuerhinterziehung war vollendet, wenn die Steuerverkürzung eingetreten oder der Steuervorteil erlangt wurde. Sofern es an einem Handlungserfolg des Täters fehlte, kam nur ein strafbarer Versuch gemäß § 360 RAO in Betracht[58].

Der Versuch der Steuerhinterziehung war separat in § 360 RAO geregelt. Der Wortlaut der Regelung in der Fassung vom 13. Dezember 1919 lautete:

> § 360: „Der Versuch der Steuerhinterziehung ist strafbar. Er ist auch dann strafbar, wenn die vollendete Tat eine Übertretung wäre.
>
> Die für die vollendete Tat angedrohte Strafe gilt auch für den Versuch; Geldstrafen, die auf ein Vielfaches des hinterzogenen Betrags zu bestimmen sind, sind nach der Steuerverkürzung oder dem Steuervorteile zu bemessen, die bei Vollendung der Tat eingetreten wären."[59]

Der Versuch der Steuerhinterziehung war strafbar. Bezüglich der Strafhöhe wurde der Versuch der vollendeten Tat gleichgestellt. Dies entsprach der Entwicklung des Steuerrechts[60].

---

56 *Cattien*, a.a.O., Anm. VIII., S. 146.

57 Vgl. *Mrozek*, a.a.O., 2. Bd., § 359, S. 1203.

58 Vgl. *Cattien*, a.a.O., § 359, Anm. IV., S. 144; *Jacobi*, RAO 1919, § 359, S. 170.

59 *Becker*, a.a.O. 1919, 3. Teil, § 360, S. 495; *Jacobi*, RAO 1919, § 360, S. 171.

60 Vgl. *Becker*, a.a.O., § 360, Anm. 1, S. 496: „Das Vereinszollgesetz und die ihm folgenden älteren Verbrauchsabgabengesetze bestraften das Unternehmen der Defraudation als solches; seit 1918 bestrafen die Verbrauchsabgabengesetze die Hinterziehung und stellen den Versuch gleich." Vgl. *Ders.*, a.a.O., § 360, Anm. 2, S. 496: Die Gleichbehandlung bezüglich der Strafhöhe sowie die Strafbarkeit des Versuchs hatten zur Folge, dass der Steuervorteil nicht ausgezahlt bzw. zugesichert und die Steuerverkürzung nicht eingetreten zu sein brauchte. Die Feststellung, ob Versuch oder Vollendung der Tat vorlag, hatte danach im Wesentlichen theoretische Bedeutung. Wichtig blieb dies nur für den Fall des Rücktritts vom Versuch nach § 46 RStGB".

Die vertretenen Geschäftsherren sowie Haushaltungsvorstände hafteten gem. § 92 RAO für die von Vertretern, Angestellten, Verwaltern sowie Familien- und Haushaltungsangehörigen durch Steuerhinterziehung, welche sie bei Ausübung ihrer Obliegenheiten begangen hatten, bewirkten Steuerverkürzungen oder Steuervorteile[61].

g) *Vorsätzliches Handeln*

Der subjektive Tatbestand des § 359 RAO setzte vorsätzliches Handeln des Täters voraus[62]. Unter Vorsatz war der auf die Verkürzung von Steuereinnahmen des Reiches oder auf die Erlangung eines nicht gerechtfertigten Steuervorteils zum eigenen Vorteil bzw. dem eines anderen gerichtete Wille zu verstehen. Der Vorsatzbegriff war gleichbedeutend mit dem des übrigen Strafrechts. Mit dem Bewusstsein der Verwirklichung „aller äußeren Tatumstände, durch die der strafrechtliche Tatbestand begründet wird. – Wissen und Wollen sämtlicher Tatbestandsmerkmale"[63], war der Vorsatz gegeben. Er brauchte nicht bestimmt zu sein. Ausreichend war ein dolus eventualis[64].

Teilweise wurde vertreten, dass der Steuerpflichtige das Bewusstsein haben musste, dass durch sein Verhalten die Festsetzung der Steuer im Ergebnis geringer ausfallen würde und dass er somit eine steuerrechtliche Pflichtwidrigkeit begeht. Vorsatz sollte nur dann vorliegen, wenn der Täter wusste, dass

---

61 Vgl. *Cattien*, a.a.O., § 359, Anm. IX., S. 147; *Jacobi*, RAO 1919, § 92, S. 56 (57): „[…] diese Haftung tritt jedoch, sofern sie nicht aus anderen Gründen besteht, nicht ein, wenn festgestellt wird, daß die Steuerhinterziehung oder Steuergefährdung ohne Wissen des Geschäftsherrn oder des Haushaltungsvorstandes oder einer zu seiner Vertretung nach außen befugten Person begangen worden ist und die genannten Personen bei der Auswahl oder Beaufsichtigung der Angestellten oder der Beaufsichtigung der Familien- und Haushaltungsmitglieder die erforderliche Sorgfalt aufgewandt haben".

62 Vgl. *Becker*, Reichsabgabenordnung 1919, 2. Aufl. (1922), § 359 RAO, S. 488 ff. (491), § 367 RAO, S. 501 ff., sowie § 357, Anmerkung, S. 483 (484): Mit der RAO 1919 wurde eine Differenzierung vorgenommen: „Die AO. fordert, soweit es sich nicht um Ordnungsstrafen handelt, grundsätzlich Vorsatz oder Fahrlässigkeit"; *Ders.*, a.a.O., § 377 RAO, S. 510: „Wer den im Interesse der Steuerermittlung oder Steueraufsicht erlassenen Vorschriften […] durch andere als die in den Steuergesetzen unter Strafe gestellten Handlungen oder Unterlassungen zuwiderhandelt, wird mit einer Ordnungsstrafe […] bestraft."

63 *Becker*, Reichsabgabenordnung 1919, 2. Aufl. (1922), § 359, Anm. 2., S. 491: Anzumerken ist hierbei, entgegen dem Wortlaut Beckers, dass nach heutigen Verständnis die Kenntnis des Täters sich auf sämtliche *Tatumstände*, also jene Sachverhaltsmerkmale zu beziehen hat, welche sich unter den jeweiligen Tatbestand subsumieren lassen (§ 16 StGB). Hingegen kann die Kenntnis sämtlicher gesetzlicher Tatbestandsmerkmale von einem rechtsunkundigen Täter nicht vorausgesetzt werden.

64 Vgl. *Becker*, a.a.O., § 359, Anm. 2., S. 491; *Cattien*, a.a.O., § 359, Anm. VI., S. 144.

Steuern geschuldet werden und dass seine Verhaltensweise eine Verkürzung des geschuldeten Steuerbetrages herbeiführte[65].

Zu beachten war des Weiteren, dass gemäß § 359 Abs. 5 RAO die Vorschriften der Zoll- und Verbrauchsabgabengesetze unberührt blieben. Infolgedessen war eine Bestrafung wegen Steuerhinterziehung auch möglich, ohne dass der Vorsatz der Hinterziehung festgestellt werden musste[66].

3. *Strafrahmen und Strafverfahren*

§ 359 Abs. 1 RAO in der Fassung vom 13. Dezember 1919 enthielt keine eigene Strafdrohung, sondern verwies auf die in den einzelnen Gesetzen für die Steuerhinterziehung angedrohten Strafen. So lautete § 359 Abs. 1 RAO:

> § 359.: „[…] wird wegen Steuerhinterziehung mit den in den einzelnen Gesetzen hierfür angedrohten Strafen bestraft.
>
> Der Mindestbetrag einer Geldstrafe ist, soweit kein anderer Betrag bestimmt ist, zwanzig Mark.“ [67]

Eine Änderung des Wortlautes erfolgte erst 1924 durch Art. VIII, § 56 Nr. 1 der Dritten Steuernotverordnung vom 14. Februar 1924 (RGBl. I. 1924, 74, 87 f.). Mit dieser Änderung waren die entsprechenden (primären) Strafen der Steuerhinterziehung nicht mehr den einzelnen Steuergesetzen zu entnehmen, sondern bestimmten sich als Geldstrafe mit unbeschränktem Höchstbetrag. Daneben war eine Gefängnisstrafe bis zu zwei Jahren vorgesehen:

> § 359: „(1) Wer zum eigenen Vorteil oder zum Vorteil eines anderen nicht gerechtfertigte Steuervorteile erschleicht oder vorsätzlich bewirkt, daß Steuereinnahmen verkürzt werden, wird wegen Steuerhinterziehung mit Geldstrafe bestraft. Der Höchstbetrag der Geldstrafe ist unbeschränkt. Bei Zöllen und Verbrauchsabgaben ist die Geldstrafe mindestens auf das Vierfache des hinterzogenen Betrags zu bemessen, falls der Betrag der Steuerverkürzung oder des Steuervorteils festgestellt

---

65 Vgl. *Becker*, a.a.O., § 359, Anm. 7, S. 493; *Cattien*, a.a.O., § 359, Anm. VI., S. 144.

66 Vgl. *Becker*, a.a.O., § 359 Abs. 5, S. 488; *Cattien*, a.a.O., § 359, Anm. VI., S. 144 f.

67 *Becker*, a.a.O., § 359 Abs. 1, 5 RAO, S. 488; Anzumerken ist, dass es sich bei § 359 RAO im Jahre 1919 noch nicht um eine Norm mit Blankettcharakter (i.S.e. Aufteilung von Strafdrohung und Strafnorm, indem ein Gesetz allein die Strafe androht, hinsichtlich der Straftatbestandsvoraussetzungen aber auf eine von anderer Stelle erlassene Rechtsnorm verweist) gehandelt hat. Dies galt vor allem auch deshalb, weil § 359 Abs. 1 keine eigene Strafdrohung enthielt, sondern auf die in den einzelnen Gesetzen für die Steuerhinterziehung angedrohten Strafen verwies. Somit bestand 1919 weder hinsichtlich des Vorsatzerfordernisses noch der Strafdrohung eine reichseinheitliche Regelung. Die ursprüngliche Regelung enthielt nur eine lose, generell gehaltene Klammer zwischen den steuerrechtlichen und steuerstrafrechtlichen Vorschriften innerhalb des jeweiligen Einzelsteuergesetzes, vgl. *Kuhlen*, a.a.O., S. 26; *Poggemann*, a.a.O., S. 156 f.

werden kann. Neben der Geldstrafe kann auf Gefängnis bis zu zwei Jahren erkannt werden.“ […]

„(5) Die Vorschriften der Zoll- und Verbrauchsabgabengesetze, nach denen eine Bestrafung wegen Steuerhinterziehung eintritt, ohne daß der Vorsatz der Hinterziehung festgestellt zu werden braucht, bleiben unberührt. Auf Gefängnis darf jedoch nur erkannt werden, wenn der Vorsatz der Hinterziehung festgestellt wird.“[68]

Im Bereich des Strafverfahrens waren sowohl hinsichtlich des gerichtlichen Strafverfahrens als auch bezüglich des Verwaltungsstrafverfahrens keine einschneidenden Änderungen erkennbar. Es wurde im Wesentlichen an den zum Ende des 19. Jahrhunderts für das preußische Steuerstrafverfahren geltenden Grundsätzen festgehalten. Die Finanzämter hatten die primäre Ermittlungskompetenz für alle Steuerstraftaten, sofern der Steuerpflichtige nicht bereits wegen Steuerhinterziehung festgenommen und dem Richter vorgeführt worden war und die Straftat nur mit Geldstrafe und / oder Einziehung sanktioniert wurde bzw. das Finanzamt beabsichtigte, nur hierauf zu bekennen[69].

Nach § 433 RAO 1919 (§ 468 RAO 1931) blieben die Strafgerichte bei der Beurteilung einer Steuerhinterziehung oder Steuergefährdung an die hierzu ergangene Entscheidung des Reichsfinanzhofs bezüglich des Bestehens und der Höhe des steuerlichen Anspruchs gebunden[70]. Folglich blieb den Strafge-

---

68 *Cattien*, a.a.O., § 359 RAO, S. 140 f.; Die Strafe der Steuerhinterziehung bestimmte sich als Geldstrafe. Daneben war eine Freiheitsstrafe von bis zu zwei Jahren vorgesehen. Beides ergab sich direkt aus § 359 RAO. Strenggenommen waren in der Norm des § 359 RAO Tatbestand und Sanktion direkt zusammengefasst. Die Bedeutung der Tatbestandsmerkmale „nicht gerechtfertigte Steuervorteile“ und „Verkürzung von Steuereinnahmen“, i.S.e. sachlichen Reichweite, ließ sich aber erst durch den Rückgriff auf den sich aus materiellen Steuerrechtsnormen resultierenden Steueranspruch bestimmen. § 359 Abs. 1 RAO 1919 kann somit in seiner Fassung vom 14. Februar 1924 als Blankettgesetz im weiteren Sinne bezeichnet werden, vgl. dazu *Poggemann*, a.a.O., S. 157. Vgl. zur Strafschärfung des § 359 RAO, auch RWM, Entwurf der Dritten Steuernotverordnung (zu III Bk 721. 2. Fassung), in: BArch Berlin, R 3101/6382, Bl. 38, –38–, § 49.

69 Vgl. *Poggemann*, a.a.O., S. 170.

70 RGSt 56, 107 (108), 1. Strafsenat, Urteil vom 6. Oktober 1921, I 621/21: „Durch § 433 RAbgabenO. soll das unannehmbare Ergebnis, daß in derselben Steuersache sich widersprechende rechtskräftige Entscheidungen im Steuerfestsetzungsverfahren und im gerichtlichen Steuerstrafverfahren ergeben, vermieden und hierbei namentlich dem Reichsfinanzhofe zur Erzielung einer möglichst einheitlichen Behandlung der einschlägigen Steuersachen im ganzen Reich ein ausschlaggebender Einfluß eingeräumt werden […] ordnet § 433 RAbgabenO. deshalb an, daß für die Strafgerichte bei Steuerhinterziehungen und Steuergefährdungen fernerhin nicht nur jede Entscheidung des Reichsfinanzhofs über den Steueranspruch und dessen Verkürzung schlechthin bindend ist, […] ferner, daß sie, wenn eine entsprechende Entscheidung der zuständigen Finanzbehörden oder Finanzgerichte noch nicht ergangen ist, das Strafverfahren auszusetzen haben, bis eine solche vorliegt und in Rechtskraft erwachsen ist.

richten gemäß § 433 RAO 1919 (§468 RAO 1931) für die steuerstraftatbestandliche Überprüfung, ob ein Steueranspruch beeinträchtigt worden war, kein Spielraum[71].

III. Reformdiskussion und kritische Anmerkungen

Aufgrund der problematischen Weite der Tathandlungen des § 359 Abs. 1 RAO, der Unklarheit über die sinngemäße Auslegung des § 359 Abs. 2 RAO sowie der verpassten Möglichkeit, eine reichseinheitliche Regelung der Steuerhinterziehung sowohl hinsichtlich des Vorsatzerfordernisses (§ 359 Abs. 5 RAO) als auch hinsichtlich des Strafrahmens bzw. der Strafdrohung (§ 359 Abs. 1 RAO) zu schaffen, kam es zu weiteren Reformdiskussionen[72].

1. Rechtliche Einordnung der Steuerhinterziehung

Aufbauend auf den bereits im 19. Jahrhundert geführten Meinungsdiskurs über die rechtliche Einordnung der Steuerhinterziehung setzte sich die Meinungsdiskussion auch in den 20er Jahren fort. Umstritten war insbesondere das Verhältnis des Steuerhinterziehungstatbestandes zum Betrugstatbestand[73].

Vertreten wurde zum einen der Standpunkt, dass es sich bei der Steuerhinterziehung nach § 359 RAO, aufgrund seiner Ähnlichkeit zum Betrugstatbestand des § 263 RStGB[74], um einen Sonderfall des Betruges handle[75].

Den Strafgerichten ist dadurch für dieses Rechtsgebiet jede Möglichkeit unabhängiger und selbständiger Entscheidung über die äußeren Tatbestandsmerkmale der Steuerhinterziehung und Steuergefährdung entzogen."

71 Vgl. *Poggemann*, a.a.O., S. 172.

72 Vgl. zur Reformdiskussion hinsichtlich des § 359 RAO u.a. *Wehner*, Steuerhinterziehung (1923), S. 3 ff.; *Juliusberger*, Steuerstrafrecht, Bd. 1, (1923), S. 94 ff.; *Lelewer*, Steuer-Strafrecht (1925), S. 32 ff., S. 112 ff.; *Schmalz*, Die Steuerhinterziehung, (1926), S. 9 ff.; *Schneider*, Entwicklung, S. 68 ff.; *Joecks*, in: Franzen / Gast / Joecks, (2009), § 370, Rn. 2 ff., S. 134 ff.; *Hellmann*, in: HHS, § 370 AO, Rn. S. 15 ff., S. 22 ff.

73 Vgl. *Becker*, a.a.O., Anm. 11, S. 495; zum Diskurs im 19. Jhdt. Drittes Kapitel, C) II. 1.

74 Vgl. zum Tatbestand des Betruges (§ 263 RStGB), *Liszt*, Lehrbuch (1921), IV., § 139, S. 487 ff. (489): „1. Der vollendete Betrug setzt eingetretene *Vermögensbeschädigung*, also einen in Geld abschätzbaren Nachteil, voraus. Vermögensgefährdung genügt nicht. Vermögensbeschädigung liegt vor, wenn der Geldwert des Vermögens durch die Tat verringert wird"; S. 490: „2. Der Betrug erfordert zunächst *Täuschung*, d.h. die Benutzung eines vom Täter erregten oder unterhaltenen Irrtums. Diese muß eine arglistige sein, d.h. erfolgen durch Vorspiegelung falscher oder Entstellung oder Unterdrückung wahrer Tatsachen […] Der Irrtum muß mithin durch den Täter hervorgerufen oder befördert worden sein. Von Irrtum aber kann dort nicht gesprochen werden, wo nicht irrige Vorstellung, sondern vollständiges Nichtwissen von der Tatsache (ignorantia facti) vorliegt. Die Erregung und die Unterhaltung des Irrtums stehen einander gleich. Beide können durch Behauptung und Unterdrückung, aber auch durch Verschweigen von Tat-

Becker führte hierzu zunächst aus, dass das Finanzstrafrecht die Hinterziehung „des Steuerbetruges“ als Sonderfall des Betruges regele und folglich die Anwendbarkeit des § 263 StGB ausschließe. Zwar gebe es Fallkonstellationen der Steuerhinterziehung, welche mit dem Betrug nichts zu tun hätten, beispielsweise die Hinterziehung mittels Bestechung oder die Nichtanwendung von Wechselstempelmarken, dennoch, so betonte *Becker*, liege dieser Auffassung ein berechtigter Kern zugrunde[76].

Auch in der Begründung zur Reichsabgabenordnung von 1919 hieß es:

> „Nach der bisherigen Rechtsprechung bildet die Steuerhinterziehung ein Sonderdelikt im Verhältnis zu dem Betruge des Strafgesetzbuchs, so daß, wenn nur die Merkmale der Steuerhinterziehung vorliegen, nur wegen Steuerhinterziehung zu verurteilen ist. Darin soll sich nach dem Entwurfe nichts ändern.“[77]

Bei Steuerzuwiderhandlungen war somit die Betrugsstrafe ausgeschlossen.

---

sachen begangen werden, wenn eine Rechtpflicht zum Reden bestand, die aber auch durch „Treu und Glauben“ im geschäftlichen Verkehr gefordert sein oder aus dem vorhergegangenen Verhalten folgen kann […] 3. Die *Täuschung* muß das Mittel der Vermögensbeschädigung sein; beide müssen im Kausalzusammenhange zueinander stehen. Die Täuschung bestimmt den Getäuschten zu der sein Vermögen mindernden Vermögensdisposition. […] Identität der getäuschten und der beschädigten Person ist nicht erforderlich. Freilich wird der Getäuschte tatsächlich in der Lage sein müssen, über das Vermögen des zu Beschädigenden zu dessen Nachteil zu verfügen […].“ S. 492: „4. *Bereicherungsabsicht* (gewinnsüchtige Absicht) ist die Absicht, sich oder einem Dritten einen Vermögensvorteil zu verschaffen, verbunden mit dem Bewußtsein, daß seine Erlangung rechtswidrig ist. Sie muß als Beweggrund des Handelns zum Vorsatz, als dem Bewußtsein der Beschädigung durch Täuschung, hinzutreten. a) Vermögensvorteil ist jeder in Geld abschätzbare Vorteil. Er liegt stets dann, aber auch nur dann, vor, wenn der Geldwert des Vermögens durch die Tat vergrößert wird. […] b) Rechtswidrig ist jeder Vorteil, dessen Erlangung mit der Rechtsordnung im Widerspruch steht. […]“.

75 Vgl. RGSt. 56, S. 65 f.; *Becker*, Reichsabgabenordnung 1919, § 359, Anm. 11, S. 495.

76 Vgl. *Becker*, a.a.O. 1919, § 359, Anm. 11, S. 495: „Wie Otto Mayer, […] treffend bemerkt, läßt die Rechtshandhabung tatsächlich einen Betrug neben der Hinterziehung nicht gelten, soweit der Steuerschuldner nichts anderes tut, als sich dem Zwange zu entziehen, den die Finanzgewalt mit den ihr eigentümlichen Machtmitteln zur Erforschung der Wahrheit über ihn verhängt. Die Volksanschauung sträubt sich dagegen, als gemeinen Betrug zu behandeln, was als Verteidigung gegen die Zwangsmaßregeln der Finanzgewalt erscheint. – Die AO. wollte zu dieser Frage bei Erweiterung des Tatbestandes der Steuerhinterziehung nicht Stellung nehmen. Sollte die Rechtsprechung in Steuersachen aus allgemeinen Gründen dazu kommen, die Möglichkeit eines Betrugs neben einer Steuerhinterziehung zu bejahen, so bestand für die Finanzverwaltung in der gegenwärtigen Zeit, wie im Ausschuß dargelegt ist, kein Grund, dies durch besondere gesetzliche Vorschriften zugunsten der Steuerhinterzieher zu verhindern; andererseits lag auch kein Bedürfnis vor, die gewöhnlichen Fälle der Steuerhinterziehung, wo die Täuschung nur zur Abwehr erfolgt, als Betrug zu bestrafen.“

77 Verhandlungen der verfassunggebenden Deutschen Nationalversammlung, Band 338, Aktenstück Nr. 759, Begründung S. 577 (598); *Lelewer*, Steuer-Strafrecht, § 2, S. 33.

Die Rechtsprechung bestätigte zunächst weiterhin eine grundlegende Verwandtschaft zwischen dem Betrugstatbestand und der Steuerhinterziehung. Auch wurde die Eigenschaft der Steuerhinterziehung als Sonderdelikt gegenüber dem Betrugstatbestand des RStGBes weiterhin befürwortet. Der V. Strafsenat setzte sich in seinem Urteil vom 6. Mai 1921 mit der Frage auseinander, ob der nach § 17 Pr.StempelG nicht strafbare Versuch der Stempelsteuerhinterziehung als Betrugsversuch nach §§ 263, 43 RStGB bestraft werden könne. Im Eröffnungsbeschluss wurde dem Angeklagten ein Betrugsversuch zur Last gelegt. Dieser hatte am 2. September 1919 in einem notariellen Vertrag zwecks künftiger Stempelsteuerhinterziehung den Kaufpreis des Grundstücks niedriger, als mündlich abgesprochen, angegeben[78]. Der gegen das freisprechende Urteil gerichteten Revision der Staatsanwaltschaft wurde der Erfolg versagt. Letztlich sei entscheidend, dass bei der inneren Verwandtschaft zwischen Betrug und der bösen Glauben erfordernden Steuerhinterziehung die Anwendung des § 263 RStGB als ausgeschlossen gelten müsse, falls das Sondergesetz keinen Vorbehalt nach dieser Richtung gemacht habe. Ein Vorbehalt dieser Art bestehe in der Reichsabgabenordnung von 1919 allerdings nicht[79].

Die Literatur der Folgejahre schloss sich überwiegend der Rechtsprechungsansicht an. So hob *Juliusberger* hervor, dass die Steuerhinterziehung ein Sonderfall des gemeinen strafrechtlichen Betrugs sei. Sie erfülle daher dessen Tatbestand. Lediglich anders seien die strafrechtlichen Folgen, teils milder, teils schärfer. Zwar mögen die Begriffsmerkmale der Steuerhinterziehung in der RAO in einer anderen Aufmachung erscheinen als die des Betrugs im Strafgesetzbuch, dennoch bestehe kein sachlicher Unterschied[80]. Allerdings spreche gegen die Annahme einer Gesetzeskonkurrenz, also der Fall zweier Tatbestände bei dem das speziellere Gesetz dem allgemeinen vorgehe, der

---

78 Vgl. RGSt. 56, S. 65 f. (65), V. Strafsenat, Urteil vom 6. Mai 1921, V 1804/20.

79 Vgl. RGSt. 56, S. 65 f. (65): „Das Verhältnis der Strafbestimmungen des PrStempelG zu denen des StGB ergebe sich aus § 2 Abs. 1 und 2 EG.StGB. wonach das Landesrecht bezüglich einer Reihe „besonderer“, nämlich im StGB. nicht geregelter, Materien des Strafrechts in Kraft geblieben ist. Soweit der Tatbestand einer auf derartigem Sondergebiet erlassenen Strafvorschrift die sämtlichen Merkmale eines im StGB. aufgestellten Tatbestandes umfaßt, versteht sich von selbst, dass es als das allgemeine dem Sondergesetze zu weichen hat, also nur letzteres zur Anwendung kommen kann. [...] Umgekehrt kann bei innerer Verwandtschaft der in Betracht kommenden Vergehen – wie sie zwischen dem Betrug und der steuerrechtlichen Hinterziehung besteht – die Anwendung des allgemeinen Strafgesetzes als ausgeschlossen gelten, sofern das Sondergesetz keinen Vorbehalt nach dieser Richtung gemacht hat [...].“

80 Vgl. *Juliusberger*, Steuerstrafrecht (1923), § 16, S. 94.

klare Wortlaut des § 383 RAO[81]. *Hensel* ging davon aus, dass die Norm des Steuerstrafrechts zum Betrug im Verhältnis der Spezialität stehe. Dies sei wohl auch die richtige und vorherrschende Meinung. Die Möglichkeit der Anwendung des § 263 RStGB neben oder anstelle des § 359 RAO müsse abgelehnt werden[82]. *Lelewer* betonte, dass im früheren Recht die herrschende Ansicht eine Betrugsstrafbarkeit ausschließen wollte, sofern eine Hinterziehung in Betracht kam. Begründet habe man dies damit, dass das Steuerstrafrecht ein Sonderrecht sei, welches bei Vorliegen seiner Voraussetzungen das gemeine Strafrecht ersetzen sollte. Die Hinterziehung sei eine diesem Sonderrecht überlassene Unterart des Betruges. Das Reichsgericht habe die Anwendung des allgemeinen Strafgesetzes verneint, sofern nicht das Steuergesetz einen Vorbehalt nach dieser Richtung gemacht habe. Für das Steuerstrafrecht der RAO habe sich gegenüber dem früheren Rechtszustand nichts geändert[83]. *Mirbt* und *Schmalz* hielten an dieser Argumentation fest. Es bestehe kein Konkurrenzverhältnis, sofern dieselbe Handlung scheinbar mehrere Gesetze

81 Vgl. *Juliusberger*, a.a.O. (1923), § 16, S. 103: „Ähnliches gilt für Betrug. Man kann hier zwar – nach einer von uns nicht vertretenen Lehre – sog. Gesetzeskonkurrenz annehmen, d.h. davon ausgehen, daß bei zwei Tatbeständen, die an sich kongruent sind, das speziellere Gesetz, hier also die Hinterziehungsbestimmung, vorgehe. Doch der klare Wortlaut des § 383 RAO. schließt diese Möglichkeit scheinbar aus." […] S. 104: „Für Betrug im strafschärfenden Rückfall gibt es nach § 264 StGB. Zuchthausstrafe. Gemäß § 383 RAO. würde also in einem Falle, in dem jemand zum dritten Male zur Aburteilung wegen Steuerhinterziehung kommt, § 264 StGB. anzuwenden sein. Nun enthält aber die Reichsabgabenordnung selbst in § 369 eine Rückfallbestimmung, die wesentlich milder ist. Liegen bei einer Hinterziehung die Voraussetzungen des strafschärfenden Rückfalls vor, so kann dieser Konflikt nur in der Weise gelöst werden, daß die Betrugsvorschrift vollkommen ausscheidet, weil die Reichsabgabenordnung diesen ganz speziellen Fall auch einer ganz speziellen Lösung unterworfen hat"; Vgl. *Becker*, a.a.O. 1919, zu § 383, S. 518: „Ist ein und dieselbe Handlung zugleich als Steuerzuwiderhandlung und nach einem anderen Gesetze strafbar, so ist die Strafe aus dem Steuergesetze zu entnehmen, es sei denn, daß das andere Gesetz eine schwerere Strafe oder bei ungleichen Strafarten eine schwerere Strafart androht (§ 73 des Strafgesetzbuchs)."

82 Vgl. *Hensel*, Steuerrecht (1924), § 31, S. 201 (204).

83 Vgl. *Lelewer*, Steuer-Strafrecht (1925), § 2, S. 32: kritisierte Juliusbergers Ansicht zum Konkurrenzparagraphen § 383 RAO auf S. 34: „Er mißversteht aber offenbar den Sinn dieser Vorschrift, die nur die Idealkonkurrenz, nicht aber die Fälle der unechten Idealkonkurrenz (Gesetzeskonkurrenz) treffen will, bei der nur scheinbar mehrere Gesetze durch eine Handlung verletzt sind, eines dieser Gesetze aber die strafbare Handlung nach allen Richtungen umfaßt und daher zur Anwendung kommt. Von seinem Standpunkt aus kommt Juliusburger [sic] auch praktisch bei den Rückfällen der Steuerhinterziehung in große Schwierigkeiten. Die AO. enthält im § 369 eine Rückfallbestimmung, die wesentlich milder ist als die entsprechende beim gemeinen Betruge, wo im § 264 StGB. Zuchthausstrafe vorgesehen ist. Juliusburger wird hier inkonsequent und will in diesem Falle nur § 369 AO. angewandt wissen, ein Ergebnis, das folgerichtig in der Linie des prinzipiell Juliusburger entgegengesetzten Standpunktes liegt."

verletze, während bereits das eine Delikt als Spezialdelikt die ganze Handlung umfasse. Der Hauptfall des Hinterziehungstatbestandes sei zugleich ein solcher des Betruges. Das Spezialgesetz absorbiere dabei die allgemeine Norm[84].

Nach anderer Ansicht stellte die Steuerhinterziehung nach § 359 RAO keinen Spezialfall des Betruges, sondern lediglich ein betrugsähnliches Delikt dar[85].

So führte *v. Liszt* aus, dass die Hinterziehung in beiden Alternativen gewöhnlich, von Ausnahmen abgesehen, alle einzelnen Merkmale des Betrugsbegriffes an sich in sich trage. Das Vermögen des Staates werde in gewinnsüchtiger Absicht durch arglistige Erregung eines Irrtums beschädigt. Ungeachtet dessen, so hob *v. Liszt* hervor, erscheine die Steuerhinterziehung von jeher als ein selbständiges, vom Betruge verschiedenes Vergehen. Der Grund bestehe nach wie vor in der freilich nicht mehr bestehenden Unterscheidung der peinlichen und der polizeilichen Strafgewalt, somit in der Entwicklungsgeschichte des Zoll- und Steuerstrafrechts. Des Weiteren bestehe eine Rechtsanschauung der Bevölkerung, welche sich dagegen sträube, die Übervorteilung der Gesamtheit mit der betrüglichen Benachteiligung einzelner auf dieselbe Stufe zu heben[86]. In der bei der Steuerhinterziehung überwiegend zugelassenen Schuldvermutung – so führte *Mrozek* an – habe eine dem herkömmlichen Strafrecht ungewöhnliche Besonderheit bestanden, welche einzig aus der Verwandtschaft des Verwaltungsdeliktes zum Finanzdelikt begründet werden konnte. Umgekehrt müsse nun unter der Herrschaft der RAO 1919 zukünftig dem Täter regelmäßig (abgesehen von Abs. 5) Verschulden nachgewiesen werden. Dies habe eine wesentliche Annäherung des Finanzdelikts an das Justizdelikt – somit auch der Steuerhinterziehung an den Betrug – bewirkt. Jedoch sei es schwierig, hieraus zu folgern, dass die Steuerhinterziehung ein Spezialgesetz sei, welches im Anwendungsfalle den allgemeinen Betrugstatbestand (§ 263 RStGB) ausschließe[87].

Auch der Standpunkt der Rechtsprechung wandelte sich Mitte der 20er Jahre. Das Reichsgericht betrachtete die Steuerhinterziehung als betrugsähnliches Delikt. Zwischen Steuerhinterziehung und Betrug bestehe eine innere Verwandtschaft, sodass gewöhnlich aufgrund derselben Handlung neben der Verurteilung wegen Steuerhinterziehung eine solche wegen Betrugs ausgeschlossen sei. Dennoch habe der Tatbestand der Steuerhinterziehung in § 359

84 Vgl. *Mirbt*, Grundriß (1926), S. 330 (337); *Schmalz*, Steuerhinterziehung (1926), S. 66.

85 Vgl. u.a. RGSt 59, 90 (95); 76, 195 (196); *v. Liszt*, Lehrbuch (1921), § 199, S. 683 f.

86 Vgl. *v. Liszt*, Lehrbuch (1921), § 199, S. 683 f.

87 Vgl. *Mrozek*, Kommentar zur RAO (1922), 2. Bd., § 359, Anm. 10, S. 1204.

RAO eine besondere Regelung erfahren. Daher könne man die Merkmale des Betrugs nicht ohne weiteres auf die Steuerhinterziehung übertragen[88].

In der Folgezeit häuften sich auch in der Literatur die Stimmen derer, die in dem Steuerziehungstatbestand lediglich ein betrugsähnliches Delikt erkannten:

So stellte *Boethke* darauf ab, dass zwischen Steuerhinterziehung und Betrug eine innere Verwandtschaft bestehe. Dennoch könnten die Betrugsmerkmale nicht ohne weiteres auf die Steuerhinterziehung übertragen werden. Ein Zusammentreffen von Hinterziehung und Betrug sei im Allgemeinen nicht denkbar. Gleichwohl bestünden aber Sonderfälle, z.B. wenn jemand die Steuerkarte fälsche, mit dem Ziel Lohnvorteile zu erhalten[89].

Pistorius vertrat den Standpunkt, dass mit der allgemeinen und weiten Bestimmung des Steuerhinterziehungsbegriffes der Versuch unternommen worden sei, im weitesten Umfang das Betrugsdelikt nach § 263 RStGB zu ersetzen. Ein Steuerdelikt könne nicht wahlweise als Betrug behandelt und als solches sanktioniert werden. Das Strafmaß der Steuerhinterziehung sei gleich scharf, wenn nicht sogar schärfer, als dasjenige des Betrugstatbestandes. Dennoch sei die Steuerhinterziehung als solche nicht als Betrug einzuordnen. Vielmehr sei die Steuerhinterziehung ein besonderes Delikt, welches der Straftat des Betrugs parallel laufe[90].

Endres unterstrich die nahe Verwandtschaft der Steuerhinterziehung mit dem Betrugstatbestand. Es bestehe – so führte er aus – eine Gleichheit der strafrechtlichen Natur beider Tatbestände. Beide verlangten gemeinsam den durch eine Täuschungsform erstrebten rechtswidrigen Vermögensvorteil mit der fremden Vermögensbeschädigung als Folge. Infolgedessen gehörten beide zu derselben Deliktsgattung, nämlich zu den Täuschungs- und Vermögensdelikten[91]. Was Steuerstrafrecht und gemeines Strafrecht, also den Hinterziehungs- und den Betrugstatbestand unterscheide, sei „nicht das Wesen, der Kern der Rechtsgebiete, bezw. der Tatbestände, sondern nur die äusseren, meist verschiedenen Erscheinungsformen […].“ Jedoch seien auch dies lediglich auf der

---

88 Vgl. RGSt 59, 90 (95), III. Strafsenat; Urteil vom 19. Februar 1925 g. B. III 987/24: „Insbesondere braucht bei der Steuerhinterziehung eine durch Täuschung hervorgerufene Bestimmung der Steuerbehörde zu einer Vermögensverfügung nicht festgestellt zu werden, sondern es genügt das vorsätzliche Bewirken einer Verkürzung […]“.

89 Vgl. *Boethke*, in: Handbuch des Reichssteuerrechts (1927), S. 125 (127) (134).

90 Vgl. *Pistorius*, Unser Steuerrecht (1928), Bd. I, § 9, S. 169.

91 Vgl. *Endres*, Die kriminelle Natur (1929), S. 76.

Oberfläche schwimmende Verschiedenheiten, welche die Gleichheit des Wesens nicht beseitigen[92].

Rückblickend ist erkennbar, dass zu Beginn des 20. Jahrhunderts noch die Auffassung vorherrschend war, welche die Steuerhinterziehung als Spezialfall des Betruges einordnete. Danach war die Anwendbarkeit des Betrugstatbestandes, im Falle des Vorliegens einer Steuerhinterziehung, ausgeschlossen. Erst gegen Mitte der 20er Jahre des 20. Jahrhunderts ist ein Abrücken von dieser ursprünglichen Rechtsauffassung sowohl in der Rechtsprechung als auch in der Literatur erkennbar. Zunehmend wertete man die Steuerhinterziehung nicht mehr als vorrangiges Sonderdelikt gegenüber dem Betrugstatbestand, sondern stufte dieses lediglich als betrugsähnliches Delikt ein. Danach war eine Wesensgemeinschaft zwischen Steuerhinterziehung und Betrug nach wie vor ausschlaggebend. Allerdings hatte dies zur Konsequenz, dass nun nicht mehr sämtliche Voraussetzungen des Betruges nach § 263 RStGB gleichermaßen stets auch bei der Steuerhinterziehung vorzuliegen hatten.

2. Tatbestand, § 359 Abs. 1–4 RAO

Die Gesetzesfassung des § 359 RAO führte zu einer Vielzahl an Auslegungsschwierigkeiten, deren Ursachen teilweise in der Fassung des Tatbestandes begründet waren. Sowohl in der Literatur als auch in der Rechtsprechung wurde der Versuch unternommen, diese Auslegungsschwierigkeiten zu beseitigen. Insbesondere die unbestimmte Weite des Verkürzungstatbestandes nach § 359 Abs. 1 RAO sollte einer restriktiven Auslegung unterzogen werden[93].

a) Täterkreis

Umstritten war zunächst, ob jedermann oder lediglich der Steuerschuldner Täter der Steuerhinterziehung nach § 359 RAO sein konnte[94].

Nach einer Ansicht konnte jedermann als Täter einer Steuerhinterziehung in Betracht kommen. Vorliegen sollte hiernach ein Allgemeindelikt[95]:

92 Vgl. *Endres*, Die kriminelle Natur (1929), S. 76 f.

93 Vgl. *Wehner*, Steuerhinterziehung, § 3, S. 4; *Schmalz*, Die Steuerhinterziehung, S. 9 ff.; *Schneider*, Entwicklung, S. 73 (78 f.); *Hellmann*, in: HHS, § 370, Rn. 28, 31, S. 23 f.

94 Vgl. *Franzen / Gast*, Steuerstrafrecht (1969), § 392, Rz. 11.; S. 160; RGSt 55, 138, 140 f.: RG Urteil vom 29. Oktober 1920, IV (813/20) sowie RGSt 57, 101: RG Urteil vom 19. Dezember 1922, I (988/22); *Hellmann*, in HHS, § 370, Rn. 29, S. 23.

95 Vgl. RGSt. 56, 405, 406, vom 28. September 1922, II 673/21; RGSt. 57, 212, 215, vom 28. März.1923, III 770/22, RGSt. 65, 407, 409, vom 19. Oktober 1931, III 1045/30.

Der II. Strafsenat des Reichsgerichts setzte sich in seinem Urteil vom 28. September 1922 mit der Frage auseinander, ob das Vergehen der Tabaksteuerhinterziehung nach § 56 TabakStG 1919 von einer persönlichen Steuerpflicht des Täters abhängig sei[96]. Die Revision hatte geltend gemacht, dass der Angeklagte nicht Täter einer Steuerhinterziehung sein könne, da er weder Hersteller noch Einführer der Zigaretten war. Nach § 9 TabakStG 1919 sei dieser aus diesem Grunde überhaupt nicht steuerpflichtig gewesen. Sofern eine Person nicht steuerpflichtig sei, könne sie auch keine Steuern hinterziehen. Der II. Strafsenat führte hierzu aus: Die Bedeutung des § 59 TabakStG 1919 werde verkannt. Die dort aufgeführten Rechtsvermutungen seien unabhängig von einer persönlichen Steuerpflicht des Täters. Generell würden in § 59 der Tabaksteuerhinterziehung Handlungsweisen von Personen als gleichwertig erachtet, die nicht zu den einzig steuerpflichtigen Einbringern oder Herstellern gehörten. Das Gesetz nehme somit an, dass auch dieser Personenkreis, obwohl er nicht persönlich steuerpflichtig sei, mit Steuerhinterziehungsvorsatz agieren könne[97].

Diese Ansicht wurde vom III. Strafsenat mit Urteil vom 28. März 1923 in Bezug auf die Tabaksteuerhinterziehung bestätigt[98]. Auszugehen sei von dem Begriff der Tabaksteuerhinterziehung. Vorausgesetzt werde eine Tabaksteuerschuld. Tabaksteuerschuldner wiederum sei jedoch nach § 9 des TabakStG nur der Hersteller, der Einbringer und eventuell der Niederleger. Vergleiche man die einzelnen Fallkonstellationen der §§ 58, 59 TabakStG, so werde unmittelbar deutlich, dass die Eventualität, eine Tabaksteuerhinterziehung zu begehen, keinesfalls auf die im § 9 bezeichneten drei Personengruppen eingegrenzt sei[99]. Würde man für die Tabaksteuerhinterziehung eine persönliche Steuerpflicht des Täters voraussetzen, so bestünde – so die Argumentation des Strafsenats – für einen Angeklagten, gegen den der Vermutungstatbestand des § 59 Nr. 9 TabakStG vorliege, die Möglichkeit sich seiner Bestrafung zu entziehen, indem er nachweise, nicht zu dem im § 9 TabakStG aufgeführten Personenkreis zu gehören. Dies wäre schlichtweg widersinnig. Aus diesem Grund müsse man davon ausgehen, dass auch eine Person, die nicht persönlicher Steuerschuldner sei, sich einer Tabaksteuerhinterziehung schuldig machen könne. Diesem Faktum könne nicht entgegengehalten werden, dass niemand Steuern hinterziehen könne, die er nicht schulde. Ein solcher Rückschluss trage in den Hinterziehungsbegriff ein Merkmal hinein, welches ihm nicht wesentlich sei.

96 Vgl. RGSt 56, 405, (405), Urteil v. 28. September 1922, II 673/21.

97 Vgl. RGSt 56, 405, (406), Urteil v. 28. September 1922, II 673/21.

98 Vgl. RGSt 57, 212 (212), Urteil vom 28. März 1923, III 770/22.

99 Vgl. RGSt 57, 212 (214 f.), Urteil vom 28. März 1923, III 770/22.

Hinterziehen bedeute ein Bewirken, dass eine dem Gemeinwesen geschuldete Steuer entzogen werde. Voraussetzung der Tabaksteuerhinterziehung sei also lediglich, dass irgendein Steueranspruch entstanden sei und dass die Tathandlung eines beliebigen Täters auf Vereitelung dieses Steueranspruchs gerichtet gewesen sei[100].

Nach anderer Ansicht sollte nur der Steuerschuldner tauglicher Täter einer Steuerhinterziehung sein. Danach handelte es sich um ein Sonderdelikt:

Der I. Strafsenat setzte sich in seinem Urteil vom 19. Dezember 1922 mit der Problematik auseinander, ob sich nur der nach § 2 WeinStG Steuerpflichtige einer Hinterziehung der Weinsteuer schuldig machen könne[101]. Die Weinsteuerhinterziehung bestrafe, wer vorsätzlich die gesetzliche Steuer für Wein ganz oder zum Teil hinterziehe. Was unter „Hinterziehen der gesetzlichen Steuer" zu verstehen sei, erkläre das Gesetz nicht. Der Begriff werde als feststehend vorausgesetzt, wenngleich die der RAO vorhergehende Reichsgesetzgebung einen einheitlichen Steuerhinterziehungsbegriff noch nicht vorgesehen habe. Die Begriffsbestimmung müsse dem aus dem Gesamtinhalt des Gesetzes sich ergebenden Sinn der Strafvorschrift entnommen werden. Hiernach sei eindeutig, dass Hinterziehungsgegenstand nicht die zur Bezahlung einer Steuerschuld vorgesehenen Gelder, sondern einzig der Reichsanspruch auf Entrichtung der nach § 2 geschuldeten Steuer sei. Als Hinterziehungshandlungen kämen somit nur diejenigen in Frage, die sich unmittelbar gegen die korrekte Festsetzung des Steueranspruchs richteten. Als tauglicher Täter eines Weinsteuerhinterziehungsvergehens könne daher ausschließlich derjenige in Betracht kommen, dem eine öffentlichrechtliche Verpflichtung zur Beteiligung bei der Festlegung des Steueranspruchs durch Offenlegung der für dessen Begründung ausschlaggebenden tatsächlichen Voraussetzungen dem Reich gegenüber obliege[102].

Ähnlich argumentierte auch der 1. Strafsenat in seinem Urteil vom 16. November 1928, welcher sich mit der Frage der Mittäterschaft bei der Zollhinterziehung (§ 135 VZG) auseinandergesetzt hatte[103]. Notwendig für eine Mit-

---

100 Vgl. RGSt 57, 212 (215), Urteil vom 28. März 1923, III 770/22:

101 Vgl. RGSt. 57, 101 (101), Urteil vom 19. Dezember 1922, I 988/22.

102 Vgl. RGSt. 57, 101 f., S. 102: Eine solche Pflicht lege § 7 WeinStG grundsätzlich den nach § 2 selbst Steuerpflichtigen auf.

103 Vgl. RGSt. 62, 319 (319 f.), Urteil vom 16. November 1928, I 483/28. Folgendes hatte sich ereignet: Die beiden Angeklagten hatten Produkte, die unter Hinterziehung der Eingangsabgaben in das deutsche Staatsgebiet eingeführt werden sollten, erst auf Anforderung der Schmuggler eingekauft. Die Waren wurden bis zur Grenze bei B. gebracht, dessen Bahnhof ca. 1 km von der deutschen Grenze entfernt lag. Die Angeklagten händigten die Waren sodann den Abnehmern, entweder im Bahnhof B.

täterschaft sei nach § 47 StGB gemeinschaftliche Täterschaft. Daher könne ein Teilnehmer trotz seines Willens, die ganze Tat als gemeinschaftliche und ebenso als eigene zur Vollendung zu bringen, nur insoweit als Mittäter in Frage kommen, als das, was im Rahmen des gemeinsamen Wollens mit vereinten Kraftaufwendungen ausgeführt werde, einen zugleich seine Täterstrafbarkeit begründenden Tatbestand erfülle. Sei nun im konkreten Fall letzteres nicht möglich, da bei dem Teilnehmer das gemeinschaftlich Realisierte nicht ausreiche, um in seiner Person alle Erfordernisse der Täterschaft zu verwirklichen, so sei bei ihm die Annahme von Mittäterschaft ausgeschlossen[104]. Der „Zolldefraudation" nach § 135 VZG, könne sich als Täter lediglich der schuldig machen, der zur Zollentrichtung dem Staate gegenüber verpflichtet sei. Die beiden Angeklagten hätten in ihrer Person keine Zollpflicht und somit auch keine Täterschaft hinsichtlich der Zollhinterziehung begründet. Ihre im Ausland abgeschlossene Tätigkeit gehörte noch nicht zum Tatbestand des strafbaren Unternehmens der Hinterziehung von Eingangsabgaben[105].

Zu Beginn der 30er Jahre setzte sich sodann die am Wortlaut („Wer", „oder zum Vorteil eines anderen") orientierte Ansicht durch, wonach es sich bei der Steuerhinterziehung um ein von jedermann begehbares Allgemeindelikt handele[106].

Intensiv auseinandergesetzt hatte sich der III. Strafsenat mit Urteil vom 19. Oktober 1931 mit der Fragestellung, ob die Zollhinterziehung nach § 135 VZG ein Sonderdelikt sei, welches nur die nach § 13 VZG zur Entrichtung des Zolls verpflichteten Personen als Täter begehen konnten[107]. Der Strafsenat

---

oder wenige hundert Meter dahinter aus, sobald der Zug sich wieder langsam in Bewegung gesetzt hatte. Anderenfalls wurden die Pakete mit den Waren in der Nähe des Bahnhofs oder grenznah versteckt, um die Abnehmer zu benachrichtigen. Das eigentliche Hinüberbringen über die deutsche Grenze etc. besorgten daraufhin die Abnehmer.

104 Vgl. RGSt. 62, 319 (320), Urteil vom 16. November 1928, I 483/28

105 Vgl. RGSt. 62, 319, 320 f.: Zollpflichtig sei nach § 13 VZG die Person, die zur Zeit der Fälligkeit des Zolles Inhaber (natürlicher Besitzer) des zollpflichtigen Gegenstandes ist.

106 Vgl. RGSt. 65, 407, 409, Urteil vom 19. Oktober 1931, III 145/30; RGSt 67, 356, 358, Urteil vom 1. November 1933, I 1574/32; später bestätigt durch BGHSt 23, 319, 322.

107 Vgl. RGSt. 65, 407 f.: Die Angeklagten L., R. und W. betrieben eine offene Handelsgesellschaft LRW mit dem Ziel lebendes Vieh aus Dänemark in das deutsche Zollgebiet einzuführen, um dann das Vieh in eigenem Namen aber auf Rechnung der dänischen Importeure weiter zu veräußern. Für die Verzollung wurde das Vieh aus den Eisenbahnwagen in ein an der Rampe gelegenes Stallgebäude getrieben und auf einer dort installierten Waage Stück für Stück von R. verwogen. Dieser Vorgang fand in Gegenwart zweier Zollbeamten statt. R. übergab die das Gewicht des jeweiligen Stückes Vieh anzeigende Wiegekarte dem Zollbeamten, der das Gewicht in eine von ihm geführte Liste eintrug und die Karte dem S. weitergab. Dieser trat als für den Außendienst verantwortlicher Angestellter der Firma LRW auf. Er trug das Gewicht in eine von ihm geführte Liste ein. Vom 1.–11. August 1928 wurde S. im Urlaub von M. vertreten. Durch

betonte, dass die Zollhinterziehung gemäß § 135 VZG kein Sonderdelikt sei, da weder der Wortlaut noch der Sinn und Zweck des Gesetzes hierfür sprechen würden. Bestraft werde, „wer es unternimmt, die Ein- oder Ausgangsabgaben zu hinterziehen". „Hinterziehen" bedeute nichts anderes, als bewirken, dass eine dem Staate geschuldete Summe diesem entzogen werde. Es sei nicht ersichtlich, weshalb diesen Erfolg nur der persönliche Schuldner, nicht auch ein anderer, herbeiführen könne. Wer dieser Ansicht sei, trage ein Merkmal in den Hinterziehungsbegriff hinein, welches diesem nicht wesentlich sei[108]. Im Ergebnis sei der Annahme, die Angeklagten R., S. und M. hätten sich aus Rechtsgründen nicht unmittelbar aus § 135 VZG strafbar machen können, nicht beizupflichten. R. habe die zu niedrige Feststellung des Zollgewichts planmäßig vorgenommen, bei der Verwiegung planmäßig inkorrekt gewogen, um die Zollbeamten zu einer zu niedrigen Zollkalkulation zu veranlassen. S habe die Machenschaften des R gekannt. Den Revisionen der Staatsanwaltschaft und des Nebenklägers bzgl. der Angeklagten (R., S.) sei stattzugeben. Dagegen kannte M. die Pläne des R. nicht. Daher sei dieser freizusprechen[109].

b) Bewirken des Verkürzungserfolges (Abs. 1., 2. Alt)

Problematisch war des Weiteren die gesetzliche Formulierung des § 359 Abs. 1 RAO, wonach quasi jede vorstellbare Art und Weise steuerwidrigen Verhaltens erfasst werden sollte. Der Gesetzeswortlaut war viel zu weitgehend. Mit der Verwendung der Tatbestandumschreibung „bewirkt" in § 359 Abs. 1, 2. Alt. RAO vermied der Gesetzgeber jede nähere Umschreibung darüber, wie die genaue tatbestandsmäßige Art der Verkürzungshandlung ausgestaltet werden sollte. Jedes für eine Steuerverkürzung kausale Verhalten konnte fortan als strafrechtlich bedeutend erachtet werden[110]. Aufbauend auf dem Grundverständnis, wonach zwischen der Steuerhinterziehung und dem Betrug zumindest eine Wesensverwandtschaft bestand, sollte das Bewirken der Steuerverkürzung in der Regel mit den vom Betrug her bekannten Bege-

---

Urteil wurde festgestellt, dass es möglich gewesen sei, durch bestimmte Handgriffe beim Wiegen ein dem tatsächlichen Gewicht nicht entsprechendes, niedrigeres Gewicht und damit eine auf ein niedrigeres Gewicht lautende Wiegekarte zu erreichen, und dass der Angeklagte R spätestens seit Ende Juni 1928 auf diese Weise planmäßig und absichtlich falsch gewogen habe, um ein niedrigeres Zollgewicht vorzutäuschen.

108 Vgl. RGSt. 65, 407, 408 (409).

109 Vgl. RGSt. 65, 407, 411.

110 Vgl. *Schmalz*, Steuerhinterziehung, II. Teil, § 4 a), S. 9; *Wehner*, Steuerhinterziehung, § 3, S. 4; *Lelewer*, Steuer-Strafrecht, § 13 III. 1., S. 114: „Die Steuerhinterziehung der AO. ist so weit gefaßt, daß erst Rechtsprechung und Literatur die Klärung einzelner Fragen werden bringen können"; vgl. auch *Schneider*, a.a.O., S. 71 ff. (72), 73 ff.

hungsmitteln erfolgen. Der Betrugstatbestand enthielt eine Dreiteilung der Täuschungsformen, erstens die Vorspiegelung falscher Tatsachen, zweitens die Entstellung wahrer Tatsachen und drittens die Unterdrückung wahrer Tatsachen[111].

Insbesondere die dritte Begehungsform war zunächst umstritten. Es stellte sich die Frage, ob das Merkmal des „Bewirkens", lediglich in der Form positiv verursachenden, täuschenden Verhaltens oder auch in Form einer reinen Unterlassungshandlung, durch Nichtabgabe einer Steuererklärung bzw. Unterlassung der Bezahlung einer Steuerschuld am Fälligkeitstage, begangen werden konnte[112]. Ferner bestanden Zweifel darüber, ob unter Bewirkung einer Steuerverkürzung auch die nach der Festsetzung der Steuer vorgenommenen schuldhaften Handlungen zu subsumieren seien. Nach dem weiten Gesetzeswortlaut lag in beiden Fällen eine Steuerhinterziehung vor. Wollte man den Begriff des „Bewirkens" praktikabler gestalten, so war eine einschränkende Tatbestandsauslegung, eine Restriktion der Tathandlung, notwendig[113].

aa) Bewirken als aktiv verursachendes Handeln

Eine Ansicht forderte für das Merkmal des „Bewirkens" das Vorhandensein eines aktiven, positiv verursachenden sowie täuschenden Handelns. Begründet wurde diese zu Beginn der 20er Jahre noch als überwiegend zu sehende Rechtsauffassung auch damit, dass die Steuerhinterziehung als ein Sonderfall des Betrugs oder zumindest als ein betrugsähnliches Delikt einzuordnen sei[114].

Becker schlussfolgerte dennoch, dass ein rein negatives Verhalten für das Merkmal des „Bewirkens" nicht genüge. Bereits die Begriffe „Verkürzen" oder „Erschleichen" und „Steuerhinterziehung" deuteten darauf hin. Durch ein rein negatives Verhalten des Steuerpflichtigen könne niemals eine Steuerhinterziehung begangen werden. Es müssten immer die Grundformen des verbrecherischen Handelns *vis* (Nötigung) oder *fraus* (Täuschung) in irgendeiner Weise nach außen in Erscheinung treten[115]. Nach dieser Ansicht lag eine

111 Vgl. *Liszt*, Lehrbuch (1921), § 199, S. 683; *Lelewer*, Steuer-Strafrecht, § 13 III. 1., S. 118; *Schmalz*, Steuerhinterziehung, II. Teil, § 4, S. 10;

112 Vgl. RGSt 60, 182 (184); 61, 186 (188); Cattien, a.a.O., § 359, Anm. III., S. 142; *Becker*, a.a.O., § 359, S. 491; *Schmalz*, a.a.O., II. Teil, § 4, S. 11; *Schneider*, S. 76 (77).

113 RGSt 57, 101; RGSt 70, 10 f.; *Cattien*, a.a.O., Anm. III., S. 142; *Lelewer*, Steuer-Strafrecht § 13, III., 1., S. 114 (115); *Kuhlen*, a.a.O., S. 27; *Schneider*, a.a.O., S. 78; *Schmalz*, a.a.O., II. Teil, § 4a), S. 15.

114 Vgl. u.a. *Becker*, a.a.O., § 395, Anm. 11, S. 495; *Konietzko*, in: Steuer-Archiv 1924, Rn. 9, S. 224; *Karger*, in: Steuer-Archiv 1924 Nr. 12, S. 318; *Schneider*, a.a.O., S. 73.

115 Vgl. *Becker*, a.a.O., § 359 Anm. 2., S. 491, *Ders.*, a.a.O., 6. Aufl. (1928), § 359 Anm. 2, S. 756: Jedoch sei auch ein Verschweigen ausnahmsweise als ausreichend zu erachten,

Hinterziehung niemals vor, wenn eine Steuererklärung von dem Steuerpflichtigen gar nicht abgegeben oder die fälligen Vorauszahlungen bzw. die endgültige Steuerschuld nicht rechtzeitig oder gar nicht erbracht wurden[116].

Vehemente Vertreter einer ausschließlich aktiven Begehungsweise des „Verkürzens" nach § 359 Abs. 1 RAO fanden sich noch bis in die Mitte der 20er Jahre. So vertrat bspw. *Konietzko* die Ansicht, dass der Tatbestand der Hinterziehung, also die hierzu erforderliche Täuschungshandlung, unmöglich durch reines Stillschweigen erfüllt werden könne. Er verneinte die Möglichkeit, durch Nichtabgabe einer Steuererklärung und Unterlassung der Bezahlung einer Steuerschuld am Fälligkeitstage, vor allem durch Verletzung der Voranmeldungs- und Vorauszahlungspflicht, eine Steuerhinterziehung zu begehen. Eine Steuereinnahmenverkürzung könne aufgrund unterlassener Vorauszahlung schon deshalb nicht in Betracht kommen, weil der Fiskus sich gegen diese reine Unterlassungsform bereits in der Form schütze, dass er Verzugszuschläge erhebe, die das Maß allgemeiner Verzinsung weitaus überträfen. Steuergesetze seien nach § 4 RAO ihrem Zweck entsprechend auszulegen. Demzufolge seien die Verzugszuschläge die einzigen Maßregeln, die der Staat in derlei Fällen in Gebrauch nehmen könne und dürfe[117].

---

wenn Reden Pflicht sei, insbesondere bei bewusster Verletzung der Steuererklärungspflicht. Auch könne die absichtliche Unterlassung der vorgeschriebenen Steuererklärungen genügen, sofern eine bewusste und gewollte Übertretung der Vorschriften über die Angabepflicht erfolge. *Rosendorff,* in: Steuerstrafrecht und -strafverfahren (1931), S. 1 (2): Nach dieser Ansicht lag eine Hinterziehung niemals vor, wenn eine Steuererklärung von dem Steuerpflichtigen gar nicht abgegeben oder die fälligen Vorauszahlungen bzw. die endgültige Steuerschuld nicht rechtzeitig oder gar nicht erbracht wurden.

116 Vgl. *Rosendorff,* in: Steuerstrafrecht und -strafverfahren (1931), S. 1 (2).

117 Vgl. *Konietzko*, in: Steuer-Archiv 1924 Nr. 12, S. 224: Das Finanzamt sehe in der Unterlassung der Vorauszahlung „den Grund der Strafbarkeit und beruft sich […] auf das Urteil des Reichsgerichts vom 12. Dezember 1922, welches einen Fall des Umsatzsteuerrechtes aus dem Jahre 1920 behandelt. […] Bei dem Unterlassen der Vorauszahlungen auf die Einkommensteuer kann objektiv eine Verkürzung von Steuereinnahmen überhaupt nicht in Betracht kommen. Denn gegen die Unterlassung, die der Steuerbehörde im Gegensatz zu einem einmaligen freiwilligen steuerpflichtigen Verkehrsvorgang infolge der genauen Kontrollvorschriften nicht verborgen bleiben kann, hat sich der Fiskus dadurch geschützt, daß er Verzugszuschläge erhebt, die bei weitem das Maß der allgemeinen Verzinsung übersteigen. Eine Verkürzung von Steuereinnahmen kann also im Gegensatz zu dem Fall des Reichsgerichtsurteils, in dem lediglich die Steuer mit allenfalls 5 v.H. jährlicher Zinsen nachgefordert werden konnte, überhaupt nicht eintreten. Ja, man kann sagen, insoweit, als die alles übliche Maß übersteigenden Verzugszuschläge gezahlt werden müssen, liegt bereits eine Strafe für den säumigen Steuerpflichtigen."

Auch *Friesecke* lehnte eine Täuschungshandlung durch reines Stillschweigen mit denselben Argumenten ab. Zudem wies er darauf hin, dass es letztlich an einer Einnahmeverkürzung fehle, da dem Reich unter herkömmlichen Geldverhältnissen durch Verzugszuschläge oder Verzugszinsen ein hinreichender Ausgleich für den verspäteten Zahlungseingang der Steuer zuteil werde. Der Fiskus schütze sich gegen die Unterlassungshandlung bereits, indem er Verzugszuschläge gegenüber dem Steuerzahler verrechnen könne[118].

Karger war der Überzeugung, dass ein bloßes Unterlassen, wie es die Nichtabgabe der Steuererklärung darstelle, nicht mit der Gesetzesformulierung des „Bewirkens" gemäß § 359 Abs. 1 RAO vereinbar sei. Dieser Begriff verlange entsprechend der Anwendung im gemeinen Strafrecht nach § 271 RStGB immer ein positives aktives Tun. Es müsse zunächst die rechtliche Bedeutung des Wortes „bewirken" näher geprüft werden. So kenne das Strafrecht bereits in § 271 RStGB diesen Ausdruck. Dort heiße es: „Wer vorsätzlich bewirkt, daß Erklärungen […] falsch beurkundet werden". In diesem Zusammenhang sei Bewirken mehr als „verursachen" oder „veranlassen" einzuordnen. Verlangt werde ein positives Tun. Demgegenüber enthalte das einfache Geschehenlassen einer Beurkundung so wenig wie das Versäumen einer Berichtigung ein vorsätzliches Bewirken[119]. Bei der Schaffung der RAO habe man sich bemüht, fachliche Begriffe zu verwenden oder Ausdrücke aus anderen Rechtsgebieten zu übernehmen. Hieraus ergebe sich von vornherein, dass sehr viel dafür spreche, dass „Bewirken" im § 359 RAO ein positives Tun voraussetze. Die Gleichstellung des Bewirkens mit dem Erschleichen in § 359 RAO verstärke diesen Rückschluss. Man könne auch lediglich durch ein Tun etwas erschleichen. Dies habe das Reichsgericht bereits mehrmals anerkannt. Auch sei dem Unterlassungsdelikt eigentümlich, dass die Unterlassung selbst das Strafbare bilde. Würde man in der Nichtabgabe der Steuererklärung die strafbare Steuerverkürzung erkennen, so würde diese Straftat kontinuierlich mit den Bestimmungen der §§ 202, 377 AO (Ordnungsstrafe wegen Unterlassung der Steuererklärung) kollidieren, wonach ebenso für die Unterlassung von Steuererklärungen gesetzliche Bestimmungen getroffen seien. Auch führe eine andere Interpretation des § 359 zu einer Verquickung von strafloser Vorbereitungshandlung und strafbarem Versuch. Es könne nicht ernsthaft behauptet werden, dass das Nichtabgeben einer Steuererklärung bis zum Ablauf der gesetzten Frist eine straflose Vorbereitungshandlung sei, während das Dabeibleiben ein Bewirken einer Steuerverkürzung darstelle. Auch sei der Versuch bei der Steuerhinterziehung deutlich enger gefasst. Die Versuchshandlung

118 Vgl. *Friesecke*, in: Deutsches Steuerblatt 1925 Nr. 12, 8. Jahrgang, S. 744 (745).

119 Vgl. *Karger*, in: Steuer-Archiv 1924 Nr. 12, S. 318 ff. (318).

setze im Steuerstrafrecht eine vollendete Tat des Steuerpflichtigen voraus. Nur der Erfolg dieses Tuns bleibe aus. Es bestehe ein reines Erfolgsdelikt[120].

Das Reichsgericht vertrat in seinem Urteil vom 19. September 1924 denselben Standpunkt. Unzutreffend sei es, so das Reichsgericht, wenn der Beschwerdeführer geltend mache, die Steuerhinterziehung bestehe in einer Unterlassung, nämlich in der böswilligen Unterlassung der Steuerzahlung, während demgegenüber die Steuerzeichenfälschung in einer Handlung bestehe, nämlich in der zu Täuschungszwecken vorgenommen Änderung des Steuerzeichens. Daher sei jegliches, also auch nur teilweises Zusammenfassen der Tatbestände beider Vergehen rechtlich ausgeschlossen. Die bloße Nichtbezahlung der fälligen Steuer könne den Steuerhinterziehungstatbestand nicht erfüllen. Vielmehr müsse immer irgendein positives Tun hinzutreten, welches darauf abziele und zugleich geeignet sei, die Einziehung der geschuldeten Steuer zu verhindern, und welches die gewollte Steuerverkürzung dann auch tatsächlich herbeiführe. Erst in diesem positiven Tun, dem vorsätzlichen Bewirken der Hinterziehung nach § 359 RAO, sei der Steuerhinterziehungstatbestand zu sehen[121].

bb) Bewirken als reines Verursachen

Nach anderer Ansicht sollte das Merkmal des „Bewirkens" auch durch reines Unterlassen (passives Verhalten) verwirklicht werden können. Diese Auslegung des Merkmals des „Bewirkens" entsprach der Intention des Gesetzgebers. Dieser stellte klar, dass mit § 359 RAO 1919 ein für alle Steuergesetze umfassender Tatbestand zu schaffen sei, welcher geeignet sein sollte, jede Form strafwürdigen Handelns tatbestandsmäßig zu erfassen. Der Gesetzgeber legte somit die Alternative des „Bewirkens" bewusst weit aus[122].

Das Reichsgericht (RG) hatte am 12. Dezember 1922 hinsichtlich einer Luxussteuersache Steuerhinterziehung angenommen, weil der Steuerpflichtige die im § 39 des Umsatzsteuergesetzes vom 24. Dezember 1919 vorgesehene

---

120 Vgl. *Karger*, in: a.a.O., S. 318 ff. (319). §§-Angaben beziehen sich auf die AO.

121 Vgl. RGSt. – Urteil des Reichsgerichts vom 19. September 1924 (Aktenzeichen 4 D. 542/1924); auch *Lion*, in: DStZ 1925, 622 f.: Inhaltlich ging es um eine Tabaksteuerhinterziehung. Der Angeklagte hatte Zigaretten und Zigarren zu höheren als den versteuerten Preisen verkauft. Er hatte Zigarren in eine mit Steuerband versehene Kiste nachgefüllt und auch Zigarren aus einer unbanderolierten Kiste verkauft. Zugleich hatte er aber das Steuerzeichen an einer Kiste gefälscht, indem er Veränderungen der Ziffern vornahm. Der Zigaretten- oder Zigarrenverkauf ohne deren vorherige Nachversteuerung – so das RG – bilde hier den äußeren Tatbestand der Steuerhinterziehung.

122 Vgl. Verhandlungen der verfassungsgebenden Deutschen Nationalversammlung, Aktenstück, Nr. 759, Entwurf der RAO, Begründung, S. 577 (598); *Schneider*, a.a.O., S. 75.

zweiwöchige Frist zur Steuererklärung und deren Auszahlung hatte verstreichen lassen. Eine Steuerhinterziehung sollte auch durch reines Stillschweigen erfüllt werden können. Die Steuerverkürzung nach § 359 RAO sollte also bereits mit der Hinausschiebung der Steuerzahlung über den Fälligkeitstermin eintreten[123].

Eylert betonte, dass eine Hinterziehung auch durch reines Stillschweigen begangen werden könne. Art. I § 15 der Zweiten Steuernotverordnung stelle fest, dass die Voranmeldung als Steuererklärung im Sinne des § 168 RAO gelte[124]. Durch ihre Nichtabgabe verletze der Steuerpflichtige die ihm durch §§ 168 ff. RAO auferlegte Deklarationspflicht. Dies stelle eine Zuwiderhandlung gegen die im Besteuerungsinteresse erlassenen Normen der Steuergesetze dar. Der objektive Tatbestand des § 359 RAO setze eine Steuerverkürzung voraus. Um diese zu bejahen, müsse man die Tatsache der nicht geleisteten Vorauszahlung berücksichtigen. Das RG habe in dem Urteil vom 12. Dezember 1922 (RStBl. 1923, S. 72) hierzu Stellung bezogen. Danach genüge es für den subjektiven Tatbestand, dass der Angeklagte die zweiwöchige Frist zur Steuerpflichterfüllung mit der Intention verstreichen lasse, dem Reich dadurch einen Steuereinnahmeverlust zuzufügen. Das RG erkenne somit zugleich an, dass objektiv eine Steuerverkürzung schon dann vorliege, wenn dem Reich eine Steuereinnahme, wenn auch nur auf Zeit, z.B. durch verspätete Zahlung, entgehe. Obwohl das Urteil ein luxussteuerpflichtiges Geschehen betreffe, intendiere es einen allgemeingültigen Grundsatz. *Konietzkos* Darlegung, wonach dem Fiskus für den eingetretenen Verlust quasi ein Entgelt für die verspätete Zahlung zufließe, sei unzutreffend. Die Verwirkung der Zuschläge stelle eine Folge dar, die aufgrund verspäteter Zahlung im Einziehungsverfahren eintrete. Die Zuschläge würden aber von selbst fällig werden und jedermann gleichermaßen treffen. Daher könnten sie weder über einen strafähnlichen Charakter verfügen noch selbst Strafe sein. Der Sinn der Zuschläge bestehe darin, einen pünktlichen Zahlungseingang der Steuern zu

---

123 Vgl. RGSt. in: RStBl. 1923, I. Strafsenat, vom 12. Dezember 1922, S. 72: „Die Steuerschuld war gemäß §§ 8 und 39 UStG. schon mit der Vereinnahmung des Kaufpreises […] fällig geworden, und er hatte ihr […] binnen zweier Wochen […] ohne jedes Eingreifen der Steuerbehörde von sich aus zu genügen. Mangels Befriedigung bis zum 17. August 1920 trat daher schon mit Fristablauf eine Verkürzung des Steueranspruchs des Reichs zum Vorteil des Angeklagten ein, […]"; auch *Lion*, in: DStZ 1925, S. 622.

124 Vgl. *Eylert*, in: Steuer-Archiv 1924 Nr. 10, S. 249 (249). Laut Sachverhalt hatte ein Bankier weder eine Einkommensteuervoranmeldung abgegeben noch eine Einkommensteuervorauszahlung geleistet.

erwirken[125]. Sofern Voranmeldung und Zahlung unterblieben, überdies auch die subjektiven Merkmale im jeweiligen Fall vorlägen, liege ein Vergehen gegen § 359 RAO bzw. § 367 RAO vor[126].

Auch *Friedlaender* argumentierte, dass die Steuerhinterziehung die Verkürzung einer Steuereinnahme voraussetze. Dies beinhalte, dass bewirkt sein müsse, dass nicht der passende Steuereinnahmebetrag zum Soll gestellt werde. *Friedlaender* unterschied 3 Fallkonstellationen[127]. Erstens sei der Tatbestand bei Steuern, welche nur veranlagt würden, in jenem Moment erfüllt, in dem infolge einer falschen Steuererklärung eine zu niedrige Veranlagung erfolge. Die Herbeiführung der zu niedrigen Veranlagung könne auch dadurch ausgelöst werden, dass der Steuerpflichtige vorsätzlich die Abgabe der Steuererklärung unterlasse, um zu bewirken, dass das Finanzamt den Betroffenen wegen fehlender Unterlagen zu niedrig einstuft und veranlagt. Erfolge dann tatsächlich die zu niedrige Veranlagung des Steuerpflichtigen, so habe dieser vorsätzlich zum eigenen Vorteil bewirkt, dass Steuereinnahmen verkürzt würden. Zweitens gebe es Fälle, die keiner Veranlagung unterliegen würden. Die Steuerschuld entstehe, werde fällig und geleistet mit der Erfüllung eines bestimmten Tatbestandes, so z.B. Stempel-, Lohn-, Kraftfahrzeugsteuer. Hier trete an die Stelle des Veranlagungstatbestandes eine Pflichthandlung des Steuerpflichtigen, z.B. das Kleben von Steuermarken. Die Verkürzung trete in dem Zeitpunkt ein, in dem jene Pflichthandlung unterbleibe oder in zu geringem Maße erfolge und deshalb nicht der korrekte Steuerbetrag eingenommen werde. Drittens seien Voranmeldungen auf die Umsatzsteuer 1924 nach § 37 UStG in der Fassung der Zweiten Steuernotverordnung als Steuererklärungen einzuordnen. Die Vorauszahlung sei Steuer im Sinne der RAO. Sei die Voranmeldung zu niedrig und werde ihr der zu geringe Steuerbetrag zum Soll gestellt, so sei, wie bei einer zu niedrigen vorläufigen Veranlagung, die Verkürzung vollendet. Sie sei durch die unrichtige Voranmeldung bewirkt[128].

Wolffheim hob zwei Verpflichtungen des Steuerpflichtigen hervor. Zum einen müsse dieser eine Voranmeldung, die als Steuererklärung gelte, abgeben. Zum anderen müsse die der Voranmeldung entsprechende Zahlung unaufgefordert, ohne Eingreifen des Finanzamtes, erbracht werden. Im Falle der Zahlungsunterlassung und der Nichtabgabe der Voranmeldung seien sämtliche Erfordernisse des Steuerhinterziehungstatbestandes erfüllt. Es verstehe sich von selbst,

---

125 Vgl. *Eylert*, in: Steuer-Archiv 1924 Nr. 10, S. 249 (250).

126 Vgl. *Eylert*, in: Steuer-Archiv 1924 Nr. 10, S. 249 (251).

127 Vgl. *Friedlaender*, in: Steuer-Archiv 1924 Nr. 10, S. 249 (251).

128 Vgl. *Friedlaender*, in: Steuer-Archiv 1924 Nr. 10, S. 249 (251 f.).

dass die Steuerpflichtigen infolge ihrer Aufnahme in die Hauptsteuerliste dem Finanzamt bekannt seien. Daraus folge die Gelegenheit, Anordnungen zur Abgabe der Voranmeldung im jeweiligen Fall ergehen zu lassen. Jedoch könne einer an sich strafbaren Handlung nicht der Strafbarkeitscharakter genommen werden, indem man vorbringe, dass das Finanzamt, aufgrund ausreichender Kotrollmaßnahmen, jeden Hinterziehungserfolg verhindern könne[129]. Auch die Berufung auf die eintretenden Verzugszuschläge laufe ins Leere. Deren Zweck sei es, den Ausgleich dafür zu kreieren, dass eine Verkürzung des Fiskus eingetreten sei. Es solle dem Steuerpflichtigen hierdurch der Vorteil der verspäteten Zahlung entzogen werden. Abwegig sei zudem die Schlussfolgerung, dass neben den Verzugszulagen die Sanktionierung durch eine kriminelle Strafe unmöglich sei, weil hierdurch eine doppelte Bestrafung erfolge. Die Zuschläge seien Verzugsfolgen. Zudem schließe das strafrechtliche Prinzip „ne bis in idem" nur die Sühne einer Straftat durch zwei kriminelle Strafen aus[130].

Gegen Mitte der 20er Jahre verfestige sich diese Auffassung. Als ausreichend erachtete man jede Verhaltensweise, die kausal für die Steuereinnahmenverkürzung war. „Bewirken" wurde als ein reines Verursachen interpretiert. Damit war eine Verkürzungshandlung sowohl durch positives Handeln als auch durch reines Unterlassen möglich. Auch rein passives Verhalten, wie die Nichtabgabe einer Steuererklärung, die Verweigerung einer Mitwirkung oder die Nichtbeantwortung gestellter Fragen konnte als „Bewirken" eingestuft werden. Dies sollte aber nur dann der Fall sein, wenn eine Pflicht zur Offenlegung einer steuererheblichen Tatsache – eine Rechtspflicht zu entgegenstehendem Handeln – bestanden hatte und dennoch darüber geschwiegen wurde[131].

So bekräftigte *Lelewer*, dass ein positives Vorbringen nicht notwendig sei. Ein passives Verhalten genüge, wie z.B. die Nichtbeantwortung gestellter Fragen, die Nichtabgabe einer Steuererklärung, sowie sonstige Verweigerungen einer Mitwirkung. Allerdings sei das Schweigen des Steuerpflichtigen beim Vorliegen einer Verpflichtung einer Tatsache als Täuschungshandlung und folglich als Bewirken einer Steuerverkürzung nach § 359 RAO einzustufen[132].

Auch *Mirbt* wies darauf hin, dass bei der Verkürzung von Steuereinnahmen aufgrund der Täterhandlung innerhalb des Steuerverfahrens, vorzugsweise des

---

129 Vgl. *Wolffheim*, in: Steuer-Archiv 1924 Nr. 11, S. 293 (293).

130 Vgl. *Wolffheim*, in: Steuer-Archiv 1924 Nr. 11, S. 293 (294).

131 Vgl. *Cattien*, a.a.O., § 359, Anm. III, S. 142; *Schneider*, a.a.O., S. 75 ff. (76).

132 Vgl. *Lelewer*, Steuer-Strafrecht (1925), § 13 III 1, S. 118.

Veranlagungsverfahrens, eine Minderung der Steuereinnahmen in der Weise eingetreten sei, dass ein höherer Betrag erstattet, eine niedrigere Steuer festgesetzt werde etc., als es der Rechtslage des jeweiligen Falles entspreche. Dem Moment der Bewirkung sei zwar nicht zu entnehmen, dass ein „positives Vorbringen" notwendig sei, wohl jedoch, dass durch die Nichterfüllung einer Verpflichtung, z.B. Erklärungspflicht, die Wirkung eingetreten sei[133].

Schmalz führte zunächst an, dass es bei der Unterlassung der Bezahlung einer Steuerschuld am Fälligkeitstag insbesondere auf die Würdigung der Verhältnisse des jeweiligen Einzelfalls ankomme. Gleichgültig sei es aber, durch welches Täuschungsmittel der Schuldner den Steueranspruch verletzte. Die Nichtleistung einer Vorauszahlung oder die Nichteinreichung der Steuererklärung (Voranmeldung), somit also die Unterlassung, welche gerade im Steuerstrafrecht als Täuschungsform eine Sonderstellung einnehme, stehe dabei dem Normalfall, der inkorrekten Steuererklärung und infolgedessen unrichtigen Steuerfestsetzung, durchaus gleich[134]. Der Begriff „Bewirken" stehe einer Verurteilung nach § 359 keinesfalls entgegen. Der Ausdruck könne hier nicht die Bedeutung wie im gemeinen Strafrecht haben, weil der Gesetzgeber mit der Bestimmung dieses einen Wortes erkennbar nicht nur das positive Handeln, sondern alle die zahlreichen Begehungsmöglichkeiten, insbesondere auch die Unterlassung, habe mit einbeziehen wollen. Mit Recht erkenne das Reichsgericht mit seinem Urteil vom 12. Dezember 1922 eine Steuerverkürzung nach § 359 RAO bereits in jeder Hinausschiebung einer Steuerzahlung über den Fälligkeitstermin an. Die Steuereinnahmen würden auch dann verkürzt, wenn die an den Fälligkeitsterminen zu entrichtenden oder im Voraus zu zahlenden Steuerbeträge nicht oder nicht rechtzeitig an den Fiskus entrichtet würden[135].

Auch *Mundt* folgte dieser Rechtsauffassung. Komme der Steuerschuldner seiner Anmeldungsverpflichtung überhaupt nicht nach, so sei die Konsequenz dieser Unterlassung, dass die Steuerbehörde in Unkenntnis darüber gehalten werde, ob und bis zu welchem Betrag Steuern zu zahlen wären. In diesen Fällen müsse die Tat als vollendet angesehen werden können, sobald die Frist zur Steueranmeldung fruchtlos abgelaufen sei[136].

---

133 Vgl. *Mirbt*, Grundriß (1926), § 82, S. 339.

134 Vgl. *Schmalz*, Steuerhinterziehung (1926), § 4, S. 12 (13).

135 Vgl. *Schmalz*, Steuerhinterziehung (1926), § 4, S. 14.

136 Vgl. *Mundt*, Grundriß (1928), S. 59; (mit Verweis auf RG – Urteil: RGSt 60, S. 182): Infolge der Tat – hier das Unterlassen der gebotenen Sichtbarmachung steuerrechtlicher Vorgänge – komme es nicht mehr zu einer Steuerfestsetzung. Folglich müsse der Verlust der Steuer in diesem Zeitpunkt als eingetreten gelten, weil der Täter durch seine

Endres hob hervor, dass der Wortlaut des § 359 Abs. 1 RAO alle nur denkbaren Handlungen oder Unterlassungen zum Zwecke der Täuschung der Steuerbehörde als geeignete Täuschungsformen zulasse. Die im Steuerstrafrecht möglichen Täuschungsformen seien generell identisch mit denen des Betrugstatbestandes im gemeinen Strafrecht, nämlich: Vorspiegelung falscher Tatsachen, die Entstellung oder Unterdrückung wahrer Tatsachen. Dabei sei unter Vorspiegelung, als erstes Täuschungsmittel, eine bewusste und unwahre Darstellung zu verstehen[137]. Die Entstellung wahrer Tatsachen, als zweites Täuschungsmittel, trete vor allem in der Form der Hinzufügung oder Auslassung einzelner, für die Steuerberechnung wesentlicher Momente in Erscheinung. Die Unterdrückung wahrer Tatsachen, als drittes Täuschungsmittel, bedeute im gemeinen Strafrecht eine Unterlassung in Form eines bloßen Verschweigens der Wahrheit. Dieses werde nur dann nicht als ausreichend erachtet, wenn eine Rechtspflicht zur Mitteilung der wahren Tatsachen nicht bestehe[138].

cc) Das Merkmal der „Steuerunehrlichkeit"

Die weite Gesetzesfassung des Merkmals „Bewirken", unter welche quasi jede erdenkliche für den Verkürzungserfolg kausale Verhaltensweise subsumiert werden konnte, erwies sich als äußerst bedenklich. Entsprechend der Strafvorschrift des § 271 RStGB wurde dem Begriff des „Bewirkens" die Bedeutung eines reinen Verursachens beigemessen. Nach dem Wortlaut bestand lediglich das Verbot, eine Steuerverkürzung herbeizuführen. Selbst die reine Nichtzahlung einer bereits festgesetzten, somit zur Kenntnis der Steuerbehörde gelangten Steuerschuld, war geeignet den Tatbestand der Steuerhinterziehung zu erfüllen[139]. Das Verstreichenlassen der gebotenen Zahlungsfrist konnte danach den Straftatbestand der Steuerhinterziehung begründen. Selbst das Versäumen der fristgemäßen Zahlung bei genereller Zahlungsbereitschaft oder gar aus reiner Bequemlichkeit sollte zur Erfüllung der Steuerhinterziehung genügen. Auch der Gebrauch von Nötigungsmitteln, wie die Anwendung von Drohung oder Gewalt, um z.B. eine Vollstreckung der Geldschulden zu verhindern, war geeignet, die Strafbarkeit zu begründen, sofern hierdurch kausal eine Verkür-

---

steuerwidrige Handlungsweise, also durch sein Unterlassen, es „bewirkt" habe, dass der Eingang der Steuereinnahmen unterblieb oder später erfolgte.

137 Vgl. *Endres*, Die kriminelle Natur (1929), S. 30 f.: Als Tatsachen – Ereignisse und Zustände aus der Vergangenheit – seien auch Rechtsverhältnisse, wie Forderungen und Schulden anzusehen, da sie für die Besteuerung eine herausragende Bedeutung hätten.

138 Vgl. *Endres*, Die kriminelle Natur (1929), S. 31 f. (32).

139 Vgl. *Hellmann*, in: HHS, § 370, Rn. 31, S. 24; *Schneider*, Entwicklung, S. 82 ff. (83).

zung der Steuereinnahmen herbeigeführt wurde[140]. Infolge dieser Tatbestandsweite war eine restriktive Auslegung, welche dem Charakter und Wesen der Steuerhinterziehung entsprach, notwendig. Dies veranlasste die Rechtsprechung dazu, weitere den Tatbestand einschränkende Kriterien zu entwickeln[141].

Zunächst hatte das Reichsgericht (RG) im Jahre 1925 noch hervorgehoben, dass zwischen Steuerhinterziehung und Betrug eine innere Verwandtschaft bestehe. Immerhin aber habe der Hinterziehungstatbestand in § 359 RAO eine besondere Regelung erfahren. Aus diesem Grund seien die Betrugsmerkmale nicht ohne weiteres auf die Steuerhinterziehung übertragbar:

> „Insbesondere braucht bei der Steuerhinterziehung eine durch Täuschung hervorgerufene Bestimmung der Steuerbehörde zu einer Vermögensverfügung nicht festgestellt zu werden, sondern es genügt das vorsätzliche Bewirken einer Verkürzung von Steuereinnahmen. Dazu reicht schon aus, daß infolge des steuerwidrigen Verhaltens ein geringerer Steuerbetrag festgesetzt wird (§ 359 Abs. 3 Satz 1 RAbgO.)."[142]

Die Rechtsprechungsansicht nahm allerdings eine überraschende Wendung. In dem Urteil des Reichsgerichts vom 22. April 1926 wurde, im Gegensatz zu der früheren Auslegung des Begriffs der Steuerhinterziehung, zum ersten Mal in einer veröffentlichten Entscheidung, und zwar im Einklage mit einer Anzahl breites zuvor ergangener, nicht publizierter Entscheidungen[143], der Grundsatz formuliert, dass unter Umständen auch in der bloßen Nichtabgabe einer Voranmeldung und Unterlassung von Vorauszahlungen eine Hinterziehung gesehen werden könne. Notwendig hierfür sei aber, dass der Steuerpflichtige dabei

> „ein *frauduloses*, d.h. ein *unehrliches*, *steuerwidriges Verhalten* offenbart […], durch das, ihm bewußt, die Wirkung einer Verkürzung der Steuereinnahmen als Folge seines Handelns oder seiner Unterlassung herbeigeführt worden ist. Ein solches Verhalten wird regelmäßig darin bestehen, daß der Steuerschuldner eine Unkenntnis oder einen Irrtum der Steuerbehörde mit dem Bewußtsein benutzt, dadurch die bezeichnete Wirkung zu verursachen."[144]

Danach sollte ein zahlungswilliger Schuldner, der ohne Eigenverschulden zahlungsunfähig war, eine strafbare Steuerhinterziehung nicht begehen kön-

140 Vgl. *Schneider*, a.a.O., S. 84; *Boethke*, a.a.O., S. 127; *Hellmann*, a.a.O., Rn. 31, S. 24.

141 Vgl. *Mundt*, a.a.O., S. 59; *Kuhlen*, a.a.O., S. 27; *Schneider*, a.a.O., S. 82 ff. (85).

142 RGSt. 59, 90 (95), III. Strafsenat, Urteil vom 19. Februar 1925 (III 897/24).

143 Vgl. RGSt. 60, 182 (185), II. Strafsenat, Urteil vom 22. April 1926 (II 139/26); auch *Rosendorff*, in: Steuerstrafrecht und Steuerstrafverfahren nach der AO (1931), S. 2 f.; vgl. zu der Entwicklung der Rechtsprechung auch *Schneider*, Entwicklung, S. 86 ff.

144 RGSt. 60, 182 (185), II. Strafsenat, Urteil vom 22. April 1926 (II 139/26).

nen[145]. Mit dem darauffolgenden Urteil des RG vom 1. Juli 1926, ebenfalls der 2. Senat, definierte das RG das steuerwidrige Verhalten, welches für die Erfüllung des „Bewirkens“ erforderlich sein sollte. Vielmehr könne – so der Senat –

> „[…] ein steuerwidriges Verhalten erst recht in der Weise zu einem Steuerausfall führen, daß infolge – vorsätzlicher oder fahrlässiger – Unterlassung der gebotenen Offenbarung steuerrechtlich erheblicher Tatsachen die Steuerbehörde überhaupt keine Kenntnis von der Steuerschuld oder dem Steuerschuldner erhält, so daß hierdurch die rechtzeitige Veranlagung, Festsetzung, Beitreibung und Vereinnahmung einer nach den Steuergesetzen zu beanspruchenden Steuer vereitelt wird“.[146]

Eine Steuereinnahme musste als „verkürzt“ und ein Steuerausfall als eingetreten gelten, wenn der steuerwidrige Vorgang, vor allem die unbewusst oder bewusst steuerunehrliche Beeinflussung des steuerbehördlichen Verhaltens „bewirkt“ hatte, dass der Eingang der geschuldeten Steuereinnahme – entgegen dem Regelfall – ganz unterblieben oder geringer war bzw. später erfolgte[147].

Steuerunehrlichkeit als Oberbegriff tatbestandsmäßigen Handelns wurde, soweit erkennbar, zum ersten Mal in der Entscheidung des Reichsgerichts vom 11. Oktober 1926 durch den 2. Senat verwendet[148]. Danach wurde der Steuerhinterziehungstatbestand nicht bereits dadurch erfüllt, dass der Steuerpflichtige die Entrichtung fälliger Steuerbeträge unterlässt. Hinzukommen müsse

> „vielmehr eine Steuerunehrlichkeit, insbesondere ein Verschweigen der StPflichtigkeit, mit dem Bewußtsein und dem Erfolg, daß die StBehörde hierdurch über das Bestehen oder die Höhe des StAnspruchs in Unkenntnis erhalten wird […].“[149]

Dieses Urteil stellte den Anfang einer Reihe von weiteren Entscheidungen dar, die eine *Steuerunehrlichkeit* als ungeschriebenes Tatbestandmerkmal stets für erforderlich erachteten[150]. Das Verständnis, wonach nur „hinterziehungstypische“ Verhaltensweisen strafbar sein dürften, setzte sich allmählich durch[151]. Auch das Reichsgericht mit Urteil vom 14. Dezember 1926 bestätigte dies. Der Sachverhalt handelte von einem Arbeitgeber, der Lohnsteuerbeträge seiner Angestellten und Arbeiter einbehalten hatte. Diese wurden jedoch erst etwa ein Jahr, nachdem die Beträge fällig geworden waren, an das Finanzamt abgeführt:

---

145 Vgl. RGSt. 60, 182 (184), II. Strafsenat, Urteil vom 22. April 1926 (II 139/26).

146 RGSt. 60, 307 (309), II. Strafsenat Urteil vom 1. Juli 1926 (II 247/26).

147 Vgl. RGSt. 60, 307 (309), II. Strafsenat Urteil vom 1. Juli 1926 (II 247/26).

148 Vgl. RG JR 1926, (Nr. 22), Nr. 2192, S. 1574; auch *Schneider*, a.a.O., S. 88.

149 RG JR 1926 (Nr. 22), Nr. 2192, S. 1574 – RG. 11. Okt. 26 2 D (850/26).

150 Vgl. *Schneider*, a.a.O., S. 88; *Reuning*, in: BArch Berlin, R 2/24179, Bl. 54.

151 Vgl. *Reuning*, in: BArch Berlin, R 2/24179, Bl. 54; *Hellmann*, a.a.O., § 370, Rn. 31.

„Die Frage, ob und unter welchen Voraussetzungen durch die Unterlassung der rechtzeitigen Steuerzahlung und der zu ihrer Sicherung vorgeschriebenen Erklärungen der Tatbestand des § 359 RAbgO. erfüllt werden könne, ist vom erkennenden Senat […] und weiterhin in mehreren Entscheidungen des II. und IV. Strafsenats […] erörtert worden. Das Ergebnis ist zusammengefaßt in der Entscheidung II 139/26 vom 22. April 1926 (RGSt. Bd. 60 S. 182), […]. Diese Grundsätze wurden dann in der Entscheidung II 850/26 vom 11. Oktober 1926 auch auf die Lohnsteuerhinterziehung in der Form der nicht rechtzeitigen Abführung der einbehaltenen Lohnsteuerbeträge durch den [S. 84] Arbeitgeber für anwendbar erklärt. Dort ist ausgeführt, der Tatbestand einer vorsätzlichen Steuerhinterziehung in der Begehungsform der Verkürzung der Steuereinnahmen werde zwar nicht bereits dadurch erfüllt, daß der Steuerpflichtige die Entrichtung fälliger Steuerbeträge unterlasse […] hinzutreten müsse vielmehr eine 'Steuerunehrlichkeit', insbesondere ein Verschweigen der Steuerpflichtigkeit […]. In der gleichfalls eine Lohnsteuerhinterziehung betreffenden Entscheidung I 564/26 vom 22. Oktober 1926 hat sich auch der erkennende Senat dem in RGSt. Bd. 60 S. 182 vertretenen Standpunkt angeschlossen, ihn gleichfalls auf die Lohnsteuer für anwendbar erklärt […]. Hiervon abzugehen, sieht sich der erkennende Senat auch jetzt nicht veranlaßt."[152] „Zur Beachtung bei der weiteren Verhandlung wird hierzu ergänzend bemerkt, daß das für die Steuerhinterziehung aufgestellte Erfordernis der 'Steuerunehrlichkeit' selbstverständlich nicht nur durch Verschweigung des Bestehens oder der Höhe der Steuerpflicht, sondern auch durch positive Verschleierungen, und zwar auch durch solche, die sich auf die Zahlungsfähigkeit des Steuerschuldners beziehen, erfüllt werden kann, […]."[153]

Gleichwohl liege hier – so der I. Strafsenat – eine Steuerhinterziehung nicht vor, weil der Steuerbehörde sowohl das Bestehen als auch die Höhe des Lohnsteueranspruchs bekannt gewesen seien. Infolgedessen könne dem Steuerpflichtigen eine steuerunehrliche Verhaltensweise nicht unterstellt werden:

„[…] Vor allem ist hier hinsichtlich der Lohnsteuer der Arbeiter, deren verspätete Abführung im angefochtenen Urteil allein als Hinterziehung erachtet worden ist, eine Feststellung über die Verschweigung der Steuerpflichtigkeit nicht getroffen. Im Strafbescheid und im schöffengerichtlichen Urteil […], wird hinsichtlich des Betrags von 3290 RM […], als strafschärfend hervorgehoben, daß sogar die Meldung fahrlässigerweise verabsäumt worden sei. Dies deutet darauf hin, dass hinsichtlich der von den Arbeitern herrührenden Lohnsteuerbeträge die Meldung nicht unterblieben ist. Wäre aber das Finanzamt durch Einreichung der Lohnsteuerbescheinigungen, durch Stundungsverhandlungen […] nicht nur von dem Bestehen, sondern auch von der Höhe des Lohsteueranspruchs in Kenntnis gesetzt worden, dann könnte von einer Verschweigung der Steuerpflicht schon objektiv nicht die Rede sein."[154]

152 RGSt. 61, 81 (83 f.), I. Strafsenat, Urteil vom 14. Dezember 1926 (313/26).

153 RGSt. 61, 81 (84), I. Strafsenat, Urteil vom 14. Dezember 1926 (313/26).

154 RGSt. 61, 81 (85), I. Strafsenat, Urteil vom 14. Dezember 1926 (313/26).

Die Konsequenz dieser Rechtsauffassung bestand darin, dass eine positive Kenntnis der Finanzbehörde bezüglich Grund und Höhe der Steuerpflicht das Vorliegen einer Steuerhinterziehung ausschloss. Ein Verschweigen oder gar ein positives Verschleiern vermochten den Hinterziehungstatbestand für sich genommen nicht zu begründen, sofern die Behörde Kenntnis über die steuererheblichen Tatumstände hatte[155].

Das RG nahm in seinem Urteil vom 3. Februar 1927 Bezug auf frühere Entscheidungen und forderte das Hinzutreten eines steuerunehrlichen Verhaltens:

> „[…] und daß auch der bloß verspätete Eingang fälliger Steuern eine Verkürzung von Steuereinnahmen bedeuten kann (RGSt. Bd. 60 S. 182 [186]). Wenn weiter ausgeführt wird, in dem Umstand allein, daß die Angeklagten die Steuern nicht abgeführt haben, könne noch keine Hinterziehung der Steuern gefunden werden, so ist das zwar, […], durchaus zutreffend. Denn der Begriff des ‘Verkürzens' in Verbindung mit der ‘Hinterziehung' von Steuern, die § 359 RAbgO. mit Strafe bedroht, ist nach der Rechtsprechung des Reichsgerichts nur dann gegeben, wenn, wie beim ‘Erschleichen' von Steuervorteilen, ein steuerwidriges und steuerunehrliches Verhalten hinzutritt; insbesondere, wenn durch vorsätzliche Unterlassung der gebotenen Offenbarung steuerrechtlich erheblicher Tatsachen die Steuerbehörde überhaupt keine Kenntnis von der Steuerschuld erhält […].“[156]

Ein rechtlich erhebliches Verschweigen der Steuerpflichtigkeit könne – so der II. Strafsenat – namentlich auch bei der Lohnsteuer in Betracht kommen:

> „[…] denn selbst wenn das Finanzamt vermuten kann, daß von einem ihm bekannten Betriebe regelmäßig Abzüge vom Arbeitslohn einbehalten werden und abzuführen sind, so bleibt es doch, wenn keine Zahlung erfolgt und der Steuerpflichtige ihm auch nicht auf andere Weise, insbesondere durch ein Stundungsgesuch, seine Steuerschuld ausreichend offenbart, in Unkenntnis über die Höhe der fällig gewordenen Beträge. Alsdann wird es aber verhindert, alsbald durch deren Beitreibung (§§ 299 flg. RAbgO.) zur Vereinnahmung der angefallenen Steuer zu gelangen. Ist der Steuerpflichtige sich dessen bei Unterlassung der Zahlung oder der sonstigen Offenbarung seiner Lohnsteuerschuld bewußt, so hat er – im Sinne des § 359 RAbgO. – den Vorsatz der Steuerverkürzung.“[157]

Das von der Rechtsprechung entwickelte Konstrukt der *Steuerunehrlichkeit* ermöglichte zunächst eine restriktive Tatbestandsauslegung. Danach stellte weder die Nichtzahlung einer bekannten Steuerschuld noch das Vereiteln der Beitreibung durch Anwendung von Drohungen oder Gewalt eine vollendete Steuerhinterziehung dar, da es in diesen Fällen bereits an einer Ähnlichkeit mit dem Betrugstatbestand fehlte bzw. diese erwähnten Tathandlungen dem

155 Vgl. *Schneider*, a.a.O., S. 89.

156 RGSt. 61, 186 (188), II. Strafsenat, Urteil vom 3. Februar 1927 (II 1022/26).

157 RGSt. 61, 186, (188), II. Strafsenat, Urteil vom 3. Februar 1927 (II 1022/26); so bereits RGSt. 60, 81 (84), I. Strafsenat, Urteil vom 14. Dezember 1926 (313/26).

Charakter bzw. Wesen der Steuerhinterziehung nicht entsprachen[158]. Dennoch wurde Kritik an dem von der Rechtsprechung entwickelten Konstrukt der *Steuerunehrlichkeit* geübt. Das Bestreben der Rechtsprechung, dem Tatbestand der Steuerhinterziehung ein Mehr an Bestimmtheit verleihen zu wollen, müsse als gescheitert angesehen werden. Die *Steuerunehrlichkeit* habe angesichts ihrer Unbestimmtheit und der damit verbundenen Auslegungsbedürftigkeit ein losgelöstes Eigenleben geführt[159]. Aufgrund dieser Unbestimmtheit blieb in der weiteren historischen Entwicklung strittig, welchen konkreten Inhalt dieses ungeschriebene Tatbestandsmerkmal haben sollte[160].

dd) Beschreibung des Verkürzungserfolgs

Umstritten war, ob unter dem Merkmal der „Bewirkung einer Steuerverkürzung" auch die nach Festsetzung der Steuer vorgenommenen schuldhaften Handlungen zu verstehen waren. Hierzu gehörten Fallkonstellationen, in denen der Steuerpflichtige die festgesetzte Steuer bei Fälligkeit vorsätzlich nicht zahlte, weil er das Geld lieber anderweitig verwenden wollte oder bei denen er die Durchsetzung des Steueranspruchs durch Beiseiteschaffen von Vermögen, Verletzung der Auskunftspflicht (§ 298 RAO) bei Darlegung der Vermögensverhältnisse oder durch häufigen Wohnsitzwechsel zu verhindern suchte[161].

Zum einen bestand eine sich am Wortlaut des „Bewirkens" orientierende Ansicht, welche eine möglichst weite Deutung vertrat[162].

Insbesondere *Wehner* betonte, dass eine strafbare Steuerhinterziehung selbst dann angenommen werden müsse, wenn der Steuerpflichtige aufgrund seiner korrekten Angaben ordnungsgemäß veranlagt werde, allerdings die festgesetzte Steuer in schuldhafter Form nicht bezahle, beispielsweise dadurch, dass er sein Vermögen verschleudere und dadurch eine Zwangsvollstreckung vereitle. Dabei stellte er die Frage, wieso derjenige, der aus Eigennutz durch irgendwelche Heimlichkeiten (wie nicht überprüfbare Verschiebungen des Vermögens) eine Zwangsvollstreckung ins Leere laufen lasse und dadurch eine Verkürzung der Steuereinnahmen verursache, ohne Bestrafung bleibe, während derjenige, der durch inkorrekte Angaben eine Steuerverkürzung bewirke, bestraft werde. Dabei schädige doch derjenige, welcher sich durch unlautere Mittel zahlungs-

---

158 Vgl. *Kuhlen*, Grundlagen, S. 27; *Schneider*, a.a.O., S. 76 f., 78; 83 ff. (85).

159 Vgl. *Schneider*, Entwicklung, S. 89, 112.

160 Vgl. *Hellmann*, in: HHS, § 37O AO, Rn. 31, S. 24.

161 Vgl. zu dieser Problematik u.a. *Schmalz*, Steuerhinterziehung, § 4 , S. 15 f.

162 Vgl. u.a. *Wehner*, Steuerhinterziehung (1923), § 13 S. 5; ähnlich auch *Boethke*, in: Handbuch des Reichssteuerrechts (1927), S. 125 (127).

unfähig mache, den Staat viel mehr, als derjenige, welcher aufgrund von falschen Angaben letztlich nur eine unrichtige Steuerfestsetzung bewirke. Bei letzterem bestehe zumindest die Möglichkeit einer Nachbesteuerung. *Wehner* räumte jedoch ein, dass der Hinterziehungsbegriff für viele Fälle nicht passend sei, zumal in der allgemeinen Rechtsansicht mit dem Ausdruck „Hinterziehung" immer eine auf Täuschung bezogene Handlung verstanden werde. Die eindeutige Wortfassung des § 359 Abs. 1 RAO „Wer vorsätzlich bewirkt, daß Steuereinnahmen verkürzt werden", zwinge jedoch zu dieser Ausdehnung des Hinterziehungsbegriffes[163]. Der Auffassung *Wehners* folgte auch *Mrozek*, der betonte, dass jegliche Zweifel durch die Fassung des § 359 RAO weggeräumt würden. In diesen weiten Rahmen des (vorsätzlichen) Steuerhinterziehungstatbestandes passten alle Fälle hinein, welche gefasst werden müssten, so z.B. auch Schiebungen zur Vermeidung der Zahlung und Vereitelung der Pfändung[164].

Nach anderer Ansicht war der Hinterziehungstatbestand für diese Fallkonstellationen unpassend, da die allgemeine Rechtsauffassung mit dem Hinterziehungsbegriff immer eine auf Täuschung gerichtete Handlung assoziiere[165].

Bereits *Becker* hatte betont, dass „infolge der Tat" ein geringerer Steuerbetrag festgesetzt sein müsse. Hierbei sei die Tat, insbesondere der Vorsatz, einheitlich zu beurteilen. Dem Steuerpflichtigen müsse bewusst sein, dass durch sein Verhalten die Steuer im Ergebnis geringer festgesetzt werde. Dies sei nicht der Fall, wenn er aus irgendwelchen Gründen, z.B. Scheu vor dem Gerede im Ausschuss, einen Spekulationsgewinn verschweige, zur Ausgleichung aber sein Arbeitseinkommen entsprechend höher angebe. Zahle der Steuerpflichtige die bereits festgesetzte Steuer nicht, ohne von der Beitreibungsvereitelung auszugehen, bestehe keine Hinterziehung[166]. *Juliusberger* richtete sich gegen eine weitgehende Ausdehnung des Hinterziehungsbegriffes und befürwortete die Ansicht *Beckers*, wonach eine Differenzierung zu erfolgen habe. Dabei betonte *Juliusberger* aber, dass eine Beschädigung des fiskalischen Vermögens, im Falle des Betrugs nach § 263 RStGB abzulehnen wäre, wenn aufgrund einer Falschangabe des Steuerpflichtigen die Steuer zu niedrig festgesetzt würde, dieser niedrige Betrag aber aus irgendwelchen weiteren Ursachen gerechtfertigt wäre. Dagegen werde bei der Steuerhinterziehung so bestraft, als ob eine Vermögensbeschädigung eingetreten wäre. Ausreichend sei, dass infolge der Tat ein geringerer Steuerbetrag festgesetzt oder ein Steu-

163 Vgl. *Wehner*, Steuerhinterziehung (1923), § 3, S. 5.

164 Vgl. *Mrozek*, in: Kommentar zur RAO (1922), 2. Bd., § 359, Anm. 3, S. 1201.

165 Vgl. *Lelewer*, Steuer-Strafrecht, § 13, S. 114 f.; *Cattien*, a.a.O. (1925), § 359, S. 142.

166 Vgl. *Becker*, Reichsabgabenordnung 1919, 2. Aufl (1922), § 359, Anm. 7, S. 493.

ervorteil zu Unrecht gewährt oder belassen werde. Unwichtig sei, ob der Betrag, welcher ansonsten festgesetzt worden wäre, aus anderen Gründen hätte ermäßigt werden müssen oder ob der Vorteil aus anderen Gründen hätte beansprucht werden können. Konstruktiv sei dies so zu erklären, dass dem Fiskus durch die Falschdeklaration der Anspruch auf die reale Steuer entzogen werde. Dieser volle Steueranspruch sei als ein bedingter zu verstehen, wonach keine besonderen Ermäßigungsgründe (Unglücksfälle, Kinderprivileg) bestehen dürften. Die Bestimmung einer solchen Bedingung obliege der Beurteilung der Veranlagungsbehörde. Bestraft werde, neben der Angabe eines falschen Endergebnisses, auch der betrüglich falsche Weg zu einem richtigen Endergebnis. Letztlich bleibe auch bei dieser Sachlage der hinterzogene Betrag somit ein rechtswidriger Vermögensvorteil[167]. *Lelewer* war der Ansicht, dass die Auffassung *Mrozeks* zu weit gehe. Richtig sei es dagegen, dass, sofern der Steueranspruch des Fiskus ordnungsgemäß und der Sach- sowie Rechtslage konform festgesetzt sei, sämtliche Tathandlungen, welche der Steuerfestsetzung noch folgen und auf Verhinderung bzw. Vereitelung der Beitreibung der korrekt festgesetzten Steuer fokussiert seien, nicht mehr als Steuerhinterziehung nach § 359 RAO subsumiert werden könnten. Das RG[168] sage daher zu recht, dass sämtliche Intentionen, welche nur auf Vereitelung der Einziehung bereits festgestellter Steuerschulden abzielten, nicht als Hinterziehungshandlungen in Frage kämen[169]. Richtig müsse sein, dass nur solche Hinterziehungshandlungen, entsprechend dem bisherigen Sprachgebrauch, als Steuerhinterziehungen einzuordnen seien, welche darauf ausgerichtet seien, die korrekte Festsetzung des Steueranspruchs seitens des Staates in Frage zu stellen. Ausscheiden müssten dagegen solche Konstellationen, in denen die Tätigkeit des Steuerschuldners einzig auf eine Verhinderung der Steuereinziehung bereits festgestellter Steuerschulden fokussiert sei[170]. Dem stimmte auch *Cattien* zu. Als Hinterziehung kämen einzig solche Handlungen in Betracht, welche sich unmittelbar gegen die richtige Festsetzung des Steueranspruchs richteten. Ausgenommen seien Bestrebungen, die nur auf Einziehungsvereitelung bereits festgestellter Steuerschulden gerichtet seien[171]. *Schmalz* betonte, dass der Gesetzgeber die weite Gesetzesformulierung „bewirkt“ nur aus dem Grund gewählt habe, um damit alle vielfältigen Begehungsvarianten vor der Steuer-

---

167 Vgl. *Juliusberger*, a.a.O. (1923), § 16, S. 95, 99.

168 Vgl. RGSt. 57, 101: betreffend die Hinterziehung nach § 22 des der RAO noch nicht angepassten Weinsteuergesetzes vom 26. Juli 1918.

169 Vgl. *Lelewer*, Steuer-Strafrecht, § 13, S. 114 (115).

170 Vgl. *Lelewer*, Steuer-Strafrecht, § 13, S. 114 (115).

171 Vgl. *Cattien*, a.a.O. (1925), § 359, S. 142; ebenfalls Bezug nehmend auf RGSt. 57, 101.

festsetzung zu erfassen. Hinzu komme, dass all den Tathandlungen, welche nach der Festsetzung erfolgen würden, letztlich das der Hinterziehung in der Regel eigentümliche Moment der Täuschung fehle. Zudem sei in den Fällen der Erschwerung der Zwangsvollstreckung oder einer drohenden Vereitelung ein verstärkter Rechtsschutz nicht von Nöten. Hier helfe bereits das weitreichende Sicherungsverfahren nach §§ 351, 352 RAO. Auch ständen im Zwangsvollstreckungsverfahren selbst ausreichend Optionen zur Verfügung Vereitelungsintentionen zu vermeiden. Letztlich sei die Mehrzahl solcher Fälle bereits durch § 288 des RStGB mit Strafe sanktioniert[172].

ee) Stellungnahme

Äußerst bedenklich war im objektiven Tatbestand die Bezeichnung „bewirkt" in § 359 Abs. 1, 2. Alt. RAO, wodurch der Gesetzgeber jede genauere Umschreibung der Tatbestandskriterien vermied. Auf diese Weise konnte jede Art strafwürdigen Verhaltens als tatbestandsmäßig ausgelegt werden, was dem dieser Untersuchung zugrunde gelegten Bestimmtheitsgrundsatz *Feuerbachs* fundamental widersprach. Diese weite Wortlautauslegung barg die Gefahr, Sachverhalte einzubeziehen, denen jegliche Betrugsähnlichkeit fehlte. Es handelte sich um Fälle, in denen der Steuerschuldner unter Gewaltanwendung oder Drohung gegenüber Steuerbeamten Steuerersparnisse anstrebte. Wenngleich das Bemühen der Rechtsprechung, dem objektiven Tatbestand der Steuerhinterziehung durch das ungeschriebene Merkmal der *Steuerunehrlichkeit* ein Mehr an Bestimmtheit zu verleihen, als positiv gewertet werden kann, muss dieses Vorhaben dennoch als gescheitert betrachtet werden. Die Unbestimmtheit des Merkmals *Steuerunehrlichkeit* und die damit verbundene Auslegungsbedürftigkeit führten selbst zu Komplikationen. Es blieb weiterhin umstritten, welchen konkreten Inhalt dieses ungeschriebene Tatbestandsmerkmal haben sollte. Dies galt insbesondere für solche Fallkonstellationen, in denen ein reines Verschweigen der Steuerpflichtigkeit vorlag. Darüber hinaus sind als Hinterziehung nur solche Handlungen zu erfassen, die sich gegen die richtige Festsetzung des Steueranspruchs richten. Den nach Steuerfestsetzung zur Vereitelung der Beitreibung vorgenommenen Handlungen dagegen fehlt das der Hinterziehung regelmäßig eigentümliche Element der Täuschung.

c) Erschleichen von Steuervorteilen (Abs. 1, 1. Alt.)

Strafbar war gem. § 359 Abs. 1 RAO neben dem Bewirken einer Steuerverkürzung das Erschleichen eines nicht gerechtfertigten Steuervorteils (1. Alt.).

172 Vgl. *Schmalz*, Steuerhinterziehung, § 4, S. 15.

aa) Erschleichen

Einigkeit im Schrifttum bestand insofern, dass unter dem Begriff des Erschleichens lediglich eine fraudulose Verhaltensweise zu verstehen sei. Ein reines Dulden, also etwa das Entgegennehmen einer Steuervergünstigung war unzureichend. Dennoch blieb die Auslegung der konkreten Begriffsmerkmale des Tatbestandes unklar. Insbesondere war umstritten, ob ein Erschleichen stets in aktiver Form oder auch in einem Unterlassen erfolgen konnte[173].

Das RG verstand unter Erschleichung ein arglistiges aktives Verhalten:

> „[…] versucht ist sie, wenn er mit der Erschleichung, d.h. mit der arglistigen Erlangung des ihm nicht gebührenden Steuervorteils einen Anfang gemacht hat.“[174]

> „Erschleichung eines Steuervorteils […]; denn das würde die Anerkennung oder Gewährung einer nicht gerechtfertigten Steuerbefreiung oder irgendwelcher sonstigen Steuervergünstigung durch die Steuerbehörde voraussetzen.“[175]

Juliusberger umschrieb den Begriff des Erschleichens als eine mit einem positiven Tun verbundene Verhaltensweise, welche sich durch die Anwendung besonderer Kunstgriffe bzw. durch eine besondere Heimlichkeit manifestiere[176].

Später wandelte sich die Auffassung dahingehend, dass auch ein Unterlassen pflichtgemäß gebotenen Handelns den Tatbestand des „Erschleichens“ erfüllen konnte. Bedingung war aber, dass für den Steuerpflichtigen eine Rechtspflicht zur Offenlegung bestand[177].

Notwendig war eine trügerische Begehungsweise:

> „Das Merkmal des ‘Erschleichens’ setzt begriffsmäßig voraus, daß der Steuerpflichtige durch trügerische Machenschaften einen nicht gerechtfertigten Steuervorteil erstrebt […].“[178]

Das Reichsgericht ordnete das *Erschleichen* sogar als „sog. Steuerbetrug“ ein:

> „Die Erschleichung nicht gerechtfertigter Steuervorteile aber, wie sie hier in Frage steht, kann sich ihrer Natur nach nur in den Begehungsformen des gemeinen Betrugs vollziehen und weist hier in der Tat auch, wie schon erwähnt, dessen sämtliche Merkmale auf.“ [179]

---

173 Vgl. *Becker,* a.a.O., § 359, Anm. 3, S. 491 f.; *Mrozek*, in: a.a.O., Bd. 2 (1922), § 359, Anm. 3, S. 1201 (1202); *Schmalz*, a.a.O., § 4, S. 17; *Schneider*, a.a.O., S. 79 (80).

174 RGSt. 57, 183 (184), II. Strafsenat, Urteil vom 15. März 1923 (II 6/22).

175 RGSt. 58, 186 (187), II. Strafsenat, Urteil vom 22. Mai 1924 (II 183/24).

176 Vgl. *Juliusberger*, Steuerstrafrecht (1923), § 16, S. 96.

177 Vgl. RGSt 61, 186 (188), vom 3. Februar 1927; 63, 95, 99 (100), vom 21. März 1929.

178 RGSt. 60, 182 (184), II 139/26 mit Verweis auf RGSt. 60, 97 (98 f.), II 603/25.

179 RGSt. 60, 97 (99); II. Strafsenat, Urteil vom 15. Februar 1926 (II 603/25).

Das Kriterium des Erschleichens ähnelte dem ungeschriebenen Tatbestandsmerkmal der *Steuerunehrlichkeit*. Es kam daher dem vorsätzlichen Bewirken einer Steuerverkürzung auf steuerunehrliche Art und Weise gleich[180]. Die Gegenüberstellung der Begriffe „Erschleichen" und „Bewirken" in § 359 RAO – so die Anmerkung von *Schmalz* – erwecke den Eindruck, dass der Gesetzgeber damit eine Differenzierung der Täuschungsform bezwecken wollte. Bei näherer Prüfung erkenne man aber, dass der Hauptunterschied beider Tatbestände nur in deren Zielen bestehen könne. Eine andere Ansicht führe zu dem Ergebnis, den Täter bei Erreichen eines Steuervorteils durch Verwendung einer nicht gerade als Kunstgriff anzusehenden Täuschungsform immer straffrei zu lassen, obwohl die Tat gemessen an Ihrem Erfolg mindestens genauso strafwürdig sein könne wie eine strafbare Herbeiführung einer Steuerverkürzung gemäß dem anderen Haupttatbestand[181]. Auch das RG erkenne den Hauptunterschied beider Tatbestände nur in dem Ziel der Täterhandlung, indem es die Erschleichung eines Steuervorteils als eine der unmittelbaren Steuerverkürzung der 2. Alternative gleichartige Begehungsweise einordne[182]. Dennoch blieb die genaue Abgrenzung der beiden Tatbestandsalternativen des Bewirkens einer Steuerverkürzung sowie des Erschleichens nicht gerechtfertigter Steuervorteile im Einzelfall schwierig. Die Grenzen der beiden Handlungsalternativen blieben fließend. Allerdings stellte sich generell jedes Erschleichen zugleich als ein Bewirken dar. Konsequenterweise wurde die erste Tatbestandsalternative des § 359 Abs. 1 RAO als eine besondere Handlungsform des Bewirkens einer Steuerverkürzung, und somit der zweiten Tatbestandsalternative des § 359 Abs. 1 *RAO*, eingeordnet[183].

bb) Nicht gerechtfertigte Steuervorteile

Umstritten, war auch was unter einem „Steuervorteil" zu verstehen war[184].

Proskauer hatte den Begriff „Steuervorteil" zunächst definiert als

> „das Ausfallen einer Steuerfolge, die Ermäßigung eines Steuersatzes oder die Vergütung aus dem Aufkommen der Steuer bei Vorliegen eines bestimmten Tatbe-

---

180 Vgl. RGSt. 61, 186 (188): [„wie beim „Erschleichen"]; so auch *Schneider*, a.a.O., S. 81.

181 Vgl. *Schmalz*, Steuerhinterziehung § 4, S. 17.

182 Vgl. RGSt. 58, 186 (188), Urteil vom 22. Mai 1924; dazu *Schmalz*, a.a.O. § 4, S. 17.

183 Vgl. *Becker*, Reichsabgabenordnung, 6. Aufl. (1928), § 359, S. 758 (759): „Man sieht, wie dicht die Fälle aneinandergrenzen; richtiger sagte man vielleicht, ineinander übergehen; […]"; RGSt. 61, 186 (188); *Schneider*, a.a.O., S. 81 f.

184 Vgl. *Schmalz*, Steuerhinterziehung § 4, S. 18.

standes. Die Voraussetzungen dieses Tatbestandes knüpfen entweder an die Person des Steuerschuldners oder eines Dritten oder an den Steuergegenstand an".[185]

Das Reichsgericht befasste sich ebenfalls mit dem Begriff des „Steuervorteils":

„[…], daß es sich bei dem Erschleichen von dem Täter nicht gebührenden Steuervorteilen um andere Vorteile handeln muß als um die, welche sich aus der Vorenthaltung von […] gebührenden Einnahmen ergeben. Ein Steuervorteil […] wäre hiernach beispielsweise in einer […] nicht gerechtfertigten Stundung der fälligen Steuer zu erblicken, dagegen niemals in Ersparnissen, die sich für den Täter aus der vorsätzlichen Verkürzung eines Steueranspruchs des Reichs […] ergeben."[186]

Wehner kritisierte *Proskauers* Definition. Das erste Charakteristikum „Ausfallen einer Steuerfolge" müsse von vornherein ausscheiden und komme nicht für den Vorteilsbegriff in Betracht. *Wehner* warf die Frage auf, wie dieses einen „Steuervorteil" im Gegensatz zu dem allgemeinen Tatbestand der Steuerverkürzung darstellen könne. Sofern ein Individuum bewirke, das eine Steuerfolge ausfalle, also der staatliche Steueranspruch im Einzelfall gar nicht erst entstehe, so liege gerade hierin der Regelfall des vorsätzlichen Bewirkens einer Steuerverkürzung[187]. *Proskauer* sehe die Ermäßigung eines Steuersatzes als Steuervorteil an. Auch der Gesetzgeber habe unter „Steuervergünstigung" einen „Steuervorteil" verstanden[188]. Jedes Erschleichen eines Steuervorteils

---

185 *Proskauer*, in: JW 1920, S. 732 (733): Als Steuervorteile, welche an den *Steuergegenstand anknüpfen* nannte er u.a. die §§ 12–15 des Einkommensteuergesetztes vom 29. März 1920, die die Vorschriften über die nicht steuerbaren Einkommensteile enthielten sowie die §§ 6 bis 7 des Körperschaftssteuergesetztes vom 30. März 1920 über die nicht steuerbaren Einkünfte. Als Steuervorteile, welche an die *Personen anknüpften* listete *Proskauer* u.a. § 21 des Grunderwebsteuergesetzes (Steuerbefreiung für Kriegsbeschädigte oder Hinterbliebene von Kriegsteilnehmern) auf. Weiter führte *Ders.* u.a. § 26 des Reichsnotopfergesetzes (Freistellung bei kinderreichen Familien) sowie § 14 Umsatzsteuergesetz (Vergütung aus dem Aufkommen bei geringem Einkommen) und Erbschaftssteuergesetz Ziff. 1–4, 6 (Anfall an bestimmte Steuerklassen unter gewissen Voraussetzungen) auf. Vgl. zu diesem Problem *Schmalz*, a.a.O., S. 18 f.

186 RGSt. 57, S. 388 (389), I. Strafsenat, Urteil vom 26. Oktober 1923 (I 649/23).

187 Vgl. *Wehner*, Steuerhinterziehung (1923), § 4, S. 5 (6): „Dazu kommt noch, daß die Koordinierung der Steuervorteilserschleichung und Steuerverkürzung im Tatbestande des § 359 Abs. 1 AO. unlogisch wäre. Wenn nämlich der Begriff „Steuervorteil" mit dem Begriff „Steuervergünstigung" gleichbedeutend ist, dann würde die Erschleichung eines Steuervorteils auch die vorsätzliche Bewirkung einer Steuerverkürzung darstellen."

188 Vgl. *Wehner*, a.a.O., § 4, S. 6, (7): Dies ergebe sich „aus einer Stelle im Bericht des 11. Ausschusses, wo es heißt: „In Abs. 2 (ergänze § 356 des Entwurfes bzw. § 359 AO.) war angeregt, bei einer der erhaltenen Steuerbefreiung oder Steuervergünstigung nicht entsprechenden Zweckverwendung …" Im Gesetzestext heißt es […] (vgl. § 359 Abs. 2 AO.): … „Sachen, für die ihm Steuerbefreiung oder Steuervorteile gewährt sind …", *so daß beide Begriffe in derselben Bedeutung vom Gesetzgeber verwandt sind.* Dagegen

falle unter den generellen Tatbestand der Bewirkung der Steuerverkürzung. De lege ferenda werde die Koordinierung der beiden Tatbestände zu beseitigen sein. Der Ausdruck „Steuervorteil" sei durch „Steuervergünstigung" zu ersetzen, da es nicht angehe, dass im materiellen Steuerrecht und im Steuerstrafrecht für den identischen Begriff unterschiedliche Formulierungen gebraucht würden[189].

Schmalz betonte, dass das Ausfallen einer Steuerfolge oder die Ermäßigung eines Steuersatzes nur bei Vorliegen bestimmter, gesetzlich festgelegter Voraussetzungen, welche an den Steuergegenstand oder die Person anknüpften, als Steuervorteil angesehen werden könnten. Es werde gerade über diese besonderen Voraussetzungen getäuscht. Das Gesetz hätte besser an Stelle des Wortes „Steuervorteil" den Begriff „Steuervergünstigung" verwendet, zumal die RAO und viele neuere Steuergesetze letzteren Begriff verwendeten. Hätte die RAO diese Gesetzesfassung ebenfalls für das Steuerstrafrecht übernommen, so wäre bei der Auslegung klarer geworden, dass der Gesetzgeber beim zweiten Haupttatbestand, außer der Stundung, Erstattung etc., auch alle an bestimmte gesetzliche Voraussetzungen gebundenen Fälle des Ausfallens einer Steuerfolge oder der Ermäßigung eines Steuersatzes erfasst haben wollte. Der Nichtgebrauch des Begriffs „Steuervergünstigung" könne als gesetzestechnischer Fehler eingeordnet werden. De lege ferenda wäre somit im Absatz 1–3 des § 359 RAO das Wort Steuervorteil durch den Begriff Steuervergünstigung zu ersetzen[190].

cc) Stellungnahme

Im Rahmen des § 359 Abs. 1, 1. Alt. RAO 1919 führte die unbestimmte Gesetzesformulierung zu Auslegungsschwierigkeiten. Die Abgrenzung der Tatbestandsalternativen des Erschleichens nicht gerechtfertigter Steuervorteile sowie des Bewirkens einer Steuerverkürzung blieb schwierig. Die Grenzen der beiden Handlungsalternativen blieben fließend. Da die Eigenschaften des Erschleichens Ähnlichkeiten mit dem ungeschriebenen Tatbestandsmerkmal der *Steuerunehrlichkeit* aufwiesen, also einem vorsätzlichen Bewirken einer Steuerverkürzung auf steuerunehrliche Art und Weise glichen, entstanden Auslegungs- und Abgrenzungsschwierigkeiten. In der Literatur und Rechtsprechung erfolgte eine Einstufung des Erschleichens nach § 359 Abs. 1, 1. Alt. RAO als eine besondere Handlungsform des Bewirkens nach § 359 Abs.

---

kommen für den Begriff „Steuervorteile" nicht in Betracht die Vorschriften der Zollgesetze, […]. Da diese für die […] Steuerabgabe ohne Bedeutung sind, [...]."

189 Vgl. *Wehner*, a.a.O., § 4, S. 5 (8).

190 Vgl. *Schmalz*, a.a.O., § 4 S. 19.

1, 2. Alt. RAO. Dieser Umstand lässt in letzter Konsequenz die selbständige Daseinsberechtigung der 1. Alternative des § 359 RAO als obsolet erscheinen.

d) Tathandlungen des § 359 Abs. 2 und Abs. 4

Umstritten war insbesondere der Begriff der steuerbegünstigten Zweckbestimmung in Absatz 2. Das Steuerrecht definierte zunächst die vielfältigen Zweckbestimmungen, an die es eine Steuerermäßigung oder eine Steuerbefreiung knüpfte. Fraglich war, welche dieser Zweckbestimmungen geeignet sein sollte, eine steuerliche Verstrickung derart zu bilden, dass deren Durchbrechung und die Unterlassung der Anzeige hiervon den Strafanspruch auslöst[191].

Proskauer erkannte eine steuerbegünstigte Zweckbestimmung bzw. strafbare Zweckänderung bereits darin, dass Gegenstände, die dem persönlichen Gebrauch des Beschenkten oder seiner Familienangehörigen bestimmt waren und folglich steuerfrei blieben, einem anderweitigen Gebrauchszweck zugeführt wurden und die Anzeige an die Steuerbehörde unterblieb. Dabei nahm er Bezug auf § 42 Ziff. 1 des ErbStG vom 10. September 1919. *Proskauer* stellte dieser Norm die Fälle des § 7 Ziff. 1 des ErbStG sowie des § 11 Ziff. 1 des Reichsnotopfergesetzes vom 31. Dezember 1919 gleich[192]. *Roth* widersprach der Ansicht *Proskauers*. Es komme lediglich auf die Zweckbestimmung im Moment der Schenkung an. Aus den grotesken Folgen der *Proskauerschen* Ansicht ergebe sich, dass § 42 Ziff. 1 EStG anders verstanden werden müsse. Als Beispiel hierfür umschrieb er den Fall eines Onkels, welcher seiner Nichte ein Kleid schenke, das diese dann zu einem späteren Zeitpunkt verkaufe, sobald es aus der Mode gekommen sei. Die Befreiung von der Schenkungssteuer sei nicht an die dauernde oder zeitige Verwendung zu dem Zwecke, der den Grund für die Steuerbefreiung bilde, gebunden[193].

---

191 Vgl. zu dieser Problematik *Schmalz*, Steuerstrafrecht (1926), § 5, S. 21.

192 Vgl. *Proskauer*, in: JW 1920, S. 732 (733): „Es sind folgende Einzelfälle anzuführen: § 11 Reichsnotopfer: Ausnahme des Hausrats und solcher Gegenstände, die geschichtlichen, künstlerischen, wissenschaftlichen Wert haben, § 7 Erbschaftssteuergesetz: Ausnahme der genannten Sachen von der Nachlaßsteuer, § 32 a.a.O.: Ausnahme der oben genannten Sachen, sowie der Kleidungstücke und Haushaltsgegenstände unter bestimmten Voraussetzungen von der Berechnung der Erbschaftssteuer, § 42 Ziff. 1 a.a.O.: Ausnahme beweglicher Sachen von nicht mehr als 5000 M und von Gelegenheitsgeschenken unter gewissen Voraussetzungen von der Schenkungssteuer."

193 Vgl. *Roth*, in: JW 1921, S. 104: *Proskauer* verkenne den Hinterziehungsbegriff des § 359 Abs. 2 RAO, „wenn er glaubt, auf die §§ 32 und 42 Ziff. 1 EstG. sowie auf § 7 daselbst und § 11 [Reichnotopfer – RNO] unterschiedslos exemplifizieren zu können. Der § 7 Ziff. 1 EStG. und der § 11 Ziff. 1 [RNO] binden die Steuerbefreiung an keinerlei Verwendungszweck. Hier unterstelle ich eine Flüchtigkeit *Proskauers* [...]".

Ähnlich urteilte das Reichsgericht zu Fällen des § 20 des Umsatzsteuergesetzes in der Fassung vom 24. Dezember 1919, in denen bei zu bestimmten Zwecken erworbenen Gegenständen (z.B. zu Lernzwecken erlangtes Klavier) eine Vergütung eines Teils des entrichteten Entgelts eintrat. Nach ständiger Rechtsprechung des Reichsfinanzhofs könnten hier für die Gewährung der Vergütung nur die Verhältnisse zur Zeit des Erwerbs maßgebend sein. Ansonsten käme man zu untragbaren Konsequenzen[194]. Letztlich könnten – so die Anmerkung von *Schmalz* – bei § 359 Abs. 2 RAO nur solche Verwendungszwecke in Betracht kommen, die eine gesetzliche Bindung auf eine bestimmte Zeit oder auf Dauer in der Form enthielten, dass eine Abwandlung der Zweckfestlegung stets als ein Bruch der steuerlichen Festlegung erscheine[195].

Des Weiteren war fraglich, ob bereits die Änderung der gesetzlichen Anforderungen, unter denen eine Steuervergünstigung eintritt, eine Verpflichtung zur Anzeige für den Steuerträger (Zensiten) zu begründen vermochte[196]. *Lelewer* regte an, in diesen Fällen eine besonders scharfe Überprüfung der steuerlichen Verstrickung und der Art der Gebundenheit des Verwendungszwecks vorzunehmen. Eine solche Verbundenheit nach § 359 Abs. 2 RAO werde man verneinen müssen, wenn nur eine gesetzliche Verknüpfung des Verwendungszwecks mit der Steuerbefreiung gegeben sei. Die Verbundenheit könne nur dann angenommen werden, wenn für Sachen unter der Voraussetzung eines bestimmten Verwendungszwecks durch einen ausdrücklichen steuerbehördlichen Verwaltungsakt Vergünstigungen gewährt worden seien[197]. Demgegenüber vertrat *Wehner* die Auffassung, der Begriff der „Gewährung des Steuervorteils" in § 359 Abs. 2 RAO sei nicht so eng auszulegen, dass er durch einen besonderen, nach außen hin erkennbaren Akt der Steuerbehörde gewährt sein müsse. Die Gewährung eines Steuervorteils liege schon dann vor, wenn, wie es in der Praxis üblich sei, bei der internen Steuerberechnung auf dem Steuerberechnungsformular der steuerfreie Betrag in die steuerfreie Spalte abgesetzt werde, ohne dass die Gewährung des Steuervorteils im zugestellten

---

194 Vgl. RFG, Bd. 10, S. 129 (130), V. Senat, Urteil vom 9. Juni 1922 V A 15/22: „[…] einer späteren Änderung der tatsächlichen Verhältnisse kann also gegenüber einem solchen Vergütungsbescheide nicht die Wirkung beigelegt werden, daß das Finanzamt die Befugnis erhielte, seinen Vergütungsbescheid zurückzunehmen; […]."

195 Vgl. *Schmalz*, a.a.O., § 5, S. 22; so u.a.: § 18 Ziff. 6, 18, 19 Erbschaftsteuergesetz in der Fassung vom 22. August 1925 (RGB. 1925 I S. 320 ff.). Daneben gäbe es zahlreiche Beispiele in den Verbrauchsabgabengesetzen, die häufig die steuerliche Verstrickung hervorhoben: wie das Weinsteuergesetz (WStG) vom 26. Juli 1918: § 11 i.V.m. § 24 Nr. 3, § 2 Nr. 2 u. 4 i.V.m. § 13 Nr. 3 WStG in der Fassung vom 10. August 1925.

196 Vgl. *Schmalz*, Steuerhinterziehung (1926), § 5, S. 22.

197 Vgl. *Lelewer*, Steuer-Strafrecht (1925), § 13, S. 120.

Bescheid für den Steuerpflichtigen ohne weiteres erkennbar hervortrete. Allerdings könne aus dieser Art der Steuervorteilsgewährung nicht die Offenbarungspflicht des Steuerträgers bei Änderung des Verwendungszwecks gefolgert werden. Die Anzeigepflicht selbst müsse durch die Steuerbehörde im Wege eines besonderen, wenn auch formlosen, Verwaltungsaktes nach § 203 RAO, dem Steuerpflichtigen auferlegt werden[198].

Hinsichtlich des Begriffs „Steuerumgehung" in § 359 Abs. 4 RAO verwies das Gesetz auf § 5 der RAO. Die rechtliche Einordnung der Steuerumgehung war umstritten[199]. *Hensel* kritisierte, dass die Steuerumgehung erhebliche Verschiedenheiten von verwandten Rechtsfiguren des Privatrechts aufweise und sich weder unter den Begriff des Scheingeschäfts noch unter den des verdeckten Rechtsgeschäfts subsumieren lasse. Das Scheingeschäft müsse schon deshalb ausscheiden, weil seine Folge absolute Nichtigkeit sei. Ein rechtliches Nichts sei aber noch weniger Tatbestandsverwirklichung als eine Vermeidung des gesetzlichen Tatbestandes. Das wegen Simulation absolut nichtige Geschäft könne niemals zur Steuerpflicht führen[200]. Zudem versage der Versuch, das Umgehungsgeschäft unter die Kategorie der wegen Verstoßes gegen die guten Sitten nichtigen Rechtsgeschäfte zu bringen[201]. Es sei unmöglich, die Umgehung durch eine weite Auslegung der Steuergesetze zu erfassen[202]. § 5

---

198 Vgl. *Wehner*, a.a.O., S. 10: „Die Unterlassung der vorherigen Anzeige einer nachträglichen Dispositionsänderung einer Sache nach einer vorausgegangenen Gewährung eines Steuervorteils ist nur dann strafbar, wenn der Steuervorteil davon abhängig ist, daß die Sache zu *dem* Zwecke verwandt wird, der den Grund für die Gewährung des Steuervorteiles bildet, und dem Steuerpflichtigen von der Finanzbehörde besonders eine Anzeigepflicht auferlegt wird."

199 Vgl. zu dieser Problematik u.a. *Endres*, a.a.O., S. 40 ff.; *Schmalz*, a.a.O., S. 23 (24 ff.).

200 Vgl. *Hensel*, Steuerumgehung (1923), III., Anm. 1, S. 232 (233): „Stets aber muß genau geprüft werden: welches Rechtsgeschäft haben die Parteien wirklich gewollt? War ihr ernsthafter rechtsgeschäftlicher Wille auf den Abschluß des Umgehungsgeschäfts gerichtet, weil sie nur dadurch der Steuerpflicht entgehen konnten, so hat Dissimulation auszuscheiden […]".

201 Vgl. *Hensel*, a.a.O., S. 232 (234 f.): „[…] nicht die Nichtigkeit ist das Ziel der Steuerumgehungsbekämpfung, sondern gerade seine wirtschaftliche Aufrechterhaltung, unter Umdeutung in die tatbestandsmäßigen Rechtsformen. – Weiter aber: Nicht das Umgehungsgeschäft selbst verstößt gegen die guten Sitten, sondern höchstens die durch es bewirkte Nebenfolge der Steuerersparung. Der Hauptzweck des Umgehungsgeschäfts, die Erreichung eines bestimmten wirtschaftlichen Erfolges, einer Vermögensverschiebung unter den Par-[S. 235]teien, ist vom sittlich moralischen Standpunkt aus betrachtet einwandfrei."

202 Vgl. *Hensel*, Steuerumgehung (1923), IV., S. 237 (244): „Die echte Steuerumgehung fängt genau dort an, wo die Auslegungskunst zu versagen beginnt. Die Lücke des Gesetzes, die Nichtübereinstimmung zwischen Gesetzeszweck und (in sich widerspruchs-

RAO bedeute nicht nur eine Erweiterung des § 4 RAO (Auslegung der Steuergesetze), welcher die Berücksichtigung des Zwecks, der wirtschaftlichen Bedeutung und der Entwicklung der Verhältnisse vorschreibe. Es bleibe eine Grenze nach der echten Steuerumgehung bestehen. Sie liege dort, wo das umgangene Steuergesetz bei der weitesten noch zulässigen Auslegung den verwirklichten Tatbestand gerade noch zu treffen vermöge. Die sich darüber hinaus ergebende Lücke aus der Nichtübereinstimmung zwischen Gesetzeszweck und Wortlaut, welche sich der Umgehende zunutze mache, könne indessen nicht durch Auslegung des nicht mehr zutreffenden Rechtssatzes überbrückt werden[203]. Bekämpfen lasse sich die Umgehung auch nicht durch Analogieschluss. Dieser habe Vorbehalte auf den Rechtsgebieten gegen sich, welche, wie das Steuerrecht, das staatliche Eingriffsrecht in die Freiheitssphäre der Bürger zum Inhalt hätten[204]. Die Neuregelung der §§ 5, 359 IV RAO verwies ergänzend auf sehr weitreichende, nicht strafrechtliche Bestimmungen. § 5 RAO, auf den verwiesen wurde, setze in Absatz 1 den Begriff „Missbrauch" voraus[205]. Bedenklich war dabei, dass die Voraussetzungen der §§ 5, 359 IV RAO ihrerseits unbestimmte Begriffsmerkmale enthielten. *Koch* monierte, dass der Versuch der legalen Interpretation des Begriffs „Missbrauch" durch bestimmte Merkmale als nicht glücklich erscheine[206]. Für die Bejahung des § 359 Abs. 4 RAO knüpfte das Gesetz die Strafbarkeit daran, dass der Täter Pflichten verletzte, die ihm im Interesse der Ermittlung einer Steuerpflicht oblagen. Trete zu § 5 RAO noch die Verletzung der wahrheitsgemäßen Erklärungsabgabe, dann sei § 359 Abs. 4 RAO als erfüllt anzusehen. Als Pflichten kämen primär die Normen der RAO in Betracht, welche in den

---

[S. 245]losem) Wortlaut, die sich der Umgeher zunutze macht, kann gar nicht durch Auslegung des nun einmal nicht zutreffenden Rechtssatzes überbrückt werden".

203 Vgl. *Schmalz,* a.a.O., § 359, S. 25 f.

204 Vgl. *Hensel*, a.a.O., IV., S. 246 (247): „Als Ergebnis der bisherigen Ausführungen kann also festgehalten werden: Die echte (nicht durch Auslegung zu beseitigende) Steuerumgehung kann nicht durch analoge Rechtsanwendung, sondern nur auf Grund besonderer ausdrücklicher Rechtsnormen wirksam bekämpft werden"; auch *Schmalz,* a.a.O., S. 26.

205 Vgl. *Endres*, Die kriminelle Natur (1929), S. 41.

206 Vgl. *Koch*, in Deutsches Steuerblatt 1924, S. 448 (454): „Die Aufzählung soll erschöpfend sein, und es haben dem Gesetzgeber offenbar gewissen Hauptfälle von Steuerumgehungen aus der Praxis […] vorgeschwebt, die er zu verallgemeinern versucht hat. Aber dieser Versuch mußte naturgemäß zu einer umständlichen und schwierigen Verklausulierung führen, die der Verwaltung und Rechtsprechung die Anwendung nicht erleichtert, sondern erschwert hat, […]. Die Anlehnung an gewisse Hauptfälle […] trifft eben sicher in der Regel nur diese, die einmal gefaßt, von gerissenen Stpfl. und Steuerberatern, auf die sie gemünzt sind, nicht wiederholt werden, und paßt nicht auf die vielen anderen Fälle, die daneben versucht worden sind oder versucht werden."

§§ 162 bis 203 im Dritten Abschnitt zusammengefasst waren[207]. Generell gelte bei § 359 Abs. 4, dass das Umgehungsgeschäft selbst in seinem tatsächlichen Verlauf im Normalfall noch keine Pflichtverletzung darstelle. Der Zusammenhang sei der, dass die Umgehung mit der Pflichtverletzung zum Bestandteil einer einheitlichen Täuschungshandlung werde, welche die Versteuerung des jeweiligen Geschäfts gemäß der Umdeutung in die übliche Rechtsform vereiteln solle. Auch hier verweise das Gesetz bzw. die Begründung zum Entwurf auf Manipulationen, folglich auf frauduloses, unehrliches und steuerwidriges Verhalten des Täters. Es finde sich hier eine dem gesamten Hinterziehungstatbestand des § 359 RAO gemeinsame Täuschungsform. Letztlich liege auch hier kein anderer Tatbestand als die Bewirkung einer Steuerverkürzung oder die Erschleichung eines nicht gerechtfertigten Steuervorteils nach § 359 Abs. 1 RAO vor[208]. Die Bestrafung könne also nur eintreten, wenn neue Kriterien hinzukämen, welche die „unlautere Absicht offenkundig dartun“[209].

Im Ergebnis weist § 359 Abs. 2 RAO eine Tatbestandsunbestimmtheit auf, welche zu Auslegungsproblemen führte. Im Wege einer restriktiven Auslegung ist auf die Zweckbestimmung nur im Moment der Schenkung abzustellen. Die Befreiung von der Schenkungssteuer z.B. darf nicht an den dauernden oder zeitigen Gebrauch zu dem Zweck, der die Ursache für die Steuerbefreiung bildet, gebunden sein. Die „Gewährung eines Steuervorteils“ erfordert einen zusätzlichen objektiven Akt durch die Behörde. Der Tatbestand ist nur dann erfüllt, wenn für Sachen unter der Voraussetzung eines bestimmten Verwendungszwecks durch einen ausdrücklichen Verwaltungsakt der Steuerbehörde Vergünstigungen gewährt worden sind und eine Änderung des Verwendungszwecks einen Bruch der steuerlichen Verstrickungsmaßnahme darstellt.

e) Vorsatzprobleme

Als entscheidender Fortschritt gegenüber dem Rechtszustand vor 1919 galt die Tatsache, dass das Gesetz bei allen vier Hinterziehungstatbeständen des § 359 RAO auch die innere Tatseite einheitlich zu gestalten versuchte. Die Neuregelung des § 359 RAO hatte eine wesentliche Angleichung der Steuerhinterzie-

207 Vgl. *Endres*, Die kriminelle Natur (1929), S. 42 (43); *Schmalz*, a.a.O. (1926), S. 30.

208 Vgl. *Schmalz*, a.a.O. (1926), S. 31; *Endres*, Die kriminelle Natur (1929), S. 40 (41).

209 Vgl. Bericht des 11. Ausschusses der Nationalversammlung 1919 (Nr. 1460.), S. 45 (46): „Das in § 5 ausgesprochene Verbot der Steuerumgehung ist neu, sein Inhalt flüssig, [...] Bleibt es bei der Steuerumgehung, so ist dieselbe straflos. [...] Kommen aber neue Momente hinzu, die die unlautere Absicht offenkundig dartun, so werden nicht nur diese neuen Manipulationen, sondern auch die Steuerumgehung selbst strafbar.“

hung an das Justizstrafrecht zur Folge. Damit verbunden war eine wesentliche Steigerung der Anforderungen an das Verhalten der Steuerpflichtigen[210].

Unklar blieb die Bedeutung der Worte „zum eigenen Vorteil oder Vorteil eines anderen". Mit Ausnahme der Steuerumgehung, also des vierten Tatbestandes, fanden diese Worte einheitlich Verwendung[211]. Die Fassung des § 359 RAO hatte im Vergleich zu der entsprechenden Wortformulierung im gemeinen Strafrecht nicht an Klarheit gewonnen. Das herkömmliche Strafrecht verstand unter der „Absicht, sich oder einem Dritten einen rechtwidrigen Vermögensvorteil zu verschaffen" (§ 263 RStGB) oder „seines Vorteils wegen" (§§ 257, 259 RStGB) das Erfordernis einer konkreten Absichtshandlung. Notwendig war dort, dass das Streben nach Vermögensvorteil die Triebfeder, der Vorteil, Ziel und Zweck des Tätigwerdens gewesen war[212]. Teilweise wurde daher der Standpunkt vertreten, dass auch bei § 359 RAO eine Absicht im technischen Sinne zu verstehen sei[213]. So vertrat *Juliusberger* die Ansicht, dass § 359 RAO ein Delikt mit Absichtserfordernis sei. Wie bei § 263 RStGB sei die auf Erlangung des rechtwidrigen Vermögensvorteils gerichtete Absicht auch für die Steuerhinterziehung, mit der Einschränkung des § 358 RAO, zu fordern, obwohl es in § 359 RAO nicht ausdrücklich formuliert werde. Dies müsse durch Gegenschluss aus § 367 RAO, welcher für die fahrlässige Hinterziehung einen besonderen Tatbestand mit besonderem Strafrahmen vorsehe, gefolgert werden[214]. Auch das Reichsgericht folgte zunächst dieser Auffassung und forderte in subjektiver Hinsicht ein Handeln, welches mit Absicht auf Erlangung des rechtwidrigen Vermögensvorteils erfolgen müsse[215].

Dagegen wurde überwiegend das Vorliegen eines Eventualvorsatz (dolus eventualis) als ausreichend erachtet[216]. Laut Begründung des Entwurfs zur RAO verfolgte der Gesetzgeber den Zweck, die Hinterziehungsabsicht aus dem Tatbestand des § 359 RAO zu entfernen, um dadurch den Schutz der Steueransprüche in der Praxis zu gewährleisten[217]. Auch in der Literatur fand

---

210 Vgl. *Schmalz*, Steuerhinterziehung, (1926), S. 31, 32 a.E.

211 Vgl. *Wehner*, Steuerhinterziehung, § 8, S. 19; *Hellmann*, in: HHS, § 370, Rn. 34, S. 26; *Schmalz*, Steuerhinterziehung (1926), S. 33.

212 Vgl. *Wehner*, a.a.O., § 8, S. 20; *Ebermayer / Lobe / Rosenberg*, RStGB (1925), § 259, Anm. 6, S. 798: Der Vorteil müsse Zweck und Ziel des Handelns gewesen sein.

213 Vgl. *Hellmann*, in: HHS, § 370, Rn. 34, S. 26.

214 Vgl. *Juliusberger*, Steuerstrafrecht (1923), § 16, S. 99.

215 Vgl. Urteil vom 24. Oktober 1924, I D 641/24, in: StuW 1924, Nr. 577, S. 1596 (1597).

216 Vgl. RGSt. 60, 182 (185): „Absicht der Steuerhinterziehung ist nicht erforderlich."

217 Vgl. Verhandlungen der verfassunggebenden Deutschen Nationalversammlung, Band 338, Aktenstück Nr. 759, Begründung S. 577 (598): „Da es aber nicht sicher ist, ob dies

diese weite Tatbestandsauslegung überwiegend Anklang. Danach mache sich nicht nur derjenige strafbar, der durch sein Verhalten die Steuerverkürzung bezwecke, sondern auch derjenige, welchem dieser Erfolg gleichgültig sei, ja eventuell gar unerwünscht sei, sofern diesen lediglich das Bewusstsein des Handelnden mit umfasse[218]. Der Gesetzgeber bezwecke eine möglichst weite Auslegung des Hinterziehungstatbestandes. Eine erhebliche Einengung sei keinesfalls gewollt. Hierfür spreche auch der Wortlaut des § 361 RAO. Die Strafe für die Tat gelte auch für eine Beihilfe und die Begünstigung, die jemand „seines Vorteils wegen" begehe. Hier sei die qualifizierte Beihilfe und Begünstigung, bei welcher die auf eine Vorteilserlangung gerichtete Absicht als Beweggrund zur Tat hinzukommen müsse, unter eine besondere Strafe gestellt. Wäre für die Bejahung des Tatbestandes nach § 359 RAO eine auf Vorteilserlangung gerichtete Absicht erforderlich, so hätte es in § 361 RAO nicht des besonderen Zusatzes „des Vorteils wegen" bedurft[219]. Diese Ansicht wurde später durch das Reichsgericht bestätigt. Ausreichend in subjektiver Hinsicht sei Eventualvorsatz[220].

Strittig war zudem, ob der Vorteil spezifisch steuerrechtlicher bzw. wirtschaftlicher Natur sein müsse oder auch Vorteile ideeller Art ausreichend seien[221].

Wehner wies darauf hin, dass die Steuerhinterziehung auf eine Steuerverkürzung gerichtet sei, deren Zweck es sei, einerseits die Verkürzung des staatlichen Steueranspruchs sowie andererseits eine Bereicherung des Steuerpflichtigen zu erreichen. Daher müsse man von der Notwendigkeit eines Vermögensvorteils ausgehen. Allerdings entstünden Schwierigkeiten in Fällen, in denen der Tätervorsatz auf Erlangung eines Vorteils ideeller Art gerichtet sei, z.B. wenn der

---

in allen Fällen zutrifft, ist die Strafvorschrift dahin ergänzt, daß nur Ordnungsstrafe eintreten soll, wenn erwiesen wird, daß die Absicht der Steuerhinterziehung nicht vorgelegen hat. Andererseits soll, wenn die Absicht der Steuerhinterziehung erwiesen wird, nach dem Besitzsteuergesetz unter gewissen weiteren Voraussetzungen schwerere Strafe eintreten. Diese Regelung ist bedenklich, da nach der Rechtsprechung […] die Absicht in Fällen, wo sie als straferschwerender Umstand zu einem gewöhnlichen Vergehen hinzutritt, Beweggrund sein muß […]. Bedenklich ist weiter, daß manche Fälle nicht getroffen werden, die strafbar sein müßten […]. Diesen Unzuträglichkeiten und Lücken entgeht man, wenn man grundsätzlich die zum eigenen Vorteil oder zum Vorteil eines anderen begangene vorsätzliche Steuerverkürzung als solche bestraft […]."

218 Vgl. *Schmalz*, Steuerhinterziehung, S. 32.

219 Vgl. *Wehner*, Steuerhinterziehung, § 8, S. 20.

220 Vgl. RGSt. 60, 182 (185); RGSt. 65, 331 (332), Urteil vom 2. Juli 1931, II 419/31. *Reuning*, in: BArch Berlin, R 2/24179, Bl. 53: „Nicht gefordert wird das Bewusstsein des Verbotenseins des Tuns und die Absicht, den strafbaren Erfolg zu erreichen."

221 Vgl. *Hellmann*, in: HHS, § 370, Rn. 34, S. 26; *Wehner*, a.a.O. (1923), § 8, S. 20 f.

Erbe die unrichtigen Angaben des Erblassers fortsetze, um dessen Andenken zu schonen bzw. die Familienehre zu wahren. Zunächst spreche § 4 RAO für eine weite Tatbestandsauslegung. Diese Norm bestimme, dass bei der Auslegung der Steuergesetze deren Zweck zu berücksichtigen sei. Auch sei die Begründung zum Entwurf der RAO zu beachten, wonach die umschriebenen Fälle ideeller Natur unter den Tatbestand des § 359 RAO fallen sollten. Der Begriff „Vorteil" müsse im wörtlichen Sinne weit ausgelegt werden und somit auch ideelle Vorteile, wie es die Familienehre sei, miteinbeziehen[222].

Daneben bestand die Intention des Gesetzgebers, mit der Formulierung „zum eigenen Vorteil oder zum Vorteil eines anderen" Fallkonstellationen wirksam zu erfassen, in welchen ein Dritter in Unterstützung eines gutgläubigen Steuerpflichtigen für diesen eine falsche Steuererklärung vorbereitete, ohne dabei nach außen selbst als Vertreter zu fungieren, so dass weder der Steuerpflichtige noch der Dritte gefasst werden konnten[223]. Diese Formulierung sollte also verhindern, dass praktisch wichtige Fälle straflos blieben. Erfasst werden sollte also auch die bewirkte Steuerverkürzung zum Vorteil eines anderen[224].

Wehner merkte jedoch an, dass diese Tatbestandsformulierung „zum eigenen Vorteil oder zum Vorteil eines anderen" gänzlich unnötig gewesen sei, zumal der dargelegte Fall vollständig in den Rahmen des allgemeinen Tatbestandes der „vorsätzlichen Bewirkung der Steuerverkürzung" falle. Wer einen gutgläubigen Steuerträger, ohne als Vertreter nach außen hin aufzutreten, eine unrichtige Steuererklärung zum Unterschreiben zuschiebe und hierdurch eine Steuerverkürzung bewirke, mache sich unzweifelhaft nach § 359 Abs. 1 RAO strafbar, ohne dass es eines weiteren Zusatzes bedurft hätte. Offensichtlich sei der Gesetzgeber irregeleitet worden von der Formulierung zuvor gesetzlich normierter Hinterziehungstatbestände, die an die Person des Steuerpflichtigen anknüpften[225]. Die Worte „zum eigenen Vorteil oder zum Vorteil eines anderen" – so *Wehner* – seien zu streichen, um all diese unnötigen Komplikationen zu vermeiden. Selbst bei weitester Auslegung des Begriffes „Vorteil" bewirkten diese Worte eine vom Gesetzgeber ungewollte Einengung des allgemeinen Hinterziehungstatbestandes, welcher selbst einen ausreichenden Rahmen setze, um alle erdenklichen Hinterziehungsmöglichkeiten zu erfassen[226].

---

222 Vgl. *Wehner*, Steuerhinterziehung (1923), § 8, S. 21.

223 Vgl. *Wehner*, Steuerhinterziehung (1923), § 8, S. 21; *Schmalz*, a.a.O. (1926), S. 33.

224 Vgl. *Mrozek*, a.a.O. 2. Bd., Anm. 4, S. 1202, *Wehner*, a.a.O., S. 21.

225 Vgl. *Wehner*, a.a.O., § 8, S. 22: wie bspw. § 76 des Besitzsteuergesetzes von 1913, wo es laute: „Wer als Steuerpflichtiger oder als Vertreter eines Steuerpflichtigen [..]".

226 Vgl. *Wehner*, Steuerhinterziehung, § 8, S. 22.

Auch *Schmalz* äußerte sich kritisch zu dem bestehenden Wortlaut. Gebe man der Erwägung Raum, der Gesetzgeber habe mit dieser Wortwahl die Intention gehabt, eine Tatbestandserweiterung zuungunsten Dritter zu erreichen, so werde die Wortlautformulierung noch unbegreiflicher. Aus den Worten „Erschleichung nicht gerechtfertigter Steuervorteile“ und „Verkürzung von Steuereinnahmen“ gehe bereits hervor, dass die vollendete Tat irgendjemand einen rechtlich nicht begründeten Vorteil bringen müsse. Zudem ergebe bereits der Wortlaut des § 359 Abs. 1 RAO „Wer […] bewirkt“, dass der Tatbestand hier nicht nur an die Person des Steuerpflichtigen anknüpfe, sondern das Handeln Dritter ohnehin mit umfasse. Keine Klarheit verschaffe zudem der § 359 Abs. 2 RAO, wonach das Gesetz die Erlangung der Steuervergünstigung lediglich an die Person des Steuerpflichtigen knüpfe. Nur in Ausnahmefällen würde hier ein Vorteil eines anderen in Frage kommen[227]. Nach alledem könne man die Hinzufügung der Wortwahl keineswegs als glücklich bezeichnen. Auf eine vom Gesetzgeber als notwendig erachtete Absicht der Erlangung eines Vermögensvorteils könnten sie nicht deuten, da der Hinterziehungstatbestand dies nicht fordere. Sie erschienen bei der Auslegung im Sinne einer Erweiterung des Tatbestandes als überflüssig. Das Gesetz sehe beiden Tatbeständen des Absatzes 1 auch ohne diese zusätzlichen Kriterien die Möglichkeit vor, Handlungen nicht steuerpflichtiger Dritter mit einzubeziehen[228].

Fraglich war des Weiteren, wann ein Eventualvorsatz im Rahmen des § 359 Abs. 1 RAO als gegeben anzusehen war. Umstritten war folglich, wie die Auslegung bei bedingt vorsätzlichem Handeln konkret erfolgen sollte[229]. Der

---

227 Vgl. *Schmalz*, Steuerhinterziehung (1926), § 8 , S. 34; § 359 Abs. 2: „Wer Sachen, für die ihm Steuerbefreiung oder Steuervorteile gewährt sind“

228 Vgl. *Schmalz*, Steuerhinterziehung (1926), § 8, S. 34.

229 Vgl. zu dieser Problematik *Schmalz*, a.a.O., § 9, S. 35. Unklar war weiter, ob sich die Kenntnis auf die Steuerpflicht bzw. Rechtswidrigkeit oder den Steueranspruch beziehen musste. So wurde gefolgert, dass der Täter die Rechtswidrigkeit (die Verletzung einer steuerrechtlichen Verpflichtung) durch seine Handlungsweise für die Bejahung des Vorsatzes kennen sollte. Der Täter müsse wissen, dass seine Verhaltensweise strafbar sei. Seien dem Täter beide Kriterien bewusst, so kenne er den strafbaren Tatbestand und wolle ihn auch erfüllen. Vorsatz sei zu bejahen. Kenne der Täter hingegen die steuerrechtliche Pflicht, welche durch sein Handeln verletzt wurde, oder die Strafbarkeitserklärung der Pflichtverletzung nicht, so sei der Vorsatz und damit auch die Bestrafung wegen Steuerhinterziehung nach § 359 I RAO ausgeschlossen. Somit entfalle der Hinterziehungsvorsatz bspw., wenn der Täter nicht wolle, dass die Steuer im Ergebnis zu gering angesetzt werde und sein Handeln aus anderen Motiven heraus, z.B. aus Rücksicht auf das Andenken an den Verstorbenen, erfolge. In diesen Fallkonstellationen werde eine strafbare Ordnungswidrigkeit festgesetzt, § 377 RAO. In Betracht komme, sofern das Nichtwissen des Täters auf fahrlässigem Verhalten beruhe, eine Sanktionierung wegen Steuergefährdung nach § 367 RAO oder wegen Ordnungswidrigkeit gemäß § 377 RAO, vgl. *Cattien*, Steuerstrafrecht, § 359, Anm. VI., S. 144; Anm. III., S. 143.

Reichsfinanzhof – vorsichtig auslegend – sah Eventualvorsatz erst dann als gegeben an, wenn sich dem Steuerpflichtigen, der sich über die Pflicht zur Angabe von Vermögensbestandteilen im Unklaren war, Zweifel über die Richtigkeit seiner Auffassung oder über eine ihm zuteil gewordene Belehrung in der Form aufdrängten, dass er sich der Verpflichtung, der gegenteiligen Ansicht als der richtigeren den Vorzug zu geben, bewusst wurde. Sofern er nun trotz dieser Einsicht die vorgeschriebene Angabe unterließ, sollte der dolus eventualis i.S.d. § 359 Abs. 1 RAO erfüllt sein. Folglich vertrat der Reichsfinanzhof eine Tatbestandsauslegung zugunsten des Täters[230]. Demgegenüber vertrat das Reichsgericht eine andere Auffassung. Sowohl Zweifel an der Anwendbarkeit steuerrechtlicher Bestimmungen sowie die Hoffnung des Täters auf eine Entscheidung steuerrechtlichen Fragen zu seinen Gunsten als auch eine dem Täter wohlwollende Auffassung seiner Berufsgenossen sollten keineswegs als Entschuldigungsgrund Anwendung finden. Dolus eventualis sei in diesen Fällen ohne weiteres anzunehmen[231].

3. Vollendung und Versuch der Steuerhinterziehung

Problematische Züge wies auch der Vollendungszeitpunkt der Steuerhinterziehung auf. Dabei war zunächst danach zu differenzieren, ob eine besondere Festsetzung der Steuer stattzufinden hatte oder ob die Steuer im Wege der sogenannten Selbstbesteuerung zu entrichten war[232]. Im ersten Fall war § 359 Abs. 3 RAO einschlägig. Die Vollendung war danach von einem bestimmten Verletzungserfolg abhängig. Zwar stellte dies eine bewusste Abkehr vom bisherigen Finanzstrafrecht dar, wonach die Steuerhinterziehung nur als Gefährdungsdelikt eingeordnet wurde. Dennoch blieben die früheren Rechtseinflüsse weiter bestehen. So trat etwa die Vollendung in einem verhältnismäßig frühen Abschnitt ein. Zur Vollendung der Tathandlung war nur die Steuerfestsetzung oder die Gewährung oder Belassung eines Steuervorteils notwendig. Die kassenmäßige Auswirkung der Steuerhinterziehung war dagegen nicht abzuwarten. Zahlung oder der Eintritt der Rechtskraft war nicht erforderlich[233]. Fraglich war hierbei, ob der interne Verwaltungsakt der

---

Später wurde argumentiert, dass der Täter für die Bejahung des Vorsatzes wissen müsse, dass ein Sachverhalt steuerlich relevant sein könne, den Steueranspruch also kennen oder zumindest für möglich halten. Die exakte Kenntnis der Anspruchsgundlage, Steuerart sei dagegen nicht notwendig, vgl. *Koch*, AO 1977, § 370, Rn. 46, S. 1417.

230 Vgl. RFH, Bd. 8, S. 240 (241); Urteil vom 20.12.1921 III A 275/21.

231 Vgl. RGSt. Urteil vom 12.12.1922 in RStBl. 1923, S. 72 f.

232 Vgl. *Wehner*, Steuerhinterziehung (1923), § 13, S. 30; Schmalz, a.a.O. (1926), S. 43.

233 Vgl. *Becker*, a.a.O., § 359, Anm. 4, S. 492; Wehner, a.a.O., S. 30.

Steuerfestsetzung ausreichen sollte oder doch zumindest die Bekanntgabe des Steuerbescheides hinzuzutreten hatte[234].

Das Reichsgericht (RG) urteilte, dass die Steuer als festgesetzt i.S.d. § 359 Abs. 3 RAO erst mit der vorgeschriebenen Bekanntgabe des Steuerbescheids an den Steuerschuldner gelten könne. Bis dahin sei der Bescheid vom Finanzamt stets änderbar oder zurücknehmbar. Gerade darin, dass die Behörde auch ihrerseits nach Bekanntgabe des Bescheids an die zu niedrige Steuerfestsetzung gebunden sei, liege der in § 359 Abs. 3 RAO als vollendete Einnahmeverkürzung angesehene Erfolg der Hinterziehungshandlungen[235]. Zustimmung erfolgte auch durch *Fischer* und *Schmalz*. Der Bescheid sei, solange er bei den Akten des Finanzamtes verweile, als nur innere Angelegenheit der Behörde einzuordnen. In dieser Phase könne er jederzeit geändert werden. Erst die Bekanntgabe an den Steuerschuldner binde auch die Steuerbehörde. Erst danach könne der Bescheid nicht mehr beliebig geändert werden (§§ 76, 212 RAO)[236].

Demgegenüber räumte *Wehner* ein, dass eine Vollendung bereits dann eintrete, wenn durch einen besonderen behördlichen Verwaltungsakt ein ungerechtfertigter Steuervorteil gewährt werde. § 359 Abs. 1 RAO biete keine Schwierigkeiten. Mache eine Person in ihrer Einkommensteuererklärung unrichtige Angaben, so sei auf Grund dieser Angaben gemäß § 210 RAO die Steuer vom Finanzamt festgesetzt. Auf Grund dieser Festsetzung, welche einen rein internen Verwaltungsakt darstelle, werde die Einkommensteuerhinterziehung nach § 359 Abs. 1, 3 RAO in Verbindung mit § 53 des Einkommensteuergesetzes 1920 vollendet. Die Vollendung trete nicht erst ein, wenn die Zustellung des förmlichen Steuerbescheides an den Steuerpflichtigen erfolge oder gar mit der Willenskundgebung des Finanzamtes (formloser Steuerbescheid) an eine konkrete Person, geschweige denn mit der Rechtskraft des Steuerbescheides[237].

---

234 Vgl. *Schmalz*, Steuerhinterziehung (1926), S. 43.

235 Vgl. RGSt. Bd. 59, S. 401 (402), II. Strafsenat, Urteil vom 8. Oktober 1925, 214/25: „[…] – ähnlich wie beim Betrug (§ 263 StGB.) schon in einer erschlichenen verpflichtenden Erklärung eine Vermögensbeschädigung gefunden werden kann – […]"

236 Vgl. *Fischer*, in: ZfZ (1923), S. 261 (262): „Solange der Bescheid bei den Akten des Finanzamtes liegt, ist er eine innere Angelegenheit der Behörde. Er kann jederzeit geändert werden, sei es, daß ihn der Beamte aus eigenem Antrieb nochmals auf seine Richtigkeit prüft, sei es, daß er durch irgendwelche äußere Umstände zu einer solchen Prüfung veranlaßt wird. Es erscheint notwendig, für die Feststellung des Zeitpunktes der Vollendung einen in die äußere Erscheinung tretenden Vorgang zu verlangen, soll nicht weitgehende Unsicherheit in das Reichssteuerrecht gebracht werden. Die Zustellung des Bescheides (§ 211 AO.) bringt das Ermittelungsverfahren [sic] zum Abschluß, die Steuer ist festgesetzt"; ähnlich auch *Schmalz*, a.a.O., § 13 S. 43, 44.

237 Vgl. *Wehner*, a.a.O., § 13, S. 30; 31: Mit der Steuervorteilsgewährung durch formellen oder formlosen Verwaltungsakt (VA) sei die Hinterziehung vollendet. Werde der Steu-

Im zweiten Fall der Besteuerung ohne Festsetzung und Veranlagung sollte die Vollendung bereits in dem Zeitpunkt eintreten, in dem die Steuer nicht entrichtet wurde, obwohl die Zahlungsfrist abgelaufen war. Wurde zu wenig bezahlt, so trat die Vollendung schon mit dieser unzulänglichen Zahlung ein[238].

Im Ergebnis ist der Ansicht des RGs zu folgen. Entscheidend für die Bejahung der Vollendung im ersten Fall ist die formelle oder formlose Bekanntmachung an den Steuerpflichtigen. Eine beliebige interne Veränderbarkeit des Bescheids könnte zu Behördenwillkür führen. Erst die Bekanntgabe nach außen an den Steuerpflichtigen bindet die Verwaltung und führt zu hinreichender Bestimmtheit des rechtlichen Vorganges. Nur so ist die Rechtsicherheit gewährleistet.

Das Versuchsstadium sollte im Rahmen des § 359 RAO regelmäßig dann erreicht sein, wenn der Steuerpflichtige alles Erforderliche für den Erfolgseintritt getan hatte, die notwendige behördliche Mitwirkung aber noch ausstand[239]. Aus der Tatsache, dass es sich bei der Hinterziehung regelmäßig um einen beendeten Versuch handelte, bei dem der Täter aus seiner Sicht alles Erforderliche getan hatte, wurde teilweise abgeleitet, dass es sich um einen besonderen Versuchsbegriff handle, der von dem des Reichsstrafgesetzbuches zu trennen sei[240]. Dagegen wendete das RG ein, dass für den Versuch im Steuerstrafrecht dieselbe Begriffsbestimmung wie im allgemeinen Strafrecht Geltung besitzen müsse[241]. Beim Betrug werde ein Versuch schon dann ange-

---

ervorteil jedoch nicht durch einen besonderen VA gewährt, so sei die Hinterziehung mit der Festsetzung des um den Steuervorteil verringerten Steuerbetrages vollendet.

238 Vgl. *Schmalz*, a.a.O. (1926), § 13, S. 44: Relevanz hatte dies insbesondere bei den Besteuerungen in Form von Vorauszahlungen, bei denen der Steuerpflichtige innerhalb einer vorgegebenen Frist ohne besondere Aufforderung Voranmeldungen einzureichen und Vorauszahlungen zu erbringen hatte. Weiter von Bedeutung war dies in Fällen der Besteuerung des Arbeitslohnes durch den Lohnabzug sowie in Einzelfällen, bei denen die Steuerentrichtung an eine vorgeschriebene Frist gebunden war.

239 Vgl. *Schmalz*, a.a.O., § 14 S. 46: „[…] wie in dem Hauptfalle, daß der Täter seine Erklärung eingereicht und das Finanzamt deren Unrichtigkeit noch vor der Steuerfestsetzung entdeckt hat"; *Ders.*, a.a.O., § 14 S. 45 ff. zum Versuch der Steuerhinterziehung.

240 Vgl. *Lion*, in: Zeitgemäße Steuerfragen (1922), S. 26 (28): Die RAO würde also „einen anderen Versuchsbegriff aufstellen als das StGB, in welchem der Begriff des Versuches, wie er in § 43 definiert ist, erheblich weiter gefaßt ist. Nach letzterem würde nicht eine vollendete Handlung des Täters notwendig sein, sondern nur eine Handlung, die den Anfang der Ausführung des Vergehens darstellt. Nimmt man an, daß der Versuchsbegriff der RAbgO. ein spezifisch steuerrechtlicher ist, […], so muß man für die Handlung des Täters die Vollendung des von ihm zu bewirkenden Tatbestandes verlangen, während andernfalls der Beginn einer solchen Handlungsweise genügen würde."

241 Vgl. RGSt. 57 S. 183 (184): „Unbestritten steht danach aber in Schrifttum und Rechtsprechung soviel fest, daß, wenn die Handlung des Täters einen weiteren Erfolg noch

nommen, wenn mit der Täuschung, welche auf Herbeiführung des Vermögensschadens gerichtet sei, begonnen werde. Aufgrund der Wesensverwandschaft zwischen Hinterziehung und Betrug müsse selbiges auch für die Hinterziehung gelten[242]. Anders behandeln müsse man § 359 Abs. 2 RAO, da die Steuerbegünstigung durch eine Unterlassung erlangt werde. Ein Versuch sei hier nicht möglich[243].

Weiter umstritten war die Versuchsstrafbarkeit bei § 359 Abs. 4 RAO. *Wehner* regte an, dass eine Versuchsstrafbarkeit ausgeschlossen sei, wenn die Pflichtverletzung durch Unterlassen begangen werde, weil die Tathandlung erst durch diese Obliegenheitsverletzung strafbar werde[244]. Dagegen betonte *Schmalz*, dass es immer, also selbst in den Fällen in denen die Pflichtverletzung durch Unterlassen erfolge, auf den jeweiligen Einzelfall ankomme. § 359 Abs. 4 sei letztlich ein Unterfall des § 359 Abs. 1 RAO. Erst mit der Festsetzung der Steuer durch die Behörde sei die Vollendung der Hinterziehung gegeben[245].

Im Bereich des untauglichen Versuchs wurde im bisherigen Finanzstrafrecht eine objektive Theorie vertreten. Die unrichtigen und unvollständigen Angaben mussten geeignet sein, eine Steuerverkürzung herbeizuführen. Die spätere Steuerstrafrechtspraxis vertrat eine subjektive Theorie. Bekräftigt wurde dies durch § 359 Abs. 3 RAO. Danach sollte auch bestraft werden, wenn die unrichtigen Angaben des Steuerpflichtigen aus anderen Gründen gar nicht zur Steuerverkürzung geführt hätten. Das RG bekräftigte diese subjektive Sicht[246].

---

nicht gehabt hat, als daß damit die Herbeischaffung der Mittel zur Begehung der Straftat selbst oder zur Verwirklichung eines einzelnen Tatbestandsmerkmals bezweckt oder erreicht worden ist, von einem Anfang der Ausführung der Tat selbst noch nicht gesprochen werden kann (vgl. RGSt. Bd. 13 S. 213)."

242 Vgl. RGSt. Bd. 58, S. 54, 56 (57); Bd. 57, S. 313, 314 f.: Ein unbeendeter Versuch der Grunderwerbssteuerhinterziehung sei z.B. anzunehmen, wenn bei der Steuerbehörde ein den Kaufpreis zu gering angegebener Grundstückskaufvertrag zur Berechnung der Grunderwerbsteuer angezeigt werde, obgleich das Handeln des Täters nicht erledigt sei, da er noch bei der Auflassung zu einem späteren Zeitpunkt mitwirken müsse. Die Steuerpflicht entstehe erst mit dem Eigentumsübergang; auch *Schmalz*, a.a.O., § 14, S. 46.

243 Vgl. *Schmalz*, a.a.O., § 14, S. 47: Ähnliches gelte, wenn jemand innerhalb der festgelegten Frist die Abgabe von Voranmeldungen und Vorauszahlungen unterlasse, um eine Steuer zu verkürzen. Im Moment des Fristablaufs sei die Hinterziehung vollendet.

244 Vgl. *Wehner*, Steuerhinterziehung, § 15, S. 35 (37).

245 Vgl. *Schmalz*, Steuerhinterziehung, § 14, S. 47.

246 Vgl. RGSt. Bd. 56, S. 316 (317), I. Strafsenat, Urteil vom 23. März 1922, I 1387/21: „[…] denn für den strafbaren Versuch kommt es bloß darauf an, daß äußere Handlungen zur Betätigung eines verbrecherischen Vorsatzes vorgenommen werden, die der Täter für geeignet hält, den vorgestellten strafrechtswidrigen Erfolg herbeizuführen, nicht aber darauf, ob diese Handlungen schon eine teilweise Verwirklichung des Erfolges enthalten, und ebensowenig darauf, ob dieser Erfolg überhaupt eintreten konnte."

Kritik äußerte *Berolzheimer*. Es fehle an einer Grundlage für die Steuerstrafdrohung, wenn eine Steuerverkürzung objektiv gar nicht eintreten könne[247].

Im Ergebnis hat, aufgrund der Wesensverwandtschaft zwischen Hinterziehung und Betrug sowie im Interesse der Rechtsklarheit, eine Gleichbehandlung des Versuchsbegriffs im allgemeinen Strafrecht und Steuerstrafrecht zu erfolgen. Jedoch wäre es ratsam, generell für alle Rechtsbereiche, der objektiven Theorie zu folgen. Nur sie vermag es, hinreichende Bestimmtheit zu gewährleisten.

4. Verschulden

Becker hob hervor, dass die RAO 1919, sofern es sich nicht um Ordnungsstrafen handle, in der Regel Vorsatz oder Fahrlässigkeit erfordere. Auch Vorsatz und Fahrlässigkeit wurden damals als Schuldelemente angesehen[248].

Dennoch blieb die Tatsache problematisch, dass durch § 359 Abs. 5 RAO (§ 396 Abs. 5 RAO 1931) weiterhin Vorschriften der Zoll- und Verbrauchsabgabengesetze zur Anwendung kamen. Dadurch blieb eine Bestrafung wegen Steuerhinterziehung ohne Feststellung des Hinterziehungsvorsatzes möglich, da auch Vorschriften mit Formalcharakter oder mit Schuldpräsumtionen, wonach bereits das Vorliegen der äußeren Tatbestände eine Rechtsvermutung für die Täterschaft der Hinterziehung begründete, zur Anwendung kommen konnten[249].

Bedenklich war auch die für Ordnungsstrafen geltende Regelung des § 377 Abs. 1 RAO 1919[250] (§ 413 Abs. 1 RAO 1931), welche in Bezug auf ein Verschuldenserfordernis eine gewisse Widersprüchlichkeit aufwies. Zum einen sollte für den objektiven Tatbestand eine rechtswidrige, „keinerlei vorsätzlich

---

247 Vgl. *Berolzheimer*, in: Zeitschrift für SteuerStrR (1922), S. 173: „Denn die Grundlage einer jeden Steuer-Strafdrohung bildet der Betrag, um welchen der Staat verkürzt ist oder verkürzt werden sollte; an dieser Grundlage fehlt es aber, wenn eine Verkürzung der Steuer objektiv gar nicht eintreten konnte: […] Es muß also immer eine Steuerverkürzung vorliegen. Liegt eine solche nicht vor, so kann auch nicht gestraft werden, mag selbst der Pflichtige irrtümlich geglaubt haben, daß er durch sein Verhalten Steuereinnahmen verkürzt“; *Schmalz*, a.a.O., § 14, S. 49: Das RG werde folglich Fälle, in denen jemand eine richtige aber als falsch gehaltene Erklärung abgebe, als strafbar erachten.

248 Vgl. *Becker*, Reichsabgabenordung 1919, 2. Aufl. (1922), § 357, S. 484.

249 Vgl. *v. Liszt*, Lehrbuch (1921), S. 684; *Becker*, a.a.O., § 359, Anm. 9., S. 493 (494);

250 Vgl. *Becker*, a.a.O., S. 510, § 377: „Wer den im Interesse der Steuerermittlung oder Steueraufsicht erlassenen Vorschriften der Steuergesetze oder der dazu ergangenen und öffentlich oder den Beteiligten besonders bekanntgemachten Verwaltungsbestimmungen durch andere als die in den Steuergesetzen unter Strafe gestellten Handlungen oder Unterlassungen zuwiderhandelt, wird mit einer Ordnungsstrafe von fünf bis fünfhundert Mark bestraft. Dies gilt nicht für Sollvorschriften. Die Ordnungsstrafe wird nicht verhängt, wenn festgestellt wird, daß Strafausschließungsgründe vorliegen oder die Zuwiderhandlung auf einem unabwendbaren Zufall beruht […].“

oder fahrlässig fassbare Handlung" zur Bestrafung ausreichen. Das Verschuldenskriterium wurde also als entbehrlich betrachtet. Zum anderen wurde als Strafausschließungsgrund nach § 377 Abs. 1 Satz 3 RAO auch ein unverschuldeter Irrtum gemäß § 358 RAO betrachtet, was einer Berücksichtigung der Schuld – entgegen § 377 Abs. 1 Satz 1 – über den Umweg des § 358 RAO (= § 395 RAO 1931) entsprach. Diese Durchbrechung des in der RAO vorgesehenen reinen Schuldprinzips erfolgte wiederum aus rein fiskalischen Erwägungen. So betonte *Becker*, dass die Ordnungsstrafe nur dazu dienen solle, die Durchführung der Finanzverwaltung zu sichern, etwaige Störungen zu beseitigen und den bösen Willen zu brechen[251].

5. Strafrahmen

Im Bereich des Strafrahmens erfolgten einschneidende Veränderungen, welche für die weitere Entwicklung des Steuerstrafrechts von Bedeutung sein sollten.

a) Geld- oder Gefängnisstrafe

Problematisch war im Rahmen der Straffolgen, dass § 359 Abs. 1 Satz 1 RAO primär eine Bestrafung mit den in den einzelnen Gesetzen hierfür angedrohten Strafen vorsah, wodurch insbesondere gemäß den §§ 453, 452 Abs. 1 und 454 RAO 1919 die Strafvorschriften des als Reichsrecht geltenden Vereinszollgesetzes in Kraft blieben. Auch verwies § 359 Abs. 5 RAO in seiner Fassung von 1919 auf die Zoll- und Verbrauchsabgabengesetze. Danach sollten die Vorschriften der Zoll- und Verbrauchsabgabengesetze, nach denen eine Bestrafung wegen Steuerhinterziehung eintrat, ohne dass der Vorsatz der Hinterziehung festgestellt zu werden brauchte, unberührt bleiben. Die primären Sanktionen ließen sich somit nur aus den jeweiligen Einzelsteuergesetzen bestimmen[252]. Das Bedenkliche hieran war, dass sowohl Mindest- als auch Höchststrafen weitgehend voneinander abwichen. Das Fehlen eines einheitlichen Strafensystems, die Diskrepanz und Abstufung der Strafenergie, machten jegliche Erklärungsversuche dieser Unterschiede von vornherein unmöglich[253]. Auch kamen über die Verweisung auf die in den einzelnen Gesetzen angedrohten Sanktionen in § 359 Abs. 1 RAO weiterhin sog. Multiplarstrafen zur Anwendung[254].

---

251 Vgl. *Becker*, a.a.O., § 377 Anm. 3, S. 512; *Poggemann*, a.a.O., S. 160: § 377 RAO bezog sich auf ein vom Rechtsgut der materiellen Steuerstraftaten zu unterscheidendes Rechtsgut der Ordnungsstrafen, die als „formelle" Kriminalstrafen definiert wurden.

252 Vgl. *Reuning*, in: BArch Berlin, R 2/24179, Bl. 143; *Löbbe*, a.a.O., S. 26; *Joecks*, in: a.a.O. (2009), Einleitung, Rn. 38, S. 34; *Poggemann*, a.a.O., S. 156.

253 Vgl. *Schmalz*, Steuerhinterziehung, § 17, S. 52.

254 Vgl. *Joecks*, in: a.a.O. (2009), Einleitung, Rn. 38, S. 34; *Poggemann*, a.a.O., S. 163.

Eine wesentliche Änderung der Straffolgen erfolgte durch die Dritte Steuernotverordnung vom 14. Februar 1924. Die Steuerhinterziehungsstrafe wurde von Einzelsteuergesetzen losgelöst und durch § 359 RAO eigenständig festgesetzt. Die Neuregelung führte zu einer Vereinheitlichung der Steuerhinterziehungsstrafe. Die Strafe war nicht mehr aus den Einzelsteuergesetzen zu entnehmen, sondern war (abgesehen vom TabakStG, VZollG, WeinStG, BefStG) einheitlich geregelt. Es erfolgte eine Angleichung an das allgemeine Strafrecht[255].

Bedenklich blieb allerdings, dass der Gesetzgeber ausdrücklich das Multiplarstrafensystem im Wortlaut des § 359 Abs. 1 RAO verankerte, indem er für die Geldstrafe bei Zoll- und Verbrauchsteuerhinterziehung einen Mindestbetrag aufnahm, welcher sich am vierfachen des hinterzogenen Betrags zu orientieren hatte[256]. Der Gesetzgeber verkenne hierbei jedoch – so die Kritik von *Schmalz* – den Charakter der Strafe. Diese knüpfe immer nur an eine bestimmte Tat an und habe auch im Steuerrecht nichts mit dem Schadenersatz gemeinsam. Der Fiskus könne sich immer bereits im Wege der Nachbesteuerung mit Verzugszinsen und besonderen Zuschlägen schadlos halten. Die Strafe müsse daher auch im Steuerrecht gleichsam der Kriminalstrafe behandelt werden. Die Strafe sei das dem Täter als gerechte Vergeltung infolge der antisozialen Verhaltensweise auferlegte äußere Übel[257].

Kritisch zu betrachten war des Weiteren, dass eine erhebliche Strafschärfung gegenüber dem früheren Rechtszustand stattfand. Mit der Geltung der 3. StNotV 1924 war regelmäßig primär eine Geldstrafe vorgesehen, deren Höchstbetrag unbeschränkt war. Die Geldstrafe war bei Hinterziehung von Zöllen und Verbrauchsabgaben mindestens auf das Vierfache des hinterzogenen Betrages zu bemessen[258]. Zudem ergab sich durch die Möglichkeit bei der Steuerhinterziehung, neben einer Geldstrafe, Gefängnis bis zu zwei Jahren zu

255 Vgl. *Joecks*, in: a.a.O. (2009), Einleitung, Rn. 42, S. 37; auch *Kuhlen*, a.a.O., S. 31.

256 Bereits im Entwurf zur RAO wurden die Finanzstrafrechtsnormen mit dem Schadensersatzgedanken verknüpft, vgl. die Verhandlungen der verfassunggebenden Deutschen Nationalversammlung, Band 338, (Aktenstück Nr. 759), S. 598 a.E.: „Auch wird daran festzuhalten [S. 599] sein, daß die Steuerhinterziehung, abgesehen von daneben zulässigen Gefängnisstrafen, grundsätzlich mit einem Vielfachen des hinterzogenen Betrags oder des erschlichenen Vorteils zu bestrafen ist. Diese Art der Bestrafung entspricht dem Grundgedanken des Finanzstrafrechts, wonach die Strafvorschriften mit Gedanken des Schadenersatzes verwoben sind: mit dem vielfachen Betrage erhält der Fiskus zugleich eine Entschädigung für die nicht entdeckten Fälle, die in der Tat oft vorliegen werden"; vgl. auch *Joecks*, in: a.a.O., § 370, Rn. 2, S. 135; *Poggemann*, a.a.O., S. 163.

257 Vgl. *Schmalz*, Steuerhinterziehung, § 17, S. 51.

258 Vgl. 3. StNotVO, RGBl. 1924, Teil I, Nr. 11, 74, 87 f., in: BArch Berlin, R 3101/6382.

verhängen, eine enorme Verschärfung des Strafrahmens[259]. Im Ganzen muss diesen Gesetzesänderungen, welche mit der 3. StNotV 1924 einhergingen, eine verschärfende Tendenz beigemessen werden[260]. Bedenken hinsichtlich des Fehlens einer Begrenzung der Geldstrafe nach oben hatte bereits *Lobe* geäußert. Eine solche unbegrenzte Strafdrohung sei schon deshalb problematisch, weil sie leicht zu einer Konfiskation des gesamten Vermögens führen könne. Des Weiteren sei darin eine Durchbrechung des durch § 2 des Reichsstrafgesetzbuchs gewährleisteten Bestimmtheitsgrundsatzes zu sehen. Im Interesse der Rechtssicherheit müsse jede Strafdrohung eine solche sein, welche gesetzlich hinreichend bestimmt sei[261]. Dem hielt *Schmalz* entgegen, dass sich ein Mindestschutz vor zu hohen, existenzgefährdenden Geldstrafen gegenüber dem Täter bereits aus § 27c des Reichsstrafgesetzbuches ergebe. Danach habe der Richter bei Bemessung der Geldstrafe grundsätzlich die wirtschaftlichen Verhältnisse des Täters zu berücksichtigen[262].

b) Einziehung und weitere Sanktionen

Neben der Geld- oder Freiheitsstrafe bestand gemäß § 365 Abs. 1 RAO 1919 im Falle der Verurteilung wegen Steuerhinterziehung nach § 359 RAO die Möglichkeit, auf Einziehung der steuerpflichtigen Erzeugnisse und zollpflichtigen Waren, hinsichtlich derer die Hinterziehung begangen wurde, zu erkennen. Diese Vorschrift galt für die Zoll- und Verbrauchsabgabengesetze und

---

259 Vgl. *Reuning*, in: BArch Berlin, R 2/24179, Bl. 15 sowie Bl. 187, 188; vgl. auch 3. StNotVO, RGBl. 1924, Teil I, Nr. 11, Artikel VIII, § 56, 1., Bl. 74 (88), in: BArch Berlin, R 3101/6382. Demgegenüber waren Freiheitsstrafen zuvor nur im Ausnahmefall zulässig gewesen, bspw. bei besonderer gesetzlicher Anordnung (vgl. Beispiele bei *Hellmann*, in HHS, § 370 AO, Rn. 22 Fn. 3, S. 15; *Joecks*, in: Franzen / Gast / Joecks (2009), § 370 Rn. 1 a, S. 134), beim Rückfall (§ 369 RAO) und als Ersatzfreiheitsstrafe (die als Gefängnisstrafe anstelle der nicht beizutreibenden Geldsstrafe von mehr als 1000 Mark trat). Geringere Geldstrafen, die nicht eingetrieben werden konnten, erfuhren eine Umwandlung in Haftstrafen, (§ 378 RAO), vgl. hierzu *Kuhlen*, a.a.O., S. 31 f., insb. Fn. 232, 233.

260 Vgl. *Joecks*, in: Franzen / Gast / Joecks (2009), Einleitung, Rn. 42, S. 37.

261 Vgl. *Lobe*, Die Gesetzgebung des Reiches (1922), Gesetz zum Schutze d. Republik vom 21. Juli 1922 (RGBl. I S. 585), Anm. 1 zu § 9, S. 45 (62): „1. Die Bestimmung, daß die Höhe der Geldstrafe nicht beschränkt ist, bedeutet einen Bruch mit dem Rechtsgrundastz [sic] [Rechtsgrundsatz] des § 2 des StrGB., daß jede Strafdrohung eine gesetzl. bestimmte, sein muß, daß unbestimmte Strafen ausgeschlossen sind. An dieser magna charta des Staatsbürgers hat auch Art. 116 RV. nichts geändert. Es ist eine schwere Durchbrechung dieses für die Rechtssicherheit geschaffenen Grundsatzes, wenn im § 9 die Geldstrafe in unbeschränkter Höhe zugelassen wird. Dies könnte zu einer im Gesetz nicht vorgesehenen Konfiskation des gesamten Vermögens führen, […].“

262 Vgl. *Schmalz*, Steuerhinterziehung, § 17, S. 53.

war für diese von außerordentlicher Bedeutung. Dagegen galt sie nicht für die Umsatzsteuer inklusive der Hersteller-, Kleinhandel- und Privatluxussteuer[263].

Konnte die Einziehung nicht vollzogen werden – was laut *Becker* sehr oft der Fall war –, musste nach Absatz 2 auf Erlegung des Wertes und, soweit dieser nicht festzustellen war, auf Geldstrafe erkannt werden. Die Wertersatzstrafe und die Geldstrafe waren in Freiheitsstrafe umzuwandeln, sofern sie nicht beigetrieben werden konnten, vgl. § 435 RAO 1919[264].

Auch das Institut der Haftung für Dritte, also der Vertretungsverbindlichkeit des Aufsichtspflichtigen gegenüber seinen weisungsgebundenen für ihn handelnden Personen blieb weitgehend unverändert. § 381 RAO 1919 (ab 1931 §§ 416, 417 RAO) wurde(n) im Wesentlichen inhaltsgleich übernommen. Nach Absatz 1 dieser Vorschrift sollten juristische Personen für die Geldstrafen usw. haften, die ihre Vertreter bei Ausübung ihrer Obliegenheiten durch Begehung von Steuerzuwiderhandlungen verwirkten. Der Gedanke wurde ausgedehnt auf alle steuerrechtlichen Vertretungsfälle im Sinne der §§ 83, 88 RAO. Ausgenommen waren aus Billigkeitsgründen, die Fälle der Pflegschaft und Vormundschaft[265]. Es waren aber auch hier weiterhin Funktionalisierungsaspekte dieses Instituts erkennbar. Da den Steuerpflichtigen – so *Becker* – die Vorteile der Tätigkeit der genannten Personen zugute kämen, sei es billig, dass diese auch die Nachteile trügen. Es dürfe nicht zugelassen werden, dass das Reich dadurch beschädigt werde, dass zahlungsunfähige Vertreter die Steuerschiebungen auf sich nehmen und gegebenenfalls verschwinden[266].

Daneben blieben noch Ehrenstrafen erhalten. So konnte nach § 363 RAO 1919 (§ 399 RAO 1931) die Bekanntmachung der Bestrafung auf Kosten des Verurteilten erfolgen. Nach § 364 RAO 1919 (§ 400 RAO 1931) konnte zugleich auf Verlust der bürgerlichen Ehrenrechte erkannt werden, sofern wegen Steuerhinterziehung auf eine Gefängnisstrafe von mindestens drei Monaten erkannt wurde. Diese Strafe konnte nur vom Gericht verhängt werden[267]. Eine Betriebsuntersagung oder ein Berufsausübungsverbot im Falle eines Rückfalls bestand weiterhin gemäß § 366 RAO. Hatte jemand in der Absicht der Steuerhinterziehung in seinem Betrieb oder Beruf Bücher oder Aufzeichnungen unrichtig geführt oder unrichtige Geschäftsabschlüsse vorge-

263 Vgl. *Becker*, a.a.O., § 365, Anm. 1, S. 499; Joecks, in: a.a.O., Einleitung, Rn. 39, S. 35.

264 Vgl. *Becker*, a.a.O., § 365, Anm. 1, S. 499 (500); *Ders.*, a.a.O., § 435 RAO, S. 574.

265 Vgl. *Joecks*, in: a.a.O., Einleitung, Rn. 39, S. 35; *Becker*, a.a.O., § 381, Anm. 2, S. 516.

266 Vgl. *Becker*, a.a.O., § 381, Anm. 2, S. 516 f.; auch *Poggemann*, a.a.O., S.165.

267 Vgl. *Reuning*, in: BArch Berlin, R 2/24179, Bl. 36; *Becker*, a.a.O., §§ 363, 364 RAO, S. 499; *Joecks*, in: a.a.O., Einl., Rn. 39, S. 35.

legt und hatte jemand bei Betrieben, welche der Steueraufsicht unterlagen, wesentliche Aufsichtsvorschriften grob verletzt und wurde aufgrund dessen wiederholt wegen Steuerhinterziehung bestraft, so konnte dieser Person auf Zeit oder Dauer untersagt werden, ihren Betrieb oder ihren Beruf fortzuführen[268]. Es handelte sich dabei aber nicht um eine Strafe, sondern um eine finanzpolizeiliche Maßregel, vergleichbar mit der Entziehung der Befugnis zum Gewerbebetrieb. Das Verbot konnte daher durch Begnadigung nicht beseitigt werden[269].

c) Strafausschließungsgrund Selbstanzeige § 374 AO

Eine Besonderheit stellte die Selbstanzeige als persönlicher Strafausschließungsgrund dar. Die Selbstanzeige wurde durch § 374 in die RAO 1919 mit der Formulierung „ohne dazu durch eine unmittelbare Gefahr der Entdeckung veranlasst zu sein" aufgenommen. Später wurde die Vorschrift ohne sachliche Änderungen als § 410 RAO 1931 neu bekanntgemacht[270].

Der Täter blieb in allen Fällen des § 359 RAO insoweit straffrei, wenn er rechtzeitig tätige Reue bekundete, gemäß § 374 RAO[271]:

> § 374: „Wer in den Fällen der §§ 339, 367, 371 bis 373, bevor er angezeigt oder eine Untersuchung gegen ihn eingeleitet ist (§ 406 Abs. 2), unrichtige oder unvollständige Angaben bei der Steuerbehörde, ohne dazu durch eine unmittelbare Gefahr der Entdeckung veranlaßt zu sein, berichtigt oder ergänzt oder unterlassene Angaben nachholt, bleibt insoweit straffrei. Sind in den Fällen der §§ 359, 371 Steuerverkürzungen bereits eingetreten oder Steuervorteile gewährt oder belassen, so tritt die Straffreiheit nur ein, wenn der Täter die Summe, die er schuldet, nach ihrer Festsetzung innerhalb der ihm bestimmten Frist entrichtet; das gleiche gilt im Falle des § 367 […]."

Dabei wirkte das Verhalten des Täters nach § 374 Abs. 1 RAO nur als persönlicher Strafausschließungsgrund, kam also den Teilnehmern nicht zugute[272].

---

268 Vgl. *Becker*, a.a.O., § 366, S. 500.

269 Vgl. *Becker*, a.a.O., § 366, S. 500 (501).

270 Vgl. *Reuning*, in: BArch Berlin, R 2/24179, Bl. 77 f.: „Eine weitere nur dem Steuerstrafrecht eigentümliche Straffreiheit begründet der § 374 Abs. 1. AO. […] Diese Straffreiheit darf nicht mit dem Rücktritt vom Versuch gemäss § 46 Ziff. 2 St. G. B. verwechselt werden. Sie kommt in Betracht, gleichgültig, ob es sich um eine versuchte oder vollendete Tat handelt." (Unterstreichung entspricht dem Originaltext); *Becker*, a.a.O., § 374, S. 506; *Joecks*, in: a.a.O. (2009), § 374 Rn. 3, S. 325.

271 *Becker*, a.a.O., 3. Teil, § 374, S. 506; vgl. *Cattien*, a.a.O., § 359 RAO, Anm. X., S. 147.

272 Vgl. *Becker*, Reichsabgabenordnung 1919, § 374 RAO, Anm. 6, S. 508: „§ 94 gilt nur für das Besteuerungsverfahren. Dagegen kann der Teilnehmer die Wohltat des § 374 Abs. 1 für sich in Anspruch nehmen, z.B. der Angestellte, der auf Weisung seines Dienstherrn eine falsche Auskunft zugunsten eines Dritten als Steuerpflichtigen abge-

§ 374 Abs. 1 RAO hatte seine Grundlage in § 81 Abs. 1 des Besitzsteuergesetzes. Soweit es sich um Steuerhinterziehung oder Steuergefährdung handelte bezog er sich auf die Fallkonstellationen, in denen die Tathandlung dadurch begangen wurde, dass der Steuerbehörde gegenüber ungenügende oder unrichtige Angaben gemacht wurden. Das waren in der Praxis die weitaus häufigsten Fälle. Dem Täter wurde Gelegenheit gegeben, seine Tat durch Nachholung der Angaben und Nachzahlung der geschuldeten Geldbeträge wieder gut zu machen und zugleich alle strafrechtlichen Konsequenzen zu beseitigen. Die nachträglichen Angaben bewirkten nur Straffreiheit, nicht Befreiung von anderen Nachteilen[273].

Unter strafrechtlichen Gesichtspunkten stellte die Selbstanzeige ein einzigartiges Phänomen dar, da sie Straffreiheit für eine vollendete Straftat, insbesondere das vollendete Erfolgsdelikt der Steuerhinterziehung, versprach. Erklären lässt sich diese besondere strafrechtliche Konstruktion folglich nur mit Funktionalitätsmotiven. Mit dem gesetzlichen Anreiz zur strafbefreienden Selbstanzeige sollten vorrangig dem Fiskus bis dahin unbekannte Steuerquellen erschlossen werden, da trotz des Strafverzichts die steuerrechtliche Schuld in Höhe des hinterzogenen Betrages nacherhoben wurde. Letztlich wurde die fiskalische Motivation in den Vordergrund gestellt. Von untergeordneter Bedeutung blieb die kriminalpolitische Zielsetzung einer „Rückkehr zur Steuerehrlichkeit“[274].

Einem Steuerpflichtigen Straffreiheit zu gewähren, sofern er „aus eigenem Antriebe“ Angaben nachholt, fand mit der fiskalischen Erwägung Befürworter,

---

geben und sich dadurch der Beihilfe zu einer Steuerhinterziehung schuldig gemacht hat, berichtigt diese Angabe. Aber auch der Dienstherr oder der Steuerpflichtige, die die Angabe nicht selber gemacht haben, aber haben machen lassen, können sich durch Berichtigung Straffreiheit sichern.“ Vgl. *Reuning*, in: BArch Berlin, R 2/24179, Bl. 90.

273 Vgl. *Becker*, a.a.O., § 374, Anm. 1, S. 506: „Die nachträglichen Angaben bewirken nur Straffreiheit, nicht Befreiung von andern Nachteilen, z.B. dem Vermögensverfall nach § 3 des Steuernachsichtgesetzes, RFG. 8 S. 185, 190 […]“; *Ders.*, a.a.O., Anm. 3, S. 507: „Die Straffreiheit reicht soweit, wie der strafbare Tatbestand durch die nachträglichen Angaben beseitigt wird. Hat jemand Einkünfte von 10.000 M. verschwiegen und gibt er 8.000 M. nachträglich an, so beschränkt sich die Strafbarkeit auf die noch nicht angegebenen 2.000 M.“; zur strafbefreienden Wirkung: *Bud / Lucas*, RAO, § 374, S. 557.

274 Vgl. *Rüping*, in: HHS, § 371 AO, Rn. 20, S. 9: „Die Rechtsfolge der Straffreiheit erklärt sich dann nicht aus einer Ähnlichkeit zum Rücktritt vom Versuch, sondern systemimmanent aus dem Zweck der Strafandrohung“; *Poggemann*, a.a.O., Rn. 135, S. 114.

hiermit steuerlich erhebliche Angaben zu provozieren[275]. Diese an Zweckmaßstäben orientierte Funktionalisierung des Steuerstrafrechts verdeutlichte auch das Urteil des Reichsgerichts vom 8. Juni 1923[276].

d) Stellungnahme

Entgegen der vom Gesetzgeber ursprünglich beabsichtigten reichseinheitlichen Kodifikation des Steuerstrafrechts durch § 359 RAO 1919, wies diese Vorschrift auch im Bereich des Strafrahmens erhebliche Unzulänglichkeiten auf. Die bereits im 19. Jahrhundert festgestellten Entwicklungen setzten sich fort. So verwies § 359 Abs. 5 RAO auf die Normen der Zoll- und Verbrauchsabgabengesetze, welche eine Sanktionierung wegen Steuerhinterziehung weiter ohne Feststellung des Hinterziehungsvorsatzes ermöglichten. Auf diese Weise konnten 1919 weiterhin Vermutungstatbestände zur Anwendung kommen, welche das Schuldkriterium aushebelten. Von einer reichseinheitlichen Regelung der Steuerhinterziehung hinsichtlich des Strafrahmens konnte insoweit noch nicht gesprochen werden. In der Folge kamen auch 1919 in den Einzelsteuergesetzen weiterhin Multiplarstrafen zur Anwendung. Problematisch war insoweit, dass das Fehlen eines einheitlichen Strafensystems sowie die Abstufung der Strafenergie jegliche Erklärungsversuche dieser Differenzierungen in den jeweiligen Normen zumindest erheblich erschwerten.

Positiv zu werten ist die Änderung der Straffolgen 1924 (durch die 3. StNotVO 1924) wodurch die Steuerhinterziehungsstrafe vereinheitlicht wurde und nicht mehr aus den Einzelsteuergesetzen zu entnehmen war. Problematisch blieb allerdings, dass zum einen das Multiplarstrafensystem im Wortlaut des § 359 Abs. 1 RAO verankert wurde (vierfaches des hinterzogenen Betrages) und zum anderen eine erhebliche Strafschärfung (neben einer Geldstrafe, Gefängnis bis zu zwei Jahren) mit dieser Neuregelung einherging. Auch das Fehlen einer

---

275 Verhandlungen der verfassunggebenden Deutschen Nationalversammlung, Band 331, 132. Sitzung vom 17. 12. 1919, S. 4136 (4137): Diese fiskalische Motivation führte zu Kritik auf Seiten der Sozialdemokraten: So der Abgeordnete *Löbe*: „Meine Damen und Herren! Meine Fraktion kann dem Gesetz über die Steuernachsicht nicht zustimmen. Wir möchten es an dem mehrfachen Steuerpardon genügen lassen, […]. Das hier vorgeschlagene, neben der Reichsabgabenordnung unseres Erachtens ganz unnötige Gesetz wird nun plötzlich mit steuerfiskalischen Rücksichten begründet, […]. Es soll geeignet sein, hartnäckige Steuersünder aus ihrem Versteck hervorzulocken und samt ihrem Beutel zum Wohle der Staatskasse noch gefügig zu machen. Wir stehen dieser Begründung mit großem Mißtrauen gegenüber", auch *Rüping*, in: HHS, § 371 AO, Rn. 4, S. 4.

276 RGSt 57, 313 (315), I 372/23: „[…] vielmehr tritt hier gerade umgekehrt das Bestreben deutlich zutage, 'dem Steuersünder' zum Vorteil der Reichskasse weitergehend, als nach allgemeinem Strafrecht möglich, Straffreiheit zuzusichern, […]."

Begrenzung der Geldstrafe nach oben ist als Durchbrechung des durch § 2 des Reichsstrafgesetzbuchs garantierten Bestimmtheitsgrundsatzes zu sehen. Dem Bürger muss, um ausreichend Rechtssicherheit garantieren zu können, die Möglichkeit gewährleistet werden, das Ausmaß des möglichen Strafmaßes einsehen zu können. Ein unbeschränkter Strafrahmen macht dies unmöglich.

IV. Neuregelung in § 396 RAO (1931)

Mit dem Wortlaut der 3. StNotVO v. 14. Februar 1924 (RGBl. I 74) wurde die Steuerhinterziehungsvorschrift des § 359 RAO 1919 zu einem späteren Zeitpunkt als § 396 AO 1931 neu bekanntgemacht[277].

C) Zusammenfassung / Fazit

Die Kriegsfolgen nach dem Ersten Weltkrieg hatten den Staatshaushalt weiter extrem belastet, wodurch der staatliche Finanzbedarf kontinuierlich anwuchs. Infolgedessen verfolgte der Gesetzgeber das Ziel, das bis dahin bestehende steuerstrafrechtliche „Chaos“ neu zu ordnen. Erstmals wurde mit der Reichsabgabenordnung 1919 eine für das gesamte deutsche Reich geltende Vorschrift über die vorsätzliche Steuerverkürzung in § 359 Abs. 1 RAO geschaffen. Jedoch wies die Neuregelung des § 359 RAO weiterhin die bereits im 19. Jahrhundert festgestellten bedenklichen Entwicklungstendenzen auf, welche den dieser Untersuchung zugrunde gelegten Straftheorien zuwiderliefen.

Die rechtliche Einordnung der Steuerhinterziehung blieb auch nach 1919 umstritten. Während zu Beginn des 20. Jahrhunderts die Steuerhinterziehung überwiegend als Spezialfall des Betruges einstuft wurde, ordnete man diese gegen Mitte der 20er Jahre vermehrt lediglich als betrugsähnliches Delikt ein.

Problematisch im Rahmen des objektiven Steuerhinterziehungstatbestandes war, dass der Gesetzeswortlaut in § 359 Abs. 1, 2. Alt, wonach quasi jede nur denkbare Art und Weise steuerwidrigen Handelns erfasst werden sollte, viel zu unbestimmt war. Mit der Tatbestandsumschreibung „bewirkt“ in § 359 Abs. 1, 2. Alt. RAO vermied der Gesetzgeber jede nähere Umschreibung, wie die genaue tatbestandsmäßige Art der Verkürzungshandlung ausgestaltet werden sollte. Folglich kann auch von einer „Funktionalisierung“ des Tatbestandes durch den Gesetzgeber gesprochen werden. Dieser bezweckte mit der bewusst gewählten Weite des Tatbestandes, eine unbegrenzte Vielzahl steuerstrafrechtlicher Lebenssachverhalte zu erfassen, um dadurch die Steuereinnahmensicherung zu gewährleisten sowie seine fiskalischen Interessen durchzusetzen.

277 Vgl. *Joecks*, in: Franzen / Gast / Joecks (2009), § 370, Rn. 2, S. 135.

Während eine Ansicht, für die Bejahung einer strafbaren Steuerhinterziehung ein aktives täuschendes Bewirken einer Verkürzung von Steuereinnahmen voraussetzte, war nach anderer Ansicht weiter jegliches Bewirken, also auch ein reines Unterlassen, bspw. durch Nichtzahlung der Steuerschuld, ausreichend. Das Reichsgericht stufte die Steuerhinterziehung als betrugsähnliches Delikt ein und forderte eine steuerunehrliche Verhaltensweise. *Steuerunehrlichkeit* als Oberbegriff wurde in der Entscheidung vom 11. Oktober 1926 verwendet. Ein rein vorsätzliches Nichtentrichten fälliger Steuerbeträge reiche für die Tatbestandsverwirklichung allein nicht aus. Hinzukommen müsse „eine Steuerunehrlichkeit, vor allem ein Verschweigen der Steuerpflichtigkeit mit dem Bewusstsein und dem Erfolg, dass die Steuerbehörde hierdurch über das Bestehen oder die Höhe des Steueranspruchs in Unkenntnis erhalten wird". Dieses Urteil war die Grundlage weiterer Gerichtsentscheidungen, die eine *Steuerunehrlichkeit* als ungeschriebenes Tatbestandmerkmal stets für notwendig erachteten. Letztlich kann das Bestreben der Rechtsprechung, dem Hinterziehungstatbestand durch das ungeschriebene Tatbestandsmerkmal der *Steuerunehrlichkeit* ein Mehr an Bestimmtheit zu verleihen, als ein „Versuch in die richtige Richtung" gewertet werden. Die unbestimmte Weite des Gesetzeswortlautes, die dem von *Feuerbach* geforderten Bestimmtheitsgrundsatz in fundamentaler Weise widersprach, machte eine einschränkende Tatbestandsauslegung durch Restriktion der Tathandlung notwendig. Bedenklich blieb jedoch die Definition der *Steuerunehrlichkeit*, die aufgrund ihrer eigenen Unbestimmtheit und der damit verbundenen Auslegungsbedürftigkeit, selbst zu Schwierigkeiten führte. Charakteristisch für das „Erschleichen" eines nicht gerechtfertigten Steuervorteils in Form des positiven Handelns nach § 359 Abs. 1 (1. Alt.) RAO war – im Gegensatz zum bloßen Bewirken – ein Verhalten, das sich durch eine besondere Heimlichkeit auszeichnen sollte. Das RG definierte das Erschleichen gar als „Steuerbetrug". Entscheidend für das Wesen dieser Tatbestandsalternative sei das Erstreben eines nicht gerechtfertigten Steuervorteils seitens des Steuerpflichtigen durch trügerische Machenschaften. Insoweit kam das Merkmal des Erschleichens dem ungeschriebenen Tatbestandsmerkmal der *Steuerunehrlichkeit* gleich, entsprach daher dem vorsätzlichen Bewirken einer Steuerverkürzung auf steuerunehrliche Art und Weise. Bedenklich war, dass im Einzelfall eine Abgrenzung der Tatbestandsmerkmale des vorsätzlichen Bewirkens des Erschleichens einerseits und des Erschleichens andererseits äußerst schwierig war. Die Grenzen der einzelnen Handlungsmodalitäten waren fließend, da sich jedes Erschleichen zugleich als ein Bewirken darstellte. Folglich kann das Erschleichen in § 359 Abs. 1 RAO als eine besondere Begehungsform des Bewirkens einer Steuerverkürzung (2. Alt.) angesehen werden.

Im subjektiven Tatbestand des § 359 RAO sorgte die Formulierung zum eigenen Vorteil oder zum Vorteil eines anderen für Unklarheit. Die Wortwahl, welche derjenigen des gewöhnlichen Strafrechts (§§ 263, 259 RStGB) ähnelte, legte die Vermutung nahe, dass auch im § 359 RAO eine Absicht auf Erlangung des rechtswidrigen Vermögensvorteils notwendig sei. Gleichwohl zeigte sich das Bestreben des Gesetzgebers, eine möglichst weite Auslegung des Hinterziehungstatbestandes zu erreichen. Eine Tatbestandseingrenzung war nicht erwünscht. Ein Eventualvorsatz wurde generell als ausreichend erachtet.

Eine bedenkliche Fortgestaltung der Schuldpräsumtionen und Formaldelikte war im wichtigen Bereich der Zoll- und Verbrauchsabgabenhinterziehung gemäß § 359 Abs. 5 RAO 1919 (§ 396 Abs. 5 RAO 1931) erkennbar. Insoweit ist eine Kontinuität der bereits im 19. Jahrhundert untersuchten Phänomene, insbesondere des Versuchs des Gesetzgebers die steuerstrafrechtlichen Normen aus fiskalischen Erwägungen zu instrumentalisieren, festzustellen.

Bezüglich der Rechtsfolgen kodifizierte § 359 Abs. 1 Satz 1 RAO lediglich den Grundsatz: „Wer Steuern hinterzieht, wird primär mit den in den einzelnen Gesetzen hierfür angedrohten Strafen bestraft". § 359 Abs. 5 RAO verwies auf die Zoll- und Verbrauchsabgabengesetze. Eine wesentliche Änderung fand zunächst erst 1924 (durch die 3. StNotVO) statt. Die Strafe für Steuerhinterziehungen wurde von einzelnen Steuergesetzen abgekoppelt und durch § 359 RAO eigenständig festgelegt. Insbesondere durch die Möglichkeit bei der Steuerhinterziehung, neben einer Geldstrafe Gefängnis bis zu zwei Jahren zu verhängen, ergab sich eine enorme Verschärfung des Strafrahmens. Demgegenüber waren Freiheitsstrafen zuvor nur im Ausnahmefall zulässig gewesen. Auch die Nichtbegrenzung der Geldstrafe nach oben begründete eine nicht hinnehmbare Gefahr der Konfiskation des gesamten Vermögens des Betroffenen. Die entgegenstehende Ansicht, wonach dies unerheblich sei, da § 27c RStGB den Richter bei der Bemessung der Geldstrafe ohnehin zur Berücksichtigung der wirtschaftlichen Verhältnisse des Täters zwinge, ist abzulehnen. Entscheidend ist, dass diese Nichtbegrenzung der Strafhöhe einen Verstoß gegen das grundlegende Prinzip der Gesetzesbestimmtheit darstellt. Jede Norm muss für den Betroffenen erkennen lassen können, welche konkrete Strafe ihn bei objektiver Tatbegehung erwartet. Weiterhin kritisch zu sehen ist, dass die Multiplarstrafen kontinuierlich zur Anwendung kamen. Kennzeichnend blieb eine an fiskalischer Zweckmäßigkeit orientierte Rechtsfolge sowie eine pauschalisierte funktionale Handhabung des Strafrahmens durch den Gesetzgeber.

Eine Besonderheit war die Selbstanzeige als persönlicher Strafausschließungsgrund. Sie wurde mit § 374 in die RAO 1919 mit dem Zusatz „ohne dazu durch eine unmittelbare Gefahr der Entdeckung veranlasst zu sein" aufgenommen. Aus strafrechtlicher Perspektive stellte die Selbstanzeige eine Kuriosität dar, weil sie Straffreiheit für eine vollendete Straftat – das vollendete Erfolgsdelikt der Steuerhinterziehung – versprach. Entscheidend für dieses Konstrukt waren aber nicht strafbegrenzende Beweggründe, welche einem liberalen Strafrechtsgedanken zugrunde liegen würden. Vorrangig ging es also nicht darum, den Täter aufgrund seiner gewonnenen Einsicht in das Unrecht seiner Tat, vergleichbar dem Rücktritt beim Versuch, zur Umkehr zu bewegen und für diese Abkehr vom Tatunrecht zu honorieren. Vordergründig diente der gesetzliche Anreiz zur Selbstanzeige dazu, dem Fiskus bis dahin verborgene Steuerquellen zu erschließen. Somit lässt sich das Phänomen der strafbefreienden Selbstanzeige mit vorrangigen fiskalischen Interessen des Fiskus erklären[278].

278 Vgl. hinsichtlich der Zusammenfassung / Fazit: Zweiter Teil, Viertes Kapitel.

Fünftes Kapitel: Zeit des Nationalsozialismus

A) Strafrechtstheoretische Grundlagen

Mit der Machtübernahme am 30. Januar 1933 durch die nationalsozialistische Deutsche Arbeiterpartei (NSDAP) und die Deutschnationale Volkspartei (DNVP) wurden parlamentarisch-demokratische Errungenschaften der Weimarer Republik zerschlagen[1]. Der Rechtsgüterschutzgedanke, wonach in der Regel nur äußere, objektive Vorgänge Anknüpfungspunkt strafrechtlichen Handelns sein sollten und innere Elemente wie Vorsatz und Schuld lediglich als Begrenzungsfaktoren hinzutreten sollten, ging zunehmend verloren. An dessen Stelle trat ein autoritäres Strafrechtsdenken, in welchem die Volksgemeinschaft als Organismus gleichartiger Wesen im Mittelpunkt stand. Ausgangspunkt dieser Lehre war der Täter, der seine Verpflichtungen gegenüber der Gemeinschaft verletzt (Pflichtverletzungs-Lehre)[2]. Das Tatstrafrecht wandelte sich zum Gesinnungsstrafrecht bzw. zum Täterstrafrecht. Die förmliche Straftat diente nur noch als Indikator für die gemeinschaftsfeindliche Gesinnung. Es bestand die Tendenz, den Rechtsanwender von der Bindung an das förmliche Gesetz zu befreien. Keine volksschädliche Verhaltensweise sollte straflos bleiben. Auch wurde der Grundsatz *nullum crimen sine lege* (kein Verbrechen ohne Gesetz) – infolge der zunehmend unbestimmten Tatbestände und vor allem durch die Aufhebung des Analogieverbots im Jahre 1935 – quasi ausgehebelt[3].

---

1 Vgl. *Marxen*, Kampf, S. 56 ff. (59 f.); *Vormbaum*, Strafrechtsgeschichte, S. 184.

2 Vgl. *Marxen*, a.a.O., S. 172, 177 (180): Die antiliberalen Strafrechtswissenschaftler vertraten die Auffassung, „daß die Rechtsgutslehre den Unrechtsgehalt des Verbrechens nicht vollständig ausschöpfe. Sie lasse die Art der Begehung, die verbrecheriche Tätigkeit unbeachtet." [S. 181]: „Die Rechtsgutslehre könne auch die Unterschiede zwischen den verschiedenen Delikten nicht erklären, die dasselbe Rechtsgut beträfen, weil sie von der Begehungsform, von personalen, irrationalen und ethischen Elementen absehe. […] Das in vielen Delikten wie z.B. im Landesverrat oder in der Untreue enthaltene 'Verrats- und Treubruchsmoment' komme überhaupt nicht zur Geltung. Es werde nicht genügend klar gemacht, daß der Verbrecher eine Pflichtverletzung gegenüber der Gemeinschaft begehe. […]"; vgl. *Vormbaum*, a.a.O., S. 186 (187 f.) (197): Ins Zentrum des materiellen Strafrechts griff die sog. Analogienovelle vom 28. Juni 1935 ein, wodurch der Durchgriff auf den materiellen Verbrechensbegriff ohne Rücksicht auf tatbetandliche Bindung ermöglicht wurde. Der neue § 2 StGB band den Richter nur an den „Grundgedanken eines Strafgesetzes" und an das „gesunde Volksempfinden".

3 Vgl. *Marxen*, a.a.O., S. 189 ff.; 208 ff.; *Vormbaum*, a.a.O., S. 186 f. 197.

https://doi.org/10.1515/9783110616187-007

Eine besondere Problematik der Strafrechtsgeschichte des 20. Jahrhunderts betrifft die Frage der Kontinuität. Hierbei geht es um die Frage, ob die Zeit des Nationalsozialismus der allgemeinen Strafrechtsentwicklung folgt oder einen Bruch darstellt. Dabei war die nationalsozialistische Zeit sowohl durch Aspekte der „Normalität" als auch durch „zahlreiche Modernisierungsfaktoren" geprägt. Die Normalitätsanteile zeichneten sich aus durch natürlich gegebene oder langfristig eingeschliffene Lebensgewohnheiten (Familie, Schule, Beruf etc.), welche sich oftmals als resistent gegenüber politischen Einflussfaktoren zeigten. Des Weiteren sind zahlreiche Modernisierungsfaktoren im Strafrecht feststellbar: so wurde teils an Tendenzen und Strukturen aus der Zeit vor 1933 angeknüpft, teils nach 1945 manches übernommen bzw. weitergeführt, was unter der nationalsozialistischen Herrschaft eingeführt worden war. Folglich fügt sich die nationalsozialistische Herrschaft in eine Entwicklungsstruktur, welche bereits vor 1933 angelegt gewesen ist und nach 1945 nicht abgerissen ist[4].

B) Steuerstrafrecht

Zur Jahreswende 1932/1933 wurde die Gesamtsituation der deutschen Finanzwirtschaft entscheidend dadurch bestimmt, dass ein Haushaltsfehlbetrag von 3 Mrd. RM vorlag. Davon resultierten über 1 Mrd. RM. aus dem letzten Jahr. Nicht verwunderlich mag es daher erscheinen, dass der zu jener Zeit tätige Reichsfinanzminister *v. Schwerin-Krosigk* einen „geradezu hoffnungslosen Zustand" registrierte[5]. Zu Beginn des Jahres 1933 bestand die vorrangige Aufgabe der Finanzpolitik zunächst darin, flüssige Mittel zur Hand zu haben. Im finanziellen Überblick zum Reichshaushaltsplan 1933 hieß es: „Die Kassenlage war fortgesetzt Gegenstand besonderer Aufmerksamkeit". Am 1. Mai 1933 wurde die bedeutendste neue Arbeitsbeschaffungspolitik, der vom Arbeitsminister angepriesene „Generalangriff gegen die Arbeitslosigkeit" feierlich angekündigt[6]. Die daraufhin erfolgenden Arbeitsbeschaffungsmaßnah-

---

4 Vgl. *Vormbaum*, a.a.O., S. 184 (185), 277 f.; *Vormbaum*, StGB, Supplementband 1, S. 456 (470) m.w.N.: „1. Aus dieser Perspektive beantwortet die Frage nach Kontinuitäten und Diskontinuitäten der historischen Entwicklung sich mitunter anders als aus der Perspektive der allgemeinen bzw. politischen Geschichtsschreibung. Daß aus der Sicht der letzteren beispielsweise die Zeit des Nationalsozialismus einen Bruch darstellt, unterliegt keinem Zweifel. Ob ein solcher Bruch auch in der Geschichte des Strafrechts festgestellt werden kann, erscheint – wie schon angedeutet – eher zweifelhaft; inzwischen dürfte die Auffassung, daß die Kontinuitätselemente überwiegen, die in der Fachwelt herrschende sein."

5 Vgl. *Terhalle*, in: Handbuch der Finanzwissenschaft, § 4, S. 313.

6 Vgl. *Terhalle*, in: Handbuch der Finanzwissenschaft, § 4, S. 314.

men und Gesetze zur Verminderung der Arbeitslosigkeit wurden aus einer Verschuldung des Reiches lanciert. Am 1. April 1934 waren auf diese Weise über 4 Mrd. RM. der aus der Finanzierung der Arbeitsbeschaffung resultierenden Kreditpapiere ausgegeben. Während die 1933 von den Nationalsozialisten begonnenen finanzpolitischen Maßnahmen vor allem der Überwindung der Wirtschaftskrise galten, bezweckten die Anordnungen der folgenden Monate bis zur Rüstungsfinanzierung insbesondere die Wiederherstellung eines ordnungsgemäß funktionierenden Steuersystems sowie die Neukonstruktion des Gesamtaufbaus der deutschen Finanzwirtschaft. Am 16. Oktober 1934 kam eine erste Steuerreform. Sie betraf nicht weniger als zehn der damals geltenden Steuergesetze, darunter die bedeutendsten. Dennoch ging es weniger um einen revolutionären Umsturz, als vielmehr um eine Weiterbildung und Normalisierung der steuerpolitischen Realität. Jedoch wurde diese Reform auch zum Anlass genommen, die Vorstellungen des neuen politischen Regimes in das gesamte Steuerrechtssystem zu implementieren[7].

I. Nationalsozialistische Steuergesetzgebung

Die nationalsozialistische Steuergesetzgebung führte zu Umwälzungen des Steuersystems. Zugleich hatte die Einführung zahlreicher Steuergesetze auch Änderungen des Steuerstrafrechts zur Folge. Hervorzuheben sind u.a. das Gesetz gegen Verrat der Deutschen Volkswirtschaft vom 12. Juni 1933, das Steueranpassungsgesetz vom 16. Oktober 1934 sowie das Gesetz zur Änderung der Reichsabgabenordnung vom 4. Juli 1939[8].

---

7 Vgl. *Terhalle*, in: Handbuch der Finanzwissenschaft, § 4, S. 315 (316): „Die ‘Grundsätze nationalsozialistischer Steuerpolitik’ verkündete der damalige Staatssekretär immer wieder, mündlich und schriftstellerisch. Nach ihm ging es namentlich um die ‘Anpassung an die bevölkerungspolitischen, sozialpolitischen und wirtschaftspolitischen und weltanschaulichen Grundsätze des Nationalsozialismus und an die organisatorischen Umstellungen im Rahmen der Reichsreform’.“ Vgl. Staatssekretär *Reinhardt* über die Finanzierung nationalpolitischer Aufgaben des Reichs (Neuer Finanzplan 1939), Reichskanzlei, in: BArch Berlin, R 43-II/789a, Bl. 140: „Der Finanzbedarf des Reichs ist im Rechnungsjahr 1938 aussergewöhnlich gross gewesen. Er ist auch heute noch sehr gross. Die wirtschaftliche, verwaltungsmässige und militärische Angleichung der Ostmark und der Sudetenlande an die Verhältnisse im Altreich und die militärischen Sicherungen des Reichs haben viel Geld gekostet und kosten weiterhin Geld. […] Das Steueraufkommen ist gegenwärtig noch nicht gross genug, um den aussergewöhnlichen Finanzbedarf des Reichs restlos zu decken.“

8 Vgl. *Voß*, Steuern im Dritten Reich, S. 73 (93 ff.); *Joecks*, a.a.O., Einl., Rn. 52 ff., S. 40 ff.; Bereits während der Weimarer Repbulik kam es zu Komprimierungen steuerstrafrechtlicher Sondernormen. Das WeinStG wurde durch Art. VII des Gesetzes über Steuermilderungen vom 31. März 1926 (RGBl. I 185) gestrichen. Das durch Art. VIII

Die nationalsozialistische Gesetzgebung auf dem Gebiet des Steuerstrafrechts wurde mit dem Gesetz gegen Verrat der Deutschen Volkswirtschaft vom 12. Juni 1933 (RGBl. I 360) eingeleitet. Danach sollten Vermögensstücke im Wert von mehr als 1000 RM, welche sich am 1. Juni 1933 im Ausland befanden, jedoch dem Finanzamt nicht angezeigt worden waren sowie Devisen im Wert von mehr als 200 RM, welche der Reichsbank nicht offeriert worden waren, dem Finanzamt bis zu 31. August 1933 mitgeteilt werden. Bei fristgemäßer Anzeige trat gemäß § 7 für die bereits vollendeten Devisen- oder Steuerzuwiderhandlungen Straffreiheit ein. Nachzuzahlen waren lediglich die verkürzten Steuern. Demgegenüber waren Reichsangehörige, welche die Anzeigepflicht mit Vorsatz missachteten, gemäß § 8 aufgrund „Verrats der Deutschen Volkswirtschaft" mit Zuchthaus nicht unter 3 Jahren zu sanktionieren. Angedroht war Zuchthaus bis zu 10 Jahren. Gefängnisstrafe nicht unter einem Jahr galt bei einer fahrlässigen Versäumung der Anzeigepflicht. Auf Gefängnis innerhalb der allgemeinen Grenzen musste erkannt werden, wenn nicht Reichsangehörige vorsätzlich oder fahrlässig agierten[9].

Die unter der Leitung des Staatssekretärs *Reinhardt* stehende Steuerverwaltung unterlag mit dem Steueranpassungsgesetz vom 14. Oktober 1934 (RGBl. I, 925) einem Wandel. Die Aufgabe dieses Gesetzes sollte darin bestehen, die zunächst bestehenbleibende Reichsabgabenordnung zumindest in einigen besonders wichtigen Punkten dem Geiste des neuen Staates anzugleichen. Als oberste Richtschnur sollte folgender Satz Geltung finden:

> „Die Steuergesetze sind nach nationalsozialistischer Weltanschauung auszulegen"[10]

---

desselben Gesetzes erlasse SchaumWStG beinhaltete in § 12 einen neuen Straftatbestand. Eine Änderung des TabStG erfolgte am 22. Dezember 1929 (RGBl. I 234).

9 So bereits der Entwurf eines Gesetzes gegen Verrat der Deutschen Volkswirtschaft, in BArch Berlin, R 3001/5979, § 1 (1). Vgl. *Joecks*, in: a.a.O., Einl., Rn. 52, S. 40, 41.

10 *Bühler*, Lehrbuch des Steuerrechts, II. Band (1938), § 3, S. 15: „Die Verwaltung hat diesem Richtsatz vor allem den Vorrang der gemeinwirtschaftlichen vor den privatwirtschaftlichen Interessen entnommen und im Wege verschärfter Anwendung aller Steuergesetze, immer lückenloserer Kontrolle aller steuerlich erheblichen Vorgänge ist es ihr gelungen, ihren Wirkungskoeffizienten noch wesentlich zu steigern"; [S. 17:] Die große Steuerreform von 1934/1936 brachte neben dem Steueranpassungsgesetz u.a. ein neues Umsatzsteuergesetz (RGBl. S. 942), ein neues Einkommensteuergesetz (RGBl. I S. 1000), Körperschaftsteuergesetz (RGBl. I S. 1031), Vermögensteuergesetz (RGBl. I S. 1052), ein Gesetz zur Änderung des Erbschaftsteuergesetzes (RGBl. I S. 1056). Vgl. auch Entwurf des Steueranpassungsgesetzes vom Oktober 1934 (abgekürzt: StAnpG.), Kabinettsvorlage, in: BArch Berlin, R 3001/5980: Abschnitt I: Allgemeines Steuerrecht, Unterabschnitt 1: Auslegung, § 1 (1) Die Steuergesetze sind nach nationalsozialistischer Weltanschauung auszulegen. (2) Dabei sind die Volksanschauung, der Zweck und die wirtschaftliche Bedeutung der Steuergesetze und die Entwicklung der Verhält-

Das StAnpG führte gewisse Erleichterungen des Volksverratsgesetzes herbei. Fürs Erste wurde nach § 22 StAnpG die Anzeigefrist bis zum 31. Dezember 1934 ausgeweitet. Bei Versäumung der verlängerten Frist konnte die Strafe bei mildernden Umständen nach § 23 Nr. 5 StAnpG bei verheimlichten Devisen und Vermögensgegenständen im Gesamtwert unter 10.000 DM so bestimmt werden, „als habe der Täter eine Steuerhinterziehung begangen". Nach § 23 Nr. 6 StAnpG wurde die Straffestsetzung dem Finanzamt im Verfahren nach den §§ 420 ff. RAO übertragen, sofern das Finanzamt mildernde Umstände bejahte und auf Geldstrafe erkennen wollte. Nach §§ 28 ff. StAnpG wurden die wegen Verstößen gegen das Volksverratsgesetz bereits anhängigen Strafverfahren eingestellt sowie erkannte Geld- und Freiheitsstrafen, sofern diese noch nicht vollstreckt waren, erlassen. Straferlass oder Strafverfahrenseinstellungen wurden hinfällig, wenn sich später herausstellte, dass der Täter seine Anzeigepflicht auch bis zum Ablauf der verlängerten Frist nicht erfüllt hatte[11].

Einschneidende Veränderungen während der NS-Zeit brachte das Gesetz zur Änderung der Reichsabgabenordnung vom 4. Juli 1939 (RGBl. I 1181). Im Zusammenhang mit den 1938/39 auf Grund Gesetz vom 8. September 1939 (RGBl. I 1162) neu publizierten Verbrauchsteuergesetzen wurde das Zoll- und Verbrauchsteuerstrafrecht fortan beinahe vollständig in der RAO gebündelt[12]. Ein entscheidender Wandel vollzog sich im Rahmen des Verschuldens. Es erfolgte ein Übergang zum reinen Schuldprinzip. Die bis dahin zur Anwendungen gekommenen Vermutungstatbestände wurden beseitigt. Zugleich wurden auch die sog. Multiplarstrafen, welche oft in keiner Relation zur eigentlichen Tatbegehung standen, abgeschafft[13]. Konsequenterweise wurden

---

nisse zu berücksichtigen. (3) Entsprechendes gilt für die Beurteilung von Tatbeständen."

11 Vgl. *Joecks*, a.a.O., Einl., Rn. 53, Rn. 54, S. 41: Das Steuerstrafrecht wurde aber durch § 21 StAnpG kaum tangiert. Dem § 395 RAO über Irrtum wurde ein neuer Absatz 2 angefügt. Danach war wegen Fahrlässigkeit strafbar, wer die Tat aus Mangel an Sorgfalt für erlaubt gehalten hatte. *Ders.*, Einl., Rn. 54, S. 41: In einen neuen Absatz 3 des § 419 RAO wurde aus § 22 WStG vom 12. Juli 1930 (RGBl. I 219) die Norm übernommen, dass bei WSt-Vergehen die Verfolgungsverjährung erst mit dem Ablauf des Jahres begann, in welchem der Wechsel fällig geworden war. Demgegenüber blieb der Straftatbestand des § 21 WStG nach § 45 III Nr. 5 StAnpG unberührt. Im Strafverfahren wurde § 430 RAO um Normen über die Beschlagnahme sowie § 439 RAO um eine Regelung über die vorläufige Festnahme von Soldaten erweitert.

12 Vgl. *Joecks*, in: Franzen / Gast / Joecks (2009), Einl., Rn. 57, S. 42: „Ausnahmen: Steuerzeichenvergehen nach § 79 TabStG i.d.F. v. 4. 4. 1939 (RGBl. I 721) und verbotswidrige Verwendung vergällten Salzes nach § 9 II SalzstG idF v. 23. 12. 1938 (RGBl. I 26)".

13 Vgl. *Hartung*, Steuerstrafrecht, Vorbemerkung I, S. 41 (42): „Der im Gesetz normierte Zwang, auf derartige Strafen zu erkennen – die oft unsinnige, niemals beitreibbare

entsprechend Art. I Nr. 12 des Gesetzes vom 4. Juli 1939 zum einen der Absatz 1 S. 3 über die Bemessung der Geldstrafe bei Hinterziehung von Zöllen und Verbrauchssteuern und zum anderen der Absatz 5 über die Schuldvermutung bei Zoll- und Verbrauchssteuerhinterziehung gestrichen[14].

An die Stelle des bisherigen § 134 VZG trat der neue § 401a RAO (Bannbruch), an die Stelle der §§ 146 – 148 VZG trat der neue § 401b RAO (schwerer Schmuggel). Nach § 403 RAO n.F. (Steuerhehlerei) konnte als Vortat auch Bannbruch in Betracht kommen; ferner wurde der Wortlaut dem § 259 StGB (Sachhehlerei) angepasst. Mit der Aufnahme des Zollstrafrechts in die RAO trat die Einziehung neben die Geld- und Freiheitsstrafen[15].

Die Modifikationen des § 404 RAO (Rückfall) und des § 410 RAO (Selbstanzeige) waren nur durch die Gleichstellung des Bannbruchs mit der Steuerhinterziehung bedingt. Die neuen §§ 200, 200a RAO über die Sicherstellung von Erzeugnissen, Waren und Geräten ersetzten den § 406 RAO über die Einziehung bestimmter verbrauchssteuerpflichtiger Erzeugnisse. Die Straftatbestände der §§ 407–409, 411 RAO wurden teils durch § 413 RAO n.F. ersetzt, teils ersatzlos gestrichen. Nach § 413 RAO waren Steuerordnungswidrigkeiten mit Geldstrafe bis zu 10.000 RM bedroht, eine Strafregistereintragung blieb aber nach § 3 II StRegV aus. Der Terminus „Steuerzuwiderhandlungen“ wurde mit Rücksicht auf § 1 StGB a.F. in „Steuervergehen“ geändert. Insgesamt enthielt das RAOÄndG 1939 hoffnungsvolle Ansätze zu einer Steuerstrafrechtsentrümpelung. § 394 RAO, der es zugelassen hatte, dass Inhaber des Betriebes die strafrechtliche Verantwortung für Verbrauchsteuern auf Betriebsleiter übertragen konnten, wurde in Angleichung an das allgemeine Strafrecht aufgehoben[16].

Allerdings blieb die Höhe der Geldstrafe unbegrenzt. Daneben bestand die Option weiter, auf Gefängnisstrafe bis zu 2 Jahren zu erkennen[17].

Werte erreichten – hatte nicht nur die Steuerbehörden und die Strafjustizbehörden mit völlig nutzloser Arbeit belastet, sondern hatte sich auch vielfach als ungerecht und mit den Zielen eines modernen Strafrechtes unvereinbar erwiesen“; auch *Seckel*, Steuerhinterziehung, S. 100; *Joecks*, in: a.a.O., § 57, S. 42.

14 Vgl. *Franzen / Gast*, Steuerstrafrecht (1969), § 392, Rn. 2, S. 157 a.E. f. i.V.m. S. 154; Durch Kap. II Art. 2 Nr. 1 der Verordnung vom 18. 3. 1933 (RGBl. I 109) wurde Absatz 6 angefügt, der wie folgt lautete: „Steuerhinterziehung kann auch hinsichtlich solcher Waren begangen werden, deren Einfuhr, Ausfuhr oder Durchfuhr verboten ist.“ Mit dem Gesetz vom 04. 07. 1939 (RGBl. I 1181) wurde mit der Streichung des vormaligen Absatz 5, aus dem Absatz 6 der Absatz 5.

15 Vgl. *Joecks*, in: Franzen / Gast / Joecks (2009), Rn. 57, S. 42.

16 Vgl. *Joecks*, in: a.a.O., Rn. 57, S. 42.

17 Vgl. *Seckel*, Steuerhinterziehung, S. 100.

II. Reformdiskussion und kritische Anmerkungen

Auch für den Zeitabschnitt des Nationalsozialismus stellt sich die Frage, in welchem Umfang der in der *Liszt*schen Straftheorie angelegten Zweckgedanke sowie damit einhergehende Funktionalisierungsmotive des Gesetzgebers Bestandteil des zu dieser Zeit Geltung findenden Steuerhinterziehungstatbestandes wurden. Unter besonderer Berücksichtigung des ungeschriebenen Tatbestandsmerkmals der *Steuerunehrlichkeit* wird zudem analysiert, ob die während der Weimarer Republik begonnenen Restriktionsversuche von Seiten der Rechtsprechung auch in der NS-Zeit eine Weiterentwicklung erfuhren. Einen weiteren Schwerpunkt stellt der Strafrahmen dar, welcher bereits zuvor durch die 3. StNotVO 1924 eine Verschärfung erfahren hatte.

1. Tatbestand

Im Rahmen des objektiven Tatbestandes blieb weiter strittig, welchen konkreten Inhalt das ungeschriebene Merkmal der *Steuerunehrlichkeit* haben sollte[18].

Die vorherrschende Ansicht, insbesondere in den 20er Jahren, nahm an, dass es sich um ein Merkmal handle, welches vorwiegend den objektiven Tatbestand begrenze. Danach sei tatbestandsmäßiges Verhalten nach § 359 RAO immer als eine bewusste oder unbewusste steuerunehrliche Beeinflussung des Verhaltens der Steuerbehörde zu verstehen. Notwendig sei lediglich ein vorsätzliches oder fahrlässiges In-Unkenntnis-halten der Steuerbehörde[19].

In den 30er Jahren vollzog sich ein Wandel in der Auslegung des Merkmals *Steuerunehrlichkeit*. Während zunächst das In-Unkenntnis-halten der Steuerbehörde durch Verschweigen und durch Täuschung der Steuerpflicht noch als gleichberechtigt nebeneinander aufgeführt wurden[20], ging das Reichsgericht in seinen darauffolgenden Entscheidungen dazu über, als Tathandlung lediglich noch eine täuschende Verhaltensweise zuzulassen. Ein böswilliges Verhalten für sich allein wurde nicht mehr als hinreichendes, strafbegründendes Handeln angesehen. Dies galt insbesondere nicht in den Fällen, in denen die Finanzbehörde Kenntnis über Grund und Höhe der Steuerpflicht hatte. Die Anknüpfung erfolgte nunmehr anhand von Täuschungselementen, deren tatbestandlicher Erfolg an eine steuerunehrliche Handlungsweise geknüpft wurde:

> „Die Strafkammer sieht also eine vollendete Steuerhinterziehung – in der Begehungsform der Steuerverkürzung – als gegeben an. Das ist rechtlich verfehlt. Das

---

18 Vgl. u.a. *Hellmann*, in: HHS, § 370, Rn. 31, S. 24; *Schneider*, a.a.O., 90 ff.

19 Vgl. u.a. RGSt. 60, 307 (309); RGSt. 60, 182 (185); vgl. Kapitel *Weimarer Republik*.

20 Vgl. RStBl. 1937, 387 – RG (4. Strafsenat) vom 16. Februar 1937 – 4 D 596/36.

angefochtene Urteil ergibt, daß die Strafkammer die Schätzungen, die das FA für Umsatz und Einkommen des Angeklagten für die Jahre 1930 bis 1933 vorgenommen hat, als richtig ansieht. Dann hat aber die Täuschung keinen Erfolg gehabt. Der Angeklagte hat also nicht durch sein steuerunehrliches Verhalten (sondern durch böswilliges Nichtzahlen) Steuern verkürzt; die *Steuerunehrlichkeit* ist wirkungslos geblieben. Dann aber hätte das LG den Angeklagten nur wegen versuchter Steuerhinterziehung verurteilen dürfen."[21]

Die Auslegung des Steuerhinterziehungstatbestandes erfuhr folglich eine Veränderung, indem das Bewirken einer Steuerverkürzung nicht mehr als bloßes Verursachen, sondern als steuerunehrliches Verhalten mit dem Inhalt einer täuschenden – einen Irrtum auslösenden – Handlung, angesehen wurde:

„Eine Steuerunehrlichkeit liegt vor, wenn der Täter den Willen, Steuereinnahmen zu verkürzen, dadurch betätigt, daß er die Steuerbehörden in einen Irrtum über das Bestehen oder die Höhe des Steueranpruches versetzt oder sie darin erhält, sie also täuscht."[22]

Das Merkmal der *Steuerunehrlichkeit* wurde als finales Verhalten im Sinne einer Täuschung verstanden. Indem der *Steuerunehrlichkeit* – als ungeschriebenem Tatbestandsmerkmal – der Sinngehalt einer auf Täuschung fokussierten Handlungsweise zugeschrieben wurde, glich das Steuerhinterziehungsvergehen in der Folge rechtlich dem Betruge:

„Das Vergehen der Steuerhinterziehung i.S.d. § 396 RAbgO. gleicht rechtlich dem Betruge (§ 263 StGB; vgl. dazu RGSt. Bd. 60 S. 97, 99 […])"[23]

„Die Rechtsprechung hat daneben noch das Erfordernis der Steuerunehrlichkeit aufgestellt; dazu gehört insbesondere, daß der Erfolg der Steuerverkürzung durch Täuschung der Steuerbehörde oder des Steuerberechtigten über das Bestehen oder über die Höhe des Steueranspruches herbeigeführt wird (RGSt. Bd. 70 S. 10 und die dort angegebenen früheren Entscheidungen)."[24]

„Daß der Verkürzung der Steuereinnahmen bei dem Steuerberechtigten ein Vorteil des Steuerpflichtigen entspreche oder daß die Steuerverkürzung zum Vorteil des Steuerpflichtigen vorgenommen werde, gehört nicht zum Tatbestande des § 396 RAbgO. und ist auch sonst dem Gesetze nicht zu entnehmen. Begrifflich ist dann keine Verkürzung von Steuereinnahmen mehr möglich, wenn der geschuldete Steuerbetrag bei der zuständigen Stelle eingegangen ist. Auf dem Wege bis dahin kann der Eingang der Steuerbeträge auf jede denkbare Weise verhindert werden; es liegt ein Vergehen [S. 199] gegen den § 396 RAbgO. vor, wenn das

---

21 Vgl. RG RStBl. 1938, Nr. 87 vom 10. Oktober 1938, 892., RG (3. Strafsenat) vom 21. Juli 1938, 3 D I 40/38, S. 906; vgl. hierzu auch *Schneider*, a.a.O., S. 91.

22 RGSt. 71, 216 (216), auch (217), III. Strafsenat, Urteil vom 13. Mai 1937, 243/37.

23 RGSt 76, 195 (196), I. Strafsenat, Urteil vom 03. Juli 1942, 1 D 272/41.

24 RGSt. 76, 195 (198), I. Strafsenat, Urteil vom 03. Juli 1942, 1 D 272/41.

> durch Täuschung der Steuerbehörde oder des Steuerberechtigten über das Bestehen oder über die Höhe des Steueranspruches geschieht.“[25]

Entscheidend für die Bejahung steuerunehrlichen Verhaltens war folglich, ob und wie weit der Steuerpflichtige seinen Willen, Steuereinnahmen zu verkürzen auf heimlichen, hinterhältigen Wegen durch Täuschung zu erreichen suchte. Infolgedessen näherte sich die Rechtsprechung erneut der vor Schaffung der RAO 1919 vorherrschenden Ansicht vom Wesen der Steuerhinterziehung als einem betrugsähnlichen Delikt[26].

Zugleich wurden dem Merkmal der *Steuerunehrlichkeit* zunehmend subjektive Inhalte beigemessen. Das Verständnis des tatbestandsmäßigen Verhaltens im Sinne einer steuerunehrlichen Einflussnahme des steuerbehördlichen Verhaltens, also das fahrlässige oder vorsätzliche In-Unkenntnis-halten, wurde in der NS-Zeit weitgehend aufgegeben. An die Stelle dieses in erster Linie objektiven Merkmals trat in der Folgezeit eine Subjektivierung des Begriffes ein. Der Ausdruck *Steuerunehrlichkeit* blieb der vorsätzlichen Steuerhinterziehung vorbehalten, indem dieser – so die Ansicht des RGs – stets eine vorsätzliche Begehungsart voraussetzte. Das Merkmal *Steuerunehrlichkeit* wurde fortan als ein die steuerwidrige Verhaltensweise genauer beschreibendes finales Element verstanden. Hierdurch bedingt, wurde der Schwerpunkt immer mehr auf die innere Willensrichtung des Steuerpflichtigen gelegt[27]:

> „Das angefochtene Urteil weist nun lediglich nach, daß es sich bei dem Angeklagten nach der Meinung des Tatrichters um einen ausgesprochen böswilligen Steuerschuldner handelt, daß er – […] bestrebt gewesen ist, den Finanzbehörden alle möglichen Schwierigkeiten zu bereiten, wenn sie pflichtmäßig die Steueransprüche der öffentlichen Hand gegen ihn durchzuführen versuchten. Das genügt aber nicht zu der Annahme, daß das Handeln oder pflichtwidrige Unterlassen des Angeklagten, in denen die Strafkammer die Steuerhinterziehung findet, auf Steuerunehrlichkeit beruht. Vielmehr gehört zu diesem Tatbestandsmerkmale, daß der Täter den Willen, Steuerverkürzungen herbeizuführen, dadurch betätigt, daß er die Steuerbehörden in einen Irrtum über das Bestehen oder die Höhe des Steueranspruches versetzt oder sie darin erhält. Ob und wie weit der Angeklagte seinen Willen, Steuereinnahmen des Reiches zu verkürzen, in dieser Art, auf heimlichen, hinterhältigen Wegen, durch Täuschung – und somit steuerunehrlich – zu erreichen gesucht hat, ist den bisherigen Ausführungen der Strafkammer nicht mit der erforderlichen Sicherheit zu entnehmen.“[28].

---

25 RGSt 76, 195 (198 f.), I. Strafsenat, Urteil vom 03. Juli 1942, 1 D 272/41.

26 Vgl. RGSt 71, 216 (217), III. Strafsenat, Urteil vom 13. Mai 1937; *Schneider*, a.a.O., S. 91.

27 Vgl. *Schneider*, a.a.O., S. 90 f.

28 RGSt. 71, 216 (217), III. Strafsenat, Urteil vom 13. Mai 1937, 3 D 243/37.

2. Verschulden

Der ausschlaggebende Durchbruch zu einer unbegrenzten gesetzlichen Gültigkeit des Schuldprinzips im Steuerstrafrecht wurde mit dem Gesetz zur Änderung der Reichsabgabenordnung vom 4. Juli 1939 (RAOÄndG) erreicht[29]. Dieses Gesetz vollzog für das Steuerstrafrecht entschlossen den Übergang zum reinen Schuldprinzip. Die bis dahin existenten Vermutungstatbestände sowie die Multiplarstrafen wurden beseitigt. Zugleich vollendete es die Überführung des Zollstrafrechtes in die AO[30].

Zum einen wurde § 396 Abs. 5 RAO 1931 (§ 359 Abs. 5 RAO 1919), wonach die (nur die Steuerhinterziehung betreffenden) Schuldpräsumtionen der Zoll- und Verbrauchsabgabengesetze in Geltung geblieben waren, beseitigt. Zum anderen wurde § 413 RAO 1931 (= § 377 RAO 1919), welcher die schuldunabhängige Ordnungsstrafe regelte, wesentlich neu kreiert. Die Tatbestandskennzeichnung erfolgte daraufhin als Steuerordnungswidrigkeit. Für alle in dieser Hinsicht begangenen Zuwiderhandlungen fügte man das Tatbestandsmerkmal vorsätzlich oder fahrlässig ein[31].

Konsequenterweise wurde 1939 die zuvor dargelegte Funktionalisierung bzw. Instrumentalisierung des Verschuldenskriteriums durch Anwendung von Formaldelikten oder Schuldpräsumtionen abgelöst durch das reine Schuldprinzip. Das Steuerstrafrecht hat sich – gemäß der Grundidee des allgemeinen Strafrechts – zum reinen Schuldstrafrecht entwickelt[32]. In diesem Wandel des Schuldverständnisses ist eine bedeutende Einschränkung der Funktionalität des Steuerstrafrechts zu erkennen[33]. Das Resultat dieser Entwicklung war ein wesensmäßig mit dem allgemeinen Strafrecht übereinstimmendes, durchaus homogenes Steuerstrafrecht, das in wenigen markanten Tatbeständen alle erdenklichen Abgabendelikte klar erfasste[34].

---

29 Vgl. *Hartung*, Steuerstrafrecht, § 396, I. Entstehungsgeschichte, Anm. I., 2., S. 42.

30 Vgl. *Hartung*, Steuerstrafrecht, Vorb. I, S. 10 (11); , § 396, I. Entstehungsgeschichte, Anm. I., 2., S. 42; *Poggemann*, a.a.O., S. 160.

31 Vgl. Entwurf eines Gesetzes zur Änderung der RAO 1939, Vorlage an die Reichsregierung, in: BArch Berlin, R 2/56324, Bl. 141 (–3–), 142 (–6–): Zu Artikel I Ziffern 12 und 13: „Die Vervielfachungsstrafen, die bisher im § 396 Absatz 1 Satz 3 und im § 397 Absatz 2 Halbsatz 2 der Reichsabgabenordnung vorgesehen waren, fallen in Zukunft weg. Das gleiche gilt für die Vermutungstatbestände, die bisher durch § 396 Abs. 5 der Reichsabgabenordnung aufrechterhalten waren." Vgl. auch *Poggemann*, a.a.O., S. 161.

32 Vgl. *Hartung*, Steuerstrafrecht, § 396, I. Entstehungsgeschichte, Anm. I., 2., S. 42; *Poggemann*, a.a.O., S. 161.

33 Vgl. *Poggemann*, a.a.O., S. 161.

34 Vgl. *Hartung*, Steuerstrafrecht, Vorbemerkungen I, S. 12.

3. Strafrahmen und strafbefreiende Selbstanzeige

Hatte § 359 Abs. 1 Satz 1 RAO 1919 (§ 396 Abs. 1 RAO 1931) noch eine primäre Bestrafung mit den in den einzelnen Gesetzen hierfür angedrohten Strafen vorgesehen und hatte § 359 Abs. 5 RAO (§ 396 Abs. 5 RAO 1931) in diesem Zusammenhang noch auf die Zoll- und Verbrauchsabgabengesetze verwiesen, so führte das Gesetz zur Änderung der Reichsabgabenordnung vom 4. Juli 1939 (RAOÄndG 1939) zu zahlreichen Modifikationen[35]. Bis dahin bestehende Geltungsmängel wurden aufgrund des RAOÄndG 1939 durch Streichung des unterdessen zu § 396 Abs. 5 (RAO 1931) umnummerierten § 359 Abs. 5 (RAO 1919) sowie durch Aufnahme des materiellen Zollstrafrechts, in erster Linie durch Übernahme des fortan als „Bannbruch" definierten Tatbestands der Kontrebande (§ 401a RAO 1939), ausgeräumt[36]. Das RAOÄndG 1939 überführte das Zoll- und Verbrauchssteuerstrafrecht fast vollständig in die RAO. Dies führte in der Folge dazu, dass das gesamte Steuerstrafrecht – von dem hier als der praktisch bedeutendste Teil die Steuerhinterziehung interessiert – in der Abgabenordnung vereinigt werden konnte[37].

Das Multiplarstrafensystem wurde ebenfalls durch das RAOÄndG 1939 aufgehoben. So wurde die bis dahin geltende Multiplarstrafdrohung der §§ 396 Abs. 1 Satz 3, 397 Abs. 2 Halbsatz 2 RAO durch das RAOÄndG 1939 beseitigt. Dies war auch von enormer praktischer Bedeutung, da diese Art von Strafen „oft unsinnige, niemals beitreibbare Werte erreichten" und auf diese Weise Strafjustizbehörden und Steuerbehörden „mit völlig nutzloser Arbeit" belasteten. Zugleich hatte der im Gesetz verankerte Zwang, auf derartige Strafen zu erkennen sich oftmals als mit den Intentionen eines modernen Strafrechts unvereinbar und obendrein als ungerecht erwiesen[38]. Zudem war diese Entwicklung von grundlegender Bedeutung, da somit eine an fiskalischer Zweckmäßigkeit und pauschaliertem Schadensersatz orientierte Rechtsfolge durch die – im Einzelfall nach allgemeinen Strafzumessungsregeln festzulegende – Geldstrafe als echte Strafsanktion ausgetauscht bzw. ersetzt wurde[39].

---

35 Vgl. RGBl., Teil 1, ausgegeben zu Berlin, den 7. Juli 1939 Nr. 120, in: BArch Berlin, R 43-II/789a, Bl. 68 (1181), Bl. 69 f. (1183 f.); *Hellmann*, in: HHS § 370 AO, Rn. 8, S. 9.

36 Vgl. Entwurf eines Gesetzes zur Änderung der RAO 1939, Vorlage an die Reichsregierung, in: BArch Berlin, R 43–II/789a, Bl. 61 (–3–); *Poggemann*, a.a.O., S. 158.

37 Vgl. *Hartung*, Steuerstrafrecht, Vorbemerkungen I, S. 11, § 396, Anm. I. 2., S. 42.

38 Vgl. *Hellmann*, a.a.O., § 370 AO, Rn. 8; *Hartung*, a.a.O., § 396 RAO, Anm. I., 2., S. 42.

39 Vgl. *Kuhlen*, a.a.O., S. 31.

Die Reichssteuerverwaltung war sehr bemüht, die Steuermoral anzuheben. Das neue Staatsgefühl, das seit der nationalsozialistischen Revolution alle Volksgenossen beseele, müsse in den Dienst des Steuerwesens gestellt werden[40]. Hand in Hand mit einer Anhebung der Steuermoral sollte auch eine Verschärfung des Steuerstrafrechts einhergehen. Es müsse zum Ausdruck gebracht werden, dass die Steuerhinterziehung eine ehrenrührige Handlung sei[41]. Das wesentliche Merkmal, welches die Steuerhinterziehung von sonstigen Steuerzuwiderhandlungen unterscheide, sei das unlautere, fraudulose Verhalten des Steuerpflichtigen. Bei der Steuerhinterziehung handle es sich um ein Gewinnsuchtsdelikt[42].

---

40 Vgl. Reichsbund der Deutschen Beamten e.V., Denkschrift der Fachschaft Reichssteuerverwaltung zur Reform der RAO, Berlin, den 5. März 1934, in: BArch Berlin, R2/57019, Bl. 202 (-9-): „Sehr wichtig ist die Hebung der Steuermoral. Das neue Staatsgefühl, das seit der nationalsozialistischen Revolution alle Volksgenossen beseelt, muss in den Dienst des Steuerwesens gestellt werden. Hier gilt es […] wichtige Aufklärungsarbeit zu leisten. Alle Propagandamittel müssen eingesetzt werden, bis auch der letzte Volksgenosse begriffen hat, dass restlose und pünktliche Steuerzahlung eine der wichtigsten Pflichten gegenüber Volk und Staat ist. Um diesem Appell an die Steuerehrlichkeit den gebotenen Nachdruck zu verleihen, sind verschiedene gesetzgeberische Massnahmen notwendig. Zunächst muss geprüft werden, ob die Unverletzlichkeit des Steuergeheimnisses in dem bisherigen Umfange weiter bestehen bleiben soll oder ob nicht das höhere Interesse der Volksganzheit eine gewisse Auflockerung rechtfertigt.“ [Unterstreichungen entsprechen der Originalquelle aus dem BArch Berlin].

41 Vgl. Reichsbund der Deutschen Beamten e.V., Denkschrift der Fachschaft Reichssteuerverwaltung zur Reform der RAO, Berlin, den 5. März 1934, in: BArch Berlin, R2/57019, Bl. 203 (-10-): „Hand in Hand mit diesen Massnahmen muss eine Verschärfung des Steuerstrafrechts gehen. Der § 400 der Reichsabgabenordnung lässt zu, dass einem Steuerpflichtigen, der wegen Steuerhinterziehung zu wenigstens drei Monaten Gefängnis verurteilt wird, die bürgerlichen Ehrenrechte aberkannt werden. Hier muss eine wesentliche Verschärfung eintreten. Vor allem muss die Gesetzesvorschrift, die den Tatbestand der Steuerhinterziehung umschreibt, zum Ausdruck bringen, dass die Steuerhinterziehung eine ehrenrührige Handlung ist. [Unterstreichungen entsprechen der Originalquelle].

42 Vgl. Reichsbund der Deutschen Beamten e.V., Denkschrift der Fachschaft Reichssteuerverwaltung zur Reform der RAO, Berlin, den 5. März 1934, in: BArch Berlin, R2/57019, Bl. 203 (-10-): „Das wesentliche Merkmal, das die Steuerhinterziehung von sonstigen Steuerzuwiderhandlungen (insbesondere von der Steuerordnungswidrigkeit und von der Steuergefährdung) unterscheidet, ist das unlautere (‘fraudulose’) Verhalten des Steuerpflichtigen. Dies hat das Reichsgericht in ständiger Rechtsprechung betont. In dem Hinterziehungsparagraphen (in dem § 396 der Reichsabgabenordnung) fehlt jedoch dieses wichtigste Tatbestandsmerkmal. Des Weiteren bringt der § 396 der Reichsabgabenordnung nicht genügend zum Ausdruck, dass es sich bei der Steuerhinterziehung um ein Gewinnsuchtsdelikt handelt. Hier muss das Steuerverwaltungsgesetz Wandel schaffen. Der zukünftige Hinterziehungsparagraph muss zum Ausdruck bringen, dass eine Steuerhinterziehung dann vorliegt, wenn jemand mit dem Willen, sich oder einen anderen unrechtmässig zu bereichern, durch unlauteres Verhalten Steuerein-

Auch in der NS-Zeit blieb der Strafausschließungsgrund der Selbstanzeige erhalten. Das Gesetz zur Änderung der RAO von 1939 passte die Verletzung von Anzeigepflichten in Absatz 1 Satz 1 deren zwischenzeitlich beschränktem Umfang an und erweiterte die sodann als solche bezeichnete „Selbstanzeige" auf die zwischenzeitlich in die RAO integrierten Tatbestände des schweren Schmuggels und des Bannbruchs (Absatz 1 Satz 2)[43].

Erneut erwies sich die Selbstanzeige im Steuerstrafrecht als Mittel der Fiskalpolitik. Die Anwendung dieses rechtlichen Instruments durch den Gesetzgeber verdeutlicht fortwährende Funktionalisierungsmotive, welche auch in der Entscheidung des Reichsgerichts vom 9. November 1936 zum Vorschein kamen:

> „Der Zweck des Gesetzes ist, dadurch, daß dem reuigen Steuerpflichtigen gegenüber Nachsicht geübt wird, dem Staat bisher verheimlichte Steuerquellen zu erschließen. Dieses Ziel des Gesetzes ist erreicht, sobald die verschwiegenen Vermögensstücke dem Finanzamt derart [S. 352] genau bezeichnet worden sind, daß ihm der Zugriff auf sie möglich ist, ohne daß es bei ihrer Erfassung auf den weiteren guten Willen des Steuerpflichtigen angewiesen ist oder daß es selbst über das Vorhandensein der Vermögensstücke noch langwierige Nachforschungen anstellen muß. Dagegen verliert der Steuerpflichtige die Wohltat des Gesetzes nicht schon dadurch, daß die zahlenmäßige Berechnung der Steuerschuld noch eine gewisse eigene Aufklärung durch das Finanzamt erfordert, sei es z.B. durch Heranziehung früher bei ihm geführter Steuervorgänge, sei es durch Anfragen an Stellen, die ihm gegenüber zur Auskunft verpflichtet oder zweifellos bereit sind."[44]

C) Zusammenfassung / Fazit

Auch während der nationalsozialistischen Zeit blieb das ungeschriebene Tatbestandsmerkmal der *Steuerunehrlichkeit* umstritten. Es war weiterhin

---

nahmen verkürzt. Als (-11-) wichtigstes Beispiel eines unlauteren Verhaltens muss das Gesetz die Täuschungshandlung nennen, die insbesondere dann vorliegt, wenn jemand in der Steuererklärung wissentlich falsche Angaben macht." [Unterstreichungen entsprechen der Originalquelle].

43 Vgl. Entwurf eines Gesetzes zur Änderung der RAO 1939, Vorlage an die Reichsregierung, in: BArch Berlin, R 43–II/789a, Bl. 61 (–3–); 62 (–6–) sowie in: BArch Berlin, R2/56324, Bl. 141 (–3–), Begründung Bl. 141 (–3–), Begründung Bl. 142 (–5–) (–6–): Zu Artikel 1 Ziffern 16, 17, 19, 20 und 25: „Eine Reihe von Vorschriften, die in der Reichsabgabenordnung enthalten sind, nämlich § 403 (Steuerhehlerei), § 404 (Rückfall), § 410 (Selbstanzeige), § 413 (Steuerordnungswidrigkeit), § 477 Absatz 2 (Abstandnahme von der Einleitung oder Durchführung einer Untersuchung), müssen eine weitere Fassung erhalten, die auch den Bannbruch in sich schließt"; *Rüping*, in: HHS, § 371 AO, Rn. 5, S. 5; Gesetz vom 4. Juli 1939, Art. I Nr. 19 (RGBl. I 1939, 1181 [1184]).

44 RGSt 70, 350, 351, III. Strafsenat, Urteil vom 09. November 1936, D 619/36.

nicht klar, welche konkreten Inhalte dieses Merkmal aufweisen sollte und damit einhergehend wie der objektive Tatbestand aufgrund seiner extremen Weite restriktiv ausgelegt werden könnte. Während in den 20er Jahren die *Steuerunehrlichkeit* als bloßes In-Unkenntnis-halten der Finanzbehörde verstanden wurde, wandelte sich die vorherrschende Ansicht. *Steuerunehrlichkeit* wurde fortan zunehmend als finales Verhalten im Sinne einer Täuschung interpretiert. Die Steuerhinterziehung glich rechtlich dem Betrug. Dabei ist die Vermengung objektiver Tatbestandskriterien einer Täuschungshandlung mit subjektiven Kriterien – einer Begehungsweise auf heimlichen, hinterhältigen Wegen – bedenklich. In Ermangelung einer klaren Abgrenzung musste dies zu künftigen Schwierigkeiten bei der dogmatischen Einordnung der *Steuerunehrlichkeit* führen. Auch unter dem Gesichtspunkt der Bestimmtheit und der Beweiszugänglichkeit ist die Zuordnung in den subjektiven Tatbestand – zumindest gegenüber rein objektiven Eingrenzungskriterien – kritisch zu sehen.

Hinsichtlich des Verschuldens ist der Wandel durch Anerkennung des reinen Schuldprinzips positiv zu bewerten. Der entscheidende Durchbruch zu einer uneingeschränkten gesetzlichen Geltung des Schuldprinzips im Steuerstrafrecht wurde mit dem Gesetz zur Änderung der Reichsabgabenordnung vom 4. Juli 1939 (RAOÄndG) erreicht. Dies führte zu einem bedeutenden Schritt hin zu mehr Rechtssicherheit und Rechtsklarheit. Zweifelsohne wurde die Instrumentalisierung des Verschuldenskriteriums, welche für das gesamte 19. Jahrhundert und Anfang des 20. Jahrhunderts kennzeichnend war, durch diesen Wandel in der Rechtsauffassung entscheidend reduziert. Auch die Auflösung der Multiplarstrafen verringerte die fiskalisch motivierte Funktionalisierung.

Insgesamt bestätigt sich aber dennoch die Kontinuität einer Entwicklungsstruktur, welche bereits vor 1933 angelegt gewesen war und sich während der nationalsozialistischen Herrschaft fortsetzte. Hierbei wurde an Strukturen und Tendenzen aus der vornationalsozialistischen Zeit angeknüpft. Das Merkmal der *Steuerunehrlichkeit* unterlag einer Weiterentwicklung in Rechtsprechung und Literatur. Die Kriminalisierung und Funktionalisierung des Rechts an anderer Stelle, wie bspw. bei den Rechtsfolgen, blieben weiter bestehen. So blieb einerseits die Höhe der Geldstrafe unbegrenzt. Daneben bestand weiter die Möglichkeit, auf Gefängnisstrafe bis zu 2 Jahren zu erkennen. Andererseits gewann das Instrument der strafbefreienden Selbstanzeige – welches als rein fiskalisch motiviert angesehen wurde – zunehmend an Bedeutung[45].

---

45 Vgl. hinsichtlich der Zusammenfassung / Fazit, Zweiter Teil, Fünftes Kapitel.

Sechstes Kapitel: Gesetzgebung und Reformdiskussion nach 1945

A) Strafrechtstheoretische Grundlagen

Einer der bedeutendsten Vertreter der bereits zu Beginn des 20. Jahrhunderts neu aufkommenden Gegenströmung des Neukantianismus war Gustav *Radbruch*, welcher Kritik am Positivismus äußerte:

> „Dabei ist der Positivismus gar nicht in der Lage, aus eigener Kraft die Geltung von Gesetzen zu begründen. Er glaubt, die Geltung eines Gesetzes schon damit erwiesen zu haben, daß es die Macht besessen hat, sich durchzusetzen. Aber auf Macht läßt sich vielleicht ein Müssen, aber niemals ein Sollen und Gelten gründen. Dieses läßt sich vielmehr nur gründen auf einen Wert, der dem Gesetz innewohnt.“[1]

Radbruch umschrieb in seiner Rechtsphilosophie die sog. Rechtsidee. Zu differenzieren sei zwischen den Elementen der Gerechtigkeit, der Rechtssicherheit und der Zweckmäßigkeit. Jedem dieser Elemente müsse Geltung verschafft werden. Jede Strafrechtsnorm, jede Auslegung dieser Norm müsse sich daran messen lassen, ob sie vor jedem dieser drei Kriterien bestehe[2].

Die erstmals 1946 als Radbruch'sche Formel formulierte These gewann an Bedeutung:

> „In der Rangordnung dieser Werte haben wir die Zweckmäßigkeit des Rechts für das Gemeinwohl an die letzte Stelle zu setzen“ […].
>
> „Der Konflikt zwischen der Gerechtigkeit und der Rechtssicherheit dürfte dahin zu lösen sein, daß das positive, durch Satzung und Macht gesicherte Recht auch dann den Vorrang hat, wenn es inhaltlich ungerecht und unzweckmäßig ist, es sei denn, daß der Widerspruch des positiven Gesetzes zur Gerechtigkeit ein so unerträgliches Maß erreicht, daß das Gesetz als 'unrichtiges Recht' der Gerechtigkeit zu weichen hat.“[3].

---

1 *Radbruch*, in: Süddeutsche Juristenzeitung Jg. 1 Nr. 5 (1946), III, S. 105 (107); Vgl. *Vormbaum*, Strafrechtsgeschichte, S. 160 (245): Radbruch wurde in der Weimarer Republik sozialdemokratischer Politiker, zeitweilig Reichsjustizminister. Vor 1933 war Radbruch ein engagierter Vertreter des Rechtspositivismus, nach 1945 hat er ihn heftig kritisiert und ihm zumindest eine Mitschuld an der Gesetzestreue der Juristen – in ihrer Haltung „Gesetz ist Gesetz“ – gegenüber unmenschlichen Gesetzen zugeschrieben.

2 Vgl. *Radbruch*, in: Süddeutsche Juristenzeitung, Jg. 1 Nr. 5 (1946), III, S. 105 (107); *Ders.*, Rechtsphilosophie (1973), § 22, S. 158, 260 f., 264; Ders. a.a.O. (1950), S. 262 ff.

3 *Radbruch*, in: Süddeutsche Juristenzeitung Jg. 1 Nr. 5 (1946), III, S. 105 (107).

https://doi.org/10.1515/9783110616187-008

„[…] eine andere Grenzziehung aber kann mit aller Schärfe vorgenommen werden: wo Gerechtigkeit nicht einmal erstrebt wird, wo die Gleichheit, die den Kern der Gerechtigkeit ausmacht, bei der Setzung positiven Rechts bewußt verleugnet wurde, da ist das Gesetz nicht etwa nur 'unrichtiges Recht', vielmehr entbehrt es überhaupt der Rechtsnatur."[4]

Im Konfliktfall sollte sich ein Richter also immer nur dann gegen das Gesetz und stattdessen für die materielle Gerechtigkeit entscheiden, wenn das fragliche Gesetz entweder als unerträglich ungerecht anzusehen ist oder das Gesetz die im Rechtsbegriff angelegte Gleichheit aller Menschen bewusst verleugnete.

Ein Großteil der Strafrechtspraxis und -wissenschaft gelangte in den Jahren nach 1945 in den Einflussbereich des konservativen Naturrechts der Ära Adenauer. Dies hatte für den Strafrechtsbereich die Neubelebung einer harten Sühnetheorie zur Folge. Die durch intuitivwertefühliges und ganzheitliches Denken geprägte Erkennntismethode der NS-Zeit hatte nach 1945 zu einem Wiederaufblühen der am Naturrecht geprägten Gegenströmung geführt[5].

Die recht willkürlichen, insbesondere jedoch die autoritären Folgen, welche in der Nachkriegszeit aus der Naturrechtslehre gezogen worden waren, brachten in der anschließenden Phase jede Form des Naturrechts in Verruf. Konsequenterweise galt es in den 60er Jahren als fortschrittlich, den „Abschied von *Kant* und *Hegel*" zu propagieren. Während in der NS-Zeit nach 1933 ein „Bündnis" des Zweckstrafrechts mit dem autoritären Gedankengut stattfand, so wandelte sich dieses Verhältnis in den 60er Jahren zu einem Bündnis des Zweckstrafrechts mit dem antiautoritären Zeitgeist und der zu jener Epoche bestimmenden Politik[6]. Zudem blieb auch eine Tendenz zur Subjektivierung des Strafrechts erkennbar, welche die Ausdehnung des Strafrechts ebenfalls forcierte[7].

---

4 *Radbruch*, in: Süddeutsche Juristenzeitung Jg. 1 Nr. 5 (1946), III, S. 105 (107); kritisch hierzu *Vormbaum*, a.a.O., S. 231: Die Ausführungen Radbruchs beginnen mit einer allgemeinen Formulierung, welche dem positiven Recht eine Vorrangstellung einräumt. Erst im Anschluss erfolgt die Eingrenzung für den Fall, dass der Widerspruch des positiven Gesetzes zur Gerechtigkeit ein so unerträgliches Ausmaß erlangt, dass das Gesetz als „unrichtiges Recht" der Gerechtigkeit zu weichen hat. Insofern bleibt es zumindest zweifelhaft, ob Radbruch seinen positivistischen Standpunkt gänzlich aufgegeben hatte.

5 Vgl. *Vormbaum*, a.a.O., S. 245; *Ders.* zur Rechtsidee: StGB, Supplementband 1, S. 489.

6 Vgl. *Vormbaum*, a.a.O., S. 250; an dieser Gesamtentwicklung der Zunahme des Zweckstrafrechts änderte auch in den 60er Jahren die kurzeitige Dominanz des Zweckstrafrechts und Rechtsgüterschutzgedankens in ihrem strafbegrenzenden Potential durch Liberalisierung des Sexualstrafrechts und des politischen Strafrechts nichts.

7 Vgl. *Vormbaum*, a.a.O., S. 248 m.w.N., z.B. Subjektive Rechtfertigungselemente etc.

B) Steuerstrafrecht

Die Reichsausgaben waren mit dem Ausbruch des 2. Weltkrieges 1939 weiter rapide angestiegen. Die Gesamtausgaben des Deutschen Reiches während des Krieges beliefen sich auf 697,3 Mrd. RM. 1944 machten die Kriegsausgaben rund drei Viertel aller Reichsausgaben aus[8]. Der Summe aller Einnahmen des Reiches aus Zöllen und Steuern während des Krieges in Höhe von 204 Mrd. RM. stand ein Zuwachs an Schulden in Höhe von 357 Mrd. RM. gegenüber[9]. Gegen Kriegsende waren von den insgesamt 390 Mrd. RM. Reichsschulden 290 Mrd. RM. bei inländischen Kreditinstituten untergebracht (also circa ¾). Charakteristisch für das Kreditsystem des Dritten Reiches war, dass dieses mehr und mehr unmittelbar auf dem Reich als Schuldner basierte[10]. Die deutschen Finanzbehörden führten ihre Tätigkeit, auch nach Zusammenbruch des Deutschen Reiches, 1945 fort. Die Gesetzgebung des Alliierten Kontrollrates führte 1946 zur härtesten Besteuerung, welche es in Deutschland je gegeben hatte. Mit der Währungsreform 1948 wurde im westlichen Teil Deutschlands der ökonomische Aufschwung in Gang gesetzt. Das Grundgesetz von 1949 teilte die finanziellen Hoheitsrechte zwischen Ländern und Bund auf. Infolgedessen entstanden unterschiedliche Finanzverwaltungen der Länder und des Bundes[11].

---

8 Vgl. *Terhalle*, in: Handbuch der Finanzwissenschaft, § 5, S. 320; Die Dringlichkeit weiterer fiskalischer Staatseinnahmen zeigte sich bereits 1943, dazu *Ders.*, in: a.a.O., § 5, S. 323: „So wurde seit der Jahreswende 1943 ein neues Steuerprogramm vorbereitet. Dieses sollte ein Jahresmehr von 20 Mrd. RM. bringen. Letztere sollten zu rund 90% aus einer Anspannung der Steuern vom Verbrauch und Aufwand kommen. Den relativ kleinen Rest sollte eine Vervierfachung der Vermögensteuer (von 5 ‰ auf 2 %) [sic] bringen. Die Gesetzentwürfe lagen beim Beginn des offenen militärischen Zusammenbruchs vor; zum Erlaß entsprechender Gesetze kam es jedoch nicht mehr."

9 Vgl. *Terhalle*, in: a.a.O., § 5, S. 321 f.: Die Steuerreform vom 4. September 1939 brachte einen Kriegszuschlag zur Einkommensteuer für diejenigen Steuerpflichtigen, deren Einkommen 2400 RM. überschritt. (322): „Die im Jahre 1938 angeordnete Erhöhung der Körperschaftsteuer für die Jahre 1938 bis 1940 von 30 auf 35 % für 1938 […] wurde nur 'bis auf weiteres auch auf die späteren Veranlagungszeiträume' ausgedehnt. Eine Steuerveränderungs-Verordnung des Ministerrats für die Reichsverteidigung vom 20. August 1941 zeitigte auch für die Körperschaftsteuer einen Kriegszuschlag. Dieser war 25 % […]. Für die Zeit vom 3. November 1941 ab wurde im III. Abschnitt der Verordnung über die Lenkung von Kaufkraft (vom 30. Oktober 1941) der Kriegszuschlag auf Tabakwaren, Branntweinerzeugnisse und auf Schaumwein erhöht."

10 Vgl. *Terhalle*, in: Handbuch der Finanzwissenschaft, § 5, S. 326.

11 Vgl. Bundesministerium der Finanzen, Finanzen und Steuern in der Vor- und Frühzeit der Bundesrepublik Deutschland, S. 1/9; (zuletzt aufgerufen am 25.11.2015): http://www.bundesfinanzministerum.de/Content/DE/Standardartikel/Ministerium/Geschaeftsbereich/Bundesfinanzakademie/Steuermuseum/Museumsfuehrer/17-finanzen-und-steuern-in-

I. Steuergesetzgebung in der Nachkriegszeit

Der steuer- und steuerstrafrechtliche Bereich wurde in den Jahren nach 1945 geprägt durch zahlreiche Änderungsgesetze. Zu nennen sind hier insbesondere das 2. Gesetz zur vorläufigen Neuordnung von Steuern vom 20. April 1949, das RAOÄndG vom 11. Mai 1956, das Steueränderungsgesetz vom 13. Juli 1961 sowie das 2. AOStrafändG vom 12. August 1967[12].

1. Das 2. Gesetz zur vorl. Neuordnung von Steuern (1949)

Als erstes Nachkriegsgesetz im steuer(straf)rechtlichen Bereich ist das 2. Gesetz zur vorläufigen Neuordnung von Steuern zu erwähnen. Durch Abschnitt III § 9 Nr. 1 verschärfte der Wirtschaftsrat für den Bereich des Vereinigten Wirtschaftsgebietes der amerikanischen und britischen Besatzungszonen die Strafdrohung des § 396 RAO. Nunmehr wurde die Gefängnis- und Geldstrafe generell kumulativ angedroht[13]. § 396 Abs. 1 RAO erhielt folgenden Inhalt:

> „[…] wird wegen Steuerhinterziehung mit Gefängnis bestraft. Neben der Gefängnisstrafe ist auf Geldstrafe zu erkennen. Der Höchstbetrag der Geldstrafe ist unbeschränkt. Bei mildernden Umständen, insbesondere bei geringen Vergehen, kann ausschließlich auf Geldstrafe erkannt werden.“[14]

Diese hohe Strafdrohung galt gemeinhin als zu überzogen. Ihre Umsetzung blieb in der Praxis nahezu aus. Die meisten Fälle aller Steuerhinterziehungen wurden nach wie vor von den Finanzbehörden, welche von der gebotenen Weiterleitung dieser Fälle an die Staatsanwaltschaft regelmäßig absahen, mit Geldstrafe geahndet. Auch machten die Gerichte von der Befugnis, auf Gefängnis von mehr als zwei Jahren zu erkennen, kaum Gebrauch[15].

Dagegen wurde die strafbefreiende Selbstanzeige erleichtert. Es erfolgte eine Neufassung des § 410 RAO. Danach war die Straffreiheit nur noch versagt,

---

der-vor-und-fruehzeit-der-bundesrepublik-deutschland.html?__act=renderPdf&__iDoc Id= 181244.

12 Vgl. u.a. Überblick bei *Joecks*, in: Franzen / Gast / Joecks (2009), Einleitung, S. 43 ff.; *Franzen / Gast*, in: Steuerstrafrecht (1969), § 392, S. 158 f., *Seckel*, a.a.O., S. 100 ff.

13 Vgl. Zweites Gesetz zur vorläufigen Neuordnung von Steuern, vom 20. April 1949, in: WiGBl. 1949, 69 (72); *Seckel*, a.a.O., S. 100; *Hellmann*, in: HHS, § 370, S. 9.

14 *Hellmann*, in: HHS, § 370, Rn. 9, S. 9; *Joecks*, in: a.a.O., Einleitung, Rn. 59, S. 43: Das Land Rheinland-Pfalz übernahm die neue Vorschrift durch das Landesgesetz zur vorläufigen Neuordnung von Steuern vom 6. September 1949. In den Ländern der ehemals französischen Besatzungszone, Südbaden, Südwürttemberg-Hohenzollern sowie Berlin blieb der alte Rechtszustand von 1939 dagegen weiter bestehen.

15 Vgl. *Hartung*, Steuerstrafrecht, § 396, Anm. I 2, S. 43; *Seckel*, a.a.O., S. 100 f.

wenn dem Täter bereits „die Einleitung der Untersuchung gegen ihn durch die Steuerbehörde eröffnet“ worden war. Gestrichen wurde die Formulierung:

> „ohne dazu durch eine unmittelbare Gefahr der Entdeckung veranlaßt zu sein.“[16]

Auch wurde die strafbefreiende Rechtsfolge einer Selbstanzeige auf Verstöße gegen die Bewirtschaftungs- und Preisbestimmungen sowie Art. IX (Bestandsaufnahme) des Anhangs zum G Nr. 64 vom 20. Juni 1948 (ABl. Der Militärregierung) ausgeweitet, sofern der Täter an das Finanzamt einen „Reuezuschlag“ in Höhe von 10 von Hundert der verkürzten Steuern oder 10 von Hundert des Mehrerlöses zurückerstattete, welchen er durch die Tat erlangt hatte[17].

2. Das Gesetz zur Änderung des § 410 RAO (1951)

Mit dem Gesetz zur Änderung des § 410 RAO vom 7. Dezember 1951 (BGBl. I 941) erfolgte eine Modifikation des Steuerstrafrechts. Ziel war es, die bei der Reform dieser Regelung durch das Gesetz von 20. April 1949 entstandenen Mängel zu beseitigen. Das gesetzgeberische Vorhaben – durch eine Verschärfung der Strafdrohungen einerseits sowie die Verringerung der Erfordernisse für die strafbefreiende Selbstanzeige andererseits – die Steuermoral zu heben, hatte die angestrebte Wirkung verfehlt[18].

In der Folge wurde nach § 410 RAO n.F. die Straffreiheit verwehrt, wenn die Selbstanzeige erst nach dem Erscheinen eines Finanzbehördenkontrolleurs oder nach Mitteilung der Einleitung einer steuerstrafrechtlichen Überprüfung oder dann erstattet worden war, wenn der Täter damit rechnen musste oder gar wusste, dass die Tat bereits entdeckt war. In einem neuen § 410 Abs. 4 RAO wurde die „Einleitung der steuerstrafrechtlichen Untersuchung“ bestimmt. Ein neuer § 411 RAO legte die Selbstanzeige unter vereinfachten Kriterien für fahrlässige Steuerverkürzung nach § 402 RAO separat fest. Fallkonstellationen schweren Schmuggels gemäß § 401b RAO wurden aus dem Bereich der selbstanzeigefähigen Steuerstraftaten wieder ausgenommen. Letztlich schuf

---

16 Abschn. II § 4 des 2. Gesetzes zur vorl. Neuordnung v. Steuern 1949 (WiGBl. 69); *Joecks*, in: Franzen / Gast / Joecks (2009), § 370, Rn. 59, S. 43, § 371, Rn. 5, S. 326.

17 Vgl. *Joecks*, in: Franzen / Gast / Joecks (2009), Einleitung, Rn. 59, S. 43.

18 Vgl. Bundeskanzleramt, Vermerk für die Kabinettsitzung, Bonn, den 20. April 1951, Referat I/6 BK 1050/51 (*Pühl, Rust*), Betr.: Entwurf eines Gesetzes zur Änderung des § 410 der RAO, in: BArch Koblenz, B 136/2243, Bl. 10: „Der Sinn dieser Maßnahme bestand darin, die Steuermoral zu heben. Leider hat die Folgezeit jedoch gelehrt, dass die Steuerpflichtigen nunmehr mit der Erfüllung ihrer Steuerpflichten in vielen Fällen gewartet haben, bis sie damit rechnen müssen, dass ihnen die Einleitung einer steuerstrafrechtlichen Untersuchung gegen sie eröffnet wird.“ Vgl. BT-Drucks. I/2395; OLG Stuttgart v. 17. Juli 1950 – 2 Ss 39/50, DStZ, 440 (441).

das Gesetz vom 7. Dezember 1951 eine bundeseinheitliche Regelung der Vorschriften über die Selbstanzeige[19].

3. Das RAOÄndG (1956) und Änderungsgesetz (1961)

Das Gesetz zur Änderung von Vorschriften des Dritten Teils der RAO vom 11. Mai 1956 nahm die zuvor erfolgten Strafverschärfungen teilweise wieder zurück, da sich diese nicht bewährt hatten. Jedoch blieben Geld- und Gefängnisstrafe nebeneinander und in dem bis dahin angedrohten Höchstmaß weiter existent. Die Geldstrafe wurde aber wahlweise allein angedroht[20]. Nach der damals bestehenden Gepflogenheit war die Geldstrafe somit Regelstrafe. Dieses Gesetz beseitigte die ungleiche Geltung des Steuerstrafrechts in den Ländern, wodurch selbiges eine einheitliche für das gesamte damalige Bundesgebiet geltende Wirkung entfaltete[21]. Gleichwohl führte diese Neuregelung in den Ländern der ehemals französischen Besatzungszone (Ausnahme Saarland) zu einer Strafverschärfung. Das dort bis zu diesem Zeitpunkt geltende Höchstmaß der Freiheitsstrafe wurde von zwei Jahren auf fünf Jahre erhöht[22].

Das Steueränderungsgesetz vom 13. Juli 1961 brachte für den Tatbestand der Steuerhinterziehung keine wesentlichen Änderungen. Es erfolgten lediglich Änderungen der Bestimmungen über die Einziehung sowie redaktionelle Änderungen. Nach dem Leitbild der §§ 113, 115 119 E 1960 wurden durch Art. 17 Nr. 16 ff. StÄndG 1961 die zwingenden Regelungen der §§ 401, 401a II 2, 403 II 2 RAO über die Einziehung von Schmugglerfahrzeugen und Schmuggelgut durch die Ermessensregelung des § 414 RAO ersetzt. Eine Ergänzung erfolgte nach § 414a RAO über Wertersatz, und in § 414b RAO wurde zudem eine Entschädigung an Drittberechtigte eingeführt[23].

4. Das 2. AOStrafÄndG (1968)

Bedeutende Modifikationen des Steuerhinterziehungstatbestandes erfolgten mit dem Artikel 1 Nr. 4 des 2. AOStrafÄndG vom 12. August 1968. Infolge

---

19 Vgl. *Joecks*, in: Franzen / Gast / Joecks (2009), Einleitung, Rn. 60, S. 44.

20 Vgl. RAOÄndG (1956), in: BGBl. I 1956, S. 418; BT-Drucksache II/1593, Begr. S. 4.

21 Vgl. *Hellmann*, in: HHS, § 370 AO, Rn. 10, S. 9; *Hartung*, a.a.O., § 396, I 2, S. 43.

22 Vgl. *Hartung*, Steuerstrafrecht, § 396 Anm. I 2, S. 43; *Hellmann*, in HHS, § 370 AO, Rn. 10, S. 9 f.: Anzumerken ist aber, dass dieser Umstand ohne praktische Relevanz gewesen zu sein scheint, da selbst der Strafrahmen von zwei Jahren selten ausgeschöpft worden war, vgl. BGHSt. 13, 102 (108), Urteil vom 21. April 1959 – 1 StR 504/58.

23 Vgl. Steueränderungsgesetz (1961) in: BGBl. I Nr. 52, S. 981 (996), (997); *Hartung*, Steuerstrafrecht, Vorb. III, S. 14; *Joecks*, a.a.O., Einl., Rn. 67, S. 47.

der neuen Paragraphenzählung wurde die Norm zu § 392 AO. Sie erhielt die Überschrift „Steuerhinterziehung“[24]: § 392 Steuerhinterziehung:

> „(1) Wer zum eigenen Vorteil oder zum Vorteil eines anderen nicht gerechtfertigte Steuervorteile erschleicht oder vorsätzlich bewirkt, dass Steuereinnahmen verkürzt werden, wird mit Geldstrafe oder mit Gefängnis und mit Geldstrafe bestraft. Die Geldstrafe beträgt höchstens fünf Millionen Deutsche Mark. […]
>
> (5) Nach Abs. 1 wird auch bestraft, wer zum eigenen Vorteil oder zum Vorteil eines anderen mit Belegen, die in tatsächlicher Hinsicht unrichtig sind, vorsätzlich bewirkt, daß Eingangsabgaben verkürzt werden, die einem anderen Mitgliedstaat der Europäischen Wirtschaftsgemeinschaft zustehen. […].“ [25]

Die bis zu diesem Zeitpunkt unbegrenzte Geldstrafe wurde begrenzt. Auf Antrag des Bundesrates wurde die noch im Regierungsentwurf vorgesehene Obergrenze von 1 Mio DM auf 5 Mio. DM erhöht. Die Formulierung „Steuerhinterziehung begeht auch“ ersetzte in Absatz 2 – aus sprachlichen Gründen – die bis dahin verwendete Wendung „Der Steuerhinterziehung macht sich auch schuldig“. Die Vorschrift über die Steuerumgehung in Absatz 4 wurde entfernt. Der vorherige Absatz 5 rückte zu Absatz 4 auf. Als neuer Absatz 5 wurde eine Regelung über die Strafbarkeit der Hinterziehung von Eingangsabgaben zum Nachteil eines anderen Mitgliedstaates der EWG angehängt. Des Weiteren wurde die nun als § 393 AO geführte Regelung des Versuchs der Steuerhinterziehung umgestaltet. Absatz 2, der den Versuch mit der Strafe der vollendeten Steuerhinterziehung bedroht hatte, wurde beseitigt. Infolgedessen kam die allgemeine Vorschrift des § 44 StGB a.F. zur Anwendung[26].

Im Rahmen der Strafrechtsreform wurde die Strafdrohung abermals geändert, um sie den neuen Umständen anzupassen. Das 1. StRG vom 25. Juni 1969 bündelte die Zuchthaus- mit der Gefängnis- zur „Freiheitsstrafe“. Mit der

---

24 Vgl. 2. AOStrafÄndG, in: BGBl. I 1968, S. 953; *Hellmann*, in: HHS, § 370, Rn. 11, S. 10; In der Folge wurden in Absatz 1 Satz 1 die nun hinfälligen Worte „wegen Steuerhinterziehung“ gestrichen; so bereits Bundeskanzleramt, Entwurf eines Gesetzes zur Änderung strafrechtlicher Vorschriften der Reichsabgabenordnung und anderer Gesetze (AO-Straf-ÄG), Stand: August 1966, in: BArch Koblenz, B 136/7201, Bl. –1– (–2–): „7. § 396 wird wie folgt geändert: a) Die Vorschrift erhält folgende Überschrift: ‘Steuerhinterziehung’. b) In Absatz 1 Satz 1 werden die Worte ‘wegen Steuerhinterziehung’ gestrichen“; *Joecks*, in: a.a.O., Einl., Rn. 76 S. 49; *Seckel*, a.a.O., S. 101 ff.; Zweiter Schriftlicher Bericht des Finanzausschusses (14. Ausschuss) vom 22. Mai 1968, Drucksache V/2928, über den Entwurf eines Zweiten Gesetzes zur Änderung strafrechtlicher Normen der RAO und anderer Gesetze (2. AOStrafÄndG), S. 2.

25 *Hellmann*, in: HHS, § 370, Rn. 11, S. 10.

26 Vgl. *Hellmann*, a.a.O., § 370, Rn. 11, S. 10; vgl. auch Bundeskanzleramt, Entwurf eines Gesetzes zur Änderung strafrechtlicher Vorschriften der Reichsabgabenordnung und anderer Gesetze (AO-Straf-ÄG), Stand: August 1966, in: BArch Koblenz, B 136/7201, Bl. –2–, Nr. 7 d); Bl. –3–.

Neugestaltung der Geldstrafe auf das Tagessatzsystem durch das EGStGB vom 2. März 1974 entfiel die ungewöhnliche Maximalstrafgrenze von 5 Mio. DM[27].

II. Reformdiskussion und kritische Anmerkungen

Inwieweit lassen sich der in der *Liszt*schen Straftheorie angelegte Zweckgedanke sowie damit einhergehend Funktionalisierungsmotive des Gesetzgebers im Steuerhinterziehungstatbestand in den Jahrzehnten nach dem Zweiten Weltkrieg wiederfinden? Im Fokus stehen hierbei weiter die in Rechtsprechung und Literatur umstrittene Problematik der konkreten Auslegung des ungeschriebenen Tatbestandsmerkmals der *Steuerunehrlichkeit* sowie deren dogmatische Einordnung. Umstritten war auch die systematische Einordnung der Tathandlung der Zweckentfremdung in § 392 Abs. 2 RAO (1967/68). Von signifikanter Bedeutung blieb zudem die Entwicklung des Strafrahmens.

1. Tatbestand

a) Das Merkmal der „Steuerunehrlichkeit"

In den 50er und 60er Jahren blieben die Bedenken hinsichtlich der unbestimmten Weite des Verkürzungstatbestandes nach § 392 Abs. 1 AO bestehen. Insbesondere das vom Reichsgericht entwickelte Merkmal der *Steuerunehrlichkeit* blieb umstritten. Einerseits war ungeklärt, welchen Inhalt dieses ungeschriebene Tatbestandsmerkmal haben sollte. Andererseits war unklar, ob es dem objektiven oder dem subjektiven Tatbestand zuzuordnen sei[28].

Der Auffassung, dass für die Bejahung der *Steuerunehrlichkeit* eine Täuschungshandlung notwendig sei, folgte zunächst auch der 3. Senat des Bundesgerichtshofes in seiner Entscheidung vom 3. April 1952:

> „Zum tatbestandsmäßigen Verhalten im Sinne der Steuerhinterziehung (§ 396) gehört es, daß die Steuereinnahmen durch eine Steuerunehrlichkeit des Steuerpflichtigen verkürzt werden. […] Aus dem Wortsinn wie auch aus dem Zweck dieser Strafbestimmung ergibt sich, daß das äußere Merkmal der 'Steuerhinterziehung' nur gegeben ist, wenn der Täter in hinterhältiger Weise die zuständige Steuerbehörde über das Bestehen und die Höhe eines Steueranspruchs zu täuschen unternommen hat. […] Der Nebenkläger will offenbar ganz allgemein ein bösartiges Verhalten des Steuerpflichtigen als ausreichende Grundlage für die Anwendung

27 Vgl. 1. StrRG, in: BGBl. I 1969, S. 645 (672, 677); EGStGB, in: BGBl. I 1974, S. 469; *Hellmann*, a.a.O., § 370, Rn. 12, S. 11.

28 Vgl. zu diesen Kontroversen u.a. *Lohmeyer*, DStZ 1963, 107 (107); *Buschmann*, NJW 1964, 2140 ff.; *Schulze*, DStR 1964, 384 ff., 416 ff.; *Leise*, ZfZ 1965, 193 ff.; *Henke*, FR 1966, 188 (189); *Franzen / Gast*, Steuerstrafrecht (1969), § 392, III. Rn. 39 ff. S. 171 ff.; *Samson / Horn*, NJW 1970, S 593 ff.; *Schneider*, Entwicklung, S. 94 ff.; *Hellmann*, in: HHS, § 370 AO, Rn. 31, S. 24.

des § 396 gelten lassen. Eine solche Böswilligkeit kann aber nur dann als Steuerhinterziehung strafbar sein, wenn das böswillige Verhalten zugleich eine hinterhältige Täuschung der Steuerbehörde über das Vorliegen und den Umfang [S. 341] eines Steueranspruchs enthält, RGSt 71, 217."[29]

In darauffolgenden Entscheidungen anderer Senate des Bundesgerichtshofs (BGH) vertraten diese allerdings wieder einen anderen Standpunkt. Der BGH kehrte in diesen Urteilen wieder zu der früheren vom Reichsgericht vertretenen Anschauung zurück. Als ausreichend für die Bejahung des Merkmals *Steuerunehrlichkeit* wurde hiernach das bloße „In-Unkenntnishalten" erachtet[30]. Zunächst hatte hierzu der 4. Senat des BGH am 24. September 1953 in seinem Urteil festgehalten, dass steuerunehrlich nicht nur der Steuerpflichtige handle,

„der – ähnlich wie ein Betrüger (§ 263 StGB) – durch ein auf Täuschung berechnetes Tun oder Unterlassen in der Steuerbehörde über das Bestehen, die Höhe oder die Fälligkeit eines Steueranspruchs einen Irrtum erzeugt oder erhält, sondern auch der Steuerpflichtige, der durch Verschweigen der Steuerpflichtigkeit vorsätzlich bewirkt, daß die Steuerbehörde die Steuerpflicht, deren Fortdauer oder Höhe nicht oder nicht rechtzeitig zur Kenntnis nimmt und es deshalb unterläßt, die Steuer einzufordern und notfalls beizutreiben (vgl. RGSt. 70, 10 f). Die bewusste Nichtabgabe von Steuererklärungen enthält ein solches Verschweigen […]."[31]

Infolge dieses Urteils gab der BGH seine enge Auslegung bezüglich des Merkmals *Steuerunehrlichkei* nach und nach auf. Das vorsätzliche Bewirken der Unkenntnis der Steuerbehörde galt fortan als ausreichende Bedingung:

„Der Senat hat zum ungeschriebenen Tatbestandsmerkmal der Steuerunehrlichkeit bereits früher ausgeführt (NJW 1953, 1841 Nr. 22), daß nicht notwendig ein täuschendes Verhalten des Steuerpflichtigen erforderlich ist. Vielmehr genügt es, wenn dieser vorsätzlich bewirkt, daß die Steuerbehörde die Steuerpflicht oder deren Höhe nicht oder nicht rechtzeitig zur Kenntnis nimmt und es deshalb unterläßt, die Steuer einzufordern. Hat der Täter das Eintreten dieses Erfolges erkannt und gebilligt, dann ist der Vorwurf der Steuerunehrlichkeit gerechtfertigt."[32]

Eine Beschränkung der späteren vom Bundesgerichtshof ergangenen Urteile auf deren Kerninhalte zeigt, dass nicht nur derjenige eine Steuerhinterziehung beging, der über Bestehen, Fälligkeit und Höhe des Steueranspruchs täuschte sondern auch derjenige, der bewirkte, dass die Steuerbehörde die Steuerpflicht

---

29 BGHSt. 2, 338 (340 f.), 3. Strafsenat, Urteil vom 3. April 1952 g. Oe. 3 StR 630/51; Ders., S. 341: „Das bloße Unterlassen der Lohnsteuerabführung ist auch bei erwiesener Böswilligkeit keine Steuerhinterziehung. Es muß, wie bei allen Unterlassungstaten, eine rechtliche Verpflichtung zum Handeln durch Untätigkeit verletzt sein. […]."

30 Vgl. *Hellmann*, in: HHS, § 370, Rn. 31, S. 24; *Franzen / Gast*, Steuerstrafrecht (1969), § 392, Rn. 42, S. 173; *Schneider*, a.a.O., S. 94 (95).

31 BGH NJW 1953, 1841 (1842), Urteil vom 24. September 1953 – 4 StR 249/53.

32 BGH, BStBl. 1961 I, 495 (497), Urteil vom 18. November 1960 4 StR 131/60; vgl. auch BGH, BStBl. 1956 I 441; BGHSt. 25, 190 (203); 23, 319 (322 f.).

oder deren Höhe nicht oder nicht fristgerecht zur Kenntnis nahm[33]. Der Steuerhinterziehungstatbestand setzte somit stets die Unkenntnis der Finanzbehörde hinsichtlich der steuererheblichen Tatsachen voraus, wobei als Tathandlung sowohl eine Täuschungshandlung mit der Konsequenz einer Irrtumserregung als auch jede sonstige unvollständige oder inkorrekte Angabe aber auch eine Unterlassung im Sinne eines Verschweigens der Steuerpflicht in Frage kam. Da hier nur solche Verhaltensweisen von strafrechtlicher Relevanz waren, in denen der Täter die Unkenntnis der Steuerbehörde erfolgreich ausnutzte, scheiterte ein Handeln gegenüber einer „wissenden" Finanzbehörde schon am Vorliegen des objektiven Tatbestandes, indem das Kriterium der Unkenntnis zur ungeschriebenen Tatbestandsvoraussetzung erhoben wurde[34].

Diese Begriffsauslegung war für die Rechtsprechung von Vorteil, da sie im Rahmen der Fälligkeitssteuern – vorwiegend also im Bereich der Lohnsteuer und Umsatzsteuer – keinen Irrtumsnachweis erforderlich machte. Das Kriterium des „In-Unkenntnislassens" – also das Fehlen jeglicher Vorstellung – war gegenüber dem Irrtumserfordernis der weitere Ausdruck bzw. Begriff, welcher an das richterliche Auslegungsvermögen und an die Sachverhaltsaufklärungspflicht keine besonderen Anforderungen stellte. Hinzu kam, dass der Begriff der Unkenntnis seine Existenz allein den Schwierigkeiten verdankte, denen sich die Rechtsprechung bei den Fälligkeitssteuern gegenübersah[35].

Während die Rechtsprechung des BGH seit den 50er Jahren eine Wandlung erfuhr, indem für das Merkmal der *Steuerunehrlichkeit* das „In-Unkenntnishalten" der Steuerbehörde wieder als ausreichend anerkannt wurde, vertraten vereinzelte Oberlandesgerichte (OLGe) die Auffassung, dass für das Vorliegen der *Steuerunehrlichkeit* stets ein durch eine Täuschungshandlung hervorgerufener „Irrtum der Steuerbehörde" erforderlich sei[36]. Die Rechtsprechung der OLGe schwenkte aber im weiteren Verlauf auf die Linie des BGH ein, indem diese auf das Erfordernis einer Täuschungshandlung ebenfalls verzichtete[37].

Die dogmatische Einordnung der *Steuerunehrlichkeit* durch die Rechtsprechung erfolgte jedoch zunehmend im Bereich des subjektiven Tatbestandes:

> „[…] daß die Steuerbehörde infolge der Nichtabgabe der Umsatzsteuervoranmeldungen über das Fortbestehen der Umsatzsteuerpflicht der Angekl. in Unkenntnis

---

33 Vgl. *Schneider*, a.a.O., S. 115 (116).

34 Vgl. *Schneider*, a.a.O., S. 117 f.

35 Vgl. *Schlee*, in: BB 1972, 532 (534).

36 Vgl. OLG Hamm, in: BB 60, 653 (653), Urteil vom 25. März 1960.

37 Vgl. OLG Frankfurt, NJW 1960, 1684, Urteil vom. 30. März 1960; OLG Hamm, BB 1963, 459, Urteil vom 6. Dezember 1962; *Franzen / Gast*, a.a.O., § 392, Rn. 42, S. 173.

gehalten worden ist. Nach der inneren Tatseite setzt der Vorwurf der Steuerunehrlichkeit voraus, daß die Angekl. diesen Erfolg erkannt und gewollt hat."[38]

„Die weite Fassung des objektiven Tatbestandes durch den Gesetzgeber wird, wie in anderen Strafbestimmungen mit ausgedehntem objektiven Tatbestand, ausgeglichen durch strenge Anforderungen an den subjektiven Tatbestand, hier insbesondere durch das Merkmal der Steuerunehrlichkeit (vgl. Hartung, JR 56, 384)."[39]

In der Literatur wurden zunehmend Bedenken gegen das Merkmal der *Steuerunehrlichkeit* erhoben. Die Kontroverse um die konkreten Wesensmerkmale der *Steuerunehrlichkeit* wurde auch hier offensichtlich[40].

Nach der einen in der Literatur vertretenen Ansicht sollte das Merkmal *Steuerunehrlichkeit* weiterhin ein täuschungsgleiches Verhalten erfordern[41]. *Terstegen* betonte die Notwendigkeit eines die weite Ausdehnung des Wortlautes einschränkenden Merkmales. Gefunden werden könne dieser hinzukommende Umstand in einem steuerunehrlichen Verhalten. Als Mittel komme aber nur eine Täuschung in Frage. Eine Steuerhinterziehung begehe folglich, wer mit unwahren Angaben eine Stundung erschleiche oder den Vollziehungsbeamten über das Vorhandensein oder den Wert bzw. die Belastung von pfändbaren Objekten täusche[42]. Eine Steuerverkürzung könne aber auch durch Unterlassen bewirkt werden, sofern die Unterlassung für die Verkürzung ursächlich war und eine Pflicht zum Handeln bestand. Diese Rechtspflicht zum Handeln ergebe sich aus den einzelnen Steuergesetzen. Die wichtigste Pflicht sei diejenige, sich über Besteuerungsgrundlagen zu erklären (vgl. § 167 Abs. 2 AO, §§ 39 ff. EStDV 1953, § 13 UStG und §§ 66 ff. UStDB usw.)[43]. *Hartung* vertrat den Standpunkt, dass die Steuerhinterziehung als Sonderfall des allgemeinen Betrugstatbestandes behandelt werden müsse. Was Rechtswissenschaft und Praxis zu dessen Auslegung herausgearbeitet hätten, lasse sich überwiegend auch für die Steuerhinterziehung verwenden. Dies gelte auch für das Merkmal des „Täuschens"[44]. Außer durch positives Tun könne die

38 BGH NJW 1953, 1841 (1842), Urteil vom 24. September 1953 – 4 StR 249/53.

39 OLG Hamburg, NJW 66, 843 (845).

40 Vgl. *Franzen / Gast*, Steuerstrafrecht (1969), § 392 Rn. 42 S. 173; *Hellmann*, in: HHS § 370, Rn. 31, S. 24; *Schneider*, a.a.O., S. 102 ff.

41 Vgl. u.a. *Terstegen*, Steuer-Strafrecht (1956), D. I. 4., S. 91 f.

42 Vgl. *Terstegen*, a.a.O., S. 91 (92): „Die Folge wäre, daß andere Mittel als eine Täuschung nicht unter § 396 AO fielen, insbesondere nicht Drohung und Gewalt […]."

43 Vgl. *Terstegen*, Steuer-Strafrecht (1956), D. I. 3. d) S. 90, zu den Steuergesetzen *Ders.*, S. 91; auch *Franzen / Gast*, Steuerstrafrecht (1969), § 392, Rn. 58, 59, S. 180 f.

44 Vgl. *Hartung*, Steuerstrafrecht, § 396, Anm. III, 5., S. 48 (50): „Der Tatbestand des Betruges ist nur dann erfüllt, wenn die Täuschungshandlung einen Irrtum des Getäuschten, dieser eine Vermögensverfügung des Getäuschten und diese wiederum einen Ver-

Steuerverkürzung auch durch Unterlassen herbeigeführt werden. Strafbar wegen Unterlassens könne aber nur sein, wer einer Pflicht zum Handeln zuwider untätig bleibe. Auch pflichtwidriges Unterlassen sei nur dann strafbar, wenn es „steuerunehrlich", also von dem Willen getragen sei, die zuständigen Steuerbeamten über das Bestehen, die Höhe oder die Fälligkeit einer Steuer im Unklaren zu lassen, in ihnen einen Irrtum zu verursachen oder zu unterhalten[45].

Problematisch blieben aber vor allem Situationen im Bereich der Fälligkeitssteuern, in denen nur ein bloßes Verschweigen der Steuerpflicht vorlag. Ein Irrtum ließ sich nur mit gewagten Konzeptionen begründen, zumal hier bereits im Fälligkeitszeitpunkt eine Steuerverkürzung zur Vollendung gelangte. Auch hatte die Ansicht, welche eine Irrtumserregung für notwendig erachtete, zur Folge, dass die Nichtanzeige der Aufnahme eines Gewerbes sowie das bloße Unterlassen der Abgabe einer Steuererklärung straflos blieben, da der Finanzbeamte mangels absoluter bzw. beschränkter Kenntnis bzgl. der steuererheblichen Tatsachen gar keinem Irrtum zu erliegen vermochte. Dieser machte sich hier schlichtweg überhaupt keine Gedanken[46].

In der Nachkriegszeit und den 60er Jahren entbrannte zudem ein weiterer Streit über die dogmatische Einordnung der *Steuerunehrlichkeit*. Eine Ansicht sah hierin ein subjektives Merkmal[47]. Dagegen vertrat die Gegenansicht den

---

mögensschaden […] zur Folge hat. […]. Bei der Steuerhinterziehung hingegen soll es nach der Rechtsprechung nicht zum Tatbestande des vollendeten Deliktes gehören, daß die Steuerbehörde tatsächlich getäuscht worden ist. Es soll genügen, daß das Verhalten des Täters das Steueraufkommen irgendwie beeinträchtigt habe […] Es handelt sich bei den entschiedenen Fällen um solche, in denen die Finanzbehörde eine Steuer auf Grund einer unrichtigen Steuererklärung vorläufig festgesetzt, zugleich aber ein Steuerstrafverfahren eingeleitet hatte, weil sie Zweifel an der Richtigkeit der Erklärung hegte. Dieser Ansicht ist nicht zu folgen. Es kann sich in solchen Fällen – jedenfalls soweit die „Vorläufigkeit" reicht – nur um einen Versuch der Steuerhinterziehung handeln."

45 Vgl. *Hartung*, a.a.O., § 396, Anm. III, 3., S. 46; Anm. IV 2c), S. 55 f.: Im Steuerrecht bestehe eine Offenbarungspflicht. Wer eine derartige Offenbarung seiner Pflicht zuwider in dem Bewußtsein und mit dem Willen unterlasse, dass hierdurch bei der Steuerbehöre ein Irrtum über Grund, Umfang oder Fälligkeit einer Steuer entstehe oder unterhalten bleibe, sei der Steuerhinterziehung schuldig. Ein Beispiel sei die Lohnsteuer, wenn es der Arbeitgeber unterlasse, den Betrag, den er als Lohnsteuer einzubehalten habe, zurückzubehalten, oder wenn er die Beträge nicht vollständig oder gar nicht an das Finanzamt abführe, ohne es zugleich durch Abgabe der Lohnsteueranmeldung etc. aufzuklären. Ähnliches gelte für die Umsatzsteuer, welche auch monatlich abzuführen sei.

46 Vgl. *Schlee*, FR 1971, 118 (120) (123); *Schneider*, a.a.O., S. 104 ff., 113.

47 Vgl. *Schroeder*, DB 1964, 1496 (1497); *Lohmeyer*, NJW 1963, 1191; *Mattern*, Steuer-Strafrecht I, 1949, S. 63: Steuerunehrlich liege dann vor, wenn der Steuerschuldner die Abgabe von Steuererklärungen bestimmungswidrig in der Erwartung unterlasse, das

Standpunkt, dass die *Steuerunehrlichkeit* in ein den objektiven und subjektiven Tatbestand verbindendes Merkmal sui generis aufgeteilt werden müsse. So sei die *Steuerunehrlichkeit* aufzugliedern in das objektive Merkmal des „Bewirkens einer Steuerverkürzung" und die Umschreibung eines damit verbundenen „vorsätzlichen Handelns"[48]. Weiter wurde vertreten, dass es sich um ein den objektiven Tatbestand einschränkendes Merkmal handle[49].

Infolge dieser Unsicherheiten sowohl bezüglich der Auslegung als auch bezüglich der dogmatischen Einordnung der *Steuerunehrlichkeit* formierten sich im Schrifttum zunehmend Bedenken gegen dieses Merkmal[50]. An dessen Stelle wurde eine Tatbestandsauslegung unter Berücksichtigung der besonderen Interessenlage des Fiskus, und zwar eine Beschränkung des Tatbestandes auf die Verletzung steuerlicher Pflichten favorisiert. Entsprechend setzte *Leise* die *Steuerunehrlichkeit* mit einer Pflichtwidrigkeit gleich. Steuerunehrliches Handeln setze nach § 396 AO nicht voraus, dass das Finanzamt durch das Täterverhalten getäuscht werde. Es genüge, dass der Täter bewusst und gewollt gegen die von einem Steuergesetz im Interesse der Besteuerung auferlegte Pflicht verstoße (§ 392 AO)[51]. Ähnlich argumentierten auch *Schulze* und *Lohmeyer*. Derjenige handle steuerunehrlich, der gegen diese Pflichten verstoße. *Steuerunehrlich* bedeute daher nicht täuschend, sondern steuerwidrig. Die *Steuerunehrlichkeit* sei durch den Begriff „steuerwidrig" zu ersetzen. Als Ergebnis sei festzustellen, dass das Unterlassen der Abgabe von Steuererklärungen objektiv eine Steuerhinterziehung in Form der Verkürzung von Steuereinnahmen darstelle, sofern das Finanzamt aus diesem Grunde die Besteuerungsgrundlagen nach § 217 AO zu niedrig schätze oder den Steuerpflichtigen verspätet oder nicht veranlagt sowie die Steuerschuld nicht durch entrichtete, festgesetzte oder zum Soll gestellte Vorauszahlungen hinreichend gedeckt sei. Auf eine Täuschungshandlung des Steuerpflichtigen komme es dabei jedoch nicht an. Der älteren Rechtsprechung des Reichsgerichtes sowie der neueren des BGH sei also insoweit zuzustimmen[52].

Finanzamt werde ihn niedriger einschätzen, als es bei der Einreichung geschehen werde. Das pflichtwidrige Unterlassen der Abgabe reiche nicht; RG, RStBl. 1938, 906.

48 Vgl. *Leise*, in: ZfZ 1965, 193, (198); *Buschmann*, in NJW 1964, 2140 (2142).

49 Vgl. *Terstegen*, a.a.O. (1956), 4., S. 92; *Hartung*, a.a.O., § 396 Anm. III 5, S. 48 f.

50 Vgl. *Franzen / Gast*, a.a.O. (1969), § 392, Rn. 42, S. 173; *Hellmann*, a.a.O., § 370, S. 24; *Schneider*, a.a.O., S. 107 ff.; *Schulze*, in: DStR 1964, 419; *Leise*, ZfZ 1965, 193.

51 Vgl. *Leise*, ZfZ 1965, 193 (198); *Lohmeyer*, BlStA 1966, 209 (210).

52 Vgl. *Schulze*, DStR 1964, S. 384 (416) (422); *Lohmeyer*, BlStA 1966, 209 (210): Eine Täuschung oder eine listige Handlungsweise brauche nicht nachgewiesen zu werden.

Teilweise bestand gar die Intention, die *Steuerunehrlichkeit* ganz abzuschaffen. Es bestehe keine Notwendigkeit für eine Verwendung dieses Merkmals als Kriterium für eine Differenzierung zwischen Steuerverkürzung auf unehrliche Weise und Steuerverkürzung mit anderen Mitteln[53]. Ähnlich argumentierte *Buschmann*, der die *Steuerunehrlichkeit* vollständig aus dem Tatbestand verbannen wollte. Der Gebrauch des Ausdrucks *Steuerunehrlichkeit* sei methodisch bedenklich, in sachlicher Hinsicht überflüssig und verleite zu einer unzulässigen Verwischung der begrifflichen Unterschiede zwischen Steuerhinterziehung und Betrug und zwischen den einzelnen Tatbeständen des § 396 AO[54].

Im Ergebnis zeigt sich, dass seit 1945 bis in die 70er Jahre das Merkmal der *Steuerunehrlichkeit* – trotz zahlreicher Einschränkungsversuche – weiterhin sehr unbestimmt blieb. Die Auslegung der *Steuerunehrlichkeit* als Täuschungshandlung, vermochte es nicht zu erklären, wie Fälle behandelt werden sollten, in denen sich der Steuerbeamte bzw. die Steuerbehörde schlichtweg überhaupt keine Gedanken machte. In derlei Fällen eines reinen Nichtwissens ohne jede konkrete Fehlvorstellung, fehlte es genau genommen an der dem Betrug wesenseigenen Überlistungshandlung. Während man einen Irrtum im Falle eines dem Finanzamt bereits seit Jahren bekannten Unternehmens noch konstruieren konnte, blieben Fälle bedenklich, in denen ein Unternehmer es erstmals unterließ sein Gewerbe anzumelden. Die Besteuerungsgrundlagen blieben dem Finanzamt hier unbekannt. Infolge dieser Auslegungsschwierigkeiten mehrten sich die Bedenken an der *Steuerunehrlichkeit*. Stattdessen favorisierte man eine Tatbestandsbegrenzung auf die Verletzung steuerlicher Pflichten oder gar die vollständige Abschaffung dieses Merkmals.

b) Zweckentfremdung nach § 392 Abs. 2 AO

Die systematische Einordnung der Tathandlung der Zweckentfremdung gemäß § 396 Abs. 2 RAO (1931) sowie § 392 Abs. 2 AO (1967/68) war wegen der unzulänglichen Gesetzesfassung – die vollzogene zweckwidrige Verwendung konnte nicht vorher angezeigt werden – umstritten[55].

Eine Ansicht befürwortete ein reines Unterlassungsdelikt. Eine Verkürzung der Steuer trete immer ein, wenn das Finanzamt durch Unterlassen der pflichtge-

53 Vgl. *Henke*, in: FR 1966, S. 188 (189); auch S. 192.

54 Vgl. *Buschmann*, NJW 1964, S. 2140 (2142).

55 Vgl. zu dieser Problematik u.a.: *Franzen / Gast*, Steuerstrafrecht (1969), § 392 Rn. 125 f., S. 208 f.; *Hellmann*, in: HHS, § 370 AO, Rn. 30, S. 23.

mäß gebotenen Anzeige über den gewandelten, nicht steuerbegünstigten Verwendungszweck einer Sache im Ungewissen gelassen werde[56]. In den Fallkonstellationen des § 392 II AO bestehe die tatbestandsmäßige Verhaltensweise immer in einem Unterlassen der Anzeige an das Finanzamt, dass eine Person die Absicht habe, eine steuerbegünstigte oder steuerbefreite Sache zu einem anderen als zu dem Zwecke zu verwenden, für den der Steuervorteil gewährt worden sei[57]. Auch stelle die Zweckentfremdung im Verhältnis zur Handlungsalternative des „Bewirkens einer Steuerverkürzung nach § 392 I 1 AO" nur einen Unterfall dar. § 392 Absatz 2 AO habe daher nur rechtsklärende, nicht aber strafbegründende Bedeutung[58].

Die Gegenansicht sprach sich für ein schlichtes Begehungsdelikt aus. Verboten sei nur die zweckwidrige Verwendung ohne vorherige Anzeige. Das Fehlen der Anzeige sei Voraussetzung des Wirksamwerdens des Verbots, die Sache zweckwidrig zu verwenden[59].

Im Ergebnis zeigt sich auch bei § 392 Abs. 2 AO erneut die Unbestimmtheit des Tatbestandes. Die Formulierung des Tatbestandes einerseits „zu einem Zweck verwendet, […] sowie andererseits „zum eigenen Vorteil oder zum Vorteil eines anderen vorsätzlich unterläßt […]" führt unweigerlich zu Auslegungsschwierigkeiten. Der reine Gesetzeswortlaut legte sowohl ein schlichtes Handlungsdelikt als auch ein reines Unterlassungsdelikt nahe. Infolge der weiterhin bestehenden Unklarheiten hinsichtlich der konkreten Auslegung

---

56 Vgl. *Franzen / Gast*, a.a.O., § 392 Rn. 125; *Lenkewitz*, ZfZ 1964, 321 (323): „Hat er dies unterlassen, so erfüllt er […] den objektiven Tatbestand des § 396 Abs. 2 AO [...]."

57 Vgl. *Franzen / Gast*, Steuerstrafrecht (1969), § 392, Rn. 126, S. 208: Nicht die zweckwidrige Verwendung sei verboten und mit Strafe bedroht, sondern das Vernachlässigen der vorher gebotenen Anzeige, die das FA (HZA) in die Lage versetzt hätte, die bei der beabsichtigten Verwenddungsweise geschuldete Steuer frühzeitig festzusetzen."

58 Vgl. *Franzen / Gast*, Steuerstrafrecht (1969), § 392, Rn. 126, S. 208: „Indessen gehört die zweckwidrige Verwendung insofern zum Tatbestand des § 392 II AO, als ohne sie eine Steuerverkürzung überhaupt [S. 209] nicht eintreten kann. […] Allein der Entschluß, die Sache anders zu verwenden als zu dem begünstigten Zweck, genügt nicht. […] Einzuräumen ist, daß der Wortlaut ('wer verwendet […] und es unterläßt, dies dem FA anzuzeigen') das Verständnis der Vorschrift stärker erschwert, als wenn das Unterlassen der Anzeige dem Verwenden der Sache vorangestellt worden wäre."

59 Vgl. *Samson*, GA 1970, 321 (325 f.): „Verboten ist nicht die Zweckentfremdung schlechthin, sondern nur eine besondere Art der Zweckentfremdung, bei der dem Finanzamt keine Überprüfungsmöglichkeit zur Verfügung steht. § 392 II AO weist eine Struktur auf, die in der modernen Fahrlässigkeitsdogmatik geläufig ist: Auch hier besteht nach zutreffender Ansicht keine Pflicht, bestimmte Sorgfaltsvorkehrungen zu treffen. Verboten sind lediglich solche Handlungen, die ohne Sorgfaltsvorkehrungen gefährlich sind".

dieses Absatzes und im Interesse einer hinreichenden Gesetzesbestimmtheit lag die völlige Streichung dieses Absatzes der Zweckentfremdung nahe.

c) Handlungserfolg und Verhältnis der Tatbestände

Die Auslegung des Merkmals „Verkürzung von Steuereinnahmen" war umstritten[60]. Nach einer Auffassung wurde das Gesetz wörtlich genommen. Hierbei wurde auf die Verkürzung der Steuereinnahmen abgestellt. Begründet wurde dies damit, dass der Steueranspruch kraft Gesetzes entstehe, sobald der Besteuerungstatbestand verwirklicht sei. Der Steueranspruch sei, wenn die Tatsachen gegeben seien, existent und könne nicht mehr beseitigt oder verändert und damit nicht verkürzt werden[61]. Objektiv komme es auf die Verkürzung von Steuereinnahmen an, nicht aber auf die Verkürzung von Steueransprüchen[62]. Nach einer gegenteiligen Auffassung wurde der Steueranspruch als Objekt der Verkürzung angesehen, weil vom Fiskus bereits eingenommene Steuern lediglich durch Untreue des Kassenbeamten verkürzt werden könnten[63]. Wer die Steuereinnahmen als Tatgegenstand betrachte, behaupte damit, dass der Steueranspruch als schuldrechtliche Beziehung zwischen Täter und Steuergläubiger durch die im Gesetz erfassten Tathandlungen in seiner rechtlichen Existenz überhaupt nicht beeinträchtigt werden könne und dass es stets nur darum gehe, dass dem Fiskus diejenigen Einnahmen tatsächlich vorenthalten würden, die ihm rechtlich zuständen. Jedoch seien unter „Einnahmen" nur die tatsächlich vereinnahmten Gelder zu verstehen. Damit aber würde der Steuerhinterziehungstatbestand einerseits zu eng

---

60 Vgl. zu dieser Problematik u.a. *Hellmann*, in: HHS, § 370 AO, Rn. 35, S. 26; *Franzen / Gast*, Steuerstrafrecht (1969), § 392, Rn. 12 ff. S. 161 ff.

61 Vgl. *Henke*, FR 1966, 188 (192); *Franzen / Gast*, in: Steuerstrafrecht (1969), § 392, Rn. 12, S. 161 (162); *Terstegen*, Steuer-Strafrecht (1956), D. I. 1., S. 88.

62 Vgl. *Terstegen*, Steuer-Strafrecht (1956), D. I. 1., S. 88: „Verkürzt werden Steuereinnahmen, wenn sie nicht, nicht vollständig oder nicht rechtzeitig entrichtet werden (RG 22.4. 1926). (S. 89) a) Die strafbare Steuerverkürzung kann also nicht nur bei der Ermittlung der Besteuerungsgrundlagen, sondern auch bei der Erhebung der Steuern selber begangen werden. Das Gesetz ist möglichst weit gefasst, um das Anwendungsgebiet nicht einzuengen (Becker, S. 754). b) Die Frage, ob eine Verkürzung eingetreten ist, ist rein steuerlich zu beurteilen. Es kommt nur darauf an, ob die Steuer für den jeweiligen Steuerabschnitt richtig ermittelt ist. Ob sich wegen des Bilanzzusammenhangs die Steuerverkürzung des einen Abschnitts in einem anderen Abschnitt wieder ausgleichen würde (z.B. bei zu niedriger Bewertung oder Verschweigen oder Vortäuschen von Bilanzposten) ist unerheblich (RG 20.9.1943)."

63 Vgl. BGHSt. 5, 90 (92), Urteil vom 13. November 1953 – 5 StR 342/53; BGHSt. 23, 319 (322), Urteil vom 3. September 1970 – 3 StR 155/69; *Schlee*, NJW 1971, 739 (740): „Der Steueranspruch erweist sich somit als dasjenige tatnahe Handlungsobjekt, an dem sich die Steuerverkürzung 'körperlich vollzieht'".

ausgelegt, da Gegenstand der Tat nur noch die in der Realität erbrachten Geldmittel sein könnten, andererseits wäre die Auslegung auch zu weitgehend, da der Zugriff des untreuen Kassenbeamten des Staates auf die bereits vereinnahmten Mittel erfasst würde[64]. In der Sache würden die verschiedenen Auffassungen aber nicht differieren, da die einen keine Beeinträchtigung des Steueranspruchs in seinem Bestand, sondern nur seiner tatsächlichen Durchsetzung meinten, während die anderen nicht die schon eingenommenen Steuern in Betracht zogen, sondern die einzunehmenden. Im Ergebnis handle es sich um einen bloßen Streit um Worte[65]. Letztlich ist – mit *Hellmann* – zwischen Ist-Einnahme und Soll-Einnahme zu differenzieren. Eine Steuerverkürzung ist dann das Zurückbleiben der Ist-Einnahme hinter der Soll-Einnahme. Der Steuerverkürzungserfolg ist hiernach dann eingetreten, wenn der jeweilige Steuergläubiger weniger einnimmt, als er zu beanspruchen hat. Möglich muss dies auch in der Weise sein, dass es wegen der Untätigkeit des Steuerpflichtigen zu keiner Steuerfestsetzung kommt. Entscheidend müssen letztlich objektiv messbare Werte sein. Nur dies garantiert eine hinreichende Bestimmbarkeit[66].

Der Begriff „Steuervorteil“ im Sinne des § 392 I 1 AO, der nach wie vor gesetzlich nicht näher bestimmt war, blieb strittig. Dabei war vor allem unklar, ob „Steuervergütungen“ stets als „Steuervorteile“ im Sinne des § 392 I 1 AO anzusehen waren. Teils wurde die Gleichstellung der Begriffe abgelehnt[67] teils auch befürwortet[68]. Einer Gleichstellung ist zuzustimmen. Entscheidend für das Vorliegen einer Steuervergütung ist nur, dass der vergütete Betrag nach steuerrechtlichen Normen bemessen und festgesetzt wird. Folglich wird durch eine – dem Grunde oder der Höhe nach – nicht gerechtfertigte Festsetzung der Vergütung der Steuerertrag im Ergebnis ebenso gemindert wie in den Fällen einer nicht gerechtfertigten Steuererstattung oder einer unmittelbaren Steuereinnahmenverkürzung durch Verschweigen von Besteuerungsgrundlagen[69].

---

64 Vgl. OLG Hamburg, NJW 1966, 845, Urteil vom 16. 12. 1965.

65 Vgl. *Joecks*, in: a.a.O. (2009), § 370, Rn. 21, S. 143; *Hellmann*, in: HHS, § 370, Rn. 35, S. 26.

66 Vgl. *Joecks*, in: a.a.O., § 370, Rn. 22, S. 143. Diese Definition bedürfe noch der Verfeinerung, indem an Stelle des Begriffs „Vereinnahmung“ auf den der „Festsetzung“ abzustellen sei.

67 Vgl. BGH, NJW 1972, 1287, Urteil vom 11. April 1972, 1 StR 45/72; *Herdemerten*, NJW 1962, 781 (782): „Ein Steuervorteil […] ist […] nicht schon jede Vergünstigung, […], sondern nur der in bezug auf einen bestimmten Steueranspruch gewährte Vorteil“.

68 Vgl. BGH, NJW 1962, 2311, Entscheidung vom 20. Februar 1962, 1 StR 367/61.

69 Vgl. so auch *Franzen / Gast*, Steuerstrafrecht (1969), § 392, Rn. 34, S. 169 (170).

Problematisch war des Weiteren, wie das Verhältnis der vier Tatbestände zueinander ausgelegt werden sollte[70]. Während eine Ansicht den Verkürzungstatbestand als Unterfall des Vorteilerschleichens betrachtete[71], sah eine weitere Ansicht in dem Verkürzen sowie der Erschleichung eines Vorteils jeweils selbständige Tatbestände[72]. Die vorherrschende Ansicht – der hier zuzustimmen ist – betrachtete das steuerunehrliche Bewirken der Verkürzung von Steuereinnahmen als die Grundform der Steuerhinterziehung. Die anderen Begehungsformen wurden als spezielle Abwandlungen aufgefasst[73]. Das im Gesetz an erster Stelle erwähnte „Erschleichen von Steuervorteilen" bilde in Wirklichkeit lediglich einen Unterfall der „Verkürzung von Steuereinnahmen" nach Absatz 1, 2. Alt. AO dar[74]. Auch die Zweckentfremdung nach § 359 Abs. 2 RAO stelle nur einen Unterfall der Handlungsalternative des „Bewirkens einer Steuerverkürzung" nach Absatz 1 dar, der lediglich rechtsklärende, nicht jedoch strafbegründende Bedeutung zukommen sollte[75].

---

70 Vgl. *Franzen / Gast*, a.a.O., Rn. 9, S. 159 f.; *Hellmann*, a.a.O., § 370 AO, Rn. 37, S. 27.

71 Vgl. *Tröger / Meyer*, Steuerstrafrecht (1957), S. 49: „Gerade in den Fällen, in denen die Verletzung einer steuerlichen Pflicht in einem Unterlassen besteht, kommt es daher im Interesse einer klaren Abgrenzung der Tatumstände und einer genauen Subsumtion auf die Unterscheidung zwischen der Vorteilserschleichung und der Steuerverkürzung, die ein Unterfall der Vorteilserschleichung ist, entscheidend an"; *Ders.*, a.a.O., S. 23: „Auch die Entscheidungen des früheren Reichsgerichts lassen [...] in Steuerstrafsachen die ihnen sonst eigene, klare, begriffsmathematisch genaue Hervorhebung der Tatbestandselemente und die präzise Subsumption des Sachverhalts oft nicht erkennbar werden."

72 Vgl. *Schleeh*, NJW 1971, 739 (740): „Denn die Eingrenzung des Verkürzungstatbestandes auf Angriffe gegen den Steueranspruch schließt die Abwehr anders gearteter Angriffe gegen das Interesse des Staates am vollständigen und rechtzeitigen Aufkommen seiner Steuern durch weitere Strafvorschriften, z.B. durch den Tatbestand der Vorteilserschleichung, der Steuergefährdung usw., nicht aus"; [Fn: 12]: „Das gilt insbes. für die Betreibungszuwiderhandlungen, [...]. Die Behandlung dieser Fälle als Steuerhinterziehungen bedeutet ja nicht unbedingt daß sie auch Steuerverkürzungen sind"; *Henke*, FR 1966, 188 (191): Da Erschleichen täuschendem Verhalten nicht gleichzusetzen sei, könnte es also den Grundtatbestand der Steuerhinterziehung bilden. „Ich glaube aber nicht, daß es so ist, sondern daß jeder der beiden Tatbestände des § 396 Abs. 1 AO selbständig ist, was sich schon daraus ergibt, daß jeder von beiden der Grundtatbestand sein kann, damit seine eigene Bedeutung hat und vom anderen abgegrenzt ist."

73 Vgl. *Welzel*, NJW 1953, 486: „Den Grundtatbestand der Steuerhinterziehung formuliert § 396 als 'Bewirken, daß Steuereinnahmen verkürzt werden'. Die beiden anderen Tatbestände der Steuerhinterziehung [...] sind nur Abwandlungen des Grundtatbestandes."

74 Vgl. *Franzen / Gast*, Steuerstrafrecht (1969), § 392, Rn. 9, S. 160.

75 Vgl. *Franzen / Gast*, a.a.O., § 392 Rn. 125; *Hellmann*, a.a.O., § 370 AO, Rn 30, S. 23 f.

2. Strafrahmen / Strafverfahren

Problematisch im Bereich des Strafrahmens zeigte sich die bereits zu Zeiten der Weimarer Republik und den Jahrzehnten in der Folgezeit festgestellte Tendenz zur Strafschärfung. Diese Entwicklung wurde auch in der Nachkriegszeit zunächst bestärkt, indem die Steuerhinterziehung für den Regelfall mit Gefängnis bis zu fünf Jahren und mit Geldstrafe bedroht wurde. Zwar gelangte der Gesetzgeber im Jahre 1956 zu einer bundesweit einheitlichen Regelung zurück, wonach die Steuerhinterziehung mit Geldstrafe in unbeschränkter Höhe oder mit Geldstrafe und Gefängnis zu bestrafen war[76]. Hierdurch wurde die 1949 erfolgte Verschärfung teilweise rückgängig gemacht, weil sie in der Praxis nicht umgesetzt worden war[77]. Allerdings blieb 1956 die mögliche Gefängnisstrafe von bis zu fünf Jahren erhalten. Hierbei handelte es sich nach wie vor um eine strengere Regelung, als sie bis 1949 bestanden hatte[78]. Negativ zu betrachten war auf der anderen Seite die zunächst unbegrenzte Ausweitung der Geldstrafe. Diese Straffolgenregelung änderte sich mit dem 2. AOÄndG 1968/1969, indem die bis dahin unbegrenzte Geldstrafe beschränkt wurde. Diese Begrenzung, welche im Regierungsentwurf auf 1 Mio. DM vorgesehen war, wurde aber auf Antrag des Bundesrates auf 5 Mio. DM erhöht[79]. Dennoch muss insgesamt konstatiert werden, dass im gesetzgeberischen Handeln eine Tendenz zur Strafschärfung erkennbar wurde, welche der Gesetzgeber auch konsequent fortentwickelte. An diesem Gesamteindruck vermögen auch einzelne Gesetzesinitiativen zur Vermeidung unbegrenzter Straffolgen nichts zu ändern. Weitere Sanktionsmöglichkeiten wie die strafrechtliche Verantwortlichkeit für Dritte wurden durch Art. I Nr. 8 des Gesetzes zur Änderung strafrechtlicher Vorschriften der Reichsabgabenordnung und anderer Gesetze (AOStrafÄndG vom 10. August 1967 ersatzlos gestrichen[80]. Die Betriebs- bzw. Berufsausübungsuntersagung, welches als Sanktionsmittel bei Rückfall in § 366 RAO 1919 noch Geltung gefunden hatte, wurde aus dem Steuerstrafrecht entfernt. Ebenfalls gestrichen wurden die sog. Ehrenstrafen durch Art. 1 Nr. 5 AOStrafÄndG von 1967 (zu § 399 RAO 1931) und Art. I Nr. 13 2. AOStrafÄndG von 1968 (zu § 400 RAO 1931)[81].

---

76 Vgl. *Hellmann*, in: HHS § 370 AO, Rn. 9 ff., S. 9 ff.; Nach § 16 Abs. 1 StGB konnte die Gefängnisstrafe bis zu fünf Jahren betragen.

77 Vgl. *Hartung*, Steuerstrafrecht, § 396 RAO, Anm. I 2, S. 41; so auch der BGH, der von „überschärften Strafvorschriften" des Gesetzes von 1949 sprach, BGHSt 13, 102 (108).

78 Vgl. *Kuhlen*, a.a.O., S. 32.

79 Vgl. *Hellmann*, in: HHS, § 370 AO, Rn. 11, S. 10.

80 Vgl. BGBl. 1967, Teil I, S. 877 ff.

81 Vgl. *Franzen*, in: Franzen / Gast / Joecks (2009), Einleitung, Rn. 39, S. 35.

Hinsichtlich des Strafverfahrens war problematisch, ob die Strafgewalt der Finanzämter mit Art. 92 1. Halbsatz GG, wonach die rechtsprechende Gewalt den Richtern anzuvertrauen sei, vereinbar war. Diese Vereinbarkeit wurde vom BGH in seinem Urteil vom 21. April 1959 bestätigt[82]. Eine Änderung vollzog sich allerdings mit dem Urteil des BVerfG vom 6. Juni 1967, welches dem Steuerstrafrecht die Stellung eines echten Strafrechts und wirklichen Strafverfahrensrechts beimaß. Danach sollte die Entscheidungskompetenz ausschließlich dem Richter als Kontrollinstanz mit unabhängiger Stellung zukommen. Zugleich hob das BVerfG die Verfassungswidrigkeit des bis dahin gültigen Verwaltungsstrafverfahrens hervor. Das BVerfG erklärte das Finanzverwaltungsstrafverfahren alter Prägung betreffend §§ 421 Abs. 2, 445 und 447 Abs. 1 RAO 1931 für nichtig. Eine gesetzliche Neuordnung des Steuerstrafverfahrensrechts erfolgte mit dem AOStrafÄndG vom 10. August 1967[83].

3. *Strafbefreiende Selbstanzeige*

Als Beispiele einer Funktionalisierung im Bereich des Steuerstrafrechts mögen die §§ 4–7, 9 des Zweiten Gesetzes zur vorläufigen Neuordnung von Steuern vom 20. April 1949 dienen. Es war eine Wechselbeziehung zwischen der vorgenommenen Strafverschärfung des Steuerhinterziehungstatbestandes einerseits und der Erleichterung der Selbstanzeige andererseits erkennbar. So erfolgte durch § 9 a.a.O. eine erhebliche Verschärfung der Strafen. Gefängnis-

---

82 Vgl. BGHSt 13, 102 ff.: (S. 106) Die Normen der Abgabenordnung, die dem Finanzamt Strafgewalt zuweisen, seien nicht grundgesetzwidrig. Art. 92 GG schließe nicht aus, dass dem gerichtlichen Verfahren ein solches vor einer Verwaltungsbehörde und dem Richterspruch ein Verwaltungsbescheid vorgeschaltet werde. (S. 107) „Gemessen an diesen Grundsätzen bestehen keine durchgreifenden Bedenken gegen die Verfassungsmäßigkeit des Verwaltungsstrafverfahrens vor den Finanzämtern und gegen deren Strafbefugnis."

83 Vgl. BVerfGE 22, 49, Urteil vom 6. Juni 1967, – 2 BvR 375, 53/60 und 18/65 –, S. 49 ff. (S. 73): „Die Verurteilung zu Kriminalstrafe ist nach Art. 92 erster Halbsatz GG ausschließlich den Richtern vorbehalten." (S. 79) „Der Gesetzgeber hat die der Strafgewalt der Finanzämter überantworteten Steuerstraftatbestände der §§ 391 ff. AO als Kriminalunrecht ausgestaltet." (S. 80) „Nach dem Grundgesetz stellt sich jedoch die Verhängung einer Kriminalstrafe als ein so schwerwiegender Eingriff in die Rechtssphäre des Staatsbürgers dar, daß sie unter allen Umständen nur durch den Richter vorgenommen werden darf." (S. 81) „Im Kernbereich des Strafrechts sind die Richter durch Art. 92 erster Halbsatz GG ausnahmslos und ausschließlich zur präventiven Rechtskontrolle berufen. Ein 'Vorverfahren' oder 'Vorschaltverfahren' der Verwaltungsbehörden ist in diesem Bereich auch dann unzulässig, wenn es auf Antrag in ein gerichtliches Verfahren übergeleitet werden kann." […] „Nach den vorstehenden Ausführungen ist sowohl das Strafbescheidsverfahren als auch das Unterwerfungsverfahren verfassungswidrig. Außerdem verstößt § 445 AO, der das Unterwerfungsverfahren regelt, auch gegen Art. 19 Abs. 4 GG."

strafe wurde zur Regelstrafe neben der zwingend auch auf Geldstrafe zu erkennen war. Demgegenüber wurden gemäß § 4 a.a.O. die Voraussetzungen der strafbefreienden Selbstanzeige nach § 410 RAO 1931 erleichtert. Die Worte „ohne dazu durch eine unmittelbare Gefahr der Entdeckung veranlaßt zu sein“ wurden ersatzlos gestrichen. Jedoch wurde die Strafdrohung des § 404 RAO bereits für den ersten Rückfall auf Gefängnis nicht unter 3 Monaten verschärft[84]. Die Konzeption, welche hinter der Verminderung der Voraussetzungen für die strafbefreiende Selbstanzeige und der gleichzeitigen Verschärfung der Strafdrohungen stand, bestand darin, „die Steuermoral zu heben“[85] Letzter Zeitpunkt für die Selbstanzeige war nicht mehr die rein objektiv gefasste, möglicherweise dem Steuerpflichtigen nicht bekannte Erstattung einer Strafanzeige oder die Verfahrenseinleitung, sondern ausschließlich die auf die subjektive Kenntnis des Steuerpflichtigen abstellende amtliche Eröffnung, eine Untersuchung sei eingeleitet[86]. Aufgrund der gesetzlichen Regelung konnte der Steuerpflichtige bis unmittelbar vor der Bekanntgabe der Einleitung eines Verfahrens mit der Anzeige warten und sollte sogar noch ein ihm bekannt gegebenes Ergebnis der Betriebsprüfung als Berichtigung verwenden dürfen[87]. Bestrebungen einer grundsätzlichen Neuregelung konnten jedoch das steuerpolitische Ziel – die Steuermoral zu heben – nicht erreichen[88].

---

84 Vgl. *Franzen*, in: a.a.O., Einleitung, Rn. 59, S. 43; *Seckel*, a.a.O., S. 100 f; *Poggemann*, a.a.O., S. 167 f.

85 Vgl. u.a. Entwurf eines Gesetzes zur Änderung des § 410 der RAO; Begründung zum Gesetz zur Änderung des § 410 der Reichsabgabenordnung, Bonn, den 9. April 1951, Der Bundesminister der Finanzen zu IV S 1260 – 17/51, in: BArch Koblenz, B 136/2243, Bl. 5 (6); vgl. auch *Joecks*, in: Franzen / Gast / Joecks (2009), Einleitung Rn. 60, S. 44.

86 Vgl. *Rüping*, in: HHS, § 371, Rn. 6, S. 5.

87 Vgl. OLG Stuttgart, DStZ 1950, 440 (441) – Ss 39/50, Entscheidung vom 17. Juli 1950: „Massgebend ist der klare Wortlaut des Gesetzes, wonach die Selbstanzeige erfolgen kann, solange dem Stpfl. nicht die Einleitung einer Untersuchung gegen ihn durch die Steuerbehörde eröffnet worden ist. Das Gesetz rechnet also damit, dass die Steuerbehörde bereits Verfehlungen des Steuerpflichtigen kennt, ja vielleicht sogar seine sämtlichen Verfehlungen schon festgestellt und deswegen schon das Strafverfahren gegen ihn eingeleitet hat. Dennoch ist die Selbstanzeige noch zulässig, solange dem Stpfl. die Einleitung des Strafverfahrens nicht eröffnet wurde.“

88 Vgl. Begründung zum Entwurf eines Gesetzes zur Änderung des § 410 der Reichsabgabenordnung vom 30. Juni 1951, BT-Drucksache, Nr. 2395, 1. Wahlperiode 1949: „Die Änderung des § 410 […] bezweckte, durch Erleichterung der Voraussetzungen für die strafbefreiende Wirkung der Selbstanzeige […] unter gleichzeitiger Verschärfung der Strafandrohungen […] die Steuermoral zu heben. […] Die Folgezeit hat jedoch gelehrt, daß Steuerpflichtige nunmehr in vielen Fällen mit der Erfüllung ihrer Steuerpflichten abwarten, bis sie damit rechnen müssen, daß ihnen die Einleitung einer

Infolge dieser Entwicklung wurden die Anforderungen an die Strafbefreiung durch das Gesetz von 1951 wesentlich verschärft. Die Straffreiheit wurde durch § 410 bereits dann ausgeschlossen, wenn ein Prüfer zur steuerstrafrechtlichen oder steuerlichen Prüfung erschien (Absatz 1 Satz 2) oder wenn dem Täter oder seinem Vertreter die Einleitung einer steuerstrafrechtlichen Untersuchung eröffnet war (Absatz 1 Satz 2). Wahlweise war es auch ausreichend, dass der Täter bei seiner Anzeige die Entdeckung der Tat kannte oder mit ihr rechnen musste (Absatz 2)[89]. Das Gesetz von 1965 stellte klar, dass der Täter bei einer Hinterziehung nur die verkürzten Steuern ohne Hinterziehungszinsen nachzuentrichten habe[90]. Das 1. AOStrafÄndG von 1967 ließ als äußersten Moment für eine Anzeige wieder generell die Bekanntgabe der Einleitung eines Verfahrens ausreichen[91]. Das 2. AOStrafÄndG von 1968 klammerte in Absatz 1 den Bannbruch von der Selbstanzeige aus, bündelte in Absatz 2 die Ausschlussgründe einer verspäteten Anzeige und setzte die Einleitung eines Steuerstrafverfahrens mit der eines Bußgeldverfahrens gleich[92].

---

steuerstrafrechtlichen Untersuchung gegen sie eröffnet wird. Die Änderung des § 410 […] hat somit eher das Gegenteil als die erhoffte Besserung der Steuermoral bewirkt."

89 Vgl. *Rüping*, in: HHS, § 371 AO, Rn. 7, S. 5; Gesetz vom 7. Dezember 1951 Art. I Nr. 1 (BGBl. I 1951, 941), Begründung in BT-Drucksache 1/2395. Vgl. zuvor bereits Vermerk für die Kabinettsitzung, Bonn, den 20. April 1951, Referat I/6 BK 1050/51 (Pühl / Rust), Betr.: Entwurf eines Gesetzes zur Änderung des § 410 der RAO, in: BArch Koblenz, B 136 / 2243, Bl. 10: Da der Sinn, die Steuermoral zu heben, verfehlt wurde, legte der BFM „daher den vorgenannten Gesetzentwurf vor, der die strafbefreiende Wirkung der Selbstanzeige ausschliesst, wenn der Steuerpflichtige im Zeitpunkt der Berichtigung, Ergänzung oder Nachholung seiner Angaben weiß oder bei verständiger Würdigung der Sachlage befürchten muss, dass die Tat entdeckt ist oder ihre Entdeckung unmittelbar bevorsteht. Gegen die Zustimmung bestehen keine Bedenken."

90 Vgl. Gesetz vom 14. Mai 1965, Art. 6 Nr. 2 (BGBl. I 1965 377 [385]), Begr. in BT-Drucks. 4/3189, 12; abgedruckt bei *Rüping*, in: HHS, § 371 AO, S. 5.

91 Vgl. Gesetz vom 10. August 1967 Art. 1 Nr. 6 (BGBl. I 1967, 877 [881]), Begr. in BT-Drucks. 5/1941, 1 f.; abgedruckt bei *Rüping*, in: HHS, § 371 AO, S. 5. Dazu bereits der Entwurf eines Gesetzes zur Änderung strafrechtlicher Vorschriften der Reichsabgabenordnung und anderer Gesetze (AO-Straf-ÄG), Stand August 1966, zu BMF IV B/5 – S 1260 – 26 / 66, in: BArch Koblenz, B 136 / 7201, Bl. -6-, -7-: „§ 410 wird wie folgt geändert: […] '(1) Wer in den Fällen der §§ 396, 401a unrichtige oder unvollständige Angaben bei der Finanzbehörde berichtigt oder ergänzt oder unterlassene Angaben nachholt, bleibt insoweit straffrei. (2) Straffreiheit tritt nicht ein, wenn 1. vor der Berichtigung, Ergänzung oder Nachholung a) ein Amtsträger der Finanzbehörde zur steuerlichen oder steuerstrafrechtlichen Prüfung erschienen ist oder b) dem Täter oder seinem Vertreter die Einleitung eines Straf- oder Bußgeldverfahrens bekanntgegeben worden ist oder […].'"

92 Vgl. *Rüping*, in: HHS, § 371 AO, Rn. 8, S. 5; (BGBl. I 1968 953 f.); Begründung in BT-Drucksache 5/1812, 24.

C) Zusammenfassung / Fazit

In den Jahren nach 1945 erfolgten im steuer- und steuerstrafrechtlichen Bereich zahlreiche Änderungsgesetze. Diese trugen aber kaum zur Lösung der steuerstrafrechtlichen Problemfelder bei. Insoweit sticht die Kontinuität bereits während der nationalsozialistischen Zeit bestandener Strukturen und Tendenzen hervor. Die Entwicklungsstruktur, welche bereits vor 1933 angelegt – die NS-Zeit überdauerte – und auch nach 1945 nicht abriss, ist erkennbar. Zahlreiche Probleme blieben bestehen. Im Rahmen des § 392 Abs. 1 AO war die Auslegung des ungeschriebenen Tatbestandsmerkmals der *Steuerunehrlichkeit* weiter umstritten. Ungeklärt blieb, welchen konkreten Inhalt dieses Merkmal haben sollte und ob dieses dem objektiven oder dem subjektiven Tatbestand zuzuordnen sei. Der BGH wich in späteren Entscheidungen von seinem Urteil vom 3. April 1952 – wonach für das Vorliegen der *Steuerunehrlichkeit* ein finales Verhalten im Sinne einer Täuschungshandlung „in hinterhältiger und listiger Weise" notwendig sei – wieder ab. Als genügend für die Bejahung der *Steuerunehrlichkeit* wurde das bloße „In-Unkenntnishalten" erachtet.

Dennoch blieb die fortdauernde Unbestimmtheit des Merkmals der *Steuerunehrlichkeit* problematisch. Die Auslegungsversuche seitens der Literatur, die *Steuerunehrlichkeit* als Täuschungshandlung durch Unterlassen – im Sinne des Betrugstatbestandes –, einzuordnen, konnten schwerlich erklären, wie Konstellationen behandelt werden sollten, in denen der Steuerpflichtige seine Steuerpflicht vor dem Finanzamt verschwieg und sich der Steuerbeamte somit schlichtweg überhaupt keine Gedanken über die steuererheblichen Tatsachen machte. In solchen Fällen eines reinen Nichtwissens – ohne jede konkrete Fehlvorstellung – mangelte es an der dem Betrug wesenseigenen Überlistungshandlung. Auf Seiten der Steuerbehörde lag regelmäßig kein Irrtum bezüglich der steuererheblichen Tatsachen vor. Infolgedessen blieb unklar, ob Fälle der „Nichtanzeige der Aufnahme eines Gewerbes" sowie „das bloße Unterlassen der Abgabe einer Steuererklärung bzw. Umsatzsteuervoranmeldung", überhaupt – und sofern doch mit welcher Begründung – strafbar sein konnten.

Aufgrund dieser Unsicherheiten sowohl hinsichtlich der Auslegung als auch in Bezug auf die dogmatische Einordnung der *Steuerunehrlichkeit* formierten sich im Schrifttum Bedenken. An dessen Stelle wurde eine Tatbestandseingrenzung auf die Verletzung steuerlicher Pflichten befürwortet. Die *Steuerunehrlichkeit* wurde einer Pflichtwidrigkeit gleichgestellt. Ausreichend sei, dass der Täter gewollt und bewusst gegen die von einem Steuergesetz im Interesse der Besteuerung auferlegte Pflicht verstoße. Teilweise bestand gar die Intention, das Merkmal der *Steuerunehrlichkeit* ganz abzuschaffen.

Im Ergebnis ist eine restriktive Auslegung des objektiven Steuerhinterziehungstatbestandes zu befürworten. Die Ansicht des BGHs, wonach jedes „In-Unkenntnishalten" als ausreichend angesehen wurde, führte zu einer sehr weiten Auslegung des Tatbestandes. Letztlich verdankte der Begriff der Unkenntnis sein Dasein vor allem den Schwierigkeiten, welchen sich die Rechtsprechung bei den Fälligkeitssteuern – der Lohnsteuer und Umsatzsteuer – gegenübersah. Diese weite Begriffsinterpretation diente allein dem Vorteil, im Bereich der Fälligkeitssteuern keinen Irrtumsnachweis erbringen zu müssen. Das Kriterium des „In-Unkenntnislassens" – das Fehlen jeglicher Vorstellung – war gegenüber dem Irrtumsmerkmal der weitere und damit dehnbarere Terminus, welcher an die Sachverhaltsaufklärungspflicht und das Auslegungsvermögen nicht so hohe Ansprüche stellte. Die seitens der Literatur geäußerten Bedenken bezüglich des Merkmals *Steuerunehrlichkeit* – aufgrund der ihr selbst immanenten Unbestimmtheit – sind berechtigt. An dessen Stelle bedarf es anderer restriktiver Elemente. So ist eine weitere Begrenzung des Tatbestandes auf die Verletzung steuerlicher Offenbarungspflichten zu unterstützen.

Im Bereich der Rechtsfolgen blieb die problematische Instrumentalisierung des Rechts durch eine Tendenz zur Strafschärfung – insgesamt betrachtet – weiterhin bestehen. So wurde zunächst mit dem 2. Gesetz zur Neuordnung der Steuern (1949) Abschnitt III § 9 Nr. 1 die Strafdrohung des § 396 RAO verschärft. Gefängnis- und Geldstrafe wurde generell zusammen angedroht, wobei die Gefängnisstrafe den Rang einer primären Strafe erhielt. Anderseits wurden durch § 4 des obigen Gesetzes die Voraussetzungen der strafbefreienden Selbstanzeige nach § 410 RAO 1931 erleichtert durch die Streichung der Prämisse „ohne dazu durch eine unmittelbare Gefahr der Entdeckung veranlasst zu sein". Diese Wechselseitigkeit – einer Strafschärfung einerseits und Erleichterung der Selbstanzeige andererseits – lässt eine Instrumentalisierung des Rechts durch den Gesetzgeber erneut erkennen. Damit einhergehend bestand eine zunehmende Moralisierung des Rechts, da die Konzeption, welche hinter der Verminderung der Voraussetzungen für die strafbefreiende Selbstanzeige und der gleichzeitigen Verschärfung der Strafen stand, darin bestand, die Steuermoral zu heben. Die unbegrenzte Höhe der Geldstrafe blieb bis zum 2. AOÄndG 1968 bestehen. Positiv ist dagegen die Streichung des Instituts zur Haftung für Dritte zu sehen. Das fiskalisch motivierte und vom Gesetzgeber als Mittel zur Geldeinnahme verwendete Instrument wurde endgültig aus den gesetzlichen Bestimmungen entfernt. Gleiches gilt für das Steuerstrafverfahren. Mit dem Urteil des Bundesverfassungsgerichtes 1967 wurde das Finanzverwaltungsstrafverfahren alter Prägung nach §§ 421 Abs. 2, 445, 447 Abs. 1 RAO 1931 für nichtig erklärt. Die gesetzliche Neuordnung des Steuerstrafverfahrens erfolgte mit dem AOStrafÄndG 1967[93].

93 Vgl. hinsichtlich der Zusammenfassung / Fazit, Zweiter Teil, Sechstes Kapitel.

Siebtes Kapitel: Gesetzgebung und Reformdiskussion nach 1970

A) Strafrechtstheoretische Grundlagen

In den 60er Jahren erfolgte – für einen kurzen Zeitraum – eine Vermengung des Zweckstrafrechts (und somit des Zweckdenkens) mit dem antiautoritären Zeitgeist der damaligen Zeit. Dieser „Optimismus der 60er und 70er Jahre" gegenüber der Kriminalpolitik ermöglichte es, einige überfällige Entkriminalisierungen durchzusetzen. Rechtsgüterschutzgedanke und Zweckstrafrecht wurden für einen kurzen historischen Moment in ihrem strafbegrenzenden Potential dominierend. Die Eingrenzung des politischen Strafrechts, des Sexualstrafrechts sowie die Zurückdrängung der kurzen Freiheitsstrafe gingen unter anderem auf diesen Einfluss zurück[1].

Dieses liberale kriminalpolitische Klima der frühen 60er und 70er Jahre schlug in der Mitte der 70er Jahre um. Ursachen hierfür können in der wirtschaftlichen und gesellschaftlichen Entwicklung der damaligen Zeit gesehen werden. So führten der Ölschock von 1973 sowie das Ende des sog. Wirtschaftswunders zur Verschärfung sozialer Konflikte und zu einer relativ hohen Sockelarbeitslosigkeit – nach Jahren der Vollbeschäftigung. Zugleich ereigneten sich eine Reihe terroristischer Anschläge der sog. Roten Armee Fraktion. Indem konservative Kriminalpolitiker als „Gegenreaktion" Strafrechtsausweitungen bzw. -schärfungen durchsetzten, führte dies zu einer wechselseitigen Spirale der Gewalt. Zur enormen Strafrechtsausweitung trug auch die zunehmende Bekämpfung der Wirtschaftskriminalität bei, indem die sozial ausgewogene Kriminalisierung sozialschädlichen Verhaltens intendiert wurde. Gleichermaßen trugen aber auch neue soziale Bewegungen – Ökologiebewegung, Feminismus – dazu bei, dass dem Wunsch nach neuen Strafgesetzen und -schärfungen Rechnung getragen wurde. Diese Entwicklung mündete in den 70er Jahren in einen Wettbewerb aller politischen Richtungen um neue Straftatbestände[2].

---

1 Vgl. *Vormbaum*, Strafrechtsgeschichte, S. 250: Dabei begünstigte eine vorübergehende Entspannungspolitik im Kalten Krieg die Liberalisierung des politischen Strafrechts.

2 Vgl. *Vormbaum*, Strafrechtsgeschichte, S. 254; *Ders.*, StGB, Supplementband 1, S. 467: Modifikationen des Strafprozesses und Strafrechts wurden über Jahre hinweg hauptsächlich dadurch ausgelöst, daß Unzulänglichkeiten bzw. Mängel im Instrumentarium zur Bekämpfung des Terrorismus ausgefüllt wurden. Eine Welle von Anschlägen auf in der Öffentlichkeit stehende Personen aus Wirtschaft, Justiz und Politik wurde im Jahre 1977 mit einer Welle freiheitseingrenzender Gesetze beantwortet.

https://doi.org/10.1515/9783110616187-009

B) Steuerstrafrecht

Bundeskanzler *Brandt* hatte zu Beginn der 6. Legislaturperiode in seiner Regierungserklärung vom 28. Oktober 1969 eine weitreichende Reform der Reichsabgabenordnung angekündigt. Daraufhin wurde der Regierungsentwurf „einer AO 1974“ am 19. März 1971 im Bundestag eingebracht, in einer Arbeitsgruppe „AO-Reform“ des Finanzausschusses beraten, allerdings wegen der vorzeitigen Auflösung des Bundestages am 22. September 1972 nicht mehr verabschiedet. Der Entwurf wurde dann zu Beginn der 7. Legislaturperiode in unveränderter Fassung am 25. Januar 1973 aus der Mitte des Bundestages von den Fraktionen der FDP und der SPD wiederholt eingebracht[3]. Am 1. Februar 1973 wurde der Entwurf dem Finanzausschuss sowie dem Innen- und Rechtsausschuss mitberatend überwiesen und nach 25 Sitzungen eines Unterausschusses „AO-Reform“ und weiteren 12 Sitzungen des Finanzausschusses am 27. November 1975 vom Bundestag beschlossen[4]. Der Bundesrat rief am 18. Dezember 1975 aufgrund verschiedener steuerrechtlicher Angelegenheiten den Vermittlungsausschuss an, dessen Vorschlägen der Bundestag am 12. Februar 1976 und der Bundesrat am 20. Februar 1976 zustimmten[5]. Als Abgabenordnung vom 16. März 1976 trat das Gesetz am 1. Januar 1977 in Kraft[6].

Der Steuerhinterziehungstatbestand erfuhr in § 370 AO 1977 eine Neufassung, welche sich in erster Linie an der Regelung des § 353 EAO des von der Bundesregierung beschlossenen Entwurfes einer Abgabenordnung vom 19. März 1971 (EAO 1974) orientierte[7]. Der 8. Teil der AO 1977 enthielt die §§ 369–384 AO über Steuerstraftaten und Steuerordnungswidrigkeiten und die §§ 385–412 AO über das Straf- und Bußgeldverfahren. Wichtige Modifikationen brachte die Neufassung der Steuerhinterziehung, nach § 370 I AO. Intention der Neuregelung war es, dem Steuerhinterziehungstatbestand ein höheres Maß an Klarheit zu verleihen, um einer fortdauernden Kritik hinsichtlich der verfassungsrechtlichen Bestimmtheit gemäß Art. 103 Abs. 2 GG entgegenzuwirken[8].

---

3 Vgl. *Franzen*, in: Franzen / Gast / Samson (1985), Einl., Rn. 78, S. 64.

4 Vgl. BT-Drucksache 7/4292, Stenographische Berichte, Berichterstatter: Abgeordnter von Bockelberg sowie Meinike (Oberhausen), Erste Beratung 12. Sitzung, S. 14032 ff.

5 Vgl. BT-Drucksachee 7/4664, Stenographische Berichte, Berichterstatter: Dr. Becker, S. 15407 ff.; *Franzen*, in Franzen / Gast / Samson (1985), Einleitung, Rn. 78, S. 64.

6 Vgl. AO 1977 vom 16. März 1976 (BGBl. I, 613); *Franzen*, a.a.O., Einl. Rn. 78, S. 64.

7 Vgl. Verhandlungen des Deutschen Bundestages, BT-Drucksache VI/1982, S. 193 ff.

8 Vgl. *Joecks*, in: a.a.O. (2009), Einl., Rn. 90a, S. 54; *Schneider*, a.a.O., S. 118.

I. Alternativentwurf zum StGB (AE 1977)

Entgegen der amtlichen Reform des Jahres 1976 hielten es die Verfasser des Alternativentwurfes zum Strafgesetzbuch für richtig und zweckmäßig, die Steuerhinterziehung im Rahmen des StGB zu regeln und so der verbreiteten Einschätzung der Steuerhinterziehung „als typisches Kavaliersdelikt" entgegenzuwirken. Die Norm wurde als „Steuerbetrug (§ 200 StGB)" konzipiert:

(1) Wer gegenüber der Steuerbehörde über das Bestehen oder die Höhe eines nach den Steuergesetzen entstandenen Steueranspruchs unrichtige Angaben macht oder Angaben, zu denen er nach den Steuergesetzen verpflichtet ist, nicht oder nicht vollständig macht, und dadurch bewirkt, daß die Steuerbehörde nach den ihr vorliegenden Unterlagen die Steuerschuld nicht oder nicht in der vollen Höhe festsetzen kann, wird mit Freiheitsstrafe bis zu fünf Jahren oder mit Geldstrafe bestraft. Dies gilt nicht, wenn der Steuerpflichtige mit der Abgabe seiner Erklärung um nicht mehr als ein Jahr in Verzug gerät oder die Frist zur Abgabe der Erklärung bei Mahnung durch die Steuerbehörde um nicht mehr als sechs Monate überschritten wird.

(2) Ebenso wird bestraft, wer pflichtwidrig die Verwendung von Steuerzeichen oder Steuerstemplern unterläßt.

(3) Mit Freiheitsstrafe bis zu drei Jahren oder mit Geldstrafe wird bestraft, wer die Tat leichtfertig begeht und dadurch eine Steuerverkürzung in Höhe von mindestens 20.000 DM bewirkt.

(4) Die Absätze 1 bis 3 gelten auch dann, wenn sich die Tat auf Eingangsabgaben bezieht, die von einem anderen Mitgliedsstaat der Europäischen Gemeinschaften verwaltet werden oder die einem Mitgliedsstaat der Europäischen Freihandelsassoziation oder einem mit diesem assoziierten Staat zustehen. Sie gelten unabhängig von dem Recht des Tatortes auch für Taten, die außerhalb des Geltungsbereichs dieses Gesetzes begangen werden.[9]

Die Einstellung des § 200 in das Strafgesetzbuch sollte den kriminellen Gehalt des Steuerhinterziehungsdeliktes unterstreichen, welches der Alternativentwurf

---

9 Alternativ-Entwurf 1977 (AE 1977), Besonderer Teil, Straftaten gegen die Wirtschaft, AE, 7. Titel, Straftaten gegen die öffentliche Finanzwirtschaft, § 200, S. 94 ff. (94) (96); vgl. auch den Schlussbericht der Sachverständigenkommission (1980), Bekämpfung der Wirtschaftskriminalität, Teil II, V., S. 52 (53): „3.1 Die materiellen Straf- und Bußgeldvorschriften der Abgabenordnung haben sich zwar im großen und ganzen bewährt. Jedoch haben sie zum einen nicht vermocht, die verbreitete Vorstellung, es handele sich bei den Steuerdelikten um Kavaliersdelikte, zu beseitigen. Zum anderen ist es auch einer langjährigen Rechtsprechung nicht gelungen, allen Tatbestandsmerkmalen im Wege der Auslegung stets die erforderlichen Konturen zu geben. Eine Verbesserung und teilweise Neubewertung der Tatbestände, wie sie bereits durch den Unterausschuß „AO-Reform" des Bundestages erarbeitet worden ist, erscheint daher vor allem unter den Gesichtspunkten der Effektivität und der Rechtsstaatlichkeit erforderlich. 3.2 Zur Verstärkung der generalpräventiven Wirkung der Steuerstraftatbestände empfiehlt es sich, diese Tatbestände in das Strafgesetzbuch einzufügen."

aus diesem Grunde auch explizit als Steuerbetrug bezeichnete[10]. Die Verfasser des Alternativentwurfs schlugen aber nicht nur eine Einstellung des Steuerstrafrechts in das StGB, sondern auch eine umfassende Beschränkung und Vereinfachung vor. So sollte der Anwendungsbereich des Steuerbetrugstatbestandes wesentlich eingeschränkt werden. Taugliche Tatobjekte sollten lediglich die sogenannten Veranlagungssteuern sein, welche erst aufgrund ihrer Festsetzung durch förmlichen Bescheid fällig werden. Nicht erfasst werden sollten hingegen die sogenannten Fälligkeitssteuern, – welche vom Steuerpflichtigen selbst zur Entrichtung angemeldet werden mussten. Ebenso aus dem Strafschutz ausgenommen werden sollten die einfachen Fälle des Nichtzahlens und der Beitreibung[11]. Diese Unterscheidung ergebe sich aus der Besonderheit des steuerstrafrechtlichen Vermögensschutzes. Der Staat sei auf die Mitwirkung des Steuerpflichtigen angewiesen, zumal er häufig nicht ohne weiteres feststellen könne, ob und in welcher Höhe Steueransprüche vorliegen würden. Eine eingehende Erforschung des Sachverhalts erfolge aber – unter Mitwirkung des Steuerpflichtigen – lediglich bei den Veranlagungssteuern. Bei den Fälligkeitssteuern beständen dagegen Obliegenheiten, deren Verletzung im Vergleich zu anderen Mitwirkungspflichten des Bürgers bei der Erfüllung öffentlicher Aufgaben wesentlich geringer zu gewichten und durch Bußgeldtatbestände ausreichend zu erfassen seien[12].

Zum anderen sollte die bloße, wenn auch vorsätzliche Fristversäumung zur Abgabe einer Steuererklärung straflos bleiben, da sie ihrem materiellen Gehalt

---

10 Vgl. Alternativ-Entwurf 1977 (AE 1977), Besonderer Teil, Zu § 200, S. 94 (95).

11 Vgl. Alternativ-Entwurf 1977, Besonderer Teil, Zu § 200, S. 95; Samson, in: Franzen / Gast / Samson (1985), § 370, Rn. 24, S. 203; Koch, AO 1977, § 370, Rn. 48, S. 1417; Wolf, AO 1977, § 370, S. 531; Kuhlen, a.a.O., S. 128, S. 7 f.: Zu unterscheiden ist grundsätzlich zwischen Fälligkeits- und Veranlagungssteuern: Eine Fälligkeitssteuer ist zu einem bestimmten Zeitpunkt vom Steuerpflichtigen selbst zu berechnen und zu entrichten. Bei der Vorsteuer-Anmeldung durch den Steuerpflichtigen handelt es sich um eine Steuerfestsetzung unter dem Vorbehalt der Nachprüfung durch das Finanzamt. Bei der Lohnsteuer oder Umsatzsteuer ist dies der 10. Tag nach Ablauf des Voranmeldezeitraums. Ein Bürger, der sich verpflichtet, die Umsatzsteuer auf Umsätze aus selbständiger Tätigkeit vierteljährlich beim Finanzamt voranzumelden und vorauszuzahlen, muss dies bis zum 10. des Folgemontas tun. Unterlässt er dies, ist die Steuer zu diesem Zeitpunkt verkürzt. Bei einer unzutreffenden – aber rechtzeitigen – Voranmeldung tritt der Verkürzungserfolg mit deren Eingang beim Finanzamt ein. Die Veranlagungssteuer – wie es etwa die Einkommensteuer darstellt, wird durch behördliche Festsetzung erhoben. Verkürzt ist diese nicht bereits mit der unrichtigen Steuererklärung, sondern erst mit dem Erlass des auf ihr basierenden zu niedrigen Steuerfestsetzungsbescheids. Wird kein Steuerbescheid erlassen, weil die Steuererklärung nicht abgegeben wurde, so tritt der Verkürzungserfolg ein, wenn die Veranlagungsarbeiten für den maßgeblichen Zeitraum weitestgehend abgeschlossen sind.

12 Vgl. Alternativ-Entwurf 1977, Besonderer Teil, Zu § 200, S. 95 (95).

nach „kein kriminelles Unrecht“ darstelle. Diese bloße Versäumung sei vom Gesetzgeber als Bußgeldtatbestand auszugestalten[13].

Schließlich sollte das Unterlassen steuerrechtlich gebotener Angaben nicht strafbar sein, wenn die Steuerbehörde ohne weitere Nachforschungen, etwa aufgrund einer Schätzung nach den Jahresangaben, die Steuerschuld festsetzen konnte. Auch in diesen Fällen werde nur die Behördentätigkeit erschwert, nicht aber der Steueranspruch vereitelt oder wesentlich gefährdet. Die Intention des AE 1977 bestand also darin, Strafbefreiung leichter Steuerhinterziehungshandlungen zu ermöglichen[14].

Die leichtfertige Steuerverkürzung (§ 378 AO 1977) sollte für bestimmte Fallkonstellationen als Kriminalstraftat (und nicht nur als Ordnungswidrigkeit) eingestuft werden, sofern durch die Tat eine Steuerverkürzung in Höhe von mindestens 20.000 DM bewirkt werde. Begründet wurde dies damit, dass es sich bei der leichtfertigen Steuerverkürzung objektiv um dieselben Schädigungen wie bei der vorsätzlichen Steuerhinterziehung handle und auch die sozialethische Bewertung jedenfalls in gravierenden Fällen und bei der gebotenen Beschränkung auf grobe Fahrlässigkeit durchaus ähnlich sei[15].

Auf die Anordnung von Versuchsstrafbarkeit wurde bewusst verzichtet. Die Tathandlung des Steuerbetruges (Absatz 1) verlege den Erfolgseintritt im Wesentlichen bereits auf den Zeitpunkt der unrichtigen Angaben vor. Auf eine weitere Ausdehnung der Strafbarkeit bestehe kein Bedürfnis[16].

Während § 371 AO 1977 den für das deutsche Strafrechtssystem außergewöhnlichen Rücktrittsgrund der strafbefreienden Selbstanzeige noch weiter ausdehnte, schlug der Alternativentwurf eine vollständige Streichung dieser Ausnahmeregelung vor. Die Überbewertung fiskalischer Belange gegenüber rechtlichen Gesichtspunkten wollte der Alternativentwurf unter anderem dadurch rückgängig machen, dass der ungewöhnliche und außerordentliche Rücktrittsgrund der strafbefreienden Selbstanzeige aufgehoben und zugleich die leichtfertige Steuerverkürzung für bestimmte Fälle als Kriminalstraftat eingestuft wurde. Dabei gingen die Verfasser des Alternativentwurfs davon

---

13 Vgl. Alternativ-Entwurf 1977, Besonderer Teil, Zu § 200, S. 95 (97).

14 Vgl. Alternativ-Entwurf 1977, Besonderer Teil, Zu § 200, S. 95 (97).

15 Vgl. AE 1977, a.a.O., S. 95 (97): „Dieser in der Höhe mit § 187 übereinstimmende Maßstab stellt – zugleich in Verbindung mit der Ausscheidung der Fälligkeitssteuern […] sicher, daß Täter, bei denen eine entsprechende Sorgfaltspflichtverletzung […] nicht schwerwiegt, von dieser Ausdehnung der Strafbarkeit ausgenommen bleiben“.

16 Vgl. Alternativ-Entwurf 1977, Besonderer Teil, Zu § 200, S. 95 (97): Die Fälle des untauglichen Versuchs würden in diesem Zusammenhang straflos bleiben, was aus Sicht der Verfasser des Alternativentwurfs bewusst hinzunehmen sei.

aus, dass diese entscheidenden Reformgesichtspunkte auch nach dem Inkrafttreten der neuen AO unter strafrechtspolitischen Gesichtspunkten in der Diskussion bleiben würden[17]. Einige Argumente wurden ins Feld geführt. Die strafbefreiende Selbstanzeige basiere auf einseitig fiskalischen Erwägungen. Für eine Streichung der Norm würden zum einen, wie bereits angedeutet, systematische Erwägungen sprechen. Zum anderen deuteten jedoch auch alle Geschehnisse und Erfahrungen aus der Praxis darauf hin, dass im eigentlichen Sinne freiwillige Selbstanzeigen überaus selten seien. Vielmehr würden die meisten Berichtigungserklärungen bzw. Steuernachzahlungen mit der Intention einer Strafbefreiung erst erfolgen, sobald der Täter angesichts der Gefahr einer bevorstehenden Betriebsprüfung oder der konkreten Gefahr einer Fremdanzeige ohnehin mit der Entdeckung der Tat rechnen müsse. Konsequenterweise erscheine die in den letzten Jahrzehnten fortschreitende immer weitergehende Ausweitung der Norm durch den Gesetzgeber und die damit einhergehende Auslegung in jeder Hinsicht ungerechtfertigt. Stattdessen schlugen die Verfasser des Alternativentwurfs mit § 200 Abs. 5 eine selbständige, dem sonstigen System des Strafrechts angepasste Rücktrittsvorschrift vor[18]:

> (5) Nach Absatz 1 wird nicht bestraft, wer freiwillig die unrichtigen oder unvollständigen Angaben bei der Steuerbehörde berichtigt oder unterlassene Angaben nachholt, bevor die Steuerbehörde die Steuerschuld festgesetzt hat oder nach dem normalen Geschäftsgang festgesetzt haben würde. Bei Taten nach den Absätzen eins bis drei kann von Strafe abgesehen werden, wenn der Täter die unrichtigen oder unvollständigen Angaben bei der Steuerbehörde berichtigt oder unterlassene Angaben nachholt, bevor er die Tat für entdeckt hält oder mit ihrer Entdeckung rechnung [rechnen] muß, und die hinterzogenen Steuern innerhalb der ihm bestimmten Frist entrichtet.
>
> (6) § 80 Zollgesetz bleibt unberührt und ist auf eine Tat nach Absatz 2 sinngemäß anzuwenden.[19]

Im Sinne einer restriktiven Auslegung des Steuerhinterziehungstatbestandes verdient das von dem AE 1977 verfolgte Ziel – leichte Hinterziehungen von der Strafbarkeit auszunehmen – grundsätzlich Zustimmung. Letztlich trat dieser Alternativentwurf aber nicht in Kraft.

II. Steuerhinterziehung, § 370 AO (1977)

Der Entwurf einer Abgabenordnung von 1974, welcher auf Grund verfrühter Auflösung des 6. Bundestages nicht mehr verabschiedet werden konnte, sah in § 353 AO einen vollständig neu konzipierten Tatbestand der Steuerhinterziehung vor. In der 7. Legislaturperiode wurden die Absätze 2, 3, 4 und 5 wörtlich sowie der Absatz 1 Nr. 1, 2 weitestgehend als § 370 AO 1977

17 Vgl. Alternativ-Entwurf 1977, Besonderer Teil, Vorbemerkung vor § 200, S. 95.

18 Vgl. Alternativ-Entwurf 1977, Besonderer Teil, Vorbemerkung vor § 200, S. 95 (97).

19 Alternativ-Entwurf 1977, Besonderer Teil, Vorbemerkung vor § 200, S. 95 (98).

Gesetzestext. Der Entwurf wurde von der Regierungskoalition – ohne den Wortlaut zu ändern und ohne neue Einzelbegründung – in den 7. Bundestag eingebracht[20]. Die Bundesregierung ging in ihrer Begründung zu diesem Gesetzesentwurf davon aus, dass durch die Festlegung der tatbestandsmäßigen Handlung dem verfassungsrechtlichen Bestimmtheitsgrundsatz des Art. 103 Abs. 2 GG, – wonach eine Tat nur bestraft werden kann, wenn die Strafbarkeit bestimmt war, bevor die Tat begangen wurde – besser Genüge getan werde als bis dahin durch § 392 AO a.F., für welchen die Rechtsprechung das ungeschriebene Tatbestandsmerkmal der *Steuerunehrlichkeit* entwickelt hatte, um die einschlägigen Tathandlungen hinreichend bestimmt eingrenzen zu können[21].

Am 1. Januar 1977 trat die Abgabenordnung vom 16. März 1976 in Kraft. Der Steuerhinterziehungstatbestand erfuhr in § 370 AO 1977 eine Neufassung. Gegenüber der RAO erfolgte eine Tatbestandseinschränkung. Die Neuregelung zielte darauf ab, dem Hinterziehungstatbestand ein größeres Maß an Bestimmtheit zu verleihen, indem die Tatbestandshandlung präzisiert werden sollte. Die in § 370 Abs. 1 Nr. 1 bis Nr. 3 AO 1977 normierten Verhaltenswei-

---

20 Vgl. *Hellmann*, in: HHS § 370, Rn. 13 ff., S. 11 ff.

21 Vgl. BT-Drucks. VI/1982, S. 193: Begründung zu § 353: „Absatz 1 weicht vom geltenden § 392 Abs. 1 AO in der Umschreibung des Tatbestandes der Steuerhinterziehung vor allem dadurch ab, daß er eindeutig festlegt, welche Handlung oder Unterlassung vorliegen muß, damit der Erfolg der Tat […] tatbestandsmäßig verwirklicht wird." Umstritten war die Übernahme von Straftatbeständen der AO in das StGB: Ergebnisniederschrift über die Zweite Tagung der Gemeinsamen Kommission der Finanz- und Justizverwaltungen des Bundes vom 21. und 22. April 1976, in: BArch Koblenz, B/126/90365, IV A8 S 1000R 80/76, Heft 1, I., Bl. 2 (3): „Zu 1.: Die Vertreter der Landesfinanzverwaltungen und des Bundesministers der Finanzen vertraten übereinstimmend die Auffassung, daß die Übernahme von Strafvorschriften der Abgabenordnung in das Strafgesetzbuch die generalpräventive Wirkung des Steuerstrafrechts nicht verbessern werde. […]" (Bl. 5): „Dem Einwand der Vertreter des Bundesjustizministeriums, daß es im Vergleich zu den Tatbeständen des Betruges, des Subventionsbetruges und des Kreditbetruges unangemessen sei, die Straftatbestände der Abgabenordnung nicht in das Strafgesetzbuch aufzunehmen, sondern sie im Nebenstrafrecht zu belassen, wurde entgegengehalten, daß das Nebenstrafrecht auch sonst gewichtige Straftatbestände enthalte, deren Übernahme in das Strafgesetzbuch in absehbarer Zeit nicht in Betracht komme: im übrigen sei das Steuerstrafrecht schon traditionsgemäß im Zusammenhang mit dem Steuerrecht in der Abgabenordnung geregelt." Vgl. Schreiben des BMJ vom 5. Oktober 1976: Vorläufige Fassungsvorschläge zur Übernahme der Steuerstraftatbestände der AO in das StGB, in: BArch Koblenz, B/126/ 90365, Heft 2, Bl. 1 f.

sen stellten nach Ansicht des Gesetzgebers abschließend die in Bezug auf eine Steuerhinterziehung möglichen tatbestandsmäßigen Handlungen dar[22].

§ 369 AO definierte zunächst in Absatz 1 den Begriff der Steuerstraftat:

§ 369 Steuerstraftaten

(1) Steuerstraftaten (Zollstraftaten) sind:
1. Taten, die nach den Steuergesetzen strafbar sind,
2. der Bannbruch,
3. die Wertzeichenfälschung und deren Vorbereitung, soweit die Tat Steuerzeichen betrifft,
4. die Begünstigung einer Person, die eine Tat nach den Nummern 1 bis 3 begangen hat.

(2) Für Steuerstraftaten gelten die allgemeinen Gesetze über das Strafrecht, soweit die Strafvorschriften der Steuergesetze nichts anderes bestimmen.[23]

Der Wortlaut der Steuerhinterziehung nach § 370 AO hatte folgenden Inhalt:

„(1) Mit Freiheitsstrafe bis zu 5 Jahren oder mit Geldstrafe wird bestraft, wer
1. den Finanzbehörden oder anderen Behörden über steuerlich erhebliche Tatsachen unrichtige oder unvollständige Angaben macht,
2. die Finanzbehörden pflichtwidrig über steuerlich erhebliche Tatsachen in Unkenntnis läßt oder
3. pflichtwidrig die Verwendung von Steuerzeichen oder Steuerstemplern unterläßt

und dadurch Steuern verkürzt oder für sich oder einen anderen nicht gerechtfertigte Steuervorteile erlangt.

(2) Der Versuch ist strafbar.

(3) In besonders schweren Fällen ist die Strafe Freiheitsstrafe von sechs Monaten bis zu zehn Jahren. Ein besonders schwerer Fall liegt in der Regel vor, wenn der Täter
1. aus grobem Eigennutz in großem Ausmaß Steuern verkürzt oder nicht gerechtfertigte Steuervorteile erlangt,
2. seine Befugnisse oder seine Stellung als Amtsträger mißbraucht,
3. die Mithilfe eines Amtsträgers ausnutzt, der seine Befugnisse oder seine Stellung mißbraucht, oder
4. unter Verwendung nachgemachter oder verfälschter Belege fortgesetzt Steuern verkürzt oder nicht gerechtfertigte Steuervorteile erlangt.

---

22 Vgl. BGBl. I S. 613; *Wolf*, AO 1977, Einf., S. 13, § 370, S. 527 (528); *Koch*, AO 1977, § 370, Rn. 11 S. 1409; *Mittelsteiner / Schaumburg*, § 370 S. 496; *Kuhlen*, a.a.O., S. 29 f.; *Hellmann*, a.a.O., Rn. 32, S. 25. Auch sollte das ungeschriebene Tatbestandsmerkmal der Steuerunehrlichkeit mit der näheren gesetzlichen Umschreibung des strafbaren steuerwidrigen Verhaltens entbehrlich werden, so etwa *Kohlmann / Sandermann*, StuW 1974, S. 221 (229); *Ricke*, ZfZ 1976, S. 143 (144); *Henneberg*, BB 1976, 1554 (1554).

23 *Mittelsteiner / Schaumburg*, AO 1977, § 369, S. 493; *Koch*, AO 1977, § 369, S. 1387; *Wolf*, AO 1977, § 369, S. 524; *Klein / Orlopp*, AO (1986), § 369, S. 866.

(4) Steuern sind namentlich dann verkürzt, wenn sie nicht, nicht in voller Höhe oder nicht rechtzeitig festgesetzt werden; dies gilt auch dann, wenn die Steuer vorläufig oder unter Vorbehalt der Nachprüfung festgesetzt wird oder eine Steueranmeldung einer Steuerfestsetzung unter Vorbehalt der Nachprüfung gleichsteht. Steuervorteile sind auch Steuervergütungen; nicht gerechtfertigte Steuervorteile sind erlangt, soweit sie zu Unrecht gewährt oder belassen werden. Die Voraussetzungen der Sätze 1 und 2 sind auch dann erfüllt, wenn die Steuer, auf die sich die Tat bezieht, aus anderen Gründen hätte ermäßigt oder der Steuervorteil aus anderen Gründen hätte beansprucht werden können.

(5) Die Tat kann auch hinsichtlich solcher Waren begangen werden, deren Einfuhr, Ausfuhr oder Durchfuhr verboten ist.

(6) Die Absätze 1 bis 5 gelten auch dann, wenn sich die Tat auf Eingangsabgaben bezieht, die von einem anderen Mitgliedstaat der Europäischen Gemeinschaften verwaltet werden oder die einem Mitgliedstaat der Europäischen Freihandelsassoziation oder einem mit dieser assoziierten Staat zustehen. Sie gelten unabhängig von dem Recht des Tatortes auch für Taten, die außerhalb des Geltungsbereiches dieses Gesetzes begangen werden."[24]

Nach der Legaldefinition des § 369 AO leitete die vorsätzliche Steuerhinterziehung wie sie in § 370 aufgeführt ist, die Steuerstraftaten ein. Der Absatz 1 des § 370 AO normierte die Begehungsformen der Steuerverkürzung und der Vorteilserschleichung durch Tun (Nr. 1) und Unterlassen (Nr. 2 und Nr. 3). Als besonders schwere Fälle stellte Absatz 3 die Regelbeispiele der Nr. 1–4 vor, für welche die Intensität der Tat (Nr. 1: „in großem Ausmaß"), die Amtsstellung (Nr. 2), die besondere Art und Weise (Nr. 3 „die Mithilfe [...] ausnutzt") und die Intensität und Dauer (Nr. 4: „fortgesetzt [...]") von Bedeutung waren[25].

1. Anwendungsbereich und geschütztes Rechtsgut

Das Schutzgut und der Kreis der Tatobjekte der Steuerhinterziehung wurden seit 1919 stetig erweitert. Seit 1968 – im Zuge der Europäisierung – wurden bestimmte Steuern anderer europäischer Staaten in den Strafrechtsschutz einbezogen[26]. Die Normen in § 392 Abs. 5 RAO 1967/68 sowie § 370 Abs. 6, 7 AO vollzogen die Phasen des Europäischen Einigungsprozesses nach. Die Einführung des § 392 Abs. 5 RAO durch das 2. AOÄndG fassten die Entwurfsverfasser als Anstoß zur Rechtsvereinheitlichung der EWG auf. Die Norm wies strenge Kriterien auf, denn sie erfasste nur die Eingangsabgabenhinterziehung unter Verwendung unrichtiger Belege und forderte explizit die

---

24 *Mittelsteiner / Schaumburg*, AO 1977, § 370 AO, S. 495 f.; *Koch*, AO 1977, § 370 AO, S. 1405; *Wolf*, AO 1977, § 370 AO, S. 525 f.; BT Drucksache 7/79.

25 Vgl. *Seckel*, Steuerhinterziehung, S. 40; *Klein / Orlopp*, AO (1986), § 370, S. 878 ff.

26 Vgl. *Kohlmann,* Steuerstrafrecht (Kommentar 7. Aufl., Lfg. 27 1999) § 370 AO 1977, Rn. 9. 4, S. 20/2; *Hellmann*, in: HHS, § 370 AO, Rn. 11, 12, S. 10, 11; Rn. 18, S. 13.

Sicherung des Doppelbestrafungsverbots. Die späteren Ausweitungen setzten vorwiegend Obligationen mit anderen Staaten bzw. aus Europäischen Rechtsakten um[27].

Die Erweiterung des Anwendungsbereichs auf Eingangsabgaben von EFTA- und assoziierten Staaten nach § 370 Abs. 6 EAO 1977 beruhte auf den mit diesen Staaten zwischenzeitlich abgeschlossenen Abkommen. Durch die Neufassung des § 370 Abs. 6, 7 kam Deutschland seinen Pflichten aus dem EG-Vertrag nach[28]. Der deutsche Gesetzgeber hatte diese Grundsätze schon vor dem Maastrichter Vertrag weitgehend umgesetzt und durch eine Ausweitung des Anwendungsbereichs der AO und damit auch des Steuerhinterziehungstatbestandes auf Zölle, Steuern und Abschöpfungen, die durch das Recht der Europäischen Union geregelt sind, erreicht, dass deren Einnahmen in gleicher Weise strafrechtlich geschützt werden wie das nationale Steueraufkommen[29].

Geschütztes Rechtsgut des § 370 AO sollte nach herrschender Auffassung der Anspruch des Staates auf den (bzw. das öffentliche Interesse des Staates am) rechtzeitigen und vollen Ertrag / Aufkommen aus jeder einzelnen Steuer sein[30].

2. Tatbestand

Durch § 370 Abs. 1 AO 1977 wurde der Tatbestand grundlegend modifiziert. Der Tatbestand des § 377 AO 1977 umfasste drei Tathandlungen. Als erste Tathandlung galten unrichtige oder unvollständige Angaben über steuerlich erhebliche Tatsachen gegenüber der Finanzbehörde oder einer anderen Behörde. Als zweite Tathandlung wurde das pflichtwidrige In-Unkenntnislassen der Finanzbehörde über steuerlich erhebliche Tatsachen eingebracht. Hinzu fügte man als dritte Tathandlung das pflichtwidrige Unterlassen der Verwendung von Steuerzeichen oder Steuerstemplern[31].

---

27 Vgl. *Hellmann*, in HHS, § 370, Rn. 26, S. 19; hierzu auch *Kuhlen*, S. 27, Fn. 193.

28 Vgl. *Hellmann*, in: HHS § 370, Rn. 26, S. 20: „Art. 325 AEUV, vormals Art 280 EGV, davor Art. 209a EGV, bestimmt dies ausdrücklich zur Bekämpfung von Betrügereien, die sich gegen die finanziellen Interessen der Union richten. Gemeint ist damit sowohl die Einnahmeseite als auch die Ausgabenseite."

29 Vgl. *Hellmann*, in: HHS § 370, Rn. 26, S. 20: vgl. § 3 Abs. 3 AO i.V.m. Art. 4 Nrn. 10, 11 ZK/Art. 5 Nrn. 15, 16 UZK, zitiert nach *Hellmann*.

30 Vgl. *Koch*, AO 1977, § 370, Rn. 8, S. 1408; *Kribs-Drees*, DB 1978, S. 181; *Schleeh*, NJW 1971, 739; *Klein / Orlopp*, AO § 370, S. 872; BGHSt 36, 100, 102, 3 StR 19/88; *Kohlmann,* Steuerstrafrecht (a.a.O. 7. Aufl., Lfg. 24 1996), § 370 AO, Rn. 9.4, S. 21.

31 Die bis dahin gültigen Tathandlungen (Erschleichen nicht gerechtfertigter Steuervorteile; Bewirken der Verkürzung von Steuereinnahmen; zweckwidrige Verwendung von

a) Unrichtige Angaben (Abs. 1, Nr. 1)

Tatbestandsmäßig nach § 370 Abs. 1 Nr. 1 1977 handelte, wer den Finanzbehörden oder anderen Behörden unrichtige oder unvollständige Angaben machte. Dies umfasste sowohl ausdrückliche – schriftliche oder mündliche Erklärungen – als auch konkludente Verhaltensweisen[32]. Unrichtig war eine Angabe, wenn zwischen Wirklichkeit und Erklärung ein Widerspruch bestand. Unvollständigkeit der Angabe lag dagegen vor, wenn ein bestimmter Sachverhalt nur teilweise dargelegt wurde, der Täter jedoch gleichzeitig den Eindruck erweckte, weitere zu offenbarende Tatsachen seien nicht vorhanden[33]. Die Angaben mussten sich auf Tatsachen beziehen. Dieser Begriff umfasste alle konkreten vergangenen bzw. gegenwärtigen Zustände, Verhältnisse oder Geschehnisse, nicht nur der Außenwelt, sondern auch des menschlichen Innenlebens wie Vorstellungen, Überzeugungen und Absichten[34]. Steuerlich erheblich waren sowohl solche Tatsachen, die das Entstehen oder die Höhe einer Steuer oder eines Steuervorteils beeinflussten, als auch solche, welche für die Erhebung oder Vollstreckung eines Steueranspruchs von Bedeutung waren[35].

b) Pflichtwidriges In-Unkenntnis-lassen (Abs. 1, Nr. 2)

Tatbestandsmäßig nach § 370 Abs. 1 Nr. 2 AO 1977 handelte wer die Steuerbehörde pflichtwidrig, d.h. trotz bestehender Erklärungspflicht, in Unkenntnis über steuererhebliche Tatsachen ließ. Die Aufnahme dieses echten Unterlassungstatbestandes in die Strafvorschrift schloss eine Bestrafung aus dem Begehungstatbestand des Absatzes 1 Nr. 1 über § 13 StGB aus[36]. Rechtspflichten zur Aufklärung der Finanzbehörde ergaben sich aus vielzähligen Steuer-

---

Sachen, Unterlassen der rechtzeitigen Anzeige der Zweckentfremdung) wurden ersetzt. Dabei erfolgte die Umschreibung „Pflichtwidriges Unterlassen der Verwendung von Steuerzeichen" auf Anregung des Bundesministeriums der Finanzen und die Ergänzung „von Steuerstemplern" auf Antrag des Finanzauschusses, vgl. dazu: Protokoll Nr. 29 der Arbeitsgruppe AO-Reform vom 21. Januar 1972, S. 6 f., 12; Anl. Zum Prot., Nr. 2; Bericht und Antrag des Finanzausschusses, BT-Drucksache 7/4292 zu § 370, S. 134.

32 Vgl. *Kohlmann,* a.a.O. (7. Aufl.) § 370 AO, Rn. 22, S. 59 f. Konkludentes Verhalten sollte im Lichte eines Gesamtverhaltens in der Weise betrachtet werden, dass dieses Verhalten gemäß der Verkehrsauffassung als stillschweigende Erklärung von Tatsachen zu interpretieren sei.

33 Vgl. *Koch,* AO 1977, § 370, Rn. 25, S. 1412; BGHSt. 7, 148.

34 Vgl. *Koch,* AO 1977, § 370, Rn. 23, S. 1412.

35 Vgl. *Koch,* AO 1977, § 370, Rn. 25, S. 1412; *Kohlmann,* Steuerstrafrecht (Kommentar. 7. Aufl., Lfg. 25 1997), § 370 AO 1977, Rn. 32, S. 64/1.

36 Vgl. *Samson,* in: Franzen / Gast / Samson, (1985), § 370, Rn. 123 ff., S. 247 ff.; *Koch,* AO 1977, § 370, Rn. 26, S. 1413

vorschriften. Die Einzelsteuergesetze enthielten Vorschriften über die Pflicht zur Abgabe von Steuererklärungen. § 149 AO Satz 2 begründete eine solche Pflicht auch durch eine entsprechende finanzbehördliche Aufforderung. Anzeigepflichten waren in §§ 137–139 AO normiert. Nach § 153 Abs. 1 AO waren zudem der Steuerpflichtige bzw. dessen Gesamtrechtsnachfolger sowie die nach §§ 34, 35 AO für diese handelnden Personen anzeige- und berichtigungspflichtig, sofern sie im Nachhinein die Verpflichtung zur Abgabe einer Erklärung bzw. die Unrichtigkeit einer abgegebenen Erklärung erkannten[37].

c) Pflichtwidriges Unterlassen (Abs. 1, Nr. 3)

Tatbestandsmäßig im Sinne des § 370 Abs. 1 Nr. 3 AO 1977 handelte derjenige, der es pflichtwidrig unterließ, Steuerzeichen oder Steuerstempler zu verwenden. Unter Steuerzeichen waren die Börsenumsatzsteuermarken (§ 21 Nr. 2 KVStDV), die Wechselsteuermarken (§ 4 Nr. 1 §§ 8 und 9 WStDV) und Tabaksteuerbanderolen (§ 6 TabStG) zu verstehen. Die Steuer wurde durch die Verwendung der von den Finanzbehörden ausgegebenen Steuerzeichen entrichtet. Anstelle von Wechselsteuermarken konnte die Bundespost den Gebrauch eines Steuerstemplers genehmigen[38].

d) Handlungserfolg und Kausalität

Der Steuerhinterziehungstatbestand war voll verwirklicht, sobald durch ein Verhalten entsprechend den Nummern 1 bis 3 der im Tatbestand beschriebene Erfolg eingetreten war (Erfolgsdelikt). Für eine Vollendung der Steuerhinterziehung kamen zwei Begehungsformen – einerseits die „Steuerverkürzung (§ 370 Abs. 1, 1. Alt)“ und andererseits die „ungerechtfertigte Vorteilserlangung (§ 370 Abs. 1, 2. Alt)“ – in Betracht[39]. Zu den Steuern gehörten auch die Zölle und Abschöpfungen (§ 3 Abs. 1 Satz 2 AO)[40]. § 370 übernahm den bisherigen Verkürzungsbegriff und enthielt in Absatz 4 Satz 1 Definitionen für besonders wichtige Fälle. Nach Absatz 4 Satz 1, erster Halbsatz wurde herausgestellt, dass die Verkürzung bewirkt ist, wenn die Steuer überhaupt nicht, nicht in voller Höhe oder nicht rechtzeitig festgesetzt wird. Steuerhinterziehung lag also auch dann vor wenn die Steuer nur vorübergehend, also auf Zeit

---

37 Vgl. *Samson,* a.a.O., (1985), § 370, Rn. 130, 141; *Koch,* a.a.O., § 370, Rn. 27, S. 1413.

38 Vgl. *Koch,* a.a.O., § 370, Rn. 28, S. 1413; *Samson,* a.a.O., (1985), § 370, Rn. 162.

39 Vgl. *Koch,* a.a.O., § 370, Rn. 29, S. 1414.

40 Vgl. *Koch,* a.a.O., § 370, Rn. 30, 31, S. 1414: Nicht hiervon erfasst waren die steuerlichen Nebenleistungen, zu denen das Gesetz die Verspätungszuschläge, Zinsen, Säumniszuschläge, Zwangsgelder und Kosten zählte (§ 3 Abs. 3 AO). Auf diese waren jedoch nach § 1 Abs. 3 Satz 1 AO die Normen der AO sinngemäß anzuwenden.

vorenthalten wurde. Unbedeutend war, ob die Steuer endgültig festgesetzt wurde. Dieser frühere Streit wurde durch Absatz 4 Satz 1, zweiter Halbsatz beendet, der die vorläufige Steuerfestsetzung (§ 165), die Steuerfestsetzung unter Vorbehalt der Nachprüfung (§ 164) sowie die Steuervoranmeldungen (§ 150 Abs. 1 Satz 2) der normalen Steuerfestsetzung gleichstellte[41].

Grundsätzlich ging man bei der Bestimmung des Verkürzungserfolges vom Fälligkeitstermin aus und nahm Modifikationen für die Veranlagungssteuern vor. Bei Fälligkeitssteuern war somit entscheidend, dass zum Fälligkeitszeitpunkt die Steuer nicht, nicht rechtzeitig oder nicht in der richtigen Höhe angemeldet wurden. Bei Veranlagungssteuern trat der Verkürzungserfolg dann ein, wenn am Fälligkeitstermin die Steuer beim Finanzamt nicht eingegangen war[42]. Der Umfang der Steuerverkürzung ergab sich in der Regel aus einem Vergleich der gesetzlich geschuldeten (Steuersoll) mit der von der Finanzbehörde infolge der Handlung oder Unterlassung des Täters festgesetzten Steuer (Steuerist)[43]. Die Steuerverkürzung stellte also eine Unterschreitung der Ist-Einnahme unter die Soll-Einnahme dar. Dies war von Bedeutung, da eine Steuerhinterziehung nicht nur im Zeitraum bis zur Steuerfestsetzung, sondern auch noch nach zutreffender Steuerfestsetzung, z.B. im Vollstreckungsverfahren, möglich war. In diesem Bereich war jeweils zu fragen, wann und in welchem Umfang die Steuer ohne das pflichtwidrige Täterverhalten bei ordnungsmäßigem Verfahrensablauf vereinnahmt worden wäre. Die Unterschreitung der Soll- Einnahme konnte auf zwei Arten erfolgen. Im ersten Fall waren die tatsächlichen Leistungen des Steuerschuldners mengenmäßig niedriger als die geschuldeten Leistungen. Der Staat erlitt einen echten Vermögensschaden[44]. Des Weiteren war der Verkürzungserfolg auch dann gegeben, wenn die

---

41 Vgl. *Koch*, a.a.O., § 370, Rn. 32, S. 1414.

42 Vgl. *Samson*, a.a.O. (1985), § 370 Rn. 23 f.; *Joecks*, a.a.O. (2009) § 370 Rn. 37, S. 149.

43 Vgl. *Koch*, a.a.O., § 370, Rn. 33, S. 1415, Rn. 36, S. 1415.

44 Vgl. *Koch*, a.a.O., § 370, Rn. 33, S. 1415, Rn. 36, S. 1415; *Joecks*, in: a.a.O. (2009), § 370, Rn. 40, S. 151: Die h.M. bestimmte den Vermögensschaden hier nicht rein wirtschaftlich. Entscheidend sei, dass der Steueranspruch zum Nennwert eingesetzt werde und nur gefragt werde, ob die tatsächliche Einnahme hinter der geschuldeten Steuer zurückbleibe. Es komme nicht darauf an, ob der Steuerschuldner mittellos sei und aufgrund dessen auch ohne Täuschung die Steuer nicht hätte beigetrieben werden können. Die Gegenansicht konnte dieser Auffassung zumindest für das Vollstreckungsverfahren nicht folgen. Sei der Steuerschuldner mittellos und wären Vollstreckungsmaßnahmen daher ohnehin erfolglos geblieben, dann fehle es bereits an der Kausalität von Täuschung und Verkürzungserfolg, vgl. BGH, wistra 1998, 180, 184, Urteil vom 19. Dezember 1997. Vielmehr empfehle es sich, bereits bei der Bestimmung des Verkürzungsbegriffs die wirtschaftliche Betrachtungsweise anzuwenden und den Erfolg im Beispielsfall abzulehnen; vgl. *Göggerle*, BB 1982, 1851 (1855): „Unterbliebene Null-Festsetzungen und Bescheide mit Steuerguthaben sind nicht tatbestandsmäßig.“

Steuerpflicht verspätet erfüllt und die Steuer verspätet festgesetzt wurde. Dabei handelte es sich um einen Verspätungsschaden, der dem mengenmäßigen Schaden grundsätzlich gleichstand[45]. Unter Steuervorteile waren besondere Vorteile zu verstehen, welche dem Steuerpflichtigen außerhalb des normalen Steuerfestsetzungsverfahrens gewährt wurden. Absatz 4 Satz 2, erster Halbsatz bestimmte, dass zu den Steuervorteilen auch Steuervergütungen zählten[46].

Steuervorteile waren nicht gerechtfertigt, wenn die gesetzlichen Voraussetzungen für die Gewährung nicht vorlagen oder wenn die Voraussetzungen bei Gewährung des Vorteils gegeben waren, später aber wegfielen. Erlangt war ein Steuervorteil, soweit dieser belassen oder gewährt wurde. Tatbestandsmäßig war eine Steuerverkürzung oder die Erlangung eines nicht gerechtfertigten Steuervorteils nur, wenn sie durch ein Verhalten des Täters verursacht wurden. Fehlte ein solcher Kausalzusammenhang, kam nur Versuch in Betracht[47].

e) Vorsatzanforderungen

Die Steuerhinterziehung konnte nur vorsätzlich begangen werden, § 369 II AO, § 16 StGB. Der Vorsatz musste sich auf alle tatsächlichen Umstände erstrecken, die den Tatbestand erfüllten. Bedingter Vorsatz war ausreichend[48].

---

45 Vgl. *Joecks*, in: Franzen / Gast / Joecks (2009), § 370, Rn. 41, S. 152: Entgegen der h.M., welche den Soll-Zeiptunkt hier mit dem Ist-Zeiptunkt der Zahlung vergleiche, müsse eine wirtschaftliche Betrachtungsweise erfolgen. Anderenfalls könne die Kausalität zwischen Täuschungsverhalten und Überschreitung des Fälligkeitstermins nicht festgestellt werden. Der Verspätungsschaden könne nur in der Art bestimmt werden, dass der Zeitpunkt der tatsächlichen Leistung mit demjenigen Zeitpunkt verglichen werde, in dem die Zahlung ohne das täuschende Täterverhalten erfolgt wäre. Bei der Bestimmung des Soll-Zeitpunkts ist zu fragen, ob Vollstreckungsmaßnahmen ohne das täuschende Täterverhalten nötig gewesen wären und ob sie zum Erfolg geführt hätten.

46 Hierzu gehörten: z.B. der Erlass (§ 163 AO), die Stundung (§ 222 AO), verbindliche Zusagen aufgrund einer Außenprüfung (§§ 204–207 AO); der Zahlungsaufschub (§ 223 AO), die Vollstreckungseinstellung (§ 257 AO), der Vollstreckungsaufschub (§ 258 AO), das Unterlassen der Pfändung von Sachen und Forderungen (§§ 281 ff. AO), sowie Begünstigungen nach den Einzelsteuergesetzen wie z.B. die Anerkennung förderungswürdiger Zwecke (§ 10b EStG) etc., vgl. *Koch*, AO 1977, § 370, Rn. 38, S. 1415.

47 Vgl. *Koch*, AO 1977, § 370, Rn. 40–43, S. 1416: Bei einem Unterlassungsdelikt war ein hypothetischer Kausalverlauf zu prüfen. Der Erfolg konnte dem Täter dann zugerechnet werden, wenn die unterlassene Handlung nicht hinzugedacht werden konnte, ohne dass der Erfolg mit an Sicherheit grenzender Wahrscheinlichkeit entfiel.

48 Vgl. *Samson*, a.a.O., § 370 Rn. 186, S. 273: Bei normativen Tatbestandsmerkmalen reiche es aus, dass eine sog. Parallelwertung in der Laiensphäre vorgenommen werde; *Koch*, a.a.O., § 370, Rn. 46, S. 1417: Der Täter müsse aber wissen, dass ein Sachverhalt steuerlich relevant sein könne, den Steueranpruch also kennen oder für möglich halten.

3. Vollendung und Strafrahmen

Für die Vollendung der Steuerhinterziehung war zu differenzieren zwischen Veranlagungssteuern, Anmeldungssteuern sowie Zöllen und Verbrauchsteuern. Bei Veranlagungssteuern wurde auf den Zeitpunkt der Steuerfestsetzung abgestellt. Wurden pflichtwidrig keine Steuererklärungen abgegeben, trat Vollendung ein, wenn die Steuer aufgrund einer zu niedrigen Schätzung der Besteuerungsgrundlagen (§ 162 AO) falsch festgesetzt wurde, anderenfalls dann, wenn die zuständige Stelle des Finanzamts die Veranlagungsarbeiten im großen und ganzen abgeschlossen hatte. Bei Anmeldungssteuern bzw. Fälligkeitssteuern (Lohnsteuern, Umsatzsteuern in Bezug auf Voranmeldungen) wurde in den Fällen des Unterlassens auf den Fälligkeitszeitpunkt abgestellt. Eine Verspätung der Abgabe stand der Nichtabgabe regelmäßig gleich. Bei der Hinterziehung von Verbrauchsteuern im Warenverkehr oder Zöllen über die Grenze war § 372 AO (Bannbruch) einschlägig, welcher in Absatz 2 hinsichtlich der Strafbarkeit auf § 370 Absatz 1, 2 AO verwies, wenn die Tat nicht in anderen Vorschriften als Zuwiderhandlung gegen ein Einfuhr-, Ausfuhr- oder Durchfuhrverbot mit Strafe oder mit Geldbuße bedroht war[49]. Sofern die Ware unter Umgehung der Zollstelle über die Grüne Grenze gebracht wurde, war die Tat mit Überschreiten der Grenze vollendet. Wurde die Ware der Zollstelle vorgeführt, musste hinzutreten, dass sie nicht ordnungsgemäß angezeigt wurde (bei Einfuhr) bzw. worden war (bei Ausfuhr)[50].

Die Strafe nach § 370 Abs. 1 war grundsätzlich Geldstrafe oder Freiheitsstrafe bis zu fünf Jahren. Hatte sich der Täter – wie im Regelfall der Steuerhinterziehung – durch die Tat bereichert oder zu bereichern versucht, waren nach § 41 StGB Freiheitsstrafe und Geldstrafe nebeneinander zulässig[51].

§ 370 Absatz 3 AO (1977) führte zum ersten Mal auch für die Steuerhinterziehung eine Strafverschärfung für besonders schwere Fälle ein, wie sie für den vergleichbaren Fall des Betrugstatbestandes nach § 263 Abs. 3 StGB bereits seit Jahrzehnten Bestand hatte. In besonders schweren Fällen war die Strafe Freiheitsstrafe von sechs Monaten bis zu zehn Jahren[52]. Vier Beispiele wurden aufgezählt, bei deren Vorliegen in der Regel ein besonders schwerer Fall anzunehmen war. Zunächst entsprach der Missbrauch der Befugnisse oder der Stellung als Amtsträger (Nr. 2) dem § 253 Nr. 4 des Entwurfs eines Strafge-

---

49 Vgl. *Koch*, AO 1977, § 370, Rn. 47, 48, S. 1417; § 372, S. 1433 ff.

50 Vgl. *Koch*, AO 1977, § 372, Rn. 9, S. 1435.

51 Vgl. *Koch*, AO 1977, § 372, Rn. 50, S. 1418; *Henneberg*, BB 1976, 1554.

52 Vgl. Bundeskanzleramt, Begründung zum EAO 1974, in BArch Koblenz, B136/7208, Bl. 194; *Wolf*, AO 1977, § 370, S. 529; *Koch*, AO 1977, § 372, Rn. 57, S. 1419.

setzbuches (BT-Drucks. IV/650), welcher einen besonders schweren Fall des Betruges regelte. Weitere Beispiele waren die Steuerhinterziehung aus grobem Eigennutz in großem Ausmaß (Nr. 1), die Ausnutzung der Mithilfe eines Amtsträgers, der seine Amtsstellung missbrauchte (Nr. 3) und die fortgesetzte Steuerverkürzung unter Verwendung nachgemachter oder verfälschter Belege (Nr. 4). Grober Eigennutz im Sinne der Nr. 1 lag vor, wenn der Täter aus einem besonders anstößigen Gewinnstreben handelte. Ein großes Ausmaß wurde in der Regel angenommen bei einer Steuerhinterziehung von Millionenhöhe. Nummer 3 setzte einen Fall nach Nummer 2 (Amtsmissbrauch) voraus und betraf den außenstehenden Täter, der die Mithilfe des Amtsträgers ausnutzte[53].

III. Reformdiskussion und kritische Anmerkungen

Das gesetzgeberische Vorhaben, mit § 370 AO 1977 einen umfassenden Straftatbestand der Steuerhinterziehung zu erschaffen, erscheint nicht in allen Punkten erfüllt. Die Neufassung des § 370 AO hatte bei weitem nicht alle wichtigen Zweifelsfragen der alten Fassung der Steuerhinterziehung ausgeräumt. Zunächst bestand ein schwerwiegender Mangel der Neufassung darin, dass keine eindeutige Rechtsgutsbestimmung zugrunde lag. Die Folge war eine widersprüchliche Tatbestandsgestaltung[54]. Eine ausdrückliche Erwähnung einer Täuschungshandlung und Irrtumserregung im Rahmen der durch § 370 Abs. 1 Nr. 1 AO normierten Tathandlung war unterblieben. Auch hatte das von der Rechtsprechung zur notwendigen Tatbestandsvoraussetzung erklärte Merkmal der „Unkenntnis der Finanzbehörde" lediglich Eingang in den Unterlassungstatbestand des § 370 Abs. 1 Nr. 2 AO gefunden[55]. Durch die nur beispielhafte Aufzählung möglicher Steuerverkürzungserfolge in § 370 Abs. 4 AO blieb es dem rechtsanwendenden Richter überlassen, andere Fälle der Steuerverkürzung, welche nicht explizit gesetzlich normiert waren, als Steuerhinterziehung zu behandeln, worin ein Verstoß gegen Art. 103 Abs. 2 GG gesehen wurde. Auch die neu eingefügten Regelbeispiele des § 370 Abs. 3 AO öffneten Raum für weitere Kritik[56].

---

53 Vgl. *Wolf*, AO 1977, § 370, S. 529 f.; *Koch*, AO 1977, § 370, Rn. 59, S. 1419.

54 Vgl. *Kribs-Drees*, DB 1978, 181 (183).

55 Vgl. *Schneider*, a.a.O., S. 120 ff.; *Kribs-Drees*, DB 1978, 181 (183).

56 Vgl. *Kribs-Drees*, DB 1978, 181 (183).

1. Geschütztes Rechtsgut und Anwendungsbereich

In den Jahren nach Schaffung des § 370 AO 1977 war die Frage umstritten, welches Rechtsgut der Steuerhinterziehungstatbestand schützen sollte[57].

Vereinzelt wurde vertreten, dass die Steuerhinterziehung überhaupt kein Schutzgut enthalte, dessen Beeinträchtigung strafwürdig sei. Sie schütze nicht Rechtsgüter, welche dem Staat vorgegeben seien. Vielmehr schütze die Steuerhinterziehung „allein die positivrechtliche Ordnung des Steuerrechts in seiner jeweiligen, rasch veränderlichen Gestalt" und sei daher vom echten Kriminalstrafrecht – welches ein eigenständiges, geschlossenes Normenkonzept bilde, sich auf sozialethische Wertungen gründe sowie ein ethisches Minimum absichere, zu unterscheiden. Die einzelnen Steuergesetze hätten durchwegs keine sozialethische Evidenz und keinen unmittelbar einsichtigen Bezug zur Idee materialer Gerechtigkeit. Die Steuerhinterziehung sei nur „Sanktion des Steuerungehorsams", nicht mehr, nicht weniger[58]. In der Literatur fanden sich aber auch zahlreiche abweichende Meinungen. Als Schutzobjekt des Steuerstrafrechts wurde „die rechtzeitige und richtige Mitteilung des steuerlich erheblichen Sachverhalts an die zuständige Behörde" und somit die Pflicht der Steuerbürger zur Offenbarung aller steuererheblichen Tatsachen angesehen. Die „richtige Sachverhaltsvermittlung" – dies gelte insbesondere in den Fällen der voranzumeldenden Umsatzsteuer und der Lohnsteuer – stelle die elementare Grundlage für die Beurteilung aller Steuerstraftaten dar[59]. Auch wurden der äußere Bestand der einzelnen staatlichen Steueransprüche[60], das

57 Vgl. *Kohlmann,* Steuerstrafrecht (Kommentar 7. Aufl., Lfg. 27 1999) § 370 AO 1977, Rn. 9, S. 20/1 ff., Rn. 9.2, S. 20/2 ff.; *Kribs-Drees*, DB 1978, S. 181 ff.; *Koch*, AO 1977, § 370, Rn. 8–10, S. 1409; *Hellmann*, in: HHS § 370 AO Rn. 39 ff., S. 28 ff.

58 Vgl. *Isensee*, NJW 1985, 1007 (1008): „Dem Normalbürger stellt sich das Steuerrecht als Normendschungel dar, in dem er des fachkundigen Führers bedarf. Und auch dem Kenner bleibt der Zusammenhang hinter den verwirrenden, kurzlebigen Einzelheiten des Steuerrechts oft dunkel. Er hat seine liebe Not damit, hier Ratio-[S. 1009]nalität, System und Legitimation aus der Rechtsidee zu finden. Gerade weil das Steuerrecht so wenig auf die Gesetzeseinsicht des Pflichtigen bauen darf, ist es auf seinen Gesetzesgehorsam angewiesen."

59 Vgl. *Ehlers*, FR 1976, 504 (505): „[…] es ist somit zu begrüßen, daß die Sachverhaltsvermittlung in der neuen Gesetzesfassung an den Anfang des gesetzlichen Tatbestandes gestellt worden ist und die Verkürzung von Steuern bzw. die Erlangung eines nicht gerechtfertigten Steuervorteils als Folge einer solchen Verletzung der Pflicht zur Sachverhaltsvermittlung an zweiter Stelle aufgeführt wird. Diese Pflichtverletzung erscheint als unrichtige oder unvollständige Angabe über steuerlich erhebliche Tatsachen."

60 Vgl. *Backes,* StuW 1982, 253, 258 ff. (260): „Die Möglichkeit, die Steuerhinterziehung als ein dem Diebstahl systematisch verwandtes Delikt gegen den Bestand des Vermögens aufzufassen, ist zu bejahen, da die Nichtentrichtung von Steuern, Zöllen und Eingangsabgaben nicht als solche strafrechtlich bewehrt ist. […] Rechtsgut des

Besteuerungssystem als Ganzes[61] oder die soziale Funktion des Steueraufkommens als jeweils einschlägige Rechtsgüter eingestuft[62].

Dagegen sollte nach der vorherrschenden Ansicht das geschützte Rechtsgut „der Anspruch des Staates auf den vollen und rechtzeitigen Ertrag aus jeder einzelnen Steuer“ sein[63]. Die Ansicht, wonach die Steuerhinterziehung nur „Sanktion des Steuerungehorsams“ sei, müsse abgelehnt werden. Träfe diese Sichtweise zu, dann wäre die Ausgestaltung der Steuerhinterziehung als Kriminalstraftatbestand unzulässig, da der Einsatz der Strafe nur legitim sei, wenn sie dem Rechtsgüterschutz diene. Die Steuerhinterziehung wäre dann eine ethisch farblose Ungehorsamstat, welche nur als Ordnungswidrigkeit einzuordnen wäre. Eine solche Qualifizierung wäre evident falsch, da bestimmte im Wege einer Täuschung begangenen Steuerverkürzungen dem allgemeinen Betrugstatbestand (§ 263 StGB) unterfielen, somit mit Kriminalstrafe zu bestrafen seien, sofern ein eigener Steuerhinterziehungstatbestand fehle[64]. Wäre die bloße Pflichtverletzung zur Sachverhaltsvermittlung an die Behörde bereits strafbar, dann erschöpfe sich das Tatunrecht in einem Ungehorsam gegenüber den in den Steuergesetzen normierten Pflichten[65]. Zwar

---

Hinterziehungstatbestands ist daher im Sinne der ersten Alternative der äußere Bestand der Ansprüche auf Entrichtung von Steuern, Zöllen und Eingangsabgaben oder die Herrschaft über diese Vermögensbestandteile“; Der Diebstahl setze den Bruch fremden Gewahrsams, also die Störung des äußeren Friedens voraus, vgl. *Kargl*, JuS 1996, 971 (973 f.).

61 Vgl. *Dannecker*, Wirtschaftsverkehr 1984, S. 167 (176): „Vielmehr bietet es sich […] an, sowohl das vollständige und rechtzeitige Steueraufkommen als auch das Besteuerungssystem selbst als die durch § 370 AO geschützten Rechtsgüter anzuerkennen.“ Letzterem fehle aber die „dogmatische Führung“, da es u.a. nur der Auslegung diene.

62 Vgl. *Von der Heide*, Tatbestandsprobleme (1986), S. 58 f. (59): „Das Steueraufkommen als solches ist Voraussetzung für das gedeihliche Zusammenleben der Bürger in der Gesellschaft und unabdingbar für ein demokratisches, dem sozialen Gedanken verpflichtetes Staaatswesen. […] Dementsprechend muß heute auch das gesamte inlän-[S. 60]dische Steueraufkommen als einheitliche soziale Funktionseinheit im demokratischen Rechtsstaat ‘Bundesrepublk Deutschland’ als geschütztes Rechtsgut des Straftatbestandes der Steuerhinterziehung angesehen werden.“

63 Vgl. *Kribs-Drees*, DB 1978, 181; *Schleeh*, NJW 1971, 739; Schlussbericht der Sachverständigenkommission, Teil II, V., S. 54; BGHSt 36, 100, 102, Urteil vom 1. Februar 1989, 3 StR 19/88; BGHSt 40, 109, 111, Urteil vom 23. März 1994, 5 StR 91/94.

64 Vgl. *Kribs-Drees*, DB 1978, 181 (181); *Hellmann*, in: HHS, § 370 Rn. 39, S. 28.

65 Vgl. *Kohlmann / Sandermann*, StuW 1974, S. 221 (230): Höherwertige Rechtsgüter würden dann nur gefährdet: „Bei einer Ausgestaltung der Steuerhinterziehung als abstraktes Gefährdungselikt müßte man sich daher fragen, ob es noch gerechtfertigt wäre, die Verletzung steuerlicher Plichten mit Kriminalstrafe zu bedrohen. Zumindest wäre eine generelle Androhung von Freiheitsstrafe, wie sie zur Zeit besteht, nicht schuldangemessen. Diese Strafdrohung ist aber im Interesse einer Generalprävention erforderlich, da nur sie geeigent erscheint, der Vorstellung entgegenzuwirken, die Steuerhinter-

bestrafe § 370 AO die Verletzung der steuerlichen Offenbarungspflicht hinsichtlich steuererheblicher Tatsachen. Hierdurch sei aber keineswegs das Rechtsgut der Steuerhinterziehung aufgezeigt, sondern nur das dem Straftatbestand zugrundeliegende Gebot, steuerlich relevante Tatsachen zu offenbaren, bzw. Verbot, unvollständige oder unrichtige Angaben über steuerlich erhebliche Tatsachen zu machen, umschrieben. Die zum vermeintlichen Schutzgut erhobene Offenbarungspflicht – so *Hellmann* – entfalte daher nur Bedeutung bei der Kennzeichnung der konkreten Angriffsform, die dem Tatbestand unterfalle. Ebenso schütze der Betrugstatbestand das Opfer lediglich vor konkreten Angriffen auf sein Vermögen, und zwar solche, welche der Täter mittels einer Täuschungshandlung begehe. Anerkannt sei, dass § 263 StGB ausschließlich das Vermögen schütze, nicht dagegen die „Dispositionsfreiheit", „Treu und Glauben im Geschäftsverkehr" oder das „Recht auf Wahrheit"[66]. Desgleichen könne das Besteuerungssystem als Ganzes, also die Steuerhoheit, nicht Schutzgut der Steuerhinterziehung sein, da die Kompetenz zur Steuergesetzgebung – also die Kompetenz von Personen zur Erzielung von Einnahmen Geldleistungen ohne Gegenleistung zu verlangen – durch die Tatbestandshandlung nicht gefährdet oder verletzt sei. Bei § 370 AO handle es sich allenfalls um ein Vermögensdelikt zum Schutze des jeweiligen Steuergläubigers, hier des deutschen Staates, der einen Anspruch auf den vollen Steuerertrag habe. Da § 370 Abs. 6 AO den Anwendungsbereich auf Abgaben, die einem anderen Mitgliedstaat der Europäischen Gemeinschaften bzw. der Europäischen Freihandelsassoziation zustanden, ausgeweitet habe, schütze der Tatbestand auch deren Vermögen[67].

---

ziehung sei ein Kavaliersdelikt. Die Umwandlung der Steuerhinterziehung in ein Gefährdungsdelikt ist daher abzulehnen. Die Ausgestaltung der Vorschrift muß sich vielmehr an den schweren Fällen der Hinterziehung orientieren, bei denen neben das Handlungsunrecht das in der Verletzung steuerlicher Pflichten liegt, noch ein Erfolgsunrecht tritt, das in einer noch näher zu bestimmenden Beeinträchtigung des Steueraufkommens besteht. Nur bei diesen Fällen ist die Androhung von Freiheitsstrafe gerechtfertigt. An der Ausgestaltung des Verkürzungstatbestandes als Erfolgsdelikt ist daher festzuhalten."

66 Vgl. *Hellmann*, in: HHS (Lfg. 171 November 2001) § 370 AO, Rn. 40, S. 29.

67 Vgl. *Kribs-Drees*, DB 1978, S. 181 (181): Nachdem auch die Neufassung [des § 370 AO] das ihr zugrundeliegende Schutzgut nicht klar erkennen läßt, kann allenfalls als sicher gelten, daß durch die Bestrafung der Steuerhinterziehung Vermögensschutz gewährt werden soll. Im Unterschied zu den Vermögensschutzvorschriften des allgemeinen Strafrechts schützt § 370 AO aber nicht das Vermögen jedes Bürgers, sondern nur das des Fiskus"; auch *Hellmann*, in: HHS § 370, Rn. 40, 41, S. 29 f., Rn. 43, S. 30 f.; *Backes*, Stuw 1982, 253 (260).

Festzuhalten bleibt, dass auch der Neufassung des § 370 AO keine eindeutige Rechtsgutsbestimmung zugrunde lag. Dies hatte zur Folge, dass die Tatbestandsausgestaltung zu Widersprüchen führen konnte, wodurch unklar blieb, ob ein Verletzungs- oder ein abstraktes Gefährdungsdelikt vorlag. Letztlich krankte der Diskurs oftmals daran, dass der Begriff „Rechtsgut" verwendet wurde, ohne darzulegen, welche Funktion und welcher Inhalt ihm im spezifischen Kontext beigemessen wurden. In der Vielzahl kreierter Rechtsgüter nach Schaffung des § 370 AO 1977 offenbarte sich ein gesetzgeberischer Mangel[68].

2. Tatbestand, § 370 Abs. 1 Nr. 1–3

Zunächst war fraglich, ob der Steuerhinterziehungstatbestand nach § 370 Abs. 1 Nr. 1 AO 1977 eine „Täuschung" und „Irrtumserregung" voraussetzte, da eine entsprechende Täuschungshandlung im Wortlaut des § 370 Abs. 1 Nr. 1 (bis 3) AO keine explizite Erwähnung gefunden hatte. Unklar war zudem, ob das Merkmal der „Unkenntnis der Finanzbehörde", welches ausdrücklich Eingang in den durch § 370 Abs. 1 Nr. 2 AO 1977 normierten Unterlassungstatbestand gefunden hatte, auch von Bedeutung für § 370 Abs. 1 Nr. 1 AO 1977 sein sollte, da eine entsprechende Bezeichnung in Absatz 1 Nr. 1 fehlte[69].

a) Täuschungshandlung

Da der Gesetzgeber von der ausdrücklichen Aufnahme des Täuschungsmerkmals in den Tatbestand des § 370 Abs. 1 Nr. 1 – 3 AO 1977 abgesehen hatte, könnte hieraus der Schluss gezogen werden, dass die Fälle der Täuschung der Steuerbehörde nicht mehr von der Steuerhinterziehung, sondern nur noch von § 263 StGB erfasst werden. Da § 370 AO die möglichen Tathandlungen abschließend aufzähle, könnten – so wurde argumentiert – entsprechende täuschungsrelevante Sachverhalte dann nur noch nach § 263 StGB geahndet werden[70]. Dieser Auffassung wurde entgegengehalten, dass dieses Ergebnis

---

68 Vgl. *Kribs-Drees*, DB 1978, S. 181 (183); *Hellmann*, a.a.O., § 370, Rn. 41, S. 29: Es entstehe der „Eindruck, daß sich Rechtsgüter geradezu beliebig erfinden ließen."

69 Vgl. zu den Auslegungsproblemen des Tatbestandes des § 370 AO u.a. *Hübner*, JR 1977, 58 ff.; *Kohlmann / Sandermann*, StuW 1974, 233 ff.; *Schlee*, Stuw 1972, 311 ff; *Schneider*, a.a.O., S. 121 ff.; *Kribs-Drees*, DB 1978, S. 181 (182): Zum Verhältnis zur Steuerunehrlichkeit: „Zur Aufnahme in einen Tatbestand eignet sich nur ein Merkmal das eine bestimmte Tathandlung kennzeichnen soll. Der Begriff 'Steuerunehrlichkeit' ist deshalb verwirrend und nicht als Tatbestandsmerkmal eines neuen Hintziehungstatbestandes geeignet. Folgerichtig ist dieser umstrittene Begriff auch nicht in den Tatbestand des neuen § 370 AO übernommen worden."

70 Vgl. *Kohlmann*, Tagungsberichte, Bd. VII, S. 39; *Kribs-Drees*, DB 1978, 181 (182).

der durch die Rechtsprechung gefestigten Ansicht widerspreche, welche den Fall der Täuschung der Finanzbehörde durch den Täter stets als Tatbestandserfüllung der Steuerhinterziehung eingeordnet hatte. Aus Gründen der Gesetzeskonkurrenz müssten diese täuschungsrelevanten Fallkonstellationen der Steuerziehung und nicht dem Betrug zugerechnet werden[71].

Weiter wurde vertreten, dass jede Handlungsform des § 370 Abs. 1 Nr. 1–3 AO eine Täuschungshandlung voraussetze. So erfordere die Nr. 1 eine Täuschung durch aktives Handeln, während die Nr. 2 und 3 bestimmte Täuschungsformen durch Unterlassen beinhalteten. Das Gesetz trage die Erkenntnis, dass die Steuerhinterziehung zumindest im Bereich des Täterverhaltens dem Betrug (durch Handeln und durch Unterlassen) vollkommen entspreche[72]. Bereits *Bockelmann* hatte in seiner grundlegenden Untersuchung zum Betrug durch Unterlassen aufgezeigt, dass dem aktiven Täuschen zwei verschiedene Varianten des Unterlassens entsprechen könnten. Für den Betrug war er zu dem Resultat gelangt, dass ein Betrug durch Unterlassen nur dann vorliege, wenn der Täter einen im Entstehen begriffenen Irrtum nicht verhindere. Dagegen scheide Betrug durch Unterlassen aus, wenn der Täter einen bereits vorhandenen Irrtum oder die Unkenntnis des Opfers nicht beseitige[73]. Die Norm in § 370 I AO habe nun die Folge, dass als Steuerhinterziehung durch Unterlassen lediglich die eine der beiden Unterlassungsvarianten einbezogen werde. § 370 I Nr. 2 AO regle nämlich nur den Fall, in welchem der Täter die Finanzbehörde pflichtwidrig über steuerlich erhebliche Tatsachen in Unkenntnis lasse. Der andere Fall, in dem der Täter das Entstehen eines Irrtums nicht verhindere, werde hingegen vom Gesetz nicht geregelt. Gelöst werden könne dieses Problem – so *Samson* – dadurch, dass für die Erfassung der anderen Unterlassungsvariante (Nichthinderung des Entstehens eines Irrtums) nur die Anwendung von § 370 I Nr. 1 AO in Verbindung mit § 13 StGB in Betracht komme. Dies setze voraus, dass die unterlassene Verhinderung des Entstehens eines Irrtums bei vorhandener Garantenstellung dem Täuschen durch aktives Handeln gleichstehe. Daraus folge, dass auch § 370 I Nr. 1 AO gemäß § 13 StGB durch Unterlassen begangen werden könne. Ein solcher Fall sei gegeben, wenn ein Garantenpflichtiger das Entstehen eines

---

71 Vgl. *Hilgers*, Täuschung oder Unkenntnis, S. 113: „Die eingangs erwogene potentielle Auslegung, daß § 370 AO diese Täuschungsfälle § 263 StGB überlasse, muß deshalb mehr theoretischer Natur verbleiben, ist sie doch durch die bestehende Rechtslage einer Gesetzeskonkurrenz zwischen § 370 AO und § 263 StGB und durch die neuere Rechtsprechungspraxis […] widerlegt"; so auch *Kribs-Drees*, DB 1978, 181 (182).

72 Vgl. *Samson,* in: Franzen / Gast / Samson (1985), § 370, Rn. 78 f., 83., 90 f.

73 Vgl. *Bockelmann*, in FS-Eb.Schmidt 1961, S. 437 ff. (441 f.), 444 (445), (447 f.).

Irrtums und die daraus folgende Steuerverkürzung pflichtwidrig nicht abwende. In diesen Fällen liege somit regelmäßig Steuerhinterziehung nach § 370 I Nr. 1 AO, § 13 StGB vor[74].

Diese Meinung wurde kritisiert. Im Hinblick auf die historische Entwicklung des Steuerhinterziehungstatbestandes, vor allem unter dem Aspekt der späteren Rechtsprechung des Reichsgerichts, beinhalte diese Auffassung das Risiko einer grenzenlosen, nicht mehr kontrollierbaren Aushöhlung tatbestandsmäßigen Verhaltens. Zudem deute der Wortlaut des § 370 Abs. 1 Nr. 1 AO 1977 nicht auf ein Unterlassen im Sinne des § 370 Abs. 1 Nr. 2 AO hin[75].

Im Ergebnis waren sich aber auch die Kritiker darüber einig, dass § 370 Abs. 1 Nr. 1 AO 1977 eine Täuschungshandlung zumindest mitumfasste, wenngleich diese nicht zwingend stets vorzuliegen hatte, somit also das Machen unvollständiger und unrichtiger Angaben für die Tatbestandsverwirklichung ausreichend sein sollte[76].

b) Irrtumserregung

Unklar blieb für die Vertreter der Täuschungsauffassung, ob die Tatbestandsverwirklichung nach § 370 Abs. 1 Nr. 1 AO 1977 beim Getäuschten auch eine Irrtumserregung voraussetzte, da eine gesetzliche Normierung sowohl der Täuschungshandlung als auch der Irrtumserregung im Tatbestand fehlte.

Die Befürworter jener Ansicht, welche eine Täuschungshandlung für die Tatbestandsverwirklichung – entsprechend dem Betrugstatbestand – als notwendig erachteten, hielten generell auch eine hierdurch kausal verursachte Irrtumserregung beim Getäuschten für erforderlich. Im Rahmen des Betrugs nach § 263 StGB war eine Irrtumserregung dann gegeben, wenn eine Fehlvorstellung über Tatsachen, die Gegenstand der Täuschung war, beim Getäusch-

74 Vgl. *Samson,* in: Franzen / Gast / Samson (1985), § 370, Rn. 79 ff., 83, 86, S. 228 ff.; ebenso *Joecks*, a.a.O. (2009), § 370, Rn. 107, 112, S. 180: Nach § 13 II StGB könne die Strafe des § 370 I Nr. 1 AO dann nach § 49 I StGB gemildert werden.

75 Vgl. *Schneider*, a.a.O., S. 123 (124). So bereits *Schleeh*, StW 1972, S. 310 (312). Eine Tatbestandsausdehnung über eine Garantenpflicht sei eine „absurde Weiterung".

76 Vgl. BMJ, Bericht des Vorsitzenden der Unterkommission I, *Tiedemann*, Anlage zum Schreiben vom 30. Mai 1974, in BArch Koblenz, B 141/82349, Bl. 10 f. (10): „Die Unterkommission kam dabei einstimmig zu dem Ergebnis, daß der Begriff der Täuschung zwar besonders plastisch sein und folglich dem Tatbestand [K]olorit geben würde, daß aber auf der anderen Seite die Einführung des Begriffes der Täuschung den Anwendungsbereich des Tatbestandes der vorsätzlichen Steuerhinterziehung zu sehr verengen würde, da die Vorstellung von der Täuschung eng mit der Herbeiführung eines Irrtums verbunden ist und ein derartiger Irrtum bei einer ganzen Reihe von Steuerarten – insbesondere bei den Fälligkeitssteuern […] nicht vorliegt"; auch *Schneider*, a.a.O., S. 125.

ten verursacht worden war. Dies müsse auch für die Steuerhinterziehung gelten. Eine Steuerhinterziehung könne jedenfalls durch positives Tun mittels einer Täuschungshandlung begangen werden, wodurch beim Getäuschten – kausal verursacht durch die Täuschung – ein Irrtum entstehen könne[77].

Gegen diese betrugsgleiche Auslegung wurden Bedenken geäußert. Es entstünden unüberbrückbare Subsumtionsprobleme in denjenigen Fallkonstellationen, in denen eine durch Täuschung bewirkte Irrtumserregung nicht ohne weiteres angenommen werden könne. Infolgedessen lasse sich – bspw. in dem vom Bundesgerichtshof entschiedenen Fall, in dem ein Zollpflichtiger in 19 Fällen unrichtige Angaben bezüglich seiner Zollpflichtigkeit machte, deren Unrichtigkeit den Zollbeamten bekannt war, diese jedoch weder eingriffen noch mit dem Täter zusammenwirkten – eine durch Täuschung bewirkte Irrtumserregung nur unter Schwierigkeiten konstruieren[78].

Die Neufassung erwecke den Eindruck, dass das Ergebnis der Rechtsprechung zur *Steuerunehrlichkeit* die Abgrenzung zwischen positivem Tun und Unterlassen sei und nicht die Folge des Bemühens, die unangemessene Weite, welche der Tatbestand des § 392 AO a.F. durch das Merkmal „Bewirken einer Steuerverkürzung“ erhalten hatte, einzugrenzen. Unrichtige Angaben gegenüber der Behörde, durch die kein Irrtum des Steuerbeamten erregt wurde, sollten nur im Fall der Begehung strafbar sein. Selbst bei Kenntnis der Behörde könne somit im Fall der Nichtfestsetzung der Steuer durch den Beamten nach 370 Abs. 1 Nr. 1 AO bestraft werden[79]. Die Zweiteilung in Begehungs- und Unterlassungstatbestand führe dazu, dass auf der einen Seite der Unrechtsgehalt der Steuerhinterziehung nicht mehr voll erfasst werde, da die Neufassung die Eventualität eröffne, dass ein Täter trotz Täuschung der Steuerbehörde straffrei bleibe. Auf der anderen Seite ergebe sich eine Einbeziehung strafunwürdiger Fälle durch die Norm des § 370 Abs. 1 Nr. 1 AO, da nach dieser Regelung – trotz Kenntnis der Behörde im Fall der Nichtfestsetzung der Steuer (z.B. bei vorläufiger Veranlagung) – bestraft werden könne[80].

Festzuhalten bleibt, dass der Tatbestand des § 377 Abs. 1 Nr. 1 AO das Merkmal der Irrtumserregung nicht zwangsläufig voraussetzte. Der Gesetzgeber sei jedoch dazu aufgerufen den Fall der durch Täuschung und Irrtumserregung bewirkten

77 Vgl. *Samson,* a.a.O. (1985), § 370, Rn. 167; *Schneider*, a.a.O., S. 122 (125) (132).

78 Vgl. BGH ZfZ 1960, 272 sowie die Kritik *Schneiders*, a.a.O., S. 124

79 Vgl. *Kribs-Drees*, DB 1978, 181 (182).

80 Vgl. *Kribs-Drees*, DB 1978, 181 (182).

Steuerverkürzung bzw. Vorteilserlangung im Steuerhinterziehungstatbestand des § 370 Abs. 1 AO als Begehungsvariante explizit zu normieren[81].

c) Unkenntnis der Finanzbehörde

Fraglich war des Weiteren, ob die „Unkenntnis der Finanzbehörde“ als ungeschriebenes Tatbestandsmerkmal der Steuerhinterziehung im Rahmen des § 370 Abs. 1 Nr. 1 AO 1977 miteinbezogen werden sollte. Während das Merkmal der Unkenntnis ausdrücklich Eingang in den durch § 370 Abs. 1 Nr. 2 AO 1977 normierten Unterlassungstatbestand gefunden hatte, fehlte in § 370 Abs. 1 Nr. 1 AO 1977 eine entsprechende Bezeichnung[82].

Aus der fehlenden Normierung des „In-Unkenntnis-Lassens“ wurde im Schrifttum gefolgert, dass hier auf das Merkmal der Unkenntnis ganz zu verzichten sei. Begründet wurde dies damit, dass der Steuerhinterziehungstatbestand entsprechend dem reinen Wortlaut auch durch unrichtige Angaben gegenüber der wissenden Behörde erfüllt werden könne. *Schlee* kritisierte den Begriff der Unkenntnis. Beabsichtigt sei die strafrechtliche Erfassung der Fälligkeitssteuern. Um dieser Forderung aus der Praxis zu genügen, habe man den Irrtumsbegriff aufgegeben. Der daraufhin erfolgte Rückzug auf den Begriff der Unkenntnis habe jedoch nie überzeugend begründet werden können[83]. *Hübner* führte an, dass das seit je prägende Element der Steuerhinterziehung, das Hintergehen der Finanzbehörde durch Täuschung oder In-Unkenntnis-Halten über Bestehen, Höhe oder Fälligkeit einer Steuer, im Tatbestand des § 370 Abs. 1 Nr. 1 AO mit dem Teilstück der Täuschung ganz verloren gehe, da unrichtige Angaben auch gegenüber der wissenden Behörde gemacht werden könnten. In § 370 Abs. 1 Nr. 3 AO wiederum könnte die Verwendung von Steuerzeichen auch mit Wissen der Behörde pflichtwidrig

81 Vgl. *Schneider*, a.a.O., S. 125; dazu *Hilgers*, a.a.O., S. 81: „Die in § 370 Abs. 1 AO aufgeführten Tathandlungen […] können nach dem eindeutigen Gesetzeswortlaut nicht mit den Täuschungsmodalitäten des Betruges […] gleichgesetzt werden.“

82 Vgl. *Schneider*, a.a.O., S. 125 ff.

83 Vgl. *Schleeh*, StuW 1972, 310 (311) zum Entwurf einer AO 1974: „Neues bringt daher nur die Formulierung ‘in Unkenntnis läßt’. Gerade sie stellt aber die problematischte Neuerung dar. Man geht wohl nicht fehl in der Annahme, daß die Rspr. des BGH hier Pate gestanden hat, die sich bei der strafrechtlichen Erfassung der Fälligkeitssteuern nicht mehr anders als durch Aufgabe des Irrtumsbegriffs zu helfen wußte. Der Rückzug auf den Begriff der Unkenntnis, der angeblichen Notwendigkeiten der Praxis Genüge tun sollte, erhielt aber nie eine überzeugende Begründung, die sich auch um seine systematische Notwendigkeit bemüht hätte. Auch fand er wegen der unterschiedslosen Einbeziehung strafunwürdiger Fälle in die Bestrafung keine allgemeine Billigung. Es muß daher bedauert werden, daß eine solche Rspr. gesetzlich zementiert werden soll, bevor sie noch gründlich durchdacht ist.“

unterlassen werden. Das Hinterziehungselement sei kein begriffsnotwendiges Merkmal mehr. Der Tatbestand behalte nur noch in der Überschrift die Bezeichnung der „Steuerhinterziehung" Der Sache nach sei es aber vielmehr ein Tatbestand bloßer „Steuerentziehung", in dem die Hinterziehung allenfalls einen Anwendungsfall bilde, welcher jedwede andere Art der Steuerverkürzung durch fälschliches Vorgeben steuerliche relevanter Umstände umfasse, wie z.B. die durch Drohung, Freiheitsberaubung erpresste unrichtige Steuerfestsetzung. Fraglich sei, welchen Nutzen solche Neuerungen bringen sollten. Die AO 1977 erreiche lediglich eine tateinheitliche Akzentuierung. Dies sei weder sachlich noch rechtlich von Gewinn[84].

Dem wurde von anderer Seite entgegengehalten, dass eine reine Beschränkung auf den Wortlaut nicht zielführend sei. Zu berücksichtigen seien auch die Entstehungsgeschichte des Steuerhinterziehungstatbestandes und die hierzu ergangenen Gerichtsentscheidungen. So habe der Bundesgerichtshof bereits in früheren Entscheidungen bezüglich des ungeschriebenen Tatbestandsmerkmals der *Steuerunehrlichkeit* stets eine Unkenntnis auf Seiten der Finanzbehörde gefordert. Danach könne die Steuerhinterziehung durch ein auf Täuschung beruhendes Tun oder Unterlassen, wodurch bei der Steuerbehörde ein Irrtum erzeugt oder erhalten werde, begangen werden. Darüber hinaus könne der Steuerpflichtige durch Verschweigen der Steuerpflichtigkeit vorsätzlich bewirken, dass die Steuerbehörde die Steuerpflicht, deren Fortdauer oder deren Höhe nicht oder nicht rechtzeitig zur Kenntnis nehme und es deshalb unterlasse, die Steuer einzufordern und notfalls beizutreiben. Aus der Rechtsprechung des BGH folge, dass das Merkmal der Unkenntnis sowohl notwendige Voraussetzung des Unterlassungstatbestandes als auch des Handlungstatbestandes sei[85]. Wollte man auf das Merkmal der Unkenntnis bei Absatz 1 Nr. 1 verzichten, so käme dem Täter, je nachdem, ob man sein Verhalten als aktives Tun (Machen unvollständiger Angaben) oder als Unterlassen (zutreffender Angaben) qualifiziere, die Kenntnis der Finanzbehörde zugute oder nicht. Dies führe zu unerträglichen Spannungen zwischen § 370 I Nr. 1 und Nr. 2 AO. Der Unterscheidung zwischen Tun und Unterlassen komme angesichts der fließenden Grenzen eine Bedeutung zu, die der Gesetzgeber nicht beabsichtigt haben könne[86]. Die Neufassung des § 370 AO führe zu dem grotesken Ergebnis, dass

84 Vgl. *Hübner*, JR 1977, 58 (59).

85 Vgl. BGH, NJW 1953, 1841 (1842) – 4 StR 249/53; auch *Schneider*, a.a.O., S. 126 f.

86 Vgl. *Samson*, a.a.O. (1985), § 370 Rn. 167, S. 264; Rn. 168: „Nur bei dieser Interpretation des Tatbestandes läßt sich der Gefahr […] begegnen, daß aus dem Tatbestand der Steuerhinterziehung ein abstraktes Gefährdungsdelikt wird, das die fiskalischen Interessen des Staates nur noch sehr mittelbar dadurch schützt, daß es den bloßen Ungehorsam des Bürgers erfaßt. Erst durch die Einfügung des Merkmals der Unkenntnis der

unrichtige Angaben gegenüber der Steuerbehörde, durch die kein Irrtum des Steuerbeamten erregt werde, nur im Falle der Begehungsvariante strafbar seien. Selbst bei vorliegender Kenntnis der Steuerbehörde, könne – bei Nichtfestsetzung der Steuer durch den Beamten – nach § 370 Abs. 1 Nr. 1 AO bestraft werden. Die durch die Rechtsprechung kreierte Handlungsumschreibung werde von der Neufassung in der Weise umgesetzt, dass künftig Fälle der Nichttäuschung durch den Täter nach § 370 AO bestraft werden könnten. Der Ausschluss der seit jeher zum Steuerhinterziehungstatbestand gehörenden Fälle – in denen durch Täuschung über steuerlich relevante Tatsachen beim zuständigen Steuerbeamten ein Irrtum verursacht werde – stelle einen unverständlichen gesetzgeberischen Entschluss dar. Der Tatbestand generiere Zufallsergebnisse, die sich nicht mit dem Verweis auf kriminalpolitische Erfordernisse begründen ließen[87].

Insgesamt – so hieß es – sei es dem Gesetzgeber nicht gelungen, die vor und nach Schaffung der RAO 1919 bestehenden Unklarheiten in Bezug auf das Wesen der Steuerhinterziehung zu beseitigen. Daher sei eine gesetzliche Normierung der Täuschungshandlung und Irrtumserregung in Absatz 1 notwendig. Dadurch könne klargestellt werden, dass eine Steuerhinterziehung durch positives Tun sowohl mittels einer Täuschungshandlung als auch durch bloße falsche oder unvollständige Angaben begangen werden könne. In den Tatbestand des § 370 Abs. 1 Nr. 1 AO 1977 sei auch das ungeschriebene Tatbestandsmerkmal der „Unkenntnis der Finanzbehörde" aufzunehmen"[88].

FinB wird § 370 I Nr. 1 AO auf die Vermögensbeschädigung und die konkrete Vermögensgefährdung begrenzt"; *Hilgers*, a.a.O., S. 117 (118); *Volk*, DStZ 1983, S. 223, (227 f.): „§ 370 Abs. 1 Nr. 1 AO sagt nicht ausdrücklich, daß das Wissen der Finanzbehörde um die Unrichtigkeit der Angaben 'negatives' Tatbestandsmerkmal ist. Nach dem Sinn der Vorschrift, gemessen an den Grundregeln strafrechtlicher Tatbestandsbildung, ist aber nicht zu bezweifeln, daß derartige Kenntnis den 'Kausalzusammenhang' zwischen unrichtiger Angabe und unrichtiger Steuerfestsetzung 'unterbricht'. Wäre es anders, würde man die schlicht unrichtige Angabe vor Finanzbehörden bestrafen."

87 Vgl. *Kribs-Drees*, DB 1978, 181 (182): Das Hineinlesen eines ungeschriebenen Merkmals in den Tatbestand sei notwendig, „da sonst eine Akzentverlagerung von der notwendigen Bestimmung des Inhalts der Tathandlungen zu einer unnötigen Abgrenzungsproblematik zwischen Tun und Unterlassen stattfindet"; auch *Hilgers*, Täuschung oder Unkenntnis, S. 92 f. (117 f.), (175): „Um zumindest die Einheit zwischen der Unterlassungsvariante in § 370 Abs. 1 Nr. 2 AO und der Begehungsvariante in § 370 Abs. 1 Nr. 1 AO zu wahren, muß nunmehr wiederum ein ungeschriebenes Tatbestandsmerkmal – nämlich das der 'Unkenntnis' – in den Tatbestand des § 370 Abs. 1 Nr. 1 AO [Entsprechendes gilt für § 370 Abs. 1 Nr. 3 AO] hineingelesen werden, um nicht einen überflüssigen Abgrenzungsstreit zwischen Tun und Unterlassen zu provozieren."

88 Vgl. *Schneider*, a.a.O., S. 127 f. (129); *Kribs-Drees*, DB 1978, 181 (182 f.); *Hilgers*, a.a.O., S. 117 (118) (175); *Samson*, in: a.a.O. (1985), § 370, Rn. 167, 168, S. 264.

d) Tatbestandlicher Erfolg

Auch die Beschreibung des Taterfolges erfuhr in § 370 Abs. 4 AO 1977 nicht unerhebliche Änderungen. Statt der Verkürzung von „Steuereinnahmen" wurde nun der Begriff Verkürzung von „Steuern" (§ 370 Abs. 1) verwendet. In Absatz 4 Satz 1, 2 wurden Legaldefinitionen der Taterfolge aufgenommen[89].

Die Erfolgsdefinition in § 370 Abs. 4 Satz 1 AO war problematisch, da sie gegenüber § 392 III RAO dadurch vergrößert worden war, dass das Gesetz bestimmte Steueranmeldungen der Steuerfestsetzung gleichstellte. Die allgemeinen Grundsätze zur Steuerverkürzung wurden von § 370 IV 1 AO scheinbar durchbrochen. Gemäß § 370 Abs. 4 Satz 1 AO war eine Steuer schon dann verkürzt, wenn sie nicht, nicht in voller Höhe oder nicht rechtzeitig festgesetzt wurde und auch dann, wenn eine Steueranmeldung einer Steuerfestsetzung unter Vorbehalt der Nachprüfung gleichstand[90].

Fraglich war, ob die Steuerhinterziehung als Erfolgs- oder als schlichtes Tätigkeitsdelikt einzuordnen war. Die überwiegende Mehrheit nahm an, dass die Steuerhinterziehung ein Erfolgsdelikt sei, zumal jede Tatbestandsalternative den Eintritt einer Steuerverkürzung oder das Erlangen eines ungerechtfertigten Steuervorteils voraussetzte[91]. Zudem war unklar, ob der tatbestandsmäßige Hinterziehungserfolg in einer Verletzung oder einer konkreten Gefährdung des geschützten Rechtsguts – des Vermögens bzw. Steueraufkommens des Steuergläubigers – bestand. Eine Verringerung des Steueraufkommens als Taterfolg wurde durch die in § 370 Abs. 4 Satz 1 AO enthaltene Norm, dass auch die nicht rechtzeitige Festsetzung bzw. Anmel-

---

89 Vgl. BT-Drucksache 7/4292 § 370, S. 134; *Hellmann*, in: HHS § 370, Rn. 15, S. 12: Der Entwurf des § 353 AO 1974 hatte bezüglich der Erlangung ungerechtfertigter Steuervorteile noch die alte Formulierung „zum eigenen Vorteil oder zum Vorteil eines anderen" verwendet. Die Änderungsanregung des „Arbeitspapiers zum Entwurf-AO" auf diese Wendung zu verzichten, wurde später aufgegriffen „um zu vermeiden, dass die Vorschrift im Sinne eines Absichtsdelikts ausgelegt werden könne"; ebenso Tagungsberichte, VII. Band, 1974, S. 127, vgl. BMJ, in: BArch Koblenz, B 141/82350, Bl. 127.

90 Vgl. *Joecks*, in: a.a.O. Rn. 37, S. 149; Dazu BMJ, Bericht des Vorsitzenden der Unterkommission I, *Tiedemann*, in BArch Koblenz, B 141/82349, Bl. 14: „[…] Im Sinne der Rechtsprechung zum geltenden Recht sollte der Taterfolg der Steuerverkürzung dadurch umschrieben werden, daß der Täter 'die vollständige Verwirklichung des Steueranspruchs hindert, erschwert oder ge-[Bl. 15]fährdet'. Damit wird eine Legaldefinition des Begriffes der Steuerverkürzung in das Gesetz eingeführt und – entgegen § 353 IV des Entwurfes der Arbeitsgruppe AO-Reform – darauf verzichtet, eine lediglich kasuistisch – kommentarmäßige, unvollständige Erläuterung dieses Merkmals zu geben."

91 Vgl. BGH, NStZ 1984, 414, 3 StR 413/83, *Zeller,* in: Koch AO (1986), Rn. 19, S. 1545; *Samson,* a.a.O. (1985), § 370, Rn. 13, S. 199; *Joecks*, in: a.a.O. Rn. 15, S. 139.

dung der Steuer als Verkürzung anzusehen sei und das Kompensationsverbot des Absatz 4 Satz 3 angezweifelt[92].

Überwiegend sah man die Steuerhinterziehung als bloßes Gefährdungsdelikt an, zumal durch die Legaldefinition des Handlungserfolges in § 370 Abs. 4 S. 1 AO auch Fälle wie die bloß verspätete Anmeldung von Fälligkeitssteuern durch zahlungsfähige und -willige Steuerpflichtige vom Tatbestand erfasst wurden, bei denen bei wirtschaftlicher Betrachtung nicht einmal ein Gefährdungsschaden des Staates eintrat[93]. Für die erste Variante des Erfolgseintritts nach § 370 Abs. 4 S. 1 AO, dass die Finanzbehörde die geschuldete Steuer zu niedrig festsetzte sei beachtlich, dass die nicht rechtzeitige Festsetzung auch den Fall der völlig unterbliebenen Festsetzung umfasse. Der Erfolg trete nicht erst dann ein, wenn die Steuer verspätet festgesetzt werde, sondern bereits in dem Zeitpunkt, in dem die rechtzeitige Festsetzung unterbleibe. Bedenklich sei dabei, dass bereits mit der Festsetzung (bzw. mit dem Wirksamwerden durch Bekanntgabe, § 155 I, § 122) die Vollendung der Tat eintrete. Da der Steuerschuldner die Steuer innerhalb des üblichen Zahlungszeit-

92 Vgl. *Zeller*, in. Koch AO (1986), Rn. 29 ff. (32); *Hellmann*, in: HHS, § 370, Rn. 57 ff., S. 42 ff.; *Kohlmann*, Tagungsberichte VII. Band (1974), Anlage 2, S. 35: Einerseits erlaube es § 392 Abs. 3 2. Halbsatz AO a.F., die Steuerhinterziehung bei Bedarf als abstraktes Gefährdungsdelikt zu behandeln und somit auf den Erfolgseintritt überhaupt zu verzichten. Andererseits sollte in Fällen, in denen die Voraussetzungen des § 392 Abs. 3, 2. Halbsatz nicht zutrafen, an der Ausgestaltung der Steuerhinterziehung als Erfolgsdelikt festgehalten werden. Diese Unstimmigkeit lag in § 392 Abs. 3, 1. Halbsatz AO a.F. begründet. Diese Norm umschrieb einen Fall, in welchem der Fiskus einen Vermögensschaden erleiden konnte, während § 392 Abs. 1, 2. Alt. AO a.F. einen anderen umschrieb. Dies mache es „vollends unmöglich, den Tatbestand der Steuerhinterziehung dogmatisch in den Griff zu bekommen". *Kribs-Drees*, DB 1978, 181 (182 f.): Diese Widersprüchlichkeit der alten Vorschrift fand sich im Absatz 4 des § 370 wieder. Als weiteres formales Problem kam hinzu, dass der überlange Absatz 4 der Auslegung der im Absatz 1 des § 370 AO zu findenden Tatbestandsmerkmale „Steuern verkürzt" diente. Der Absatz 4 musste also im Absatz 1 mitgelesen werden, um diesen verständlich zu machen. Der Wortlaut „Steuern sind namentlich dann verkürzt" in Absatz 4 erwecke den Eindruck, dass der Erfolg auch noch auf eine andere Weise eintreten könne.

93 Vgl. *Kohlmann / Sandermann,* StuW 1974, S. 231 (232): „Die Steuerhinterziehung wird daher praktisch als abstraktes Gefährdungsdelikt behandelt, obwohl Rechtsprechung und Schrifttum nach wie vor von einer Verletzung des geschützten Rechtsguts sprechen"; dazu auch *Tiedemann*, JZ 1975, 185 (186) Fn. 9; *Dannecker*, Wirtschaftsverkehr 1983, S. 176 (187) befürwortete eine Tatbestandsausgestaltung als konkretes Gefährungsdelikt; vgl. auch *Joecks*, in: a.a.O. (2009), § 370, Rn. 15, S. 139; *Kuhlen*, a.a.O., S. 41: Ein Vergleich mit dem Betrug (§ 263 StGB) zeigt, dass dieser nicht nur eine Gefährdung, sondern auch eine Schädigung des fremden Vermögens erfordert. Der Betrug wurde als Verletzungsdelikt aufgefasst. Jedoch waren wegen der Anerkennung einer „schadensgleichen Vermögensgefährdung" die Grenzen zum bloßen Gefährdungsdelikt fließend.

raums in der korrekten Höhe bezahlen könne, stehe die zu niedrige Steuervereinnahmung noch nicht fest. Eine erfolgende Zahlung könne den Erfolgseintritt aber nicht mehr verhindern[94]. Bei der zweiten Alternative der unterbliebenen rechtzeitigen Festsetzung sei die Lage nicht anders. Die zu niedrige Festsetzung verlagere die Vollendung im Bereich der mengenmäßigen Vermögensschädigung in den Bereich der Gefährdung vor. Die nicht rechtzeitige Festsetzung erfasse zudem die Gefahr eines Verspätungsschadens. Ein Vermögensschaden liege bei wirtschaftlicher Betrachtung sowohl dann vor, wenn eine Forderung nicht in voller Höhe realisiert werde, als auch dann, wenn sie nicht zum hypothetischen Leistungstermin, sondern zu einem späteren Zeitpunkt erfüllt werde. Sofern das Gesetz auch das Ausbleiben der rechtzeitigen Festsetzung als Verkürzungserfolg bezeichne, erfasse es ebenfalls sehr unterschiedliche Konkretisierungen der Gefahr eines Verspätungsschadens. Häufig folge aus der verspäteten Festsetzung auch ein Verspätungsschaden, da die Festsetzung später erfolge als die Beitreibung bei rechtzeitiger Festsetzung[95]. Die in § 370 IV 1 AO erfassten Fälle hätten die Gemeinsamkeit, dass der Finanzbehörde jeweils die Vollstreckungsgrundlage fehle. Nach § 220 II 2 AO trete bei Veranlagungssteuern die für die Vollstreckung nach § 254 I AO notwendige Fälligkeit für die Differenz zwischen geschuldeter und zu niedrig festgesetzter Steuer nicht ein. Bei Fälligkeitssteuern mit Voranmeldung fehle in Höhe der nicht angemeldeten Steuer die Voranmeldung, die das für die Vollstreckung notwendige Leistungsgebot nach § 254 I 4 AO ersetzen würde. Unkenntnis der Finanzbehörde und tatsächliches Fehlen einer Vollstreckungsgrundlage zusammen begründeten die konkrete Vermögensgefährdung. Außerhalb des Festsetzungsverfahrens bestehe der Verkürzungserfolg in einem Vermögensschaden, bestehend aus einem mengenmäßigen oder einem verspäteten Schaden. Beide Schäden seien nach wirtschaftlicher Betrachtung in der Weise zu bestimmen, dass die tatsächliche Leistung bzw. der tatsächliche Leistungszeitpunkt mit derjenigen Leistung (bzw. Leistungszeitpunkt) verglichen werde, die (der) bei fehlender Täuschung hätten durchgesetzt werden

---

94 Vgl. *Samson*, a.a.O. (1985), § 370, Rn. 31, S. 206 f. Rn. 32: Das Gesetz erfasse hier eine Vermögensgefährdung als Vermögensschaden. Je nach Art der Festsetzung differenziere der vom Gesetz erfasste Grad der Vermögensgefährdung. Das Maß der bewirkten Vermögensgefährdung müsse auf Basis der Annahme bestimmt werden, dass die Finanzbehörde die Täuschung nicht kenne. Dann sei die Annahme einer schadensgleichen Gefährdung bei endgültiger Festsetzung unproblematisch. Bei der Festsetzung unter dem allgemeinen Vorbehalt der Nachprüfung nach § 164 AO sei der Vorgang für die Finanzbehörde noch nicht endgültig abgeschlossen, so dass die Möglichkeit der Entdeckung der Täuschung näher liege als bei der endgültigen Festsetzung. Das Maß der Vermögensgefährdung sei daher hier geringer; *Joecks*, in: a.a.O., § 370, Rn. 44, 45.

95 Vgl. *Samson*, a.a.O., § 370, Rn. 33, S. 207; *Joecks*, a.a.O., § 370, Rn. 46, 47, S. 154.

können. In § 370 IV 1 AO stelle das Gesetz die Vermögensgefährdung im Festsetzungsverfahren dem Vermögensschaden gleich. Sofern das Gesetz die nicht rechtzeitige Festsetzung genügen lasse, erfasse es durchweg die konkrete Gefahr von Verspätungsschäden. Verursache die niedrige Festsetzung den Verkürzungserfolg, würden konkrete Gefahren des mengenmäßigen wie des Verspätungsschadens miteinbezogen[96].

Eine andere Ansicht stufte die Steuerhinterziehung als Verletzungsdelikt ein, da mit der Steuerverkürzung oder dem Erlangen nicht gerechtfertigter Steuervorteile notwendig eine tatsächliche Beeinträchtigung des staatlichen Vermögensinteresses verbunden sei. Der Behauptung, die Steuerverkürzung setzte bei Taten im Festsetzungsverfahren nicht die tatsächliche Verletzung des Steueranspruches voraus, sondern § 370 Abs. 4 begnüge sich mit der Gefährdung der Durchsetzung des Steueranspruchs, liege ein extrem enger Verletzungsbegriff zugrunde. Zutreffend sei, dass der Steueranspruch in allen drei Steuerverkürzungsalternativen (unterbliebene, zu niedrige und nicht rechtzeitige Festsetzung bzw. Anmeldung) nicht endgültig vereitelt werde. Dieser Umstand spreche aber nicht dagegen, den Taterfolg des § 370 AO als Vermögensverletzung des Steuergläubigers zu werten. Eine endgültige, unumkehrbare Rechtsgutsbeeinträchtigung sei bei der Steuerhinterziehung ebenso wenig notwendig wie bei den Vermögens- und Eigentumsdelikten des allgemeinen Strafrechts[97]. Ein Schaden sei nicht nur bei einer effektiven, rechnerisch nachweisbaren Vermögensminderung gegeben, sondern auch bei einer solchen schadensgleichen Gefährdung von Vermögenswerten, welche bei wirtschaftlicher Betrachtung bereits eine Verschlechterung der gegenwärtigen Vermögenslage bedeuteten[98]. Auch der Umstand, dass die Steuerverkürzung regelmäßig eine solche auf Zeit – bis zur Entdeckung der Tat – sei, spreche für einen Vermögensschaden. Die Situation ähnele einer schadensgleichen Vermögensgefährdung bei § 263 StGB, die bei wirtschaftlicher Betrachtung das Vermögen bereits vermindere[99]. Alle Verkürzungsvarianten des § 370 Abs. 4 Satz 1 AO

96 Vgl. *Joecks*, in: Franzen / Gast / Joecks (2009), § 370, Rn. 48, S. 154 f.; Rn. 51, S. 156 f.

97 Vgl. *Hellmann*, a.a.O., Rn. 58, S. 42; Rn. 59 S. 43: (z.B. beim Diebstahl § 242 StGB).

98 Vgl. BGHSt 23, 300, 303, Entscheidung vom 16. Juli 1970, 4 StR 505/69; *Cramer* in: Schönke / Schröder (1982), § 263 StGB, Rn. 143, *Töndle / Fischer*, § 263 StGB, Rz. 31; Die Anerkennung einer konkreten Vermögensgefährdung als Schaden mache § 263 StGB nicht zu einem Gefährdungsdelikt, weil eine wirtschaftliche Minderung des Vermögens notwendig sei. Zwischen einem effektiven Schaden und einer schadensgleichen Vermögensgefährdung bestehe folglich kein qualitativer, sondern nur ein quantitativer Unterschied; vgl. BGH, wistra 1991, 307 (308), Urteil vom 5. Juni 1991, 2 StR 581/90.

99 Vgl. *Hellmann*, a.a.O. Rn. 60, S. 43: Bei einer zu niedrigen Festsetzung sei das der Fall, da sich der Steueranspruch zwar aus den Steuergesetzen ergebe, dessen Konkretisie-

müssten anhand des Täterplans gegeneinander abgegrenzt werden. Wolle er die Steuer durch die unrichtige oder unterlassene Erklärung nur für eine gewisse Zeit kürzen, so handle es sich um eine „nicht rechtzeitige Festsetzung bzw. Anmeldung". Der Verkürzungserfolg unterscheide sich dann von dem der unterbliebenen und dem der zu niedrigen Festsetzung bzw. Anmeldung dadurch, dass nicht eine mengenmäßige Verringerung des Steuerbetrages, sondern nur ein Verspätungsschaden eintrete. Der Erfolg einer unterlassenen oder zu niedrigen Umsatzsteuervoranmeldung bestehe nicht in der Gefährdung des Umsatzsteueranspruchs, sondern durch Verursachung einer Steuerverkürzung auf Zeit[100].

Bedenklich sei zudem, dass § 370 Abs. 4 Satz 1 AO nicht abschließende Beispiele anführe. Diese Vorschrift erscheine in Bezug auf Art. 103 Abs. 2 GG bedenklich, zumal es dem Richter überlassen bleibe, eine Entscheidung darüber zu treffen, wann Steuern verkürzt seien[101]. Diese Gesetzesunbestimmtheit hätte vermieden werden können, wenn sich der Gesetzgeber dazu entschlossen hätte, in Anlehnung an den Betrugstatbestand für die Strafbarkeit der Steuerhinterziehung nicht nur die Gefährdung, sondern die Verletzung eines Rechtsguts, genauer einen fiskalischen Vermögensschaden, zu fordern. Zur Feststellung des Schadenseintritts könne die Rechtsprechung zum Vermögensschaden beim Betrug dienen. Die Neufassung des § 370 AO hätte klarstellen müssen, dass die Steuerhinterziehung ein Verletzungsdelikt sei. Der Verletzungserfolg liege vor, wenn das Vermögen des Fiskus geschädigt wurde. Eine Schädigung bestehe, wenn die Vermögenswerte, welche dem Fiskus aus jeder einzelnen Steuerart zuständen, verringert würden. Diese Vermögenswerte wären im Tatbestand zu benennen gewesen[102].

---

rung bei Veranlagungssteuern aber erst durch den Steuerbescheid der Finanzbehörde erfolge bzw. bei Fälligkeitssteuern durch die Steueranmeldung, die nach § 168 Abs. 1 Satz 1 einer Steuerfesetzung unter dem Vorbehalt der Nachprüfung (§ 164) gleichstehe. Die Realisierung des materiellen Steueranspruchs nach Festsetzung erfordere, dass die Finanzbehörde nachträglich eigene Nachforschungen anstelle. Dies sei aber in hohem Maße unsicher, da die Behörde ihre Prüfung schon abgeschlossen habe, so dass es vom Zufall abhänge, ob die Unrichtigkeit nachträglich erkannt werde. Der Steueranspruch sei in seinem Wert gemindert und das Vermögen des Steuergläubigers verringert.

100 Vgl. *Hellmann*, a.a.O., Rn. 61 S. 44; Rn. 62, S. 44: Auch aus dem in § 370 Abs. 4 Satz 3 geregelten sog. Kompensationsverbot folge nicht der Gefährdungsdeliktscharakter. Tatsächlich könne aber eine vollendete Steuerhinterziehung (Verkürzungserfolg) vorliegen, obwohl die festgesetzte Steuer der gesetzlich geschuldeten entspreche oder diese sogar übersteige, es somit zu einer Steueraufkommensschädigung nicht komme.

101 Vgl. *Kribs-Drees*, DB 1978, 181 (183); zum EAO 1974 *Schlee*, StuW 1972, 310 (313).

102 Vgl. *Kohlmann*, Tagungsberichte VII., Anlage 2, S. 36: Bei Fälligkeitssteuern liege ein Schaden bereits vor, wenn die fällige Steuer nicht rechtzeitig gezahlt werde, da dem

e) Vorsatzprobleme

Auslegungsprobleme traten auch bei der Festlegung des Steuerhinterziehungsvorsatzes auf. Von Bedeutung für die Bestimmung des Tatbestandsvorsatzes war die Frage, ob es sich bei der Steuerhinterziehung gemäß § 370 AO 1977 um ein Blankettstrafgesetz handelte[103]. Die überwiegende Ansicht in Rechtsprechung sowie Literatur hielt auch die Neufassung für ein Strafblankett, welches durch die Steuergesetze ausgefüllt werde[104]. Ob ein Steueranspruch bestehe, eine Steuer verkürzt oder ein nicht gerechtfertigter Steuervorteil erlangt werde, lasse sich allein aus den einschlägigen Einzelsteuergesetzen beantworten[105]. Die Unkenntnis der das „Strafblankett" ausfüllenden Steuernorm – nach den allgemein anerkannten Grundsätzen zum Tatbestandsvorsatz und der Schuldtheorie – dürfe nur zu einem Verbotsirrtum gemäß § 17 StGB führen. Unberührt bleiben sollte der Tatbestandsvorsatz, wenn der Täter die tatsächlichen Umstände kannte, aus denen sich die Steuerpflicht ergab[106].

Fiskus hier die Möglichkeit des Zinsgewinns entgehe. Bei den Veranlagungssteuern liege in der zu niedrigen Festsetzung der Steuer eine Gefährdung des Steueranspruchs, welcher bereits einen Vermögensschaden darstelle. Der Steueranspruch erscheine bei wirtschaftlicher Betrachtungsweise in seinem Wert gemindert. Kenne der Fiskus infolge einer Täuschungshandlung bzw. durch unvollständige oder falsche Sachverhaltsvermittlung des Täters seine gegen diesen bestehende Steuerforderung nicht, so liege der Schaden im Nichtgeltendmachen der Steuerforderung bei Fälligkeit.

103 Vgl. zu den Problemen des subjektiven Tatbestandes u.a. *von der Heide*, Tatbestands- und Vorsatzprobleme (1986), S.170 ff.; *Samson*, in: a.a.O. (1985), § 370, Rn. 186 (189a), S. 273 ff. *Joecks*, a.a.O. (2009), § 370, Rn. 234 ff. (238), S. 253 ff.; zu den Blankettvorschriften *Kohlmann*, Kommentar (B) (1988), S. 13 ff.; hierzu *Hellmann*, in HHS, § 370 AO, Rn. 44 (45), S. 32 ff (33): Ein Strafblankett liegt grundsätzlich vor, wenn der Straftatbestand nicht alle Tatbestandsmerkmale, sondern nur ein „Strafblankett" enthält, welches der Ergänzung durch Kriterien aus einer anderen Vorschrift, der sog. „Ausfüllungsnorm", bedarf. Die Voraussetzungen der Ausfüllungsnorm müssen somit in das Strafblankett hineingelesen werden. Der vollständige Straftatbestand entsteht erst auf diese Art und Weise. Bei der Steuerhinterziehung stünden also die Merkmale des § 370 AO sowie die steuerrechtlichen Merkmale gleichwertig nebeneinander.

104 Vgl. BVerfG, DB 1974, Beschluß vom 8. Mai 1974 – 2 BvR 636/72, S. 1559 (1560); BVerfG, NJW 1992, 35, Urteil vom 15. Oktober 1990, StRK EstG 1975 § 10b R. 7a; BGH, wistra 1987, 139, 142, Urteil vom 28. Januar 1987, 3 StR 373/86; *Kohlmann*, Kommentar (B) (1988), Rn. 13, S. 13 ff.; *Henneberg*, BB 1976, 1554; *Isensee*, NJW 1985, 1007 (1008); *Schleifer*, wistra 1986, 250 (250); widersprüchlich *Samson*, in Franzen / Gast / Samson (1985), Einl. Rn. 5 (bejahend), in § 370, Rn. 105a (ablehnend).

105 Vgl. *Isensee*, NJW 1985, 1007 (1008): Die Tatbestandsmerkmale der Steuerhinterziehung seien insoweit Verweisungsbegriffe. Das Steuerstrafrecht knüpfe an und hänge ab von den Regelungen des Steuerrechts.

106 So eine Ansicht zu den Blankettstrafgesetzen: *Roxin*, AT, Bd. I (1997), § 12 StGB, Rn. 99 (100); *Cramer*, in: Schönke / Schröder (1982), § 15, Rn. 95 (97), S. 205; die Gegenansicht behandelte den Irrtum über die Existenz oder die Wirksamkeit der blankettausfüllenden Norm als Tatbestandsirrtum: *Herzberg*, GA 1993, 439, 457 (459): „So verhält

Befürworter eines Blankettstrafgesetzes nach § 370 AO waren zum Teil der Überzeugung, dass zum Vorsatz der Steuerhinterziehung die Kenntnis der Steuerpflicht gehöre und der Irrtum über die Steuerpflicht in der Folge ein Tatbestandsirrtum entsprechend § 16 StGB sei, welcher den Tatbestandsvorsatz ausschließe[107]. Zum Teil wurde nicht die Kenntnis der Steuerpflicht, sondern nur des Steueranspruchs für notwendig erachtet. Danach war der Vorsatz ausgeschlossen, wenn der Täter nicht wusste, dass ein Steueranspruch gegen ihn bestand. Dagegen musste er nicht exakt die Anspruchsgrundlage kennen oder konkret wissen, um welche Steuerart es sich handelt[108]. Zum Steuerhinterziehungsvorsatz durch Unterlassen gehöre zudem die Kenntnis derjenigen Tatsachen, welche die Pflicht zur Aufklärung der Finanzbehörden begründeten. Die Kenntnis der Aufklärungspflicht selbst sei allerdings nicht notwendig[109]. Wende man folglich die allgemeinen Grundsätze auf den Vor-

---

es sich bei Blankettstrafgesetzen mit dem eigenen Verstoß gegen eine Ausfüllungsnorm und mit der 'rechtswidrigen Tat' eines anderen (des Haupttäters) bei Anstiftung und Beihilfe. In solchen Irrtumsfällen fehlt schon die Kenntnis eines unrechtsbegründenden (normativen) Umstandes und nicht erst und ausschließlich die Einsicht, Unrecht zu tun.“ Habe der Steuerpflichtige z.B. ein Wertpapierspekulationsgeschäft nach §§ 22 Nr. 2, 23 Abs. 1 Satz 1 Nr. 1b EstG vorgenommen und gebe er die Einkünfte daraus in seiner Einkommensteuererklärung nicht an, weil ihm die Spekulationsfristverlängerung nicht bekannt war, so wäre bei striktem Gebrauch der Regeln der Tatbestandsvorsatz gegeben, da der Steuerpflichtige die tatsächlichen Voraussetzungen des Besteuerungstatbestandes kannte. Die Unkenntnis der Steuerpflicht dieser sonstigen Einkünfte wäre ein bloßer Verbotsirrtum, der nach § 17 Satz 1 StGB nur dann die Schuld ausschließen würde, wenn der Irrtum unvermeidbar war, vgl. hierzu *Hellmann*, a.a.O., Rn. 46, S. 34.

107 Vgl. *Kohlmann*, a.a.O. (B) (1988), Rn. 33 (33.1), S. 40: „Der Vorsatz muß sich insbesondere auf alle Umstände beziehen, die im Einzelfall die Steuerpflicht begründen. Wie der BGH in seiner Entscheidung v. 5. 3. 86 – 5 StR 666/85, StRK AO 1977 § 370 R. 88 = wistra 1986, 174 nochmals bestätigt hat, ist für den Vorsatz erforderlich, daß der Täter die konkrete Pflicht und die genaue Steuerart kennt, vgl. dazu § 370 AO Rdnr. 208.“

108 Vgl. BGH, wistra 1989, Urteil vom 19. Mai 1989, 3 StR 590/88, S. 263 (264): „Zum Vorsatz der Steuerhinterziehung gehört, daß der Täter den angegriffenen bestehenden Steueranspruch kennt und daß er ihn trotz dieser Kenntnis gegenüber der Steuerbehörde verkürzen will (BGHSt 5, 90, 91 f.; BGH wistra 1986, 174; 1986, 220 f.; […]“ *Samson*, in: Franzen / Gast / Samson (1985), § 370 AO Rdn. 186 (187), S. 273; *Kindhäuser*, GA 1990, 407 (408); *Bachmann*, Vorsatz u. Rechtsirrtum (1993), S. 43 (45).

109 Vgl. *Joecks*, a.a.O., § 370, Rn. 237, S. 254: Dem Täter fehlte das Unrechtsbewusstsein, wenn er die Rechtswidrigkeit seines Verhaltens nicht kannte. Basierte dieser Irrtum nicht auf einem vorsatzauschließenden Tatumstandsirrtum, dann handelte es sich um einen (isolierten) Verbots- oder (bei Unterlassungsdelikten) Gebotsirrtum, welcher nach § 17 StGB zu behandeln war. Im Verbotsirrtum befand sich auch, wer wusste, dass er steuerpflichtige Umsätze machte, jedoch glaubte, er brauche keine Umsatzsteuervoranmeldung abzugeben (Irrtum über die Garantenpflicht). Vgl. *Bachmann*, a.a.O., 194 (195): „Nach den allgemeinen Grundsätzen über den Vorsatz bei Blankettstrafgesetzen muß sich der Vorsatz also auch auf die in den Straftatbestand hineinzulesenden

satz des § 370 Abs. 1 Nr. 2 AO an, so ergebe sich folgendes: Der Täter müsse wissen, dass die unterlassenen Angaben eine Steuerverkürzung bewirken, daneben müsse er auch diejenigen Umstände kennen, die die Pflicht zur Aufklärung der Finanzbehörde begründeten. Diese Pflicht selbst müsse der Täter dagegen nicht kennen, um vorsätzlich zu handeln[110].

Eine im Vordringen befindliche Ansicht wich von diesem ursprünglichen Standpunkt ab. Teilweise wurde § 370 AO nicht als Blankettstrafgesetz „im klassischen Sinne" gesehen. Es wurde in Zweifel gezogen, ob es bei § 370 AO im Bereich des Irrtums auf eine Differenzierung von vollständigem Tatbestand unter Verwendung normativer Tatbestandsmerkmale einerseits und einem Blankettstraftatbestand andererseits überhaupt ankomme[111]. Das BVerfG schien die bisherige Einordnung zu überdenken und sah die Bezeichnung der Steuerverkürzung nur noch als „blankettartige Verweisung auf Einzelsteuergesetze" und die Kriterien „Steuervorteile" und „steuerlich erhebliche Tatsache" als aus sich heraus verständliche Formulierungen[112]. Eine weitere Ansicht in der Literatur vertrat den Standpunkt, dass es sich bei § 370 AO um einen vollständigen Straftatbestand handle, der nur normative Tatbestandsmerkmale enthalte, welche lediglich unter Verwendung des Steuerrechts auszulegen

---

Merkmale der die Erklärungspflicht begründenden Norm beziehen. Die Kenntnis dieser Norm oder der Handlungspflicht selbst ist jedoch nicht erforderlich"; nach anderer Ansicht sollte beim Irrtum über Aufklärungspflichten Vorsatzausschluss erfolgen. Der Steuerhinterziehungsvorsatz erfordere die Kenntnis von dem Bestehen und dem Umfang der steuerrechtlichen Erklärungs- und Handlungspflichten, so etwa *Thomas*, NStZ 1987, 260, 263 f. und *Schlüchter*, wistra 1985, 43 (50): Sowie die Pflichtwidrigkeit dagegen aus Normen des Steuerrechts zu folgern ist, handele es sich um ein Tatbestandsmerkmal (I Nr. 2). Die allgemeinen Grundsätze des Strafrechts seien folglich nicht auf die Sphäre des Steuerrechts – die Steuerhinterziehung durch Unterlassen – übertragbar.

110 Vgl. *Bachmann*, Vorsatz u. Rechtsirrtum (1993), 194 (195).

111 Vgl. *Lüdderssen*, wistra 1983, 223, 225: „Denn diese Unterscheidung […] ist, wie ihre Anwendung auf das Steuerstrafrecht deutlich werden läßt, ohne sachlichen Gehalt. Da die steuerliche Erheblichkeit in § 370 Abgabenordnung die Verletzung des Rechtsguts beschreibe, hören wir, sei sie als [S. 226] normatives Tatbestandsmerkmal konzipiert, ein Irrtum darüber also Tatbestandsirrtum. Das gelte aber nur bei positiven Angaben über steuerlich erhebliche Tatsachen. Lasse der Beschuldigte die Finanzbehörden pflichtwidrig über steuerlich erhebliche Tatsachen in Unkenntnis und verkenne dabei seine Aufklärungspflicht, so liege Verbotsirrtum vor, denn die Vorschriften, in denen diese Aufklärungspflichten festgelegt werden, seien nicht zum Tatbestand zu rechnen, weil in ihnen keine Rechtsgutsverletzung beschrieben werde. Man sieht nicht, wo der vitale Sinn dieser Unterscheidung steckt. Dem Laien sind alle diese steuerrechtlichen Vorschriften, wie in diesem Zusammenhang auch offen zugegeben wird, doch 'vielfach gleichermaßen unbekannt'."

112 Vgl. BVerfG, NJW 1995, 1883 (2. Kammer des Zweiten Senats), Beschluss vom 23. Juni 1994, 2 BvR 1084/94; dazu auch *Hellmann*, in HHS, § 370 AO, Rn. 44, S. 33.

seien[113]. Bei § 370 AO handle es sich somit nicht um ein Blankettstrafgesetz. Weder der Steueranspruch noch die Steuerpflicht seien Tatbestandsmerkmale (i.S.d. § 16 Abs. 1 Satz 1 StGB) der Steuerhinterziehung. Nicht die Kenntnis des Steueranspruchs und der Steuerpflicht seien von Bedeutung. Von Relevanz sei aber das Wissen um diese Umstände für die Erfassung des Bedeutungsinhalts der Tatbestandsmerkmale der Steuerhinterziehung. Hierfür reiche es aber aus, dass der Täter die Bedeutung der Tatumstände nach der sog. Parallelwertung in der Laiensphäre erfasse. Der Hinterziehungstatbestand bedürfe keiner Ergänzungen durch das Steuerrecht. Vielmehr umschreibe dieser die Tathandlungen und den Taterfolg vollständig[114].

f) Stellungnahme

Auch nach der Neufassung des Steuerhinterziehungstatbestandes (§ 370 AO 1977) zeigen die zahlreichen Auslegungsprobleme des Tatbestandes, dass es dem Gesetzgeber nicht gelungen war, die Rechtsunsicherheiten der Vorgängerreglung zu beseitigen. Wenngleich der Versuch das ungeschriebene Merkmal der *Steuerunehrlichkeit* in eine gesetzliche Form zu transformieren, als richtig gesehen werden kann, so war es dennoch nicht gelungen, die in Betracht kommenden Tathandlungen hinreichend bestimmt einzugrenzen. Zudem ist die Ausweitung der Strafbarkeit in den Gefährdungsbereich bedenklich. Nach überwiegender Ansicht wurde für die Erfüllung der Steuerhinterziehung – im Gegensatz zum Betrugstatbestand – die konkrete Gefahr eines Vermögensschadens als ausreichend erachtet. Die Steuerverkürzung musste also nicht stets zu einem Vermögensschaden des Staates führen. § 370 Abs. 4 Satz 1 AO behandelte insofern die bloße Vermögensgefährdung als Vermögensschaden. Die Abhängigkeit des § 370 AO von steuerrechtlichen Vorfeldnormen – von deren Ausgestaltung abhängt, wann z.B. eine Steuer verkürzt ist – spricht für einen Blankettstrafgesetz. Hält man für die Bejahung des Vorsatzes nicht die genaue Kenntnis des Steueranspruchs oder der Steuerpflicht für relevant,

---

113 Vgl. *von der Heide*, Tatbestands- und Vorsatzprobleme (1986), S. 218 f. (219): „Die im Tatbestand enthaltenen ausfüllungsbedürftigen Begriffe 'steuerlich erhebliche Tatsachen', 'Steuern verkürzen', 'Erlangen nicht gerechtfertigter Steuervorteile', verleihen § 370 I AO nicht Strafblankettcharakter, sondern sind normative Tatbestandsmerkmale der Steuerhinterziehung. Der Begriff der steuerlichen Erheblichkeit von Tatsachen wird inhaltlich ausgefüllt durch beschreibende Erläuterungen in den einzelnen Steuergesetzen. Bei den Erfolgsumschreibungen der Steuerhinterziehung ergibt sich erst aus den Tatbeständen der Einzelsteuergesetze, ob ein strafrechtlich schützenswerter Vermögenswert in Form eines Steueranspruchs entstanden ist."

114 Vgl. *Hellmann*, a.a.O., Rn. 47, S. 35 m.w.N.: Die Auslegung der Tatbestandsmerkmale erfolge unter Berücksichtigung des Steuerrechts, das den Tatbestand aber nicht ausfülle; *von der Heide*, a.a.O., S. 204 (218) (220); *Joecks*, in a.a.O., § 370, Rn. 234, S. 253 f.

sondern nur das Wissen um diese Umstände, so könnte man die Tatbestandsweite durch Einführung einer subjektiven Bereicherungsabsicht begrenzen.

3. Strafrahmen – besonders schwere Fälle, § 370 Abs. 3

Die 1975 abgeschlossene und bis heute wegweisende Reform des materiellen Strafrechts führte zu einer enormen Modifikation der strafrechtlichen Sanktionen insgesamt und zu einer Angleichung der Steuerhinterziehungsfolgen. Die Geldstrafe wurde auf das Tagessatzsystem umgestellt[115]. Anstelle unterschiedlich schwerer Formen (Gefängnis, Zuchthaus, Haft) trat eine einheitliche Freiheitsstrafe. Folglich wurde bei der Steuerhinterziehung die Gefängnisstrafe durch eine Freiheitsstrafe bis zu fünf Jahren substituiert. Die daraus resultierende Strafdrohung für die einfache Steuerhinterziehung blieb bei der Neufassung der AO 1977 unverändert und war identisch mit der für den Betrug[116].

Generelle Kritik an der Höhe des Strafrahmens in § 370 AO wurde aufgrund der spezifischen Eigenart des Steuerhinterziehungstatbestandes gegenüber den Eigentums- und Vermögensdelikten geäußert. Der Steuerhinterziehungstatbestand erscheine wie ein „Fremdkörper" im Rechtssystem. Eine Vergleichbarkeit mit den genannten Delikten liege nicht vor. Bei den Vermögensdelikten bedürfe es einer erheblichen kriminellen Energie, um in eine fremde, anerkannte Rechtsgutssphäre einzudringen. Demgegenüber sei die Steuerhinterziehung im Normalfall dadurch gekennzeichnet, dass die eigene Interessensphäre gegenüber dem Zugriff des Fiskus verschlossen gehalten werde. Der Täter bringe nicht die Energie auf, die notwendig sei, um den Fiskus am eigenen

115 Vgl. bereits Bundeskanzleramt, Begründung zum Entwurf einer Abgabenordnung (AO 1974), Kabinettvorlage, in BArch Koblenz, B136/7208, Bl. 193 (194). Vgl. *Kuhlen*, a.a.O., S. 33: Die Bemessung der Geldstrafe erfolgte in zwei Schritten. Zunächst wurde die Anzahl der Tagessätze festgelegt, die als angemessene Bewertung der Tat betrachtet wurden. Erst dann wurde unter Berücksichtigung der persönlichen und wirtschaftlichen Verhältnisse des jeweiligen Täters die Höhe eines Tagessatzes und damit der Betrag der Geldstrafe bestimmt (§ 40 Abs. 2 StGB). Bei gleichem Tatunrecht wurde der reiche Täter mit der gleichen Zahl von Tagessätzen bestraft wie der arme, der Betrag seiner Geldstrafe war aber höher. Die Zahl der Tagessätze betrug mindestens fünf und höchstens dreihundertsechzig (§ 40 Abs. 1 S. 2 StGB).

116 Vgl. *Koch*, AO 1977, § 370, Rn. 50, S. 1418; *Ricke*, ZfZ 1976, 143 (145); vgl. auch Bundeskanzleramt, Zusammenstellung der von den AO-Referenten der Länder in der Besprechung am 15. bis 17. September 1975 in München beschlossenen Änderungen des Entwurfs einer Abgabenordnung, Referate IV a 7, IV A 8, Anlage 1 zu Prot. Nr. 25, Bonn, den 18. September 1975, in BArch Koblenz, B 136/7207, Bl. –5–, 25.: „§ 370 Abs. 1 soll wie folgt gefaßt werden: '(1) Mit Freiheitsstrafe bis zu 5 Jahren oder mit Geldstrafe wird bestraft, wer 1. … 2. … 3. … und dadurch Steuern verkürzt […]"; auch BMJ, Entwurf Erster Teilbericht Januar 1976, in: BArch Koblenz, B 141/82311, Bl. 63; auch *Kuhlen*, a.a.O., S. 33.

Einkommen teilhaben zu lassen. Es werde letzten Endes nicht das Nehmen, sondern das Verhindern des Nehmen-Lassens bestraft. Die Steuerhinterziehung gleiche eher der Verletzung der Unterhaltspflicht (§ 170b StGB)[117]. Die Verwandtschaft der Steuerhinterziehung mit dem Betrug sei also begrenzt. So seien sowohl die Tathandlung als auch der Erfolg und die psychologische Ausgangslage unterschiedlich. Der Betrüger, der sich an fremdem Vermögen bereichern möchte, habe eine höhere Hemmschwelle zu überwinden als der Steuersünder, der sich nur einer als lästig empfundenen Steuerverpflichtung entziehen wolle. Die Steuerhinterziehung setze hingegen weder die Erregung eines Irrtums noch den Eintritt eines wirklichen Schadens voraus. Die Steuerhinterziehung sei im Verhältnis zum Betrug minderen Handlungs- und Erfolgsunrechts[118]. Zudem stelle § 370 AO nicht die Verletzung von Rechtsgütern und Wertvorstellungen unter Strafe, sondern lediglich die Zuwiderhandlung gegen den steuerlichen Gesetzesbefehl, schütze somit lediglich die öffentliche Kasse, mehr nicht. Da aber keine den sonstigen Strafrechtsnormen vergleichbaren Wertvorstellungen den eingesetzten Sanktionen zugrunde gelegt würden, seien Zweifel am Grad ihrer strafrechtlichen Schutzwürdigkeit vorgezeichnet[119].

Kritisiert wurde zudem insbesondere die Einführung der – durch Regelbeispiele erläuterten – Strafschärfung für besonders schwere Fälle nach § 370 Abs. 3 AO 1977. Wie bereits zuvor beim Betrug umfasste die Strafschärfung eine Freiheitsstrafe von sechs Monaten bis zu zehn Jahren. Sie orientierte sich inhaltlich an der Regelung besonders schwerer Fälle des Subventionsbetruges[120]. Dem Richter sollte die Rechtsanwendung erleichtert werden. Die Intention des Gesetzgebers mit dieser Strafverschärfung bestehe darin, die Steuerhinterziehung bezüglich ihrer Strafwürdigkeit und ihrer Gefährlichkeit nicht geringer zu bewerten als den Betrug. Dies gelte deshalb, weil die Grenzen zwischen dem Betrug und der Steuerhinterziehung zum Teil flüssig sei-

---

117 Vgl. *Kohlmann*, in: DStJG 6 (1983), S. 5 (18 f.) (21).

118 Vgl. *Hübner*, JR 1977, 58 (60).

119 Vgl. *Kohlmann*, in: DStJG 6 (1983), S. 5 (19 f.).

120 Vgl. § 264 Abs. 2 StGB, BR Drucksache 5/75 Art. 1 Nr. 2; *Koch*, AO a.a.O., Rn. 57, S. 1419; *Klein / Orlopp*, AO (1986), § 370, S. 880; hierzu auch *Ricke*, ZfZ 1976, 143 (145): „Die unter Nr. 1 bis 4 aufgezählten Fälle sind einerseits nur beispielhaft und führen andererseits nicht zwingend zur Anwendung der Strafverschärfung (‘in der Regel’). Es ist dem Richter erlaubt, einerseits auch in anderen als den aufgezählten Fällen einen besonders schweren Fall der Steuerhinterziehung anzunehmen, andererseits trotz Vorliegens eines in den Nr. 1 bis 4 beschriebenen Falles den Strafrahmen des § 370 Abs. 1 AO anzuwenden, also insbesondere nur zu Geldstrafe zu verurteilen.“

en[121]. Nach vergeblichem Anlauf früherer Entwürfe hatte der EAO 1971 im § 370 Abs. 3 AO 1977 die Einführung besonders schwerer Fälle bei der Steuerhinterziehung durchgesetzt. Die Zeichen der Zeit standen günstig dafür, die Wirtschaftskriminalität war zum Sorgenkind der Wohlstandsgesellschaft geworden[122]. Wohl hieraus erkläre sich, dass die Angemessenheit dieser Vorschriften in den Beratungen nicht in Frage gestellt wurde, zumal sie beim Subventionsbetrug im Ersten Gesetz zur Bekämpfung der Wirtschaftskriminalität in ähnlicher Weise ihren Niederschlag gefunden habe. Dennoch hinterlasse die Norm ein Unbehagen, ihre Begründung sei nicht besonders glücklich. Die Notwendigkeit einer Strafverschärfung bei Eintreten besonders schwerer Fälle nach § 370 Abs. 3 AO sei in Frage zu stellen. Sie setze den Nachweis voraus, dass sich der Regelstrafrahmen als ungenügend erwiesen habe. Jedoch hätten Beobachtungen aus der Praxis – aus denen sich ein Nichtausschöpfen der ordentlichen Strafrahmen ergebe – und einschlägige Gesetzesmaterialien Gegenteiliges erwiesen. Es beständen mit einer Freiheitsstrafe im Höchstmaß von 5 Jahren, daneben einer Geldstrafe bis zu 3, 6 Millionen DM (bzw. im Uneinbringlichkeitsfall eine Ersatzfreiheitsstrafe von 360 vollen Tagessätzen) sowie dem Verfall der erlangten Vermögensvorteile, ihrer Nutzungen und Surrogate oder des Wertersatzes jeglichen Tatgewinns und mit der Einziehung der Tatwerkzeuge und Beziehungsgegenstände, genügend Sanktionsvarianten zur Verfügung. Der Ausspruch dieser Tatfolgen müsse zur Ahndung ausreichen[123].

Des Weiteren wurde der Strafrahmen des § 370 Abs. 3 AO im Verhältnis zum Strafrahmen des gewerbsmäßigen, gewaltsamen und bandenmäßigen Schmuggels nach § 373 AO hinterfragt. So sei es schwer verständlich, dass beispielsweise die Steuerhinterziehung unter Ausnutzung der Mithilfe eines Amtsträgers i.d.R. eine Freiheitsstrafe von mindestens 6 Monaten bis zu 10 Jahren zur Folge

121 Vgl. *Wolf*, AO 1977, § 370, S. 529; *Koch*, AO 1977, § 372, Rn. 57, S. 1419; Mittelsteiner / Schaumburg, AO 1977, § 370, Begründung RegE, S. 495, 497 (498). *Klein / Orlopp*, AO (1986), § 370, S. 880; vgl. Bundeskanzleramt, Begründung zum Entwurf einer Agabenordnung (AO 1974), Kabinettvorlage, in: BArch Koblenz, B 136/7208, Bl. 193 (194): „Absatz 3 führt erstmalig auch für die Steuerhinterziehung eine Strafverschärfung für besonders schwere Fälle ein, wie sie für den vergleichbaren Fall des Betruges bereits seit Jahrzehnten besteht. Mit der Strafschärfung soll deutlich gemacht werden, daß die Steuerhinterziehung hinsichtlich ihrer Gefährlichkeit und ihrer Strafwürdigkeit nicht geringer zu bewerten ist als der Betrug." Ähnlich auch die Kurzfassung des Inhalts der neuen AO 1974 für Verlautbarungen des Bundespresseamtes in BArch Koblenz, B 136/7208, Bl. –3–.

122 Vgl. *Hübner*, JR 1977, 58 (59).

123 Vgl. *Hübner*, JR 1977, 58 (60).

habe, während der bewaffnete oder gar gewaltsame Schmuggler mit einer Freiheitsstrafe von nur 3 Monaten bis zu höchstens 5 Jahren davonkomme[124].

Bemängelt wurde auch § 394 (430) AO, wonach beschlagnahmtes oder sichergestelltes einziehbares Sacheigentum zugunsten des Staates verfiel, wenn es von einem Unbekannten, der auf frischer Steuerstraftat betroffen worden, aber entkommen war, zurückgelassen wurde. Die Norm verstoße gegen Art. 92, 101 GG. Die Rechtsprechung sei nach Art. 92 GG den Richtern vorbehalten. Nach Art. 101 Abs. 1 Satz 2 GG dürfe niemand seinem gesetzlichen Richter entzogen werden. Dies binde auch den Gesetzgeber, der dem Richter vorbehaltene Zuständigkeiten nicht einer Verwaltungsbehörde zuweisen dürfe[125].

Ein Vorschlag zur Änderung des Strafrahmens des § 370 AO 1977 sah eine Rückkehr zur Geldstrafe als Regelstrafe vor. Die Anzahl der Tagessätze nach oben müsse ausdrücklich beschränkt werden. Freiheitsstrafe solle für die sogenannten „besonders schweren Fälle" vorbehalten bleiben, welche neu umschrieben werden müssten. Als praktikable Orientierungshilfe kämen die Höhe des hinterzogenen Betrages sowie der Zeitraum der Hinterziehung in Betracht. Anknüpfungspunkte müssten die Summe 100.000 DM und zwei Besteuerungsabschnitte sein. Im Regelfall reiche als Höchststrafe eine Freiheitsstrafe bis zu drei Jahren aus. Etwas anderes müsse aber gelten, wenn der

---

124 Vgl. *Hübner*, JR 1977, 58 (60), mit Verweis auf BR Drucksache 430/52, Begr. S. 4; *Wolf*, AO 1977, § 373 AO, S. 541; *Koch*, AO 1977, § 373, S. 1436.
„§ 373 Gewerbsmäßiger, gewaltsamer und bandenmäßiger Schmuggel
(1) Wer gewerbsmäßig Eingangsabgaben hinterzieht oder gewerbsmäßig durch Zuwiderhandlungen gegen Monopolvorschriften Bannbruch begeht, wird mit Freiheitsstrafe von drei Monaten bis zu fünf Jahren bestraft.
(2) Ebenso wird bestraft, wer
1. eine Hinterziehung von Eingangsabgaben oder einen Bannbruch begeht, bei denen er oder ein anderer Beteiligter eine Schußwaffe bei sich führt,
2. eine Hinterziehung von Eingangsabgaben oder einen Bannbruch begeht, bei denen er oder ein anderer Beteiligter eine Waffe oder sonst ein Werkzeug oder Mittel bei sich führt, um den Widerstand eines anderen durch Gewalt oder Drohung mit Gewalt zu verhindern oder zu überwinden, oder
3. als Mitglied einer Bande, die sich zur fortgesetzten Begehung der Hinterziehung von Eingangsabgaben oder des Bannbruchs verbunden hat, unter Mitwirkung eines anderen Bandenmitglieds die Tat ausführt."

125 Vgl. *Hübner*, a.a.O., S. 58 (62): § 394 AO verstoße gegen Art. 101 Abs. 1 Satz 2 GG, da dieser sowohl die Entscheidung über die Berechtigung des Vorwurfs – der unbekannte Flüchtige habe eine Steuerstraftat begangen – als auch die Feststellung der Einziehbarkeit der zurückgelassenen Sachen sowie die Verhältnismäßigkeit der Einziehung – als ursprünglich richterliche Aufgabenbereiche – der Finanzbehörde überlasse.

hinterzogene Betrag die Grenze von 1 Mio DM übersteige. Der Strafrahmen müsse dann auf bis zu fünf Jahren Freiheitsstrafe erweitert werden[126].

Resümierend ist festzustellen, dass die Rechtsfolgen der Steuerhinterziehung in zunehmendem Maße vereinheitlicht und denen des allgemeinen Strafrechts angenähert wurden. Erkennbar ist eine deutlich zunehmende Strafverschärfung. Während vor 1919 für Steuerhinterziehungen grundsätzlich lediglich Geldstrafe vorgesehen war, waren später durchgängig Freiheitsstrafen möglich, welche in besonders schweren Fällen bis zu zehn Jahren betragen konnten. Infolgedessen hat die Steuerhinterziehung, welche im Jahre 1919 noch wesentlich milder beurteilt wurde als der Betrug, den gleichen Strafrahmen wie jenes Delikt[127].

4. Verfassungsmäßigkeit der Steuerhinterziehung

Nach dem Gesetzlichkeitsprinzip kann eine Tat nur bestraft werden, wenn die Strafbarkeit gesetzlich bestimmt war, bevor die Tat begangen wurde. Dieser Gesetzesvorbehalt enthält vier Teilgebote: Bestimmtheitsgrundsatz, Rückwirkungsverbot, Verbot einer Strafbegründung durch Gewohnheitsrecht und durch Analogie[128].

Fraglich war, ob die Steuerhinterziehung aufgrund der Unbestimmtheit des Tatbestandes verfassungswidrig war. Das Bundesverfassungsgericht hatte mit Urteil vom 8. Mai 1974 noch zur alten Fassung der Steuerhinterziehung nach § 392 AO die Vereinbarkeit mit Art. 103 Ab. 2 GG bestätigt[129]. Allerdings

---

126 Vgl. *Kohlmann*, in: DStJG 6 (1983), 5, 22 (23 f.): Angemerkt wurde, dass die in § 370 Abs. 3 AO enthaltende Regelung unbrauchbar sei. Die erste Fallalternative erscheine zu unbestimmt. Wann handle der Täter aus „grobem Eigennutz“ und wann seien Steuern „in großem Ausmaß“ verkürzt? Verbindliche Aussagen sein hier kaum möglich.

127 So auch *Kohlmann*, in: DStJG 6 (1983), S. 16 (17); *Kuhlen*, a.a.O., S. 34.

128 Vgl. *Kuhlen*, in: FS – Otto 2007, S. 89 f.: Seine Normierung fand das Gesetzlichkeitsprinzip in Art. 103 Abs. 2 GG, § 1 StGB. Bei Normen, die als Rechtsfolge Freiheitsstrafe vorsahen, wurde das Gesetzlichkeitsprinzip durch Art. 104 Abs. 1 S. 1 GG verschärft, der die Festlegung der Strafbarkeit durch ein förmliches Gesetz verlangt; vgl. zu dieser Problematik *Kuhlen*, a.a.O., S. 44 ff.; *Hellmann*, in HHS, § 370 AO, S. 37 ff.

129 Vgl. BVerfGE, 37, 201 (208); BVerfG DB 1974, Beschluß vom 8. Mai 1974 – 2 BvR 636/72, S. 1559 (1560): „In § 392 Abs. 1 Satz 1 AO ist jedoch hinreichend deutlich bestimmt, daß sich derjenige strafbar macht, der bei der Steuerbehörde bewußt und gewollt einen Irrtum über die Fälligkeit des Steueranspruchs hervorruft, um zum Nachteil des Steuerfiskus einen ungerechtfertigten Zahlungsaufschub in Anspruch zu nehmen. Daran ändert es nichts, daß sich die Strafbarkeit dieses Verhaltens nicht unmittelbar aus dem Gesetzeswortlaut ablesen läßt, sondern erst durch Auslegung des Begriffs der Steuerverkürzung ergibt. Das Strafrecht kann nicht darauf verzichten, allgemeine Begriffe zu verwenden, die in besonderem Maße richterlicher Auslegung bedürfen; andernfalls wäre der Gesetzgeber nicht in der Lage, der Vielgestaltigkeit des Lebens Herr

warf die Neuregelung des § 370 AO 1977 aufgrund ihrer Unbestimmtheit und ihrer Auslegungsprobleme die Frage der Verfassungswidrigkeit erneut auf[130]. Kritisiert wurde, dass in § 370 Abs. 1 Nr. 1 AO 1977 sowohl das Merkmal der Täuschung und Irrtumserregung als auch der Begriff der Unkenntnis der Finanzbehörde fehle, wodurch der Meinungsdiskurs über die Notwendigkeit einer Täuschungshandlung sowie Unkenntnis fortbestehe. Das gesetzgeberische Bestreben, durch Neufassung des Steuerhinterziehungstatbestandes nach § 370 Abs. 1 AO eindeutig festzulegen welche Handlungen oder Unterlassungen vorliegen müssten sei im Bereich der positiven Handlung gescheitert. Dem Gesetzgeber sei es nicht gelungen, die vor und nach Schaffung der RAO 1919 bestehenden Unklarheiten in Bezug auf das Wesen und den Charakter der Steuerhinterziehung zu beseitigen[131]. Entgegen dieser Kritik betonte das Bundesverfassungsgericht, dass das Strafrecht nicht vollständig darauf verzichten könne, allgemeine Begriffe bzw. Ausdrücke zu verwenden, die formal nicht eindeutig allgemeingültig umschrieben werden könnten, weil sie unentbehrlich seien, um der Vielgestaltigkeit des Lebens Herr zu werden[132].

Weiter stellte man die ausreichende Bestimmtheit des § 370 Abs. 1 AO in Frage, weil die Norm bei der Bestimmung der Tathandlung sowie des Handlungserfolges auf andere Normen – aus den Einzelsteuergesetzen – verwies. Für die Frage der Verfassungsmäßigkeit des § 370 AO war somit erneut die Problematik des Vorliegens einer Strafblankettvorschrift von Bedeutung. Stellte man im Ergebnis fest, dass es sich bei § 370 AO um normative Tatbestandsmerkmale handelt, so war von einer hinreichenden Bestimmtheit auszu-

---

zu werden (BVerfGE 11, 234 [237/26, 41 42]).“ Durch den Begriff der „Verkürzung von Steuereinnahmen“ werde der Auslegung auch kein unangemessen weiter Spielraum eröffnet, da der Begriff der Steuerunehrlichkeit sowohl in Rechtsprechung als auch in der Lehre fest umrissen sei. In dieser Auslegung des Verkürzungsbegriffs liege kein Verstoß gegen das in Art. 103 Abs. 2 GG enthaltene Gesetzesbestimmtheitsgebot.

130 Nach Ansicht des BVerfG verlangt der verfassungsrechtlich garantierte Bestimmtheitsgrundsatz nach § 103 Abs. 2 GG, dass die Strafbarkeit konkreter Handlungen so festgelegt werde, „dass Tragweite und Anwendungsbereich der Straftatbestände für den Normadressaten schon aus dem Gesetz selbst zu erkennen sind und sich durch Auslegung ermitteln und konkretisieren lassen (vgl. BVerfGE 73, 206 [...])“; BVerfGE 105, 135, 152 (153).

131 Vgl. *Schneider*, a.a.O., S. 129.

132 Vgl. BVerfGE 71, 108 (114 f.): Es sei unvermeidbar, dass es aufgrund der „Allgemeinheit und Abstraktheit von Strafnormen“ sowie der „Vielgestaltigkeit des Lebens“ zu Situationen kommen könne, in denen unklar sei, ob eine Handlung noch unter den gesetzlichen Tatbestand falle oder nicht; vgl. auch BVerfGE, 105, 135 (154): Ein „Höchstmaß an Präzision“ werde durch den Bestimmtheitsgrundsatz nicht verlangt.

gehen[133]. Als vollständiger mit Zuhilfenahme normativer Merkmale definierter Straftatbestand musste allein der Hinterziehungstatbestand selbst, nicht jedoch die ihn ausfüllenden Vorschriften, „den nur für Strafgesetze geltenden Anforderungen“ des Art. 103 Abs. 2 GG entsprechen[134]. Komplizierter gestaltete sich die Sachlage, wenn man einen Blanketttatbestand annahm. Da dieser dann erst zusammen mit den ihn ausfüllenden Steuergesetzen zum vollständigen Straftatbestand wurde, unterlagen auch diese ihrerseits den Bestimmtheitsanforderungen des Art. 103 Abs. 2 GG[135]. Auch wenn man dem BVerfG folge und davon ausgehe, dass die Anforderungen an das Bestimmtheitsgebot nicht übersteigert werden dürften, bleibe die Feststellung, dass sehr häufig steuerliche Begriffe nicht dazu geeignet erscheinen, das Tatbestandsmerkmal „steuerlich erhebliche Tatsachen“ hinreichend auszufüllen[136]. Letztlich sei dennoch eine ausreichende Bestimmtheit des § 370 Abs. 1 AO gegeben. Das (strafrechtliche) Bestimmtheitserfordernis gelte aber unabhängig hiervon auch für die den Steuerstraftatbestand ausfüllenden Steuergesetze[137].

Fraglich war auch, ob das Analogieverbot einer Bestrafung wegen Steuerhinterziehung auch dann entgegenstand, wenn die Anwendbarkeit von § 370 Abs. 1 AO nur durch eine analoge Verwendung einzelner Steuergesetze erreicht würde[138]. Bedenklich war dies insbesondere in Fällen, in denen Unternehmer – um Steuern zu sparen – Gewinnverlagerungen in Niedrigsteuerländer vornahmen. Der BGH hatte sich 1982 mit einem Fall zu befassen, bei welchem ein deutscher Unternehmer (S) einen Teil seiner Gewinne seines inländischen Unternehmens ins schweizerische Ausland verlagerte, wo sie geringer besteu-

---

133 Vgl. Siebtes Kapitel, B) II.2. e) zum Vorsatz; *Hellmann*, in HHS, § 370 AO, Rn. 47, S. 35; *von der Heide*, Tatbestands- und Vorsatzprobleme (1986), S. 218 (219).

134 Vgl. BVerGE 78, 205 (213), zu dieser Problematik auch *Kuhlen*, Grundfragen, S. 46.

135 Vgl. BVerGE 75, 329 (342); BVerfG wistra 2011, 458 Rn. 59; BVerfG NJW 1992, 35; BVerfG 37, 201 (208 ff.): Ob ein Steueranspruch bestehe, eine Steuer verkürzt oder ein nicht gerechtfertigter Steuervorteil erlangt werde, lasse sich allein aus den einschlägigen Einzelsteuergesetzen beantworten. So könne z.B. die „Pflichtwidrigkeit“ und „Höhe der Steuerverkürzung“ nur an Hand der jeweils einschlägigen materiell-rechtlichen Steuernormen festgestellt werden; vgl. BVerfG, NJW 1974, 1862; *Koch / Scholtz*, AO (1996), § 370, Rn. 18, S. 2118; *Isensee*, NJW 1985, 1007 (1008): Das unselbständige, annexhafte Steuerstrafrecht unterscheide sich folglich vom echten Kriminalstrafrecht, […].“

136 Vgl. *Kohlmann*, in: DStJG (1983), S. 5, 15 (16): Es falle auf, dass Generalklauseln durch andere Generalklauseln unterlegt würden. Für die Berechenbarkeit, ob ein geplantes Handeln strafbar sei oder nicht, ergebe sich nichts oder doch nur sehr wenig.

137 Vgl. *Kuhlen*, Grundfragen, S. 46. Die Rechtsprechung habe bisher in keinem Fall die Unbestimmtheit eines aus § 370 Abs. 1 AO und den ihn ausfüllenden Steuergesetzen gebildeten Gesamttatbestandes angenommen.

138 Vgl. BverfGE 71, 108 (115): zum Verbot der Auslegung über den Wortsinn hinaus.

ert wurden[139]. Der BGH kam zu dem Ergebnis, dass in derlei Konstellationen die Errichtung und Einschaltung der R-AG nicht auf wirtschaftlichen oder sonst beachtlichen, sondern ausschließlich auf steuerlichen Gründen beruhte. Es liege ein Missbrauch rechtlicher Gestaltungsmöglichkeiten zum Zweck der Steuerumgehung vor. Ein derartiger Missbrauch berühre nach § 42 Abs. 1 S. 1 AO die Steuerpflicht nicht. Nach § 42 Abs. 1 S. 3 AO entstehe der Steueranspruch so wie „bei einer den wirtschaftlichen Vorgängen angemessenen rechtlichen Gestaltung". Von Gestaltungen, die sich als Missbrauch von Rechtsformen bzw. als Umgehung von Steuergesetzen darstellten, sei mit strafbegründender Wirkung abzusehen[140]. Mit § 42 AO bestehe eine gesetzliche Basis für Fälle der Gesetzesumgehung (des Gesetzesmissbrauchs). Führe, wie im Beispielsfall, der Gebrauch dieses Gesetzes zur Anwendbarkeit von § 370 Abs. 1 AO, so sei dies, da es an einer Gesetzeslücke fehle, keine analoge Gesetzesanwendung. Ein Verstoß gegen das Analogieverbot scheide aus[141].

Spezifische Bedenken an der Gesetzesbestimmtheit richteten sich vor allem gegen das Regelbeispiel der Verkürzung von Steuern „in großem Ausmaß" nach § 370 Abs. 3 S. 2 Nr. 1 AO. Die Unbestimmtheit dieses gesetzlichen Ausdrucks bestand darin, dass die Norm nicht selbst die konkrete Grenze bestimmte, anhand derer ein großes Ausmaß der Verkürzung festgelegt werden konnte[142]. Die Begriffsbestimmung „großes Ausmaß" wurde aber auch bei vergleichbaren Strafschärfungsvorschriften, wie bspw. § 263 Abs. 3 S. 2 Nr. 2

---

139 Vgl. BGH wistra 1982 (108): Ein deutscher Unternehmer (S) exportierte Produkte. In der Schweiz gründete er eine R-AG mit dem Ziel der Steuerersparnis. Gegen Gewährung überhöhter Rabatte hatte er die AG in den Export seiner Produkte eingeschaltet. Auf diese Weise konnte er einen Teil seines inländischen Unternehmens in die Schweiz auslagern, wo sie einer niedrigeren Steuer unterlagen. Das deutsche Finanzamt wurde über die Art der Tätigkeit der R-AG und über den Umfang der Beteiligung des S an der Gesellschaft getäuscht. Als Gesamtgewinn wurde beim deutschen Finanzamt ein geringerer Betrag, nach Abzug der der R-AG gewährten Rabatte, angegeben. Das Finanzamt setzte für das Steuerjahr eine geringere Einkommensteuer fest.

140 Vgl. BGH wistra 1982, 108 (109); *Kuhlen*, a.a.O., S. 48: Stufe man jedoch § 370 Abs. 1 AO mit der h.M. als Blanketttatbestand ein, dann gelte das Analogieverbot auch für die zum Gesamttatbestand gehörenden blankettausfüllenden Steuergesetze.

141 Vgl. BGH wistra 1982, 108 (109): § 392 AO genüge den Kriterien des Art. 103 Abs. 2 GG auch, wenn eine verkürzte Steuerschuld sich nur unter Anwendung von § 42 AO (6 StAnpG) ergebe; *Kuhlen*, in: FS-Otto, S. 89 (97 f.); *Ders.*, Grundfragen, S. 49: Zwar sei § 42 AO aufgrund seiner relativen Unbestimmtheit problematisch, aber für eine Unbestimmtheit im verfassungsrechtlichen Sinne nach § 103 Abs. 2 GG genüge das nicht.

142 Vgl. *Kuhlen*, a.a.O., S. 49: Die vereinzelt aufkommende Kritik an der Regelbeispielstechnik als solcher könne dagegen nicht überzeugen, da die Erläuterung von Strafschärfungen durch Regelbeispiele einen vertretbaren Kompromiss zwischen Flexibilität und Präzision bilde, welcher dem Strafgesetzgeber nicht generell verwehrt werden dürfe.

StGB verwendet, ohne dass dies von der herrschenden Ansicht wegen fehlender Bestimmtheit beanstandet wurde. Der BGH hatte zum Regelbeispiel beim Betrug erläutert, dass die Formulierung des „großen Ausmaßes" zwar „für sich gesehen ein unbestimmter" Begriff sei, welcher allerdings „in der Interpretation durch die Gerichte seine den Anforderungen der Rechtssicherheit gerecht werdenden Konturen" erhalte und daher nicht gegen den verfassungsrechtlich garantierten Bestimmtheitsgrundsatz nach § 103 Abs. 2 GG verstoße. Gleiches gelte dann auch für das Regelbeispiel des § 370 Abs. 3 S. 2 Nr. 1 AO[143].

5. *Strafbefreiende Selbstanzeige § 371 AO*

Die Vorschrift über die Selbstanzeige wurde im Wesentlichen unverändert aus der RAO übernommen und stellte eine im deutschen Strafrechtssystem dogmatisch schwer einzuordnende Ausnahmeerscheinung dar. Ihrer Rechtsnatur nach war die Selbstanzeige ein persönlicher Strafaufhebungsgrund. Sie beseitigte rückwirkend die bereits begründete Strafbarkeit und kam nur demjenigen Täter oder Teilnehmer einer Steuerhinterziehung zugute, welcher in seiner Person ihre Voraussetzungen erfüllte[144]. § 371 AO 1977 lautete wie folgt:

(1) Wer in den Fällen des § 370 unrichtige oder unvollständige Angaben bei der Finanzbehörde berichtigt oder ergänzt oder unterlassene Angaben nachholt, wird insoweit straffrei.

(2) Straffreiheit tritt nicht ein, wenn

1. vor der Berichtigung, Ergänzung oder Nachholung

a) ein Amtsträger der Finanzbehörde zur steuerlichen Prüfung oder zur Ermittlung einer Steuerstraftat oder einer Steuerordnungswidrigkeit erschienen ist oder

b) dem Täter oder seinem Vertreter die Einleitung des Straf- oder Bußgeldverfahrens wegen der Tat bekanntgegeben worden ist oder

2. die Tat im Zeitpunkt der Berichtigung, Ergänzung oder Nachholung ganz oder zum Teil bereits entdeckt war und der Täter dies wußte oder bei verständiger Würdigung der Sachlage damit rechnen mußte.

(3) Sind Steuerverkürzungen bereits eingetreten oder Steuervorteile erlangt, so tritt für einen an der Tat Beteiligten Straffreiheit nur ein, soweit er die zu

---

143 Vgl. BGHSt 48, 360 ff. (361) – 1. Strafsenat, Urteil vom 7. Oktober 2003, 1 StR 274/03.

144 Vgl. BGH NJW 74, 2293; *Koch*, AO 1977, § 370, Rn. 2, S. 1422. Ein höchstpersönliches Vorgehen war nicht erforderlich. Die Bevollmächtigung eines Dritten reichte, sofern es sich um einen Spezialauftrag handelte. Die Selbstanzeige eines Tatbeteiligten wirkte somit regelmäßig lediglich dann auch zugunsten des anderen, sofern er von diesem hierzu beauftragt war. Erforderlich war also eine besondere Vollmacht zur Berichtigung, vgl. *Lohmeyer*, Inf. 1978, 2., S. 11; *Koch*, AO 1977, § 371, Rn. 8–10, S. 1424.

seinen Gunsten hinterzogenen Steuern innerhalb der ihm bestimmten angemessenen Frist entrichtet.

(4) Wird die in § 153 vorgesehene Anzeige rechtzeitig und ordnungsmäßig erstattet, so wird ein Dritter, der die in § 153 bezeichneten Erklärungen abzugeben unterlassen oder unrichtig oder unvollständig abgegeben hat, strafrechtlich nicht verfolgt, es sei denn, daß ihm oder seinem Vertreter vorher die Einleitung eines Straf- oder Bußgeldverfahrens wegen der Tat bekanntgegeben worden ist. Hat der Dritte zum eigenen Vorteil gehandelt, so gilt Absatz 3 entsprechend.[145]

Im Wege einer Richtigstellung seines früheren Verhaltens hatte der Täter unrichtige Angaben zu berichtigen, unvollständige zu ergänzen und unterlassene nachzuholen[146]. Einzureichen war die Selbstanzeige regelmäßig bei der örtlich und sachlich zuständigen Finanzbehörde und unterlag keiner bestimmten Form[147]. Die Wirkung einer Selbstanzeige bestand darin, dass der Täter durch seine Berichtigung straffrei wurde. Mängel der Selbstanzeige gingen zu Lasten des Täters. Lücken oder Unwahrheiten, welche Gegenstand der Selbstanzeige wurden, ließen die Straffreiheit entfallen. Teilselbstanzeigen führten nur zur teilweisen Straffreiheit[148]. Ausschließungsgründe enthielt § 371 Abs. 2 AO, wonach trotz ordnungsgemäßer Berichtigung die Sperrfrist nicht eintrat. Dies galt vor allem dann, wenn bereits ein Amtsträger der Finanzbehörde zur steuerlichen Prüfung oder zur Ermittlung einer Steuerstraftat oder einer Steuerordnungswidrigkeit erschienen war (Nr. 1 a), wenn dem Täter oder seinem Vertreter vor der Richtigstellung die Einleitung des Straf- oder Bußgeldverfahrens angezeigt, d.h. amtlich mitgeteilt worden war. Dabei musste das Verfahren wegen der Tat, auf die sich die Selbstanzeige bezog, eingeleitet worden sein (Nr. 1 b). Zudem war dies der Fall, wenn die Tat zum Zeitpunkt der Selbstanzeige zum Teil oder ganz bereits entdeckt war und der Täter dies wusste oder zumindest damit rechnen musste (Nr. 2)[149]. Nach Absatz 3 erlangte ein Tatbeteiligter durch seine Selbstanzeige nur dann Straffreiheit, sofern er die zu seinen Gunsten hinterzogenen Steuern fristgerecht erstattete. Für die

---

145 *Mittelsteiner / Schaumburg*, AO 1977, § 371, S. 501 f.; *Koch*, AO 1977, § 371, S. 1421 f.; *Wolf*, AO 1977, § 371, S. 533 f.; BT-Drucksache 7/4292, § 371, S. 134 f.

146 Vgl. BGH BB 1978, 698 f.: Der Täter musste durch eigenes Tun einen wesentlichen Beitrag dazu leisten, dass die betreffende Steuer fortan richtig festgesetzt werden konnte. Infolge der gemachten Angaben musste das Finanzamt zumindest in die Lage versetzt werden, ohne umfangreiche Nachforschungen den Sachverhalt aufzuklären.

147 Vgl. *Koch*, AO 1977, § 371, Rn. 12, S. 1425, Rn. 15, S. 1426.

148 Vgl. BGH NJW 74, 2293 f. – 4 StR 369/74; Koch, AO 1977, § 371, Rn. 16, S. 1426.

149 Vgl. *Koch*, AO 1977. § 371, Rn. 23, S. 1427; Rn. 29, S. 1428; Rn. 32, S. 1430.

Nachzahlung war eine angemessene Fristsetzung nötig[150]. Absatz 4 regelte den Fall einer Fremdanzeige, also die Berichtigung von Erklärungen nach § 153 AO[151].

Die Selbstanzeige nach § 371 AO 1977 wies eine Vielzahl an Besonderheiten auf. Nach § 371 Abs. 1 AO – als persönlicher Strafaufhebungsgrund – konnte eine bereits eigetretene Strafbarkeit nachträglich entfallen. Ohne zeitliche Begrenzung konnte von der vollendeten Steuerhinterziehung – selbst nach Verstreichenlassen mehrerer Jahre – strafbefreiend zurückgetreten werden. Auch das Eintreten eines schweren Falles nach § 370 Abs. 3 AO stand der Strafbefreiung nicht entgegen. § 371 AO 1977 ermöglichte die strafbefreiende Selbstanzeige unabhängig von der Höhe der hinterzogenen Geldsumme. Selbst bei Gefahr einer Tatentdeckung – z.B. weil eine Finanzbehörde belastende Bankdaten erwarb – blieb die wirksame Selbstanzeige möglich. Mit der Entscheidung über eine Selbstanzeige konnte so lange gewartet werden, bis sie angesichts einer konkret greifbaren Entdeckungswahrscheinlichkeit aus der Sicht eines rein situativ kalkulierenden Hinterziehers rational wurde[152]. Trotz dieser Unstimmigkeiten der strafbefreienden Selbstanzeige sahen die Empfehlungen der Sachverständigenkommission 1980 zunächst keinen Bedarf, die Regelung des § 371 AO 1977 zu verändern oder gar zu annullieren[153].

a) Begründung der Regelung

Sowohl der Zweck als auch die Rechtfertigung der Selbstanzeige nach § 371 AO 1977 waren umstritten. Unklar war, ob es sich – aufgrund des Fehlens

---

150 Vgl. *Koch*, AO 1977, § 371, Rn. 36, 38, 39, S. 1431: Zu beachten waren die Einzelfallumstände – vor allem die ökonomischen Verhältnisse – des Anzeigenden. Dieser sollte die Möglichkeit bekommen unter Umständen Fremdmittel zu beschaffen. Die rechtzeitige Nachzahlung war objektive Bedingung für die Straffreiheit.

151 Vgl. *Koch*, AO 1977, § 371, Rn. 42, 43, S. 1431 f.: Erkannte der Steuerpflichtige, sein Gesamtrechtsnachfolger oder eine für diese nach §§ 34, 35 handelnde Person nachträglich, dass die von ihnen bzw. für sie abgegebenen Erklärungen unrichtig waren, so waren sie nach § 153 Abs. 1 AO verpflichtet, dies sofort anzuzeigen und richtig zu stellen.

152 Vgl. *Kuhlen*, a.a.O., S. 154 f.; *Koch*, AO 1977, § 371, Rn. 6, 7, S. 1423: Anwendbar war § 371 nur bei § 370; nicht aber beim Bannbruch (§ 372) oder Schmuggel (§ 373).

153 Vgl. Schlussbericht der Sachverständigenkommission (1980), Teil II, III., S. 46 (47): Gegen die Beibehaltung dieses Rechtsinsituts bestünden keine durchgreifenden kriminalpolitischen Bedenken. An der durch § 371 AO 1977 in der Fassung des Gesetzesbeschlusses vom 28. November 1975 (BT-Drucks. 726/75) getroffenen Regelungen sei im Grundsatz festzuhalten. Empfohlen wurde aber eine Aufnahme der Norm in das StGB.

Ebenso der Beschluss der Kommission zur Bekämpfung der Wirtschaftskriminalität zur Selbstanzeige § 371 AO 1977 anlässlich ihrer 11. Arbeitstagung in der Zeit vom 8. bis 12. März 1976 in Bamberg, in: BArch Koblenz, B/126/90365, Heft 1, Bl. 1 f.

vergleichbarer Bestimmungen des deutschen Strafrechts – um eine Ausnahmeerscheinung oder gar um einen „Fremdkörper" handelte und wie diese Norm begründet werden sollte. Überwiegend versuchte man das Institut der strafbefreienden Selbstanzeige entweder anhand einer steuerpolitischen Zielrichtung oder anhand strafrechtlicher Prinzipien zu begründen[154].

Ein Ansatz suchte die Rechtfertigung für eine Selbstanzeigeregelung in erster Linie in steuerpolitischen bzw. fiskalischen Zwecksetzungen. Vorwiegend war man davon überzeugt, dass die Gründe für die Selbstanzeigeregelung in erster Linie in der steuerpolitischen Zielrichtung des § 371 AO und in den kriminologisch extrem ungünstigen Bedingungen des Steuerstrafrechts gesucht werden müssten. Die steuerstrafrechtliche Selbstanzeige verfolge den steuerpolitischen Zweck, dem Staat diejenigen Steuerquellen zu erschließen, welche ihm infolge der Tat verborgen geblieben seien. Es gehe dem Staat um die „Erschließung bisher verheimlichter Steuerquellen"[155]. Der fiskalische Zweck sei nicht zukunftsorientiert, d.h. er ziele nicht auf einen präventiven Rechtsgüterschutz, sondern spreche die restaurativen Möglichkeiten des Strafrechts an. Sei die Tat schon nicht zu vermeiden, so bleibe doch das Bedürfnis bestehen, die schädlichen Konsequenzen so weit wie möglich zu verringern[156]. Mit § 371 AO sei ein zu bezweifelnder psychischer Effekt auf die Steuermoral des Täters beabsichtigt[157]. Die (fiskalisch motivierte) strafbefreiende Selbstanzeige setze weder Reue noch Freiwilligkeit voraus. Nach § 361 Abs. 2 Nr. 2 AO 1977 sei es unschädlich, wenn der Täter irrtümlich glaube, die Tat sei entdeckt, und infolgedessen in der Hoffnung Selbstanzeige erstatte, den Tatfolgen ausweichen zu können. Insoweit setze sich das fiskalische Prinzip durch, da hier das Aufdecken einer objektiv unbekannten Steuerhinterziehung durch die Straffreiheit honoriert werde, obwohl der Täter subjektiv nicht freiwillig und aus

---

154 Vgl. *Pfaff*, Kommentar (1977), S. 13 ff.; *Westpfahl*, Selbstanzeige (1987), S. 17 ff., 21 f. (27); *Frees*, Selbstanzeige (1991), S. 17, 32 ff.; *Löffler*, Selbstanzeige (1992), S. 103 ff.; *Franzen*, a.a.O. (1985), § 371, Rn. 11 ff., S. 310 ff.; *Joecks*, a.a.O., § 371, Rn. 18 ff.

155 Vgl. BGH, wistra 1999, Urteil vom 13. Oktober 1998, – 5 StR 392/98, S. 27 (28); BGH NJW 74, 2293, *Abramowski*, DStZ 1992, 460 (463); *Pfaff*, Kommentar (1977), S. 14; *Bilsdorfer*, wistra 1984, 93 (93); *Franzen*, a.a.O. (1985), Rn.13; *Westpfahl*, Selbstanzeige, S. 17 (21) (27), wonach ganz offenkundig das Institut der Selbstanzeige aus rein fiskalischen Erwägungen des Staates geschaffen wurde. Zutreffend auch *Müller*, DB 1981, S. 1481: bei der Selbstanzeige löse ein egoistisches Motiv, sich auf Kosten der Allgemeinheit zu bereichern, das andere egoistische Motiv, der Bestrafung zu entgehen, ab.

156 Vgl. *Abramowski*, DStZ 1992, 460 (463).

157 Vgl. *Westpfahl*, a.a.O., S. 24 f.: Fraglich sei eher, ob nicht die Preisgabe der Unbedingtheit des staatlichen Strafanspruchs, dazu geeignet ist, steuerliche Unmoral zu fördern.

Reue gehandelt habe. Der Unrechtsgehalt der Tat werde durch eine nachfolgende Selbstanzeige nicht notwendig berührt. Die Begünstigung der Selbstanzeige komme sowohl demjenigen, der nur aus Gründen des eigenen Vorteils Selbstanzeige erstatte, als auch dem einsichtigen Täter zugute[158].

Ein weiterer Ansatz in der Literatur versuchte dagegen, Grund und Grenzen des § 371 AO allein oder überwiegend mit strafrechtlichen Prinzipien zu erklären, meistens durch einen Rückgriff auf Erklärungsansätze, welche im Bereich der Rechtfertigung des Rücktritts vom Versuch (§ 24 StGB) oder Normen über die tätige Reue angeführt wurden[159]. So wurde angenommen, dass die Selbstanzeige ohne weiteres in die Rücktrittssystematik eingeordnet werden könne. Die Rücktrittsregeln des StGB seien kein in sich geschlossenes System mit klaren Strukturprinzipien[160]. Es werde ein gesetzlicher Anreiz zur Selbstanzeige geschaffen, der neben primär fiskalischen Motiven dem Täter auch die Rückkehr zur Steuerehrlichkeit ermöglichen solle[161]. Wiederum andere versuchten einen Kompromiss der verschiedenen Ansätze zu erzielen. Die Gleichwertigkeit kriminalpolitischer sowie fiskalischer Zielsetzungen in § 371 AO sei eine Problematik des Ausgleichs eines Konflikts zwischen strafrechtlichen und steuerpolitischen Zielsetzungen[162]. So ergebe sich die Legitimation der Norm sowohl aus kriminalpolitischen, steuerpolitischen sowie auch strafrechtlichen Erwägungen. Dabei komme kriminalpolitischen

---

158 Vgl. Schlussbericht der Sachverständigenkommission (1980), Teil II, III., S. 45 (46). *Koch*, AO 1977, § 370, Rn. 3, S. 1423; *Franzen*, a.a.O. (1985), Rn. 13, S. 311; *Tiedemann*, JR 1975, 385 (387): Freiwillige Selbstanzeigen seien in der Praxis sehr selten: „Berichtigungserklärungen und Steuernachzahlungen mit dem Ziel der Erlangung von Straffreiheit erfolgen vielmehr regelmäßig nur dann, wenn der Täter angesichts der Gefahr einer Fremdanzeige oder einer bevorstehenden Betriebsprüfung ohnehin mit der Entdeckung der Tat und damit der Eröffnung der verheimlichten Steuerquelle rechnen muß."

159 Vgl. *Löffler*, Selbstanzeige (1992), S. 103 ff. (104) (148) (167 ff.) (178); *Frees*, Selbstanzeige (1991), S. 74 ff., 103 ff.; *Joecks*, a.a.O. (2009), Rn. 20, S. 330 ff.

160 Vgl. *Löffler*, a.a.O., S. 124 f., 136 f. (166): „Insbesondere die moderne Wiedergutmachungsdiskussion zeigt, daß die Entwicklung des Instituts der tätigen Reue auch heute keinesfalls stagniert. Daß in dieser Situation gerade der § 371 AO als richtungsweisend hervorgehoben wird, ist ein weiterer Beleg dafür, daß die Selbstanzeige ihren Platz im 'offenen System' der Rücktrittsvorschriften des allgemeinen Strafrechts hat" m.w.N.

161 Vgl. *Kratzsch*, DStJG 6 (1983), S. 283 (291); *Pfaff*, a.a.O., S. 15; *Franzen*, a.a.O., Rn.13, 14, S. 311; Schlussbericht a.a.O. Teil II, III., S. 45 (46): „Dieser steuerpolitische Aspekt der Selbstanzeige kollidiert jedoch mit dem strafrechtlichen Prinzip, daß jeder Täter entsprechend seiner Schuld zu bestrafen ist und dass ein Strafaufhebungsgrund nur in Betracht kommt, wenn der Täter aus Reue die Folgen der Tat wiedergutmacht."

162 Vgl. *Brauns*, wistra 1987, S. 233: „Der Grund dafür, beiden Auslegungsrichtungen [mit festgelegter Präferenz] eine Absage zu erteilen, liegt darin, daß weder die Vorzugswürdigkeit der einen noch die der anderen Zielorientierung nachgewiesen werden kann."

und strafrechtlichen Aspekten eine größere Bedeutung zu. Kennzeichnend für die Steuerhinterziehung sei – wie für alle Vermögensdelikte des StGB –, dass die Rechtsgutsverletzung vollständig reparabel sei. Insofern handle es sich bei § 371 AO um eine „moderne“ Norm, die dem Zurückdrängen der absoluten Straftheorien und der Erkenntnis, dass die „Einsicht des Täters“ und eine Schadenswiedergutmachung zu honorieren seien, entspreche. Die Selbstanzeige sei kein Fremdkörper im deutschen Strafrecht[163].

b) Verfassungsmäßigkeit

Die Selbstanzeige nahm – aus Sicht des allgemeinen Strafrechts – eine Sonderstellung ein. Eine dem Steuerstrafrecht vergleichbare Regelung war bei anderen Vermögensdelikten nicht vorgesehen[164]. Auch weil der Steuerhinterzieher durch die Möglichkeit der strafbefreienden Selbstanzeige gegenüber vergleichbaren anderen Straftätern wie dem Betrüger (§ 263 StGB) oder Dieb (§ 242 StGB) privilegiert wurde, wurde diese Ungleichbehandlung innerhalb des deutschen Strafrechtssystems vielfach als ungerecht empfunden. Insofern war fraglich, ob die strafbefreiende Wirkung der Selbstanzeige dem Gerechtigkeitsgedanken und den verfassungsrechtlichen Anforderungen zuwiderlief[165].

Im Jahre 1982 hatte zunächst das Amtsgericht Saarbrücken in einem Vorlagebeschluss die Auffassung vertreten, sowohl § 371 Abs. 1 (Straffreiheit der Steuerhinterziehung bei Selbstanzeige) als auch § 371 Abs. 3 AO (Ausschluss der Straffreiheit bei nicht fristgerechter Nachentrichtung der Steuer) seien verfassungswidrig, da die Normen gegen Art. 3 Abs. 1 und Art. 20 GG verstießen[166]. § 371 Abs. 1 AO unterscheide aus fiskalischen Erwägungen sachwidrig, weil bei vergleichbaren, eng verwandten Straftaten keine strafbefreiende Selbstanzeige möglich sei. Es widerspreche den Grundregeln des Strafrechts und der materiellen Gerechtigkeit, wenn ein Steuerhinterzieher sich „freikaufen“ könne. Im Falle des § 371 Abs. 3 AO erhalte selbst eine Person, die sich in größerem Maß sozialschädigend Verhalten habe – z.B.

---

163 Vgl. *Löffler*, a.a.O., S. 178, 184 f. (190), 269 f. (271); *Breyer*, Inhalt 1999, S. 23 (40 f.): „Unter diesem Blickwinkel liegt die Selbstanzeige ganz auf der Linie gesetzgeberischer Intentionen. Sie stellt danach gerade keine Ausnahme dar, sondern wäre allenfalls auch auf andere Steuerdelikte auszudehnen.“

164 Vgl. Schlussbericht der Sachverständigenkommission (1980), Teil II, III., S. 46; *Suhr*, StBp 1975, S. 80 (80); *Kratzsch*, DStJG 6 (1983), S. 283 (287).

165 Vgl. u.a. *Abramowksi*, DStZ 1992, 460 ff.; *Zöbeley*, DStZ 1984, 198 ff.

166 Vgl. AG Saarbrücken, wistra 1983, 84, Vorlagebeschluss vom 2. Dezember 1982.

durch privates Anlegen der verkürzten Beträge – Straffreiheit. Die Steuern könnten einfach nachentrichtet werden[167].

Das Bundesverfassungsgericht (BVerfG) hatte in seinem Beschluss vom 28. Juni 1983 diesen Vorlagebeschluss als unzulässig angesehen und die vorgelegten Normen somit nicht auf ihre Verfassungsmäßigkeit überprüft[168]. Allerdings betonte der BGH, dass § 371 AO „verfassungsrechtlich unbedenklich" sei. Die Argumentation des AG sei nicht überzeugend[169]. Nach Art. 3 Abs. 1 GG sei es dem Gesetzgeber verboten, eine willkürlich ungleiche Behandlung des in wesentlichen Punkten Gleichen vorzunehmen. Diese Verfassungsnorm sei daher verletzt, sofern sich ein vernünftiger – aus der Natur der Sache ergebender – Grund für eine gesetzliche Unterscheidung nicht finden lasse, also eine willkürliche Differenzierung vorliege. Die Unsachlichkeit einer Regelung müsse evident sein, wenn Art. 3 Abs. 1 GG verletzt sein solle. Entscheidend sei, ob das Gesetz bei objektiver Betrachtung sachlich zu rechtfertigen sei[170].

Auch von Seiten der Literatur erfuhr das Urteil des AG Saarbrücken von 1982 Kritik. Ein Verstoß gegen den allgemeinen Gleichheitssatz des Art. 3 Abs. 1 GG könne es nur bei einer willkürlichen Differenzierung geben. Dies wäre dann der Fall, wenn keine vertretbaren Sachkriterien für die unternommene Differenzierung sprechen. Ein solches Sachkriterium bestehe bei der Steuerhinterziehung deshalb, weil die Rechtsgutsverletzung vollständig reparabel sei. Nur bei reparablen (Eigentums- und Vermögens-) Schäden stelle sich die Frage nach der strafrechtlichen Bedeutung einer Schadenswiedergutmachung[171]. Weiter führte man als Sachkriterien die besonderen steuerpolitisch sowie kriminologisch extrem ungünstigen Voraussetzungen des Steuerstrafrechts ins Feld, welche eine Sonderbehandlung rechtfertigen würden. Dadurch, dass der Schaden durch das Delikt immer zu Lasten der Allgemeinheit gehe, unterscheide sich die Steuerhinterziehung vom Betrug. Der objektiv besonders verwerfliche Sonderfall habe auch Auswirkungen auf das Unrechtsbewusstsein des typischen Täters. Diese Tat(begehung) zu Lasten des anonymen Fiskus falle häufig sowohl subjektiv als auch objektiv leichter als es bei verwandten Rechtsgebieten der Fall sei, wodurch die „goldene Brücke" zurück zur Steuer-

167 Vgl. AG Saarbrücken, wistra 1983, 84, Vorlagebeschluss vom 2. Dezember 1982.

168 Vgl. BVerfGE 64, 251 (254) (255); dazu auch *Zöbeley*, DStZ 1984, 198 (198).

169 Vgl. BGH, wistra 1983, 197, Urteil vom 13. Mai 1983 – 3 StR 82/83.

170 Vgl. BVerfGE 18, 121, 124 m.w.N.; auch *Zöbeley*, DStZ 1984, 198 (198).

171 Vgl. *Joecks*, in: Franzen / Gast / Joecks, § 371 Rn. 23, Rn. 30, m.w.N., S. 331 ff.

ehrlichkeit besonders bedeutsam werde[172]. Anders als beim Subventionsbetrug (§ 264 StGB), gehe es bei der Steuerpflicht um einen Zahlungsanspruch des Staates, bei Subventionen dagegen um einen Anspruch gegen den Staat. Selbst wenn dies bei wirtschaftlicher Sichtweise per saldo nicht von Bedeutung sei, falle es subjektiv regelmäßig leichter, sich zu einer Manipulation hinreißen zu lassen, wenn es um die Verteidigung des Geldes in der Tasche gehe. Zudem müsse bei Subventionsanträgen eher mit einer effektiven Kontrolle gerechnet werden als im weiten Feld des Steuerrechts. Auch § 371 Abs. 3 AO sei verfassungsgemäß. Die Differenzierung des AG Saarbrücken zwischen Privatentnahmen und Betriebsinvestitionen sei nicht stichhaltig. Dies führe zu dem Resultat, dass ein nicht mehr lebensfähiges, häufig überschuldetes Unternehmen mit selbst gewährter Steuerstundung fortgeführt werde. Die Gegenüberstellung unterschiedlicher Normadressaten könne nicht zur Annahme einer sachwidrigen Gleichbehandlung führen, da die fragliche Norm selbst genügend Spielraum biete, um den Unterschieden gerecht zu werden[173].

Der 2. Senat des BVerfG hatte mit seinem Zinsurteil vom 27. Juni 1991 die damalige Steuerermittlung für verfassungswidrig erklärt. Der Gleichheitsgrundsatz erfordere nicht nur die Gleichheit der Besteuerung, sondern auch die Gleichheit der tatsächlichen Versteuerung. Der Senat bejahte ein Vollzugsdefizit, somit einen enormen Mangel der tatsächlich erfolgten Steuererhebung. Da nach Feststellungen des Gerichts jedenfalls die Hälfte der Erträge (steuerbaren Kapitaleinkünfte) nicht erfasst werde, sei die nach Art. 3 Abs. 1 GG notwendige Belastungsgleichheit nicht gewährleistet. Das Gericht kritisierte in diesem Zusammenhang vor allem das Bankgeheimnis (§ 30a AO) als „Hindernis für die Gewährleistung von Gleichheit im steuerlichen Belastungserfolg“[174].

Mit diesem Urteil wurden in der Literatur Stimmen lauter, welche auch in dem steuerlichen Selbstanzeigeprivileg gemäß § 371 AO die Unvereinbarkeit mit Art. 3 Abs. 1 GG erkannten. Mit dem Zinsurteil des BVerfGs sei dem Gesetzgeber aufgetragen worden, die tatsächliche Ungleichbehandlung bei der Versteuerung von Zinseinkünften endgültig zu beseitigen. Spätestens zu diesem Zeitpunkt erscheine die Berechtigung der Beschränkung des Selbstan-

172 Vgl. *Zöbeley*, DStZ 1984, 198 (198).

173 Vgl. *Zöbeley*, DStZ 1984, 198 (199): Gesichtspunkte für die bei der Prüfung zu berücksichtigenden Frage, ob die Frist angemessen sei, seien die Höhe der geschuldeten Leistung und die besondere wirtschaftliche Lage des Täters. Bei einem offensichtlich zahlungsunfähigen Täter sei eine angemessene Frist zu setzen, in welcher er die Möglichkeit erhalte, sich um Fremdmittel zu bemühen.

174 BVerfG, FR 1991, 375 (388); BVerfGE 84, 239 (254 ff.) (276 ff.).

zeigeprivilegs auf das Steuerstrafrecht in Frage gestellt[175]. Ein Sachkriterium für die Rechtfertigung der Begünstigung könne nicht in einem „Wegfall des Strafbedürfnisses" gesehen werden[176]. Die Rechtfertigung des Selbstanzeigeprivilegs solle die Rückkehr zur Steuerehrlichkeit erleichtern. § 371 AO fördere folglich die Steuermoral des Täters[177]. Die Frage, welche Voraussetzungen an eine Nachtatverhaltensvorschrift (NTV) zu stellen seien, lasse sich auf eine günstige Gefahrenprognose reduzieren, welche eine subjektive und objektive Komponente beinhalte – eine Freiwilligkeit als Ausdruck der Willensumkehr und eine Schadenswiedergutmachung. Die Kriterien der Freiwilligkeit lägen bei § 371 AO offensichtlich nicht vor, da die Norm diese Voraussetzung nicht beinhalte. Auch die Ausschlussgründe nach Absatz 2 würden nicht alle Fälle, welche nicht auf eine Willensumkehr beruhten, erfassen. Zu denken sei an die Fälle der Entdeckungsgefahr, welche nach vorherrschender Lehre nicht vom Ausschlusskatalog erfasst seien, sowie die Ankündigung einer steuerlichen Außenprüfung oder strafrechtliche Hinweise der Finanzverwaltung[178]. Selbst das objektive Erfordernis der Schadenswiedergutmachung – also die Berichtigung und Nachzahlung – müsse bei einer wirksamen Selbstanzeige nicht immer erfüllt sein. Die Nachzahlungspflicht erstrecke sich nach § 371 Abs. 3 AO nicht auf alle Täter, sondern nur auf solche, die Vorteile durch die Tat erlangt hätten. Zudem bestehe auch eine sachliche Einschränkung der Wiedergutmachung, denn § 371 Abs. 3 AO erlege dem Täter eine Verpflichtung zur Beseitigung des Verspätungsschadens – d.h. Zahlung von Zinsen – nicht auf. Auch sei eine Berichtigung anerkannt, welche infolge mangelhafter Buchführung nur auf Schätzungen beruhe, so dass die Wiedergutmachung eines – in der unrichtigen Festsetzung liegenden – Schadens nicht in jedem Fall erzielt werde[179]. Als Rechtfertigungskriterium für die Selbstanzeige greife auch das Argument der „geringeren Strafwürdigkeit" nicht. Das Rechtsgut des „öffentlichen Interesses am vollständigen und rechtzeitigen Aufkommen der einzelnen Steuern" sei durchaus dem des Betrugs

175 Vgl. *Abramovski*, DStZ 1992, 460 (465).

176 Vgl. *Abramovski*, DStZ 1992, 460 (461): Hiernach fehle ein Strafbedürfnis, wenn die Strafzwecke durch das Nachtatverhalten so wesentlich beseitigt wurden, dass sie nicht mehr entscheidend ins Gewicht fallen.

177 Vgl. *Pfaff*, Kommentar (1977), S. 14 (15): „Die Straffreiheit soll auch erreichen, daß der Steuerpflichtige nunmehr in der Erfüllung der steuerlichen Pflichten ehrlich ist. Insofern dient die Regelung der Selbstanzeige zugleich der Steuermoral. Die Steuerwilligkeit, auf der die Steuermoral auch aufbaut, soll durch die rechtliche Möglichkeit der strafbefreienden Selbstanzeige gefördert werden."

178 Vgl. *Abramovski*, DStZ 1992, 460 (461); kritisch auch *Tiedemann*, JR 1975, 385 (387).

179 Vgl. *Abramovski*, DStZ 1992, 460 (462).

vergleichbar. Dieser schütze das Vermögen ebenfalls nicht schlechthin, sondern nur gegen eine bestimmte Angriffsmethode der Täuschung. Es könne nicht ernsthaft behauptet werden, dass das öffentliche Vermögen „weniger wert“ als das Individualvermögen – wie beim Betrug – sei. Zudem stelle die Tatsache, dass die in der Hinterziehung liegende Schädigung der Allgemeinheit in der Bevölkerung häufig als Kavaliersdelikt bagatellisiert werde und somit die Hemmschwelle besonders niedrig sei, keine Besonderheit des Steuerstrafrechts dar[180]. Auch das weitere Argument, dass im Steuerstrafrecht im Verhältnis zu anderen Straftaten eine weitergehende Anreizfunktion bestehe – in diesem Zusammenhang werde auf die besonders schwierige Aufklärungslage verwiesen[181] –, überzeuge nicht. Einen „steuerlichen Ermittlungsnotstand“ gebe es auch bei anderen Straftaten. Nicht nur die Steuerhinterziehung sei ein „secret crime“, bei welchem es kein individuelles Opfer gebe. Diese Situation gelte für die meisten Wirtschafts- und Umweltstraftaten. Der Umstand, dass man das Delikt in der Bevölkerung oftmals als Kavaliersdelikt bagatellisiere, sei bei den meisten Wirtschaftsdelikten ähnlich ausgeprägt. Einzig die Tatsache, dass bei der Aufklärung der Steuerhinterziehung das Bankgeheimnis (§ 30a AO) ein erhebliches Hindernis darstelle, spreche für einen Unterschied zu vielen anderen Wirtschaftsdelikten. Ein solcher Geheimnisschutz, welcher den Steuerhinterzieher umgebe, suche im übrigen Strafrecht seinesgleichen. Jedoch sei dieser einzig denkbare Differenzierungsgrund, der für ein Selbstanzeigeprivileg spreche, mit dem Zins-Versteuerungsurteil des BVerfGs entfallen[182]. Das BVerfG habe festgestellt, dass das Bankgeheimnis nicht zu einer ungleichen Besteuerung der Einkünfte in tatsächlicher Hinsicht führen dürfe, also nicht Grund für einen Ermittlungsnotstand sein. Die Berechtigung der Beschränkung des Selbstanzeigeprivilegs nach § 371 AO auf das Steuerstrafrecht bzw. seine Daseinsberechtigung müsse entfallen. Gebe es keinen sachlich einleuchtenden Grund, der für eine Begünstigung der Selbstanzeige gegenüber anderen Straftätern spreche, so sei die unterschiedliche Ausgestaltung der NTV-Normen mit Art. 3 Abs. 1 GG nicht vereinbar. Eine Lösung sei, die Begünstigung vollständig zu streichen oder deren Ausdehnung – vergleichbar dem österreichischen Recht – auf andere Straftatbestände zu forcieren, um so der Ungleichbehandlung entgegenzuwirken[183].

---

180 Vgl. *Abramovski*, DStZ 1992, 460 (462).

181 Vgl. *Lohmeyer*, StB 1985, 293 (296); *Späth*, Stbg 1983, 163 (165).

182 Vgl. *Abramovski*, DStZ 1992, 460 (464).

183 Vgl. *Abramovski*, DStZ 1992, 460 (465): „Während es im deutschen Strafrecht bisher nur § 371 AO gibt, welches dem Täter zeitlich unbegrenzt die Möglichkeit zur strafbefreienden Wiedergutmachung gewährt, existiert im österreichischen Strafrecht bereits

c) Stellungnahme

Nach Art. 3 GG liegt ein Verstoß gegen den allgemeinen Gleichheitssatz nur bei einer willkürlichen Differenzierung vor. Diese liegt vor, wenn nicht einmal vertretbare Anhaltspunkte für die vom Gesetz getroffene Unterscheidung sprechen. Ein solcher Anhaltspunkt könnte die Tatsache sein, dass die durch die Steuerhinterziehungstat verursachte Rechtsgutsverletzung vollständig reparabel ist. Dieses Argument vermag aber insofern nicht zu überzeugen, als es auch auf andere Eigentums- bzw. Vermögensdelikte zutrifft. So kann auch ein Täter nach begangenem Diebstahl das Diebstahlsgut, welches für mehrere Tage entwendet wurde, vollständig und unversehrt dem berechtigten Eigentümer zurückbringen. Eine Wiedergutmachung der durch die Tat verursachten Rechtsgutsverletzung ist auch hier möglich. Dies ist keine Besonderheit der Steuerhinterziehung. Allein hieraus einen vertretbaren Sachgrund für die Differenzierung in der steuerpolitischen Zielsetzung sowie den kriminologisch ungünstigen Steuerstrafrechtsbedingungen zu sehen, überzeugt nicht.

Doch selbst wenn man eine Vereinbarung des Instituts der Selbstanzeige mit dem verfassungsrechtlichen Gleichheitsgebot nach Art. 3 GG damit begründet, dass wegen eines Anhaltspunktes für die getroffene Unterscheidung eine willkürliche Differenzierung nicht vorliege, so ändert dies nichts daran, dass eine Ungleichbehandlung im Sinne des allgemeinen Rechtsprinzips nach wie vor besteht. Das systemtranszendente Gerechtigkeitskriterium, ist durch das Institut der Selbstanzeige bereits dadurch eingeschränkt, dass eine Privilegierung der Steuerhinterziehung gegenüber anderen Eigentums- und Vermögensdelikten besteht. Mit dem Zinsurteil des BVerfGs wurde dem Gesetzgeber aufgetragen die tatsächliche Ungleichbehandlung bei der Versteuerung von

---

seit 1787 mit § 167 öStGB ein vergleichbares Rechtsinstitut, welches die meisten Eigentums- und Vermögensdelikte erfasst […]"; vgl auch Schlussbericht der Sachverständigenkommission (1980), Teil II, III., S. 47; auch Tagungsberichte, XI. Band, 1976 in Bamberg, S. 35 (36) (37) (39 f.): Die Kommission ging davon aus, dass eine dem § 167 des österreichischen Strafgesetzbuch entsprechende Regelung „möglicherweise" zu weit gehe. Einig war sich die Unterkommission darin, daß eine solche Regelung nicht global für alle Tatbestände, bei denen eine Wiedergutmachung möglich ist, eingeführt werden könne, sondern, dass für jeden Tatbestand aus dem Bereich der Vermögensdelikte die Frage der Anwendbarkeit des Prinzips besonders geprüft werden müsse. hierzu auch BMJ, Tagungsberichte, XI. Band, 1976, in: BArch Koblenz, B 141/82387. Für eine Abschaffung plädierte jedoch *Tiedemann*, JR 1975, 385 (387): Die Existenzberechtigung der Vorschrift selbst sei in höchstem Maße zweifelhaft. Die einseitige Bevorzugung fiskalischer Zielsetzungen vor den Anforderungen strafrechtlicher Gerechtigkeit bei einem vorsätzlich handelnden Täter widerspreche der sonstigen Systematik des deutschen Strafrechts. „Es scheint uns an der Zeit, diese Vorschrift de lege ferenda aufzuheben oder zumindest (in Anlehnung an ältere Modelle) erheblich einzuschränken."

Zinseinkünften zu beseitigen. Spätestens seit diesem Zeitpunkt erscheint die Berechtigung der Beschränkung des Selbstanzeigeprivilegs auf das Steuerstrafrecht fragwürdig.

C) Zusammenfassung / Fazit

Am 1. Januar 1977 trat die Abgabenordnung vom 16. März 1976 in Kraft. Der Tatbestand der Steuerhinterziehung erfuhr in § 370 AO 1977 eine Neufassung.

Bereits die Frage, welches konkrete Rechtsgut von § 370 AO geschützt werden sollte, war ungeklärt. Vereinzelt war man davon überzeugt, dass der Steuerhinterziehungstatbestand überhaupt kein Schutzgut enthalte und nur Sanktion des Steuerungehorsams sei. Wiederum andere Autoren stuften das Besteuerungssystem als Ganzes, das Vermögen des Fiskus oder gar den äußeren Bestand der einzelnen staatlichen Steueransprüche als relevante Schutzobjekte ein. Dieses „Durcheinander" bei der Rechtsgutsbestimmung führte zu Unklarheiten bei der Festlegung der Deliktsnatur und der Tatbestandsausgestaltung.

Fraglich war, ob der Tatbestand des § 370 Abs. 1 Nr. 1 AO eine Täuschungshandlung und Irrtumserregung voraussetzte, da eine explizite Festschreibung unterblieben war. Teilweise wurde vertreten, dass jede Handlungsform des § 370 Abs. 1 AO eine Täuschung beinhalte. Die Nr. 1 setze eine Täuschung durch aktives Handeln voraus, während die Nrn. 2 und 3 bestimmte Täuschungsformen durch Unterlassen beinhalteten. Gegen diese betrugsgleiche Auslegung wurden Bedenken geäußert. Es entstünden unüberbrückbare Subsumtionsprobleme in denjenigen Fällen, in denen eine durch Täuschung bewirkte Irrtumserregung nicht ohne weiteres festgestellt werden könne. Auch deute der Wortlaut des Absatzes 1 Nr. 1 AO nicht auf ein Unterlassen im Sinne von Absatz 1 Nr. 2 hin, wodurch ein Unterlassen in dieser Variante ausscheiden müsse. Aufgrund einer fehlenden Festschreibung des In-Unkenntnislassens in Absatz 1 Nr. 1, wurde teilweise geschlussfolgert, dass hier das Kriterium der „Unkenntnis" entbehrlich sei. Dem Wortlaut entsprechend könne der Hinterziehungstatbestand auch durch unrichtige Angaben gegenüber der wissenden Behörde realisiert werden. Daran wurde kritisiert, dass eine reine Wortlautbegrenzung unzureichend sei. In früheren Entscheidungen habe der BGH hinsichtlich des Kriteriums der Steuerunehrlichkeit immer zugleich eine Unkenntnis auf Seiten der Finanzbehörde verlangt. Folglich setze sowohl der Handlungs- als auch der Unterlassungstatbestand die „Unkenntnis" voraus.

Resümierend verfehlte die Neufassung des § 370 AO das Ziel einen fest umgrenzten Tatbestand zu kreieren. Notwendig ist eine gesetzliche Normierung sowohl der Täuschungshandlung als auch der Irrtumserregung in Absatz 1, um klarzustellen, dass eine Steuerhinterziehung durch positives Tun – mittels einer Täuschungshandlung und durch falsche oder unvollständige Angaben – begangen werden kann. Das Merkmal „Unkenntnis der Finanzbehörde“ ist in Absatz 1 Nr. 1 AO einzufügen. Wollte man auf dieses Merkmal verzichten, so käme dem Täter, je nachdem ob man sein Verhalten als Unterlassen oder als ein aktives Tun qualifiziert, die Kenntnis der Finanzbehörde zugute oder nicht. Diese Unbestimmtheit gilt es aber zu vermeiden.

In § 370 IV 1 AO stellte das Gesetz die Vermögensgefährdung im Festsetzungsverfahren dem Vermögensschaden gleich. Sofern das Gesetz die nicht rechtzeitige Festsetzung genügen ließ, erfasste es durchgängig die konkrete Gefahr von Verspätungsschäden. Verursachte die niedrige Festsetzung den Verkürzungserfolg, wurden sowohl konkrete Gefahren des mengenmäßigen wie auch konkrete Gefahren des Verspätungsschadens miteinbezogen. Da der Steuerschuldner bei verspäteter Steuerfestsetzung immer noch innerhalb des üblichen Zahlungszeitraums in der korrekten Höhe bezahlen konnte, § 370 IV 1 AO aber mit der Festsetzung die Vollendung eintreten ließ, wurde eine bloße Vermögensgefährdung letztlich als Vermögensschaden behandelt, was zu einer bedenklichen Strafbarkeitsvorverlagerung in den Gefährdungsbereich führte.

Von Relevanz für die Bestimmung des Tatbestandsvorsatzes war die Frage, ob es sich bei der Steuerhinterziehung um ein Blankettstrafgesetz handelte. Die Anknüpfung des § 370 AO an steuerrechtliche Vorfeldnormen spricht für ein Strafblankett. Ob ein Steuervorteil erlangt wird, eine Steuer verkürzt wird oder ob ein Steueranspruch besteht, lässt sich nur aus den Einzelsteuergesetzen erschließen. Auch wenn man den Begriff des Blankettstrafgesetzes nicht im technischen Sinn versteht, so ist dennoch eine enorme Bedeutung des Steuerrechts für die Auslegung des Steuerhinterziehungstatbestandes erkennbar.

Im Bereich des Strafrahmens führte die 1975 abgeschlossene Reform des materiellen Strafrechts zu einer Anpassung der Steuerhinterziehungsfolgen. Anstelle unterschiedlich schwerer Arten (Haft, Zuchthaus, Gefängnis) trat eine einheitliche Freiheitsstrafe. Bei der Steuerhinterziehung wurde die Gefängnisstrafe durch Freiheitsstrafe bis zu fünf Jahren ersetzt. Allerdings wurde mit § 370 Abs. 3 AO eine, mit Regelbeispielen erläuterte, Strafschärfung (Freiheitsstrafe von sechs Monaten bis zu zehn Jahren) für besonders schwere Fälle eingeführt. Sie orientierte sich inhaltlich an der Normierung besonders schwerer Fälle des Subventionsbetruges. Schwer nachzuvollziehen ist, dass die Steuerhinterziehung unter Ausnutzung der Mithilfe eines Amtsträgers regelmäßig eine Freiheitsstrafe von mindestens sechs Monaten bis zu zehn Jahren vorsah. Demgegenüber wurde der bewaffnete oder gar gewaltsame Schmuggel nach § 373 AO mit einer Freiheitsstrafe von nur 3 Monaten bis zu höchstens 5

Jahren versehen. Resümierend ist die enorme Strafverschärfung zu kritisieren. Während vor 1919 für Steuerhinterziehungen regelmäßig lediglich Geldstrafe vorgesehen war, waren später nach der Gesetzeslage durchweg Freiheitsstrafen realisierbar, welche in besonders schweren Fällen bis zu zehn Jahren vorsahen.

Wenngleich eine bedenkliche Unbestimmtheit des Steuerhinterziehungstatbestandes nach § 370 AO zu attestieren ist, kann (noch) nicht von einer Verfassungswidrigkeit im Sinne des Art. 103 Abs. 2 GG ausgegangen werden. Die Vielgestaltigkeit des Lebens, die Abstraktheit von Strafnormen machen es unvermeidbar, dass eine Restunsicherheit in der Auslegung einzelner Tatbestandselemente bestehen bleibt. Es bedarf aber einer weiteren restriktiven Tatbestandauslegung, um dieser Unbestimmtheit entgegenwirken zu können.

Besonders problematisch ist das Konstrukt der strafbefreienden Selbstanzeige nach § 371 AO zu sehen. Ohne zeitliche Begrenzung konnte von der vollendeten Steuerhinterziehung, selbst nach Verstreichenlassen mehrerer Jahre, strafbefreiend zurückgetreten werden. Da eine vergleichbare Regelung im allgemeinen Strafrecht fehlte, war sowohl der Zweck als auch die Rechtfertigung dieser Sonderregelung umstritten. Es ging weiter nicht in erster Linie um einen präventiven Rechtsgüterschutz. Vielmehr erscheint die steuerpolitische, fiskalische Zwecksetzung – die Erschließung verheimlichter Steuerquellen – nach wie vor das überragende gesetzgeberische Motiv für dieses Ausnahmekonstrukt gewesen zu sein. Auch ging es darum – durch Einwirkung auf die Psyche des Täters – die schädlichen Konsequenzen der Tatbegehung so gut wie nur möglich zu reduzieren. Dagegen erscheinen strafrechtliche Prinzipien als Erklärungsansatz nur untergeordnete Relevanz gehabt zu haben. Insbesondere können Rücktrittsnormen des StGB für einen Vergleich argumentativ nicht wirklich herangezogen werden, da im Fall der strafbefreienden Selbstanzeige die Vollendung der Steuerhinterziehung, anders als beim Rücktritt nach § 24 StGB, bereits eingetreten ist. Der Täter handelt in der Regel weder aus Freiwilligkeit noch aus Reue. Die anschließende Selbstanzeige hat keinen Einfluss auf den Unrechtsgehalt der Tat. Die Selbstanzeige widerspricht somit dem strafrechtlichen Prinzip, wonach der Täter entsprechend seiner Schuld zu bestrafen ist und die Strafaufhebung nur in Frage kommt, wenn der Täter aus Reue oder freiwillig handelt. Die Ausnahmeregelung ist auch im Hinblick auf den allgemeinen Gleichheitssatz nach Art. 3 GG kritisch zu sehen. Vertretbare Sachgründe, welche für eine Differenzierung sprechen würden, sind auch nicht in den ungünstigen Bedingungen des Steuerstrafrechts zu finden. Selbst das Hauptargument – die Rechtsgutsverletzung sei gänzlich reparabel – überzeugt nicht, zumal eine Wiedergutmachung auch bei anderen Eigentums- bzw. Vermögensdelikten realisierbar ist. Im Ergebnis kann die – durch das Selbstanzeigeprivileg verursachte – allgemeine Ungleichbehandlung nur beseitigt werden, indem das Selbstanzeigeinstitut auf andere Eigentums- und Vermögensdelikte – vergleichbar dem österreichischen Recht – ausgedehnt wird. Alternativ käme auch eine Abschaffung des Selbstanzeigeprivilegs im Rahmen einer umfassenden Reform des Steuerhinterziehungstatbestandes in Frage[184].

184 Vgl. bezüglich der Zusammenfassung / Fazit: Zweiter Teil, Siebtes Kapitel.

Achtes Kapitel: Entwicklung Anfang des 21. Jahrhunderts

A) Strafrechtstheoretische Grundlagen

Das kriminalpolitische Schlagwort des strafrechtlichen Zeitgeschehens lässt sich mit dem Wort „Bekämpfung“ zusammenfassen. Bereits in den 70er und 80er Jahren hatten das Erste und Zweite Gesetz zur Bekämpfung der Wirtschaftskriminalität aus den Jahren 1976 und 1986 zu Strafschärfungen und zu einer beträchtlichen Expansion des Strafrechts beigetragen. Diese „Strafausweitung“ setzte sich auch zu Beginn des 21. Jahrhunderts fort. Mannigfaltig wurden „Bekämpfungsgesetze“ erlassen, welche als Reaktion auf gesellschaftliche Entwicklungsprozesse, wie z.B. dem wachsenden Terrorismus oder zunehmenden wirtschaftskriminellen Auswüchsen, dienen sollten[1]. Die von den Sicherheitsdiensten als abstrakte Gefahr interpretierte Welle des Terrorismus (z.B. der Anschlag auf das World Trade Center in New York 2001) brachte eine Reihe von einschlägigen „Bekämpfungsgesetzen“ hervor und vertiefte den Diskurs über das sog. „Feindstrafrecht“, welches teilweise kritisch beschreibend – als Kriminalisierung im Vorfeld einer Rechtsgutsverletzung – verstanden, teilweise auch präskriptiv, festlegend verwendet wurde[2].

B) Steuerstrafrecht

I. Der Verbrechenstatbestand des § 370a AO a.F. (2001)

Die nach dem Anschlag auf das World Trade Center vom 11. September 2001 einsetzende Gesetzgebung zur Bekämpfung des internationalen Terrorismus ergriff wegen der Verbindungen zur Organisierten Kriminalität und der Geldwäsche auch das Steuerstrafrecht. Das Gesetz zur Bekämpfung der Steuerverkürzung kreierte im Jahre 2001 den Verbrechenstatbestand der gewerbs- und

---

1 Vgl. *Vormbaum*, Strafrechtsgeschichte 2016, S. 260 f.; Beispiele m.w.N.: Verbrechensbekämpfungsgesetz (1994), Gesetz zur Bekämpfung der Korruption (1997); Gesetz zur Bekämpfung der Steuerverkürzung (2001); Gesetz zur Verbesserung der Bekämpfung der Geldwäsche und zur Bekämpfung der Finanzierung des Terrorismus; sowie Gesetz zur Umsetzung des Rahmenbeschlusses […] zur Terrorismusbekämpfung […]; Gesetz zur Intensivierung der Bekämpfung der Schwarzarbeit (2003).

2 Vgl. *Vormbaum*, Strafrechtsgeschichte 2016, S. 261 (262); *Jakobs*, ZStW 97 (1985), 751 ff.; *Saliger*, JZ 2006, 756 (758 f.): Nach Jakobs diene allein das Bürgerstrafrecht dem primären Strafzweck der positiven Generalprävention, während das Feindstrafrecht unter dem Aspekt der Normstabilisierung nichts bedeute und nur zwinge.

https://doi.org/10.1515/9783110616187-010

bandenmäßigen Hinterziehung in § 370a AO, welcher Freiheitsstrafe von einem Jahr bis zu zehn Jahren androhte. Eine strafbefreiende Selbstanzeige war in diesen Fällen gänzlich ausgeschlossen[3]. Die Regelung wurde im Eilverfahren eingeführt, welches für eine sachliche und seriöse Diskussion nur einen geringen zeitlichen Spielraum eröffnete. Die Bundesregierung präsentierte die Vorschrift der Öffentlichkeit am 10. September 2001. Bereits am 27. November 2001 wurde sie vom Bundestag verabschiedet. Der Bundesrat erteilte seine Zustimmung am 30. November 2001. Die Einführung der Norm erfolgte mit Wirkung teils vom 28. Dezember 2001, teils vom 1. Januar 2002, am 19. Dezember 2001[4]. Die unzureichend durchdachte Norm erfuhr Kritik, vor allem deshalb, weil auch kleinere Steuerhinterziehungen, wie das erfolgreiche Geltendmachen überhöhter Werbungskosten, oft jedes Jahr wiederholt werden und infolge dessen gewerbsmäßig erfolgen, als ausreichend für das Vorliegen des § 370 AO erachtet wurden. Der Tatbestand wurde aus diesen Gründen bereits nach wenigen Monaten abgeändert und auf gewerbs- oder bandenmäßig begangene Steuerhinterziehungen „in großem Ausmaß“ eingegrenzt[5].

Unter dem Druck der auch politisch bald ausbrechenden heftigen Kritik an der Vorschrift sah sich der Gesetzgeber dazu veranlasst, für eine gewerbs- oder bandenmäßige Verkündung jeweils „in großem Ausmaß“ auch eine Selbstanzeige „zweiter Klasse“ zuzulassen, indem § 370a Satz 3 keine Strafbefreiung ermöglichte, allerdings als einzig gesetzlich benannte Konstellation bei Verwirklichung der Erfordernisse des § 371 einen minder schweren Fall indizierte. § 370a wurde letztlich 2007, mit Wirkung zum 1. Januar 2008, aufgehoben[6].

---

3 § 370a fand zusammen mit der Neufassung des § 261 Abs. 1 StGB Eingang in Art. 2 und Art. 4 des StVBG vom 19. Dezember 2001 (BGBl. I 2001, 3922 (3924), Begründung im Bericht des Finanzausschusses, BT-Drucksache 14/7471, 9; hierzu auch *Beckemper*, in: HHS (2016) § 371 AO, Lfg. 234 August 2015, Rn. 9, Fn. 5, S. 9.

4 Vgl. *Schmich*, Auslegung, S. 30 (31): „Gesetz zur Bekämpfung von Steuerverkürzungen bei der Umsatzsteuer und zur Änderung anderer Steuergesetze“ (Steuerverkürzungsbekämpfungsgesetz – StVBG)“; *Reiß*, Stbg 2004, S. 113; *Kuhlen*, a.a.O., Rn. 824, S. 117.

5 Vgl. *Beckemper*, in: HHS (2016) § 371 AO, Lfg. 234 August 2015, Rn. 9, Fn. 6, S. 9; *Kuhlen*, a.a.O., Rn. 826, S. 117: Dabei soll „gewerbsmäßig“ im strafrechtlich üblichen Verständnis dieses Begriffs verstanden werden. Grundsätzlich gilt: § 12 StGB unterscheidet einerseits Vergehen (mit Geldstrafe oder mit Freiheitsstrafe von weniger als einem Jahr) sowie andererseits Verbrechen (Mindestmaß mit Freiheitsstrafe von einem Jahr oder mehr).

6 Vgl. *Schmich*, Auslegung, S. 31 (33): „Die dargestellte massive Kritik hat den Gesetzgeber letztendlich bewogen, den Tatbestand des § 370a AO (und die Formulierung im Geldwäschetatbestand) schon nach sieben Monaten weitreichend zu korrigieren“; *Beckemper*, in: HHS (2016) § 371 AO, Lfg. 234 August 2015, Rn. 9, Fn. 6, S. 9; *Rüping*, in: HHS § 371 AO, Lfg. März 2012, Rn. 10, S. 6.

1. Argumente gegen § 370a AO a.F.

Die Tatbestandsbeschränkung auf gewerbs- oder bandenmäßig begangene Steuerhinterziehung „in großem Ausmaß“ wurde sowohl von der Literatur als auch von der Rechtsprechung als zu unbestimmt und verfassungswidrig gerügt.

Der BGH nahm im Jahre 2004 Stellung zu § 370a AO a.F. Auch wenn der BGH hierbei eine Vorlage nach Art. 100 Abs. 1 GG vermied, so ließ er dennoch keinen Zweifel daran, dass er § 370a AO für verfassungswidrig hielt[7]:

> „Das danach entscheidende Verbrechensmerkmal der Steuerverkürzung ‘in großem Ausmaß’ erscheint indes unter Bedacht auf Art. 103 II GG nicht ausreichend bestimmt […]. Es lässt sich nicht erkennen, unter welchen Voraussetzungen dieses Tatbestandsmerkmal erfüllt ist, welche Anknüpfungspunkte maßgeblich sein sollen und ob es auf den jeweiligen Einzelfall ankommt oder ob bei einer Vielzahl von Hinterziehungstaten – wie etwa bei der monatlich anzumeldenden Lohnsteuer – eine Gesamtbetrachtung des Tatbilds entscheidend sein soll; bei diesem Befund ist nicht ersichtlich, wie der Normadressat – der dem Gesetz unterworfene Steuerbürger – durch Auslegung Tragweite und Anwendungsbereich des Verbrechenstatbestands ermitteln und konkretisieren soll […].“[8]

Mit seiner späteren Entscheidung im Oktober des Jahres 2004 bestätigte der BGH erneut diesen Standpunkt. Die gegen die Verbrechensnorm des § 370a AO bestehenden verfassungsrechtlichen Bedenken – so der BGH – seien allerdings grundsätzlicher Natur. Sie könnten nicht dadurch ausgeräumt werden, dass ein unbestimmtes Gesetz durch die Rechtsprechung in geeignet erscheinenden Einzelfällen allmählich nachgebessert und ausgefüllt wird[9]. Einerseits werde – so der BGH – die Formulierung „in großem Ausmaß“ für eine Strafzumessungsregel zwar noch als hinreichend bestimmt angesehen, andererseits jedoch reiche diese Formulierung als entscheidendes Kriterium bei der Abgrenzung von Verbrechen und Vergehen nicht aus[10]:

> „Der Senat hat bereits in seiner Entscheidung vom 22. 7. 2004 (NJW 2004, 2990) darauf hingewiesen, dass trotz der im Wortlaut ähnlichen Voraussetzungen des besonders schweren Falls nach § 370 III Nr. 1 AO (Steuerverkürzung ‘aus grobem Eigennutz in großem Ausmaß’) bei der Strafzumessungsregel nicht dieselben verfassungsrechtlichen Bedenken gegenüber der weiten Fassung der Regelmerkmale bestehen wie bei der Abgrenzung zwischen Vergehens- und Verbrechenstatbestand. Die in der öffentlichen Diskussion (vgl. Ondracek, Handelsblatt v. 3. 9.

---

7 Vgl. BGH NJW 2004, 2990, (2991 f.), Beschluss vom 22. Juli 2004 – 5 StR 85/ 04.

8 BGH NJW 2004, 2990 (2991), Beschluss vom 22. Juli 2004 – 5 StR 85/ 04.

9 Vgl. BGH NJW 2005, 374 (375), BGH Urteil vom 28. Oktober 2004 – 5 StR 276/04 (LG Wuppertal); BGH NStZ 2005, 105 (106); BGH wistra 2006, 463 f.

10 Vgl. BGH NJW 2005, 374 (375 f.), BGH NStZ 2005, 105 (106).

2004) vorgebrachten Einwendungen, in zahlreichen Straftatbeständen des Strafgesetzbuchs sei das 'große Ausmaß' als Formulierung ebenfalls enthalten, verkennt diese Unterschiede. Es handelt sich insoweit ausschließlich um Merkmale der jeweiligen Strafzumessungstatbestände (vgl. §§ 263 III Nr. 2, 264 II Nr. 1, [...] StGB).“[11]

Auch in der Literatur wurde die materielle Verfassungskonformität des 370a AO unter mehreren Aspekten als bedenklich erklärt. Teilweise sah man die Vorschrift wegen Verstoßes gegen den Gleichheitssatz als verfassungswidrig an. Es gebe für Steuerhinterziehung keinen Rechtfertigungsgrund. Es könne aber auch keinen vernünftigen Grund dafür geben, dass der Gesetzgeber mit § 370a AO das ganze Volk und alle Steuerzahler von Gesetzes wegen als Verbrecher einstufen dürfe. Es müsse in der Tat gefragt werden, ob diese gesetzliche Maßnahme mit Art. 3 Abs. 1 des Grundgesetzes zu vereinbaren sei[12]. Des Weiteren sehe § 370a AO in der Fassung des Steuerverkürzungsbekämpfungsgesetzes keine Möglichkeit vor, atypische Fälle als minder schweren Fall zu berücksichtigen. Infolge dieser Systemwidrigkeit des Strafrahmens verstoße § 370a AO in der Fassung des Steuerverkürzungsbekämpfungsgesetzes gegen den Grundsatz der Verhältnismäßigkeit[13].

Problematisiert wurde die Verwendung des Merkmals der „Gewerbsmäßigkeit“ zur Qualifizierung des Steuerhinterziehungsdeliktes. Bei periodisch veranlagten Steuerarten komme es nicht nur für den Veranlagungszeitraum, in welchem der wahre Sachverhalt vor dem Finanzamt verheimlicht werde, zu einer Steuerverkürzung. Wolle der Täter nicht durch widersprüchliche Anga-

11 BGH NJW 2005, 374 (376), BGH Urteil vom 28. Oktober 2004 – 5 StR 276/04; BGH wistra 2006, 463 f. Diese Stellungnahme war durch einen Aufsatz der Senatsvorsitzenden *Harms,* in FS-Kohlmann 2003, S. 413, 419 ff. m.w.N. ausgearbeitet worden. Kritisch dazu *Hunsmann*, NStZ 2005, 72 f. (75); vgl. *Kuhlen*, a.a.O., S. 117 (Fn. 828).

12 Vgl. *Oberloskamp*, StV 2002, 611 (614): Das Bundesverfassungsgericht habe den Gleichheitssatz in ständiger Rechtsprechung als „Willkürverbot“ gedeutet und prüfe im jeweiligen Fall, ob die in Frage stehende Maßnahme willkürlich, ohne zureichende sachliche Gründe ergangen sei, der Natur der Sache entspreche, sachlich gerechtfertigt sei, sich als sachgemäß, sachgerecht, sachlich vertretbar, sachfremd oder sachwidrig erweise oder deren Ursächlichkeit evident sei. Nach dieser Rechtsprechung könne es nur als sachwidrig bezeichnet werden, wenn der Gesetzgeber einerseits jeden Steuerpflichtigen per Gesetz zum Verbrecher erkläre, andererseits aber nichts dafür tue, um Steuergesetze verständlicher, einfacher zu gestalten. Vgl. *Oberloskamp*, StV 2002, 611, 614 f. (615): „Wenn § 370a AO schon nach Auffassung der Verwaltung nur durch einen Erlaß des Bundesfinanzministers in der gewünschten Weise ausgelegt werden kann, dann liegt m.E. offen auf der Hand, daß diese strafrechtliche Bestimmung nicht mit dem Bestimmtheitsgrundsatz des Art. 103 II GG in Einklang zu bringen und damit verfassungswidrig ist.“ Eine umgehende Aufhebung der §§ 370a AO, 261 I 3 StGB sei geboten.

13 Vgl. *Krummacher,* Qualifikation, S. 286.

ben zu dem steuerrelevanten Sachverhalt das Risiko der Aufdeckung der Steuerhinterziehung im vorangegangenen Veranlagungszeitraum eingehen, sei er faktisch gezwungen, den Sachverhalt im folgenden Veranlagungszeitraum erneut vor den Finanzbehörden zu verheimlichen. Dem Täter könne in derartigen Fällen daher stets unterstellt werden, dass er durch die wiederholte Tatbegehung fortlaufend Steuern einsparen wollte, womit er die Voraussetzungen des gewerbsmäßigen Handelns erfülle. Dies führe letztlich dazu, dass für den Bereich der periodisch veranlagten Steuerarten die qualifizierte Steuerhinterziehung zum Regelfall werde, sofern der Täter einen Umstand vor den Behörden verheimliche, der sich auf mehrere Veranlagungszeiträume auswirke[14].

Überdies sah man unter dem Gesichtspunkt des „Nemo-tenetur-Grundsatzes" die Regelung des § 370a Satz 3 AO, welche der Selbstanzeige lediglich strafmildernde, keine strafbefreiende Wirkung verlieh, als bedenklich an. Denn nach steuerlichen Vorschriften ist der Steuerpflichtige auch dann zur Abgabe wahrheitsgemäßer Steuererklärungen verpflichtet, wenn er durch diese eigene Straftaten oder Ordnungswidrigkeiten aufdeckt. Eine Lösung des Konflikts zwischen steuerlichen Wahrheits- und Deklarationspflichten einerseits und dem Nemo-tenetur-Grundsatz andererseits, nach welchem der Steuerhinterzieher nicht gezwungen werden darf sich selbst zu belasten, bringe weder § 393 Abs. 2 AO, der sich auch auf Nicht-Steuerstraftaten erstrecke, noch § 393 Abs. 1 Satz 2 AO. Das Zwangsmittelverbot finde seine Grenze, wo neues Unrecht geschaffen werde, es also nicht mehr um ein schon begangenes Fehlverhalten gehe. Die Lösung über die Möglichkeit der strafbefreienden Selbstanzeige, aufgrund derer es zumutbar wäre, die Abgabe wahrheitsgemäßer Erklärungen trotz der dadurch drohenden Selbstbelastung zu verlangen, sei aber in den Fällen des § 370a AO durch dessen Satz 3 versperrt[15]. Der faktische Zwang, die einmal begonnene Verheimlichung eines steuerlich erheblichen Sachverhalts, welcher sich auf mehrere Veranlagungszeiträume erstrecke, in den nachfolgenden Besteuerungszeiträumen fortzusetzen sei auch ursächlich für den Verstoß des Tatbestandes der gewerbsmäßigen Steuerhinterziehung gegen den Nemo-tenetur-Grundsatz und somit verfassungswidrig. Auf Grundlage der Rechtsprechung des BVerfGs und des BGHs sei der Steuerpflichtige unter der Strafandrohung der qualifizierten Steuerhinterziehung verpflichtet, in nachfol-

---

14 Vgl. *Krummacher*, Qualifikation, S. 282 (283): Der aus der Abschnittsbesteuerung folgende Zwang zur Fortsetzung der einmal begonnenen Verheimlichung lasse sich auch durch eine einschränkende Auslegung des § 370a Var. 1 AO a.F. nicht begrenzen. Alle Versuche einer einschränkenden Auslegung des Merkmals der Gewerbsmäßigkeit im Rahmen der qualifizierten Steuerhinterziehung gingen entweder über den Wortlaut des § 370a AO a.F. hinaus oder ließen die systematische Stellung der Norm außer Acht.

15 Vgl. *Schneider*, Schreckensinstrument (2006), S. 297.

genden Veranlagungszeiträumen wahrheitsgemäße Angaben zu steuererheblichen Sachverhalten zu machen, die sich über mehrere Besteuerungsabschnitte erstreckten. Mache er jedoch wahrheitsgemäße Angaben zu einem periodenübergreifenden Sachverhalt, der im vorangegangenen Veranlagungszeitraum vor den Finanzbehörden verheimlicht wurde, führe dies zu einer zumindest mittelbaren Selbstbelastung wegen der bereits begangenen Steuerhinterziehung[16].

Weiter führte man an, dass sich § 370a AO a.F. auch unter systematischen Gesichtspunkten weder in das System der Steuerstraftatbestände einfüge, noch ihr Strafrahmen – aufgrund der überhöhten Mindestfreiheitsstrafe von einem Jahr – der Wertung entspreche, welche der Gesetzgeber für allgemeine Vermögensdelikte vorgesehen habe[17]. Kein vergleichbares Vermögensdelikt wie bspw. der Betrug (§ 263 Abs. 3 S. 2 Nr. 2), der Subventionsbetrug (§ 264 Abs. 2 S. 2 Nr. 1), die Untreue (§ 266 Abs. 2 i.V.m. § 263 Abs. 3) werde durch ein besonders großes Ausmaß des Schadens oder eine besonders hohe Werthaltigkeit des Tatobjekts zum Verbrechen qualifiziert. Sachliche Gründe, wieso dies bei der Steuerhinterziehung anders sein sollte, seien nicht ersichtlich. Mit diesem Verbrechenstatbestand werde ohne einleuchtende Begründung und ohne Not ein Fremdkörper in das deutsche Strafrecht eingeführt[18].

Auch unter Präventionsgesichtspunkten überzeuge die Verbrechensqualifizierung nicht. Schon § 370 Abs. 3 AO sehe für besonders schwere Fälle der Steuerhinterziehung Freiheitsstrafe von bis zu zehn Jahren vor. Da dieses Höchststrafmaß identisch mit dem des Verbrechenstatbestandes des § 370a AO sei, könne dadurch keine erhöhte Präventionswirkung erwartet werden. Eine darüber hinausgehende Strafschärfung würde wohl keine zusätzliche Abschreckungswirkung gegenüber Tätern entfalten, die sich durch die bis dato vorgesehenen Strafrahmen unbeeindruckt zeigten[19].

Das hohe Strafmaß könnte sich noch damit erklären, dass der schweren Steuerhinterziehung infolge des ihr selbst immanenten besonders gravierenden Unrechtsgehaltes eine Sonderstellung zukomme. Eine solche Rechtfertigung des besonders hohen Unrechtsgehalts, der eine Einordnung als Verbrechen zur Folge hätte, lasse sich aber aus dem geschützten Rechtsgut der Steuerhinterziehung – dem Vermögen des Staates – nicht ableiten. Vielmehr sei es gerade der Staat, der als kollektiver Akteur – im Gegensatz zu einer im gleichen

16 Vgl. *Krummacher*, Qualifikation, S. 283 f.

17 Vgl. *Krummacher*, Qualifikation, S. 286.

18 Vgl. *Kuhlen*, Grundfragen, S. 119.

19 Vgl. *Kuhlen*, Grundfragen, S. 119 f.

Umfang geschädigten Privatperson – viel milder getroffen werde. Die Einführung eines Verbrechenstatbestandes der schweren Steuerhinterziehung führe im Vergleich zu anderen Vermögensdelikten im geltenden Recht zu einer Verzeichnung des Unrechtsgehalts der Steuerhinterziehung[20].

2. Restriktive Ausgestaltungsversuche

Vereinzelt wurden im Jahre 2010 von politischer Seite erneut Forderungen nach einem Verbrechenstatbestand der Steuerhinterziehung laut. Allerdings wurde ein Hinterziehungsbetrag von mindestens 500.000 Euro vorausgesetzt. Eine gewerbs- oder bandenmäßige Begehung sollte, anders als bei § 370a AO a.F., scheinbar nicht notwendig sein[21].

In der Literatur vertrat man den Standpunkt, dass hinsichtlich der Verfassungsmäßigkeit eines Verbrechenstatbestandes der Steuerhinterziehung in dieser begrenzten Ausprägung und in diesem Format grundsätzlich keine durchgreifenden Bedenken bestünden. Der Bestimmtheitsgrundsatz nach Art. 103 Abs. 2 GG sei zumindest durch die klare Grenze von 500.000 Euro gewahrt. Diese Grenzziehung sei nicht willkürlich und verstoße daher nicht gegen den Gleichheitsgrundsatz des Art. 3 Abs. 1 GG[22]. Die Tatsache, dass die Grenze gerade bei 500.000 Euro gezogen würde, sei zumindest vertretbar. Dafür spreche bereits, dass dieser Betrag vor der 2008 ergangenen Leitentscheidung des BGH[23] mehrfach als Grenze für die Steuerhinterziehung in

---

20 Vgl. *Kuhlen*, a.a.O., S. 122 f.: Vergleiche mit dem Versicherungsbetrug oder dem gegen das Staatsvermögen gerichteten Subventionsbetrug (§ 264 StGB) zeigten auf, dass diese Delikte, trotz Verletzungsanfälligkeit von Versicherungen etc., nicht als Verbrechen eingestuft würden.

21 Vgl. *Gabriel* in: Focus-Online vom 23. Februar 2010, (http://www.focus.de/politik/deutschland/sigmar-gabriel-keine-gnade-fuer-reuige-steuersuender_aid_483200.html, zuletzt aufgerufen am 22. September 2016): „[…] wer sich selbst anzeige, 'hat Angst davor, dass der Staat ihn so oder so erwischt. Der Boom der Selbstanzeigen ist nur der Angst zu verdanken, dass der Staat die angebotenen Daten-CDs kauft und sich der eigene Name darauf findet'. Diese Menschen seien eigentlich der Überzeugung, dass jeder Cent Steuern zu viel bezahlt sei. 'Sie verhalten sich dem Land gegenüber asozial, in dem sie reich geworden sind. Es ist an der Zeit, deutlich zu machen, dass wir in Zukunft nicht mehr bereit sind, Steuerhinterziehung als Kavaliersdelikt durchgehen zu lassen'."

22 Vgl. *Kuhlen*, Grundfragen, S. 118.

23 Vgl. BGHSt 53, 71, Rz. 21 ff. – Entscheidung vom 2. Dezember 2008 – 1 StR 416/08: Im Jahr 2008 hatte der BGH in einer Leitentscheidung die Strafzumessungspraxis bei der Steuerhinterziehung merklich verschärft. Die Höhe der verkürzten Steuer sei nicht der einzig entscheidende Strafzumessungsgrund, sodass eine schematische, quasi tarifmäßige Strafverhängung gestaffelt nach der Höhe des Hinterziehungsbetrags nicht in Frage komme. Er sei jedoch ein maßgebender Strafzumessungsfaktor und ein hoher Verkürzungsbetrag sei zudem ein gewichtiger Strafschärfungsgrund. Der Senat leitete

großem Ausmaß angesehen wurde. Die Norm verstoße auch nicht gegen den Verhältnismäßigkeitsgrundsatz. Zwar könne man anzweifeln, ob die Norm zum Schutz des staatlichen Steueraufkommens geeignet und erforderlich sei. Ausschließen lasse sich dies aber nicht. Die entsprechende Annahme liege daher im Ermessens- bzw. Beurteilungsspielraum des Gesetzgebers. Das Gebot der Proportionalität verlange nur solche Strafen, welche in einem angemessenen Verhältnis zum verschuldeten Tatunrecht stünden, anzudrohen. Zugleich könne man das Vorliegen dieses Kriteriums in Frage stellen, zumal das Abstellen auf die Hinterziehungssumme bedeutende weitere Dimensionen vernachlässige (z.B. die in den Regelbeispielen von § 370 Abs. 3 Nr. 2–5 AO beschriebenen). Dennoch handele es sich bei dem Hinterziehungsbetrag um ein wichtiges Unrechtsmoment der Steuerhinterziehung. Auch liege seine Höhe mit 500.000 Euro weit über den 50.000 bzw. 100.000 Euro, welche von der Rechtsprechung als Mindestbetrag für die Steuerhinterziehung in großem Umfang angesehen würden (§ 370 Abs. 3 Nr. 1 AO)[24].

3. Stellungnahme

Im Ergebnis ist dem Verbrechenstatbestand des § 370a AO a.F. – sowohl in seiner ersten als auch seiner zweiten Fassung – die Daseinsberechtigung abzuerkennen. Die tatbestandliche Unbestimmtheit der Norm, insbesondere durch den Begriff der Steuerverkürzung „in großem Ausmaß", kann nicht als ausschlaggebendes Kriterium für eine Abgrenzung von Verbrechen und Vergehen dienen. Insoweit ist dem BGH beizupflichten und § 370a AO a.F. als verfassungswidrig einzustufen. Hierfür spricht auch, dass die gewerbsmäßige Steuerhinterziehung gegen den Nemo-tenetur-Grundsatz verstößt. Doch selbst wenn man die Verfassungsgemäßheit des Verbrechenstatbestandes bejahen würde und entsprechend dem gesetzgeberischen Vorschlag aus dem Jahre

---

dies aus § 370 Abs. 3 Satz 2 Nr. 1 ab, welcher bei Bestehen eines „großen Ausmaßes" der Steuerverkürzung oder der nicht gerechtfertigten Steuervorteile einen besonders schweren Fall regelmäßig für gegeben hielt. Nach der Entfernung des Kriteriums „aus grobem Eigennutz" müsse für den besonders schweren Fall der Steuerhinterziehung „in großem Ausmaß" regelmäßig der identische Betrag gelten, welchen der BGH bezüglich der wortgleichen Regelung des § 263 Abs. 3 Satz 2 Nr. 2 1. Alt. StGB bei einem besonders schweren Fall des Betrugs als entscheidend erachte, nämlich 50.000 Euro bei der Steuerhinterziehung durch positives Tun. Im Falle eines Unterlassens, das nur zu einer Steuergefährdung führe, sei die Grenze höher bei 100.000 Euro anzusetzen. Bei einer Verkürzung in Millionenhöhe komme grds. eine Freiheitsstrafe ohne die Möglichkeit einer Aussetzung zur Bewährung in Betracht, vgl. BGHSt. 53, 71, Rz. 38 f. (42 ff.); bestätigt in BGH BB 2012, 413, Urteil vom 7. Februar 2012 – 1 StR 525/11, *Hellmann*, in: HHS (2016) Lfg. Nov. 2013, § 370, Rn. 23, S. 16; *Beckemper*, a.a.O. (2016), § 371, Lfg. 234 August 2015, § 371 Rn. 10, S. 9.

24 Vgl. *Kuhlen*, Grundfragen, S. 119.

2010 einen Hinterziehungsbetrag von mindestens 500.000 Euro fordert, so bestünden dennoch keine hinreichenden Sachgründe, welche für die Einführung eines solchen Verbrechenstatbestandes sprechen. Insbesondere die Systemwidrigkeit des § 370a AO im Bereich der Vermögensdelikte, das Fehlen einer gesteigerten Präventionswirkung sowie das Fehlen eines das außergewöhnliche Strafmaß rechtfertigenden besonders hohen Unrechtsgehaltes sprechen letztlich gegen die Einführung eines solchen Verbrechenstatbestandes der Steuerhinterziehung[25].

II. Reform der strafbefreienden Selbstanzeige § 371 AO

Die strafbefreiende Selbstanzeige unterlag Anfang des 21. Jahrhunderts mehreren Reformvorhaben, welche die Kritik an der Norm nicht verstummen ließen.

1. Beschluss des BGH (20.05.2010)

Einen Einschnitt in der bisherigen Entwicklung – mit der auf überwiegendem Konsens beruhenden Vorgehensweise in der Praxis sowie der Erörterung in der Literatur – brachte das Urteil des Bundesgerichtshofes aus dem Jahre 2010. Die Leitentscheidung von 2010 hatte eine vollständige Neubewertung des Rechts der Selbstanzeige zur Folge. Der 1. Strafsenat forderte für die Rechtfertigung der Strafbefreiung eine vollständige Rückkehr zur Steuerehrlichkeit. Konsequenterweise hielt der Senat Teilselbstanzeigen für unzulässig. Dies hatte zur Folge, dass die restriktive Auslegung der positiven Voraussetzungen der Selbstanzeige mit der Ausweitung der Sperrgründe einherging[26]:

> „a) Diese im Verzicht auf den staatlichen Strafanspruch liegende Privilegierung des Steuerstraftäters gegenüber anderen Straftätern bedarf einer doppelten Rechtfertigung: Zum einen sollen verborgene Steuerquellen erschlossen werden; zum anderen soll dem Steuerhinterzieher ein Anreiz gegeben werden, zur Steuerehrlichkeit zurückzukehren. Aus fiskalischen Gründen soll für den Steuerhinterzieher ein Anreiz geschaffen werden, von sich aus den Finanzbehörden bisher verheimlichte Steuerquellen durch wahrheitsgemäße Angaben (S. 182) zu erschließen […]. Allein fiskalische Interessen an der Entrichtung hinterzogener Steuern können diese Privilegierung aber schwerlich rechtfertigen. Hinzukommen muss die Rückkehr zur Steuerehrlichkeit; diese soll honoriert werden […]. b) Eine Rückkehr zur Steuerehrlichkeit ist dann gegeben, wenn der Täter nunmehr vollständige und richtige Angaben – mithin 'reinen Tisch' – macht. Erst dann liegt eine strafbefreiende Selbstanzeige i.S.d. § 371 Abs. 1 AO vor. (S. 183) Der Senat hält eine Teilselbst-

---

25 So auch *Krummacher,* a.a.O., S. 266 ff. (273) (288) sowie *Kuhlen,* a.a.O., S. 119 ff. (123).

26 Vgl. *Beckemper*, in HHS (2016), § 371 Rn. 11, S. 10; BGH, Beschluss vom 20. Mai 2010 – 1 StR 577/09, JZ 2010, 1072 (1073 f.); vgl. auch Anmerkung *Rüping*, JZ 2010, 1072 (1075 f).; *Ders.*, DStR 2010, 1768 (1770 f.).

anzeige nicht für ausreichend, um die Strafbefreiung zu erlangen. Denn hier fehlt gerade die Rückkehr zur vollständigen Steuerehrlichkeit […].“[27]

In der Literatur erntete der Beschluss des BGH vom 20. Mai 2010 – 1 StR 577/09 auf breiter Front inhaltliche wie methodische Kritik. Das Urteil unterlag dem Vorwurf, den Rahmen ergänzender Hinweise in Gestalt von obiter dicta zu sprengen. Zugleich habe der Senat seine Kompetenz als Revisionsgericht überschritten[28]. *Schwedhelm* führte in einer Besprechung der Entscheidung aus, dass der Beschluss des BGH als weiteres Glied einer Reihe von Entscheidungen des 1. Senats einzuordnen sei, der ohne erkennbaren Anlass eine schärfere Verfolgung und Bestrafung von Steuerhinterziehern verlange. Es erfolge eine Demontage der Gewaltenteilung durch die Rechtsfortbildung des 1. Strafsenats[29]. *Rüping* betonte, dass der Senat mit seinem neuen Ausgangspunkt bzw. Leitziel der „Rückkehr in die Steuerehrlichkeit“ einem einseitigen Verständnis der Selbstanzeige Raum gegeben habe. Das neue Rechtsgut der „Steuerehrlichkeit“ werde auf eine formal in der Gleichmäßigkeit der Besteuerung verstandene Steuergerechtigkeit bezogen, verkenne jedoch, dass die „Steuermoral“, empirisch gesehen, auf einer materiell interpretierten Erfüllung konkreter subjektiver Erwartungen an ein gerechtes Steuersystem basiere und durch Offensiven des Staates, mittels Straftaten erlangte CDs mit Steuerdaten anzukaufen und sich selbst ins Zwielicht zu setzen, nachhaltig erschüttert werde[30]. Letztlich biete ein gerechtes, verfas-

27 BGHSt. 55, 180 (181 f.), 1. Strafsenat, Beschl. vom 20. Mai 2010, 1 StR 577/09; BGH JZ 2010, 1072 (1073).

28 Vgl. *Beckemper*, in: HHS (2016), Lfg. 234 August 2015, § 371 Rn. 11, S. 10; auch *Rüping*, in: HHS (2012), Lfg. 216 März 2012, Rn. 12, S. 6 f.; Mit obiter dictum (Plural obiter dicta) wird eine von einem Gericht in einem Urteil geäußerte Rechtsansicht definiert, die nicht zur Urteilsbegründung dient und folglich nicht verbindlich entschieden wurde. Sie nimmt aber eventuell spätere Entscheidungen zu dieser Frage vorweg.

29 Vgl. *Schwedhelm*, Stbg 2010, 348 (350): „Dass der BGH sich nun auch für die Einschränkung von § 371 AO ausspricht, ist angesichts der seit Anfang des Jahres erfolgten Selbstanzeigenflut von besonderer Brisanz. Persönlich berührt mich an diesen Entscheidungen jedoch mehr, mit welcher Ignoranz das Gericht die Grenzen der verfassungsrechtlichen Gewaltenteilung überschreitet. […] Wenn nunmehr aber der Zweig der Judikative, dem im besonderen Maße Macht über die Freiheit des Einzelnen eingeräumt ist, den Weg der Gewaltenteilung verlässt und ungeschminkt individuelle politisch-moralische Wertvorstellungen propagiert, kann ich Sorgen um das Grundverständnis unseres Rechtsstaates nicht verbergen“.

30 Vgl. *Rüping*, JZ 2010, 1075 (1076); *Ders.*, DStR 2010, 1768 (1769): „So plausibel der häufige Verweis auf eine Steuermoral erscheint, der durch eine Verschärfung der Strafsanktionen einschließlich der Voraussetzungen für eine strafbefreiende Selbstanzeige nachgeholfen werden müsse, so wenig ist der behauptete Zusammenhang methodisch abgesichert.“ […] (S. 1770): „Die ‘Steuermoral’ erweist sich entgegen dem durch die landläufige Diskussion hervogerufenen Eindruck nicht einseitig als formaler Gradmes-

sungskonformes Steuerrecht die Gewähr für Prävention, nicht eine verschärfte strafrechtliche Ahndung „steuerunehrlichen" Verhaltens[31].

Aus dem Wortlaut des § 371 Abs. 1 AO könne die Unzulässigkeit einer Teilselbstanzeige – entgegen dem 1. Strafsenat – nicht hergeleitet werden. Seit der Fassung in der RAO 1919 sei die Relativierung, „soweit" die Erklärung reiche, in der Rechtsprechung wie in der Lehre immer auf die nach Veranlagungszeitraum und Steuerart konkretisierte Erklärung bezogen worden und nicht auf die selbstverständliche Wirkung nur für Steuerstraftaten[32]. Die neue Interpretation des Wortlauts durch den 1. Strafsenat wirke gekünstelt, da der 5. Strafsenat des BGH seine frühere anderslautende Rechtsprechung ebenfalls mit dem Gesetzeswortlaut begründet habe. Bei unbefangenem Lesen dränge es sich auf, dass „insoweit" auf den Umfang der korrigierenden Angaben und nicht auf die Reichweite der außersteuerlichen Rechtsfolgen zu beziehen sei[33]. Auch sei die Ansicht des 1. Strafsenats sachlich unbegründet und unpraktikabel. Dies gelte u.a. für Fälle mit Auslandsbezug, bei denen sich die Frage steuerbarer Einkünfte vorab nicht eindeutig klären lasse[34]. Der BGH meine offenbar die evidenten Fälle, in denen der Steuerpflichtige ein Konto nacherkläre und ein anderes verschweige. Wer so argumentiere, müsse aber in der Lage sein, konkrete Grenzen zu benennen. Wer dagegen die Selbstanzeige auch bei

---

ser für die Entstehung normabweichenden Verhaltens, sondern als persönlichkeits- und situationsgebundene Reaktion auf das staatliche Steuersystem. Konsequent sind aus dieser Perspektive nicht primär Kontrolle und Strafe gefordert, sondern 'Einsicht und Bewusstsein, Verantwortung für gemeinsame Anliegen zu tragen. […] Die Bereitschaft, der Steuerverpflichtung zu entsprechen, kann dabei durch klare Informationsbereitstellung seitens der Behörden, durch Transparenz über die Verwendung von Steuermitteln sowie durch Berücksichtigung von subjektiven Gerechtigkeitsprinzipien erhöht werden'. Ernsthafte Schritte in dieser Richtung, und nicht in der einer Verschärfung des Steuerstrafrechts, stehen für eine wirksame Prävention." Dagegen entstehe mit dem Ankauf gestohlener CDs mit Steuerdaten durch Länderregierungen der Eindruck, dass sich staatliche Organe ins Zwielicht begeben, wodurch Vertrauen verspielt werde.

31 Vgl. *Rüping*, JZ 2010, 1075 (1076).

32 Vgl. *Rüping*, DStR 2010, 1768 (1770); *Schlothauer*, StraFo 2011, 459 (466).

33 Vgl. *Wulf*, wistra 2010, 286 (289 f.): „Der 5. Strafsenat des BGH hatte sich mit Beschluss vom 13. Oktober 1998 explizit dazu bekannt, auch eine Teil-Selbstanzeige 'insoweit', wie sie die notwendigen Angaben enthält, als strafbefreiende Nacherklärung anzuerkennen." BGH 5 StR 392/92, wistra 1999, 27, 28; *Kamps*, DB 2010, 1488 (1490).

34 Vgl. *Rüping*, DStR 2010, 1768 (1770); Hatte bspw. ein Steuerpflichtiger Kapitaleinkünfte von jeweils 100. 000 Euro aus zwei ausländischen Bankguthaben nicht angegeben und die Angabe auf Grund insoweit drohender Tatentdeckung für die Einkünfte aus einem dieser Guthaben nachgeholt, so wurde er nach bis dahin h.M. nach § 371 Abs. 1 AO a.F. *insoweit* von Strafe frei, sofern kein Ausschlussgrund (§ 371 Abs. 2 AO a.F.) vorlag und eine Nachzahlung (§ 371 Abs. 3 a.F.) erfolgte, vgl. *Kuhlen*, a.a.O., S. 155.

geringfügigen, eventuell versehentlichen Abweichungen für insgesamt unwirksam erklären wolle, der schaffe das Institut weitestgehend ab[35]. Das vom 1. Strafsenat entwickelte Verständnis des § 371 AO falle einseitig aus. In dem Konflikt zwischen dem Grundrecht des Nemo Tenetur (Selbstbelastungsfreiheit) und der sich jeweils erneuernden Pflicht zur Steuerehrlichkeit eröffne § 371 AO den notwendigen Ausweg und somit die Lösung des Konflikts[36].

2. *Schwarzgeldbekämpfungsgesetz 2011*

Der Bundesrat griff diese Konzeption des 1. Strafsenats zur Abschaffung der Teilselbstanzeige im Entwurf eines Jahressteuergesetzes auf. In nachfolgenden parlamentarischen Kontroversen kam – bedingt durch den politischen Druck, der mitunter durch den Ankauf sog. Daten-CDs z.B. aus der Schweiz angeheizt wurde – sowohl eine Diskussion über eine engere Ausgestaltung der Selbstanzeige als auch der Fortbestand des Rechtsinstituts der Selbstanzeige selbst auf die Tagesordnung. Die Legitimation einer nachträglichen Strafbefreiung durch Selbstanzeige wurde mitunter in Zweifel gezogen[37].

In der Folgezeit wurde an einem eigenständigen Gesetz mit dem Schwerpunkt der Änderung der Selbstanzeige gearbeitet. Am 8. Dezember 2010 wurde ein Entwurf des Gesetzes zur Verbesserung der Bekämpfung von Geldwäsche und Steuerhinterziehung (Schwarzgeldbekämpfungsgesetz) beschlossen[38]. Nach

---

35 Vgl. *Wulf*, wistra 2010, 286 (290); *Kamps*, DB 2010, 1490: Selten seien Ausführungen unschärfer. Es bestehe Rechtsunsicherheit. Unklar sei, ob die Änderung nur für Fälle absichtlicher (doloser) Teil-Selbstanzeigen gelte sowie der Grad der „Vollständigkeit".

36 Vgl. *Salditt*, PStR 2010, 168, 171 f. (174): Das Strafrecht müsse Vertrauensschutz wegen einer Änderung der Rechtsprechung gewähren. Es könne sich nicht verweigern, wo im Vertrauen auf eine Normenlage durch Selbstpreisgabe unter Verzicht auf das Grundrecht des Nemo Tenetur gehandelt werde. § 371 AO lade zur Selbstpreisgabe ein.

37 Vgl. *Beckemper*, in: HHS (2016), Lfg. 234 August 2015, § 371 Rn. 12, Fn. 9, S. 10; *Füllsack / Bürger*, BB 2011, 1239: Parallel zu der Entscheidung des BGHs im Jahre 2010 arbeiteten die Fraktionen im Bundestag an einer Neuregelung der Selbstanzeige. Merkzeichen dieser Entwicklung waren chronologisch der Entwurf der SPD-Fraktion vom 20. April 2010, BT-Drucksache 17/1411, zur kompletten Abschaffung der Selbstanzeige; der Antrag von CDU/CSU vom 19. Mai 2010, BT-Drucksache 17/1755, Begründung S. 7, und der folgende Entwurf CDU/CSU und FDP vom 14. Dezember 2010, das verfassungsrechtlich anerkannte Rechtsinstitut beizubehalten, jedoch die Voraussetzungen unter anderem durch die Unzulässigkeit von Teilanzeigen sowie den neuen Sperrgrund der Bekanntgabe der Prüfungsanordnung zu erschweren (Art. 2 Nr. 1, b, aa, Begründung S. 5) sowie der Antrag von Bündnis90/Die Grünen vom 19. Mai 2010, BT-Drucksache 17/1765, die Anforderungen vor allem durch einen Zuschlag auf die hinterzogenen Steuern zu verschärfen (Begründung S. 3 unter II. 2. h).

38 Vgl. BT-Drs. 17/4182, BT-Drs. 17/4802, auch *Füllsack / Bürger*, BB 2011, 1239 (1240).

Beratung in erster Lesung und Weiterleitung des Entwurfs in die zuständigen Ausschüsse am 16. Dezember 2010 bezog der Bundesrat hierzu am 11. Februar 2011 Position. Er verlangte nochmals die Einführung eines Zuschlags von 5 v.H. auf den Hinterziehungsbetrag, welcher als steuerliche Nebenleistung gemäß § 3 Abs. 4 AO gelten sollte. Eine öffentliche Anhörung erfolgte am 21. Februar 2011. Die Beratungen zum Gesetzentwurf konnten noch nicht abgeschlossen werden. Abermals waren die Zukunft der Teilselbstanzeige und die Einführung eines Zuschlags Diskussionspunkte. Die Linksfraktion schloss sich zwischenzeitlich dem Antrag der SPD-Fraktion auf Abschaffung der Selbstanzeige an. Am 25. Februar 2011 ließ man dann aus Koalitionskreisen verlautbaren, dass man sich auf die Einführung eines Zuschlags verständigen konnte[39].

Die Neuregelung der Selbstanzeige wurde am 17. März 2011 vom Bundestag beschlossen. Die Fassung des Schwarzgeldbekämpfungsgesetzes wurde sodann vom Bundesrat am 15. April 2011 gebilligt und hatte folgenden Wortlaut:

„(1) Wer gegenüber der Finanzbehörde zu allen unverjährten Steuerstraftaten einer Steuerart in vollem Umfang die unrichtigen Angaben berichtigt, die unvollständigen Angaben ergänzt oder die unterlassenen Angaben nachholt, wird wegen dieser Steuerstraftaten nicht nach § 370 bestraft.

(2) Straffreiheit tritt nicht ein, wenn

1. bei einer der zur Selbstanzeige gebrachten unverjährten Steuerstraftaten vor der Berichtigung, Ergänzung oder Nachholung
   a) dem Täter oder seinem Vertreter eine Prüfungsanordnung nach § 196 bekannt gegeben worden ist oder
   b) dem Täter oder seinem Vertreter die Einleitung des Straf- oder Bußgeldverfahrens bekannt gegeben worden ist oder
   c) ein Amtsträger der Finanzbehörde zur steuerlichen Prüfung, zur Ermittlung einer Steuerstraftat oder einer Steuerordnungwidrigkeit erschienen ist oder
2. eine der Steuerstraftaten im Zeitpunkt der Berichtigung, Ergänzung oder Nachholung ganz oder zum Teil bereits entdeckt war und der Täter dies wusste oder bei verständiger Würdigung der Sachlage damit rechnen musste oder
3. die nach § 370 Abs. 1 verkürzte Steuer oder der für sich oder einen anderen erlangte nicht gerechtfertigte Steuervorteil einen Betrag von 50.000 Euro je Tat übersteigt.

---

39 Vgl. *Füllsack / Bürger*, BB 2011, 1239 (1240); *Beckemper*, in: HHS (2016), Lfg. 234 August 2015, § 371 Rn. 13, S. 10 f.: Bei der in das Schwarzgeldbekämpfungsgesetz vom 28. April 2011 aufgenommenen Neufassung des Rechts der Selbstanzeige in § 371 und § 398a handelte es sich um einen politischen Kompromiss. Das Rechtsinstitut blieb als solches erhalten, wurde jedoch in seinen positiven wie negativen Voraussetzungen zum Nachteil des Steuerpflichtigen weitreichend modifiziert.

(3) Sind Steuerverkürzungen bereits eingetreten oder Steuervorteile erlangt, so tritt für den an der Tat Beteiligten Straffreiheit nur ein, wenn er die aus der Tat zu seinen Gunsten hinterzogenen Steuern innerhalb der ihm bestimmten angemessenen Frist entrichtet. (4) […]"[40].

Neu hinzu trat § 398a AO: „Absehen von Verfolgung in besonderen Fällen":

„In Fällen, in denen Straffreiheit nur deswegen nicht eintritt, weil der Hinterziehungsbetrag 50.000 Euro übersteigt (§ 371 Abs. 2 Nr. 3) wird von der Verfolgung einer Steuerstraftat abgesehen, wenn der Täter innerhalb einer ihm bestimmten angemessenen Frist

1. die aus der Tat zu seinen Gunsten hinterzogenen Steuern entrichtet und
2. einen Geldbetrag in Höhe von fünf Prozent der hinterzogenen Steuer zugunsten der Staatskasse zahlt"[41].

Ziel der Reform sollte die Eindämmung der Nutzung der Selbstanzeige im Rahmen einer Hinterziehungsstrategie sein[42].

Auch nach der Neufassung von § 371 AO bestand weiterhin Anlass zur Kritik. Das Schwarzgeldbekämpfungsgesetz 2011 erschwerte in erheblichem Umfang die Anforderungen an die Strafbefreiung. Zugleich perpetuierte es den Trend zur Verschärfung des Steuerstrafrechts sowie zur Ausdehnung der Strafbarkeit nach § 370 AO. Das Gesetz sei verwirrend formuliert, nicht frei von praktischen Hindernissen und von dogmatischen Widersprüchen[43]. Zum einen

---

40 BT-Drs. 17/5067 vom 16. März 2011, S. 8 f.; Deutscher Bundestag, 17. Wahlperiode; Gesetztestext zur Neuregelung auch abgedruckt bei *Füllsack* / *Bürger*, BB 2011, 1240.

41 BT-Drs. 17/5067 vom 16. März 2011, S. 9 – Deutscher Bundestag, 17. Wahlperiode, Beschlussempfehlung und Bericht des Finanzausschusses (7. Ausschuss); Gesetzestext zur Neuregelung des § 371 AO auch abgedruckt in: BGBl. 2011, I 676 (677).

42 Vgl. zu den Zielen des Regierungsentwurfs (Gesetzentwurf der Bundesregierung) vom 17. Februar 2011, Entwurf eines Gesetzes zur Verbesserung der Bekämpfung von Geldwäsche und Steuerhinterziehung (Schwarzgeldbekämpfungsgesetz), in BT-Drs. 17/4802, S. 1: „In der jüngsten Vergangenheit war im Steuerstrafrecht eine Flut von Selbstanzeigen festzustellen. Diese beruht zu einem erheblichen Teil auf dem Ermittlungsdruck, der durch den Ankauf von Datenträgern aus dem Ausland entsteht, die Daten enthalten, mit denen Steuerdelikte zum Nachteil des deutschen Fiskus nachgewiesen werden können. Dabei fällt auf, dass sich die Anzeigen häufig ausschließlich auf das durch Medienveröffentlichungen bekannt gewordene Herkunftsland der Datenträger sowie die dort genannten Geldinstitute beschränken. Es scheint daher naheligend, dass die Selbstanzeige von Steuerhinterziehern im Rahmen einer 'Hinterziehungsstrategie' missbraucht wird und in diesen Fällen gerade nicht dazu dient, alle Steuerhinterziehungen anzuzeigen. […] Die Neuregelung der Selbstanzeige soll dazu dienen, für die Zukunft das planvolle Vorgehen von Steuerhinterziehern nicht mehr mit Strafbefreiung zu belohnen. Das Rechtsinstitut selbst hat sich in der Vergangenheit jedoch grundsätzlich bewährt."

43 Vgl. *Adick*, HRRS 2011, 197 (197) (http://www.hrr-strafrecht.de/hrr/archiv/11-05/hrrs-5-11.pdf) zuletzt aufgerufen am 15. September 2016.

schloss die Neufassung von § 371 Abs. 1 AO eine strafbefreiende Teilselbstanzeige aus. Gegenüber § 371 Abs. 1 AO a.F. und seiner Auslegung durch die früher h.M. sei die Abschaffung der Teilselbstanzeige eine spürbare und die praktisch wohl bedeutendste Verschärfung. Inhaltlich gehe sie auf das Urteil des BGH vom 20. Mai 2010 zurück[44]. Unklar blieb weiter der Grad der Vollständigkeit einer Selbstanzeige. Bezüglich der vertikalen (zeitlichen) Vollständigkeit hänge die Wirksamkeit einer Selbstanzeige davon ab, ob die Sachverhalte aller strafrechtlich noch nicht verfolgungsverjährten Zeiträume berichtigt bzw. nacherklärt worden seien, wobei auf die jeweilige Steuerstraftat abzustellen sei. Bei der horizontalen (sachlichen) Vollständigkeit trete die strafbefreiende Wirkung bereits dann ein, wenn der Steuerpflichtige im unverjährten Zeitraum bereits für eine einzige Steuerart vollständige Angaben mache. Der Gesetzgeber verlange somit innerhalb desselben Veranlagungszeitraums gerade keine „horizontale Vollständigkeit“[45]. Die subjektiven Anforderungen der Selbstanzeige waren im Gesetz nicht ausdrücklich geregelt. Unklar war, welche Rechtsfolge eintreten sollte, wenn eine Selbstanzeige unbewusst nicht vollständig erstattet wurde. Da mit der Neuregelung das Ziel verfolgt wurde, eine strategische („häppchenweise“) Nutzung der Selbstanzeige schwieriger zu gestalten, sprachen die besseren Gründe dafür, lediglich bewusst unvollständigen Anzeigen die strafbefreiende Wirkung zu versagen[46]. Des Weiteren wurden die Ausschlussgründe des § 371 Abs. 2 AO neu geregelt. Die Straffreiheit für die Hinterziehung von Steuern einer Art war ausgeschlossen, sofern ein solcher Grund ebenfalls nur bezüglich einer der angezeigten unverjährten Steuerstraftaten vorlag. Die Sperrwirkung nach § 371 Abs. 2 Nr. 1a AO trat schon dann ein, wenn dem Täter eine Prüfungsanordnung bekannt gegeben worden war. Dies jedoch stelle – so wurde moniert –

---

44 Vgl. *Adick*, HRRS 2011, 197 (198).

45 Vgl. *Hunsmann,* NJW 2011, 1482 (1483); *Beckemper / Schmitz / Wegner / Wulf*, wistra 2011, S. 281 ff. (283); *Kamps*, DB 2010, 1488 (1490 f.); *Kuhlen*, a.a.O., S. 156 (157): Hatte ein Steuerpflichtiger nur eines von zwei Auslandskonten im Nachhinein angezeigt, so erfolgte dadurch keine Ergänzung unvollständiger Angaben zu seinen Kapitaleinkünften „in vollem Umfang“. Der Steuerpflichtige wurde also nicht – auch nicht partiell – straffrei. Ähnliches galt, wenn der Steuerpflichtige zwar die Angaben über Zinseinkünfte eines Jahres umfassend nachholte, aber verschwieg, dass er vergleichbare Einkünfte des Vorjahres nicht angegeben hatte. Eine bloße Teilanzeige war also nur dann wirksam, sofern bei umfassender Information der Behörde über die unverjährten Hinterziehungen „einer Steuerart“, z.B. der Einkommensteuer, die Anzeige von Hinterziehungen einer anderen Steuerart, z.B. der Umsatzsteuer, unterblieb. Für die Straflosigkeit relevant war also die „vertikale (zeitliche) Vollständigkeit“ der Selbstanzeige.

46 Vgl. *Adick*, HRRS 2011, 197 (199); *Hunsmann,* NJW 2011, 1482 (1484).

eine erhebliche Vorverlagerung gegenüber der bisherigen Regelung dar[47]. Ein weiterer Erschwerungsgrund bestand darin, dass nach dem neu eingeführten Sperrgrund des § 371 Abs. 2 Nr. 3 AO die Rechtsfolge „Straffreiheit" ab einer Hinterziehungssumme von 50.000 Euro nicht mehr eintrat[48]. Bezweifelt wurde auch die Verfassungsmäßigkeit der Norm gemäß § 103 Abs. 2 GG[49]. Inhaltliche Modifikationen ergaben sich aus dem neu eingeführten § 398a AO. In Fällen, in denen die Strafaufhebung nur an der Höhe des Hinterziehungsbetrages scheiterte, wurde auf die Verfolgung einer Steuerstraftat verzichtet, wenn der Täter die zu seinen Gunsten hinterzogenen Steuern nachentrichtete und 5 % der hinterzogenen Summe zugunsten der Staatskasse zahlte. Diese Selbstanzeige zweiter Klasse war zwar kein Strafaufhebungsgrund, führte aber auch zwingend zur Einstellung des Verfahrens wegen Steuerhinterziehung[50].

3. Verschärfung der Selbstanzeige 2015

Bereits zum 1. Januar 2015 erfuhr das Institut der Selbstanzeige durch das Gesetz zur Änderung der Abgabenordnung und des Einführungsgesetzes zur

---

47 Vgl. *Hunsmann,* NJW 2011, 1482 (1484): „Die nicht unerhebliche Ausweitung der Ausschlussgründe in Absatz 2 findet ihren Ausdruck ferner darin, dass das Eingreifen der Sperrwirkung zeitlich erheblich vorverlagert wird. So genügt für den Ausschluss der Straffreiheit künftig bereits die Bekanntgabe der Prüfungsanordnung"; *Adick*, a.a.O., 197 (199): „Die Sperrwirkung tritt damit wesentlich früher ein, weil nicht mehr erforderlich ist, dass ein Amtsträger zur steuerlichen Prüfung erscheint […]".

48 Vgl. *Hechtner,* DStZ 2011, 265 (270); *Hunsmann*, NJW 2011, 1482 (1486); *Adick*, HRRS 2011, 197 (201): Bei dieser Bemessungsgrenze habe sich der Gesetzgeber an der Rechtsprechung des BGH zur Steuerhinterziehung in großem Ausmaß § 370 Abs. 3 Nr. 1 AO orientiert. Schon dies sei so nicht richtig, da der BGH in Steuerstrafsachen den Betrag von 50 000 Euro im Zusammenhang mit ertrogenen Erstattungen von Umsatzsteuer, nicht aber unbedingt als für alle Steuerarten relevanten Betrag genannt habe. Vielmehr gelte nach bisheriger Rechtsprechung des BGH z.B. für die Einkommensteuer ein Hinterziehungsbetrag von EUR 100 000 als maßgeblich für das Regelbeispiel.

49 Vgl. *Obenhaus*, Stbg 2011, 166 (173 f.): Eine Norm, die an die Bekanntgabe einer Prüfungsanordnung strafrechtliche Folgen knüpfe, begegne verfassungsrechtlichen Zweifeln. Die Selbstanzeige sei ein tatbezogenes persönliches Merkmal, welches die Strafbarkeit ausschließe. Die Sperrgründe in § 371 Abs. 2 AO verwehrten die Straffreiheit, seien also strafbegründend. Somit müssten sie dem Gesetzlichkeitsprinzip (nulla poena sine lege, Art. 103 Abs. 2 GG, § 1 StGB) genügen. Stelle der Gesetzgeber auf die Prüfungsanordnung ab, so stelle er alle Prüfungsfälle unter Generalverdacht einer Steuerhinterziehung, da die Tat als entdeckt gelte. Dabei sei die Außenprüfung gerichtet auf die umfassende Erfassung von Besteuerungsgrundlagen, nicht aber konkret auf ein Verhalten des Steuerpflichtigen, welches eine Steuerhinterziehung beinhalte. Setze die tatsächliche Tatentdeckung mehr als bloße verdachtsbegründende Anhaltspunkte voraus, so bedürfe es nicht einmal dieser für eine Außenprüfung nach § 193 Abs. 1 AO.

50 Vgl. *Hechtner*, DStZ 2011, 265 (270) (271); *Hunsmann*, NJW 2011, 1482 (1486 f.).

Abgabenordnung eine weitere Reform[51]. Der Spielraum für einen nachhaltigen wissenschaftlichen Diskurs, welcher der neu kreierten Selbstanzeige Konturen hätte verleihen können, war aufgrund des kurzen Zeitrahmens bis zur Neugestaltung der Norm eingegrenzt. Die Reform 2015 hatte eine weitere Absenkung der Grenze der materiellrechtlichen Straffreiheit auf 25.000 Euro zur Folge. Bei darüber hinausgehenden Hinterziehungen blieb die in § 398a AO normierte strafprozessuale Einstellungsmöglichkeit erhalten. Diese sah einen je nach Höhe des Hinterziehungsbetrages gestaffelten Strafzuschlag vor[52]. Mit Wirkung vom 1. Januar 2015 dehnte der Gesetzgeber in § 371 Abs. 1 Satz 2 AO n.F. den steuerartenbezogenen Berichtigungsverbund (die „Sparten-Lebensbeichte") auf alle innerhalb von zehn Kalenderjahren erfolgten Steuerhinterziehungen aus, selbst wenn diese schon strafverfolgungsverjährt sein sollten. Zugleich wurde nun zur Schadenswiedergutmachung nach § 371 Abs. 3 AO nicht mehr nur die fristgerechte Zahlung der hinterzogenen Steuer, sondern auch die Zahlung der Hinterziehungszinsen gefordert. Des Weiteren wurden die Sperrgründe der Selbstanzeige ausgeweitet, wodurch der Anwendungsbereich der Selbstanzeige einer weiteren Eingrenzung unterlag. Folglich führen nun bereits die Bekanntgabe einer Prüfungsanordnung gem. Abs. 2 Nr. 1 a) und die Bekanntgabe der Einleitung eines Strafverfahrens nach Abs. 2 Nr. 1 b) dann nicht mehr zur Straffreiheit, wenn sie gegenüber einem an der Steuerhinterziehung Beteiligten erfolgen. Überdies wurde der Sperrgrund des Abs. 2 Nr. 1c) a.F. in zwei eigenständige Ziffern aufgegliedert. Auch wurde eine neue Alternative des Erscheinens zur Nachschau in Abs. 2 Nr. 2 e) aufgenommen. Durch den neu eingefügten Absatz 2a werden Teilselbstanzeigen in begrenztem Ausmaß – explizit nach unrichtigen Lohnsteueranmeldungen oder Umsatzsteuervoranmeldungen – erneut ermöglicht[53].

4. Stellungnahme

Die zunehmende Verschärfung des Selbstanzeigerechts bestätigt eine Kontinuität bereits früher vorhandener gesetzgeberischer Strafausdehnungstendenzen. Die mit der Neuregelung der Selbstanzeige verbundenen Erschwerungsgründe und Auslegungsschwierigkeiten verringern die notwendige Vorhersehbarkeit der Selbstanzeige. Infolge dieser Rechtsunsicherheit ist unklar, ob die Selbstanzeige ihren moralisch bzw. fiskalisch intendierten Zweck erfüllen kann[54].

---

51 Vgl. BGBl. I 2014, 2415; *Beckemper*, a.a.O. (2016) § 371 AO, Lfg. 234, Rn. 14, S. 11.

52 Vgl. *Beckemper*, in: HHS (2016) § 371 AO, Lfg. 234 August 2015, Rn. 14, S. 11.

53 Vgl. *Beckemper*, in: HHS (2016) § 371 AO, a.a.O., Rn. 14, S. 11; *Seer*, DB 2016, S. 2192 (2193); *Rolletschke*, in: Wirtschafts/SteuerStR (2017), § 371, S. 3133 (3150) (3170).

54 So auch *Beckemper*, in: HHS (2016) § 371 AO, Lfg. 234 August 2015, Rn. 13, S. 11. Zu den bestehenden Rechtsunsicherheiten über die zeitliche, sachliche sowie personelle Reichweite des § 371 Abs. 1 AO auch *Seer,* DB 2016, Nr. 38, 2192 (2193 ff.).

C) Zusammenfassung / Fazit

Die verstärkte Gesetzgebung zur Bekämpfung des internationalen Terrorismus nach dem Anschlag auf das World Trade Center vom 11. September 2001 erfasste aufgrund bestehender Verflechtungen zwischen der organisierten Kriminalität und der Geldwäsche auch das Steuerstrafrecht. Mit dem Gesetz zur Bekämpfung der Steuerverkürzung entstand in § 370a AO a.F. der Verbrechenstatbestand der gewerbs- und bandenmäßigen Hinterziehung. Eine strafbefreiende Selbstanzeige war in diesen Fällen vollständig ausgeschlossen. Infolge der aufkommenden Kritik an dieser Norm wurde der Tatbestand bereits nach kurzer Zeit modifiziert und auf gewerbs- oder bandenmäßig begangene Steuerverkürzung „in großem Ausmaß" begrenzt. Dennoch ist dem Verbrechenstatbestand des § 370a AO die Daseinsberechtigung abzuerkennen. Die tatbestandliche Unbestimmtheit der Norm, insbesondere durch den Begriff „in großem Ausmaß", kann nicht als entscheidendes Merkmal für eine Abgrenzung von Verbrechen und Vergehen dienen. Letztlich würde im Bereich der periodisch veranlagten Steuerarten die qualifizierte Steuerhinterziehung zum Regelfall werden, wenn der Täter einen Sachverhalt, der sich auf mehrere Veranlagungszeiträume erstreckt, vor den Finanzbehörden verheimlicht. Dies spricht ebenso wie der Verstoß des § 370a AO gegen den Nemo-tenetur-Grundsatz für eine Verfassungswidrigkeit. Doch selbst wenn man die Verfassungsmäßigkeit nach Art. 103 Abs. 2 GG bejahen würde – indem man einen klar bestimmten Hinterziehungsbetrag von mindestens 500.000 Euro festlegt – so bestünden dennoch keine hinreichenden Sachgründe, welche für die Einführung eines derartigen Verbrechenstatbestandes sprechen. Die systemwidrige Qualifizierung zum Verbrechen durch ein besonders großes Ausmaß des Schadens oder Tatobjektswerts findet sich bei keinem vergleichbaren Vermögensdelikt wieder. Das Fehlen einer gesteigerten Präventionswirkung sowie eines das außergewöhnliche Strafmaß rechtfertigenden besonders hohen Unrechtsgehaltes, sprechen gegen einen solchen Verbrechenstatbestand. Aus dem geschützten Rechtsgut (Vermögen des Staates) jedenfalls lässt sich ein erhöhter Unrechtsgehalt nicht ableiten. Somit war die Aufhebung dieses legislatorischen Debakels im Jahr 2007 folgerichtig.

Die Entscheidung des Bundesgerichtshofes aus dem Jahre 2010 bedeutete eine Zäsur in der bisherigen Entwicklung im Bereich des Selbstanzeigerechts, was zu einer vollständigen Neuevaluierung des Rechts der Selbstanzeige führte. Der 1. Strafsenat forderte, um die Strafbefreiung legitimieren zu können, eine vollständige Rückkehr zur Steuerehrlichkeit. Konsequenterweise hielt der Senat Teilselbstanzeigen für unzulässig. Generell hielt das Gericht – im Widerspruch zur bisherigen Praxis – eine einschränkende Auslegung der positiven Voraussetzungen der Selbstanzeige und zugleich eine Ausweitung der Sperrgründe für geboten. Diese inhaltlich wie methodisch angreifbare Entscheidung führte wiederum zu zahlreicher Kritik. Mit dem neuen Leitziel der „Rückkehr in die Steuerehrlichkeit" entstanden neue Auslegungsprobleme, die das Rechtsinstitut mangels verlässlicher Perspektiven aushöhlten. Kritisiert wurde, dass das neue Rechtsgut „Steuerehrlichkeit" auf eine formal in der Gleichmäßigkeit der Besteuerung verstandene Steuergerechtigkeit bezogen sei. Dies verkenne aber, dass die „Steuermoral", empirisch gesehen, auf einer materiell verstandenen Erfüllung bestimmter Erwartungen beruhe und gerade durch den Ankauf gestohlener Steuerdaten gravierend erschüttert werde.

Auch die Neuregelung der Selbstanzeige durch das Schwarzgeldbekämpfungsgesetz vom 28. April 2011 führte zu einer deutlichen Erschwerung der Anforderungen an die Strafbefreiung. Diese deutliche Strafschärfung zeigte sich in der Abschaffung der Teilselbstanzeige. Zudem wurden die Ausschlussgründe des § 371 Abs. 2 AO modifiziert, was eine enorme Vorverlagerung gegenüber der bisherigen Regelung zur Folge hatte. Absatz 2 Nr. 1a AO war bereits dann erfüllt, wenn dem Täter eine Prüfungsanordnung bekannt gegeben worden war. Nach § 371 Abs. 2 Nr. 3 AO trat Strafbefreiung ab einer Hinterziehungssumme von 50.000 Euro nicht mehr ein. Gemäß § 398a AO bestand aber bei einem höheren Steuerschaden die Möglichkeit einer prozessualen Verfahrenseinstellung. Die Neugestaltung des Selbstanzeigerechts durch das Schwarzgeldbekämpfungsgesetz war ein politischer Kompromiss. Das Rechtsinstitut blieb als solches erhalten, wurde allerdings in seinen positiven wie negativen Voraussetzungen zum Nachteil der Steuerpflichtigen fundamental abgeändert.

Mit dem Gesetz zur Änderung der Abgabenordnung und des Einführungsgesetzes zur AO aus dem Jahr 2015 erfolgte eine weitere Verschärfung der Voraussetzungen der Selbstanzeige. Die Reform hatte eine weitere Absenkung der Grenze der materiellrechtlichen Straffreiheit auf 25.000 Euro zur Folge. Die Sperrgründe der Selbstanzeige wurden ausgeweitet, wodurch der Anwendungsbereich der Selbstanzeige einer weiteren Eingrenzung unterlag. Erneut begrenzt möglich – bei Lohn- und Umsatzsteuern – sind Teilselbstanzeigen.

Zusammenfassend zeigt sich eine Kontinuität gesetzgeberischer Strafschärfungstendenzen. Es stellt sich hierbei die Frage, ob – angesichts der zunehmenden Erschwerungsgründe und den damit auch verbundenen Auslegungsschwierigkeiten – die strafbefreiende Selbstanzeige überhaupt noch ihren vom Gesetzgeber intendierten moralischen wie auch fiskalischen Zweck in ausreichender Weise erfüllen kann. Aufgrund zahlreicher Auslegungsschwierigkeiten sowie Zweifel an einer wirksamen Anreizfunktion zur Steuerehrlichkeit muss die Sinnhaftigkeit der Selbstanzeige in dieser Form hinterfragt werden[55].

55 Vgl. hinsichtlich der Zusammenfassung / Fazit: Zweiter Teil, Achtes Kapitel.

Neuntes Kapitel: Steuerhinterziehung im geltenden Recht

A) Die aktuelle Fassung der §§ 370, 371 AO

Der Tatbestand des § 370 AO blieb seit den 70er Jahren weitgehend unverändert[1]. Das Steueränderungsgesetz 2001 (BGBl. I, 3794) modifizierte die §§ 370 VI 1, 373 I, II Nr. 1-3, 374, 375 II 1 Nr. 1, 378 I 2 AO. Im Interesse einer Vereinheitlichung der Terminologie wurde der Ausdruck der Eingangsabgaben durch die Begriffe „Einfuhr- oder Ausfuhrabgaben" ersetzt. Art. 3 des Gesetzes zur Neuregelung der Telekommunikationsüberwachung und anderer verdeckter Ermittlungsmaßnahmen sowie zur Umsetzung der Richtlinie 2006/24/EG vom 21. Dezember 2007, führte zu einer Modifikation des § 370 Abs. 3 Nr. 1 AO. Hinzugefügt wurde das Regelbeispiel § 370 III Nr. 5 AO der bandenmäßigen Verkürzung von Umsatz- oder Verbrauchssteuern[2]. Der Entwurf des Steuerumgehungsbekämpfungsgesetzes vom 13. Februar 2017 sah vor, in § 370 Absatz 3 eine neue Nummer 6 einzufügen[3]. Die Reform 2015 dehnte den Anwendungsbereich des § 398a AO zu Lasten des § 371 AO aus[4].

---

1 Vgl. *Joecks*, in: a.a.O., § 370, Rn. 5, 5a, 5b, S. 136 m.w.N.: Mit der Schaffung des EG-Binnenmarktes zum Januar 1993 wurde § 370 Abs. 6 erheblich modifiziert (Umsatzsteuer-Binnenmarktgesetz vom 25. August 1992 – BGBl. I, 1548). Der frühere § 370 VI 2 wurde zu Absatz 7, § 370 Abs. 6 Satz 2 wurde umgestaltet (Verbrauchsteuer-Binnenmarktgesetz vom 21. Dezember 1992 – BGBl. 1992 I, 2150).

2 Vgl. *Joecks*, in: a.a.O., § 370, Rn. 5, 5a, 5b, S. 136 m.w.N.; zudem wurde der Anwendungsbereich des § 370 Abs. 3 Nr. 2 und 3 erweitert um den Begriff „Europäischer Amtsträger" (§ 11 Abs. 1 Nr. 2a StGB) als Täter der Regelbeispiele, vgl. Art. 6 des Gesetzes zur Bekämpfung der Korruption vom 20. November 2015 in: BGBl. I 2015, 2025 (2027); BT-Drucksache 18/4350 vom 18. März 2015, Art. 6, S. 9 und S. 27.

3 Vgl. BT-Drucksache 18/11132, (S. 1): Mit der Veröffentlichung der so genannten „Panama Papers" durch ein Journalistennetzwerk im April 2016 entflammte ein Diskurs über die Steuerumgehung mittels zumeist im Ausland angesiedelten Domizilgesellschaften. (S. 2) und Begründung zum Entwurf, I. (S. 17): Ziel des Gesetzentwurfs war es, „beherrschende" Geschäftsbeziehungen inländischer Steuerpflichtiger zu Körperschaften, Personengesellschaften, Personenvereinigungen etc. mit Sitz oder Geschäftsleitung in Staaten oder Territorien, die nicht Mitglieder der Europäischen Union oder der Europäischen Freihandelsassoziation sind, transparent zu machen; vgl. (S. 12) zur Modifikation des § 370 Abs. 3 Satz 2 Nr. 4 – 6. Die Gesetzesänderung trat mit dem Steuerumgehungsbekämpfungsgesetz vom 23. Juni 2017 in Kraft, vgl. BGBl. 2017, Teil I Nr. 39.

4 Vgl. zum Gesetz zur Änderung der Abgabenordnung 2015: u.a. *Rolletschke*, in: Wirtschafts / SteuerStR (2017), § 371, S. 3133 (3150) (3170); *Seer*, DB 2016, S. 2192 (2193): Der proportionale Strafzuschlag (bisher 5 %) in § 398a Abs. 1 Nr. 2 AO n.F.

https://doi.org/10.1515/9783110616187-011

B) Kritische Anmerkungen und Reformdiskussion

I. Reformbedürftigkeit der Steuerhinterziehung, § 370 AO

Die zahlreichen Auslegungsschwierigkeiten, welche mit dem Steuerhinterziehungstatbestand einhergehen, haben die Forderung nach einer grundlegenden Reform der Steuerhinterziehung nicht verstummen lassen. Im Folgenden werden bestehende Reformansätze zur Steuerhinterziehung erörtert.

1. Bestimmung des Rechtsguts

Gegenstand der Untersuchung ist zunächst die Bestimmung des durch § 370 AO geschützten Rechtsgutes. Hierbei soll zunächst die grundlegende Funktion des Rechtsgutes geklärt werden.

Strittig ist, auf welche Weise das Rechtsgut einer Norm ermittelt werden soll. Es stehen zwei Konzeptionen des Rechtsgutsbegriffs nebeneinander. Zum einen orientiert sich das systemimmanente Konzept am positiven (Straf-) Recht. Das Rechtsgut erschöpft sich hier in den vom Gesetzgeber geschaffenen Normen des Strafrechts. Zum anderen bestimmt das systemtranszendente Rechtsgutskonzept, dass Rechtsgüter kein Ergebnis der Rechtsordnung sein können, sondern dieser bereits vorgegeben sind. Das Rechtsgut bestimme sich aus materiellen schutzwürdigen menschlichen Lebensinteressen, die dem positiven Strafrecht vorgelagert seien[5]. Dabei weist das systemimmanente Konzept als Auslegungsinstrument Schwächen auf. Jede Strafnorm schützt hiernach in Gestalt ihres Zweckes immer ein Rechtsgut. Bedenklich ist jedoch, ob jeder Akt des Gesetzgebers dazu führt, dass ein Rechtsgut entsteht. Dies könnte dazu führen, dass der systemimmanente Begriff immer als Legitimationsgrundlage für die Ausdehnung des Strafrechts dient. Es findet eine unsachgemäße Vermischung von Rechtsgut und Angriffswegen statt[6]. Das systemtranszendente Konzept erfüllt dagegen eine kritische Funktion gegen-

---

wurde vervielfacht, indem dieser durch einen progressiven (dreistufigen) Vollmengenstaffeltarif in Höhe von 10%–15%–20% substituiert wurde. Das Steuerumgehungsbekämpfungsgesetz 2017 erweiterte den Sperrkatalog des § 371 Abs. 2 AO um eine neue Nr. 6, vgl. BT-Drucksache 18/11132, S. 12; BGBl. 2017, Teil I Nr. 39, S. 1686.

5 Vgl. *Hassemer,* Theorie und Soziologie, S. 19 f.; *Stächelin*, Strafgesetzgebung, S. 32 f.

6 Vgl. *Roxin,* AT, Bd I, § 2 Rn. 4, 5, 14, 16.; *Stächelin*, a.a.O., S. 55 f. Angriffswege sind Modalitäten der Verletzung des für wertvoll erachteten Gutes, wie z.B. Versuch, Vollendung, etc.; *Sprafke*, Korruption, S. 98.

über der Gesetzgebung. Die Legislative wird gezwungen sich auf schutzwürdige Funktionseinheiten zu beschränken[7].

Entscheidend muss sein, dass die zentrale Botschaft der Lehren vom Rechtsgut hierbei eine gesetzeskritische und negative ist. Der Gesetzgeber darf nur dasjenige Verhalten unter Strafe stellen, welches auch ein Rechtsgut bedroht. Akte, welche nur gegen gesellschaftliche Wertvorstellungen, die Moral oder Interessen des Souveräns gerichtet sind, müssen dem Deliktskatalog fernbleiben. Der Rechtsgutsbegriff sollte möglichst handfest gefasst sein. Es sind zwei bedenkliche Strömungen erkennbar, welche sich gegen dieses Rechtsgutsverständnis wenden. Es besteht das strafrechtswissenschaftliche Interesse, den Begriff des Rechtsguts eher systematisierend als kritisierend einzusetzen, und ein kriminalpolitisches Interesse an umfassender Kriminalisierung. Es besteht somit eine Tendenz, den Begriff zu dehnen, um das reale Strafrecht noch unter ihn fassen zu können, statt das reale Strafrecht zu kritisieren[8]. Der Rechtsgüterschutz-Gedanke weist eine gefährliche Ambivalenz auf. So kann er sowohl für ein restriktives als auch für ein extensives Verständnis herangezogen werden[9]. Problematisch ist zudem, dass die Kommentierungen sich häufig nicht mit einem einzigen Schutzgut begnügen, sondern als „daneben" oder „ebenfalls geschützt" noch darüberhinausgehende Güter benennen[10]. Dem geschützten Rechtsgut muss folglich eine Strafbegrenzungsfunktion zukommen. Diese geht jedoch verloren, wenn einem Straftatbestand beliebig viele Rechtsgüter zugeordnet werden. Der argumentative Zwang, der mit der Anforderung, ein geschütztes Rechtsgut zu finden verbunden ist, löst sich in diesen Fällen faktisch auf. Eine Rechtsgütervervielfältigung führt zu einer Schwächung der sichernden und rechtsstaatlichen Funktion des Rechtsgüterschutzgedankens[11].

---

7 Vgl. *Hassemer,* a.a.O., S. 22: „Das Erkenntnisinteresse der Rechtsgutslehre ist hier ein kritisches. Die theoretische Konzeption will der Entscheidung des Gesetzgebers nicht nachfolgen, sich nicht nach ihr richten; sie geht dieser Entscheidung vielmehr voran und will diese Entscheidung selber 'richten' [...]. Sie wird nicht innerhalb, sondern außerhalb der von der gesetzgeberischen Entscheidung gezogenen Grenzen formuliert, ja sie intendiert gerade die Kritik an diesen Grenzen und damit am System"; *Ders.*, wistra 2009, 169 (172); *Roxin*, AT, § 2 Rn. 12.

8 Vgl. *Hassemer,* NStZ 1989, 553 (557).

9 Vgl. *Vormbaum*, FS-Tsatsos, S. 703 (707).

10 Vgl. *Vormbaum,* FS-Tsatsos, S. 703 (706).

11 Vgl. *Vormbaum,* FS-Posser, S. 153, (162) (163); *Roxin*, AT, Bd I, Rn. 12, S. 18: „Der hier entwickelte Rechtsgutsbegriff ist insofern 'systemkritisch', als er nicht nur, [...], ein Hilfsmittel bei der 'systemimmanenten' Auslegung der Tatbestände sein, sondern dem Gesetzgeber bei der Ausübung seines Bestrafungsrechtes Grenzen setzen will."

Nach wie vor ist strittig, welches Rechtsgut § 370 AO schützt. Die h.M. sieht weiter „das öffentliche Interesse am vollständigen und rechtzeitigen Aufkommen der einzelnen Steuern bzw. den Anspruch des Staates auf den vollen Ertrag aus jeder einzelnen Steuerart“ als Schutzgut der Steuerhinterziehung[12]. In neuerer Zeit tritt ein weiterer Ansatz hinzu, wonach die Steuerhinterziehung nicht die öffentlichen Einnahmen schützen soll, sondern die „gerechte und gleichmäßige Lastenverteilung nach dem Grundsatz der Leistungsfähigkeit“[13]. Es bestehe – so wird argumentiert – eine Verknüpfung zwischen dem Steuerstrafrecht und dem Steuerrecht. Sei das Steuerrecht seinerseits nicht gerecht, dann könne auch das an das Steuerrecht anknüpfende Steuerstrafrecht nicht gerecht sein[14]. Dabei werde das Herausgreifen einzelner Personen bei der Strafverfolgung zur Willkür[15]. Es erwachse ein unlösbares Spannungsverhältnis zwischen der teleologischen Deutung und dem neutralen Wortlaut des § 370 AO[16]. Das strafrechtlich geschützte Rechtsgut sei der Topos, durch

12 Vgl. *Hellmann*, in: HHS (2016), § 370 AO, Rn. 43, S. 30: Da durchsetzbare, wirksame Ansprüche unzweifelhaft zum Gläubigervermögen gehören, handle es sich bei § 370 AO um ein Vermögensdelikt zum Schutz des deutschen Staates als Steuergläubiger.

13 Vgl. *Salditt*, StraFo 1997, 65 (68): Verletze die verkürzte Steuer den Gleichheitssatz, gelte dies auch für die verhängte Steuerstrafe; *Salditt,* in: FS-Tipke, S. 475 (479 ff.).

14 Vgl. *Tipke*, Steuerrechtsordnung Bd. III (2012), (Fn. 3), (S. 1697): „Anknüpfend an die These des Verfassers, dass an ungerechtes Steuerrecht keine gerechten Strafen geknüpft werden können, hat F. Salditt eine Neuorientierung der (schutzwürdigen) Rechtsgutbestimmung einzuleiten versucht. Er wendet sich gegen die formale Anknüpfung an das nackte Fiskalinteresse. [...] Steuerliche Willkür, die sich in Steuerstrafen vollende, stelle die Maßstäbe auf den Kopf.“ […] (S. 1699): „Die Eingrenzung des Anspruchs der öffentlichen Hand auf das Verfassungsmäßige und die verfassungsmäßig gerechte Verteilung der Gesamtsteuerlast auf die Bürger bewirkt zusammengeführt, dass das Steuerstrafrecht eine Steuerrechtsordnung schützen muss, nicht eine Steuerunrechtsordnung schützen darf. Der Schutz von verfassungswidrigem Unrecht ist kein Rechtsgutschutz. […]. Mit F. Salditt lässt sich feststellen: ‘Die herrschende Meinung bezieht ihre formelhafte Definition […] aus vorkonstitutioneller Zeit, als es dem Staatsverständnis entsprach, den Anspruch der öffentlichen Kassen um dieser selbst willen zu schützen […]’.“ *Ders.*, a.a.O. Bd. III (1993), S. 1417; *Ders.*, a.a.O. Bd. I (2000), S. 240: „Steuerstrafen […] sind nur gerecht, wenn sie an die Verletzung gerechten Steuerrechts anknüpfen.“ *Salditt*, StraFo 1997, 65 (68): „Ungerechte Steuern produzieren ungerechte Strafen. Fehlende Steuergerechtigkeit läßt Strafen zur Willkür werden“ (67): Die blinde Anknüpfung an das nackte Fiskalinteresse erklärt, daß dem Strafrecht der Blick auf die bedenkliche innere Verfassung des Steuerrechts versperrt geblieben ist“; auch *Salditt,* in: FS-Tipke, Fn. 2, S. 475.

15 Vgl. *Salditt*, StraFo 1997, 65 (66); *Ders.,* in: FS-Tipke, S. 475 (476): Die Gefängnismauern trennten nur zwischen Glück und Unglück, nicht zwischen gut und böse; *Tipke*, a.a.O., Bd. III (1993), S. 1407: Dies könne die steuermoralische Hemmschwelle herabsetzen; *Hassemer,* Grundlagen, S. 55: Inhaftiert werde nur aufgrund einer „Definition“.

16 Vgl. *Salditt*, FS-Tipke, 475 (484). Dies hänge mit dem Blankettcharakter des Straftatbestandes zusammen. Der Strafgesetzgeber habe die Beurteilung über die Reichweite

welchen § 370 AO vom Belieben des bislang große Gestaltungsfreiheit genießenden Steuergesetzgebers abgekoppelt werden müsse. Steuerhinterziehung werde bestraft, weil sie die gerechte Lastenverteilung gefährde. Solange aber auch ungerechte Steuern erhoben würden, könne ein Konflikt zwischen Steuerrecht und Strafrecht entstehen. Hier hänge es von den verkürzten Steuern ab, ob die Tat das geschützte Rechtsgut bedroht habe. Entsprechend dem jeweiligen Resultat scheitere die Bestrafung am Willkürverbot oder am Grundsatz der Verhältnismäßigkeit, da nicht auf die Steuersumme abgestellt werden dürfe, sondern materiell gefragt werden müsse, ob die gerechte Lastenverteilung durch das Handeln oder Unterlassen des Täters beeinträchtigt wurde[17].

Dieses neuere Schutzgut-Konzept wird kritisiert. Ansichten, – so die Gegner – welche die soziale Funktion des Steueraufkommens oder die gerechte ungleichmäßige Lastenverteilung nach dem Grundsatz der Leistungsfähigkeit oder gar das Vermögen des beitragspflichtigen Steuerbürgers als das von § 370 AO geschützte Rechtsgut einstuften, griffen nur Schutzreflexe auf, die der Straftatbestand als Mittel zur Bekämpfung des Phänomens Steuerhinterziehung bewirke oder erhöben das Ziel jeglicher Steuergesetzgebung zum geschützten Rechtsgut. Weder das Vermögen der ehrlichen Steuerbürger noch die mit Steuermitteln zu erfüllenden Staatsaufgaben seien durch die einzelne Steuerhinterziehung in messbarer Weise beeinträchtigt. Der Steuerhinterzieher könne mangels Verletzung des vermeintlichen Rechtsguts nicht bestraft werden, weil erst die Summe der hinterzogenen Steuern eine Größenordnung erreiche, die zu einer steuerlichen Mehrbelastung der ehrlichen Steuerzahler führe. Der Bürger, der seine Steuerverpflichtung für ungerecht halte, habe dies gerichtlich geltend zu machen. Dagegen würde eine Straflosstellung tatbestandsmäßiger Hinterziehungshandlungen es dem Steuerpflichtigen gestatten, selbst darüber zu entscheiden, ob er eine (vermeintlich) ungerechte Steuer zahlen wolle[18].

Im Ergebnis ist dem systemtranszendenten Rechtsgutskonzept zu folgen. Nur dieses garantiert, dass Rechtsgüter kein willkürliches Produkt der vom Gesetzgeber kreierten Rechtsordnung sind, sondern dieser bereits vorgegeben sind.

---

des Straftatbestandes an den Steuergesetzgeber delegiert. Der Steuergesetzgeber befinde über die Schaffung, Aufrechterhaltung oder Erweiterung von Steuernormen, ohne dass Bedacht auf eine Abwägung der strafrechtlichen Implikationen genommen werde.

17 Vgl. *Salditt*, FS-Tipke, 475 (485); *Ders.*, Strafo 1997, 65 (69): „Seinen eigenen Prinzipien bleibt das Strafrecht nur treu, wenn es ungerechten Steuern den Schutz entzieht.“ *Tipke*, Steuerrechtsordnung Bd. III (2012), S. 1701: „Ein Staat, der seine steuerehrlichen Bürger nicht vor Benachteiligung durch Steuerhinterzieher schützt, schädigt sich am Ende selbst. Er verführt die bisher Steuerehrlichen […] dazu, […] ebenfalls Steuern zu hinterziehen.“

18 Vgl. *Hellmann,* in: HHS (2016), Lfg. 171, § 370 Rn. 42, S. 30.

Geschütztes Rechtsgut des § 370 AO ist das „staatliche Vermögen". Es handelt sich um ein Vermögensdelikt, das den deutschen Staat als Steuergläubiger schützt. Wirksame und durchsetzbare Ansprüche gehören dabei zum Vermögen des Gläubigers. Die „öffentliche Kasse", die in erster Linie durch die Besteuerung der Staatsbürger gebildet wird, ist unabdingbar für die Verwirklichung der vielfältigen staatlichen Aufgaben und für die Beibehaltung der staatlichen Ordnung[19]. Im Kern geht es um besonders schützenswerte menschliche Lebensinteressen, die das gesellschaftliche Zusammenleben gewährleisten sollen. Der staatliche Vermögensbegriff darf – wegen der enormen Bedeutung des Steuersystems für die Aufrechterhaltung der staatlichen Ordnung – dem strafrechtlichen Rechtsschutz daher grundsätzlich nicht vorenthalten bleiben. Einwänden, die sich gegen das Rechtsgut „staatliches Vermögen" richten, misslingt es dagegen in der Regel aufzuzeigen, welche Funktion und welcher konkrete Inhalt dem vermeintlichen Rechtsgut zugeschrieben werden soll.

Beachtung finden muss allerdings die Strafbegrenzungsfunktion des geschützten Rechtsgutes, da der Begriff „staatliches Vermögen" sehr weit gefasst ist. Der Tatbestand setzt eine „Verkürzung von Steuern" oder die „Erlangung nicht gerechtfertigter Steuervorteile" voraus. Insoweit hängt die Qualifizierung eines Verhaltens als Steuerhinterziehung von der Ausgestaltung des Steuerrechts ab[20]. Ist die Legitimation zweifelhaft, ist die Rechtfertigung eines Steuerhinterziehungstatbestandes fraglich. Denn ungerechte Steuern produzieren tatsächlich ungerechte Strafen[21]. Die Unbestimmtheit der Steuergesetze ergibt sich daraus, dass diese selbst in rascher Folge und häufig geändert werden. Das bestehende Steuerrecht ist extrem kompliziert ausgestaltet und für den Laien schwer überschaubar. Die Diagnose, es stelle sich dem Bürger als „Normend-

---

19 Vgl. auch *Kuhlen*, Grundfragen (2012), Fn. 671, S. 90, 93 f.

20 Es sei eine „Steuerrechtsakzessorietät" erkennbar. Das sei unvermeidbar, werfe aber erhebliche Legitimationsfragen auf, vgl. *Kuhlen*, a.a.O., S. 99.

21 Vgl. *Salditt*, FS-Tipke, S. 475; Grundsätzlich hierzu *Höffe*, Gerechtigkeit, S. 78 ff. (80 f.): Strafgerechtigkeit setze als wichtiges Element das Verbot, Unschuldige zu bestrafen (Schuldprinzip) voraus. „Nur wer objektiv gesehen eine (gravierende) Rechtsverletzung begeht und für sie persönlich (subjektiv) verantwortlich ist, darf bestraft werden." Des Weiteren richte eine gerechte Strafe ihr Maß an der Schwere der Tat aus. „Weder wird sie zum Zweck der Abschreckung 'ein Exempel statuieren' und härter bestrafen, als es das Verbrechen nach seiner objektiven Seite, der Schwere des Unrechts, und der subjektiven Seite der Schuld verdient. Noch wird es, zumal bei schweren Verbre-(S. 82)-chen, dort auf eine Strafe verzichten, wo die Abschreckung überflüssig geworden ist, […]." Dazu *Vormbaum*, Strafrechtsgeschichte 2016, S. 274: Sollen jedoch gegenüber der Expansion und Funktionalisierung des Strafrechts wieder autonome Rechtsvorstellungen zur Geltung gebracht werden, der reinen Zweckidee wieder die Rechtsidee entgegengesetzt werden, so gelte es, allen Elementen der Rechtsidee (also der Gerechtigkeit, der Rechtssicherheit und auch der Zweckmäßigkeit) Geltung zu verschaffen.

schungel“ dar, hat nicht an Aktualität verloren[22]. Offensichtlich werden Steuerrechtsnormen aktuell von Zweckmäßigkeit diktiert. Zugleich beinhalten sie keine bzw. kaum sozialethische Evidenz. Ein Bezug zur Idee materialer Gerechtigkeit einzelner Steuergesetze ist oftmals nicht erkennbar[23]. Letztlich besteht die Gefahr, dass der Gesetzgeber beliebige Steuergesetze schafft. Diese können dann aufgrund des staatlichen Steueranspruchs – auch ohne Gerechtigkeitsbezug – Bestandteil des geschützten Rechtsgutes werden.

Eine einschränkende Auslegung des durch § 370 AO geschützten Rechtsguts „staatliches Vermögen“ könnte durch das Kriterium „mittels gerechter Steuereinnahmen“ erfolgen. Dieses ist seinerseits anhand von 3 Kriterien zu prüfen. *Erstens* muss Gerechtigkeit gewahrt sein. Die Steuererhebung selbst muss sich an klar eingrenzbaren materiell schutzwürdigen gesellschaftlichen Lebensinteressen – der Erfüllung der existenziell notwendigen staatlichen Aufgaben – orientieren. Weiter ist erforderlich, dass die rechtliche Besteuerung am individuellen Leistungsvermögen der Steuerpflichtigen ausgerichtet wird und somit verhältnismäßig (angemessen) ist. Es müssen wirtschaftlich-ethische Bemessungsmaßstäbe aufgestellt werden, welche die gerechte und gleichmäßige steuerliche Lastenverteilung gewährleisten. Zuletzt ist auch die Gleichheit der tatsächlichen Versteuerung (des Vollzugs) zu gewährleisten. Notwendig ist also sowohl eine rechtliche als auch eine tatsächliche Belastungsgleichheit. *Zweitens* muss auch Rechtsicherheit gewährleistet sein. Ohne Bestehen einer dem Steuerstrafrecht zugrundeliegenden Steuernorm, darf keine strafrechtliche Sanktion erfolgen (nullum crimen sine lege). Der Steuernormtatbestand muss auch deutlich formuliert sein (Bestimmtheitsgrundsatz). *Drittens* muss die Steuernorm zudem eine gewisse Zweckmäßigkeit beinhalten. Diese hat im Einklang mit dem Non-Affektationsprinzip, wonach sämtliche Einnahmen eines öffentlichen Haushalts zur Deckung sämtlicher Ausgaben dienen, also nicht zweckgebunden sind, zu erfolgen. Um einer allzu willkürlichen Zwecksetzung bei der Steuererhebung zu begegnen, wäre aber zumindest eine Einschränkung dieses Grundsatzes, durch Restriktion der Zweckerhebung auf klar abgrenzbare staatliche Aufgabenbereiche denkbar. Im Ergebnis ermöglicht

---

22 Vgl. *Scholz,* FS-Leisner, S. 797 (798): „Unser Steuerrecht ist in der Tat total überkompliziert worden, es ist total intransparent geworden, es läßt die Grenzen zwischen rechtsstaatlichem Gesetz und gesetzesgebundener Verwaltung immer stärker miteinander verfließen“; Die Häufigkeit der Steueränderungsgesetzgebung wird erheblich von parteipolitischen Erwägungen und durchsetzungsfähigen Interessenverbänden geprägt (so erfolgte im Jahr 2010 eine Umsatzsteuerermäßigung für Hotelübernachtungen von 19 % auf 7 % auf Betreiben von FDP und CSU), vgl. *Kuhlen*, a.a.O., Fn. 725, S. 100.

23 Ähnlich bereits *Isensee,* NJW 1985, 1007 (1008).

dieses dargelegte 3-Säulen Modell die Sicherstellung einer „gerechten Steuer", die ihrerseits die Grundlage bildet für ein „gerechtes Steuerstrafrecht".

Jede einzelne Steuerhinterziehung leistet einen Beitrag zur Gesamtsumme der jährlich hinterzogenen Steuern. Die durch Anhäufung vieler einzelner Hinterziehungen sich ergebende Gesamtsumme löst eine spürbare Wirkung auf die Belastung des einzelnen Steuerpflichtigen aus. Es erfolgt eine Verletzung der Gleichbehandlung gegenüber den normtreuen Mitbürgern[24]. Auch sollte die gerichtliche Überprüfung einzelner Steuergesetze auf deren gerechte und gleichmäßige steuerliche Lastenverteilung über Art. 3 Abs. 1 GG nicht primär dem – im Steuerdschungel zumeist unkundigen – Bürger aufgebürdet werden. Es ist primär Aufgabe des Gesetzgebers, „gerechte Steuergesetze" zu kreieren.

2. Hinterziehung verfassungswidriger Steuern

Das BVerfG hat in neuerer Zeit in mehreren Urteilen eine Reihe von Steuergesetzen – wegen Verstoßes gegen den Grundsatz der Belastungsgleichheit – für unvereinbar mit Art. 3 Abs. 1 GG erklärt[25].

Im Zinssteuerurteil vom 27. Juni 1991 entschied das BVerfG, dass der Gleichheitssatz „bereichsspezifisch anzuwenden" sei und im Steuerrecht besondere Bedeutung habe. Der mit der Steuer verbundene, „ohne individuelle Gegenleistung" erfolgende Zugriff auf das Vermögen des Einzelnen gewinne seine Rechtfertigung „auch und gerade aus der Gleichheit der Lastenzuteilung"[26]. Der Grundsatz der steuerlichen Lastengleichheit verlange, dass die Steuerpflichtigen durch ein Steuergesetz rechtlich und tatsächlich gleich belastet

24 So auch *Kuhlen*, a.a.O., S. 94, 97, der die gegenteilige, isolierte Sichtweise kritisiert.

25 So geschehen z.B. im „Zinssteuerurteil": BVerfGE 84, 239, Urteil des 2. Senats vom 27. Juni 1991; im „Vermögenssteuerbeschluss": BVerfGE 93, 121, Beschluss des 2. Senats vom 22. Juni 1995; im „Erbschaft- und Schenkungsteuerbeschluß": BVerfG NJW 1995, 2624, Beschluss des 2. Senats vom 22. Juni 1995; in Bezug auf Veräußerungsgewinnen aus privaten Spekulationsgeschäften: BVerfGE 110, 94, Urteil des 2. Senats vom 9. März 2004 sowie im Zusammenhang mit der Pendlerpauschale: BVerfG NJW 2009, 48, Urteil des 2. Senats vom 9. Dezember 2008; vgl. Hellmann, in HHS (2016) Lfg. 171, § 370 AO Rn. 51, S. 38; vgl. hierzu auch *Kuhlen*, a.a.O., S. 53 ff. (55).

26 Vgl. BVerfGE 84, 239 (268 f.): Im Zinssteuerurteil monierten die Beschwerdeführer, dass ihre Einkünfte aus Kapitalvermögen für den Veranlagungszeitraum 1981 besteuert worden waren, während Personen, die entsprechende Einkünfte dem Finanzamt vorenthalten hatten, nicht zur Steuer herangezogen worden seien. Fraglich war, ob – aufgrund dieses Vollzugsdefizits – die Besteuerung derjenigen, die ihre Kapitaleinkünfte ordentlich dem Finanzamt offengelegt hatten, gegen den Gleichheitssatz (Art. 3 Abs. 1 GG) verstieß, vgl. BVerfGE 84, 239 (254 ff.). Der Gleichheitsgrundsatz bestimmt, dass wesentlich Gleiches gleich und wesentlich Ungleiches ungleich zu behandeln ist, vgl. hierzu u.a. BVerfGE 112, 268 (279) sowie BVerfG wistra 2010, 396 Rn. 34, S. 396 (399).

werden[27]. Die Gleichheit in der Besteuerung erfordere die Gleichheit sowohl der normativen Steuerpflicht wie auch die Gleichheit bei der Durchsetzung der Steuererhebung. Dieses Erfordernis tatsächlicher Belastungsgleichheit sei aber nur dann verletzt, wenn es ein reales Vollzugsdefizit gebe und dieses dem Gesetzgeber zuzurechnen sei[28]. Das BVerfG erkannte ein solches Vollzugsdefizit – also einen enormen Mangel der tatsächlich erfolgten Steuererhebung – im Bankenerlass. Dieser verhindere eine effektive Ermittlung der Einkünfte aus Kapitalvermögen, da er die Konten der Bankkunden vor steuerbehördlichen Untersuchungen abschirme[29].

Steuerstrafrechtlich umstritten ist vor allem die Konstellation – wie im Zinssteuerurteil[30] –, in der das BVerfG – nach Feststellung der Unvereinbarkeit eines Steuergesetzes mit dem Grundgesetz – den Gesetzgeber nur dazu verpflichtet, eine verfassungsgemäße Neuregelung mit Wirkung für die Zukunft zu schaffen. Bis zum Ablauf dieser Übergangsfrist bleibt das bis dahin geltende Recht – trotz seines Verstoßes gegen Art. 3 Abs. 1 GG – weiterhin anwendbar[31].

---

27 Vgl. BVerfGE 84, 239 (268).

28 Vgl. BVerfGE 84, 239 (271) (272).

29 Vgl. BVerfGE 84, 239 (278 ff.).

30 Vgl. BVerfGE 84, 239 (285): Im Zinssteuerurteil wurde dem Gesetzgeber eine Übergangsfrist (spätestens mit Wirkung vom 1. Januar 1993) zur Schaffung einer verfassungskonformen Norm eingeräumt. Anders aber BVerfGE 110, 94 (117): Mit seinem Urteil 2004 zur Verfassungsmäßigkeit der Besteuerung von Gewinnen aus privaten Spekulationsgeschäften knüpfte das BVerfG zwar grundsätzlich an das Ergebnis des Zinssteuerurteils 1991 an. (137): Das gegen Art. 3 Abs. 1 GG verstoßende Steuergesetz sei aber nicht mehr für eine Übergangszeit hinzunehmen. Die Verfassungwidrigkeit der Norm führe für die Jahre 1997 und 1998 zu deren Nichtigkeit.

31 Vgl. zu diesem Probelmkreis u.a. *Salditt,* FS-Tipke, S. 475; *Hellmann,* in: HHS 2016 (Lfg. 171 2001), § 370 AO Rn. 50, 51, S. 37 ff.; *Kuhlen*, Grundfragen, S. 53 ff. (60): Es sind zwei Konstellationen zu unterscheiden: Zum einen kann das BVerfG aufgrund der festgestellten Verfassungswidrigkeit eines Steuergesetzes zugleich dessen Nichtigkeit erklären (§ 78 BVerfGG). Die Nichtigkeitserklärung wirkt somit rückwirkend, also ex tunc. Es fehlt an einem Steueranspruch. Eine Steuerverkürzung (und damit eine vollendete Steuerhinterziehung) entfällt. Zum anderen kann das Gericht die Unvereinbarkeit des Steuergesetzes mit dem Grundgesetz feststellen. Dabei bestehen wiederum zwei Möglichkeiten. Der Gesetzgeber kann verpflichtet werden, den verfassungswidrigen Zustand rückwirkend zu beseitigen. Strafrechtlich ist diese Situation gleich zu behandeln wie der Fall einer Nichtigkeitserklärung des Steuergesetzes. Die verfassungswidrige Norm ist rückwirkend unbeachtlich. Die Strafbarkeit wegen Tatvollendung entfällt. Bedenklich ist die letzte Konstellation aber dann, wenn das BVerfG dem Gesetzgeber eine Übergangsfrist zur Schaffung einer verfassungskonformen Norm mit Wirkung für die Zukunft einräumt. Die verfassungswidrige Steuernorm bleibt bis dahin in Kraft.

Einige Finanzgerichte gehen davon aus, dass die Verfassungswidrigkeit einer gleichwohl wirksamen Steuernorm die Annahme einer Steuerhinterziehung nicht hindere[32]. Die Rechtsprechung der Strafgerichte ist sich in dieser Frage uneins[33]. Diese – die Strafbarkeit befürwortende – Ansicht findet auch in der Literatur ihre Unterstützer. So wird angeführt, dass in solchen Fällen wegen der explizit angeordneten Weitergeltung des Steuergesetzes die Strafbarkeit wegen Steuerhinterziehung fortbestehen müsse[34]. Dies überzeuge deshalb, weil die Feststellung eines Steuergesetzes als unvereinbar mit dem Grundgesetz für die Vergangenheit nicht einmal dem Steuerehrlichen nütze, dessen Schutz durch das verfassungsgerichtliche Urteil bezweckt werde. Dessen Steuerpflicht bestehe fort, solange die vom BVerfG angeordnete Fortgestaltung verfassungswidriger Steuergesetze andauere. Dann sei es aber nicht gerechtfertigt, den Steuerunehrlichen durch Gewährung von Straffreiheit zu bevorzugen[35].

Die überwiegende Literaturansicht ist jedoch davon überzeugt, dass verfassungsrechtliche Steuernormdefizite die Strafbarkeit wegen Steuerhinterziehung ausschließen[36]. So wird die Verknüpfung des Strafrechts mit dem Steuerstrafrecht hervorgehoben. Die Rechtfertigung des Steuerhinterziehungstatbestandes sei von der des geltenden Steuerrechts abhängig. Sei die Legitimation der steuerrechtlichen Vorfeldnormen zweifelhaft, dann sei auch die Legitimation des Steuerhinterziehungstatbestandes fraglich. Gegen die Strafbarkeit wegen Steuerhinterziehung wird ins Feld geführt, dass dem Staat in derartigen Fällen lediglich „ein ohnehin verfassungswidriges Quantum vorenthalten" werde[37]. Das für Steuern mögliche befristete Sonderrecht, wonach die Verfassungswidrigkeit in einer Übergangszeit pragmatisch geduldet werde, finde auf Strafen keine Anwendung. Nur Steuern seien für den Staat unverzichtbar, Steuerstrafen nicht. § 370 AO schütze somit, teleologisch reduziert, nur die nach dem

---

32 Vgl. BFH vom 24. Mai 2000, II R 25/99, BStBl. II 2000, 378; FG Bremen vom 3. November 1998, 2982155K 2, wistra 1999, 199 f.

33 Während das OLG Frankfurt in seinem Urteil vom 15. Juni 1999 die Strafbarkeit befürwortet (OLG Frankfurt, 1 Ws 69/99, NJW 2000, 2368) lehnt das LG München in seinem Urteil vom 11. 11. 1999 die Strafbarkeit ab (LG München II, NStZ 2000, 93 f.)

34 Vgl. *Hellmann*, in: HHS (2016), Rn. 51 ff.; *Franzen*, in: a.a.O., § 369 AO Rn. 29b.

35 Vgl. *Hellmann*, in: HHS (2016), § 370 AO, (Lfg. 171), Rn. 52, S. 39: Die Feststellung der Verfassungswidrigkeit bezwecke also keineswegs den Schutz derjenigen, die Steuern hinterzogen. „Nicht die Annahme der Strafbarkeit der unehrlichen Stpfl. würde somit Unrecht perpetuieren, sondern gerade die Ablehnung der Strafbarkeit würde das Unrecht, das zur Verfassungswidrigkeit der Besteuerungspraxis und der materiellen Steuernorm führt, nachträglich goutieren"; zustimmend auch *Kuhlen*, a.a.O., S. 63.

36 Vgl. *Braun*, DStZ 2000, 44 f.; *Urban*, DstR 1998, 1995, 2000; *Salditt*, StraFo 1997, 65.

37 Vgl. *Salditt*, FS-Tipke, S. 475 insb. Fn. 2 sowie (477); *Salditt*, StraFo 1997, 65, 67 (68).

Maß der Gleichbehandlung erhobenen Abgaben. Dies schließe die Bestrafung der Hinterzieher verfassungswidriger Steuern aber aus[38]. Auch würde der strafrechtliche Schutz gleichheitswidriger Steuern dem mit § 370 AO verfolgten Ziel einer gleichmäßigen Lastenverteilung unter den Steuerbürgern zuwiderlaufen. Das Unrecht der Hinterziehung solcher Steuern erschöpfe sich deshalb im reinen Ungehorsam gegen einen Steuerbefehl, ohne das geschützte Rechtsgut – die gleichmäßige Lastenverteilung – zu tangieren"[39]. Der Straftatbestand des § 370 AO sei mit dem Steuerrecht mechanisch verkoppelt, ja durch das Steuerrecht determiniert und dominiert. Diese Rechtsgutbestimmung sei bislang nicht kritisch hinterfragt worden, ein angesichts der als immer chaotischer und ungerechter empfundenen Steuerrechtsentwicklung erstaunlicher Umstand. Auch wenn die Sicherung des Steueraufkommens zur Erfüllung von Gemeinschaftsaufgaben durchaus als schutzwürdig anzusehen sei, sei eine inhaltliche Einschränkung dieses bislang zu pauschal definierten Rechtsguts notwendig[40]. Eine vom BVerfG für mit der Verfassung unvereinbar erklärte Steuernorm könne trotz vorübergehender Fortgeltung nicht Anknüpfungstatbestand des § 370 AO sein. Der eng gefasste strafrechtliche Bestimmtheitsgrundsatz fordere eine restriktive Auslegung sowohl der steuerlichen Ausfüllungsnorm als auch der strafrechtlichen Blankettnorm des § 370 AO. Gehe der Schutzzweck des § 370 AO dahin, die Durchsetzung der gleichmäßigen Steuerbelastung zu garantieren, dann folge hieraus, dass Steuerrechtsnormen, die diesem Grundanliegen nicht gerecht werden, aus dem Schutzbereich des § 370 AO herausfallen. Der Steuerverkürzungserfolg könne daher dem Täter oder Tatbeteiligten objektiv nicht zugerechnet werden[41]. Teilweise wurde das Gerechtigkeitsproblem der unterschiedlichen faktischen Belastung des ehrlichen gegenüber dem unehrlichen Steuerpflichtigen nicht im Strafrecht, sondern in den Verjährungsregeln gesehen[42].

---

38 Vgl. *Salditt*, StraFo 1997, 65 (68).

39 Vgl. *Salditt*, FS-Tipke, S. 475 (481); *Ders.*, StraFo 1997, 65 (68).

40 Vgl. *Kohlmann / Hilgers-Klautzsch*, wistra 1998, 161 (165 f.).

41 Vgl. *Kohlmann / Hilgers-Klautzsch*, wistra 1998, 161, 166 (167): „Gegen rechtskräftige Strafurteile oder Strafbefehle, die auf einer mit dem Grundgesetz für unvereinbar oder für nichtig erklärten Norm oder auf der Auslegung einer Norm beruhen, die vom Verfassungsgericht für unvereinbar mit dem Grundgesetz erklärt worden ist, ist die Wiederaufnahme des Verfahrens nach den Vorschriften der StPO (§§ 359 ff.) zulässig (§ 79 Abs. 1 BVerfGG)".

42 Vgl. *Plewka / Heerspink*, PStR 2000, 175 (175): „Verjährung ist per se 'ungerecht'. Nach Ablauf der – wie auch immer zu bemessenden – Verjährungsfristen stellt sich der Steuerunehrliche immer besser, als der von Anfang an Steuerehrliche; diese Gerechtigkeitslücke bleibt." Dazu *Bornheim,* PStR 1998, S. 195 (199): Eine Hinterziehung verfassungswidriger Steuern sei nicht möglich, so dass die Festsetzungsfrist nicht nach

Resümierend stellt sich die Akzessorietätsproblematik als ein besonderes Problem des Steuerstrafrechts dar. Der Steuerhinterziehungstatbestand nach § 370 Abs. 1 AO beinhaltet eine Verweisung – sowohl des Handlungserfolges als auch der Tathandlungsumschreibung – auf einzelsteuergesetzliche Regelungen, wodurch eine (indirekte) Abhängigkeit des Hinterziehungstatbestandes von den steuerrechtlichen Vorfeldnormen entsteht. Die Frage der Rechtmäßigkeit der einzelnen Steuergesetze hat daher einen mittelbaren Einfluss auch auf § 370 AO. Folgt man dem hier vertretenen Rechtsgutskonzept, welches das „staatliche Vermögen mittels gerechter Steuereinnahmen" umfasst, so müssen konsequenterweise verfassungsrechtliche Defizite einzelner Steuernormen die Strafbarkeit wegen Steuerhinterziehung ausschließen. Der strafrechtliche Schutz gleichheitswidriger Steuern würde der Zielsetzung einer gleichmäßigen und damit gerechten Lastenverteilung unter den Steuerbürgern zuwiderlaufen.

3. Restriktionsversuche im objektiven Tatbestand

Die Unbestimmtheit der aktuellen Steuerhinterziehungsnorm nach § 370 AO legt eine Eingrenzung des objektiven Tatbestandes nahe. Im Folgenden werden einige Reformvorschläge, die sich seit der Tatbestandsneufassung herausgebildet haben, zusammenfassend dargestellt[43].

a) Konkretisierung des Tatbestandes

In Anlehnung an den Vorschlag *Kohlmanns* wurde in der Literatur bereits seit den 70er Jahren eine Neufassung des Steuerhinterziehungstatbestandes empfohlen[44]. Der Gesetzgeber sei dazu aufgerufen, den Fall der durch Täuschung

---

§ 169 Abs. 2 Satz 2 AO auf zehn Jahre ausgedehnt werden könne: Dies sei von hoher praktischer Bedeutung, da in vielen Fällen die eigentliche finanzielle Belastung des Steuerpflichtigen in der Ausdehnung der steuerlichen Festsetzungsfrist auf zehn Jahre liege. Gemeinsam mit den Hinterziehungszinsen nach § 235 AO komme es zu teilweise exorbitanten Zusatzbelastungen außerhalb des eigentlich strafbefangenen Zeitraums.

43 Dabei hat sich die Neufassung des Steuerhinterziehungstatbestandes 1977 bisher als resistent gegen Reformbemühungen erwiesen, vgl. *Hellmann*, in: HHS (2016), Lfg. 225 Nov. 2013) § 370 AO Rn. 20, S. 14; zu dieser Problematik u.a. *Kuhlen,* Grundfragen (2012), S. 128 ff.; *Joecks*, in: Franzen / Gast / Joecks (2009), § 370, Rn. 105 ff. (107), S. 179 ff. (180); *Seer*, StuW 2003, 40 (56 ff.); *Schneider*, a.a.O., S. 127 f. (129); *Samson*, in: a.a.O. (1985), § 370, Rn. 167, 168, S. 264; *Kribs-Drees*, DB 1978, 181 (182 f.).

44 Vgl. *Kohlmann*, Tagungsberichte, VII. Band, Anlage 2, S. 40 (41):
„(1) Wer zum eigenen Vorteil oder zum Vorteil eines anderen
1. die Finanzbehörden oder andere Behörden über steuerlich erhebliche Tatsachen täuscht oder
2. diese Behörden durch unrichtige oder unvollständige Angaben oder pflichtwidriges Verschweigen über solche Tatsachen in Unkenntnis hält oder

und Irrtumserregung bewirkten Steuerverkürzung bzw. Vorteilserlangung im Tatbestand der Steuerhinterziehung des § 370 Abs. 1 AO als selbständige Begehungsvarianten ausdrücklich zu normieren. Zudem sei in den Tatbestand der Steuerhinterziehung des § 370 Abs. 1 Nr. 1 AO 1977 auch das Merkmal der „Unkenntnis der Finanzbehörde" aufzunehmen. Der Steuerhinterziehungstatbestand könne also durch positives Tun, sowohl mittels einer Täuschungshandlung als auch durch bloße falsche oder unvollständige Angaben begangen werden. Die bestehende Rechtsunsicherheit gelte es zu vermeiden[45]. Die in § 370 Abs. 4 Satz 1 AO aufgeführten Beispiele seien nicht abschließend, was im Hinblick auf Art. 103 Abs. 2 GG bedenklich sei. Dieses Resultat hätte durch eine Angleichung an den Betrugstatbestand vermieden werden können. Es sei nicht nur eine Gefährdung, sondern die Verletzung des fiskalischen Vermögensschadens erforderlich. Zur Feststellung des Schadenseintritts könne die Rechtsprechung zum Vermögensschaden beim Betrug dienen. Dies ermögliche auch eine klare Abgrenzung des Versuchs von der Vollendung[46].

Die Sachverständigenkommission zur Bekämpfung der Wirtschaftskriminalität schlug in ihrem Abschlussbericht 1980 neben der Aufnahme der Steuerstraftaten in das Strafgesetzbuch weitere Modifikationen vor. Die Steuerhinterziehung sei als Erfolgsdelikt auszugestalten. Als Erfolg sei auch die Gefährdung des vollständigen Steueraufkommens anzusehen, welche durch die Verletzung der Mitwirkungspflicht ausgelöst werde. Die bloße Versäumung einer Frist zur Anmeldung oder Abgabe einer Erklärung, welche zu keiner Gefährdung des Steueraufkommens führe, sei nicht als kriminelles Unrecht einzustufen, sondern vom Gesetzgeber als Bußgeldtatbestand auszugestalten[47]. Demgegenüber sei der Taterfolg nicht lediglich mit Hilfe des Merkmals des „Verkürzens" zu

---

3. pflichtwidrig die Verwendung von Steuerzeichen unterläßt und dadurch die vollständige oder rechtzeitige Erfüllung des Steueranspruchs vereitelt oder derart gefährdet, daß bereits eine Vermögensverschlechterung vorliegt, oder die dem Fiskus aus jeder einzelnen Steuerart zustehenden Einnahmen vermindert, wird mit Freiheitsstrafe bis zu fünf Jahren oder mit Geldstrafe bestraft.
(2) siehe Entwurf des § 353 AO 1974 […]"

45 Vgl. *Schneider*, a.a.O., S. 125, 127 f. (129); *Kribs-Drees*, DB 1978, 181 (182 f.); *Hilgers*, a.a.O., S. 117 (118) (175); *Samson*, a.a.O. (1985), § 370, Rn. 167, 168, S. 264.

46 Vgl. *Kribs-Drees*, DB 1978, 181 (183); *Kohlmann*, Tagungsberichte, Bd. VII, Anlage 2, S. 35 f.: Die Summe der Vermögenswerte, die dem Staat aus jeder Steuerart zustehe, werde als eine Art „Sondervermögen" behandelt. Der Vermögensschaden sei immer in Bezug auf dieses Sondervermögen festzustellen. Bei einer Neuregelung müsse man entweder den Inhalt des geschützten Sondervermögens umschreiben oder, was im Interesse der Tatbestandsklarheit vorzugswürdig sei, die Vermögenswerte, an denen der Schaden eintreten könne, als Handlungsobjekte in den Tatbestand aufnehmen.

47 Vgl. Schlussbericht der Sachverständigenkommission (1980), Teil II, V., S. 52 (54).

umschreiben. Es reiche nicht, dieses Merkmal nur in einem besonderen Absatz mit Hilfe kasuistischer Beispiele zu erläutern. Beachtet werden müsse bei der Auslegung des „Verkürzens", dass der Täter die vollständige Verwirklichung des Steueranspruches hindere, erschwere oder gefährde. Des Weiteren müsse die Formulierung „zum eigenen Vorteil oder zum Vorteil eines anderen" aufgegeben oder zumindest modifiziert werden, um zu vermeiden, dass der Tatbestand als Absichtsdelikt interpretiert werde[48].

Auch *Seer* befürwortet eine Restriktion des Steuerhinterziehungstatbestandes. Nachdem das Rechtsinstitut der Selbstanzeige 2015 bis zur praktischen Unanwendbarkeit erschwert worden sei, sollte der überbordende Steuerhinterziehungstatbestand des § 370 Abs. 1 AO begrenzt werden. Dazu böte sich die Streichung des nicht gerechtfertigten sog. Kompensationsverbots des § 370 Abs. 4 Satz 3 AO an. Weiter plädiert *Seer* für eine damit verbundene Reduzierung des Steuerverkürzungserfolgs auf den tatsächlich eingetretenen Steuerschaden[49].

b) Ausgrenzung leichter Fälle der Hinterziehung

Die Verfasser des Alternativ-Entwurfs eines Strafgesetzbuches 1977 konzipierten den Steuerhinterziehungstatbestand als Steuerbetrug. Dabei sollte der Anwendungsbereich gegenüber dem der Steuerhinterziehung „wesentlich eingeschränkt" werden. Einerseits sollte der Tatbestand nur die Hinterziehung von Veranlagungssteuern, nicht die von Fälligkeitssteuern erfassen[50]. Gerechtfertigt wurde diese Differenzierung damit, dass nur bei den Veranlagungssteuern eine eingehende Erforschung des Sachverhalts unter Mitwirkung des Steuerpflichtigen notwendig sei, während es sich bei den Fälligkeitssteuern um Pflichtigkeiten handle, deren Verletzung verglichen mit anderen Mitwirkungspflichten des Bürgers bei der Erfüllung öffentlicher Aufgaben wesentlich geringer wiege[51]. Andererseits sollte die bloße wenn auch vorsätzliche Fristversäumung zur Abgabe einer Steuererklärung straflos bleiben, da sie ihrem materiellen Gehalt nach „kein kriminelles Unrecht" sei. Auch sollten bei der pflichtwidrigen Unterlassung steuerrechtlich gebotener Angaben solche Fälle aus dem Tatbestand ausscheiden, bei denen die Steuerbehörde über die Tatsache der Steuerpflichtigkeit nicht im Unklaren sei und ohne weitere Nachforschungen, z.B. aufgrund einer Schätzung der Vorjahresangaben, die Steuerschuld festsetzen könne. Auch in diesen Fällen werde die Behördentä-

---

48 Vgl. Schlussbericht der Sachverständigenkommission (1980), Teil II, V., S. 52 (54 f.).

49 Vgl. *Seer*, DB 2016, 2192, 2195 (2199).

50 Vgl. Alternativ-Entwurf 1977, Besonderer Teil, Vorbemerkung vor § 200, S. 94 (95).

51 Vgl. Alternativ-Entwurf 1977, Besonderer Teil, Vorbemerkung vor § 200, S. 94 (95).

tigkeit nur (geringfügig) erschwert, nicht aber der Steueranspruch wesentlich gefährdet oder vereitelt[52].

In neuerer Zeit befürwortet *Seer* eine Entkriminalisierung des Steuerrechts. Das Steuerstrafrecht sei – so dessen Argumentation – ungeeignet, strukturelle Vollzugsdefizite auf der Ebene des exekutiven Normenvollzugs auszugleichen sowie die gebotene Belastungsgleichheit herzustellen[53]. Zwar solle das Steuerstrafrecht das vollständige und rechtzeitige Steueraufkommen sichern und die Solidargemeinschaft der ehrlichen Steuerzahler schützen. Die Verknüpfung der beiden Rechtsgebiete dürfe aber nicht darüber hinweg täuschen, dass das Steuerstrafrecht dem Strafrecht angehöre. Denn die wesentliche Rechtfertigung der Strafe sei die Herstellung eines Schuldausgleichs unter gleichzeitiger Berücksichtigung spezial- und generalpräventiver Gesichtspunkte[54]. Des Weiteren führe die Praxis des Steuerstrafverfahrens im Endeffekt zu einer überwiegenden Straflosigkeit leichter Hinterziehungen[55]. Dieser Reformansatz verfolgte das Ziel, die Strafbarkeitsschwelle deutlich zu erhöhen und damit eine Entkriminalisierung der Steuerpflichtigen zu erreichen. Das Steuerstrafrecht sei auf Fälle „schwerer Steuerkriminalität" zu begrenzen. Dabei seien minder schwere Hinterziehungshandlungen nur mit einem behördlich anzuordnenden Strafzuschlag – unterhalb der Schwelle der Kriminalstrafe – zu ahnden. Zugleich sollte eine umfassende Reform des steuerlichen Veranlagungsverfahrens erfolgen[56].

---

52 Vgl. Alternativ-Entwurf 1977, Besonderer Teil, Vorbemerkung vor § 200, S. 94 (97).

53 Vgl. *Seer,* GS Trzaskalik, S. 457, 465 (466 f.); *Seer,* StuW 1/2003, 40 (56): Das Steuerstrafrecht sei im Vergleich zum regulären Verwaltungsvollzug „das unverhältnismäßige Mittel, weil es mit einer deutlich gesteigerten freiheitsbeeinträchtigenden Eingriffsintensität verbunden ist. Es muss die Ultima-ratio-Maßnahme des Ausnahmefalls bleiben."

54 Vgl. *Seer,* GS Trzaskalik, S. 457, 465 (466). Ein Konzept, steuerliches Fehlverhalten in Massenverfahren durch Pönalisierung des Steuerrechts zu bekämpfen, sei zum Scheitern verurteilt.

55 Vgl. *Seer,* DStJG, Bd. 38 (2015), S. 313, 327, 340; *Seer,* FS Kohlmann, S. 535 (551 f.).

56 Vgl. *Seer,* DStJG, Bd. 38 (2015), S. 313, 339 (340); *Seer,* StuW 2003, 40 (56 f.); *Seer,* FS Kohlmann, S. 535 (551 f.): „Das Konzept, steuerliches Fehlverhalten durch Pönalisierung des Steuerrechts zu bekämpfen, ist zum Scheitern verurteilt. Es bedarf dringend einer Kursänderung. Treffend bezeichnet das BVerfG die Strafnorm als 'ultima ratio im Instrumentarium des Gesetzgebers'. […] Das materielle Steuer-(S. 552)recht ist auf seine Vollzugsfähigkeit hin auszurichten, zugleich ist der reguläre Verwaltungsvollzug zu stärken und der Steuerpflichtige durch eine deutliche Anhebung der Strafbarkeitsschwelle zu entkriminalisieren. Das Steuerstrafrecht kann sich dann auf seine originäre Aufgabe, schwere Steuerkriminalität zu bekämpfen, konzentrieren."

Dieser Ansicht, wonach leichtere Steuerhinterziehungen zu entkriminalisieren seien, folgt auch *Kuhlen*. Die Anknüpfung der Entkriminalisierung leichter Steuerhinterziehungen könne zum einen an das Handlungsunrecht der typischen Steuerhinterziehung anknüpfen. Dieses werde vor allem dadurch gemindert, das die Steuerhinterziehung nicht aktiv auf das staatliche Vermögen zugreife, sondern lediglich den gebotenen Transfer von Vermögen des Steuerpflichtigen auf den Staat unterlasse. Ausgangspunkt könne hier die Unterscheidung zwischen dem aktiven Steuerbetrug und einem materiell verstandenen Unterlassen der notwendigen Steuerzahlung sein. Danach wäre also nur die unterlassene Steuerzahlung straflos[57]. Denkbar sei zum anderen eine Anknüpfung an das Erfolgsunrecht, um leichte Steuerhinterziehungen bereits materiell-rechtlich von der Strafbarkeit auszunehmen. Hierbei käme als Regulativ die Höhe der hinterzogenen Steuer in Betracht. Die Bestimmung der geringwertigen Hinterziehung wiederum könne entweder absolut durch einen konkreten Verkürzungsbetrag oder relativ durch einen bestimmten Anteil der hinterzogenen an der geschuldeten Steuer erfolgen. Hiernach wäre lediglich die Hinterziehung kleiner Beträge straflos[58]. Vorzugswürdig erscheine die absolut ansetzende Bestimmung leichter Hinterziehungen. Gesetzgebungstechnisch bestünden für die Festsetzung eines absoluten Mindestbetrages der strafbaren Steuerhinterziehung zwei Wege. Erstens könne man eine Hinterziehung in „geringem Ausmaß" als straflos festlegen. Allerdings bestehe damit ein unbestimmter Rechtsbegriff, welcher von den Gerichten konkretisiert werden müsse. Es bestehe die Gefahr, dass die Strafgerichte das neue Gesetz als unbestimmt nach Art. 103 Abs. 2 GG ansehen. Andererseits könne man einen „Mindestbetrag" der strafbaren Steuerhinterziehung gesetzlich festlegen. Diese Lösung habe eine Reihe europäischer Staaten gewählt, welche damit offenbar durchaus leben könnten[59]. Im deutschen Recht könne man sich an der Verfahrenseinstellung bei nur geringwertigen Steuerhinterziehungen nach § 398 AO orientieren. Als höchster Betrag, bei dem eine derartige Einstellung noch erfolgen könne, werde eine Hinterziehungssumme von 5. 000 Euro

57 Vgl. *Kuhlen*, Grundfragen, S. 130: Eine Konkretisierung dieses Ansatzes müsse in Auseinadersetzung mit vergleichbaren Vorschlägen wie dem des schweizerischen Strafrechts erfolgen. *Ders.*, a.a.O., Fn. 907, S. 128: In der Schweiz werde nur der Steuerbetrug, d.h. die zur Täuschung der Steuerbehörde erfolgende Verwendung gefälschter, verfälschter oder inhaltlich unwahrer Urkunden zum Zweck der Steuerhinterziehung, als Vergehen unter Strafe gestellt (Art. 186 DBG). Die schlichte Steuerhinterziehung werde demgegenüber nur mit Geldbuße bedroht (Art. 175 DBG).

58 Vgl. *Kuhlen*, Grundfragen, S. 130.

59 Vgl. *Kuhlen*, a.a.O., S. 132 f.: Der Gesetzgeber müsse die Grenze zwischen strafloser oder strafbarer Hinterziehung festlegen, wobei die Grenzziehung anhand eines fixen Betrages nur „willkürlich gegriffen" werden könne, vgl. BGH NJW 2005, 374 (375).

angesehen[60]. Letztlich sei – so *Kuhlen* – von einer prinzipiellen Vorzugswürdigkeit der materiell-rechtlichen gegenüber der prozessrechtlichen[61] Straffreistellung leichter Steuerhinterziehungen auszugehen. Der Gesetzgeber solle sich bei der Schöpfung von Straftatbeständen am Normalfall orientieren, nicht aber Tatbestände so weit fassen, dass die Mehrzahl der durch sie erfassten Fallkonstellationen in Wahrheit gar keine Strafe verdiene, wie dies bei der derzeitigen Fassung von § 370 AO gegeben sei. Eine engere Fassung des Hinterziehungstatbestandes fördere nicht nur die Rechtsklarheit und -gleichheit, sondern auch, dass über die problematische Abgrenzung zwischen straflosen leichten und strafbaren schweren Steuerhinterziehungen zumindest in ihren Grundzügen durch den rechtsstaatlich dafür prädestinierten Akteur, somit vom Gesetzgeber, nicht aber durch Finanzbehörden, Gerichten sowie Staatsanwaltschaften entschieden werde[62]. Zudem sei es irritierend, dass nach der prozessrechtlichen Lösung die Frage, was materiell als eine Straftat gewertet wird, letztendlich im Verfahrensrecht und nicht im materiellen Recht beantwortet werde[63].

c) Stellungnahme

Um Auslegungsprobleme zu vermeiden, sollte eine Wortlautkonkretisierung durch Aufnahme der Merkmale „Täuschung und Irrtumserregung" in § 370 Abs. 1 Nr. 1 AO erfolgen. Die Konkretisierung des tatbestandlichen Erfolges der Steuerhinterziehung, wonach die konkrete Gefahr einer Vermögensschädigung genügen soll[64], könnte unter Heranziehung allgemeiner Einschränkungsversuche des Betrugstatbestandes erfolgen[65]. Zwar basiert der Verkürzungser-

60 Vgl. *Kuhlen*, Grundfragen, S. 134.

61 Vgl. *Kuhlen*, a.a.O., S. 136: Bei der prozessrechtlichen Straffreistellung sei unverändert an § 370 AO und somit an der Strafbarkeit aller vorsätzlichen Steuerhinterziehungen festzuhalten. Leichtere Hinterziehungen würden jedoch nicht zu einer Bestrafung, sondern wegen ihrer Geringfügigkeit zu einer Strafverfahrenseinstellung führen.

62 Vgl. *Kuhlen*, Grundfragen, S. 137 (138).

63 Vgl. *Frisch*, FS-Stree / Wessels, S. 69 (101): „Das Paradoxe […] liegt […] darin, daß das, was materiell eine Straftat ist, […], abschließend nicht im materiellen Recht, sondern im Verfahrensrecht beantwortet wird. Die Zusammenhänge würden klarer, wenn schon das materielle Recht selbst das genauer umgrenzte, was materiell Straftat ist."

64 Vgl. *Steinberg / Burghaus*, ZIS 2011, 578 (579): Bei der Verkürzung von Steuern sei dies aus § 370 Abs. 4 S. 1 AO (z.B. die verspätete Steuerfestsetzung) herzuleiten.

65 So fordert *Riemann*, Vermögensgefährdung, S. 5, 60 f., 121 (127): bei § 263 StGB eine Beschränkung der schadensdarstellenden Vermögensgefährdung. Notwendig sei eine doppelte Unmittelbarkeit. Zum einen müsse eine Unmittelbarkeit zwischen der Verfügung und der Vermögensgefahr bestehen. Zum anderen müsse die geschaffene Gefahr sich unmittelbar zu einem endgültigen Schaden entwickeln können. Diese Unmittelbarkeit entfalle aber, wenn für den endgültigen Schaden noch weiteres Handeln des Täters

folg bei der Hinterziehung von Fälligkeitssteuern nicht auf einer Vermögensverfügung, da diese mit der Nichtabführung der Steuer schon im Fälligkeitszeitpunkt eintritt. Dennoch ist auch für den Erfolgseintritt der Hinterziehung eine „doppelte Unmittelbarkeit" zu fordern, um einer Tatbestandsvorverlagerung in den Gefährdungsbereich zu entgegnen. Danach führt die Nichtabführung der Steuer zum Fälligkeitszeitpunkt oder die verspätete Steuerfestsetzung zunächst nur zu einer unmittelbaren Vermögensgefahr. Notwendig ist ein weiteres Dazwischentreten der Behörde, indem diese den Säumigen zur Zahlung erneut auffordert. Erst das erneute Verstreichenlassen der Zahlungsfrist lässt die geschaffene Gefahr zu einem endgültigen Vermögensschaden weiterentwickeln. Vorzugswürdig erscheint zudem die völlige Ausgrenzung leichter Hinterziehungsfälle. Anzuknüpfen ist dabei sowohl an das Handlungsunrecht, wonach die (nur) unterlassene Steuerzahlung straflos bliebe, als auch an das Erfolgsunrecht, wonach bis zu einer absoluten Höhe der hinterzogenen Steuern von beispielsweise 2.000 Euro eine gerichtlich strafbare Steuerhinterziehung entfiele. Als Bemessungsgrundlage für den Höchstbetrag könnte beispielsweise das durchschnittliche Netto-Monatseinkommen eines (deutschen) Steuerbürgers dienen.

4. Restriktionsversuche im subjektiven Tatbestand

Nach der sog. „Steueranspruchstheorie" erfordert der Vorsatz i.S.d. § 370 AO, dass der Täter den nach Grund und Höhe bestimmten Steueranspruch kennt oder wenigstens für möglich hält und ihn auch verkürzen will[66]. Nach der Gegenansicht soll es genügen, dass der Täter die Kenntnis von den Umständen hat, welche die einschlägige Norm auf die verwiesen wird, ausfüllen, nicht dagegen Kenntnis von der Norm selbst[67]. In diesem Sinne tendiert aktuell auch der 1. Strafsenat des BGH dazu, die Anforderungen an den Vorsatz weiter herabzusetzen, indem er Zweifel daran geäußert hat, ob eine Fehlvorstellung über das Bestehen eines Steueranspruchs in den Fällen als Tatbestandsirrtum zu qualifizieren ist, in denen der Irrtum sich auf die Reichweite einer steuerli-

---

notwendig sei. Durch eine solche Handlung würde sich die Gefahr nämlich erst konkretisieren. *Matt / Saliger*, Straflosigkeit, S. 236: übertragen das Unmittelbarkeitsprinzip auf den Vermögensbegriff bei der Untreue (§ 266 StGB). Eine Vermögensgefährdung soll nur dann hinreichend schadensadäquat und konkret sein, wenn sie als Folge der Pflichtwidrigkeit unmittelbar in den effektiven und endgültigen Schaden übergehen könne. Dies sei nicht erfüllt, wenn der Schaden erst durch Dazwischentreten einer dritten Person verursacht werde oder der endgültige Schaden nicht mit baldiger Wirkung eintrete.

66 Vgl. BGHSt 5, 90 (92), Urteil vom 13. November 1953 – 5 StR 342/53.

67 Vgl. *Meyberg,* PStR 2011, 308, 310.

chen Norm bezieht[68]. Dies wird kritisiert. Der BGH neige, aufgrund seiner drohenden Abkehr von der Steueranspruchstheorie dazu, auf kaltem Wege die fahrlässige Steuerhinterziehung einzuführen, indem er jeden Irrtum über die Steuerrechtslage, der zu einer unrichtigen Angabe führt, entgegen dem expliziten Gesetzeswortlaut zur Steuerhinterziehung aufwerte. Die Beeinträchtigung des Steueranspruchs, damit auch dessen Bestehen, sei ein Tatumstand der zum gesetzlichen Tatbestand der Steuerhinterziehung § 370 Abs. 1 AO gehöre. Wer bei Begehung der Tat das Bestehen des Steueranspruchs nicht kennt, erfülle den Tatbestand der Steuerhinterziehung nicht vorsätzlich[69].

Geberth / Welling betonen, dass das steuerstrafrechtliche Normengefüge seine Balance verloren habe. Dazu trügen unter anderem die niedrigen Anforderungen an den subjektiven Steuerhinterziehungstatbestand, welcher schon bei einem bedingten Vorsatz erfüllt sei, bei[70]. *Kaeser* bemängelt, dass der Tatbestand des § 370 StGB mit dem Grundgesetz nicht vereinbar sei. Erforderlich sei daher eine verfassungskonforme Reduktion des Vorsatzelements[71]. Die obersten Finanzbehörden des Bundes und der Länder versuchten durch eine Verwaltungsanweisung zur Auslegung des § 153 AO vom 23. Mai 2016 der im Bereich der Unternehmen bestehenden Gefahr einer Überkriminalisierung entgegenzuwirken. Dieser Anwendungserlass setzt einen Anreiz zur Einrichtung von innerbetrieblichen Tax-Compliance-Management-Systemen (Tax

---

68 Vgl. BGH wistra 2011, 465, 467, Rn. 23 f., Urteil vom 8. September 2011 – 1 StR 38/11: Ob vielmehr ein Verbotsirrtum (§ 17 StGB) vorliege, sei in der Literatur umstritten.

69 Vgl. *Bülte*, ZWF 1/2015, S. 52 (56); *Kuhlen*, DStJG, Bd. 38 (2015), S. 117 (138 f.): Dies aber sei die Aussage der Steueranspruchstheorie. Die Steuerverkürzung und somit das Bestehen eines Steueranspruchs sei eine normative Tatbestandsvoraussetzung der Steuerhinterziehung. Bei derartigen Tatbestandsmerkmalen muss sich der Vorsatz nicht nur auf die Tatsachen, sondern auch auf deren rechtlich relevante soziale Bedeutung beziehen. Diese Bedeutungskenntis hat bezüglich des rechtnormativen Merkmals der Steuerverkürzung nur, wer den bestehenden Steueranspruch kennt. Dieser sei damit ein Tatumstand, der zum gesetzlichen Tatbestand der Steuerhinterziehung gehöre.

70 Vgl. *Geberth / Welling*, DB 2015, 1742 (1743): Das Ausreichen des subjektiven Tatbestandes in Form des Eventualvorsatzes erweise sich als rechtsunsicheres Merkmal.

71 Vgl. *Kaeser*, in: FS-Haarmann (2015), 675 (683 f.) (686 f.): „Wenn der BGH als Wissen um die Möglichkeit des Erfolgseintritts das Wissen um die Unbestimmtheit des materiellen Steuerrechts und die Zweifelhaftigkeit einer bestimmten Rechtsansicht ausreichen lässt, übergeht er dieses im objektiven Tatbestand angelegte Bestimmtheitsproblem und bürdet es in einer Deformierung des objektiven Tatbestands dem Steuerpflichtigen auf. Und auch bzgl. des Willenselements geht die Rechtsprechung des BGH zu weit. In jedem Fall muss auch beim bedingten Vorsatz ein Willenselement vorliegen und kann nicht schlicht unterstellt werden; […].“ Objektive Indizien seien zu beachten.

CMS)[72]. Jedenfalls dann, wenn der Steuerpflichtige ein innerbetriebliches steuerliches Kontrollsystem eingerichtet habe, bedürfe es nun – so *Seer* – einer genauen Prüfung des Anfangsverdachts auch unter dem Blickwinkel des subjektiven Tatbestandes (§ 370 Vorsatz; § 378 Leichtfertigkeit). Hiervon werde die Außenprüfung bei Vorliegen eines aktiven Tax CMS regelmäßig nicht (mehr) ausgehen dürfen. Diese Anweisung sei explizit zu begrüßen. Dies habe begrenzende Auswirkung auf die Strafbarkeit von Gesellschaftern, Organen und Mitarbeitern. Unabhängig davon wäre es aber wünschenswert, wenn der Tatbestand des § 370 AO begrenzt würde durch Einführung eines subjektiven Erfordernisses der Bereicherungsabsicht[73].

Die Forderung einer Strafbarkeit leichtfertig begangener Steuerhinterziehung[74] wird kritisiert. Dies würde das Problem der materiell-rechtlichen Überkriminalisierung der Steuerhinterziehung verschärfen. Der Unterschied zwischen bloß fahrlässiger und vorsätzlicher Deliktsbegehung markiere eine wichtige Abstufung innerhalb des Handlungsunrechts. Dies spreche für eine grundsätzliche Einstufung der fahrlässigen Steuerhinterziehung als bloße Ordnungswidrigkeit. Dafür spreche auch eine Gegenüberstellung der Steuerhinterziehung mit anderen Vermögensdelikten. Auch beim Betrug oder Diebstahl sei lediglich die vorsätzliche Begehungsweise strafbar[75].

5. Entkriminalisierung des Strafrahmens

Das geltende Recht behandelt die „einfache“ Steuerhinterziehung als Delikt der mittleren Kriminalität. Der Strafrahmen von § 370 Abs. 1 AO (Freiheitsstrafe bis zu 5 Jahren oder Geldstrafe) entspricht demjenigen des Betrugs (§ 263 Abs. 1 StGB) oder Diebstahls (§ 242 Abs. 1 StGB). Die für besonders schwere Fälle in § 370 Abs. 3 angedrohte Freiheitsstrafe von 6 Monaten bis zu 10 Jahren stufen diese Konstellationen als Fälle schwerer Kriminalität ein[76].

---

72 Vgl. BMF vom 23. Mai 2016, BStBl. I 2016, 490 (491); DB 2016, 1228 (1229): AEAO Nr. 2.6: „Für eine Steuerhinterziehung reicht von den verschiedenen Vorsatzformen bereits bedingter Vorsatz aus. […] Hat der Stpfl. ein innerbetriebliches Kontrollsystem eingerichtet, das der Erfüllung der steuerlichen Pflichten dient, kann dies ggf. ein Indiz darstellen, das gegen das Vorliegen eines Vorsatzes oder der Leichtfertigkeit sprechen kann, jedoch befreit dies nicht von einer Prüfung“ im Einzelfall; *Seer*, DB 2016, 2196 f.

73 Vgl. *Seer*, DB 2016, 2192 (2197) (2199).

74 Vgl. hierzu die Ausführungen des Alternativentwurfs in § 200 Abs. 3 AE 1977, S. 94 (96) (97).

75 Vgl. *Kuhlen*, a.a.O., S. 141.

76 Vgl. *Hellmann*, in: HHS (2016) (Lfg. Nov. 2013), § 370 AO, Rn. 23, S. 15 f.

a) Strafrahmen § 370 I

In Teilen der Bevölkerung wird die Steuerhinterziehung noch immer als „Kavaliersdelikt“ eingeordnet. Auch in der Literatur wird die Ansicht vertreten, der (Freiheits-) Strafrahmen sei überhöht. Die Möglichkeit mehrjährige Freiheitsstrafen zu verhängen, habe tiefgreifende Konsequenzen auf das Leben des Verurteilten. Da im 19. Jahrhundert in der Regel Geldstrafen verhängt wurden, sei die jetzige Strafhöhe bedenklich. Dies bestätige auch die Praxis, in der Geldstrafen dominieren und weniger als 1 % aller Verurteilungen auf Freiheitsstrafe ohne Bewährung lauten[77]. Dagegen stellt die Gegenansicht das Strafmaß der einfachen Steuerhinterziehung nicht in Frage. Der Strafrahmen der einfachen Steuerhinterziehung reiche von 5 Tagessätzen Geldstrafe bis zu 5 Jahren Freiheitsstrafe und ermögliche somit – je nach Schwere des Steuerschadens – sowohl eine milde Geldstrafe als auch eine Freiheitsstrafe[78].

Für einen ökonomischen Reformansatz setzt sich *Richter* ein. Geldstrafen würden derzeit nach Strafmaßtabellen verhängt, die einem bestimmten Hinterziehungsbetrag eine bestimmte Anzahl von Tagessätzen zuordneten. Dies habe infolge des Tagessatzsystems zur Folge, dass bei Hinterziehung eines identischen Betrages Bezieher hoher Einkommen eine höhere Geldstrafe zu erwarten hätten als Bezieher kleiner Einkommen. Eine derartige Bestrafung nach Leistungsfähigkeit lasse sich zwar dann gut begründen, wenn man Gerechtigkeit im Strafen suche, sie sei aber nicht effektiv. Sie verhindere eine geplante Hinterziehung allenfalls bei hohen Einkommen. Bei kleineren Einkommen lasse sie dagegen die Steuerhinterziehung als vorteilhaft erscheinen[79]. Zudem wirke die Bestrafung nach Leistungsfähigkeit bei kleineren Einkommen zu wenig abschreckend. An dessen Stelle sei eine „anreizverträgliche Politik“ notwendig, die ein vom Einkommen unabhängiges Strafmaß ermögliche. Die jetzige Form der Geldstrafe bei der Steuerhinterziehung sei durch eine Teilkonfiskation des Einkommens im Jahr der Hinterziehung zu ersetzen[80].

---

77 Vgl. *Kuhlen*, Grundfragen, S. 143. Dazu bereits kritisch *Hübner*, JR 1977, 58 (60).

78 Vgl. *Hellmann*, in: HHS (2016), § 370 AO, Rn. 23, S. 16.

79 Vgl. *Richter*, in: Finanzpolitik 2010, S. 67 (71 ff.) 73 f. (74).

80 Vgl. *Richter*, a.a.O., S. 67 (85): Bei aufgedeckter Hinterziehung solle nur das nicht deklarierte Einkommen eingezogen werden. Er illustriert dies an Beispielen: A hat ein Jahreseinkommen von 50.000 € mit 13.095 € zu versteuern. Er hinterzieht Steuern (10.000 €), indem er nur ein Einkommen von 20.894 € angibt. Das nicht angegebene Einkommen in Höhe von 29.106 € wird um 10.000 € verringert. Die verbleibenden 19.106 € sind als teilkonfiskatorische Geldstrafe festzulegen. Werden 10. 000 € hinterzogen, bei einem zu versteuernden Einkommen von 100.000 € (von denen A 76.192 € angebe, wofür er statt der geschuldeten 34.084 € nur 24.084 € Steuern zahle) belaufe sich die Strafe auf 13.808 €. *Kuhlen*, a.a.O., S. 144: Dieser Vorschlag führe zu einem

Dieser Reformvorschlag wird beanstandet. Es sei nicht erwiesen, dass die vorgeschlagene Regelung wirklich effizienter wäre und wegen einer höheren Abschreckungswirkung das Ausmaß der Hinterziehungen verringern würde. Die wahrgenommene Strafschwere werde enorm durch die Möglichkeit einer Freiheitsstrafe bestimmt, die *Richters* Analyse gar nicht berücksichtige. Der Vorschlag sei mit der für die Strafzumessung bei Geld- und Freiheitsstrafe geltenden Norm des § 46 StGB unvereinbar. An die Stelle der Schuld des Täters als Basis der Strafzumessung (§ 46 Abs. 1 S. 1 StGB) trete das nicht deklarierte Einkommen, welches die fixe Mindestgrenze der Geldstrafe bilden solle[81].

b) Besonders schwere Fälle (insb. Abs. III, S. 2 Nr. 1)

Gegenwärtig wird der erhöhte Strafrahmen des § 370 Abs. 3 verteidigt. Der erhöhte Unrechtsgehalt von Steuerhinterziehungen in einem besonders schweren Fall, den das Gesetz in § 370 Abs. 3 AO regelmäßig als Ursache für eine Strafrahmenanhebung werte, resultiere aus erschwerenden Umständen, die in ähnlicher oder gleicher Weise auch § 263 Abs. 3 StGB zum Anlass für eine Strafrahmenerhöhung nehme. Diese Erschwerungsgründe (großes Ausmaß des Taterfolgs, bandenmäßige Begehung von Umsatz- und Verbrauchsteuerhinterziehungen etc.) beinhalteten keine steuerstrafrechtlichen Eigenheiten. Daher sei nicht die Gleichbehandlung mit ähnlichen Allgemeindelikten zu kritisieren. Vielmehr sei es zu beanstanden, wenn das Gesetz diese unrechtserhöhenden Umstände bei der Steuerhinterziehung unberücksichtigt lasse. Es beständen – alles in allem – keine Bedenken gegen die Strafrahmen der Steuerhinterziehung[82]. Der höhere Strafrahmen des § 370 Abs. 3 AO sei rechtfertigbar, weil es Hinterziehungsfälle – etwa durch organisiert betriebene Umsatzsteuerkarusselle – gebe, deren Sanktionierung nur mit Freiheitsstrafe von mehr als 5

überraschendem Effekt: Bei gleichem Hinterziehungsbetrag falle die Strafe desjenigen, der über ein höheres Einkommen verfüge, geringer aus. Während nach geltendem Recht die Geldstrafe bei festem Hinterziehungsbetrag und steigendem Einkommen wachse, führe dieser Reformansatz dazu, dass sie mit steigendem Einkommen sinke.

81 Vgl. *Kuhlen*, a.a.O., S. 144, 146: Hohen Einkommensbeziehern drohe bei Hinterziehung eines festen Betrages eine höhere absolute Geldstrafe. Dies sei aber keine Eigenart der Steuerhinterziehung, sondern ein gewollter Effekt des für die Geldstrafe allgemein geltenden Tagessatzsystems. Normativ inkonsistent sei es, an dem bestehenden System festzuhalten und nur bei der Steuerhinterziehung eine Ausnahme zu kreieren.

82 Vgl. *Hellmann*, in: HHS (2016), § 370 AO, Rn. 23a, S. 17. Vgl. jedoch die Kritik *Hübners*, JR 1977, 58 (60) am Strafrahmen des Abs. 3 AO, wonach die Hinterziehung im Verhältnis zum Betrug minderen Handlungs- und Erfolgsunrechts und im Ganzen minderen kriminellen Unwerts sei. Auch fehle es an einem praktischen Bedürfnis an der Norm, da der Strafrahmen von den Gerichten regelmäßig nicht ausgeschöpft werde.

Jahren angemessen erscheine. Dadurch könne man die Relation zu schweren Betrugsfällen wahren. Auf lange Sicht gelte es aber, die überzogene Strafdrohung des § 370 Abs. 3 AO abzuschaffen und eine Freiheitsstrafe von mehr als 5 Jahren nur dort vorzusehen, wo die Steuerhinterziehung die Voraussetzungen des Betrugstatbestandes in einem besonders schweren Fall erfülle[83].

Der BGH bestimmte mit Urteil vom Dezember 2008, dass das Merkmal „Steuerverkürzung in großem Ausmaß (§ 370 Abs. 3 S. 2 Nr. 1 AO)“ ab einem Verkürzungsbetrag von 100.000 Euro erfüllt sei. Dies gelte in dem Fall, in dem der Täter sich darauf beschränke, die Finanzbehörden pflichtwidrig über steuerlich erhebliche Tatsachen in Unkenntnis zu lassen und dieser Umstand nur zu einer Gefährdung des Steueranspruchs führe[84]. Habe der steuerpflichtige Täter ungerechtfertigte Zahlungen vom Finanzamt erhalten, sei dies bereits bei 50.000 Euro erfüllt[85]. Dabei müsse die Betragsgrenze für jede einzelne Tat im materiell-rechtlichen Sinne bestimmt werden. Auch seien Hinterziehungsbeträge zu addieren, welche bei mehrfacher tateinheitlicher Tatbestandsverwirklichung anfielen. Habe der Steuerpflichtige aber einen Betrag in Millionenhöhe hinterzogen, sei generell eine Freiheitsstrafe von mehr als zwei Jahren zu verhängen. Eine aussetzungsfähige Freiheitsstrafe komme dann nur noch bei Vorliegen besonders gewichtiger Milderungsgründe in Betracht[86]. Der BGH rechtfertigt seinen Standpunkt, indem er auf die Betrugsähnlichkeit der Steuerhinterziehung verweist. Bei der Steuerhinterziehung und dem Betrug handle es sich nach Begehungsweise und Unwertgehalt um ähnliche Delikte[87].

---

83 Vgl. *Kuhlen*, a.a.O., S. 148 f. Die Praxisseltenheit solcher Fälle sei kein hinreichender Grund, der gegen eine entsprechend hohe Bestrafungsmöglichkeit spreche. Vielmehr zeige die maßvolle Bestrafungspraxis der Gerichte, dass diese ihrer großen Verantwortung, der ihnen durch einen solch weiten Strafrahmen auferlegt werde, gerecht werden.

84 Vgl. BGHSt 53, 71 (85) Rn. 39 – Urteil vom 2. 12. 2008 – 1 StR 416/08. Bis zu diesem Urteil war unklar, welche konkrete Summe für das Vorliegen eines „großen Ausmaßes“ notwendig war. Das Vorliegen des Regelbeispiels sollte anhand einer Gesamtwürdigung der Fallumstände bestimmt werden, vgl. BGH wistra 1993, 109 (110). In der Literatur war die Höhe strittig. Während vereinzelt für eine „Steuerverkürzung in großem Ausmaß“ ein Hinterziehungsbetrag von 50.000 Euro genügen sollte, nahm die Mehrheit ein großes Ausmaß erst bei Verkürzungen in Millionenhöhe (DM) bzw. 500.000 (Euro) an, vgl. *Franzen*, a.a.O., § 370 AO Rn. 270; *Kuhlen*, a.a.O., S. 149 ff.

85 Vgl. BGHSt 53, 71 (85), Rn. 38.

86 Vgl. BGHSt 53, 71 (85 f.), Rn. 40 sowie Rn. 42, – Urteil vom 2. 12. 2008 – 1 StR 416/08.

87 Vgl. BGHSt 53, 71 (83), Rn. 31, 32: § 370 Abs. 3 S. 2 Nr. 1 AO bedürfe einer besonderen Begründung durch die Gerichte, was in gleicher Weise beim Betrug gelte. Ähnlich dem Betrug nach § 263 Abs. 3 S. 2 Nr. 2, 1. Alt. StGB müsse der Begriff des „großen Ausmaßes“ in erster Linie nach objektiven Aspekten bestimmt werden. Diese einheitliche Auslegung befürwortet auch *Jahn*, GWR 2011, 327 (330): „Bei unverstelltem Blick

Diese Rechtsprechung wird kritisiert. Sie führe zu einer enormen Strafschärfung gegenüber dem vorherigen Rechtszustand. Die Vorschrift beruhe auf einem qualifizierten Begründungsfehler[88]. Eine wertmäßige Übertragung gehe insbesondere deshalb fehl, weil die Straftatbestände des Betrugs und der Steuerhinterziehung allenfalls so gut wie „Äpfel und Birnen" vergleichbar seien. Bereits nach der grundsätzlichen Struktur seien die beiden Tatbeständen zu unterscheiden. Der Betrug sei durch ein „Wegnehmen", die Steuerhinterziehung hingegen durch ein „Nicht-Hergeben" gekennzeichnet[89]. Bei bloßer Gefährdung des Steueranspruchs liege die Betragsgrenze erst bei 100.000 Euro. Im vergleichbaren Fall des bloßen Gefährdungsschadens beim Betrug lehne der BGH dagegen einen Vermögensverlust großen Ausmaßes ab. Insofern werde die Steuerhinterziehung sogar strenger beurteilt. Die Steuerhinterziehung bleibe aber nach ihren Tatbestandskriterien, ihrer Deliktsnatur und dem materiellen Unrechtsgehalt deutlich hinter dem Betrugstatbestand zurück. Eine einheitliche Grenzziehung für das „große Ausmaß" bei beiden Delikten sei daher verfehlt[90].

Weiter wird moniert, dass ähnliche Spielräume auch bei der bandenmäßigen Verkürzung von Umsatz- oder Verbrauchssteuern des § 370 Abs. 3 AO Nr. 5 bestünden. Für eine Bande genügten generell drei Köpfe. Das Schrifttum wimmle von erdachten Beispielen, bei denen Angehörige und ein Steuerberater zur Bande würden. Der neue Gesetzeswortlaut lasse es zu, die bandenmäßige Verkürzung bereits bei kleinem Ausmaß der Verkürzung als besonders

---

fällt auf, dass Strafgerichte die vom Gesetzgeber vorgegebenen Strafrahmen meist nicht einmal annähernd ausschöpfen […]. Bei Steuerstraftaten vermittelt dies der Öffentlichkeit darüber hinaus den bedenklichen Eindruck, dass es sich hier eher um bloße 'Kavaliersdelikte' handele, deren Begehung sich geschäftsmäßig in eine Kosten und Nutzen abwägende Risikostrategie einkalkulieren ließe. Eine Fehlvorstellung, die der Generalprävention abträglich ist […]. Daher ist es konsequent, dass der BGH nunmehr diesen Signalen entgegentritt und unter anderem durch die einheitliche Auslegung des 'größeren Ausmaßes' eine erhöhte Stimmigkeit im System der Vermögensdelikte herstellt."

88 Vgl. *Schünemann*, in: FS-Mehle, S. 613 (617): Der logische Mangel dieses Arguments liege darin, „dass die Grenzziehung bei 50.000 € ja nicht durch eine sorgsam analysierte Relation zu dem Steueraufkommen und dem Ausgabegebaren des mit Milliarden quasi um sich werfenden Staates begründet, sondern schlicht durch die Übertragung der früher beim Betrugstatbestand angenommenen Grenze begründet wird."

89 Vgl. *Schaefer,* NJW-Spezial 2009, S. 88: „Bei der Steuerhinterziehung handelt es sich quasi um pönalisierten Geiz, wohingegen der Betrug auf einen Zugriff fremden Vermögens abzielt. Dieser Unterschied mag nur graduell sein. Üblicherweise stellen aber gerade die Modalitäten der Tat ein gewichtiges Strafzumessungskriterum dar. Beispielhaft ist insoweit auf die Schweiz zu verweisen, wo zwischen dem strafbaren Steuerbetrug und der 'bußgeldbewehrten' Steuerhinterziehung in Abhängigkeit der kriminellen Energie unterschieden wird."

90 Vgl. *Kuhlen*, a.a.O., S. 151, 153.

schweren Fall zu bestrafen[91]. Bedenklich sei außerdem der ergänzte Geldwäschetatbestand des § 261 Abs. 1 S. 2 Nr. 4 b) StGB. Dieser mache die gewerbs- oder bandenmäßige Steuerhinterziehung generell, also ohne explizite Beschränkung auf Verbrauch- oder Umsatzsteuern und ohne großes Ausmaß als Voraussetzung, zur Geldwäsche-Vortat[92]. Neu sei seit dem 1. Januar 2008 ferner die Befugnis, bei Verdacht auf gewerbs- oder bandenmäßige Hinterziehung von Umsatz- und Verbrauchsteuern die Telekommunikationsüberwachung anzuordnen und auf diese Weise erstmals den praktikablen Weg zu einer sprudelnden Quelle beweiskräftiger Erkenntnisse zu erschließen[93].

In den Erweiterungen des Anwendungsbereiches des § 370 Abs. 3 Satz 2 Nr. 2, Nr. 3 AO (durch das Gesetz zur Bekämpfung der Korruption 2015) und in der Ergänzung des Katalogtatbestandes des § 370 Abs. 3 Satz 2 AO durch eine neue Nummer 6 (Steuerumgehungsbekämpfungsgesetz 2017) zeigt sich die bedenkliche Tendenz des Gesetzgebers, den Tatbestand des § 370 Abs. 3 stetig auszuweiten. Damit geht auch – als Folgeanpassung – eine erneute Ausweitung der Sperrgründe nach § 371 Abs. 2 Satz 1 Nummer 4 AO einher[94].

---

91 Vgl. *Salditt*, FS-Schaumburg (2009), S. 1269 (1271): Die Streichung des bislang notwendigen Merkmals „grober Eigennutz" in § 370 Abs. 3 Nr. 1 AO führe zu weiterer Unklarheit. Der fremdnützig handelnde Angestellte einer börsennotierten Aktiengesellschaft werde jetzt, da allein das Ausmaß des steuerlichen Schadens entscheide, mit dem angehobenen Strafrahmen von bis zu zehn Jahren konfrontiert.

92 Vgl. *Salditt*, FS-Schaumburg (2009), S. 1269 (1272).

93 Vgl. *Salditt*, FS-Schaumburg (2009), S. 1269 (1272): siehe § 100a Abs. 2 Nr 2 a) StPO.

94 Vgl. Drucksache 18/11132, Begründung zum Entwurf eines Steuerumgehungsbekämpfungsgesetzes (13. Februar 2017), S. 17, (S. 30): „Der Katalogtatbestand des § 370 Absatz 3 Satz 2 AO wird um eine neue Nummer 6 ergänzt. […] (S. 31) Die gezielte Nutzung von Auslandsgesellschaften (insbesondere sogenannte Briefkastenfirmen) zur Verdeckung von Beteiligungsverhältnissen und der fortgesetzten Steuerhinterziehung erfordert eine aufwändige Vorbereitung und Organisation [...] und bringt damit hohe kriminelle Energie zum Ausdruck. Ihr Unrechtsgehalt entspricht damit dem der bestehenden Regelbeispielen nach § 370 Absatz 3 Satz 2 AO. Die Einführung des neuen Regelbeispiels in § 370 Absatz 3 Satz 2 Nummer 6 AO ist auch deshalb erforderlich, weil die fortgesetzte Steuerhinterziehung mittels einer Briefkastengesellschaft in vielen Fällen nicht bereits von dem Regelbeispiel nach § 370 Absatz 3 Satz 2 Nummer 1 AO erfasst wird. Mittels Verschleierung von Einkünften aus Kapitalvermögen durch Briefkastenfirmen werden auch Erträge unter der Grenze von 50.000 Euro hinterzogen, die die Rechtsprechung des BGH für die Annahme einer schweren Steuerhinterziehung nach § 370 Absatz 3 Satz 2 Nr. 1 AO voraussetzt (Urteil des BGH vom 27. Oktober 2015, 1 StR 373/15, BGHSt 61, 28-36)"; BGBl. 2017 Teil I Nr. 39, 1682 (1686); vgl. zur Aufnahme europäischer Amtsträger als Täter, Drucksache 18/4350, Art. 6, S. 9; BGBl. 2015 Teil I Nr. 46, 2025 (2027).

c) Stellungnahme

Stuft man den Unwertgehalt des aktuellen Hinterziehungstatbestandes geringer als den des Betruges ein, weil gewöhnlich nur der gebotene Vermögenstransfer des Steuerpflichtigen auf den Staat unterlassen wird und im Bereich der Fälligkeitssteuern keine Irrtumserregung notwendig ist, lässt sich der erhöhte Strafrahmen des § 370 Abs. 3 AO nur schwer begründen. Letztlich spricht aber für eine Gleichstellung, dass es auch dem Betrugstatbestand vergleichbare schwere Hinterziehungsfälle gibt. Zur Wahrung der Verhältnismäßigkeit sollte die Freiheitsstrafe von mehr als 5 Jahren aber nur im Ausnahmefall Anwendung finden, nämlich dann, wenn die Hinterziehung die Betrugsvoraussetzungen in einem schweren Fall tatsächlich erfüllt. Dies gilt auch für das Merkmal der „bandenmäßigen Verkürzung" (Absatz 3 S. 2 Nr. 5). Steuerberater oder Angehörige, deren Mitwirkung oft unvermeidbar ist, sind davon auszunehmen. Im Sinne einer restriktiven Auslegung erscheint es vorzugswürdig, ein „großes Ausmaß" (Absatz 3 S. 2 Nr. 1), dem materiellen Unrechtsgehalt entsprechend, grundsätzlich erst ab einer Hinterziehungssumme von 1 Mio Euro festzulegen.

II. Strafbefreiende Selbstanzeige

Auch nach Neuregelung der strafbefreienden Selbstanzeige in den Jahren 2011 und 2015 ist deren Daseinsberechtigung – zumindest in der jetzigen Form – umstritten. Der Ruf nach einer Reform der Selbstanzeige ist nicht verhallt.

1. Verfassungsmäßigkeit der Selbstanzeige

Gegenwärtig wird in der strafbefreienden Selbstanzeige teilweise eine nicht gerechtfertigte Ungleichbehandlung zwischen Steuerstraftätern und Tätern anderer Vermögensdelikte gesehen. Es bestehe eine Ähnlichkeit der Steuerhinterziehung und des Betrugs sowohl in ihrem geschützten Rechtsgut als auch in ihren Tatbestandsvoraussetzungen. Beide Delikte dienten demselben geschützten Rechtsgut – dem Schutz von Vermögensinteressen. Da eine Vergleichbarkeit der Delikte der Steuerhinterziehung und des Betrugs vorliege, sei die Schaffung einer Selbstanzeigeregelung im allgemeinen Strafrecht notwendig[95].

Nach anderer Ansicht wird die Möglichkeit, sich durch eine Selbstanzeige Straffreiheit zu garantieren, generell als verfassungsgemäß angesehen. Weder wirke die Beschränkung eines derart umfassenden strafbefreienden Tatausgleichs auf die Steuerhinterziehung als sachlich nicht vertretbare Ungleichheit im Sinne des Art. 3 Abs. 1 GG, noch die Zurückführung auch auf fiskalische

95 Vgl. *Patschke,* Selbstanzeige (2012), S. 27, 38, 45, (140 ff.) (199 ff.) (237).

Interessen als unvereinbar mit der im Rechtsstaatsprinzip des Art. 20 Abs. 3 GG enthaltenen materiellen Gerechtigkeit. Die ratio des Rechtsinstituts Selbstanzeige basiere darauf, einen Ausgleich zu bilden für die strafbewehrte Obliegenheit des Steuerpflichtigen, steuerlich erhebliche Tatsachen vollständig und wahrheitsgemäß offen zu legen (§ 90 Abs. 1 Satz 2 AO) und schütze diesen vor Selbstbelastung, wenn er ansonsten fortwirkende unrichtige Angaben lediglich durch neue Straftaten aufrechterhalten oder um den Preis der Offenlegung früherer Straftaten berichtigen könne. Daraus wird teilweise gefolgert, dass § 371 verfassungsrechtlich sogar geboten sei. Ohne die Möglichkeit einer Selbstanzeige – so wird argumentiert – drohe ein Verstoß gegen den Grundsatz nemo-tenetur-se-ipsum-accusare[96]. Dieser Grundsatz sei Ausdruck der rechtsstaatlichen Grundhaltung in Form der uneingeschränkten Achtung der Menschenwürde. Jeder Beschuldigte müsse frei von Zwang entscheiden können, ob und wieweit er in dem jeweiligen Strafverfahren mitwirke[97]. Durch die wiederkehrende Verpflichtung, Steuerquellen in den Jahreserklärungen anzugeben, belaste sich der Steuerpflichtige selbst, wenn er Einkünfte angebe, die in vorhergehenden Erklärungen schon hätten berücksichtigt werden müssen. Er habe nur die Möglichkeit, weiter Steuern zu hinterziehen, gar keine Steuerklärung abzugeben oder sich selbst mit einer richtigen Steuererklärung zu belasten[98]. Alternative Möglichkeiten einen Verstoß gegen die Selbstbelastungsfreiheit zu vermeiden seien kritisch zu sehen[99]. Über den Bereich des Steuerstrafrechts hinaus bestehe keine verfassungsrechtliche Notwendigkeit des Instituts der Selbstanzeige. Der Nemo-tenetur-Grundsatz sei aufgrund der Besonderheit – und daher nur innerhalb der Grenzen – des Steuerstrafrechts betroffen[100].

Die Gegenansicht sieht generell keine verfassungsrechtlichen Hindernisse, welche einer vollständigen Abschaffung der Selbstanzeige im Weg stünden[101].

96 Vgl. *Burwitz*, NZG 2014, 494 (495); BVerfG, Urteil vom 19. März 2013 – 2 BvR 2628/10, 2 BvR 2883/10, 2 BvR 2155/11, NJW 2013, S. 1058 (1061): Der Nemotenetur Grundsatz habe Verfassungsrang – sei dem einfachen Recht übergeordnet. Danach sei niemand verpflichtet, sich selbst zu belasten. Dem Beschuldigten obliege es Aussagen und Auskünfte zu verweigern oder Beweise zurückzuhalten, wenn diese zur Tatüberführung beitragen würden.

97 Vgl. BVerfG, Urteil vom 19. März 2013, NJW 2013, 1058 (1061).

98 Vgl. *Beckemper,* in: HHS (2016), § 371 AO, Rn. 21, S. 15.

99 Vgl. *Schuster*, JZ 2015, 27 (31): „Ob die vorgeschlagenen Alternativmechanismen, also eingeschränkte Erklärungspflichten […], zweckmäßiger sind […] ist aber eine ganz andere Frage. Schließlich können sie mitunter genau wie die Selbstanzeige zur Straffreiheit führen, allerdings ohne dass der Fiskus seinen Steueranspruch realisiert."

100 Vgl. *Helml,* Reform, S. 26 (27) (29).

101 Vgl. *Bülte,* ZWF 2015, 52 (56).

Als Lösung wird eine Flankierung der Mitwirkungspflicht durch ein Verwendungsverbot vorgeschlagen. Die Angaben, welche der Hinterzieher in Erfüllung seiner steuerlichen Pflichten gemacht habe, dürften danach nicht zu seiner Überführung und Verurteilung wegen der von ihm begangenen Steuerhinterziehungen Verwendung finden. Diese Lösung genüge dem Nemo-tenetur-Grundsatz ebenso. Die strafbefreiende Selbstanzeige sei verfassungsrechtlich nicht garantiert. Sie sei nur eine von mehreren Möglichkeiten, einem Verfassungsgebot Rechnung zu tragen. Jedenfalls trage ein Verwendungsverbot dem Grundsatz der Selbstbelastungsfreiheit zielgenauer Rechnung[102]. Eine Suspendierung der Erklärungspflichten bei laufendem Steuerstrafverfahren gewährt auch die neuere Rechtsprechung[103]. Kritisch wird überdies angemerkt, dass die Selbstanzeige als stabilisierender Faktor mit der Neuregelung durch das Schwarzgeldbekämpfungsgesetz an Glanz verloren habe. Durch die Abschaffung der Teilselbstanzeige sei der Steuerpflichtige derzeit gezwungen, umfänglich seine Erklärungen zu berichtigen. Tue er dies nicht, belaste er sich erst recht selbst. Die durch das Schwarzgeldbekämpfungsgesetz geschaffene Neuregelung weise so viele Fallstricke auf, dass sie kaum als sicherer Strafbefreiungsgrund gesehen werden könne. Das Risiko einer Selbstbelastung sei eher gestiegen. Diese erfolge nicht mit der neuen – nunmehr richtigen – Steuererklärung, sondern originär durch die Selbstanzeige[104].

2. Rechtfertigung einer Abschaffung des § 371 AO

Für oder gegen die Abschaffung der strafbefreienden Selbstanzeige werden sowohl steuerpolitische als auch strafrechtliche Sachgründe herangezogen. Eine Rechtfertigung dieses Instituts wird aus dem „fiskalpolitischen" Ansatz hergeleitet. Es bestehe das Interesse des Fiskus, bisher unbekannte Steuerquellen zu erschließen. Auch sei die Selbstanzeige als Anreiz zu verstehen, den Steuerhinterzieher durch das Inaussichtstellen von Straffreiheit zur nachträgli-

102 Vgl. *Kuhlen*, Grundfragen, S. 162: „Denn dieser soll den Täter, anders als § 371 AO (und auch § 398a AO), nicht vor einer Bestrafung schützen, sondern als Ausprägung der Menschenwürde unabhängig von seinen finanziellen Möglichkeiten 'lediglich vor einem rechtlichen Zwang zur Selbstbelastung und einer darauf beruhenden strafrechtlichen Verurteilung'." Dazu auch BVerfG wistra 2005, 175 (176).

103 Vgl. BGHSt 47, 8 (15); BGH NJW 2005, 763 (765); BGH 1 StR 479/08, vom 17. März 2009. Im selben Erklärungszeitraum wirke nach der, dem Steuerpflichtigen bekanntgegebenen, Einleitung eines Steuerstrafverfahrens wegen einer vorangegangen Steuerstraftat die steuerrechtliche Mitwirkungspflicht fort, ihre Verletzung sei aber nicht strafbar. Die Mitwirkungspflicht für nachfolgende Besteuerungszeiträume bleibe aber strafbewehrt.

104 Vgl. *Beckemper*, in: HHS (2016 / 2017), Lfg. 234, August 2015, § 371 AO, Rn. 22, S. 16.

chen Erfüllung seiner steuerlichen Pflichten zu motivieren. Allerdings sei die strafbefreiende Wirkung mit allein fiskalischen Interessen an der Entrichtung hinterzogener Steuern nicht zu rechtfertigen. Es müsse die „Rückkehr zur Steuerehrlichkeit" hinzukommen[105]. Nach der „Kompensationstheorie" stellt die Selbstanzeige einen strafbefreienden Tatausgleich dar. Die strafrechtliche Legitimation werde unabhängig von der Freiwilligkeit der Selbstanzeige in der auf Wiedereingliederung ausgerichteten Konzeption – als strafbefreiender Tatausgleich – gesehen. Dabei beseitige die Nacherklärung das Handlungsunrecht der Tat, während die Steuernachzahlung das Erfolgsunrecht kompensiere[106]. Zudem resultiere die „Ungleichbehandlung" des Steuerhinterziehers gegenüber anderen Straftätern, wie dem Betrüger, aus den steuerstrafrechtlichen Besonderheiten. Das Besteuerungsverfahren sei in besonderem Maße auf die Mitwirkung des Steuer- bzw. Erklärungspflichtigen angewiesen. So finde nach bestandskräftiger Steuerfestsetzung (außer im Falle der Außenprüfung) regelmäßig keine Kontrolle der abgeschlossenen Steuersache statt. Auch bewirke die Aufdeckung der bisher unbekannten steuerlichen Tatsachen nicht selten ein „steuerehrliches" Verhalten in der Zukunft. Mehrere Besteuerungszeiträume seien oft durch den gleichen steuerlichen Sachverhalt so verknüpft, dass der Täter seine Erklärungspflicht nicht ohne Selbstbelastungsgefahr erfüllen könne. Aufgrund dieser Besonderheiten sei die Selbstanzeige als Strafaufhebungsgrund – und nicht nur als Strafmilderungsgrund – auszugestalten[107]. Als Lösung der Diskrepanz des Steuerhinterziehungstatbestandes und anderen Vermögensdelikten wird die Ausdehnung der Selbstanzeige nach § 371 AO auf vergleichbare Strafnormen des Vermögensstrafrechts vorgeschlagen[108].

Die Kritiker der bestehenden Selbstanzeige führen einige Argumente ins Feld. Solange § 371 AO gelte, schütze der Straftatbestand der Steuerhinterziehung keine materielle Gerechtigkeit, sondern das sehr disponible Interesse des Staates an seinen Kassen. Hiernach könne bis zu den Grenzsituationen, welche als normative Sperren des § 371 Abs. 2 AO geregelt seien, Strafe gegen Steuergeld eingetauscht werden. Aus Sicht der herrschenden Ansicht über das

---

105 Vgl. *Hellmann*, FS-Beulke (2015), S. 405 (418); *Beckemper*, in HHS (2016), § 371 AO, Rn. 18, S. 14; BGHSt 55, 180 (Rn. 7ff); so bereits BGH St. 3, 373, 375; 12, 100, 101; Vgl. *Helml*, Reform (2014), S. 32 (34): Insgesamt bleibe es dabei, dass das Institut der Selbstanzeige nicht allein mit der Fiskaltheorie begründet und gerechtfertigt werden könne. Die Fiskaltehorie sei aber auch nicht komplett abzulehnen, da zumindest das Nachzahlungserfordernis in Abs. 3 damit begründet werden könne."

106 Vgl. *Beckemper* a.a.O., Rn. 19, S. 14; *Hellmann*, FS-Beulke (2015), S. 405 (417).

107 Vgl. *Hellmann*, FS-Beulke (2015), S. 405 (417).

108 Vgl. *Hüls / Reichling*, Steuerstrafrecht (2016), § 371, Rn. 41, 42, S. 209.

geschützte Rechtsgut des § 370 AO, wäre es deshalb verfehlt, Gemeinsinn sowie Gleichheit der Lastenverteilung zu beschwören. Bei § 371 AO gehe es, ohne Beschönigung ausgedrückt, ums Geld. In der gehobenen Sprache der Juristen sei vom staatlichen Interesse am vollständigen und rechtzeitigen Eingang der Steuern die Rede[109]. Auf dieser Grundlage seien wir gegenwärtig weit davon entfernt, die Strafwürdigkeit der Steuerhinterziehung mit der Schädigung eines an zivile Tugenden appellierenden Rechtsguts zu erklären. Vielmehr legten die gesetzlichen Strukturen einen kalkulierenden Umgang der Bürger mit dem Entdeckungsrisiko nahe. § 371 AO begünstige ein opportunistisches Fehlverständnis der Steuerpflicht. Diese Rechtslage sei das Gegenteil dessen, was das BVerfG schon in seinem Urteil vom 27. Juni 1991 für erforderlich gehalten habe[110]. Das öffentliche Strafverfolgungsinteresse sei Ausfluss des verfassungsrechtlich garantierten Schuldprinzips, welches eine schuldangemessene Bestrafung des Täters gebietet und damit auch dem Verzicht auf Strafe Grenzen setze. Das Schuldprinzip mahne insoweit zur Zurückhaltung[111]. Es erscheine bedenklich, wenn der Gesetzgeber für Steuerstraftaten, welche er als besonders schwere Fälle einordnet und mit Freiheitsstrafe von bis zu zehn Jahren bedroht (§ 370 Abs. 3 AO), generell die Möglichkeit zur strafbefreienden Selbstanzeige eröffnet, ohne dass eine Prüfung der Schuld im Einzelfall stattfindet oder auf andere Weise eine eklatante Missachtung des Schuldprinzips verhindert werde[112]. In Zweifel gezogen wird auch der „fiskalpolitische Ansatz“ für eine Rechtfertigung der Selbstanzeige. Die fiskalisch begründete Argumentation müsse auch beachten, dass es zu Steuerausfällen komme, da die Selbstanzeigemöglichkeit bei einem ökonomisch denkenden Täter die Abschreckungswirkung von § 370 AO abschwäche[113]. Moniert wird weiter der

---

109 Vgl. *Salditt,* FS-Schaumburg (2009), S. 1269 (1275 f.).

110 Vgl. *Salditt,* FS-Schaumburg (2009), S. 1269 (1276).

111 Vgl. *Böse*, BRJ 02/2014, 145 (150): Die Regelungen über den Verzicht auf Strafverfolgung (z.B. Ermittlungsnotstand) bei organisierter Kriminalität seien als Ausnahmen konzipiert. Ob der Notstandsgedanke auch die Gewährung von Straffreiheit zur Erschließung bislang unbekannter Steuerquellen trage, erscheine dagegen zweifelhaft. Dagegen spreche vor allem, dass die Selbstanzeige nur zur Erhebung der vom jeweiligen Täter hinterzogenen Steuern führe. Im Gegensatz zur Kronzeugenregelung jedoch keine erweiterten Ermittlungsansätze für die Verfolgung anderer Taten hervorbringe.

112 Vgl. *Böse*, BRJ 02/2014, 145 (150): „Der in § 398a AO vorgesehende Zuschlag ist nicht geeigent, die mit Blick auf das Schuldprinzip bestehenden Bedenken auszuräumen, da er als Sanktion mit einer für schwere (S. 151) Steuerstraftaten verwirkten mehrjährigen Haftstrafe […] nicht vergleichbar ist und mit der obligatorischen Einstellung zu einer systematischen Unterschreitung der schuldangemessenen Strafe führt.“

113 Vgl. *Wittig,* Jura 2014, Bd. 36, 567 (577); *Kuhlen,* a.a.O., S. 166 f.: Zwar würden Selbstanzeigen zu Nachzahlungen und somit zu Steuereinnahmen in enormer Höhe – durch Aufdeckung verdeckter Steuerquellen – führen. Derartige Nachzahlungen wür-

Gedanke, der nach § 371 AO straffrei Werdende habe die zunächst herbeigeführte Rechtsgutsverletzung „vollständig repariert“. Die Nachzahlung beseitige ja nur den materiellen Schaden, also den Steuerausfall des Fiskus, nicht aber den durch die Normverletzung verursachten ideellen Schaden. Bei einer Straftat werde dieser generell erst durch die Bestrafung aufgehoben. Dieser strafrechtliche Elementarsatz werde bei der strafrechtlichen Begründung der strafbefreienden Selbstanzeige häufig verkannt[114]. Die Begehung einer Straftat sei nicht nur eine materiell greifbare Beeinträchtigung fremder Interessen, sondern auch Ausdruck einer der Norm widersprechenden Handlungsmaxime. Die Bestrafung füge dem Täter also nicht nur einen materiell greifbaren Nachteil zu, sie habe vielmehr ebenfalls einen bestimmten Erklärungswert. Wäre bei einem strafbaren Delikt für den Sanktionsverzicht nicht mehr erforderlich als der Ersatz des materiellen Schadens, so wäre das gleichbedeutend mit der Wertung, dieses Delikt sei rein ziviles Unrecht und damit schon grundsätzlich nicht strafwürdig. Ein solcher Strafaufhebungsgrund wäre also wertungswidersprüchlich und nicht rational verständlich. Legitimieren lasse sich ein Strafaufhebungsgrund also nur, wenn er die Straflosigkeit an weitergehende Voraussetzungen knüpfe, deren Erfüllung durch den Täter so gewichtig sei, dass sie die Bestrafung überflüssig mache[115]. Allein das spätere In-Kenntnissetzen der Behörden über steuerpflichtige Tatsachen durch den Steuerpflichtigen, reiche nicht für eine Kompensation des Handlungsunrechts

---

den jedoch häufig deshalb erfolgen, weil mit baldiger Entdeckung der Hinterziehung zu rechnen sei, womit regelmäßig dem fiskalischen Interesse ebenso ohne Strafbefreiung gedient wäre; kritisch auch *Kemper*, ZRP 2008, 105 (107): „In der Praxis wird eine Selbstanzeige in der Regel dann erstattet, wenn die Gefahr einer Entdeckung der bewirkten Hinterziehung ein solches Ausmaß erreicht hat, das für den Steuerpflichtigen – je nach seiner persönlichen Risikobereitschaft – nicht mehr tragbar ist. Anders ausgedrückt steht hier eine Entdeckung der Steuerhinterziehung unmittelbar bevor. Die fiskalischen Gründe, die für das Rechtsinstrument der Selbstanzeige sprechen, erscheinen aus diesem Blickwinkel zweifelhaft“; anders aber *Kemper*, DStR 2014, 928 (930): „Als letzter Aspekt ist zu berücksichtigen, dass die Möglichkeit der Selbstanzeige auch aus fiskalischer Sicht ein ‘kluger Schachzug’ des Gesetzgebers ist, denn die Regelung dürfte in der Tat unbekannte Steuerquellen öffnen. Als Faustregel gilt hier, dass die Anzahl der Selbstanzeigen umso größer wird, je höher der Verfolgungsdruck ist; die Vielzahl der Selbstanzeigen nach den medienwirksam angekündigten Ankäufen von ‘Steuer-CDs’ dürfte dies anschaulich verdeutlichen“ (934): Aus fiskalischer Sicht sei an dem Sinn der Regelung nicht zu zweifeln.

114 Vgl. *Kuhlen,* Grundfragen, S. 168.

115 Vgl. *Puppe*, FS-Grünwald. S. 469 (474); *Freund*, GA 1995, 4 (7f.); *Kuhlen*, a.a.O., S. 169: Durch die gesetzlichen Straftatbestände komme zum Ausdruck, dass das deren Voraussetzungen erfüllende Verhalten ein strafwürdiges Unrecht sei. Der Erklärungswert der Strafaufhebungsgründe bringe dagegen zum Ausdruck, dass bei Vorliegen ihrer Voraussetzungen die zuvor bestehende Strafwürdigkeit einer Tat überflüssig werde.

und damit einer Strafbefreiung aus. Der Großteil der im Jahre 2010 erstatteten Selbstanzeigen habe verdeutlicht, dass die Täterleistung sich nicht selten darauf beschränke, einer ohnehin drohenden Tatentdeckung zuvorzukommen. Es zeige sich, wie wenig vom Steuerhinterzieher, über die Wiedergutmachung des materiellen Schadens hinaus, für seine Strafbefreiung verlangt werde. Bewerte die Strafdrohung von § 370 Abs. 1 und 3 AO die Strafwürdigkeit der Steuerhinterziehung angemessen, dann mache § 371 AO dem Täter die Strafbefreiung zu einfach. Wenn bei einer Steuerhinterziehung in Millionenhöhe zu Recht eine langjährige Freiheitsstrafe verwirkt sei, sei es eine nicht mehr nachvollziehbare Wertung, diese Strafe allein wegen der rechtzeitig vor Tatendeckung erfolgenden Nacherfüllung der Steuerpflicht gänzlich entfallen zu lassen[116]. Derartigen Steueranzeigen fehle es an der Unbedingtheit eines glaubwürdigen Nachtatverhaltens[117]. Auf der Basis des geltenden Rechts, das für besonders schwere Fälle der Steuerhinterziehung Freiheitsstrafe von bis zu zehn Jahren vorsieht, sei es kaum nachvollziehbar, gleichzeitig für die Selbstanzeige und Nachzahlung der hinterzogenen Steuer ohne Rücksicht auf die Schwere der Tat Generalpardon zu gewähren[118]. Dies habe zur Folge, dass ein Täter – auch bei einer Steuerhinterziehung von knapp 30 Millionen Euro – die Möglichkeit erhalte, sich mit der Selbstanzeige und Nachzahlung der hinterzogenen Steuern und eines Aufschlags (aktuell 10–20 %) von einer anderenfalls drohenden Freiheitsstrafe „freizukaufen". Die Kluft zwischen einem solchen Zuschlag und der Verhängung einer mehrjährigen Freiheitsstrafe werde in diesem Fall zu groß, als dass sie mit der schuldmindernden Wirkung der Selbstanzeige überbrückt werden könne. Derartige Widersprüche seien nur schwer auszuhalten. Sie desavouieren die hohe Strafandrohung und untergraben damit das Vertrauen in die Strafrechtspflege, indem sie das Bild eines

116 Vgl. *Kuhlen*, a.a.O., S. 172; *Beckemper*, a.a.O., S. 14; *Schäfers*, StBW 2011, 34 (35): Selbstanzeigen beschränkten sich oft auf das publizierte Herkunftsland der Datenträger.

117 Vgl. *Wege,* Rücktritt (2011), S. 85 (87): „[…] so kann Begünstigter eines positiven Nachtatverhaltens nur sein, wer Nachtatherrschaft hat – wer also den Nachtatgeschehensablauf […] in den Händen hält. Ohne volle Zurechenbarkeit des Nachtatverhaltens und seiner Effekte kommt der Erfolgsvereitelung keine verhaltensnormbestätigende Wirkung durch den Täter zu. Mangels Glaubwürdigkeit kommt sie für eine Strafzweckerreichung nicht in Frage, soweit sie das Werk eines Dritten oder des Zufalls ist."

118 Vgl. *Böse*, BRJ 02/2014, 145 (151): „Dies gilt insbesondere vor dem Hintergrund, dass nach inzwischen gefestigter Rechtsprechung des Bundesgerichtshofes bei Hinterziehungsbeträgen von mehr als 1 Million Euro die Verhängung einer Freiheitsstrafe, die zur Bewährung ausgesetzt werden kann (d.h. einer Freiheitsstrafe von unter zwei Jahren, § 56 Abs. 2 StGB), regelmäßig nur bei besonders gewichtigen Milderungsgründen in Betracht kommt." Mit Verweis auf BGH NJW 2009, 528 (532); 2012, 1458 (1460).

Staates entstehen lassen, der sich seinen Strafanspruch „abkaufen“ lasse[119]. Es bestehe ein Wertungswiderspruch zwischen der strengen Bewertung der Hinterziehung in § 370 AO und dem Privileg des § 371 AO, das aber wiederum nicht konsequent durchgehalten werde[120]. Verheerend sei insbesondere, dass in der steuerehrlichen Bevölkerung nicht nur der Eindruck eines „Freikaufs“ oder „Ablasshandels“ entstehe, sondern zudem die praktische Umsetzung zunehmend als nicht durchschaubar und als Glücksspiel empfunden werde. Es sei zu befürchten, dass sich dies langfristig auf die Steuerehrlichkeit und die Normtreue der Bevölkerung und folglich auch auf das Steueraufkommen auswirken werde. Trotz der (vordergründigen) finanziellen Vorteile für den Fiskus gehöre die Selbstanzeige deshalb abgeschafft[121]. Gegen die Beibehaltung des § 371 AO spreche auch der Vergleich mit anderen Vermögensdelikten. Der Strafaufhebungsgrund des freiwilligen Rücktritts nach § 24 StGB gelte lediglich für den Versuch und biete schon deshalb kein Argument für § 371 AO. Bei den in der Praxis bedeutendsten Delikten Betrug und Diebstahl fehle die Möglichkeit, durch nachträgliche Schadenswiedergutmachung Straffreiheit zu erlangen, vollständig. Die §§ 264a (Kapitalanlagebetrug), 265b StGB (Kreditbetrug) erforderten, dass der Täter vor Tatbeendigung tätig werde, worin ein wesentlicher Unterschied zu § 371 AO bestehe. Folglich handle es sich bei der strafbefreienden Selbstanzeige, wenn nicht um einen Fremdkörper, so doch um eine bedenkliche Ausnahmeerscheinung im deutschen Strafrecht[122]. Das Erfordernis der Freiwilligkeit sei dem Zweck der Selbstanzeige, dem Fiskus Steuerquellen zu erschließen, auch abträglich. Es sei dem Fiskus gleichgültig, ob der Steuerpflichtige aus autonomen oder heteronomen – die übliche Definition der Freiwilligkeit beim Rücktritt – Gründen eine Selbstanzeige abgebe. Der Verzicht auf das Freiwilligkeits-

---

119 Vgl. *Böse*, BRJ 02/2014, 145 (151): Der Fall Hoeneß führe dies nur allzu deutlich vor Augen: „Wäre die Selbstanzeige vollständig und rechtzeitig abgegeben worden, wäre es nicht zu einer Verurteilung zu dreieinhalb Jahren Freiheitsstrafe gekommen, sondern das Strafverfahren wäre ohne Durchführung einer öffentlichen Hauptverhandlung eingestellt worden.“

120 Vgl. *Wittig*, Jura 2014, Bd. 36, S. 567 (578); so auch *Kuhlen*, a.a.O. S. 173.

121 Vgl. *Wittig*, Jura 2014, Bd. 36, 567 (578 f.): Die Alternative bestehe in einer Aufstockung der finanziellen Mittel für Strafverfolgungs- und Steuerbehörden. Auch müsse die Bekämpfung der Steuerflucht auf internationaler und nationaler Ebene verbessert werden. Damit werde nicht nur der Grundsatz der Gleichmäßigkeit der Besteuerung besser gewahrt, sondern ein für das Rechtsbewusstsein der steuerehrlichen Bevölkerung schwer zu akzeptierendes und undurchschaubares Privileg endlich beseitigt. Für eine Abschaffung dieser Ausnahmeregelung bereits *Tiedemann*, JR 1975, 385 (387).

122 Vgl. *Kuhlen*, a.a.O., S. 173 (174): Spezielle Strafaufhebungsgründe wie § 261 Abs. 9 S. 1 StGB – in Anlehnung an § 371 AO – seien praktisch von geringer Bedeutung und hätten miteinander ebenso wenig Ähnlichkeit wie mit der Steuerhinterziehung.

merkmal in § 371 zeige deutlich, dass der Gesetzgeber keine Wiedergutmachungsbestrebungen favorisiere, sondern das Ziel die Erschließung von Steuerquellen sei[123]. Zwar schwäche die strengere Neuregelung der Selbstanzeige den Wertungswiderspruch zwischen der strengen Bewertung der Steuerhinterziehung einerseits und der durch Selbstanzeige eingeräumten Straffreiheit andererseits ab, indem eine „scheibchenweise" erfolgende Teilselbstanzeige ausgeschlossen sei. Dieses sei aber nicht ausreichend, um den zu kritisierenden Wertungswiderspruch ganz zu beseitigen[124]. Zwar werde die Steuerhinterziehung mit der Behauptung bagatellisiert, es sei etwas anderes, weniger von seinem Einkommen abzugeben, als Ware zu bestellen, ohne diese bezahlen zu wollen. Einen qualitativen Unterschied zwischen Betrug und Steuerhinterziehung, welcher eine derartige Ungleichbehandlung tragen würde, gebe es hier aber nicht[125]. Das Rechtsinstitut Selbstanzeige lasse sich auch nicht durch seinen Beitrag zur Lösung des Selbstbelastungsproblems rechtfertigen. Denn das Nemo-tenetur-Prinzip solle vor einem unzumutbaren Zwang zur Selbstbelastung, nicht aber vor Bestrafung schützen. Dieses Ziel könne man dadurch erreichen, dass man die steuerrechtlichen Erklärungspflichten einschränke, ihre Verletzung straflos stelle oder eine strafrechtlich belastende Verwendung der pflichtgemäß gemachten Angaben ausschließe[126]. Kritisiert wird zudem die mit der Neuregelung 2015 einhergehenden Praxisprobleme des Vollständigkeitsgebots im Rahmen des § 371 AO. Die zeitlichen Vorgaben seien seit dem 1. Januar 2015 dahingehend erweitert worden, dass die Berichtigungspflicht auf mindestens zehn Kalenderjahre vor Abgabe der Selbstanzeige für alle Fälle der Steuerhinterziehung verlängert werde. Damit einhergehend entständen erhebliche Praxisprobleme. Eine hinreichend sichere Bestimmung des 10-Jahres-Zeitraumes sei für den steuerlichen Berater nicht möglich. Zudem stelle sich

123 Vgl. *Beckemper,* in: HHS (2016/2017) Lfg. 234, August 2015, § 371 AO Rn. 17, S. 14: „Es kann ihm im Gegenteil sogar recht sein, wenn der Täter aus heteronomen Gründen – und damit nach den Grundsätzen des § 24 StGB unfreiwillig – handelt. So wäre etwa der Ankauf einer CD mit Daten der ausländischen Bank, bei welcher der Stpfl. ein Konto unterhält, ein heteronomes Motiv, weil die Entdeckungswahrscheinlichkeit gestiegen ist. Aus fiskalischen Gründen ist es aber unerheblich oder sogar erwünscht, ob der Stpfl. aus diesem Grunde eine Selbstanzeige abgibt."

124 Vgl. *Kuhlen,* a.a.O., S. 176 f.: Wer befürchten müsse, dass Steuer-CDs bestimmter ausländischer Banken in den Besitz der Steuerbehörden gelangt seien, könne sich selbst mit strafbefreiender Wirkung anzeigen. Tue er dieses, so entscheide er sich bloß zweckrational für die Reduzierung der ihn so oder so treffenden Nachteile. Der so handelnde Steuerschuldner agiere kühl kalkulierend, indem er den letzten noch möglichen Zeitpunkt abpasse, um sich durch Selbstanzeige straffrei zu stellen. Eine ausreichende Umkehrleistung im strafrechtlichen Sinne könne darin aber nicht gesehen werden.

125 Vgl. *Bülte,* ZWF 2015, 52 (56).

126 Vgl. *Kuhlen,* a.a.O., S. 173 (177).

das Problem, dass österreichische Banken bspw. die erforderlichen Bankunterlagen nur für die letzten sieben Jahre zur Verfügung stellen könnten. Daran ändere die gesetzliche Neuregelung nichts[127]. Die Neuregelung der strafbefreienden Selbstanzeige beinhalte sowohl Unsicherheiten bezüglich der zeitlichen, sachlichen sowie der personellen Reichweite des § 371 Abs. 1 AO[128]. Insgesamt sei die Korrektur der missglückten Reform 2011 nicht gelungen. Praktische Zweifelsfragen seien auch nach der Gesetzesänderung 2015 geblieben. Durch die Verschärfung in finanzieller Hinsicht komme es in der Zukunft zu Fällen, in denen das vorhandene Vermögen nicht ausreiche, um neben den Steuern auch Zinsen zu bezahlen, so dass die Selbstanzeige nicht zur Straffreiheit gelange. Zugleich werde eine Flucht in ein strafrechtliches Ermittlungsverfahren mit der Möglichkeit einer Verfahrenseinstellung provoziert[129]. Die erhöhten Anforderungen an die Vollständigkeit der Selbstanzeige in § 371 Abs. 1 AO und die Neuregelung der Sperrgründe in § 371 Abs. 2 AO sowie die Verfahrensvorschrift des § 398a AO führten zu erheblicher Rechtsunsicherheit. Infolgedessen beinhalte eine Selbstanzeige für den Steuerstraftäter zumindest bei etwas komplexeren Steuersachverhalten ein erhebliches Risiko der Unwirksamkeit. Durch eine misslungene, unwirksame Selbstanzeige sei die Hinterziehung nach § 371 II Nr. 2 AO entdeckt[130]. Aufgrund der undurchsichtigen Folgen der Vorschriften zur Selbstanzeige, welche durch die Neure-

---

127 Vgl. *Talaska / Bertrand*, ZWH (4/2015), S. 89 (90); *Madauß*, NZWiSt 2015, 41, 46 (51): „Die Änderungen der §§ 371, 398a AO […] werden in der praktischen Umsetzung sicherlich für alle Beteiligten große Probleme aufwerfen"; auch *Seer*, DB 2016, 2192 (2193 ff.).

128 Vgl. *Seer*, DB 2016, 2192 (2193 ff.): (2193): Nach § 371 Abs. 1 Satz 2 AO müsse die Berichtigungserklärung zu allen unverjährten Steuerstraftaten einer Steuerart, zumindest jedoch zu allen Steuerstraftaten einer Steuerart innerhalb der letzten zehn Jahre erfolgen. Die Einführung dieser Zehnjahresfrist solle der Rechtsklarheit dienen. Das Gegenteil sei jedoch der Fall. Der eigentliche Zweck der Zehnjahresfrist bestehe darin, die Berichtigungserklärung i.S.d. § 371 Abs. 1 Satz 1 AO auch für die Fälle einfacher Steuerhinterziehung, für die gemäß § 369 Abs. 2 AO i.V.m. § 78 Abs. 3 Nr. 4 StGB eine lediglich fünfjährige Strafverfolgungsverjährungsfrist gelte, der zehnjährigen (verlängerten) Festsetzungsfrist des § 169 Abs. 2 Satz 2 AO anzupassen. Hiermit sehe sich der Rechtsanwender, welcher eine ordnungsgemäße Selbstanzeige erstatten wolle, gleich mit mehreren Fristen konfrontiert. (2193 f.): Mit dem nicht mehr einzig von der Reichweite der Strafverfolgungsverjährung abhängigen Vollständigkeitsgebot verlange der Gesetzgeber eine überschießende Pflichtentendenz, indem er mehr Korrektur fordere, als der Straftatbestand überhaupt (noch) inkriminiere. (2194): Die jeweils eingereichte Selbstanzeige wirke lediglich zugunsten der jeweils erklärenden Person und nicht ohne Weiteres für alle weiteren, gegebenenfalls an der Tat beteiligten Personen. Daraus folge ein erheblicher Koordinierungsbedarf, wenn an der Tat mehrere Personen (Mittäter, Anstifter etc.) beteiligt waren.

129 Vgl. *Talaska / Bertrand*, ZWH (4/2015), S. 89 (94).

130 Vgl. *Wittig*, Jura 2014, Bd. 36, 567 (578); *Bülte*, a.a.O., S. 56.

gelung 2015 nicht beseitigt werden, bleibe die Selbstanzeigeberatung ein Hochrisikogeschäft, auch für den Spezialisten[131]. Mittel- oder langfristig sei die Abschaffung der Selbstanzeige eine realistische Option. Sie sei aus prinzipiellen Gründen vorzugswürdig, da die Neuregelung die Kritikwürdigkeit der strafbefreienden Selbstanzeige nicht beseitigt habe[132].

3. Stellungnahme

Eine fiskalische Rechtfertigung der Selbstanzeige überzeugt nicht, da der fiskalische Zweck fundamental im Widerspruch zum elementaren Gerechtigkeitsprinzip steht. Kaum erklärbar ist auch der steuerstrafrechtliche Sonderstatus der Selbstanzeige gegenüber vergleichbaren Vermögensdelikten. Zweifelhaft erscheint zudem, ob die häufig Jahre später erfolgende Steueranzeige ein glaubwürdiges Nachtatverhalten darstellt. Trotz Rechtsgutsverletzung beschränkt sich die Leistung des oftmals zweckrational kalkulierenden Täters einzig darauf, dass er einer ohnehin drohenden Tatbegehung zuvorkommt. Des Weiteren vermochte es die Neuregelung 2015 nicht, den Wertungswiderspruch zwischen dem strengen Hinterziehungsstrafrahmen einerseits und der durch Selbstanzeige eingeräumten Straffreiheit andererseits aufzuheben. Der Nemo-tenetur-Grundsatz könnte auch – ohne das Institut der Selbstanzeige – durch eine Flankierung der steuerrechtlichen Mitwirkungspflicht mit einem Verwendungsverbot garantiert werden. Demgegenüber hat die Verschärfung der Selbstanzeige 2011 und 2015 das Risiko einer Selbstbelastung deutlich erhöht. Folgerichtig muss die Sinnhaftigkeit dieser Sonderregelung hinterfragt werden.

III. Zusammenfassung / Fazit

Geschütztes Rechtsgut des § 370 AO ist das „staatliche Vermögen“. Dieser Begriff ist aber sehr weit gefasst, da die Qualifizierung einer Verhaltensweise als Steuerhinterziehung von der Ausgestaltung des Steuerrechts abhängt. Letzterem fehlt oftmals der Bezug zur materiellen Gerechtigkeit. Berücksichtigt werden muss die Strafbegrenzungsfunktion des geschützten Rechtsgutes. Als restriktives Korrektiv sollte das Merkmal „mittels gerechter Steuereinnahmen“ hinzutreten, welches seinerseits anhand der aufgezeigten 3 Säulen geprüft werden sollte. Dieses „3-Säulen Modell“ garantiert die Bestimmung „gerechter Steuern“, die ihrerseits als Basis für ein „gerechtes Steuerstrafrecht“ dienen.

---

131 Vgl. *Bülte,* ZWF 2015, 52 (56).

132 Vgl. *Kuhlen,* a.a.O., S. 173 (181).

Der aktuelle unbestimmte Hinterziehungstatbestand bedarf einer Konkretisierung. Um Auslegungsprobleme zu vermeiden, ist der Fall der „Täuschung und Irrtumserregung" in § 370 Abs. 1 Nr. 1 AO zu normieren. Denkbar wäre auch ein Tatbestandsausschluss der Fälligkeitssteuern, deren Handlungsunwert – mangels Irrtumserregung – gegenüber dem des Betrugstatbestandes geringer wiegt. Dies ermöglicht eine Ausgrenzung leichter Steuerhinterziehungen, indem eine Abgrenzung des materiell verstandenen Unterlassens der gebotenen Steuerzahlung vom aktiven Steuerbetrug – ähnlich dem AE 1977 – erfolgt. Auch das schweizer Modell stellt lediglich den Steuerbetrug, d.h. den zur Täuschung der Steuerbehörde erfolgenden Gebrauch gefälschter, verfälschter oder inhaltlich unwahrer Urkunden zum Zwecke einer Steuerhinterziehung als Vergehen unter Strafe (Art. 186 DBG). Der Verkürzungserfolg ist durch das Merkmal der „doppelten Unmittelbarkeit" restriktiv auszulegen, um hierdurch einer zu weiten Vorverlagerung in den Gefährdungsbereich zu begegnen. Zudem sollte eine „Ausgrenzung leichter Hinterziehungsfälle" erfolgen. Bis zu einer Höhe von z.B. 2000 Euro könnte die gerichtlich strafbare Steuerhinterziehung entfallen. Die leichtfertige Steuerhinterziehung hat straflos zu bleiben. Bedenklich erscheint auch das Bestreben des Gesetzgebers, den Katalogbestand des § 370 Abs. 3 Satz 2 AO sowie dessen Anwendungsbereich kontinuierlich auszudehnen (vgl. Gesetz zur Bekämpfung der Korruption 2015 sowie Steuerumgehungsbekämpfungsgesetz 2017). Der erhöhte Strafrahmen des § 370 Abs. 3 bedarf einer Entkriminalisierung. Eine Freiheitsstrafe von mehr als 5 Jahren ist nur im Ausnahmefall, wenn der erhöhte Unrechtsgehalt tatsächlich feststellbar ist, vorzusehen. Ein „großes Ausmaß" sollte erst ab einer Hinterziehungssumme von 1 Mio Euro vorliegen.

Des Weiteren sprechen gewichtige Gründe für eine Abschaffung der strafbefreienden Selbstanzeige. Die rein fiskalisch motivierte Sonderregelung steht im Widerspruch zum Gerechtigkeitselement. Bei einer Freiheitsstrafe von bis zu zehn Jahren nach § 370 Abs. 3 AO, wird dem Steuertäter die Möglichkeit eröffnet sich mit strafbefreiender Wirkung selbst anzuzeigen, ohne dass eine Überprüfung des Verschuldenskriteriums erfolgt. Dies stellt eine eklatante Missachtung des elementaren Schuldprinzips dar. Der extreme Wertungswiderspruch zwischen einem möglichen Strafrahmen von 10 Jahren einerseits und einer „erkauften" Straffreiheit andererseits, lässt sich kaum rechtfertigen. Der Anschein, sich von Strafe freikaufen zu können, hat negative Auswirkungen auf die Normtreue der Bevölkerung. Auch die Verschärfungen 2011 und 2015 stellen die Sinnhaftigkeit dieser Exotenregelung in Frage. Das Erfordernis einer „vollumfänglichen" Nacherklärung im Sinne des § 371 Abs. 1 AO erhöht nun die Gefahr einer Selbstbelastung des Steuerpflichtigen. Die Hinterziehung gilt als „entdeckt" (Absatz 2 Nr. 2), wenn die Selbstanzeige misslingt. Insgesamt bestätigen die Reformen der strafbefreienden Selbstanzeige der Jahre 2011, 2015 und 2017 die Kontinuität einer Entwicklungsstruktur. Die gesetzgeberischen Modifikationen des § 371 AO führten zu einer kontinuierlichen Ausweitung der Sperrgründe des § 371 Abs. 2 AO. Die damit zugleich verbundene kontinuierliche Eingrenzung des Anwendungsbereiches des § 371 AO und die damit verbundenen Auslegungsschwierigkeiten stellen die Bedeutung des Instituts der strafbefreienden Selbstanzeige zunehmend in Frage[133].

133 Vgl. bezüglich der Zusammenfassung / Fazit: Zweiter Teil, Neuntes Kapitel.

DRITTER TEIL: ZUSAMMENFASSENDE WÜRDIGUNG

Zehntes Kapitel: Grundprinzip

Ausgangspunkt dieser Untersuchung[1] muss die Grundvoraussetzung sein, von der man generell im Recht auszugehen hat. Es geht um Gerechtigkeit. In einem *ersten* Schritt muss an die Grundregel eines funktionierenden menschlichen Zusammenlebens angeknüpft werden. Nur wenn das Handeln jedes einzelnen Individuums die Freiheitsräume anderer Individuen der Gesellschaft nicht verletzt, kann ein friedliches und somit gerechtes menschliches Zusammenleben funktionieren. Entscheidend muss folglich sein, dass es bei der Frage der Gerechtigkeit um ein systemtranszendentes Verständnis gehen muss, welches geprägt wird durch den Vernunftgedanken. Strafgerechtigkeit setzt das Verbot Unschuldige zu bestrafen (Schuldprinzip) voraus (*Kant*'scher Rechtsbegriff). Lediglich derjenige, der objektiv eine Rechtsgutverletzung begeht und für sie subjektiv Verantwortung trägt, darf bestraft werden. Darüber hinaus richtet eine gerechte Strafe ihr Maß an der Schwere der Tatbegehung aus (Verhältnismäßigkeit). So wird die gerechte Strafe weder bei (schweren) Verbrechen dort auf eine Bestrafung verzichten, wo die Abschreckung entbehrlich geworden ist, noch wird sie zu Abschreckungszwecken ein härteres Strafmaß vorsehen, als es das Verbrechen nach seiner objektiven Seite, der Schwere des Unrechts, und seiner subjektiven Seite sowie dem Verschulden verdient. Das Gerechtigkeitskriterium muss transzendental und somit unabhängig von gesetzgeberischer Willkür Geltung haben. Es darf nicht zur Disposition des Gesetzgebers stehen. Folglich dürfen Gesetze nicht mit beliebigen Inhalten und Zwecksetzungen durch den Gesetzgeber, wie z.B. rein fiskalischen Interessen, gefüllt werden, sondern müssen sich stets an diesem gesellschaftlich übergeordneten Grundprinzip der Gerechtigkeit orientieren und messen lassen. *Kant* erkennt dies mit seinem Rechtsbegriff richtig. Menschliche Willkür muss letztlich mit der Freiheit von Jedermann nach einem allgemein gültigen Gesetz gemeinsam bestehen können. Folglich muss der Strafumfang generell eingegrenzt werden auf solche Handlungen, welche Rechtsgüter verletzt haben. Entscheidend muss sein, dass die zentrale Botschaft der Lehren vom Rechtsgut eine gesetzeskritische und negative ist. Es ist das systemtranszendente Rechtsgutskonzept zugrunde zu legen, welches eine kritische Funktion gegenüber der Gesetzgebung erfüllt. Rechtsgüter können nicht Ergebnis der Rechtsordnung sein, sondern sind dieser bereits vorgegeben.

---

1 Vgl. Erster und Zweiter Teil; Erstes bis Neuntes Kapitel: Die zusammenfassende Würdigung (Dritter Teil) bezieht sich auf alle bisherigen Kapitel dieser Untersuchung.

https://doi.org/10.1515/9783110616187-012

In einem *zweiten* Schritt ist das Element der Rechtssicherheit zu berücksichtigen. Der Tatgeneigte muss exakt wissen, was ihn im Falle der Tatbegehung erwartet, um Gegenmotive herausbilden zu können. Somit setzt jede Zufügung einer Strafe ein Strafgesetz voraus (Nulla poena sine lege). Daraus folgt, dass Straftat und -drohung im Gesetz definiert sind (Verbot von Gewohnheitsrecht), dass sie exakt formuliert sind (Verbot unbestimmter Strafgesetze), dass sie nicht über ihren Wortsinn hinaus ausgelegt werden (Analogieverbot) und dass sie nicht rückwirkend in Kraft gesetzt werden (Rückwirkungsverbot). Um der Gefahr einer Strafrechtsexpansion aufgrund einer zentralen Funktion des positiven Gesetzes entgegenzuwirken, ist eine Kongruenz von positivem Strafrecht und Rechtsgutsverletzung notwendig.

In einem *dritten* Schritt erfordern Strafnormen auch eine gewisse Zweckmäßigkeit, da völlig unzweckmäßige Strafnormen, auch wenn sie noch so gerecht erscheinen, auf die Dauer nicht dem Ansehen des Rechts dienen. Der in Normen geregelte Zweck kann dabei z.B. nationale, kulturelle aber auch individuelle menschliche Interessen umfassen.

In einem *vierten* Schritt ist das Verhältnis der Rechtselemente zueinander zu ordnen. In diesem Zusammenhang ist die Radbruch'sche Formel, wonach das positive Gesetz der Gerechtigkeit erst dann weichen sollte, wenn der Widerspruch des positiven Gesetzes zur Gerechtigkeit ein so unerträgliches Maß erreiche, dass das Gesetz als unrichtiges Recht erscheine, bedenklich. Vielmehr muss sich jede Rechtsnorm primär an dem Gerechtigkeitsprinzip messen lassen. Die Gerechtigkeit stellt das grundlegende Prinzip dar und gilt ausnahmslos als Maßstab für das gesamte Rechtssystem – für sämtliche darin enthaltene Normen. Flankiert und ergänzt werden sollte das Grundelement der Gerechtigkeit durch die Elemente der Rechtssicherheit und der Zweckmäßigkeit. Im Idealfall erfüllt eine Strafrechtsnorm alle drei Elemente gleichermaßen. Jede Norm muss sich an diesen drei Kriterien messen lassen und anhand dieser überprüfbar sein. Hier sollte das Bild von drei sich gegenseitig stützenden Säulen gelten, wo beim Fehlen einer dieser Säulen das Gebäude einstürzt. Daraus folgt aber auch, dass eine strafbegrenzende, rechtssichernde Wirkung, welche eine Norm erfüllt, nicht auf Kosten der Gerechtigkeit erfolgen darf. Dieses gilt insbesondere dann, wenn es um Gerechtigkeit bezüglich des Strafmaßes geht. Im Kollisionsfalle, wenn also das Gerechtigkeitselement aufgrund Vorliegens eines anderen Elementes weichen muss, erfüllt die Strafrechtsnorm insgesamt nicht mehr die an ihre Gültigkeit zu stellenden Anforderungen aller drei Kriterien. Die Legitimation einer Strafrechtsnorm geht verloren, wenn deren (fiskalische) Zweckmäßigkeit und deren strafbegrenzende Wirkung zugleich auf Kosten bzw. zum Nachteil des Gerechtigkeitselementes bestehen.

Elftes Kapitel: Bedenkliche Entwicklungstendenzen

Die historische Entwicklung des Steuerhinterziehungstatbestandes zeigt problematische Tendenzen auf, welche den zuvor dargelegten strafrechtstheoretischen Grundsätzen, widersprachen. Insbesondere zeigen sich Funktionalisierungs- und Kriminalisierungstendenzen durch den jeweiligen Gesetzgeber. Auch die Tatbestandsunbestimmtheit stellt ein zentrales Problemfeld dar.

A) Funktionalisierung

Zu Beginn des 19. Jahrhunderts stand im Fokus des Schutzbereiches des Defraudationstatbestandes die Verletzung der Kontrollinteressen der Zoll- und Steuerverwaltung. Im Verlauf des 20. Jahrhunderts wurde das Schutzgut vorwiegend als „Anspruch auf Vollerträgnis jeder einzelnen Steuer" bzw. als „öffentliches Interesse am vollständigen und rechtzeitigen Aufkommen der einzelnen Steuern" interpretiert. Somit standen weder das grundlegende Rechtsprinzip noch die gerechte Strafe im Mittelpunkt gesetzlicher Vorhaben. Das Element der Strafgerechtigkeit stand zur Disposition des Gesetzgebers. Besonders deutlich zeigt sich die Instrumentalisierung des Verschuldenskriteriums durch den jeweiligen Gesetzgeber. Das ALR stellte generell die Notwendigkeit des Verschuldens nach § 31 ALR für Steuerstraftaten auf. Jedoch verwies § 303 ALR II 20 ALR bezüglich des Strafmaßes auf die besonderen Zollverordnungen. Diese Sonderregelungen enthielten häufig Formaldelikte. In diesen Fällen kam es nur auf die Erfüllung des objektiven Steuerstraftatbestandes an. Diese Tatbestandsauslegung ermöglichte eine einfache Anwendung. Jedoch wurde das Verschuldenskriterium dadurch quasi ausgehebelt. Die Tendenz des preußischen Gesetzgebers zu drei verschiedenen Varianten der Steuerstrafgesetzgebung, welche sich im 19. Jahrhundert in der Zoll- und Verbrauchsteuerordnung (1818), dem Zollstrafgesetz (1838) und dem Vereinszollgesetz (1869) fortsetzte, ist hier bereits erkennbar. Die Ursache dieser differenzierten Gesetzgebung war darin zu sehen, dass der Gesetzgeber den staatlichen Kontrollverlust durch die zuvor erfolgte Aufhebung der Binnenzölle kompensieren wollte. Er verfolgte mit seiner unterschiedlichen Gesetzgebung regelmäßig rein fiskalische Interessen. Diese bedenkliche Entwicklung setzte sich im Zollstrafgesetz (1838) und VZG (1869) fort, indem dort vermehrt Schuldvermutungen in das Gesetz integriert wurden. Bei Verwirklichung des gesetzlichen Tatbestandes wurde ein schuldhaftes Handeln einfach vermutet. Diese Schuldinstrumentalisierung setzte sich auch zu Beginn des

https://doi.org/10.1515/9783110616187-013

20. Jahrhunderts in der Neukodifizierung gemäß § 359 Abs. 5 RAO 1919 (§ 396 Abs. 5 RAO 1931) fort. Es wurde auf die steuerstrafrechtlichen Sondernormen verwiesen, wodurch weiter auch Formaldelikte anwendbar blieben. Folglich konnten Normen des formellen Rechts generell mit beliebigen Inhalten, z.B. aus fiskalischen Interessen, gefüllt werden. Es gab nach diesem Rechtsverständnis keine übergeordneten anerkannten materiellen Vorverständnisse über Bürgerfreiheiten. Ein transzendentales – der Willkür des Gesetzgebers entzogenes – Gerechtigkeitsverständnis existierte nicht. Rückblickend ist zu erkennen, dass sich der zu Beginn des 19. Jahrhunderts bestehende Primat der Formaldelikte lediglich in einen Primat der Schuldpräsumtionen umwandelte. Diese bedenkliche Funktionalisierung zeigte sich auch im Bereich der Rechtsfolgen. Im 19. Jahrhundert vorherrschend waren Geldstrafen in Form sogenannter Multiplarstrafen. Die Strafe orientierte sich dabei am Hinterziehungsbetrag und konnte sich bspw. auf dessen Vierfaches (§ 242 ALR) oder Doppeltes (§ 111 ZVStO) belaufen. Im Fokus stand erneut nicht der Gedanke der gerechten Bestrafung, sondern der Gedanke des Schadensausgleiches. Diese kalkulierte, schematische Bestimmung der Rechtsfolgen ermöglichte eine zweckorientierte, praktikable Handhabung der Gesetze. Der Nachteil bestand aber darin, dass auf das begangene Tatunrecht nicht präzise, im Sinne einer schuldangemessenen gerechten Strafe, reagiert werden konnte. Erst durch das RAOÄndG vom 4. Juli 1939 vollzog sich ein Wandel hin zu einer uneingeschränkten gesetzlichen Geltung des Schuldprinzips im Steuerstrafrecht. Auch die Auflösung der Multiplarstrafen reduzierte diese Formen der fiskalisch motivierten Funktionalisierung durch den jeweiligen Gesetzgeber.

Allerdings gewann im historischen Verlauf das Instrument der strafbefreienden Selbstanzeige (§ 374 RAO 1919 sowie § 371 AO 1977) – welches als rein fiskalisch motiviert angesehen wurde – zunehmend an Bedeutung. Die steuerpolitische, fiskalische Zwecksetzung – nämlich die Erschließung verheimlichter Steuerquellen – scheint das überragende gesetzgeberische Motiv für diese Ausnahmeregelung gewesen zu sein. Da ohne zeitliche Begrenzung von der vollendeten Steuerhinterziehung mit strafbefreiender Wirkung zurückgetreten werden kann, ist eine Kollision dieser Regelung mit grundlegenden strafrechtlichen Prinzipien zu attestieren. Diese setzen generell voraus, dass der Täter entsprechend seiner Schuld zu bestrafen ist und eine Strafaufhebung nur dann in Betracht kommen kann, wenn der Täter freiwillig oder zumindest aus Reue handelt. Auch die Anordnung eines Verfolgungshindernisses nach § 398a AO bei einer zusätzlichen Zahlung in Höhe von aktuell (10, 15 oder 20 %) der verkürzten Steuer – und dies gilt selbst bei einem Steuerschaden in Millionenhöhe – lässt vordergründig fiskalische Interessen des Gesetzgebers vermuten.

B) Gesetzesbestimmtheit

Aufgrund der bunten Vielfalt an steuerstrafrechtlichen Normen im 19. Jahrhundert konnte von einem einheitlichen dem Bestimmtheitsgrundsatz entsprechenden Steuerhinterziehungstatbestand noch nicht gesprochen werden. Doch auch der neu geschaffene Tatbestand des § 359 Abs. 1, 2. Alt. RAO, wonach quasi jede nur denkbare Art und Weise steuerwidrigen Handelns erfasst werden sollte, blieb weiter sehr unbestimmt. Eine Konkretisierung der Tatbestandumschreibung „bewirkt" durch den Gesetzgeber war nicht erfolgt. Restriktionsvorhaben seitens der Rechtsprechung mittels dem ungeschriebenen Tatbestandsmerkmal der *Steuerunehrlichkeit* führten – aufgrund dessen eigener Unbestimmtheit – selbst zu Auslegungsschwierigkeiten. Der Versuch, die *Steuerunehrlichkeit* als „Täuschungshandlung durch Unterlassen" – im Sinne des Betrugstatbestandes – zu interpretieren, konnte die Strafbarkeit solcher Fälle, in denen der Steuerpflichtige seine Steuerpflicht vor dem Finanzamt verschwieg und sich der Steuerbeamte daraufhin schlussendlich überhaupt keine Gedanken über die steuererheblichen Tatsachen machte, nur schwerlich begründen. Es fehlte regelmäßig an einem Irrtum. Demgegenüber diente die weite Begriffsauslegung des „In-Unkenntnislassens" einzig dem Interesse, im Bereich der Fälligkeitssteuern keinen Irrtumsnachweis erbringen zu müssen. Gegenüber dem Irrtumskriterium war das „In-Unkenntnislassen" der weitreichendere und damit dehnbarere Begriff, welcher an das Auslegungsvermögen sowie an die Sachverhaltsaufklärungspflicht geringere Anforderungen stellte. Aber auch die Neuregelung des § 370 AO 1977 weist in diesem Zusammenhang Versäumnisse auf. So blieb weiter ungeklärt welches konkrete Rechtsgut von § 370 AO geschützt werden sollte. Auch im Tatbestand des § 370 Abs. 1 Nr. 1 AO war eine ausdrückliche Festlegung sowohl der Täuschungshandlung und Irrtumserregung als auch des Merkmals In-Unkenntnislassen unterblieben, was wiederum zu Unklarheiten und Auslegungsschwierigkeiten führte.

C) Kriminalisierung

In der historischen Entwicklung der Steuerhinterziehung, die 1919 noch milder bestraft wurde, zeigt sich eine zunehmende „Kriminalisierung" und Verschärfung der Sanktionsfolgen. Während vor 1919 für Steuerhinterziehungen regelmäßig lediglich Geldstrafe vorgesehen war, waren später nach der Gesetzeslage durchweg Freiheitsstrafen realisierbar, welche in besonders schweren Fällen bis zu zehn Jahren umfassen konnten. Dabei kodifizierte § 359 Abs. 1 Satz 1 RAO lediglich den Grundsatz: „Wer Steuern hinterzieht, wird primär mit den in den einzelnen Gesetzen hierfür angedrohten Strafen bestraft". § 359

Abs. 5 RAO verwies auf die Zoll- und Verbrauchsabgabengesetze. Eine wesentliche Änderung fand erst 1924 (durch die 3. StNotVO) statt. Die Steuerhinterziehungsstrafe wurde von einzelnen Steuergesetzen abgekoppelt und durch § 359 RAO eigenständig festgelegt. Allerdings ist eine bedenkliche Tendenz zur Strafschärfung gegenüber dem früheren Rechtszustand – bei welchem Freiheitsstrafen nur im Ausnahmefall zulässig waren – festzustellen. Ersichtlich wird dies vor allem durch die Möglichkeit bei der Hinterziehung, neben einer Geldstrafe Gefängnis bis zu zwei Jahren (und in der Nachkriegszeit bis zu fünf Jahren) zu verhängen. Zudem blieb die unbegrenzte Ausweitung der Geldstrafe, die eine Gefahr der Konfiskation des gesamten Vermögens begründete, bis zum 2. AOÄndG 1968 bestehen. Im Bereich des Strafrahmens führte die 1975 abgeschlossene Reform des materiellen Strafrechts zu einer Anpassung der Steuerhinterziehungsfolgen, wodurch eine einheitliche Freiheitsstrafe eingeführt wurde. In der Folge ersetzte man bei der Steuerhinterziehung die Gefängnisstrafe durch Freiheitsstrafe bis zu fünf Jahren. Allerdings wurde mit § 370 Abs. 3 AO 1977 eine weitere, mit Regelbeispielen umschriebene, Strafschärfung (Freiheitsstrafe von sechs Monaten bis zu zehn Jahren) für besonders schwere Fälle eingeführt. Diese war inhaltlich an der Normierung besonders schwerer Fälle des Subventionsbetruges ausgerichtet.

D) Moralisierung

Die vorangegangenen Reflexionen zeigen auch eine zunehmende Moralisierung des Rechts, da die Konzeption, welche hinter der Verminderung der Voraussetzungen für die strafbefreiende Selbstanzeige und der gleichzeitigen Verschärfung der Steuerhinterziehungstrafen lag, darin bestand, die Steuermoral zu heben. Insbesondere sollte die Anreizwirkung zur Rückkehr in die Steuerehrlichkeit erhöht werden, durch Einwirkung auf die Psyche und Motivation des Täters. Diese Moralisierung des Rechts steht aber letztlich im Widerspruch zum Grundsatz der materialen Gerechtigkeit, wonach Strafe weitgehend losgelöst von moralischen Einwirkungen sein sollte.

E) Kontinuität

Insgesamt zeigt sich in der historischen Entwicklung des Steuerhinterziehungstatbestandes eine Kontinuität der Entwicklungstendenzen – also der Funktionalisierung, Kriminalisierung, Moralisierung sowie der Gesetzesunbestimmtheit. Die Entwicklungsstruktur, welche bereits vor 1933 angelegt – die NS-Zeit überdauerte – und auch nach 1945 nicht abriss, blieb kontinuierlich erhalten. Damit einhergehende Probleme haben auch aktuell nicht an Relevanz verloren.

Zwölftes Kapitel:
Ausblick

Die Vielzahl an Auslegungsproblemen der §§ 370, 371 AO begründet die Forderung nach einer Reform des aktuellen Steuerhinterziehungstatbestandes. Denkbar wäre eine Neugestaltung des Tatbestandes als sog. „Steuerbetrug".

Geschütztes Rechtsgut des § 370 AO ist das „staatliche Vermögen". Dieser Begriff ist jedoch sehr weit gefasst. Die Qualifizierung einer Verhaltensweise als Steuerhinterziehung hängt von der Ausgestaltung des Steuerrechts ab. Insoweit muss die Strafbegrenzungsfunktion des geschützten Rechtsgutes Berücksichtigung finden. Als restriktives Korrektiv könnte das Merkmal „mittels gerechter Steuereinnahmen" dienen. Dieses sollte anhand des in der Untersuchung aufgezeigten 3-Säulen Modells geprüft werden, um die „gerechte Steuer" als Grundlage für ein „gerechtes Steuerstrafrecht" zu gewährleisten.

Der Anwendungsbereich des Steuerhinterziehungstatbestandes ist wesentlich einzugrenzen, indem nur die Hinterziehung von Veranlagungssteuern, nicht die von Fälligkeitssteuern erfasst wird. Nur bei den Veranlagungssteuern ist eine detaillierte Sachverhaltsuntersuchung unter Beteiligung des Steuerpflichtigen notwendig, während es sich bei den Fälligkeitssteuern um Obliegenheiten handelt, deren Missachtung gegenüber anderen Beteiligungspflichten des Bürgers bei der Verwirklichung öffentlicher Aufgaben deutlich geringer wiegt. Auch sollte die reine Fristversäumung zur Abgabe einer Steuererklärung straflos bleiben, da sie ihrem materiellen Wesen nach kein kriminelles Unrecht darstellt. Wenn die Steuerbehörde ohne weitere Ermittlungen, etwa aufgrund einer Schätzung nach den Vorjahresdaten, die Steuerschuld festlegen kann, sollte das Unterlassen steuerrechtlich gebotener Angaben nicht strafbar sein. Mit der expliziten Normierung der Täuschungshandlung und Irrtumserregung als Betrugselemente im Tatbestand, erfolgt auch eine Wortlautkonkretisierung. Ein Großteil der Auslegungsprobleme, welche mit der Erfassung von Fälligkeitssteuern jahrzehntelang einhergingen, wäre damit obsolet. Dies garantiert mehr Rechtssicherheit. Der Verkürzungserfolg könnte durch das Merkmal der „doppelten Unmittelbarkeit" restriktiv ausgelegt werden, um dadurch einer zu weiten Vorverlagerung in den Gefährdungsbereich zu entgegnen. Zudem hat eine Ausgrenzung leichter Hinterziehungsfälle zu erfolgen. Bis zu einer Höhe von 2.000 Euro sollte die gerichtlich strafbare Steuerhinterziehung entfallen.

Der Strafrahmen bedarf einer Entkriminalisierung durch Erhöhung der Strafbarkeitsschwelle. Ein „großes Ausmaß" nach Absatz 3 S. 2 Nr. 1 AO sollte

https://doi.org/10.1515/9783110616187-014

generell erst ab einer Hinterziehungssumme von 1 Mio Euro vorliegen. Insgesamt wäre somit eine restriktive Handhabung der Steuerhinterziehung sowohl durch Ausgrenzung leichter Fälle der Hinterziehung (2.000 Euro), als auch durch eine Entkriminalisierung des Strafrahmens (1 Mio Euro) gewährleistet.

Das Konstrukt der strafbefreienden Selbstanzeige weist enorme Schwächen auf. Das vorrangige gesetzgeberische Motiv für diese strafrechtliche Ausnahmeerscheinung ist eine steuerpolitische, fiskalische Zwecksetzung. Vordergründiges gesetzgeberisches Ziel ist es, verheimlichte Steuerquellen zu erschließen. Diese Ausnahmenorm läuft dem Gerechtigkeitselement zuwider. Die Strafe orientiert sich nicht am Verschuldenskriterium, sondern an rein – bzw. zumindest überwiegend – fiskalischen Zwecken. Zugleich verhindert die Selbstanzeige, dass die Strafe ihr Maß an der Schwere der Tat ausrichtet und damit auch verhältnismäßig ist. Die Legitimation dieser strafbefreienden Norm geht verloren, wenn deren fiskalische Zweckmäßigkeit und strafbegrenzende Wirkung zugleich eine Aufweichung des Gerechtigkeitskriteriums zur Folge haben. Überdies scheinen strafrechtliche Prinzipien als Erklärungsansatz nur nachrangige Bedeutung zu haben. Insbesondere können vergleichbare Rücktrittsvorschriften des StGB – wonach dem Täter die Rückkehr zur Steuerehrlichkeit ermöglicht werden soll – nur schwerlich herangezogen werden, da im Fall der strafbefreienden Selbstanzeige die Vollendung der Steuerhinterziehung, anders als beim Rücktritt nach § 24 StGB, bereits eingetreten ist. Der Täter handelt regelmäßig weder aus Freiwilligkeit, noch aus Reue. Auch hat die nachfolgende Selbstanzeige keinen Einfluss auf den Unrechtsgehalt der Tat. Die Selbstanzeige kollidiert somit mit dem strafrechtlichen Prinzip, wonach der Täter entsprechend seiner Schuld zu bestrafen ist und die Strafaufhebung nur in Betracht kommt, wenn der Täter freiwillig oder aus Reue agiert. Trotz einer vollendeten Rechtsgutsverletzung beschränkt sich die Leistung des oftmals zweckrational kalkulierenden Täters einzig darauf, dass er einer ohnehin drohenden Tatentdeckung zuvorkommt. Es ist zweifelhaft, ob die häufig Jahre später erfolgende Selbstanzeige ein glaubwürdiges Nachtatverhalten darstellt. Die meisten Steuertäter – das verdeutlicht auch der Fall *Hoeneß* – zeigen sich nicht aufgrund verschärfter Selbstanzeigeregelungen selbst an. Es ist vielmehr nur die Angst vor Entdeckung, welche sie zur Selbstanzeige treibt. Insofern erscheint die Honorierung eines solchen oftmals rein rational kalkulierenden Täterverhaltens unangebracht. Das Argument – die Rechtsgutverletzung sei vollständig reparabel – ist nicht stichhaltig, zumal eine Wiedergutmachung auch bei anderen Vermögens- und Eigentumsdelikten möglich ist. Die These – die Selbstanzeige sei notwendig, um den Nemo-tenetur-Grundsatz zu wahren – überzeugt ebenfalls nicht. Der Nemo-tenetur-Grundsatz könnte auch – ohne das Institut der Selbstanzeige – durch eine Flankierung der steuerrechtlichen Mitwirkungspflicht mit einem Verwendungsverbot garantiert werden. Nicht zu rechtfertigen ist auch der Wertungswiderspruch zwischen der strengen Bewertung der Steuerhinterziehung einerseits und der durch die Selbstanzeige eingeräumten Straffreiheit andererseits. Kurz vor Entdeckung kann sich ein bloß zweckrational kalkulierender Steuertäter selbst anzeigen, indem er den letzten noch möglichen Zeitpunkt abpasst. Dagegen führt eine zufällig erfolgende Entdeckung bei fast identischem Unwertgehalt (die vollendete Rechtsgutsverletzung liegt ja in beiden Fällen vor) zu einer harten Bestrafung gemäß § 370 AO. Dieser Widerspruch – der auch durch eine Ausdehnung auf vergleichbare Vermögensdelikte nicht beseitigt wird – untergräbt das Vertrauen in die Strafrechtspflege. Zudem entsteht das Bild eines Staates, der sich seinen Strafanspruch regelrecht „abkaufen" lässt. Des Weiteren sprechen die Strafschärfungen der Selbstanzeige 2011 und 2015 gegen die Beibehaltung der Selbstanzeige in der jetzigen Form. Es besteht das Erfordernis einer „vollumfänglichen" Nacherklärung nach § 371 Abs. 1 AO. Wer bei der Selbstanzeige Fehler macht, wird für die Steuerhinterziehung bestraft – trotz der Selbstanzeige. Bei mehreren Tatbeteiligten müssen alle gleichzeitig Selbstanzeige erstatten. Für den Fall, dass nur ein Beteiligter Selbstanzeige erstattet, gilt die Tat bei den anderen als entdeckt. Die Selbstanzeige entfaltet bei ihnen keine strafbefreiende Wirkung mehr. Mit der Selbstanzeige macht der Betroffene auf sich aufmerksam. Dabei riskiert er, sich selbst wegen Steuerhinterziehung strafbar zu machen, wenn nicht alle Voraussetzungen der Selbstanzeige erfüllt sind. Auch der staatliche Ankauf von Steuer-CDs erweckt in der Öffentlichkeit den Eindruck, dass der Staat selbst „am Rande der Legalität" handelt. Die moralische Gesinnung zu mehr Steuerehrlichkeit, wird hierdurch wohl kaum gefördert werden. Viele werden sich fragen: Wenn der Staat selbst zu fragwürdigen Mitteln greifen darf, wieso sollte dies dann nicht auch der Bürger tun dürfen? Angesichts dieser Erschwerungsgründe bestehen Bedenken an einer effektiven Anreizwirkung zur Steuerehrlichkeit. Die Lösung muss vielmehr durch eine verstärkte Zusammenarbeit auf internationaler Ebene erfolgen. Durch eine Verhinderung grenzüberschreitender Steuerflucht und einem automatischen Bankdatenaustausch zwischen den EU-Staaten wird es künftig ohnehin schwieriger werden, Steuern zu hinterziehen. Dagegen erscheint es zweifelhaft, ob die strafbefreiende Selbstanzeige überhaupt noch ihren vom Gesetzgeber intendierten moralischen wie auch fiskalischen Zweck in hinreichender Weise erfüllen kann. Im Ergebnis sprechen daher die besseren Gründe für eine Abschaffung dieser Sonderregelung.

Es bleibt zu hoffen, dass zukünftig eine rein an fiskalischen Interessen orientierte Ausweitung des Steuerstrafrechts unterbleibt und die gebotene restriktive Auslegung des § 370 AO von Praxis und Schrifttum berücksichtigt wird.

ANHANG

Historische Entwicklung der Tatbestände

1. Allgemeines Landrecht für preußische Staaten (1794):

Strafnormen: Theil II, 20. Titel, 7. Abschnitt §§ 242 f., 270–313 (Textausgabe von Hattenhauer): Die wichtigsten Gesetze werden im Folgenden zusammengefasst:

Beeinträchtigung der Rechte des Staats.

§. 242. Wer dem Staate die schuldigen Abgaben und Gefälle betrüglicher Weise vorenthält, ist, wenn nicht besondere Gesetze eine andere Strafe bestimmen, den vierfachen Betrag des Vorenthaltenen zu erlegen verbunden.

§ 243. Wer Andern zur Verweigerung oder Unterschlagung ihrer schuldigen Gefälle mit Rath und That beysteht, oder die dahin abzielenden Unterschleife begünstigt, soll mit dem Hauptverbrecher gleiche Strafe leiden.

Accise- und Zollverbrechen.

§. 277. Wer Waaren oder Sachen, deren Ein- oder Ausfuhr der Staat verboten hat, diesem Verbote zuwider ins Land bringt, oder herauszuschaffen unternimmt, der macht sich des Verbrechens der Contrebande schuldig.

§. 278: Wer bey der Ein- und Ausfuhr an sich erlaubter Waaren, die dem Staate davon zukommenden Zoll- oder Accisegefälle demselben zu entziehen unternimmt, der begeht eine Defraudation.

§. 279. Kaufleute, die ihre zum Handel aus- oder einzuführende Waaren bey den Zöllen und der Accise entweder gar nicht, oder in Ansehung der Qualität, Quantität, oder des Werths, vorsätzlich unrichtig angeben, werden als Defraudanten angesehn.

§. 280. Ein gleiches Verbrechen begehen Schiffer und Frachtfuhrleute, welche den Zoll- und Acciseämtern vorsätzlich ausweichen: unrichtige oder unvollständige Frachtbriefe wissentlich vorzeigen; oder die auf den Frachtbriefen nicht befindlichen, von ihnen zugeladenen Waaren anzugeben unterlassen.

§. 281. Auch andere Reisende, welche accisbare Waaren bey sich führen, und diese auf der Gränze noch nicht versteuert haben, müssen bey Strafe der Defraudation in der Zollstraße bleiben.

§. 282. Brauer, Branntweinbrenner, und Andre, welche ein Gewerbe treiben, von dessen Ausübung in jedem einzelnen Falle dem Staate eine Abgabe zu entrichten ist, begehen eine Defraudation, wenn sie dergleichen Fälle der Ausübung entweder gar nicht, oder unrichtig anzeigen.

§. 283. Alle andere Privatpersonen begehen eine Defraudation, sobald sie die den Gefällen unterworfene Sache bey der Visitation verheimlichen.

https://doi.org/10.1515/9783110616187-015

§ 284. Auch schon alsdann, wenn sie der vorgeschriebenen Visitation auszuweichen suchen, werden sie als Defraudanten angesehn.

Confiscation.

§ 285. Von jeder Contrebande oder Defraudation ist die Confiscation der Waaren oder Sachen, woran selbige verübt worden, die unmittelbare Folge.

§. 291. Der aus einer Contravention entstehende Verlust der Waare oder Sache trifft jedesmal den Eigenthümer.

§ 292. Es macht dabey keinen Unterschied: ob derselbe die Uebertretung unmittelbar begangen hat; oder ob selbige durch seine Angehörigen, Handlungsbedienten, oder andre in seinen Diensten stehende Personen verübt worden.

§. 293. Kaufleute, Juden, Schiffer und Frachtfuhrleute, Müller, Brauer, Branntweinbrenner und Fleischer müsse für ihre Gesinde, und ihre im Hause befindliche Ehegatten und Anverwandten ohne Unterschied, haften.

§. 294. Andere Personen haften nur für die Contrebande und Defraudation ihrer Ehegatten und Kinder, in so fern diese Verbrechen bey Gelegenheit solcher Geschäfte, wozu sie dieselben zubrauchen pflegen, von ihnen verübt worden. [...]

Strafen der Contrebanden und Defraudationen.

§. 300. Außer der Confiscation hat derjenige, welcher eine Contrebande oder Defraudation begeht, auch noch verhältnißmäßige Geld- oder Leibesstrafe verwirkt.

§. 301. Kaufleute, Juden, Schiffer und Frachtfuhrleute, die sich einer solchen Uebertretung schuldig machen, sollen allemal härter, als andre Privatpersonen, bestraft werden.

§. 302. Unter letztern richtet sich das Verhältniß der Strafe nach der mehrern oder mindern bey ihnen vorauszusetzenden Kanntniß der Landesverfassung.

§. 303. Nähere Bestimmungen der in jedem Contraventionsfalle statt findenden Strafen, werden in den besondern Accise- und Zollordnungen festgesetzt.

§. 304. Fremde Kaufleute, Juden, Schiffer und Frachtfuhrleute, die bey ihrem Eintritte in hiesige Lande um die Accise- und Zollverfassungen sich gehörig zu erkundigen unterlassen, sind in Ansehung der Contrebande und Defraudationen, nach eben den Gesetzen, wie die Einheimischen, zu beurtheilen.

2. Zoll- und Verbrauchsteuerordnung (1818): PrGS 1818, S. 102 ff.:

§. 111. Wer es unternimmt, Waaren oder Sachen, deren Einfuhr oder Ausfuhr der Staat verboten hat, dem Verbote zuwider, ins Land zu bringen oder herauszuschaffen, oder bei der Einfuhr oder Ausfuhr an sich erlaubter Waaren, die dem Staate davon zukommenden Zoll- oder Verbrauchssteuer-Gefälle, demselben zu entziehen, der hat außer der Konfiskation der Waaren oder Sachen, woran die Kontravention verübt worden, eine Geldstrafe verwirkt, welche für die verbotenen Gegenstände dem doppelten Werthe derselben, oder wenn dieser weniger als zehn Thaler beträgt, dieser Summe gleich kommen, für die erlaubten Gegenstände oder den vierfachen Betrag der betrüglicherweise vorenthaltenen Gefälle ausmachen soll. Diese Gefälle sind überdem von der Strafe unabhängig nach dem Tarife zu entrichten.

§. 112. Wenn zugleich Zoll und Verbrauchssteuer vorenthalten worden, sollen beiderlei Gefälle, auch bei Bestimmung der Geldstrafe zusammen gerechnet, und es soll die Entschuldigung, daß der Gegenstand nur zur Durchsuche bestimmt gewesen, nicht angenommen werden. […].

§. 120. Wer in seinem Gewerbe reiset, er sen Einheimischer oder Fremder, kann sich mit der Unwissenheit der auf dieses Gewerbe sich erstreckenden allgemeinen und besonderen Gesetze des Staats nicht entschuldigen.

§. 121. Gewerbtreibende und deren Frachtführer, welche die des Gewerbes wegen ein- oder auszuführenden Waaren bei den Grenzzoll- oder Steuerämtern entweder gar nicht, oder in Ansehung der Beschaffenheit oder des im Tarif bestimmten Maaßstabes unrichtig angeben, verfallen schon dadurch in die Strafen der Uebertretung der Waarenverbote, oder der Verkürzung der Gefälle (§. 111. und folgende.).

§. 123. Bei dem Waarentransporte soll die Waarenkontravention als vollbracht angenommen werden, und die im §. 111. und den folgenden bestimmte Strafe eintreten, sobald dem ersten Deklarirungsamte vorübergefahren, oder der Transport auf einem von demselben abgührenden Seitenwege betroffen worden, oder auch, wenn der Waarenführer in dem Grenzbezirke außer der Tageszeit (§. 8.) oder auf Nebenwegen zur Tageszeit sich befindet, ohne auf die vorgeschriebene Art sich legitimieren zu können.

§. 124: Kann jedoch in vorgenannten Fällen (§. 123.) der Waarenführer einen vollständigen Beweis darüber führen, daß er nicht Gegenstände, die mit einem Verbote betroffen sind, ein- oder auszuführen, oder dem Staate Gefälle entziehen gewollt oder gekonnt habe; so soll nur eine nach den Umständen zu ermessende Ordnungstrafe von einem bis zu zehn Thalern, oder verhältnißmäßige Gefängnißstrafe, statt finden.

§. 139. Was jedoch §. 132 und 133. von der Verpflichtung Gewerbtreibender und anderer Personen für ihre Gewerbsgehülfen, Gesinde, im Hause befindliche Ehegatten, Kinder und Verwandte in Ansehung der Konfiskation verordnet ist, gilt auch von der verwirkten Geldstrafe (Deklaration vom 19ten Oktober 1812.), doch nur dann, wenn die wegen Unvermögens des eigentlichen Verbrechers oder im Wiederholungsfalle an die Stelle der Geldstrafe zu erkennende Gefängniß-, Festungs- oder Zuchthausstrafe, gegen die eigentlichen Verbrecher nicht zur Vollziehung gebracht werden kann. […].

§. 155: Bei der Untersuchung und Bestrafung der Steuervergehen finden die darüber in der Verordnung wegen Einrichtung der Provinzialbehörden vom 26sten Dezember 1808. §. 34. und 45., welche als Beilage zur Regierungs-Instruktion neuerdings publiziert worden, und die in dem Anhange zur allgemeinen Gerichtsordnung §§. 243, 244, 250, 251 und 253. enthaltenen Vorschriften, welche dieser Ordnung angehängt sind, Anwendung, jedoch mit folgenden Modifikationen:

a) Die Hauptzollämter führen die Instruktion der Sache und können Strafresolute abfassen, in sofern die gesetzliche Strafe zehn Thaler oder weniger beträgt. Uebersteigt diese aber den Betrag von zehn Thalern, so gebührt die Entscheidung der Regierung des Bezirks.

b) Dem Angeschuldigten steht es frei, während der summarischen Untersuchung zu jeder Zeit bis zu deren Schluß auf gerichtliche Untersuchung und Abfassung eines förmlichen Erkenntnisses anzutragen.

c) Dem Angeschuldigten ist auch unbenommen, binnen zehn Tagen gegen ein Resolut des Zollamts, den Rekurs an die vorgesetzte Regierung, und gegen ein Resolut der Regierung den Rekurs an das Ministerium der Finanzen zu ergreifen. Hat jedoch der Angeschuldigte einmal diesen Weg gewählt, so muß er bei dem, was auf den eingelegten Rekurs festgesetzt wird, sich beruhigen, und kann nicht weiter auf den Antrag einer gerichtlichen Untersuchung zurückgehen. […].

3. Zollstrafgesetz (1838): PrGS 1838, S. 78 ff.:

§. 1.: Wer es unternimmt, Gegenstände, deren Ein- oder Ausfuhr verboten ist, diesem Verbote zuwider, ein- oder auszuführen, hat die Konfiskation der Gegenstände, in Bezug auf welche das Vergehen (die Kontrebande) verübt worden ist, und insofern nicht in speziellen Gesetzen eine höhere Strafe festgesetzt ist, zugleich eine Geldbuße verwirkt, welche dem doppelten Werthe jener Gegenstände, und wenn solcher nicht Zehn Thaler beträgt, dieser Summe gleichkommen soll.

§. 2: „Wer es unternimmt, dem Staate die Ein-, Aus- oder Durchgangs-, oder die an der Grenze eines Zollvereinsstaats zu erhebenden Ausgleichungsabgaben zu entziehen, hat die Konfiskation der Gegenstände, in Bezug auf welche das Vergehen (die Zolldefraudation) verübt worden ist, und zugleich eine, dem vierfachen Betrage der vorenthaltenen Abgaben gleichkommende Geldbuße, welche jedoch niemals unter einem Thaler betragen soll, verwirkt. Diese Abgaben sind außerdem nach dem Zolltarife zu entrichten.

§.6. Die Kontrebande oder Zolldefraudation wird als vollbracht angenommen:

1) wenn bei der Anmeldung an der Zollstätte
   a) Gewerbetreibende und Frachtführer verbotene oder abgabepflichtige Gegenstände gar nicht, oder in zu geringer Menge, oder in einer Beschaffenheit, die eine geringere Abgabe würde begründet haben, deklariren, oder
   b) andere Personen dergleichen Gegenstände wider besseres Wissen unrichtig deklariren, oder bei der Revision verheimlichen; […]

2) -4) [...]

5) wenn unverzollte Waaren aus einer Anstalt [...] ohne vorschriftsmäßige Deklaration (Abmeldung) enfernt werden.

„Das Daseyn der in Rede stehenden Vergehen und die Anwendung der Strafe derselben wird in den vorstehend unter 1. bis 5. angeführten Fällen lediglich durch die daselbst bezeichneten Thatsachen begründet.

Kann jedoch in den unter 2. 3. 4. angeführten Fällen der Angeschuldigte vollständig nachweisen, daß er eine Kontrebande oder Zolldefraudation nicht habe verüben können oder wollen, so findet nur eine Ordnungsstrafe nach Vorschrift des §. 18. Statt.

§. 18. Die Uebertretung der Vorschriften des Zollgesetzes und der Zoll-Ordnung, sowie der in Folge derselben öffentlich bekannt gemachten Verwaltungsvorschriften, für welche keine besondere Strafe angedroht ist, wird mit einer Ordnungsstrafe von einem bis zehn Thaler geahndet.

§. 19. […] Der Zollverwaltung bleibt in dem Falle, wenn die Geldbuße von dem Angeschuldigten nicht beigetrieben werden kann, vorbehalten, die Geldbuße von dem subsidiarisch Verhafteten einzuziehen, oder statt dessen und mit Verzichtung hierauf die im Unvermögensfalle an die Stelle der Geldbuße tretende Freiheitsstrafe sogleich an den Angeschuldigten vollstrecken zu lassen, ohne daß letzteren Falls die Verbindlichkeit des subsidiarisch Verhafteten rücksichtlich der Gefälle und Prozeßkosten dadurch aufgehoben wird. […].

§. 61. Der Betrag der nach diesem Gesetze festgesetzten und eingezogenen Geldstrafen, sowie der Erlös aus den Konfiskaten (letzterer nach Abzug der darauf ruhenden Abgaben) soll zu einem besonderen Fonds fließen und derselbe theils zu Gratifikationen für die zur Wahrnehmung des Zoll-Interesse verpflichteten Beamten, mit Ausschluß der Mitglieder der Hauptzoll- und Steuerämter und der höher gestellten Beamten, theils zur Unterstützung ihrer Wittwen und Waisen verwandt werden. […].

4. Vereinszollgesetz (1869): BGBlNB 1869, S. 317 ff.:

§. 134. Wer es unternimmt, Gegenstände, deren Ein-, Aus- oder Durchfuhr verboten ist, diesem Verbote zuwider ein-, aus- oder durchzuführen, macht sich einer Kontrebande schuldig und hat die Konfiskation der Gegenstände, in Bezug auf welche das Vergehen verübt worden ist, und, insofern nicht in besonderen Gesetzen eine höhere Strafe festgesetzt ist, zugleich eine Geldbuße verwirkt, welche dem doppelten Werthe jener Gegenstände, und wenn solcher nicht dreißig Mark beträgt, dieser Summe gleichkommen soll.

§ 135: Wer es unternimmt, die Ein- oder Ausgangsabgaben (§§ 3. und 5.) zu hinterziehen, macht sich einer Defraudation schuldig und hat die Konfiskation der Gegenstände, in Bezug auf welche das Vergehen verübt worden ist, und zugleich eine dem vierfachen Betrage der vorenthaltenen Abgaben gleichkommende Geldbuße verwirkt. Diese Abgaben sind außerdem zu entrichten.

§ 136: Die Kontrebande beziehungsweise Zolldefraudation, wird insbesondere dann als vollbracht angenommen:

1) a) wenn verbotene Gegenstände von Frachtführern, Spediteuren oder anderen Gewerbetreibenden – von letzteren, insofern die Gegenstände zu ihrem Gewerbe in Bezug stehen – unrichtig oder gar nicht deklarirt, oder

b) von anderen Personen wider besseres Wissen unrichtig deklarirt oder bei der Revision verheimlicht werden;

c) wenn in Fällen der speziellen Deklaration (§§. 39. 41. 55. 66. 81. 88.) zollpflichtige Gegenstände von den unter a. bezeichneten Personen gar nicht oder in zu geringer Menge oder in einer Beschaffenheit, welche eine geringe Abgabe würde begründet haben, deklarirt werden;^

d) wenn in anderen Fällen (§§. 63. 69. 75. 78.) von den unter a. bezeichneten Personen Kolli, welche zollpflichtige Gegenstände enthalten, oder dergleichen unverpackte Gegenstände überhaupt nicht deklarirt werden;

e) wenn von anderen, als den unter a. bezeichneten Personen wider besseres Wissen zollpflichtige Gegenstände unrichtig deklarirt oder bei der Revision verschwiegen werden.

§ 137. Das Dasein der in Rede stehenden Vergehen und die Anwendung der Strafe derselben wird in den im §. 136. Angeführten Fällen lediglich durch die daselbst bezeichneten Thatsachen begründet.

Kann jedoch in den im §. 136. Unter 1. a. c. und d., 3. 4. 5. 6. 7. Und 8. Angeführten Fällen der Angeschuldigte nachweisen, daß er eine Kontrebande oder Defraudation nicht habe verüben können, oder eine solche nicht beabsichtigt gewesen sei, so findet nur eine Ordnungsstrafe nach Vorschrift des §. 152. statt.

§. 142. [...] Die Straferhöhung wegen Rückfalls findet jedoch nicht statt, wenn seit dem Zeitpunkte, in welchem die Freiheitsstrafe oder Geldbuße des zuletzt begangenen früheren Vergehens abgebüßt oder erlassen worden ist, drei Jahre verflossen sind. [...].

§. 152. Die Uebertretung der Vorschriften dieses Gesetzes, sowie der in Folge derselben öffentlich bekannt gemachten Verwlatungsvorschriften wird, sofern keine beondere Strafe angedroht ist, mit einer Ordnungsstrafe bi zu einhundertfünfzig Mark geahndet.

5. Entwurf zur RAO vom 6. August 1919 gemäß § 356 RAO:

Vgl. den vom Reichsminister der Finanzen *Erzberger* an die verfassunggebende deutsche Nationalversammlung vorgelegten Entwurf der RAO vom 6. August 1919 (Nr. 759), in: BArch Berlin, R 3101/12360, Bl. 68 f.:

§ 356: Wer zum eigenen Vorteil oder zum Vorteil eines anderen vorsätzlich nicht gerechtfertigte Steuervorteile erschleicht oder bewirkt, daß Steuereinnahmen verkürzt werden, wird wegen Steuerhinterziehung mit den in den einzelnen Gesetzen hierfür angedrohten Strafen bestraft. Der Mindestbetrag einer Geldstrafe ist, soweit kein anderer Betrag bestimmt ist, fünfzig Mark.

Der Steuerhinterziehung macht sich auch schuldig, wer Sachen, für die ihm Steuerbefreiung oder Steuervorteile gewährt sind, zu einem Zwecke verwendet, der der Steuerbefreiung oder dem Steuervorteil, die er erlangt hat, nicht entspricht, und es zum eigenen Vorteil oder zum Vorteil eines anderen vorsätzlich unterläßt, dies dem Finanzamt vorher rechtzeitig anzuzeigen.

Es genügt, daß infolge der Tat ein geringerer Steuerbetrag festgesetzt oder ein Steuervorteil zu Unrecht gewährt oder belassen ist; ob der Betrag, der sonst festgesetzt wäre, aus anderen Gründen hätte ermäßigt werden müssen oder der Vorteil aus anderen Gründen hätte beansprucht werden können, ist für die Bestrafung ohne Bedeutung.

Eine Steuerumgehung (§ 5) ist nur dann als Steuerhinterziehung strafbar, wenn die Verkürzung der Steuereinnahmen oder die Erzielung der ungerechtfertigten Steuervorteile dadurch bewirkt wird, daß der Täter vorsätzlich Pflichten verletzt, die ihm im Interesse der Ermittlung einer Steuerpflicht obliegen.

Die Vorschriften der Zoll- und Verbrauchsabgabengesetze, nach denen eine Bestrafung wegen Steuerhinterziehung eintritt, ohne daß der Vorsatz der Hinterziehung festgestellt zu werden braucht, bleiben unberührt.

6. Steuerhinterziehung nach § 359 AO (1919):

Becker, Reichsabgabenordnung 1919, 2. Aufl. (1922), 3. Teil, § 359, S. 488:

§ 359: „Wer zum eigenen Vorteil oder zum Vorteil eines ander[e]n nicht gerechtfertigte Steuervorteile erschleicht oder vorsätzlich bewirkt, daß Steuereinnahmen verkürzt werden, wird wegen Steuerhinterziehung mit den in den einzelnen Gesetzen hierfür angedrohten Strafen bestraft. Der Mindestbetrag einer Geldstrafe ist, soweit kein anderer Betrag bestimmt ist, zwanzig Mark.

Der Steuerhinterziehung macht sich auch schuldig, wer Sachen, für die ihm Steuerbefreiung oder Steuervorteile gewährt sind, zu einem Zwecke verwendet, der der Steuerbefreiung oder dem Steuervorteile, die er erlangt hat, nicht entspricht, und es zum eigenen Vorteil oder zum Vorteil eines anderen vorsätzlich unterläßt, dies dem Finanzamt vorher rechtzeitig anzuzeigen.

Es genügt, daß infolge der Tat ein geringerer Steuerbetrag festgesetzt oder ein Steuervorteil zu Unrecht gewährt oder belassen ist; ob der Betrag, der sonst festgesetzt wäre, aus anderen Gründen hätte ermäßigt werden müssen oder der Vorteil aus anderen Gründen hätte beansprucht werden können, ist für die Bestrafung ohne Bedeutung.

Eine Steuerumgehung (§ 5) ist nur dann als Steuerhinterziehung strafbar, wenn die Verkürzung der Steuereinnahmen oder die Erzielung der ungerechtfertigten Steuervorteile dadurch bewirkt wird, daß der Täter vorsätzlich Pflichten verletzt, die ihm im Interesse der Ermittlung einer Steuerpflicht obliegen.

Die Vorschriften der Zoll- und Verbrauchsabgabengesetze, nach denen eine Bestrafung wegen Steuerhinterziehung eintritt, ohne daß der Vorsatz der Hinterziehung festgestellt zu werden braucht, bleiben unberührt.

7. Dritte Steuernotverordnung (14. Februar 1924):

Reichsgesetzblatt, Jahrgang 1924, Teil I, 74, (87 f.), Artikel VIII, Vereinfachung des Steuerstrafrechts, § 56:

„Die Reichsabgabenordnung wird wie folgt geändert:

1. Im § 359
   a) erhält der Abs. 1 folgende Fassung:
   'Wer zum eigenen Vorteil oder zum Vorteil eines anderen nicht gerechtfertigte Steuervorteile erschleicht oder vorsätzlich bewirkt, daß Steuereinnahmen verkürzt werden, wird wegen Steuerhinterziehung mit Geldstrafe bestraft. Der Höchstbetrag der Geldstrafe ist unbeschränkt. Bei Zöllen und Verbrauchsabgaben ist die Geldstrafe mindestens auf das Vierfache des hinterzogenen Betrages zu bemessen, falls der Betrag der

Steuerverkürzung oder des Steuervorteils festgestellt werden kann. Neben der Geldstrafe kann auf Gefängnis bis zu zwei Jahren erkannt werden'.

b) wird dem Absatz 5 folgender Satz 2 hinzugefügt:

'Auf Gefängnis darf jedoch nur erkannt werden, wenn der Vorsatz der Hinterziehung festgestellt wird'."

8. Alternativentwurf zum StGB (AE 1977):

Alternativ-Entwurf 1977, Besonderer Teil, Straftaten gegen die Wirtschaft, AE, 7. Titel, Straftaten gegen die öffentliche Finanzwirtschaft, § 200, S. 94 ff (94) (96); Besonderer Teil, Vorbemerkung vor § 200, S. 95 (98):

(1) Wer gegenüber der Steuerbehörde über das Bestehen oder die Höhe eines nach den Steuergesetzen entstandenen Steueranspruchs unrichtige Angaben macht oder Angaben, zu denen er nach den Steuergesetzen verpflichtet ist, nicht oder nicht vollständig macht, und dadurch bewirkt, daß die Steuerbehörde nach den ihr vorliegenden Unterlagen die Steuerschuld nicht oder nicht in der vollen Höhe festsetzen kann, wird mit Freiheitsstrafe bis zu fünf Jahren oder mit Geldstrafe bestraft. Dies gilt nicht, wenn der Steuerpflichtige mit der Abgabe seiner Erklärung um nicht mehr als ein Jahr in Verzug gerät oder die Frist zur Abgabe der Erklärung bei Mahnung durch die Steuerbehörde um nicht mehr als sechs Monate überschritten wird.

(2) Ebenso wird bestraft, wer pflichtwidrig die Verwendung von Steuerzeichen oder Steuerstemplern unterläßt.

(3) Mit Freiheitsstrafe bis zu drei Jahren oder mit Geldstrafe wird bestraft, wer die Tat leichtfertig begeht und dadurch eine Steuerverkürzung in Höhe von mindestens 20.000 DM bewirkt.

(4) Die Absätze 1 bis 3 gelten auch dann, wenn sich die Tat auf Eingangsabgaben bezieht, die von einem anderen Mitgliedstaat der Europäischen Gemeinschaften verwaltet werden oder die einem Mitgliedsstaat der Europäischen Freihandelsassoziation oder einem mit diesem assoziierten Staat zustehen. Sie gelten unabhängig von dem Recht des Tatortes auch für Taten, die außerhalb des Geltungsbereichs dieses Gesetzes begangen werden.

(5) Nach Absatz 1 wird nicht bestraft, wer freiwillig die unrichtigen oder unvollständigen Angaben bei der Steuerbehörde berichtigt oder unterlassene Angaben nachholt, bevor die Steuerbehörde die Steuerschuld festgesetzt hat oder nach dem normalen Geschäftsgang festgesetzt haben würde. Bei Taten nach den Absätzen eins bis drei kann von Strafe abgesehen werden, wenn der Täter die unrichtigen oder unvollsätndigen Angaben bei der Steuerbehörde berichtigt oder unterlassene Angaben nachholt, bevor er die Tat für entdeckt hält oder mit ihrer Entdeckung rechnung [rechnen] muß, und die hinterzogenen Steuern innerhalb der ihm bestimmten Frist entrichtet.

(6) § 80 Zollgesetz bleibt unberührt und ist auf eine Tat nach Absatz 2 sinngemäß anzuwenden.

9. Steuerhinterziehung nach §§ 370, 371 AO (1977):

Bundesgesetzblatt (BGBl.) 1976, Teil I, Nr. 29, 613 ff. Ausgegeben zu Bonn am 23. März 1976, Abgabenordnung (AO 1977). Vom 16. März 1976; Mittelsteiner / Schaumburg, AO 1977, § 370 AO, S. 495 f.; Koch, AO 1977, § 370 AO, S. 1405; Wolf, AO 1977, § 370 AO, S. 525 f.; BT Drucksache 7/79:

§ 370 AO:

(1) Mit Freiheitsstrafe bis zu 5 Jahren oder mit Geldstrafe wird bestraft, wer
1. den Finanzbehörden oder anderen Behörden über steuerlich erhebliche Tatsachen unrichtige oder unvollständige Angaben macht,
2. die Finanzbehörden pflichtwidrig über steuerlich erhebliche Tatsachen in Unkenntnis läßt oder
3. pflichtwidrig die Verwendung von Steuerzeichen oder Steuerstemplern unterläßt
und dadurch Steuern verkürzt oder für sich oder einen anderen nicht gerechtfertigte Steuervorteile erlangt."

(2) Der Versuch ist strafbar.

(3) In besonders schweren Fällen ist die Strafe Freiheitsstrafe von sechs Monaten bis zu zehn Jahren. Ein besonders schwerer Fall liegt in der Regel vor, wenn der Täter
1. aus grobem Eigennutz in großem Ausmaß Steuern verkürzt oder nicht gerechtfertigte Steuervorteile erlangt,
2. seine Befugnisse oder seine Stellung als Amtsträger mißbraucht,
3. die Mithilfe eines Amtsträgers ausnutzt, der seine Befugnisse oder seine Stellung mißbraucht, oder
4. unter Verwendung nachgemachter oder verfälschter Belege fortgesetzt Steuern verkürzt oder nicht gerechtfertigte Steuervorteile erlangt.

(4) Steuern sind namentlich dann verkürzt, wenn sie nicht, nicht in voller Höhe oder nicht rechtzeitig festgesetzt werden; dies gilt auch dann, wenn die Steuer vorläufig oder unter Vorbehalt der Nachprüfung festgesetzt wird oder eine Steueranmeldung einer Steuerfestsetzung unter Vorbehalt der Nachprüfung gleichsteht. Steuervorteile sind auch Steuervergütungen; nicht gerechtfertigte Steuervorteile sind erlangt, soweit sie zu Unrecht gewährt oder belassen werden. Die Voraussetzungen der Sätze 1 und 2 sind auch dann erfüllt, wenn die Steuer, auf die sich die Tat bezieht, aus anderen Gründen hätte ermäßigt oder der Steuervorteil aus anderen Gründen hätte beansprucht werden können.

(5) Die Tat kann auch hinsichtlich solcher Waren begangen werden, deren Einfuhr, Ausfuhr oder Durchfuhr verboten ist.

(6) Die Absätze 1 bis 5 gelten auch dann, wenn sich die Tat auf Eingangsabgaben bezieht, die von einem anderen Mitgliedstaat der Europäischen Gemeinschaften

verwaltet werden oder die einem Mitgliedstaat der Europäischen Freihandelsassoziation oder einem mit dieser assoziierten Staat zustehen. Sie gelten unabhängig von dem Recht des Tatortes auch für Taten, die außerhalb des Geltungsbereiches dieses Gesetzes begangen werden.

Mittelsteiner / Schaumburg. AO 1977, § 371, S. 501 f.; Koch, AO 1977, § 371, S. 1421 f.; Wolf, AO 1977, § 371, S. 533 f.; BT-Drucksache 7/4292, § 371, S. 134 f.

§ 371 AO:

(1) Wer in den Fällen des § 370 unrichtige oder unvollständige Angaben bei der Finanzbehörde berichtigt oder ergänzt oder unterlassene Angaben nachholt, wird insoweit straffrei.

(2) Straffreiheit tritt nicht ein, wenn

1. vor der Berichtigung, Ergänzung oder Nachholung
   a) ein Amtsträger der Finanzbehörde zur steuerlichen Prüfung oder zur Ermittlung einer Steuerstraftat oder einer Steuerordnungswidrigkeit erschienen ist oder
   b) dem Täter oder seinem Vertreter die Einleitung des Straf- oder Bußgeldverfahrens wegen der Tat bekanntgegeben worden ist oder
2. die Tat im Zeitpunkt der Berichtigung, Ergänzung oder Nachholung ganz oder zum Teil bereits entdeckt war und der Täter dies wußte oder bei verständiger Würdigung der Sachlage damit rechnen mußte.

(3) Sind Steuerverkürzungen bereits eingetreten oder Steuervorteile erlangt, so tritt für einen an der Tat Beteiligten Straffreiheit nur ein, soweit er die zu seinen Gunsten hinterzogenen Steuern innerhalb der ihm bestimmten angemessenen Frist entrichtet.

(4) Wird die in § 153 vorgesehene Anzeige rechtzeitig und ordnungsmäßig erstattet, so wird ein Dritter, der die in § 153 bezeichneten Erklärungen abzugeben unterlassen oder unrichtig oder unvollständig abgegeben hat, strafrechtlich nicht verfolgt, es sei denn, daß ihm oder seinem Vertreter vorher die Einleitung eines Straf- oder Bußgeldverfahrens wegen der Tat bekanntgegeben worden ist. Hat der Dritte zum eigenen Vorteil gehandelt, so gilt Absatz 3 entsprechend.

10. Schwarzgeldbekämpfungsgesetz (2011):

Gesetz zur Verbesserung der Bekämpfung der Geldwäsche und Steuerhinterziehung. Vom 28. April 2011, in Bundesgesetzblatt (BGBl.), Jahrgang 2011 Teil I Nr. 19, S. 676 f.;

§ 371 Selbstanzeige bei Steuerhinterziehung (vom 3. 5. 2011 bis 31.12. 2014 geltende Fassung): vgl. Rolletschke, in: Wirtschafts / SteuerStR (2017) § 371, S. 3134 f.; BT-Drs. 17/5067 vom 16. März 2011, auch abgedruckt bei Füllsack / Bürger, BB 2011, 1240:

„(1) Wer gegenüber der Finanzbehörde zu allen unverjährten Steuerstraftaten einer Steuerart in vollem Umfang die unrichtigen Angaben berichtigt, die unvollständigen Angaben ergänzt oder die unterlassenen Angaben nachholt, wird wegen dieser Steuerstraftaten nicht nach § 370 bestraft.

(2) Straffreiheit tritt nicht ein, wenn

1. bei einer der zur Selbstanzeige gebrachten unverjährten Steuerstraftaten vor der Berichtigung, Ergänzung oder Nachholung
   a) dem Täter oder seinem Vertreter eine Prüfunganordnung nach § 196 bekannt gegeben worden ist oder
   b) dem Täter oder seinem Vertreter die Einleitung des Straf- oder Bußgeldverfahrens bekannt gegeben worden ist oder
   c) ein Amtsträger der Finanzbehörde zur steuerlichen Prüfung, zur Ermittlung einer Steuerstraftat oder einer Steuerordnungwidrigkeit erschienen ist oder
2. eine der Steuerstraftaten im Zeitpunkt der Berichtigung, Ergänzung oder Nachholung ganz oder zum Teil bereits entdeckt war und der Täter dies wusste oder bei verständiger Würdigung der Sachlage damit rechnen musste oder
3. die nach § 370 Abs. 1 verkürzte Steuer oder der für sich oder einen anderen erlangte nicht gerechtfertigte Steuervorteil einen Betrag von 50.000 Euro je Tat übersteigt.

(3) Sind Steuerverkürzungen bereits eingetreten oder Steuervorteile erlangt, so tritt für den an der Tat Beteiligten Straffreiheit nur ein, wenn er die aus der Tat zu seinen Gunsten hinterzogenen Steuern innerhalb der ihm bestimmten angemessenen Frist entrichtet.

(4) Wird die in § 153 vorgesehene Anzeige rechtzeitig und ordnungsmäßig erstattet, so wird ein Dritter, der die in § 153 bezeichneten Erklärungen abzugeben unterlassen oder unrichtig oder unvollständig abgegeben hat, strafrechtlich nicht verfolgt, es sei denn, dass ihm oder seinem Vertreter vorher die Einleitung eines Straf- oder Bußgeldverfahrens wegen der Tat bekannt gegeben worden ist. Hat der Dritte zum eigenen Vorteil gehandelt, so gilt Absatz 3 entsprechend.

Neu hinzu trat § 398a AO: „Absehen von Verfolgung in besonderen Fällen“:

„In Fällen, in denen Straffreiheit nur deswegen nicht eintritt, weil der Hinterziehungsbetrag 50.000 Euro übersteigt (§ 371 Abs. 2 Nr. 3) wird von der Verfolgung einer Steuerstraftat abgesehen, wenn der Täter innerhalb einer ihm bestimmten angemessenen Frist

1. die aus der Tat zu seinen Gunsten hinterzogenen Steuern entrichtet und
2. einen Geldbetrag in Höhe von fünf Prozent der hinterzogenen Steuer zugunsten der Staatskasse zahlt.“

11. Verschärfung der Selbstanzeige nach § 371 AO (2015):

Gesetz zur Änderung der Abgabenordnung und des Einführungsgesetzes zur Abgabenordnung. Vom 22. Dezember 2014, abgedruckt in Bundesgesetzblatt Jahrgang 2014 Teil I Nr. 63, S. 2415 f.; auch abgedruckt bei *Hüls / Reichling*, Steuerstrafrecht, Kommentar, Juli 2016, § 371, S. 188 f.; Beckemper, in: HHS (2016) § 371 AO, Lfg. 234 August 2015, S. 1 f.:

„§ 371 Selbstanzeige bei Steuerhinterziehung

(1) Wer gegenüber der Finanzbehörde zu allen Steuerstraftaten einer Steuerart in vollem Umfang die unrichtigen Angaben berichtigt, die unvollständigen Angaben ergänzt oder die unterlassenen Angaben nachholt, wird wegen dieser Steuerstraftaten nicht nach § 370 bestraft. Die Angaben müssen zu allen unverjährten Steuerstraftaten einer Steuerart, mindestens aber zu allen Steuerstraftaten einer Steuerart innerhalb der letzten zehn Kalenderjahre erfolgen.

(2) Straffreiheit tritt nicht ein, wenn

1. bei einer der zur Selbstanzeige gebrachten unverjährten Steuerstraftaten vor der Berichtigung, Ergänzung oder Nachholung
   a) dem an der Tat Beteiligten, seinem Vertreter, dem Begünstigten im Sinne des § 370 Absatz 1 oder dessen Vertreter eine Prüfunganordnung nach § 196 bekannt gegeben worden ist, beschränkt auf den sachlichen und zeitlichen Umfang der angekündigten Außenprüfung, oder
   b) dem an der Tat Beteiligten oder seinem Vertreter die Einleitung des Straf- oder Bußgeldverfahrens bekannt gegeben worden ist oder
   c) ein Amtsträger der Finanzbehörde zur steuerlichen Prüfung erschienen ist, beschränkt auf den sachlichen und zeitlichen Umfang der Außenprüfung, oder
   d) ein Amtsträger zur Ermittlung einer Steuerstraftat oder einer Steuerordnungswidrigkeit erschienen ist oder
   e) ein Amtsträger der Finanzbehörde zu einer Umsatzsteuer-Nachschau nach § 27b des Umsatzsteuergesetzes, einer Lohnsteuer-Nachschau nach § 42g des Einkommensteuergesetzes oder einer Nachschau nach anderen steuerrechtlichen Vorschriften erschienen ist und sich ausgewiesen hat oder
2. eine der Steuerstraftaten im Zeitpunkt der Berichtigung, Ergänzung oder Nachholung ganz oder zum Teil bereits entdeckt war und der Täter dies wusste oder bei verständiger Würdigung der Sachlage damit rechnen musste,
3. die nach § 370 Absatz 1 verkürzte Steuer oder der für sich oder einen anderen erlangte nicht gerechtfertigte Steuervorteil einen Betrag von 25.000 Euro je Tat übersteigt, oder
4. ein in § 370 Abatz 3 Satz 2 Nummer 2 bis 5 genannter besonders schwerer Fall vorliegt.

Der Ausschluss der Straffreiheit nach Satz 1 Nummer 1 Buchstabe a und c hindert nicht die Abgabe einer Berichtigung nach Absatz 1 für die nicht unter Satz 1 Nummer 1 Buchstabe a und c fallenden Steuerstraftaten einer Steuerart.

(2a) Soweit die Steuerhinterziehung durch Verletzung der Pflicht zur rechtzeitigen Abgabe einer vollständigen und richtigen Umsatzsteuervoranmeldung oder Lohnsteueranmeldung begangen worden ist, tritt Straffreiheit abweichend von den Absätzen 1 und 2 Satz 1 Nummer 3 bei Selbstanzeigen in dem Umfang ein, in dem der Täter gegenüber der zuständigen Finanzbehörde die unrichtigen Angaben berichtigt, die unvollständigen Angaben ergänzt oder die unterlassenen Angaben nachholt. Absatz 2 Satz 1 Nummer 2 gilt nicht, wenn die Entdeckung der Tat darauf beruht, dass eine Umsatzsteuervoranmeldung oder Lohnsteueranmeldung nachgeholt oder berichtigt wurde. Die Sätze 1 und 2 gelten nicht für Steueranmeldungen, die sich auf das Kalenderjahr beziehen. Für die Vollständigkeit der Selbstanzeige hinsichtlich einer auf das Kalenderjahr bezogenen Steueranmeldung ist die Berichtigung, Ergänzung oder Nachholung der Voranmeldungen, die dem Kalenderjahr nachfolgende Zeiträume betreffen, nicht erforderlich.

(3) Sind Steuerverkürzungen bereits eingetreten oder Steuervorteile erlangt, so tritt für den an der Tat Beteiligten Straffreiheit nur ein, wenn er die aus der Tat zu seinen Gunsten hinterzogenen Steuern, die Hinterziehungszinsen nach § 235 und die Zinsen nach § 233a, soweit sie auf die Hinterziehungszinsen nach § 235 Absatz 4 angerechnet werden, innerhalb der ihm bestimmten angemessenen Frist entrichtet. In den Fällen des Absatzes 2a Satz 1 gilt Satz 1 mit der Maßgabe, dass die fristgerechte Entrichtung von Zinsen nach § 233a oder § 235 unerheblich ist.

(4) Wird die in § 153 vorgesehene Anzeige rechtzeitig und ordnungsmäßig erstattet, so wird ein Dritter, der die in § 153 bezeichneten Erklärungen abzugeben unterlassen oder unrichtig oder unvollständig abgegeben hat, strafrechtlich nicht verfolgt, es sei denn, dass ihm oder seinem Vertreter vorher die Einleitung eines Straf- oder Bußgeldverfahrens wegen der Tat bekannt gegeben worden ist. Hat der Dritte zum eigenen Vorteil gehandelt, so gilt Absatz 3 entsprechend."

12. Gesetz zur Bekämpfung der Korruption (2015):

Drucksache 18/4350, Gesetzentwurf der Bundesregierung, Entwurf eines Gesetzes zur Bekämpfung der Korruption vom 18. März 2015, Artikel 6, S. 9. Im Folgenden zitiert nach: Gesetz zur Bekämpfung der Korruption vom 20. November 2015, BGBl. 2015 Teil I Nr. 46, Artikel 6, S. 2025 (2027):

„Artikel 6

Änderung der Abgabenordnung
§ 370 Absatz 3 Satz 2 der Abgabenordnung in der Fassung der Bekanntmachung vom 1. Oktober 2002 (BGBl. I S. 3866; 2003 I S. 61), die zuletzt durch Artikel 7 des Gesetzes vom 2. November 2015 (BGBl. I S. 1834) geändert worden ist, wird wie folgt geändert:

1. In Nummer 2 werden nach dem Wort 'Amtsträger' die Wörter 'oder Europäischer Amtsträger (§ 11 Absatz 1 Nummer 2a des Strafgesetzbuchs)' eingefügt.
2. In Nummer 3 werden nach dem Wort 'Amtsträgers' die Wörter 'oder Europäischen Amtsträgers (§ 11 Absatz 1 Nummer 2a des Strafgesetzbuchs)' eingefügt."

13. Entwurf eines Gesetzes zur Bekämpfung der Steuerumgehung und zur Änderung weiterer steuerlicher Vorschriften (Steuerumgehungsbekämpfungsgesetz – StUmgBG) (2017)

Drucksache 18/11132, Gesetzentwurf der Bundesregierung vom 13. Februar 2017, S. 12; Wortlaut identisch mit Steuerumgehungsbekämpfungsgesetz vom 23. Juni 2017, BGBl 2017 Teil I Nr. 39, S. 1682 (1686):

„§ 370 Absatz 3 Satz 2 wird wie folgt geändert:

a) In Nummer 4 wird das Wort ‘oder’ am Ende gestrichen.

b) In Nummer 5 wird der Punkt am Ende durch das Wort ‘oder’ ersetzt und wird folgende Nummer 6 angefügt:

‘6. Eine Drittstaat-Gesellschaft im Sinne des § 138 Absatz 3, auf die er alleine oder zusammen mit nahestehenden Personen im Sinne des § 1 Absatz 2 des Außensteuergesetzes unmittelbar oder mittelbar einen beherrschenden oder bestimmenden Einfluss ausüben kann, zur Verschleierung steuerlich erheblicher Tatsachen nutzt und auf diese Weise fortgesetzt Steuern verkürzt oder nicht gerechtfertigte Steuervorteile erlangt.’ […]

‘In § 371 Absatz 2 Satz 1 Nummer 4 werden die Wörter ‘§ 370 Absatz 3 Satz 2 Nummer 2 bis 5’ durch die Wörter ‘§ 370 Absatz 3 Satz 2 Nummer 2 bis 6’ ersetzt.’

Quellenverzeichnis

A) Allgemeine Quellen[1]

1 Deutsche Partikularrechte

1.1 Quellensammlungen

1.1.1 Sammlung der deutschen Strafgesetzbücher. hrsg. von Melchior Stenglein in 3 Bändchen. München 1858.

Bd. 1: Bayern, Oldenburg, Sachsen-Altenburg, Württemberg, Braunschweig.

Bd. 2: Hannover, Hessen-Darmstadt und Frankfurt, Baden, Nassau.

Bd. 3: Thürignisches Strafgesetzbuch, Preußen, Österreich, Sachen.

1.1.2 Novus Corpus Constitutionum Prussico-Brandenburgensium. Neue Sammlung Königl. Preuß. und Churfürstl. Brandenburgischer sonderlich in der Chur- und Mark- Brandenburg publizirten und ergangenen Verordnungen, Edicten, Mandaten, Rescripten von 1806. bis 27sten Oktober, 1810. als von welchem letztern Zeitpunkte ab die Gesetz-Sammlung für die Königlichen Preußischen Staaten erschienen ist. Zwölfter und letzter Band. Berlin, 1822. (zitiert: Novum Corpus Constitutionum).

1.1.3 Gesetz-Sammlung für die Königlichen Preußischen Staaten, Berlin 1810–1909 (mit Zusatzband für die Jahre 1806–1809) [PrGS].

1.1.4 Central-Blatt der Abgaben-, Gewerbe- und Handels-Gesetzgebung und Verwaltung in den Königlichen Preußischen Staaten, Berlin 1839–1889 [CBl].

1.1.5 Gesetz und Verordnungsblatt für das Königreich Sachsen. Vom Jahre 1845. 1stes bis 17tes Stück. Mit Königl. Sächs. Allergnädigstem Privilegio. Dresden 1845 [GVBl.]

1.2 Einzelquellen

1.2.1. Kaiserthum Österreich

1.2.1.1 Constitutio criminalis Theresiana, Tafeln und erläuternde Texte, Reprint der Originalausgabe von 1769. Herausgegeben und eingeleitet von Armin Forker. Heidelberg 1986.

1.2.1.2 Allgemeins Gesetz über Verbrechen und derselben Bestrafung (Constitutio Josephina), Wien 1787.

---

1 Die allgemeinen Quellen sind so zitiert, daß sie über das Literatur- oder Abkürzungsverzeichnis erschlossen werden können. Parlamentaria und Gerichtsentscheidungen sind nicht angeführt, sondern an Ort und Stelle ausreichend nachgewiesen.

https://doi.org/10.1515/9783110616187-016

1.2.1.3 Das Strafgesetzbuch über Verbrechen, Vergehen, und Übertretungen für das Kaiserthum Österreich vom 27. Mai 1852, abgedruckt in: Stenglein (siehe 1.1.1), Bd. 3 Nr. XII.

1.2.2 Königreich Bayern

1.2.2.1 Bayerisches Strafgesetzbuch vom 6. Mai 1813, abgedruckt in: Stenglein, Sammlung der deutschen Strafgesetzbücher (siehe 1.1.1), Bd. 1 Nr. I. München 1857.

1.2.2.2 Anmerkungen zum Strafgesetzbuche für das Königreich Baiern. Nach den Protokollen des Königklichen geheimen Raths. Dritter Band. München 1814.

1.2.2.3 Strafgesetzbuch für das Königreich Baiern. Bei der Redaktion des allgemeinen Regierungsblatts. München 1813.

1.2.3 Herzogthum Oldenburg

1.2.3.1 Strafgesetzbuch für die Herzoglich-Oldenburgischen Lande vom 10. September 1814, abgedruckt in: Stenglein (siehe 1.1.1), Bd. 1 Nr. II.

1.2.4 Königreich Preußen

1.2.4.1 Allgemeines Landrecht für die Preußischen Staaten vom 1. Juni 1794. Mit einer Einführung von Hans Hattenhauer und einer Bibliographie von Günter Bernert. 2. Auflage. Neuwied / Kriftel / Berlin 1994.

1.2.4.2 Strafgesetzbuch für die Preußischen Staaten. Vom 14. April 1851. Nebst den Abweichungen der Strafgesetzbücher für das Herzogthum Anhalt-Bernburg vom 22. Januar 1852 und das Fürstenthum Waldeck un Pyrmont vom 15. Mai 1855, abgedruckt in: Stenglein (siehe 1.1.1), Bd. 3 Nr. XI.

1.2.5 Königreich Sachsen

1.2.5.1 Criminalgesetzbuch für das Königreich Sachsen vom 11. August 1855, abgedruckt in: Stenglein (siehe 1.1.1), Bd. 3 Nr. XIII.

1.2.5.2 Das Strafgesetzbuch und die Strafproceßordnung für das Königreich Sachsen, mit Erläuterungen von Dr. Krug und Dr. Schwarze. Leipzig 1855.

1.2.5.3 Das Strafgesetzbuch für das Königreich Sachsen vom 11. August 1855. Herausgegeben von D. Gustav Albert Siebdrat. Leipzig 1862.

1.2.6 Königreich Württemberg

1.2.6.1 Strafgesetzbuch für das Königreich Württemberg vom 1. März 1839, abgedruckt in: Stenglein (siehe 1.1.1), Bd. 1 Nr. IV.

1.2.6.2 Das Strafgesetzbuch für das Königreich Württemberg vom 1. März 1839, nebst den Abänderungen desselben durch das Gesetz vom 13. August 1849 und durch andere neuere Gesetze, und Angabe der competenten Gerichte bei jedem Verbrechen und Vergehen. Hand-Ausgabe mit Anmerkungen und alphabetischem Sachregister. Herausgegeben von Otto Schwab, Doctor der Rechte. Stuttgart. 1849.

2. Bedeutende Gesetze und Reformmaterialien des Norddeutschen Bundes, des Deutschen Reiches und der Bundesrepublik Deutschland:

2.1 Entstehung des Strafgesetzbuchs, hrsg. von Werner Schubert und Thomas Vormbaum, Kommissionsprotokolle und Entwürfe.

– Bd. I: 1869. Baden-Baden 2002.

– Bd. II: 1870. Berlin 2004.

2.2 Bundes-Gesetzblatt des Norddeutschen Bundes, Berlin 1867-1870 [BGBlNB].

2.3 Strafgesetzbuch für den Norddeutschen Bund. Vom 31. Mai 1870, abgedruckt in BGBl. NdB 1870, 197.

2.4 Gesetz betreffend die Redaktion des Strafgesetzbuchs für den Norddeutschen Bund als Strafgesetzbuch für das Deutsche Reich. Vom 15. Mai 1871, abgedruckt in: RGBl. 1871, 127.

2.5 Reichsgesetzblatt, Berlin 1871 – 1945 [RGBl]

2.6 Reichsabgabenordnung (1919). Vom 13. Dezember 1919, abgedruckt in Reichs-Gesetzblatt, Jahrgang 1919, Nr. 242, S. 1993 ff.

2.7 Verhandlungen der verfassunggebenden Deutschen Nationalversammlung. Stenographische Berichte. Berlin 1919/1920.

2.8 Verhandlungen der verfassunggebenden Deutschen Nationalversammlung. Anlage zu den Stenographischen Berichten. Nr. 692 bis 1045. Berlin 1920.

2.9 Drucksachen zu den Verhandlungen des Bundestages, Bonn 1949 ff. [BT-Drucks.].

2.10 Drucksachen des Deutschen Bundesrates. Bundesrat Drucksachen. [BR Drucksache].

2.11 Gesetzblatt der Verwaltung des vereinigten Wirtschaftsgebietes Jahrgang 1949 [WiGBl. 1949].

2.12 Bundesgesetzblatt, ausgegeben zu Bonn 1949 ff., zitiert mit jeweiligem Gesetz, Erscheinungsjahr, Seitenangabe [BGBl.].

2.13 Abgabenordnung (AO 1977). Vom 16. März 1976, abgedruckt in Bundesgesetzblatt Teil I 1976 Nr. 29, 613 ff.

2.14 Alternativ-Entwurf eines Strafgesetzbuches. Besonderer Teil. Straftaten gegen die Wirtschaft. Vorgelegt von Ernst-Joachim Lampe, Theodor Lenckner, Walter Stree, Klaus Tiedemann, Ulrich Weber. 1. Auflage. Tübingen 1977.

2.15 Sachverständigenkommission: Bekämpfung der Wirtschaftskriminalität – VII. Band. Tagungsberichte der Sachverständigenkommission zur Bekämpfung der Wirtschaftskriminalität – Reform des Wirtschaftsstrafrechts – Siebente

Arbeitstagung in der Zeit vom 1. bis 5. April 1974 in Goslar. Herausgegeben vom Bundesministerium der Justiz. Bonn 1974.

Sachverständigenkommission: Bekämpfung der Wirtschaftskriminalität – XI. Band. Tagungsberichte der Sachverständigenkommission zur Bekämpfung der Wirtschaftskriminalität – Reform des Wirtschaftsstrafrechts – Elfte Arbeitstagung in der Zeit vom 8. bis 12. März 1976 in Bamberg. Herausgegeben vom Bundesministerium der Justiz. Bonn 1976.

Sachverständigenkommission: Bekämpfung der Wirtschaftskriminalität – Schlussbericht der Kommission, Bundesministerium der Justiz (Hrsg.). Bonn 1980 (zitiert: Schlussbericht Sachverständigenkommission [1980]).

2.16 Gesetz zur Verbesserung der Bekämpfung der Geldwäsche und Steuerhinterziehung (Schwarzgeldbekämpfungsgesetz). Vom 28. April 2011, abgedruckt in Bundesgesetzblatt Jahrgang 2011 Teil I Nr. 19, 676 f.

2.17 Gesetz zur Änderung der Abgabenordnung und des Einführungsgesetzes zur Abgabenordnung. Vom 22. Dezember 2014, abgedruckt in Bundesgesetzblatt Jahrgang 2014 Teil I Nr. 63, 2415 f.

2.18 Gesetz zur Bekämpfung der Korruption. Vom 20. November 2015, abgedruckt in Bundesgesetzblatt Jahrgang 2015 Teil I Nr. 46, 2025 ff.

2.19 BMF, Schreiben vom 23. 05. 2016 – IV A 3 – S 0324/15/10001/IV A 4 – S 0324/14/10001 [2016/0470583], in: Der Betrieb (DB) 2016, S. 1228 ff.

2.20 Gesetz zur Bekämpfung der Steuerumgehung und zur Änderung weiterer steuerlicher Vorschriften (Steuerumgehungsbekämpfungsgesetz – StUmgBG). Vom 23. Juni 2017, abgedruckt in Bundesgesetzblatt Jahrgang 2017 Teil I Nr. 39, 1682 ff.

3. Zeitungen, Nachrichten-Magazine:

3.1 Der Spiegel, Heft Nr. 18/29, April 2013: Das große Zittern: Schweizer Banken, Steuerhinterziehung, Strafrabatte – der Fall Hoeneß befeuert den Wahlkampf und beschäftigt die Justiz, die bislang oft milde mit reichen Steuersündern umging. Doch die müsse nun mit Härte rechnen, S. 18 ff.

3.2 Die Welt, Dezember 2010: Mehr als 23.500 reuige Sünder. Jede Selbstanzeige eines Steuerflüchtlings bringt im Durschnitt 75.000 Euro – Spitzenreiter Baden-Württemberg – Neue Gesetze sollen Druck hoch halten, S. 9.

3.3 Die Zeit, 2. Mai 2013: Ich gehöre nicht mehr dazu. Ein Zeit-Gespräch mit dem Steuerhinterzieher Uli Hoeneß, S. 1, Dossier S. 13–16.

3.4 Frankfurter Allgemeine Zeitung, 25. April 2013, Nr. 96/17 D 1: Schäuble verteidigt strafbefreiende Selbstanzeige, S. 1.

3.5 Frankfurter Allgemeine Zeitung, 23. Mai 2013, Nr. 117/21 D 1: Luxemburg blockiert Fortschritte im Kampf gegen Steuerflucht, S. 1.

3.6 Frankfurter Allgemeine Zeitung, 14. März 2014, Nr. 62/11 D1: Drei Jahre und sechs Monate Haft für Hoeneß, S. 1.

3.7 Stuttgarter Zeitung, 27. April 2013: Wahlkampf beginnt mit Streit über Steuern, S. 1.

3.8 Stuttgarter Zeitung, 26. Mai 2015: Die Schweiz nennt Steuerbetrüger, S. 1 (10 ff.).

3.9 Süddeutsche Zeitung, 23. Mai 2013: 69. Jahrgang / 21. Woche / Nr. 117: Ende des Bankgeheiminisses rückt näher, S. 1.

3.10 Süddeutsche Zeitung, 14. März 2014, 70. Jahrgang / 11.Woche / Nr. 61: Dreieinhalb Jahre Haft für Uli Hoeneß, S. 1 (3).

4. Internet Resourcen:

4.1 Bild Zeitung
http://www.bild.de

4.2 Bundesfinanzministerium
http://www.bundesfinanzministerium.de

4.3 Der Spiegel
http://www.spiegel.de

4.4 DIE WELT
http://www.welt.de

4.5 FAZ
http://www.faz.net

4.6 FOCUS Online
http://www.focus.de

4.7 Online-Zeitschrift und Rechtsprechungsdatenbank
www.hrr-strafrecht.de

4.8 Süddeutsche Zeitung
http://www.sueddeutsche.de

4.9 Tagesschau
http://www.tagesschau.de.

4.10 ZEIT ONLINE
http://www.zeit.de

B) Besondere Quellen

1. Bundesarchiv Berlin-Lichterfelde

1.1 R 2 (Reichsfinanzministerium)

1.1.1 R 2/24179

Reichsfinanzministerium. Das Steuerstrafrecht und Steuerstrafverfahren. Bearbeitet in den Monaten Januar bis März 1930 von Gerichts-Assessor Dr. *Reuning*.

1.1.2 R2/56324

Reichsfinanzministerium. Entwurf eines Gesetzes zur Änderung der RAO 1939. Vorlage an die Reichsregierung.

Reichsfinanzministerium. Begründung zum Entwurf eines Gesetzes zur Änderung der RAO 1939.

1.1.3 R2/57019

Reichsfinanzministerium. Reichsbund der Deutschen Beamten e.V. Denkschrift der Fachschaft Reichssteuerverwaltung zur Reform der RAO. Berlin, den 5. März 1934.

1.2 **R 43** (Reichskanzlei)

1.2.1 R 43-II/789a

Reichskanzlei. Neuer Finanzplan 1939. Staatssekretär *Reinhardt* über die Finnazierung nationalpolitischer Aufgaben des Reichs.

1.2.2 R 43-II/789a

Reichskanzlei. Entwurf eines Gesetzes zur Änderung der RAO 1939. Vorlage an die Reichsregierung.

1.3 **R 3001 (**Reichsjustizministerium)

1.3.1 R 3001/5979

Reichsjustizministerium. Entwurf eines Gesetzes gegen Verrat der Deutschen Volkswirtschaft. Vom [...] Mai 1933.

1.3.2 R 3001/5980

Reichsjustizministerium. Entwurf des Steueranpassungsgesetzes vom Oktober 1934, Kabinettsvorlage.

1.4 **R 3101** (Reichswirtschaftsministerium)

1.4.1 R 3101/12360

Reichswirtschaftsministerium. Entwurf der RAO vom 6. August 1919 (Nr. 759). Von Reichsminister der Finanzen Erzberger an die verfassunggebende deutsche Nationalversammlung vorgelegt.

1.4.2 R 3101/12360

Reichswirtschaftsministerium. Begründung zum Entwurf der Reichsabgabenordnung vom 6. August 1919.

1.4.3 R 3101/6382

Reichswirtschaftsministerium. Entwurf der Dritten Steuernotverordnung [vom 14. Februar 1924] (zu III Bk 721. 2. Fassung.).

2. Bundesarchiv Koblenz

2.1 B 126 (Bundesministerium der Finanzen)

2.1.1 B/126/90365 (Heft 1)

Bundesministerium der Finanzen. Ergebnisniederschrift über die Zweite Tagung der Gemeinsamen Kommission der Finanz- und Justizverwaltungen des Bundes vom 21. und 22. April 1976 in Patersberg / St. Goarshausen.

2.1.2 B/126/90365 (Heft 1)

Beschluss der Kommission zur Bekämpfung der Wirtschaftskriminalität zur Selbstanzeige § 371 AO 1977 anlässlich ihrer 11. Arbeitstagung in der Zeit vom 8. bis 12. März 1976 in Bamberg.

2.1.3 B/126/90365 (Heft 2)

Vorläufige Fassungsvorschläge zur Übernahme der Steuerstraftatbestände der Abgabenordnung in das Strafgesetzbuch im Rahmen des Entwurfs eines Zweiten Gesetzes zur Bekämpfung der Wirtschaftskriminalität. Schreiben des Bundesministeriums der Justiz. Bonn, den 5. Oktober 1976.

2.2 B 136 (Bundeskanzleramt)

2.2.1 B 136/2243

Bundeskanzleramt. Vermerk für die Kabinettsitzung. Bonn, den 20. April 1951. Referat I /6 BK 1050/51 (*Pühl*, *Rust*). Betreff.: Entwurf eines Gesetzes zur Änderung des § 410 der RAO.

2.2.2 B 136/7201

Bundeskanzleramt. Entwurf eines Gesetzes zur Änderung strafrechtlicher Vorschriften der Reichsabgabenordnung und anderer Gesetze (AO-Straf-ÄG). Stand: August 1966 [Anlage zu Schreiben des Bundesministers der Finanzen, IV B/5 – S 1260 – 26 / 66, Bonn, 12. Septeber 1966].

2.2.2 B 136/7207

Bundeskanzleramt. Zusammenstellung der von den AO-Referenten der Länder in der Besprechung am 15. bis 17. September 1975 in München beschlossenen Änderungen des Entwurfs einer Abgabenordnung, Referate IV a 7, IV A 8, Anlage 1 zu Prot. Nr. 25, Bonn, den 18. September 1975.

2.2.3 B 136/7208

Bundeskanzleramt. Bergründung zum Entwurf einer Abgabenordnung (AO 1974), Kabinettvorlage.

Kurzfassung des Inhalts der neuen AO 1974 für Verlautbarungen des Bundespresseamtes.

2.3 **B 141** (Bundesministerium der Justiz)

2.3.1 B 141/82311

Bundesjustizministerium. Entwurf Erster Teilbericht der Sachverständigenkommission Januar 1976.

2.3.2 B 141/82349

Bundesjustizministerium. Bericht des Vorsitzenden der Unterkommission I, *Tiedemann*. Anlage zum Schreiben vom 30. Mai 1974.

2.3.3 B 141/82350

Bundejustizministerium. Tagungsberichte, VII. Band 1974. Betreffend den Entwurf des § 353 AO 1974 zur Streichung der alten Formulierung „Zum eigenen Vorteil oder zum Vorteil eines anderen".

2.3.4 B 141/82387

Bundesjustizministerium. XI. Band, Tagungsberichte. Niederschrift der Kommission zur Bekämfpung der Wirtschaftskriminalität – Reform des Wirtschaftsstrafrechts – über die 11. Arbeitstagung in Bamberg vom 8. bis 12. März 1976.

Literaturverzeichnis

Abramowski, Jasper: Verfassungswidrigkeit des steuerlichen Selbstanzeigeprivilegs? – Konsequenzen aus dem Zinsurteil des Bundesverfassungsgerichts –, in: DStZ 1992, S. 460 ff. (zitiert: *Abramowski*, DStZ 1992).

Achenbach, Hans: Historische und dogmatische Grundlagen der strafrechtssystematischen Schuldlehre. Münchener Universitätsschriften. Juristische Fakultät. Abhandlungen zur rechtswissenschaftlichen Grundlagenforschung. Herausgegeben im Auftrag der Juristischen Fakultät. Band 12, Berlin 1974.

Adick, Markus: Zur Neuregelung der Selbstanzeige (§ 371 AO) im Jahr 2011, in HRRS 2011, S. 197 ff. (http://www.hrr-strafrecht.de//hrr/archiv/11-05/hrrs-5-11.pdf, zuletzt aufgerufen am 15. September 2016) (zitiert: *Adick*, HRRS 2011).

Amelung, Knut: Rechtsgüterschutz und Schutz der Gesellschaft. Untersuchungen zum Inhalt und zum Anwendungsbereich eines Strafrechtsprinzips auf dogmengeschichtlicher Grundlage. Zugleich ein Beitrag zur Lehre von der „Sozialschädlichkeit" des Verbrechens, Frankfurt am Main 1972.

Bachmann, Jochen: Vorsatz und Rechtsirrtum im Allgemeinen Strafrecht und im Steuerstrafrecht. Dissertation, Berlin 1993.

Backes, Peter: Die Abgrenzung von Tatbestands- und Verbotsirrtum im Steuerstrafrecht, in: StuW 1982, S. 253 ff. (zitiert: *Backes*, StuW 1982).

Beckemper, Katharina / Schmitz, Roland / Wegner, Carsten / Wulf, Martin: Zehn Anmerkungen zur Neuregelung der strafbefreienden Selbstanzeige durch das „Schwarzgeldbekämpfungsgesetz", in: wistra 2011, S. 281 ff.

Becker, Enno: Die Reichsabgabenordnung vom 13. Dezember 1919 nebst Ausführungsverordnungen. Erläuterte Handausgabe. Zweite Auflage, Berlin 1922 (zitiert: *Becker*, Reichsabgabenordnung1919, 2. Aufl. [1922]).

Becker, Enno: Die Reichsabgabenordnung. Erläutert von Dr. h.c. Enno Becker Senatspräsident am Reichsfinanzhof. Sechste durchgesehene Auflage. Berlin 1928 (zitiert: *Becker*, Reichsabgabenordnung, 6. Aufl. [1928]).

Behr, Christian: Zolldefraudation oder Betrug?, in Gerichtssaal, Band 54, 1897, S. 220 ff. (zitiert: *Behr*, in: Der Gerichtssaal 54 [1897]).

Berolzheimer, Hans: Macht sich eines Versuchs der Steuerhinterziehung schuldig, wer in der Absicht der Hinterziehung eine bewußt unrichtige Steuererklärung abgibt, obwohl er gar nicht steuerpflichtig ist? In: Zeitschrift für Steuerstrafrecht, Monatsheft 10/11 1922. S. 173 ff. (zitiert: *Berolzheimer*, in: Zeitschrift für SteuerStrR).

Bilsdorfer, Peter: Aktuelle Probleme der Selbstanzeige, in: wistra 1984, S. 93 ff. (zitiert: *Bilsdorfer*, wistra 1984).

https://doi.org/10.1515/9783110616187-017

Bilsdorfer, Peter: Die Steuerverkürzung auf Zeit, in: Günter Kohlmann (Hrsg.), Strafverfolgung und Strafverteidigung im Steuerstrafrecht, Köln 1983, S. 155 ff.

Bilsdorfer, Peter: Klarere Strafzumessungsregeln bei Steuerhinterziehung, in NJW 2009, S. 476 ff.

Binding, Karl: Handbuch des Strafrechts, Erster Band. Leipzig 1885.

Binding, Karl: Die Normen und ihre Übertretung. Eine Untersuchung über die rechtmässige Handlung und die Arten des Delikts. Erster Band. Normen und Strafgesetze. Zweite Auflage. Leipzig 1890 (zitiert: *Binding*, Normen, Bd. I).

Birnbaum, Johann Michael Franz: Über das Erforderniß einer Rechtsverletzung zum Begriffe des Verbrechens (1834), in: Strafrechtsdenker der Neuzeit. Hrsg. Thomas Vormbaum. Baden-Baden 1998 (zitiert: *Birnbaum*, in: Strafrechtsdenker).

Bockelmann, Paul: Betrug verübt durch Schweigen, in: Festschrift für Eberhard Schmidt zum 70. Geburtstag. Herausgegeben von Paul Bockelmann und Wilhelm Gallas. Göttingen 1961. S. 437 ff. (zitiert: *Bockelmann*, in: FS-Eb. Schmidt).

Boethke, in: Handbuch des Reichssteuerrechts. Herausgegeben von Dr. jur. Georg Strutz. Berlin 1927 (zitiert: *Boethke*, in: Handbuch des Reichssteuerrechts).

Bonnenberg, Emil: Das Strafverfahren in Zoll- und Steuersachen. 2. Auflage. Berlin 1899.

Bornheim, Wolfgang: Die Hinterziehung verfassungswidriger Steuern, in: PStR 1998, S. 195 ff.

Böse, Martin: Die strafbefreiende Selbstanzeige – goldene Brücke zur Steuerehrlichkeit oder moderner Ablasshandel?, in: BRJ 02/2014, S. 145 ff. (zitiert: *Böse*, BRJ 02/2014).

Braun, Michael: Dürfen Steuersünder hoffen?, in: DStZ 2000, S. 44 f.

Brauns, Uwe: Materiell-strafrechtliche Wertaspekte der Selbstanzeige (§ 371 AO), in: wistra 1987, S. 233 ff. (zitiert: *Brauns*, wistra 1987).

Breyer, Jörg: Der Inhalt der strafbefreienden Selbstanzeige, Berlin 1999.

Bud, Ludwig / Lucas, Rudolf: Handausgabe der Reichsabgabenordnung vom 13. Dezember 1919 mit Erläuterungen. Berlin 1920.

Bühler, Ottmar: Lehrbuch des Steuerrechts (in zwei selbständigen Bänden). II. Band. Einzelsteuerrecht (Besonderer Teil des Steuerrechts), Berlin 1938.

Bülte, Jens: Zur Situation der steuerstrafrechtlichen Selbstanzeige in Deutschland, in: ZWF 2015, S. 52 ff. (zitiert: *Bülte*, ZWF 1/2015).

Burwitz, Gero: Neuere Entwicklungen im Steuerrecht. Plädoyer für die Selbstanzeige, in: NZG 13/2014 (zitiert: *Burwitz*, NZG 2014).

Buschmann, Walter: Steuerunehrlichkeit als Tatbestandsmerkmal?, in: NJW 1964, S. 2140 ff.

CATTIEN, Hans: Reichssteuerstrafrecht und Reichssteuerstrafverfahren. Systematische Darstellung im Grundriß und die Vorschriften der Reichsabgabenordnung über Strafrecht und Strafverfahren mit Erläuterungen. Berlin 1925.

CORDES, Helmut: Untersuchungen über Grundlagen und Entstehung der Reichsabgabenordnung vom 23. Dezember 1919. Dissertation Köln 1971.

DANNECKER, Gerhard: Steuerhinterziehung im internationalen Wirtschaftsverkehr. Schriften zum gesamten Wirtschaftsstrafrecht. Band 6. Herausgegeben von Erich Samson und Klaus Tiedemann. Dissertation. Köln 1984 (zitiert: *Dannecker*, Wirtschaftsverkehr 1894).

DARWIN, Charles: Über die Entstehung der Arten durch natürliche Zuchtwahl oder die Erhaltung der begünstigten Rassen im Kampfe um's Dasein. Nach der letzten englischen Auflage wiederholt durchgesehen von J. Victor Carus. Siebente Auflage. Stuttgart 1884 (zitiert: Lehre *Darwins* … „Überleben des Passendsten").

DRONKE, Kurt: Das Finanzstrafrecht, in: ZStW (1906), 26. Band, S. 632 ff.

EBERMAYER, Ludwig / LOBE, Adolf / ROSENBERG, Werner: Reichs-Strafgesetzbuch mit besonderer Berücksichtigung der Rechtsprechung des Reichsgerichts. Dritte, vermehrte und verbesserte Auflage. Berlin und Leipzig 1925 (zitiert: (*Ebermayer / Lobe / Rosenberg*, RStGB [1925]).

ECKSTEIN, Ernst: Die Bereicherungsdelikte, insbesondere der Betrug bei öffentlich- und privatrechtlichen Zwangsverhältnissen, in: GA, Bd. 59 (1912), S. 29 ff.

EHLERS, Hans: Steuerhinterziehung nach künftigem Recht, in: FR 1976, S. 504 f. (zitiert: *Ehlers*, FR 1976).

ENDRES, Sebastian: Die kriminelle Natur des Steuerstrafrechts und das Verhältnis der Steuerhinterziehung nach § 359 RAO zum Betruge im Sinne des § 263 StGB. Dissertation. München 1929 (zitiert: *Endres*, Die kriminelle Natur [1929]).

ENGELS, (Vorname nicht genannt) Rechtsanwalt: Der strafrechtliche Charakter der subsidiarischen Haftbarkeit für die Geldstrafen Dritter, in: ZStW 12 (1892).

EYLERT, (Vorname nicht genannt) Regierungsrat Dr.: Zur Straffrage beim Unterlassen von Einkommensteuervorauszahlungen, in: Steuer-Archiv 1924 Nr. 10, S. 249 ff. (zitiert: *Eylert*, in: Steuer-Archiv 1924 Nr. 10).

FEUERBACH, Paul Johann Anselm: Lehrbuch des gemeinen in Deutschland gültigen Peinlichen Rechts (zuerst 1801), 14. Auflage Gießen 1847. (zitiert: *Feuerbach*, Lehrbuch des peinlichen Rechts).

FEUERBACH, Paul Johann Anselm: Revision der Grundsätze und Grundbegriffe des positiven peinlichen Rechts. Erster Theil. Erfurt 1799 (zitiert: *Feuerbach*, Revision, Teil 1).

FISCHER, (Name nicht genannt): Versuch, tätige Reue, in: ZfZ 1923, Nummer 7. S. 261 ff. (zitiert: *Fischer*, in: ZfZ [1923]).

FRANK, Reinhard: Über den Aufbau des Schuldbegriffs (1907). Juristische Zeitgeschichte. Mit einer Einführung von Hans Joachim Hirsch. Neudruck Berlin 2009 (zitiert: *Frank*, Aufbau des Schuldbegriffs).

FRANZEN, Klaus / GAST-DE HAAN, Brigitte / JOECKS, Wolfgang: Steuerstrafrecht mit Zoll- und Verbrauchsteuerstrafrecht. Kommentar. §§ 369–412 AO, § 32 ZollVG. 7. Völlig überarbeitete Auflage. München 2009 (zitiert: *Bearbeiter* in: Franzen / Gast / Joecks).

FRANZEN, Klaus / GAST-DE HAAN, Brigitte / SAMSON, Erich: Steuerstrafrecht mit Steuerordnungswidrigkeiten und Verfahrensrecht. Kommentar zu den §§ 369–412 AO 1977 sowie zu § 80 des Zollgesetzes. 3., völlig überarbeitete und erweiterte Auflage. München 1985 (zitiert: *Bearbeiter*, in: Franzen / Gast / Samson).

FRANZEN, Klaus / GAST, Brigitte: Steuerstrafrecht mit Ordnungswidrigkeiten. Kommentar. München 1969 (zitiert: *Franzen / Gast*, Steuerstrafrecht [1969]).

FREES, Christian-Peter: Die steuerrechtliche Selbstanzeige. Zur kriminalpolitischen Zweckmäßigkeit des § 371 AO. Dissertation. Frankfurt am Main 1991. Zugleich Dissertation Göttingen 1990.

FREUND, Georg: Der Zweckgedanke im Strafrecht?, in: Goltdammer's Archiv für Strafrecht. Heidelberg 1995. S. 4 ff. (zitiert: *Freund*, GA 1995).

FRIEDLAENDER, (Name nicht genannt) Regierungsassessor: Zur Straffrage beim Unterlassen von Einkommensteuervorauszahlungen, in: Steuer-Archiv 1924 Nr. 10, S. 249 (251 f.). (zitiert: *Friedlaender*, in Steuer-Archiv 1924 Nr. 10).

FRIESECKE, Kuno: Ist die Unterlassung rechtzeitiger Abgabe einer Steuererklärung strafbar?, in: Deutsches Steuerblatt 1925 Nr. 12, 8. Jahrgang, S. 744 ff.

FRISCH, Wolfgang: An den Grenzen des Strafrechts, in: Festschrift für Walter Stree und Johannes Wessels zum 70. Geburtstag. Herausgegeben von Wilfried Küper und Jürgen Welp. Heidelberg 1993 (zitiert: *Frisch*, in: FS-Stree / Wessels).

FÜLLSACK, Markus / BÜRGER, Sebastian: Die Neuregelung der Selbstanzeige, in: BB 2011, S. 1239 ff. (zitiert: *Füllsack / Bürger*, BB 2011).

FUISTING, Bernhard: Das Preußische Einkommensteuergesetz vom 24. Juni 1891 und die Ausführungsanweisung vom 5. August 1891 mit Erläuterungen. Dritte umgearbeitete Auflage. Berlin 1894.

GEBERTH, Georg / WELLING, Berthold: Abgrenzung zwischen einfacher Berichtigung und strafbefreiender Selbstanzeige – Ein erster Diskussionsentwurf des BMF für einen Anwendungserlass zu § 153 AO –, in: DB 2015, S. 1742 ff. (zitiert: *Geberth / Welling*, DB 2015).

GÖGGERLE, Werner: Zur Frage des geschützten Rechtsguts im Tatbestand der Steuerhinterziehung, in: BB 1982 (Heft 30), S. 1851 ff.

GOLDSCHMIDT, James: Das Verwaltungsstrafrecht. Eine Untersuchung der Grenzgebiete zwischen Strafrecht und Verwaltungsrecht auf rechtsgeschichtlicher und rechtsvergleichender Grundlage. Berlin 1902. Neudruck der Auflage Berlin 1902 Scientia Verlag Aalen 1969 (zitiert: *Goldschmidt*, Verwaltungsstrafrecht).

GOLDSCHMIDT, James: Das Verwaltungsstrafrecht im Verhältnis zur modernen Staats- und Rechtslehre. Sonderausgabe aus der Festgabe der Juristischen Gesellschaft zu Berlin zum 50jährigen Dienstjubiläum ihres Vorsitzenden, des Wirklichen Geheimen Rats Dr. Richard Koch. Berlin 1903 (zitiert: *Goldschmidt*, in: FS-Koch [1903]).

HABAMMER, Christoph: Die Neuregelung der Selbstanzeige nach dem Schwarzgeldbekämpfungsgesetz, in: StBW 2011, 310.

HÄLSCHNER, Hugo: Das gemeine deutsche Strafrecht. Erster Band. Bonn 1881.

HÄLSCHNER, Hugo: Das gemeine deutsche Strafrecht. Zweiter Band, [Erste Abtheilung. Bonn 1884.] Zweite Abtheilung, Bonn 1887 (zitiert: *Hälschner*, Strafrecht II. Band [1887]).

HAIMANN, Julius: Die rechtliche Natur der subsidiarischen Vertretungsverbindlichkeit dritter Personen nach den Zoll- und Steuer-Gesetzen des deutschen Reichs. Dissertation. München 1892. (zitiert: *Haimann*, Rechtliche Natur).

HARMS, Monika: § 370a AO – Optimierung des steuerstrafrechtlichen Sanktionensystems oder gesetzgeberischer Fehlgriff?, in: Festschrift für Günter Kohlmann zum 70. Geburtstag. Herausgegeben von Hans Joachim Hirsch, Jürgen Wolter, Uwe Brauns. Köln, 2003, S. 413 ff. (zitiert: *Harms*, in: FS-Kohlmann).

HARTUNG, Fritz: Das Steuerstrafrecht (Kommentar zu den Bestimmungen des Dritten Teils (Abschnitt I) der Reichsabgabenordnung), 3. Neubearbeitete, erweiterte Auflage. Berlin und Frankfurt a.M. 1962 (zitiert: *Hartung*, Steuerstrafrecht).

HASSEMER, Winfried: Die Basis des Wirtschaftsstrafrechts, in: wistra 2009, Heft 5, S. 169 ff. (zitiert: *Hassemer*, wistra 2009).

HASSEMER, Winfried: Einführung in die Grundlagen des Strafrechts. 2. Auflage. München 1990. (zitiert: *Hassemer*, Grundlagen).

HASSEMER, Winfried: Symbolisches Strafrecht und Rechtsgüterschutz, in: NStZ 1989, S. 553 ff. (zitiert: *Hassemer*, NStZ 1989).

HASSEMER, Winfried: Theorie und Soziologie des Verbrechens, Ansätze zu einer praxisorientierten Rechtsgutslehre. Frankfurt am Main 1973 (zitiert: *Hassemer*, Theorie und Soziologie).

HATTENHAUER, Hans / BERNERT, Günther: Allgemeines Landrecht für die Preußischen Staaten von 1794. Mit einer Einführung von Dr. Hans Hattenhauer und einer Bibliographie von Dr. Günther Bernert. Hattenauer, Hans [Hrsg.]. Zweite, erweiterte Auflage. Neuwied, Kriftel, Berlin 1994 (zitiert: §§, in: Textausgabe *Hattenhauer*).

HAVENSTEIN, Paul: Die Zollgesetzgebung des Reichs, 2. Auflage. Berlin 1906.

Hechtner, Frank: Die strafbefreiende Selbstanzeige nach den Änderungen durch das Schwarzgeldbekämpfungsgesetz – Strafbefreiende Selbstanzeige erster und zweiter Klasse mit Zuschlag, in: DStZ 2011, S. 265 ff. (zitiert: *Hechtner*, DStZ 2011).

Heiber, Helmut: Die Republik von Weimar. 18. Auflage. München 1988.

Hellmann, Uwe: Die steuerstrafrechtliche Selbstanzeige im Geflecht der strafbefreienden und -modifizierenden „Nachtatverhalten", in: Festschrift für Werner Beulke zum 70. Geburtstag. Ein menschengerechtes Strafrecht als Lebensaufgabe. Herausgegeben von Christian Fahl, Eckhart Müller, Helmut Satzger, Sabine Swoboda. Heidelberg 2015, S. 405 ff.

Helml, Regina: Die Reform der Selbstanzeige im Steuerstrafrecht, Dissertation. München 2014 (zitiert: *Helml*, Reform).

Henke, Georg: Kritische Bemerkungen zur Auslegung des § 396 AO (Steuerhinterziehung), in: FR 1966, S. 188 ff.

Henneberg, Ernst: Steuerstraf- und Bußgeldrecht nach der Abgabenordnung 1977, S. 1554 ff. (zitiert: *Henneberg*, BB 1976).

Hensel, Albert: Hensel, Albert: Zur Dogmatik des Begriffs „Steuerumgehung". Sonderdruck aus der Bonner Festgabe für Ernst Zitelmann. München und Leipzig 1923. (zitiert: *Hensel*, Steuerumgehung (1923).

Hensel, Albert: Steuerrecht. Berlin 1924.

Herdemerten, Klaus: Betrug oder Hinterziehung bei Erschleichung von Umsatzsteuervergütungen, in: NJW 1962, S. 781 ff. (zitiert: *Herdemerten*, NJW 1962).

Herzberg, Rolf D.: Tatbestands- oder Verbotsirrtum?, in: GA 1993, S. 439 ff.

Hilgers, Brigitte: Täuschung und / oder Unkenntnis der Finanzbehörde – notwendige Voraussetzung der Strafbarkeit wegen Steuerhinterziehung?, Dissertation. Köln 1985.

Hofacker, W.: Über Verwaltungsstrafrecht, in: Verwaltungsarchiv Bd. 15 (1907), S. 404 ff. (zitiert: *Hofacker*, in: Verwaltungsarchiv Bd. 15 [1907]).

Höffe, Otfried: Gerechtigkeit, Eine philosophische Einführung. München 2001.

Hoffmann, Albrecht: Deutsches Zollrecht. Erster Band: Geschichte des Deutschen Zollrechts. Leipzig 1902 (zitiert: *Hoffmann*, Zollrecht).

Honemann, Wilhelm: Das Verhältnis zwischen der Defraudation der Zölle und Verbrauchssteuerern und dem Betrug nach deutschem Reichsrecht, in: Abhandlungen des Kriminalistischen Seminars. Dritter Band, 4. Heft. Berlin 1894.

Hilgers, Brigitte: Täuschung und / oder Unkenntnis der Finanzbehörde - notwendige Voraussetzung der Strafbarkeit wegen Steuerhinterziehung? Dissertation. Köln 1985 (zitiert: *Hilgers*, Täuschung oder Unkenntnis).

Hübner, Engelbert: Reform des Steuerstrafrechts, in: JR 1977, S. 58 ff.

HÜBSCHMANN, Walter / HEPP, Ernst / SPITALER, Achim (Hrsg.): Kommentar zur Abgabenordnung und Finanzgerichtsordnung, 6. Auflage, Köln 1974 und 7. Auflage, Köln 1977 (zitiert: *Bearbeiter*, in: HHS).

HÜBSCHMANN, Walter / HEPP, Ernst / SPITALER, Achim (Hrsg.): Kommentar zur Abgabenordnung und Finanzgerichtsordnung. Köln 2014 (Stand April 2014) (zitiert: *Bearbeiter*, in: HHS).

HÜBSCHMANN, Walter / HEPP, Ernst / SPITALER, Achim (Hrsg.): Kommentar zur Abgabenordnung und Finanzgerichtsordnung, Köln 2016 (Stand November 2016) (zitiert: *Bearbeiter*, in: HHS [2016]).

HÜBSCHMANN, Walter / HEPP, Ernst / SPITALER, Achim (Hrsg.): Kommentar zur Abgabenordnung und Finanzgerichtsordnung, Köln 2017 (Stand März 2017). (zitiert: *Bearbeiter*, in: HHS [2017]).

HÜLS, Silke / REICHLING, Tilmann: Steuerstrafrecht Kommentar. Herausgegeben von Dr. Silke Hüls und Dr. Tilman Reichling. Heidelberg 2016. (zitiert: *Hüls / Reichling*, Steuerstrafrecht (2016), § 371).

HUNSMANN, Daniel: Die Novellierung der Selbstanzeige durch das Schwarzgeldbekämpfungsgesetz, in: NJW 2011, S. 1482 ff. (zitiert: *Hunsmann*, NJW 2011).

HUNSMANN, Daniel: § 370a AO – verfassungsrechtlich bedenklich? – Kritische Anmerkung zum BGH, Beschluss vom 22. 7. 2004 – 5 StR 85/04 – in: NStZ 2005, S. 72 ff. (zitiert: *Hunsmann*, NStZ 2005).

ISENSEE, Josef: Aussetzung des Steuerstrafverfahrens – rechtsstaatliche Ermessensdirektiven, in: NJW 1985, S. 1007 ff.

JACOBI, Ernst: Reichsabgabenordnung, Berlin 1920 (zitiert: *Jacobi*, RAO 1919).

JACOBSON, H. F. (Heinrich Friedrich): Der Preußische Staat. Eine übersichtliche Darstellung seiner Bildungsgeschichte seiner Gesetzgebung, Verfassung und Verwaltung. Leipzig 1854 (zitiert: *Jacobson*, Der Preußische Staat).

JAKOBS, Günther: Kriminalisierung im Vorfeld einer Rechtsgutsverletzung, in: ZStW 79 (1985), Heft 4, S. 751 ff. (zitiert: *Jakobs*, ZStW 97).

JAHN, Joachim: Der Bundesgerichtshof als Speerspitze im Kampf gegen Steuersünder, in: GWR 2011, S. 327 ff. (zitiert: *Jahn*, GWR 2011).

JESCHECK, Hans-Heinrich / WEIGEND, Thomas: Strafrecht Allgemeiner Teil, 5. Auflage, Berlin 1996 (AT).

JHERING, Rudolf v.: Der Zweck im Recht (1877), in: Strafrechtsdenker der Neuzeit, (Hrsg. Thomas Vormbaum), Baden-Baden 1998 (zitiert: *Jhering*, in: Strafrechtsdenker).

JULIUSBERGER, Fritz: Steuerstrafrecht und Steuerstrafverfahren, Band 1: Steuerstrafrecht. 2. Auflage. Berlin 1923 (zitiert: *Juliusberger*, Steuerstrafrecht, Bd. 1).

KAESER, Christian: Steuerhinterziehung: Eventualvorsatz und Bestimmtheitsgrundsatz, in: Festschrift für Wilhelm Haarmann. Herausgegeben von Jens Blumenberg, Georg Crezelius, Dietmar Gosch, Matthias Schüppen. Düsseldorf 2015, S. 675 ff. (zitiert: *Kaeser*, in: FS-Haarmann).

KAMPS, Heinz-Willi: Rechtsprechungsänderung des BGH zur Wirksamkeit einer „Teilselbstanzeige" i.S.d. § 371 AO, in: DB 2010, S. 1488 ff.

KANT, Immanuel: Metaphysik der Sitten (1797), in: Strafrechtsdenker der Neuzeit, (Hrsg. Thomas *Vormbaum*). Baden-Baden 1998 (zitiert: *Kant*, in: Strafrechtsdenker).

KANT, Immanuel: Metaphysische Anfangsgründe der Rechtslehre. Metaphysik der Sitten Erster Teil (Metaphysik der Sitten / Immanuel Kant; Teil 1) Philosophische Bibliothek Band 360. Neu herausgegeben von Bernd Ludwig. Felix Meiner Verlag Hamburg 1986 (zitiert: *Kant*, Metaphysik der Sitten, RL).

KARGER, Alfred: Steuerhinterziehung, in: Steuer-Archiv 1924 Nr. 12, S. 318 ff.

KARGL, Walter: Gewahrsamsbegriff und elektronische Warensicherung – BayObLG, NJW 1995, 3000, in: JuS 1996, S. 971 ff.

KAULLA, Rudolf: Die rechtliche Natur der Defraudation öffentlicher Abgaben. Dissertation, Tübingen. Stuttgart 1897.

KEMPER, Martin: Die Selbstanzeige nach § 371 AO – Eine verfehlte „Brücke zur Steuerehrlichkeit"?, in: ZRP 2008, S. 105 ff. (zitiert: *Kemper*, ZRP 2008).

KEMPER, Martin: Wieder ein neuer § 371 AO?, in: DStR 19/2014, S. 928 ff. (zitiert: *Kemper*, DStR 2014).

KINDHÄUSER, Urs: Zur Unterscheidung von Tat- und Rechtsirrtum, in: GA 1990, S. 407 ff.

KLEIN, Franz: Abgabenordnung Kommentar – einschließlich Steuerstrafrecht. Begründet von Prof. Dr. Franz Klein und Gerd Orlopp. 12., völlig neubearbeitete Auflage. München 2014 (zitiert: *Bearbeiter*, in: Klein AO).

KLEIN, Franz / ORLOPP, Gerd: Abgabenordnung Kommentar – einschließlich Steuerstrafrecht. Unter Mitarbeit von Hans Bernhard Brockmeyer. 3., völlig neubearbeitete Auflage. München 1986 (zitiert: *Klein / Orlopp*, [1986]).

KOCH, Karl: Abgabenordnung AO 1977. 2., völlig neubearbeitete und erweiterte Auflage 1979. Köln 1979 (zitiert: *Koch*, AO 1977).

KOCH, Karl: Abgabenordnung AO 1977. 3., völlig neubearbeitete und erweiterte Auflage 1986. Köln, Berlin, Bonn, München 1986 (zitiert: *Bearbeiter*, in: Koch, AO [1986]).

KOCH, Karl / SCHOLTZ, Rolf-Detlev: Abgabenordnung AO, 5. Völlig überarbeitete und erweiterte Auflage 1996. Köln, Berlin, Bonn, München 1996 (zitiert: *Koch / Scholtz*, AO [1996]).

KOCH, (Name nicht genannt) Reichsfinanzrat: Zum § 5 der Abgabenordnung, in: Deutsches Steuerblatt. 7. Jahrgang 1924, S. 448 ff.

KÖSTLIN, Reinhold: System des deutschen Strafrechts. Allgemeiner Theil. Tübingen, 1855 (zitiert: *Köstlin*, System des deutschen Strafrechts [1855]).

KOHLMANN, Günter: Steuerstrafrecht mit Ordnungswidrigkeitenrecht und Verfahrensrecht. Kommentar zu den §§ 369–412 AO 1977. Grundwerk – 7. Auflage. Köln 1997 (zitiert: *Kohlmann*, Steuerstrafrecht [Kommentar 7. Aufl., Lfg.]).

KOHLMANN, Günter: Der Straftatbestand der Steuerhinterziehung – Anspruch und Wirklichkeit –, in: Kohlmann (Hrsg.). Strafverfolgung und Strafverteidigung im Steuerstrafrecht. Grundfragen des Steuerstrafrechts heute. Herausgegeben im Auftrag der Deutschen Steuerjuristischen Gesellschaft e.V., Köln 1983, S. 5 ff. (zitiert: *Kohlmann*, in: DStJG 6 [1983]).

KOHLMANN, Günter: Steuerstraf- und Steuerordnungswidrigkeitenrecht einschließlich Verfahrensrecht. Kommentar zu den §§ 369–412 AO 1977. Sonderdruck: Die strafrechtlichen Grundbegriffe (B). 4. Auflage 1988. Köln 1988.

KOHLMANN, Günter: Welche Gesetzesänderungen empfehlen sich zur Ausgestaltung, Reichweite und Einstufung der Steuerstraf- und Bußgeldtatbestände, um Steuerverkürzungen besser entgegenwirken zu können? – in: Niederschrift der Kommission zur Bekämpfung der Wirtschaftskriminalität – Reform des Wirtschaftsstrafrechts – über die 7. Arbeitstagung. 7. Band, Anlage 2. Hrsg.: Bundesjustizministerium 1974 (zitiert: *Kohlmann*, Tagungsberichte, Bd. VII).

KOHLMANN, Günter / **HILGERS-KLAUTZSCH**, Brigitte: Bestrafung wegen Hinterziehung verfassungswidriger Steuern?, in: wistra 1998, 161 (zitiert: *Kohlmann / Hilgers-Klautzsch*, wistra 1998).

KOHLMANN, Günter / **SANDERMANN**, Almut: Die strafrechtliche Bekämpfung von Steuerverkürzungen – unlösbare Aufgabe für den Gesetzgeber?, in: StuW 3/1974, S. 221 ff. (zitiert: *Kohlmann / Sandermann*, StuW 1974).

KONIETZKO, (Vorname nicht genannt) Rechtsanwalt Reg.-Rat a.D. Dr.: Zur Straffrage beim Unterlassen von Einkommensteuervorauszahlungen, in: Steuer-Archiv 1924, S. 224 ff.

KRATZSCH, Dieter: Der strafrechtliche Aspekt der Selbstanzeige (§ 395 AO) – Zur Abgrenzung von Steuerrecht und Steuerstrafrecht, in: StuW 1974, 71 ff.

KRATZSCH, Dietrich: Die Schwierigkeiten im Umgang mit der Selbstanzeige, in: DStJG (Deutsche Steuerjuristische Gesellschaft) 1983. Strafverfolgung und Strafverteidigung im Steuerstrafrecht. Grundfragen des Steuerstrafrechts heute. Herausgegeben im Auftrag der Deutschen Steuerjuristischen Gesellschaft e.V. von Prof. Dr. Günter Kohlmann. Köln 1983, S. 283 ff. (zitiert: *Kratzsch*, in: DStJG).

KRAUSE, Thomas: Geschichte des Strafvollzugs. Von den Kerkern des Alterntums bis zur Gegenwart. Darmstadt 1999.

KREY, Volker: Keine Strafe ohne Gesetz. Einführung in die Dogmengeschichte des Satzes „nullum crimen, nulla poena sine lege“. Berlin, New York 1983.

KRIBS-DREES, Jutta: Sind die zu § 392 AO a.F. bestehenden wichtigsten Streitfragen durch § 370 AO 1977 beseitigt worden?, in: DB 1978 (Heft 4), S. 181 ff.

KRUMMACHER, Florian: § 370a AO. Die verfehlte Qualifikation der Steuerhinterziehung. Dissertation. München 2007.

KUHLEN, Lothar: Grundfragen der strafbaren Steuerhinterziehung. Heidelberg 2012 (zitiert: *Kuhlen*, Grundfragen).

KUHLEN, Lothar: Vorsatz und Irrtum im Steuerstrafrecht, in: Veröffentlichungen der Deutschen Steuerjuristischen Gesellschaft e.V., DStJG Band 38, Steuerstrafrecht an der Schnittstelle zum Steuerrecht, 39. Jahrestagung der Deutschen Steuerjuristischen Gesellschaft e.V. Bremen, 22. Und 23. September 2014, Hrsg. Mellinghoff, München 2015, S. 117 ff. (zitiert: *Kuhlen*, in: DStJG 2015).

KUHLEN, Lothar: Vorsätzliche Steuerhinterziehung trotz Unkenntnis der Steuerpflicht?, in: Festschrift für Walter Kargl zum 70. Geburtstag 2015 (Albrecht Krisch, Neumann, Sinner Hrsg.) (zitiert: *Kuhlen*, in: FS-Kargl).

KUHLEN, Lothar: Zum Verhältnis vom Bestimmtheitsgrundsatz und Analogieverbot, in: Festschrift für Harro Otto zum 70. Geburtstag. Herausgegeben von Gerhard Dannecker, Winrich Langer, Otfried Ranft, Roland Schmitz, Joerg Brammsen. Köln, Berlin, München 2007, S. 89 ff. (zitiert: *Kuhlen*, in: FS-Otto).

LAMPE, Ernst-Joachim / LENCKNER, Theodor / STREE, Walter / TIEDEMANN, Klaus / WEBER, Ulrich: Alternativentwurf eines Strafgesetzbuches. Besonderer Teil. Straftaten gegen die Wirtschaft. Tübingen 1977 (zitiert: Alternativ-Entwurf 1977 [AE 1977]).

LEISE, Horst: Zum ungeschriebenen Tatbestandsmerkmal der „Steuerunehrlichkeit“ bei vorsätzlich bewirkter Steuerverkürzung, in: ZfZ 1965, S. 193 ff.

LELEWER, Hermann: Steuer-Strafrecht, Berlin 1925.

LENKEWITZ, Max: Zollgut in der Zollgutverwendung und die Pflicht zur vorherigen Anzeige seiner nicht zweckgerechten Verwendung nach § 165e Abs. 2 (§ 396 Abs. 2) der Abgabenordnung, in: ZfZ 1964, Nr. 11, S. 321 ff. (zitiert: *Lenkewitz*, ZfZ 1964).

LINDEN, Georg: Die Entwicklung des Zollstrafrechts von den Anfängen bis zur Gründung des Deutschen Zollvereins im Jahre 1834. Dissertation. Köln 1969.

LION, Max, Der Begriff der Steuerhinterziehung und ihres Versuchs nach der Reichsabgabenordnung, in: Zeitgemäße Steuerfragen und Zeitschrift für Steuerstrafrecht (Herausgegeben von Dr. Max Lion). Berlin 1922, S. 26 ff.

LION, Max: Steuerhinterziehung durch Stillschweigen, in: DStZ 1925, S. 622 ff.

LISZT, Franz von: Die deterministischen Gegner der Zweckstrafe, in: ZStW 13 1893, S. 325 ff. Dreizehnter Band. Berlin 1893 (zitiert: *Liszt*, in: ZStW [1893]).

LISZT, Franz von: Der Zweckgedanke im Strafrecht, in: ZStW 3 1883, S. 1 ff. Dritter Band. Berlin und Leipzig 1883 (zitiert: *Liszt*, in: ZStW [1883]).

LISZT, Franz von: „Der Zweckgedanke im Strafrecht (1883)" sowie „Die deterministischen Gegner der Zweckstrafe (1893)": beide Textauszüge bei Strafrechtsdenker der Neuzeit, (Hrsg.) Thomas Vormbaum, Baden-Baden 1998 (zitiert: *Liszt*, in: Strafrechtsdenker).

LISZT, Franz von: Lehrbuch des Deutschen Strafrechts, 3. Auflage, Berlin und Leipzig 1888.

LISZT, Franz von: Lehrbuch des Deutschen Strafrechts, 16. und 17. Auflage, Berlin 1908.

LISZT, Franz von: Lehrbuch des Deutschen Strafrechts, 23. Auflage, nach dem Tode des Verfassers besorgt von Dr. Eberhard Schmidt. Berlin und Leipzig 1921.

LOBE, Adolf: Die Gesetzgebung des Reiches und der Länder zum Schutze der Republik. Berlin 1922.

LÖBE, Ernst: Das Deutsche Zollstrafrecht. (Die Strafbestimmungen des Vereinszollgesetzes vom 1. Juli 1969 unter besonderer Berücksichtigung der einschlagenden Vorschriften des Strafgesetzbuchs und der Strafprozeßordnung für das Deutsche Reich, u.s.w.). Berlin 1881 (zitiert: *Löbe*, Zollstrafrecht [1881]).

LÖBE, Ernst: Das Deutsche Zollstrafrecht. Die zollstrafrechtlichen Vorschriften des Deutschen Reichs, unter besonderer Berücksichtigung ihrer Beziehungen zum Strafgesetzbuche und zur Strafprozeßordnung sowie der Rechtsprechung des Reichsgerichts. Dritte Auflage. Leipzig 1901 (zitiert: *Löbe*, Zollstrafrecht [1901]).

LÖFFLER, Christian: Grund und Grenzen der steuerstrafrechtlichen Selbstanzeige. Dissertation. Baden-Baden 1992 (zitiert: *Löffler*, Selbstanzeige [1992]).

LOHMEYER, Heinz: Erstattung von Selbstanzeigen durch Bevollmächtigte, in: Inf. 1978, S. 11 ff. (zitiert: *Lohmeyer*, Inf. 1978).

LOHMEYER, Heinz: Steuerhinterziehung durch Nichtabgabe von Steuererklärungen, in: NJW 1963, S. 1191 f. (zitiert: *Lohmeyer*, NJW 1963).

LOHMEYER, Heinz: Zum Begriff der „Steuerunehrlichkeit", in: DStZ 1963, S. 107 (zitiert: *Lohmeyer*, DStZ 1963).

LOHMEYER, Heinz: Steuerunehrlichkeit als Tatbestandsmerkmal der Steuerhinterziehung, in: BlStA 1966, S. 209 ff. (zitiert: *Lohmeyer*, BlStA 1966).

LOHMEYER, Heinz: Aus der neueren Rechtsprechung zur Steuerhinterziehung (§ 370 AO) und zur strafbefreienden Selbstanzeige (§ 371 AO), in: StB Heft 9 / 36. Jahrgang, September 1985, S. 293 ff. (zitiert: *Lohmeyer*, StB 1985).

LÜDDERSSEN, Klaus: Die Parteispendenproblematik im Steuerrecht und Steuerstrafrecht – Vorsatz und Irrtum, in: wistra 1983, S. 223 ff.

MADAUß, Norbert: Gesetzliche Klarstellungen, fortbestehende und neue Probleme der Selbstanzeige iSd § 371 AO n.F. – der Versuch einer Bestandsaufnahme, in: NZWiSt 2/2015, S. 41 ff. (zitiert: *Madauß*, NZWiSt 2015).

MANGOLDT, Paul von: Das Deutsche Zoll- und Steuerstrafrecht. Leipzig 1886.

MARXEN, Klaus: Der Kampf gegen das liberale Strafrecht. Eine Studie zum Antiliberalismus in der Strafrechtswissenschaft der zwanziger und dreißiger Jahre. Band 22. Berlin 1975.

MATT, Holger / SALIGER, Frank: Straflosigkeit der versuchten Untreue. Über die Richtigkeit dieser Entscheidung des Gesetzgebers und dogmatische Konsequenzen, in: Institut für Kriminalwissenschaften und Rechtsphilosophie Frankfurt am Main (Hrsg.), Frankfurter kriminalwissenschaftliche Studien, Band 69: Irrwege der Strafgesetzgebung, Frankfurt am Main 1999, S. 217–240.

MATTERN, Gerhard: Steuer-Strafrecht. Leitfaden durch das materielle Steuerstrafrecht. Band I. Köln 1949. (zitiert: *Mattern*, Steuer-Strafrecht I, 1949).

MAYER, Otto: Deutsches Verwaltungsrecht, Erster Band, Leipzig 1895.

MEISEL, Franz: Steuerdefraudation und Betrug, Juristische Blätter, 10. Jahrgang, Nr. 47., Wien 1881, S. 574 f. (zitiert: *Meisel*, in: Juristische Blätter [1881]).

MERKEL, Prof. Dr. in: Handbuch des deutschen Strafrechts. In Einzelbeiträgen. Dritter Band. Herausgegeben von Dr. Fr. v. Holtzendorff. Berlin 1874. (zitiert: *Merkel / Holtzendorff*, in: Handbuch des deutschen Strafrechts, III. Band [1874]).

MERKEL, Adolf: Kriminalistische Abhandlungen (1867). I. Zur Lehre von den Grundeintheilungen des Unrechts und seiner Rechtsfolgen. Leipzig 1867.

MERKEL, Adolf: Kriminalistische Abhandlungen (1867). II. Die Lehre vom strafbaren Betruge. Leipzig 1867.

MEYBERG, Alexander: Bedingter Vorsatz und Irrtum über Steueranspruch, in: PStR 2011, S. 308 ff. (zitiert: *Meyberg*, PStR 2011).

MIRBT, Hermann: Grundriß des deutschen und preußischen Steuerrechts, Leipzig, Erlangen 1926.

MITTELSTEINER, Karl-Heinz / SCHAUMBURG, Dr. Harald: AO '77. Abgabenordnung 1977. Materialien. Zusammengestellt und bearbeitet. 2., erweiterte Auflage. Köln 1977. (zitiert: *Mittelsteiner / Schaumburg*, AO 1977).

MROZEK, Alfons (Hrsg.): Handbuch des Steuerrechts in Einzelkommentaren. Kommentar zur Reichsabgabenordnung, Erster und Zweiter Band, Zweite Auflage. Köln 1922. (zitiert: *Mrozek*, Kommentar zur RAO (1922), 1. /2. Bd.).

MÜLLER, Martin: Zolldelikte. Eine strafrechtliche, kriminologische und kriminalistische Studie unter besonderer Berücksichtigung der Eingangsabgaben- und Verbrauchsteuerhinterziehung sowie des Bannbruchs. Dissertation. Frankfurt am Main 1983 (zitiert: *Müller*, Zolldelikte).

Müller, Lutz: Selbstanzeige bei leichtfertiger Steuerverkürzung durch Anerkennung des Betriebsprüfungsergebnisses?, in: DB 1981, S. 1480 ff. (zitiert: *Müller*, DB 1981).

Mundt, Joachim: Grundriß des Steuerstrafrechts und Steuerstrafverfahrens, Hamburg, Berlin, Leipzig 1929.

Naucke, Wolfgang: J.P.A. Feuerbachs Begriff der Strafrechtskritik, in: Festschrift für Klaus Lüderssen. Zum 70. Geburtstag am 2. Mai 2002. Baden-Baden 2002. (zitiert: *Naucke*, in: FS-Lüderssen).

Naucke, Wolfgang: Über die Zerbrechlichkeit des rechtsstaatlichen Strafrechts. Materialien zur neueren Strafrechtsgeschichte (Juristische Zeitgeschichte. Abteilung 1, Band 4). Hrsg. von Prof. Dr. Dr. Thomas *Vormbaum*. Baden-Baden 2000. (zitiert: *Naucke*, Zerbrechlichkeit).

Obenhaus, Nils: Die Verschärfung der Selbstanzeige, in: Stbg 2011, S. 166 ff.

Oberloskamp, Klaus: Geldwäsche durch Angehörige der rechts- und steuerberatenden Berufe (§ 261 Abs. 1 S. 3 StGB) in verfassungsrechtlicher Sicht, in: StV 2002, Heft 11, S. 612 ff.

Olshausen, Justus: Kommentar zum Strafgesetzbuch für das Deutsche Reich. Neunte umgearbeitete Auflage. Erster Band. Berlin 1912.

Patschke, Andrew: Die Selbstanzeige als Strafaufhebungsgrund des allgemeinen Strafrechts. Dissertation. Hamburg 2012. (zitiert: *Patschke*, Selbstanzeige).

Peres, Wolfgang: Die Steuerhinterziehung im Spiegel der Rechtsprechung, Berlin 1963.

Pfaff, Paul: Kommentar zur steuerlichen Selbstanzeige. Berlin 1977.

Pistorius, Prof. Dr. v.: Unser Steuerrecht. I. Teil. Allgemeines Steuerrecht. Eine Vortragsreihe in drei Teilen. Erster Teil (Band I). Zweite völlig neubearbeitete Auflage. Stuttgart 1928. (zitiert: *Pistorius*, Unser Steuerrecht (1928), Bd. I).

Plewka, Harald / **Heerspink**, Frank: Happyend Steuergerechtigkeit? – ergebnisorientierte Steuer-Rspr. versus Strafrecht, in: Praxis Steuerstrafrecht (PStR) 8 /2000, S. 175 ff.

Poggemann, Martin: Schuld und Strafe in der jüngeren Entwicklung des preußischen Steuerstrafrechts, Dissertation. Frankfurt a.M. 1997.

Pollack, Fritz: Das Finanzdelikt als Verwaltungsdelikt. Sein Wesen und seine Durchbildung. Ein Beitrag zu einem Finanzverwaltungsstrafrecht. Dissertation. Breslau 1911. (zitiert: *Pollack*, Finanzdelikt).

Proskauer, Walter: Steuerzuwiderhandlung, Steuerhinterziehung, Steuergefährdung und Steuerhehlerei, in: JW 1920, 49. Jahrgang, S. 732 ff.

Puppe, Ingeborg: Strafrecht als Kommunikation – Leistungen und Gefahren eines neuen Paradigmas in der Strafrechtsdogmatik –, in: Festschrift für Gerald Grünwald zum siebzigsten Geburtstag. Erich Samson / Friedrich Dencker / Peter Frisch / Helmut Frister / Wolfram Reiß (Hrsg.), Baden- Baden 1999, S. 469 ff. (zitiert: *Puppe*, in: FS-Grünwald).

RADBRUCH, Gustav: Gesetzliches Unrecht und übergesetzliches Recht, in: Süddeutsche Juristen-Zeitung. Jg. 1 Nr. 5. August 1946. S. 105 ff.

RADBRUCH, Gustav: Rechtsphilosophie. 4. Auflage. Nach dem Tode des Verfassers besorgt und biographisch eingeleitet von D. Dr. Erik Wolf. Stuttgart 1950, § 22 Das Strafrecht, S. 262 ff. (zitiert: *Radbruch*, Rechtsphilosophie [1950]).

RADBRUCH, Gustav: Rechtsphilosophie. 8. Auflage. Herausgegeben von Erik Wolf und Hans-Peter Schneider. Stuttgart 1973. § 22 Das Strafrecht, S. 258 ff. (zitiert: *Radbruch*, Rechtsphilosophie [1973]).

REIß, Wolfram: Gutachten zur Gesetzgebung zum Umsatzsteuerbetrug, in: Stbg 2004, S. 113 ff.

RICHTER, Wolfram F.: Geplante Steuerhinterziehung und ihre effiziente Bestrafung, in: Schriften des Vereins für Socialpolitik. Band 324. Finanzpolitik und Schattenwirtschaft. Von Wolfram F. Richter, Friedrich Schneider, Marcel Thum, Georg Tillmann. Herausgegeben von Bengt-Arne Wickström. Berlin 2010, S. 67 ff. (zitiert: *Richter*, in: Finanzpolitik 2010).

RICKE, Klaus-Peter: Steuerhinterziehung und Bannbruch in der künftigen Abgabenordnung, in: ZfZ 1976, S. 143 ff. (zitiert: *Ricke*, in ZfZ 1976).

RIEMANN, Thomas: Vermögensgefährdung und Vermögensschaden. Schriften zum gesamten Wirtschaftsstrafrecht. Dissertation. Köln 1988.

ROSENBERG, Werner: Die Dreiteilung der strafbaren Handlungen, in: ZStW Bd. 24 (1904), S. 1 ff. (zitiert: *Rosenberg*, in: ZStW Bd. 24 [1904]).

ROSENDORFF, Richard: Die Tatbestände des Steuerstrafrechts, in: Steuerstrafrecht und Strafverfahren nach der AO (Vorträge der 7. Reichssteuerwoche der Verwaltungsakademie Berlin). Mannheim / Berlin / Leipzig 1931.

ROTH, (Name nicht genannt) Dr.: Steuerhinterziehung nach § 359 Abs. 2 RAbgO., in: JW 1921, 50. Jahrgang, S. 104 ff. (zitiert: *Roth*, in: JW 1921).

ROXIN, Claus: Strafrecht. Allgemeiner Teil I. Band I. Grundlagen. Der Aufbau der Verbrechenslehre. 4. Auflage, München 2006. (zitiert: AT, Bd. I).

ROXIN, Claus: Strafrecht. Allgemeiner Teil I. Band I. Grundlagen. Der Aufbau der Verbrechenslehre. 3. Auflage, München 1997. (zitiert: AT, Bd. I [1997]).

RUBO, Ernst Traugott: Kommentar über das Strafgesetzbuch für das deutsche Reich. Berlin 1879.

RÜDORFF, Hans: Strafgesetzbuch für das Deutsche Reich. Herausgegeben von M. Stenglein, Reichsanwalt. Dritte Auflage. Berlin und Leipzig 1881.

Rüping, Hinrich: Anmerkung zu BGH, Beschluss vom 20.5.2010 – 1 StR 577/09, in: JZ 2010, S. 1075 ff. (zitiert: *Rüping*, JZ 2010).

Rüping, Hinrich / **Jerouschek**, Günter: Grundriss der Strafrechtsgeschichte, 6. Auflage. München 2011. (zitiert: *Rüping / Jerouschek*).

Rüping, Hinrich: Selbstanzeige und Steuermoral, in DStR 35/2010, S. 1768 ff. (zitiert: *Rüping*, DStR 2010).

Sachverständigenkommission: Bekämpfung der Wirtschaftskriminalität – Schlussbericht der Kommission, Bundesministerium der Justiz (Hrsg.), Bonn 1980 (zitiert: Schlussbericht der Sachverständigenkommission [1980]).

Salditt, Franz: Die Hinterziehung ungerechter Steuern, in: Festschrift für Klaus Tipke zum 70. Geburtstag. Herausgegeben von Joachim Lang. Köln 1995, S. 475 ff. (zitiert: *Salditt*, in: FS-Tipke).

Salditt, Franz: Gestutzte Selbstanzeige – der Beschluss des 1. Strafsenats des BGH vom 20. Mai 2010, in: PStR 2010, S. 168 ff. (zitiert: *Salditt*, PStR 2010).

Salditt, Franz: Herausforderung – aktuelle politische und andere Erwartungen an das Steuerstrafrecht, in:. Steuerzentrierte Rechtsberatung. Festschrift für Harald Schaumburg zum 65. Geburtstag. Herausgegeben von Wolfgang Spindler, Klaus Tipke, Thomas Rödder. Köln 2009, S. 1269 ff. (zitiert: *Salditt*, in FS- Schaumburg).

Salditt, Franz: Hinterziehung ungerechter Steuern, in: StraFo 1997, S. 65 ff. (zitiert: *Salditt*, StraFo 1997).

Saliger, Frank: Feindstrafrecht: Kritisches oder totalitäres Strafrechtskonzept?, in: JZ 2006, S. 756 ff. (zitiert: *Saliger*, JZ 2006).

Samson, Erich / **Horn**, Eckhard: Steuerunehrlichkeit und Steuerhinterziehung durch Unterlassen, in: NJW 1970, S. 593 ff. (zitiert: *Samson / Horn*, NJW 1970).

Schaefer, Torsten: Strafmaß bei Steuerhinterziehung, in: NJW-Spezial Heft 3, 2009, S. 88 ff. (zitiert: *Schaefer*, NJW-Spezial 2009).

Schäfers, Christoph René: Geplante Verschärfung der Selbstanzeige, in: StBW 2011, S. 34 ff.

Schlee, Jörg: Der Straftatbestand der Steuerverkürzung de lege ferenda, in: BB 1972, S. 532 ff. (zitiert: *Schlee*, in: BB 1972).

Schlee, Jörg: Der tatbestandsmäßige Erfolg der Verkürzung von Steuereinnahmen, in: FR 1971, S. 118 ff.

Schlee, Jörg: Die Steuerhinterziehung nach dem Entwurf der Abgabenordnung (AO 1974), in: StuW 1972, S. 310 ff. (zitiert: *Schlee*, in: StuW 1972).

Schlee, Jörg: Rechtsgut und Handlungsobjekt beim Tatbestand der Steuerverkürzung, in: NJW 1971, S. 739 ff. (zitiert: *Schlee*, NJW 1971).

Schleifer, Carl-Hermann: Zum Verhältnis von Besteuerungs- und Steuerstrafverfahren, in: wistra 1986, S. 250 ff.

Schlothauer, Reinhold: Gesetzesrecht – Richterrecht, in StraFo 11/2011, S. 459 ff. (*Schlothauer*, StraFo 2011).

Schlüchter, Ellen: Zur Irrtumslehre im Steuerstrafrecht, in: wistra 1985, Heft 2, S. 43 ff. (zitiert: *Schlüchter*, wistra 1985).

Schmalz, Herbert: Die Steuerhinterziehung im Sinne des § 359 Abs. 1–4 der Reichsabgabenordnung (mit besonderer Berücksichtigung der Hinterziehung auf dem Gebiete der Besitz- und Verkehrssteuern). Berlin 1926.

Schmich, Rolf: Die Auslegung des § 370a AO unter besonderer Berücksichtigung des Merkmals der Gewerbsmäßigkeit. Dissertation. Aachen 2005.

Schneider, Susanne: Die gewerbs- oder bandenmäßige Steuerhinterziehung (§ 370a AO) – ein Schreckensinstrument des Gesetzgebers? Dissertation. Berlin 2006. (zitiert: *Schneider*, Schreckensinstrument).

Schneider, Volkmar: Die historische Entwicklung des Straftatbestandes der Steuerhinterziehung, Dissertation. Köln 1987, (zitiert: *Schneider*, Entwicklung).

Schönke, Adolf / Schröder, Horst: Strafgesetzbuch, Kommentar, 28. Auflage. München 2010. (Zitiert: *Bearbeiter*, in: Schönke / Schröder).

Schönke, Adolf / Schröder, Horst: Strafgesetzbuch, Kommentar, 21. Auflage. München 1982. (Zitiert: *Bearbeiter*, in: Schönke / Schröder [1982]).

Scholz, Rupert: Steuerstaat und Rechtsstaat, in: Freiheit und Eigentum, Festschrift für Walter Leisner zum 70. Geburtstag. Herausgegeben von Josef Isensee; Helmut Lecheler. Berlin 1999. S. 797 ff. (zitiert: *Scholz*, FS-Leisner).

Schroeder, Friedrich-Christian: Zur Strafbarkeit der Nichtabgabe von Umsatzsteuer-Voranmeldungen, in: DB 1964, S. 1496 ff.

Schubert, Werner: Entstehung des StGB. Kommissionsprotokolle und Entwürfe. Hrsg. von Werner Schubert und Thomas Vormbaum. Bd. 1. 1869. Baden-Baden 2002. (zitiert: *Schubert*, in: Schubert / Vormbaum, Entstehung des StGB).

Schünemann, Bernd: Richterbezogene Attitüdenforschung und der Indikator des „qualifizierten Begründungsfehlers“, in: Festschrift für Volkmar Mehle zum 65. Geburtstag am 11.11.2009. Herausgegeben von Stefan Hiebl, Nils Kassebohm, Hans Lilie. Baden-Baden 2009. S. 613 ff. (zitiert: *Schünemann*, FS-Mehle).

Schütze, Theodor Reinhold: Lehrbuch des Deutschen Strafrechts. Zweite vermehrte und geläuterte Auflage. Leipzig 1874.

Schulze, Joachim: Steuerhinterziehung durch Unterlassen der Abgabe von Steuererklärungen – ein Beitrag zur Auslegung des ungeschriebenen Tatbestandsmerkmals der Steuerunehrlichkeit, in: DStR 1964, (I) S. 384 ff., (II) S. 416 ff.

SCHUSTER, Frank Peter: Die strafbefreiende Selbstanzeige im Steuerstrafrecht – Auslaufmodell oder notwendige Brücke in die Steuerehrlichkeit?, in: JZ 1/2015, S. 27 ff. (zitiert: *Schuster*, JZ 2015).

SCHWAB, Otto (Hrsg.): Das Strafgesetzbuch für das Königreich Württemberg vom 1. März 1839. Stuttgart 1849.

SCHWAIGER, Hermann: Ueber die strafrechtliche Stellung der Steuerdefraudation, Der Gerichtssaal, Band 49 (XLIX.), 1894, S. 401 ff.

SCHWEDHELM, Rolf: Die strafbefreiende Selbstanzeige vor dem Aus? Anmerkung zum Beschluss des 1. Strafsenats vom 20.5.2010, in: Stbg 2010, S. 348 ff.

SECKEL, Carola: Die Steuerhinterziehung (§ 370 AO 1977). Kriminalwissenschaftliche Abhandlungen Band 10, Hrsg. Friedrich Geerds. Lübeck 1978.

SEER, Roman: Berichtigung nach § 153 AO oder Selbstanzeige nach §§ 371, 398a AO? – Bedeutung des Anwendungserlasses vom 23.06.2016 S. 1228 –, in: DB 2016, Nr. 38, S. 2192 ff. (zitiert: *Seer*, DB 2016).

SEER, Roman: Konsensuale Paketlösungen im Steuerstrafverfahren, in: Festschrift für Günter Kohlmann zum 70. Geburtstag. Herausgegeben von Hans Joachim Hirsch, Jürgen Wolter, Uwe Brauns. Köln 2003, S. 535 ff. (zitiert: *Bearbeiter*, in: FS-Kohlmann).

SEER, Roman: Reform des Veranlagungsverfahrens, in: StuW 2003, S. 40 ff. (zitiert: *Seer*, StuW 2003).

SEER, Roman: Steueramnestie und Idee einer Entpönalisierung des Steuerrechts, in: Gedächtnisschrift für Christoph Trzaskalik. Herausgegeben von Klaus Tipke und Hartmut Söhn. Köln 2005, S. 457 ff. (zitiert: *Bearbeiter*, in: GS-Trzaskalik).

SEER, Roman: Verständigungen in Steuer- und Steuerstrafverfahren, in: Veröffentlichungen der Deutschen Steuerjuristischen Gesellschaft e.V., DStJG Band 38, Steuerstrafrecht an der Schnittstelle zum Steuerrecht, 39. Jahrestagung der Deutschen Steuerjuristischen Gesellschaft e.V., Bremen, 22. und 23. September 2014. Hrsg. Mellinghoff. München 2015, S. 313 ff. (zitiert: *Seer*, DStJG, Bd. 38 [2015]).

SIEBDRAT, Gustav Albert (Hrsg.): Das Strafgesetzbuch für das Königreich Sachsen vom 11. August 1855. Leipzig 1862.

SPÄTH, Wolfgang: Die strafbefreiende Selbstanzeige im Steuerrecht und die Grundsätze des Art. 3 GG. Ist § 370 Abs. 1 und 3 AO 1977 mit der Verfassung vereinbar oder verfassungswidrig?, in: Stbg 1983, S. 163 ff. (zitiert: *Späth*, Stbg 1983).

SPIEGEL, Ludwig: Die Verwaltungsrechtswissenschaft. Beiträge zur Systematik und Methodik der Rechtswissenschaften. Leipzig 1909.

SPRAFKE, Jan: Korruption, Strafrecht und Compliance. Das Strafrecht vor neuen Herausforderungen. Band 26. Dissertation. Würzburg 2010.

STÄCHELIN, Gregor: Strafgesetzgebung im Verfassungsstaat. Dissertation. Berlin 1998.

STEINBERG, Georg / BURGHAUS, Stefan: Versuchte Steuerhinterziehung „in großem Ausmaß" nach § 370 Abs. 3 S. 2 Nr. 1 AO. Zugleich eine Anmerkung zu BGH, Beschl. V. 28.7.2010 – 1 StR 332/10, in: ZIS 2011, S. 578 ff. (zitiert: *Steinberg / Burghaus*, ZIS 2011).

STENGLEIN, Melchior: Die Strafgesetzgebung in Steuersachen, in: Deutsche Juristenzeitung (DJZ) 1897, S. 233 ff.

STENGLEIN, Melchior.: Die strafrechtlichen Nebengesetze des Deutschen Reiches. I. Band. Die strafrechtlichen Nebengesetze des Deutschen Reiches. Zweite, vermehrte und wesentlich veränderte Auflage bearbeitet von Dr. M. Stengleich, Reichsgerichtsrat. Berlin 1895. (zitiert: *Stenglein*, Nebengesetze, I. Band [1895]).

STENGLEIN, Melchior: Kommentar zu den strafrechtlichen Nebengesetzen des Deutschen Reiches. Band II. Vierte Auflage. Berlin 1912. (zitiert: *Bearbeiter*, in: Stenglein, Nebengesetze, II. Band [1912]).

STENGLEIN, Melchior: Sammlung der deutschen Strafgesetzbücher. 3 Bände. München 1858. (zitiert: *Stenglein*, Sammlung der deutschen Strafgesetzbücher).

SUHR, Gerhard: Aufweichung der Vorschrift über die Selbstanzeige (§ 395 AO) durch Schrifttum und Finanzverwaltung?, in: StBp 1975, S. 80 ff.

TALASKA, Peter / BERTRAND, Christian: Das neue Recht der Selbstanzeige. Die Rechtslage seit dem 1.1.2015 und die Auswirkungen für die Praxis, in: ZWH, 5. Jahrgang, Heft 4/2015, S. 89 ff.

TERHALLE, Fritz: Geschichte der deutschen öffentlichen Finanzwirtschaft vom Beginn des 19. Jahrhunderts bis zum Schlusse des zweiten Weltkrieges, in: Handbuch der Finanzwissenschaft. Herausgegeben von Wilhelm Gerloff und Fritz Neumark. Erster Band. Zweite, völlig neubearbeitete Auflage. Tübingen 1952.

TERSTEGEN, W.O.W: Steuer-Strafrecht einschließlich Verfahrensrecht, Köln 1956. (zitiert: *Terstegen*, Steuer-Strafrecht [1956]).

TIEDEMANN, Klaus: Anmerkung zu BGH JR 1975, 384, (BGH, Urteil vom 5.09.1974 – 4 StR 369/74), in: JR 1975, S. 385 ff. (zitiert: *Tiedemann*, JR 1975).

TIEDEMANN, Klaus: Anmerkung zu BGH JZ 1975, 183, (BGH, Urteil vom 27.08.1974 – 1 StR 10/74), in: JZ 1975, S. 185 ff. (zitiert: *Tiedemann*, JZ 1975).

TIPKE, Klaus: Die Steuerrechtsordnung. Band I. Wissenschaftsorganisatorische, systematische und grundrechtlich-rechtsstaatliche Grundlagen. 2., völlig überarbeitete Auflage. Köln 2000. (zitiert: *Tipke*, Steuerrechtsordnung Bd. I [2000]).

TIPKE, Klaus: Die Steuerrechtsordnung. Band III. Steuerrechtswissenschaft, Steuergesetzgebung, Steuervollzug, Steuerrechtsschutz, Steuerreformbestrebungen. 2., völlig überarbeitete Auflage. Köln 2012. (zitiert: *Tipke*, Steuerrechtsordnung Bd. III [2012]).

Tipke, Klaus: Die Steuerrechtsordnung. Band III. Föderative Steuerverteilung, Rechtsanwendung und Rechtsschutz, Gestalter der Steuerrechtsordnung. Köln 1993. (zitiert: *Tipke*, Steuerrechtsordnung Bd. III [1993]).

Thomas, Karl: Die Steueranspruchstheorie und der Tatbestandsirrtum im Steuerstrafrecht, in: NStZ 1987, Heft 6, S. 260 ff. (zitiert: *Thomas*, NStZ 1987).

Trautvetter, Erich: Das Strafrecht der Zoll- und Verbrauchssteuergesetze in der Rechtsprechung, Berlin 1894.

Troeger, Heinrich / Meyer, Heinz: Steuerstrafrecht. Band 1. Materielles Recht. 3. Auflage. Stuttgart 1957. (zitiert: *Troeger / Meyer*, Steuerstrafrecht [1957]).

Tröndle, Herbert / Fischer, Thomas: Strafgesetzbuch und Nebengesetze. Beck'sche Kurz-Kommentare. Band 10. 49. neubearbeitete Auflage. München 1999. (zitiert: *Trödle / Fischer*,).

Urban, Bernd: Steuerstrafrechtliche Konsequenzen des „Vermögensteuerbeschlusses" des BVerfG vom 22. 6. 1995, in: DStR 51–52/98, S. 1995 ff.

Volk, Klaus: Spenden – Steuern – Strafrecht, in: DStZ 1983, S. 223 ff.

von der Heide, Isabelle Maria: Tatbestands- und Vorsatzprobleme bei der Steuerhinterziehung nach § 370 AO, Bochum 1986.

von Olshausen, Justus: Kommentar zum Strafgesetzbuch für das Deutsche Reich, 8. Auflage, Berlin 1909 (zitiert: RStGB).

Vormbaum, Thomas: Aktuelles zur Lage des Strafrechts, in: Festschrift für Dimitris Th. Tsatsos zum 70. Geburtstag. Herausgegeben von Peter Häberle, Martin Morlok, Vassilios Skouris. Baden-Baden 2003. (zitiert: *Vormbaum*, in: FS-Tsatsos).

Vormbaum, Thomas: Der strafrechtliche Schutz von Institutionen der DDR durch das bundesdeutsche Strafrecht, in: Festschrift für Diether Posser zum 75. Geburtstag. Anwalt des Rechtsstaates. Herausgegeben von Franz Josef Düwell. Köln, Berlin, Bonn, München 1997, S. 153 ff. (zitiert: *Vormbaum*, in: FS-Posser).

Vormbaum, Thomas: Einführung in die moderne Strafrechtsgeschichte, 2. Auflage, Berlin, Heidelberg 2011. (zitiert: *Vormbaum*, Strafrechtsgeschichte).

Vormbaum, Thomas: Einführung in die moderne Strafrechtsgeschichte. 3. Auflage, Berlin, Heidelberg 2016. (zitiert: *Vormbaum*, Strafrechtsgeschichte 2016).

Vormbaum, Thomas (Hrsg.): Strafrechtsdenker der Neuzeit. Baden-Baden 1998. (zitiert: *Autor*, in: Strafrechtsdenker [Hrsg. Vormbaum]).

Vormbaum, Thomas: 130 Jahre Strafgesetzgebung – Markierungspunkte und Tendenzen, in: Das Strafgesetzbuch. Sammlung der Änderungsgesetze und Neubekanntmachungen. Supplementband 1: 130 Jahre Strafgesetzgebung – Eine Bilanz. Thomas Vormbaum / Jürgen Welp (Hrsg.). Berlin 2004. S. 456 ff. (zitiert: *Vormbaum*, in: StGB, Supplementband 1).

VOß, Reimer: Steuern im Dritten Reich – Vom Recht zum Unrecht unter der Herrschaft des Nationalsozialismus. München 1995.

WAGNER, Adolph: Lehrbuch der politischen Oekonomie. Sechster Band. Finanzwissenschaft. (Zugleich als sechste, bez. siebente Ausgabe von Rau's Finanzwissenschaft). Zweiter Theil. Gebühren und allgemeine Steuerlehre. Leipzig und Heidelberg 1880.

WEBER, Alfred: Darstellung der Defraude nach Reichsrecht, insbesondere in ihrem Verhältnis zum Betruge, in: Der Gerichtssaal 58 (1901), S. 1 ff. und 161 ff.

WEBER, Robert: Die Entwicklung des Nebenstrafrechts 1871–1914. Baden-Baden 1999.

WEGE, Heike: Rücktritt und Normgeltung. Zum Einfluss glaubwürdiger Umkehr auf die Rechtsfolgebestimmung. Dissertation. Berlin 2011. (zitiert: *Wege*, Rücktritt [2011]).

WEHNER, Alex: Die Steuerhinterziehung und Steuergefährdung, Berlin 1923.

WELZEL, Hans: Irrtumsfragen im Steuerstrafrecht, in: NJW 1953, 1. Halbband, S. 486 ff. (zitiert: *Welzel*, NJW 1953).

WESSELS, Johannes / BEULKE, Werner: Strafrecht, Allgemeiner Teil. Die Straftat und ihr Aufbau. 38. Auflage. Heidelberg 2008 (zitiert: *Wessels / Beulke*).

WESTPHAL, Marion: Die strafbefreiende Selbstanzeige im Steuerrecht. Zum persönlichen Umfang der Sperrwirkung des § 371 Abs. 2 Nr. 1a AO beim Erscheinen im Betrieb. München 1987.

WIRTSCHAFTS- UND STEUERSTRAFRECHT. Beck'sche Kurz-Kommentare. Herausgeber Prof. Dr. Jürgen Peter Graf, Prof. Dr. Markus Jäger, Prof. Dr. Petra Wittig. 2. Auflage. München 2017. (zitiert: *Bearbeiter*, in: Wirtschafts / SteuerStR).

WITTIG, Petra: Die Selbstanzeige bei Steuerstraftaten, in: Jura (Juristische Ausbildung) 2014, Band 36, S. 567 ff. (zitiert: *Wittig*, Jura 2014, Bd. 36).

WOLF, Edgar: Abgabenordnung (AO 1977). Kommentar. Edgar Wolf, unter Mitarbeit von Georg Klein und Gerhard Schwart. Baden-Baden 1977.

WOLFFHEIM, (Vorname nicht genannt) Regierungsrat: Zur Straffrage beim Unterlassen der Einkommensteuervorauszahlungen, in: Steuer-Archiv 1924 Nr. 11, S. 293 f. (zitiert: *Wolffheim*, in: Steuer-Archiv 1924 Nr. 11).

WULF, Martin: Auf dem Weg zur Abschaffung der strafbefreienden Selbstanzeige (§ 371 AO)? – Der Beschluss des BGH vom 20. 5. 2010, in wistra 8/2010, S. 286 ff. (zitiert: *Wulf*, wistra 2010).

ZELLER, (Name nicht genannt) Oberrechnungsrat Dr.: Das Strafrecht der Zoll- und Verbrauchssteuergesetze des Deutschen Reiches, in: ZStW 17 (1897), S. 135 ff. (zitiert: *Zeller*, ZStW 17 (1897).

ZÖBELEY, Günter: Zur Verfassungsmäßigkeit der strafbefreienden Selbstanzeige bei Steuerhinterziehung, in: DStZ 1984, S. 198 ff. (zitiert: *Zöbeley*, DStZ 1984).

Juristische Zeitgeschichte

Herausgeber: Prof. Dr. Dr. Thomas Vormbaum, FernUniversität in Hagen

Abteilung 1: Allgemeine Reihe

1 *Thomas Vormbaum (Hrsg.):* Die Sozialdemokratie und die Entstehung des Bürgerlichen Gesetzbuchs. Quellen aus der sozialdemokratischen Partei und Presse (1997)
2 *Heiko Ahlbrecht:* Geschichte der völkerrechtlichen Strafgerichtsbarkeit im 20. Jahrhundert (1999)
3 *Dominik Westerkamp:* Pressefreiheit und Zensur im Sachsen des Vormärz (1999)
4 *Wolfgang Naucke:* Über die Zerbrechlichkeit des rechtsstaatlichen Strafrechts. Gesammelte Aufsätze zur Strafrechtsgeschichte (2000)
5 *Jörg Ernst August Waldow:* Der strafrechtliche Ehrenschutz in der NS-Zeit (2000)
6 *Bernhard Diestelkamp:* Rechtsgeschichte als Zeitgeschichte. Beiträge zur Rechtsgeschichte des 20. Jahrhunderts (2001)
7 *Michael Damnitz:* Bürgerliches Recht zwischen Staat und Kirche. Mitwirkung der Zentrumspartei am Bürgerlichen Gesetzbuch (2001)
8 *Massimo Nobili:* Die freie richterliche Überzeugungsbildung. Reformdiskussion und Gesetzgebung in Italien, Frankreich und Deutschland seit dem Ausgang des 18. Jahrhunderts (2001)
9 *Diemut Majer:* Nationalsozialismus im Lichte der Juristischen Zeitgeschichte (2002)
10 *Bianca Vieregge:* Die Gerichtsbarkeit einer „Elite". Nationalsozialistische Rechtsprechung am Beispiel der SS- und Polizeigerichtsbarkeit (2002)
11 *Norbert Berthold Wagner:* Die deutschen Schutzgebiete (2002)
12 *Miloš Vec:* Die Spur des Täters. Methoden der Identifikation in der Kriminalistik (1879–1933), (2002)
13 *Christian Amann:* Ordentliche Jugendgerichtsbarkeit und Justizalltag im OLG-Bezirk Hamm von 1939 bis 1945 (2003)
14 *Günter Gribbohm:* Das Reichskriegsgericht (2004)
15 *Martin M. Arnold:* Pressefreiheit und Zensur im Baden des Vormärz. Im Spannungsfeld zwischen Bundestreue und Liberalismus (2003)
16 *Ettore Dezza:* Beiträge zur Geschichte des modernen italienischen Strafrechts (2004)
17 *Thomas Vormbaum (Hrsg.):* „Euthanasie" vor Gericht. Die Anklageschrift des Generalstaatsanwalts beim OLG Frankfurt/M. gegen Werner Heyde u. a. vom 22. Mai 1962 (2005)
18 *Kai Cornelius:* Vom spurlosen Verschwindenlassen zur Benachrichtigungspflicht bei Festnahmen (2006)
19 *Kristina Brümmer-Pauly:* Desertion im Recht des Nationalsozialismus (2006)
20 *Hanns-Jürgen Wiegand:* Direktdemokratische Elemente in der deutschen Verfassungsgeschichte (2006)
21 *Hans-Peter Marutschke (Hrsg.):* Beiträge zur modernen japanischen Rechtsgeschichte (2006)
22 *Katrin Stoll:* Die Herstellung der Wahrheit (2011)

23 *Thorsten Kurtz:* Das Oberste Rückerstattungsgericht in Herford (2014)
24 *Sebastian Schermaul:* Die Umsetzung der Karlsbader Beschlüsse an der Universität Leipzig 1819–1848 (2013)

Abteilung 2: Forum Juristische Zeitgeschichte

1 *Franz-Josef Düwell / Thomas Vormbaum (Hrsg.):* Themen juristischer Zeitgeschichte (1) – Schwerpunktthema: Recht und Nationalsozialismus (1998)
2 *Karl-Heinz Keldungs:* Das Sondergericht Duisburg 1943–1945 (1998)
3 *Franz-Josef Düwell / Thomas Vormbaum (Hrsg.):* Themen juristischer Zeitgeschichte (2) – Schwerpunktthema: Recht und Juristen in der Revolution von 1848/49 (1998)
4 *Thomas Vormbaum:* Beiträge zur juristischen Zeitgeschichte (1999)
5 *Franz-Josef Düwell / Thomas Vormbaum:* Themen juristischer Zeitgeschichte (3), (1999)
6 *Thomas Vormbaum (Hrsg.):* Themen juristischer Zeitgeschichte (4), (2000)
7 *Frank Roeser:* Das Sondergericht Essen 1942–1945 (2000)
8 *Heinz Müller-Dietz:* Recht und Nationalsozialismus – Gesammelte Beiträge (2000)
9 *Franz-Josef Düwell (Hrsg.):* Licht und Schatten. Der 9. November in der deutschen Geschichte und Rechtsgeschichte – Symposium der Arnold-Freymuth-Gesellschaft, Hamm (2000)
10 *Bernd-Rüdiger Kern / Klaus-Peter Schroeder (Hrsg.):* Eduard von Simson (1810–1899). „Chorführer der Deutschen" und erster Präsident des Reichsgerichts (2001)
11 *Norbert Haase / Bert Pampel (Hrsg.):* Die Waldheimer „Prozesse" – fünfzig Jahre danach. Dokumentation der Tagung der Stiftung Sächsische Gedenkstätten am 28. und 29. September in Waldheim (2001)
12 *Wolfgang Form (Hrsg.):* Literatur- und Urteilsverzeichnis zum politischen NS-Strafrecht (2001)
13 *Sabine Hain:* Die Individualverfassungsbeschwerde nach Bundesrecht (2002)
14 *Gerhard Pauli / Thomas Vormbaum (Hrsg.):* Justiz und Nationalsozialismus – Kontinuität und Diskontinuität. Fachtagung in der Justizakademie des Landes NRW, Recklinghausen, am 19. und 20. November 2001 (2003)
15 *Mario Da Passano (Hrsg.):* Europäische Strafkolonien im 19. Jahrhundert. Internationaler Kongreß des Dipartimento di Storia der Universität Sassari und des Parco nazionale di Asinara, Porto Torres, 25. Mai 2001 (2006)
16 *Sylvia Kesper-Biermann / Petra Overath (Hrsg.):* Die Internationalisierung von Strafrechtswissenschaft und Kriminalpolitik (1870–1930). Deutschland im Vergleich (2007)
17 *Hermann Weber (Hrsg.):* Literatur, Recht und Musik. Tagung im Nordkolleg Rendsburg vom 16. bis 18. September 2005 (2007)
18 *Hermann Weber (Hrsg.):* Literatur, Recht und (bildende) Kunst. Tagung im Nordkolleg Rendsburg vom 21. bis 23. September 2007 (2008)
19 *Francisco Muñoz Conde / Thomas Vormbaum (Hrsg.):* Transformation von Diktaturen in Demokratien und Aufarbeitung der Vergangenheit (2010)
20 *Kirsten Scheiwe / Johanna Krawietz* (Hrsg.): (K)Eine Arbeit wie jede andere? Die Regulierung von Arbeit im Privathaushalt (2014)
21 *Helmut Irmen:* Das Sondergericht Aachen 1941–1945 (2018)

Abteilung 3: Beiträge zur modernen deutschen Strafgesetzgebung. Materialien zu einem historischen Kommentar

1 *Thomas Vormbaum / Jürgen Welp (Hrsg.):* Das Strafgesetzbuch seit 1870. Sammlung der Änderungen und Neubekanntmachungen; Vier Textbände (1999–2002) und drei Supplementbände (2005, 2006)

2 *Christian Müller:* Das Gewohnheitsverbrechergesetz vom 24. November 1933. Kriminalpolitik als Rassenpolitik (1998)

3 *Maria Meyer-Höger:* Der Jugendarrest. Entstehung und Weiterentwicklung einer Sanktion (1998)

4 *Kirsten Gieseler:* Unterlassene Hilfeleistung – § 323c StGB. Reformdiskussion und Gesetzgebung seit 1870. (1999)

5 *Robert Weber:* Die Entwicklung des Nebenstrafrechts 1871–1914 (1999)

6 *Frank Nobis:* Die Strafprozeßgesetzgebung der späten Weimarer Republik (2000)

7 *Karsten Felske:* Kriminelle und terroristische Vereinigungen – §§ 129, 129a StGB (2002)

8 *Ralf Baumgarten:* Zweikampf – §§ 201–210 a.F. StGB (2003)

9 *Felix Prinz:* Diebstahl – §§ 242 ff. StGB (2003)

10 *Werner Schubert / Thomas Vormbaum (Hrsg.):* Entstehung des Strafgesetzbuchs. Kommissionsprotokolle und Entwürfe. Band 1: 1869 (2002); Band 2: 1870 (2004)

11 *Lars Bernhard:* Falsche Verdächtigung (§§ 164, 165 StGB) und Vortäuschen einer Straftat (§ 145d StGB), (2003)

12 *Frank Korn:* Körperverletzungsdelikte – §§ 223 ff., 340 StGB. Reformdiskussion und Gesetzgebung von 1870 bis 1933 (2003)

13 *Christian Gröning:* Körperverletzungsdelikte – §§ 223 ff., 340 StGB. Reformdiskussion und Gesetzgebung seit 1933 (2004)

14 *Sabine Putzke:* Die Strafbarkeit der Abtreibung in der Kaiserzeit und in der Weimarer Zeit. Eine Analyse der Reformdiskussion und der Straftatbestände in den Reformentwürfen (1908–1931), (2003)

15 *Eckard Voßiek:* Strafbare Veröffentlichung amtlicher Schriftstücke (§ 353d Nr. 3 StGB). Gesetzgebung und Rechtsanwendung seit 1851 (2004)

16 *Stefan Lindenberg:* Brandstiftungsdelikte – §§ 306 ff. StGB. Reformdiskussion und Gesetzgebung seit 1870 (2004)

17 *Ninette Barreneche †:* Materialien zu einer Strafrechtsgeschichte der Münchener Räterepublik 1918/1919 (2004)

18 *Carsten Thiel:* Rechtsbeugung – § 339 StGB. Reformdiskussion und Gesetzgebung seit 1870 (2005)

19 *Vera Große-Vehne:* Tötung auf Verlangen (§ 216 StGB), „Euthanasie" und Sterbehilfe. Reformdiskussion und Gesetzgebung seit 1870 (2005)

20 *Thomas Vormbaum / Kathrin Rentrop (Hrsg.):* Reform des Strafgesetzbuchs. Sammlung der Reformentwürfe. Band 1: 1909 bis 1919. Band 2: 1922 bis 1939. Band 3: 1959 bis 1996 (2008)

21 *Dietmar Prechtel:* Urkundendelikte (§§ 267 ff. StGB). Reformdiskussion und Gesetzgebung seit 1870 (2005)

22 *Ilya Hartmann:* Prostitution, Kuppelei, Zuhälterei. Reformdiskussion und Gesetzgebung seit 1870 (2006)

23 *Ralf Seemann:* Strafbare Vereitelung von Gläubigerrechten (§§ 283 ff., 288 StGB). Reformdiskussion und Gesetzgebung seit 1870 (2006)
24 *Andrea Hartmann:* Majestätsbeleidigung (§§ 94 ff. StGB a.F.) und Verunglimpfung des Staatsoberhauptes (§ 90 StGB). Reformdiskussion und Gesetzgebung seit dem 19. Jahrhundert (2006)
25 *Christina Rampf:* Hausfriedensbruch (§ 123 StGB). Reformdiskussion und Gesetzgebung seit 1870 (2006)
26 *Christian Schäfer:* „Widernatürliche Unzucht“ (§§ 175, 175a, 175b, 182, a.F. StGB). Reformdiskussion und Gesetzgebung seit 1945 (2006)
27 *Kathrin Rentrop:* Untreue und Unterschlagung (§§ 266 und 246 StGB). Reformdiskussion und Gesetzgebung seit dem 19. Jahrhundert (2007)
28 *Martin Asholt:* Straßenverkehrsstrafrecht. Reformdiskussion und Gesetzgebung seit dem Ausgang des 19. Jahrhunderts (2007)
29 *Katharina Linka:* Mord und Totschlag (§§ 211–213 StGB). Reformdiskussion und Gesetzgebung seit 1870 (2008)
30 *Juliane Sophia Dettmar:* Legalität und Opportunität im Strafprozess. Reformdiskussion und Gesetzgebung von 1877 bis 1933 (2008)
31 *Jürgen Durynek:* Korruptionsdelikte (§§ 331 ff. StGB). Reformdiskussion und Gesetzgebung seit dem 19. Jahrhundert (2008)
32 *Judith Weber:* Das sächsische Strafrecht im 19. Jahrhundert bis zum Reichsstrafgesetzbuch (2009)
33 *Denis Matthies:* Exemplifikationen und Regelbeispiele. Eine Untersuchung zum 100-jährigen Beitrag von Adolf Wach zur „Legislativen Technik“ (2009)
34 *Benedikt Rohrßen:* Von der „Anreizung zum Klassenkampf“ zur „Volksverhetzung“ (§ 130 StGB). Reformdiskussion und Gesetzgebung seit dem 19. Jahrhundert (2009)
35 *Friederike Goltsche:* Der Entwurf eines Allgemeinen Deutschen Strafgesetzbuches von 1922 (Entwurf Radbruch) (2010)
36 *Tarig Elobied:* Die Entwicklung des Strafbefehlsverfahrens von 1846 bis in die Gegenwart (2010)
37 *Christina Müting:* Sexuelle Nötigung; Vergewaltigung (§ 177 StGB) (2010)
38 *Nadeschda Wilkitzki:* Entstehung des Gesetzes über Internationale Rechtshilfe in Strafsachen (IRG) (2010)
39 *André Brambring:* Kindestötung (§ 217 a.F. StGB). Reformdiskussion und Gesetzgebung seit 1870 (2010)
40 *Wilhelm Rettler:* Der strafrechtliche Schutz des sozialistischen Eigentums in der DDR (2010)
41 *Yvonne Hötzel:* Debatten um die Todesstrafe in der Bundesrepublik Deutschland von 1949 bis 1990 (2010)
42 *Dagmar Kolbe:* Strafbarkeit im Vorfeld und im Umfeld der Teilnahme (§§ 88a, 110, 111, 130a und 140 StGB). Reformdiskussion und Gesetzgebung seit dem 19. Jahrhundert (2011)
43 *Sami Bdeiwi:* Beischlaf zwischen Verwandten (§ 173 StGB). Reform und Gesetzgebung seit 1870 (2014)
44 *Michaela Arnold:* Verfall, Einziehung und Unbrauchbarmachung (§§ 73 bis 76a StGB). Reformdiskussion und Gesetzgebung seit dem 19. Jahrhundert (2015)
45 *Andrea Schurig:* „Republikflucht“ (§§ 213, 214 StGB/DDR). Gesetzgeberische Entwicklung, Einfluss des MfS und Gerichtspraxis am Beispiel von Sachsen (2016)

46 *Sandra Knaudt:* Das Strafrecht im Großherzogtum Hessen im 19. Jahrhundert bis zum Reichsstrafgesetzbuch (2017)
47 *Michael Rudlof:* Das Gesetz zur Strafbarkeit der geschäftsmäßigen Förderung der Selbsttötung (§ 217 StGB nF.) (2018)
48 *Karl Müller:* Steuerhinterziehung (§§ 370, 371 AO). Gesetzgebung und Reformdiskussion seit dem 19. Jahrhundert (2018)

Abteilung 4: Leben und Werk. Biographien und Werkanalysen

1 *Mario A. Cattaneo:* Karl Grolmans strafrechtlicher Humanismus (1998)
2 *Gerit Thulfaut:* Kriminalpolitik und Strafrechtstheorie bei Edmund Mezger (2000)
3 *Adolf Laufs:* Persönlichkeit und Recht. Gesammelte Aufsätze (2001)
4 *Hanno Durth:* Der Kampf gegen das Unrecht. Gustav Radbruchs Theorie eines Kulturverfassungsrechts (2001)
5 *Volker Tausch:* Max Güde (1902–1984). Generalbundesanwalt und Rechtspolitiker (2002)
6 *Bernd Schmalhausen:* Josef Neuberger (1902–1977). Ein Leben für eine menschliche Justiz (2002)
7 *Wolf Christian von Arnswald:* Savigny als Strafrechtspraktiker. Ministerium für die Gesetzesrevision (1842–1848), (2003)
8 *Thilo Ramm:* Ferdinand Lassalle. Der Revolutionär und das Recht (2004)
9 *Martin D. Klein:* Demokratisches Denken bei Gustav Radbruch (2007)
10 *Francisco Muñoz Conde:* Edmund Mezger – Beiträge zu einem Juristenleben (2007)
11 *Whitney R. Harris:* Tyrannen vor Gericht. Das Verfahren gegen die deutschen Hauptkriegsverbrecher nach dem Zweiten Weltkrieg in Nürnberg 1945–1946 (2008)
12 *Eric Hilgendorf (Hrsg.):* Die deutschsprachige Strafrechtswissenschaft in Selbstdarstellungen (2010)
13 *Tamara Cipolla:* Friedrich Karl von Strombeck. Leben und Werk – Unter besonderer Berücksichtigung des Entwurfes eines Strafgesetzbuches für ein Norddeutsches Staatsgebiet (2010)
14 *Karoline Peters:* J. D. H. Temme und das preußische Strafverfahren in der Mitte des 19. Jahrhunderts (2010)
15 *Eric Hilgendorf (Hrsg.):* Die ausländische Strafrechtswissenschaft in Selbstdarstellungen. Die internationale Rezeption des deutschen Strafrechts (2016)
16 *Hannes Ludyga:* Otto Kahn-Freund (1900–1979). Ein Arbeitsrechtler in der Weimarer Zeit (2016)

Abteilung 5: Juristisches Zeitgeschehen.
Rechtspolitik und Justiz aus zeitgenössischer Perspektive

Mitherausgegeben von Gisela Friedrichsen („Der Spiegel“)
und RA Prof. Dr. Franz Salditt

1 *Diether Posser:* Anwalt im Kalten Krieg. Ein Stück deutscher Geschichte in politischen Prozessen 1951–1968. 3. Auflage (1999)

2 *Jörg Arnold (Hrsg.):* Strafrechtliche Auseinandersetzung mit Systemvergangenheit am Beispiel der DDR (2000)
3 *Thomas Vormbaum (Hrsg.):* Vichy vor Gericht: Der Papon-Prozeß (2000)
4 *Heiko Ahlbrecht / Kai Ambos (Hrsg.):* Der Fall Pinochet(s). Auslieferung wegen staatsverstärkter Kriminalität? (1999)
5 *Oliver Franz:* Ausgehverbot für Jugendliche („Juvenile Curfew") in den USA. Reformdiskussion und Gesetzgebung seit dem 19. Jahrhundert (2000)
6 *Gabriele Zwiehoff (Hrsg.):* „Großer Lauschangriff". Die Entstehung des Gesetzes zur Änderung des Grundgesetzes vom 26. März 1998 und des Gesetzes zur Änderung der Strafprozeßordnung vom 4. Mai 1998 in der Presseberichterstattung 1997/98 (2000)
7 *Mario A. Cattaneo:* Strafrechtstotalitarismus. Terrorismus und Willkür (2001)
8 *Gisela Friedrichsen / Gerhard Mauz:* Er oder sie? Der Strafprozeß Böttcher/Weimar. Prozeßberichte 1987 bis 1999 (2001)
9 *Heribert Prantl / Thomas Vormbaum (Hrsg.):* Juristisches Zeitgeschehen 2000 in der Süddeutschen Zeitung (2001)
10 *Helmut Kreicker:* Art. 7 EMRK und die Gewalttaten an der deutsch-deutschen Grenze (2002)
11 *Heribert Prantl / Thomas Vormbaum (Hrsg.):* Juristisches Zeitgeschehen 2001 in der Süddeutschen Zeitung (2002)
12 *Henning Floto:* Der Rechtsstatus des Johanniterordens. Eine rechtsgeschichtliche und rechtsdogmatische Untersuchung zum Rechtsstatus der Balley Brandenburg des ritterlichen Ordens St. Johannis vom Spital zu Jerusalem (2003)
13 *Heribert Prantl / Thomas Vormbaum (Hrsg.):* Juristisches Zeitgeschehen 2002 in der Süddeutschen Zeitung (2003)
14 *Kai Ambos / Jörg Arnold (Hrsg.):* Der Irak-Krieg und das Völkerrecht (2004)
15 *Heribert Prantl / Thomas Vormbaum (Hrsg.)*: Juristisches Zeitgeschehen 2003 in der Süddeutschen Zeitung (2004)
16 *Sascha Rolf Lüder:* Völkerrechtliche Verantwortlichkeit bei Teilnahme an „Peacekeeping"-Missionen der Vereinten Nationen (2004)
17 *Heribert Prantl / Thomas Vormbaum (Hrsg.)*: Juristisches Zeitgeschehen 2004 in der Süddeutschen Zeitung (2005)
18 *Christian Haumann:* Die „gewichtende Arbeitsweise" der Finanzverwaltung. Eine Untersuchung über die Aufgabenerfüllung der Finanzverwaltung bei der Festsetzung der Veranlagungssteuern (2008)
19 *Asmerom Ogbamichael:* Das neue deutsche Geldwäscherecht (2011)
20 *Lars Chr. Barnewitz:* Die Entschädigung der Freimaurerlogen nach 1945 und nach 1989 (2011)
21 *Ralf Gnüchtel:* Jugendschutztatbestände im 13. Abschnitt des StGB (2013)
22 *Helmut Irmen:* Stasi und DDR-Militärjustiz. Der Einfluss des MfS auf Militärjustiz und Militärstrafvollzug in der DDR (2014)
24 *Zekai Dağaşan:* Das Ansehen des Staates im türkischen und deutschen Strafrecht (2015)
25 *Camilla Bertheau:* Politisch unwürdig? Entschädigung von Kommunisten für nationalsozialistische Gewaltmaßnahmen. Bundesdeutsche Gesetzgebung und Rechtsprechung der 50er Jahre (2016)

Abteilung 6: Recht in der Kunst

Mitherausgegeben von Prof. Dr. Gunter Reiß

1 *Heinz Müller-Dietz:* Recht und Kriminalität im literarischen Widerschein. Gesammelte Aufsätze (1999)

2 *Klaus Lüderssen (Hrsg.):* »Die wahre Liberalität ist Anerkennung«. Goethe und die Juris prudenz (1999)

3 *Bertolt Brecht:* Die Dreigroschenoper (1928) / Dreigroschenroman (1934). Mit Kommentaren von Iring Fetscher und Bodo Plachta (2001)

4 *Annette von Droste-Hülshoff:* Die Judenbuche (1842) / Die Vergeltung (1841). Mit Kommentaren von Heinz Holzhauer und Winfried Woesler (2000)

5 *Theodor Fontane:* Unterm Birnbaum (1885). Mit Kommentaren von Hugo Aust und Klaus Lüderssen (2001)

6 *Heinrich von Kleist:* Michael Kohlhaas (1810). Mit Kommentaren von Wolfgang Naucke und Joachim Linder (2000)

7 *Anja Sya:* Literatur und juristisches Erkenntnisinteresse. Joachim Maass' Roman „Der Fall Gouffé" und sein Verhältnis zu der historischen Vorlage (2001)

8 *Heiner Mückenberger:* Theodor Storm – Dichter und Richter. Eine rechtsgeschichtliche Lebensbeschreibung (2001)

9 *Hermann Weber (Hrsg.):* Annäherung an das Thema „Recht und Literatur". Recht, Literatur und Kunst in der NJW (1), (2002)

10 *Hermann Weber (Hrsg.):* Juristen als Dichter. Recht, Literatur und Kunst in der NJW (2), (2002)

11 *Hermann Weber (Hrsg.):* Prozesse und Rechtsstreitigkeiten um Recht, Literatur und Kunst. Recht, Literatur und Kunst in der NJW (3), (2002)

12 *Klaus Lüderssen:* Produktive Spiegelungen. 2., erweiterte Auflage (2002)

13 *Lion Feuchtwanger:* Erfolg. Drei Jahre Geschichte einer Provinz. Roman (1929). Mit Kommentaren von Theo Rasehorn und Ernst Ribbat (2002)

14 *Jakob Wassermann:* Der Fall Maurizius. Roman (1928). Mit Kommentaren von Thomas Vormbaum und Regina Schäfer (2003)

15 *Hermann Weber (Hrsg.):* Recht, Staat und Politik im Bild der Dichtung. Recht, Literatur und Kunst in der Neuen Juristischen Wochenschrift (4), (2003)

16 *Hermann Weber (Hrsg.):* Reale und fiktive Kriminalfälle als Gegenstand der Literatur. Recht, Literatur und Kunst in der Neuen Juristischen Wochenschrift (5), (2003)

17 *Karl Kraus:* Sittlichkeit und Kriminalität. (1908). Mit Kommentaren von Helmut Arntzen und Heinz Müller-Dietz (2004)

18 *Hermann Weber (Hrsg.):* Dichter als Juristen. Recht, Literatur und Kunst in der Neuen Juristischen Wochenschrift (6), (2004)

19 *Hermann Weber (Hrsg.):* Recht und Juristen im Bild der Literatur. Recht, Literatur und Kunst in der Neuen Juristischen Wochenschrift (7), (2005)

20 *Heinrich von Kleist:* Der zerbrochne Krug. Ein Lustspiel (1811). Mit Kommentaren von Michael Walter und Regina Schäfer (2005)

21 *Francisco Muñoz Conde / Marta Muñoz Aunión:* „Das Urteil von Nürnberg". Juristischer und filmwissenschaftlicher Kommentar zum Film von Stanley Kramer (1961), (2006)

22 *Fjodor Dostojewski:* Aufzeichnungen aus einem Totenhaus (1860). Mit Kommentaren von Heinz Müller-Dietz und Dunja Brötz (2005)

23 *Thomas Vormbaum (Hrsg.):* Anton Matthias Sprickmann. Dichter und Jurist. Mit Kommentaren von Walter Gödden, Jörg Löffler und Thomas Vormbaum (2006)

24 *Friedrich Schiller:* Verbrecher aus Infamie (1786). Mit Kommentaren von Heinz Müller-Dietz und Martin Huber (2006)

25 *Franz Kafka:* Der Proceß. Roman (1925). Mit Kommentaren von Detlef Kremer und Jörg Tenckhoff (2006)

26 *Heinrich Heine:* Deutschland. Ein Wintermährchen. Geschrieben im Januar 1844. Mit Kommentaren von Winfried Woesler und Thomas Vormbaum (2006)

27 *Thomas Vormbaum (Hrsg.):* Recht, Rechtswissenschaft und Juristen im Werk Heinrich Heines (2006)

28 *Heinz Müller-Dietz:* Recht und Kriminalität in literarischen Spiegelungen (2007)

29 *Alexander Puschkin:* Pique Dame (1834). Mit Kommentaren von Barbara Aufschnaiter/Dunja Brötz und Friedrich-Christian Schroeder (2007)

30 *Georg Büchner:* Danton's Tod. Dramatische Bilder aus Frankreichs Schreckensherrschaft. Mit Kommentaren von Sven Kramer und Bodo Pieroth (2007)

31 *Daniel Halft:* Die Szene wird zum Tribunal! Eine Studie zu den Beziehungen von Recht und Literatur am Beispiel des Schauspiels „Cyankali" von Friedrich Wolf (2007)

32 *Erich Wulffen:* Kriminalpsychologie und Psychopathologie in Schillers Räubern (1907). Herausgegeben von Jürgen Seul (2007)

33 *Klaus Lüderssen:* Produktive Spiegelungen: Recht in Literatur, Theater und Film. Band II (2007)

34 *Albert Camus:* Der Fall. Roman (1956). Mit Kommentaren von Brigitte Sändig und Sven Grotendiek (2008)

35 *Thomas Vormbaum (Hrsg.):* Pest, Folter und Schandsäule. Der Mailänder Prozess wegen „Pestschmierereien" in Rechtskritik und Literatur. Mit Kommentaren von Ezequiel Malarino und Helmut C. Jacobs (2008)

36 *E.T.A. Hoffmann:* Das Fräulein von Scuderi – Erzählung aus dem Zeitalter Ludwigs des Vierzehnten (1819). Mit Kommentaren von Heinz Müller-Dietz und Marion Bönnighausen (2010)

37 *Leonardo Sciascia:* Der Tag der Eule. Mit Kommentaren von Gisela Schlüter und Daniele Negri (2010)

38 *Franz Werfel:* Eine blaßblaue Frauenschrift. Novelle (1941). Mit Kommentaren von Matthias Pape und Wilhelm Brauneder (2011)

39 *Thomas Mann:* Das Gesetz. Novelle (1944). Mit Kommentaren von Volker Ladenthin und Thomas Vormbaum (2013)

40 *Theodor Storm:* Ein Doppelgänger. Novelle (1886) (2013)

41 *Dorothea Peters:* Der Kriminalrechtsfall ‚Kaspar Hauser' und seine Rezeption in Jakob Wassermanns Caspar-Hauser-Roman (2014)

42 *Jörg Schönert:* Kriminalität erzählen (2015)

43 *Klaus Lüderssen:* Produktive Spiegelungen. Recht im künstlerischen Kontext. Band 3 (2014)

44 *Franz Kafka:* In der Strafkolonie. Erzählung (1919) (2015)

45 *Heinz Müller-Dietz:* Recht und Kriminalität in literarischen Brechungen (2016)

46 *Hermann Weber (Hrsg.):* Das Recht als Rahmen für Literatur und Kunst. Tagung im Nordkolleg Rendsburg vom 4. bis 6. September 2015 (2017)
47 *Walter Müller-Seidel:* Rechtsdenken im literarischen Text. Deutsche Literatur von der Weimarer Klassik zur Weimarer Republik (2017)
48 *Honoré de Balzac:* Eine dunkle Geschichte. Roman (1841). Mit Kommentaren von Luigi Lacchè und Christian von Tschilschke (2018)
49 *Anja Schiemann:* Der Kriminalfall Woyzeck. Der historische Fall und Büchners Drama (2018)
50 *E. T. A. Hoffmann:* Meister Floh. Ein Mährchen in sieben Abentheuern zweier Freunde (1822). Mit Kommentaren von Michael Niehaus und Thomas Vormbaum (2018)
51 *Bodo Pieroth:* Deutsche Schriftsteller als angehende Juristen (2018)
52 *Theodor Fontane:* Grete Minde. Nach einer altmärkischen Chronik (1880). Mit Kommentaren von Anja Schiemann und Walter Zimorski (2018)

Abteilung 7: Beiträge zur Anwaltsgeschichte

Mitherausgegeben von Gerhard Jungfer, Dr. Tilmann Krach und Prof. Dr. Hinrich Rüping

1 *Babette Tondorf:* Strafverteidigung in der Frühphase des reformierten Strafprozesses. Das Hochverratsverfahren gegen die badischen Aufständischen Gustav Struve und Karl Blind (1848/49), (2006)
2 *Hinrich Rüping:* Rechtsanwälte im Bezirk Celle während des Nationalsozialismus (2007)

Abteilung 8: Judaica

1 *Hannes Ludyga:* Philipp Auerbach (1906–1952). „Staatskommissar für rassisch, religiös und politisch Verfolgte“ (2005)
2 *Thomas Vormbaum:* Der Judeneid im 19. Jahrhundert, vornehmlich in Preußen. Ein Beitrag zur juristischen Zeitgeschichte (2006)
3 *Hannes Ludyga:* Die Rechtsstellung der Juden in Bayern von 1819 bis 1918. Studie im Spiegel der Verhandlungen der Kammer der Abgeordneten des bayerischen Landtags (2007)
4 *Michele Sarfatti:* Die Juden im faschistischen Italien. Geschichte, Identität, Verfolgung (2014)

MIX
Papier | Fördert gute Waldnutzung
FSC® C083411

Kolibri 360 GmbH
Ferdinand-Jühlke-Straße 7
99095 Erfurt, Deutschland
produktsicherheit@kolibri360.de